法制史學會年報

法制史研究

67

2017

法制史學會

目　次

書評

目次

穂積重遠の「親権」論
——児童虐待防止法の実現に向けた原胤昭との協同——

小沢奈々

はじめに

大正二（一九一三）年、新進気鋭の民法学者石坂音四郎は「日本法学ノ独立」と題する論文を発表した。このなかで石坂は、これまでの我が国の法学には「外国法ノ学説ヲ以テ直チニ我国法ノ解釈ニ供」する風潮があったが、これからは「我国法ヲ解釈スル固有ノ法律学」でなければならないと述べている。[1] 新時代の躍動感溢れるこの主張に象徴されるように、当時、法典編纂の完成を見た我が国が、外国法への立法的依存を脱し、自ら国家法体制を独自に整備する段階に移行した際、新たな法学方法論—日本社会の現実を見つめ、外国起源の法的思惟を相対化しつつ、「日本的」価値観に基づいて解決を図る方法—を自覚的に模索するようになったことで、我が国の法学に現代法へと繋がるある種の構造変化が生じたことは、少なくとも大筋では今日広く承認されているところであろう。[2] そしてこれに伴い、様々な学問的潮流が生み出されたが、[3] この時代に法学の「独立」が生じたという観点、さらには後世への影響—すなわち戦後の法・法学に繋がる発想がいかに生み出されたか—という観点を加味するならば、まずもって注目されるべきものは、「法律の社会化・民衆化」というスローガンの下で推し進められた「社会学的法律学」[4]と称される学派の言動や活動であろう。

社会学的法律学とは、「法を統治から見るのではなく、変化する社会の側から見直そうという新しい発想」であり、「大正激動期の産物」と評価される新しい思想傾向として、[5]財産法分野では末弘厳太郎、親族法分野では穂積重遠を主たる論者として展開された。末弘厳太郎については、磯村哲『社会法学の展開と構造』（日本評論社、一九七五年）や六本佳平・吉田勇編『末弘厳太郎と日本の法社会学』（東京大学出版会、二〇〇七年）などの多くの優れた研究がある。それに対して、穂積重遠については、大村敦志『穂積重遠』（ミネルヴァ書房、二〇一三年）が挙げられるに過ぎない。しかし、当時、法律と社会の間に最も隔たりが生じていたのは、財産法分野よりむしろ家族法分野においてであり、[6]それにもかかわらず、大村氏が述べているように、その分野の中心的存在であった穂積重遠に関する研究はいまだ十分には進んでおらず、大村氏の著書も「本格的な研究のための初めの一歩」であり、[7]今後、実証的な分析に基づく検証作業が期待されるところである。そして、こうした作業を進めるためには、まずは社会問題を起点とし、これに当時の法学者がいかに向き合い、いかなる学説を形成し、そしていかにして判例法形成や新たな立法へと繋げていったかについて、個別的な事例研究を積み重ねることが必要だといえよう。そこで本稿では、穂積重遠に注目し、とりわけ昭和八（一九三三）年制定の児童虐待防止法をめぐる彼の一連の活動に焦点を当て、その分析を通して、この時代の法学の転換の実像を探ることにしたい。[8]

本論に入る前に、何故、彼のこうした児童虐待防止をめぐる活動にとりわけ注目しなければならないのかについて、少し説明しておく必要があるだろう。

第一に、児童虐待防止をめぐる重遠の活動は、法学者としての彼の実像を捉える好素材であるといえる。重遠は、昭和一八年に東京帝国大学を定年退官するにあたって発表した「大学生活四十年」において、「ともかくも法律学の研究と教授とを枢軸とし社会教育と社会事業を両翼として経過し来った」[9]と、同大学で過ごした四〇年間を回顧している。この発言を引用する大村氏は、これらに加え、「立法」も穂積法学を認識するための重要なキーワードと位置付け、「大学教授の本務である研究・教育の他には、『立法』そして『社会教育・社会事業』に限って、様々な仕事を引き受けていこう。これが重遠の指針であった」と解している。[10] そのように捉えると、本稿の考察対象は、立法、社会事業、社会教育、法学研究のいずれにも関係し、さらにこれらが相互に密接に連関している例といえる。すなわち、立法に関しては、昭和六年に内務省社会局の社会事業調査委員会委員として児童虐待防止法の制定に関与していることが挙げられる。彼が携わったのは、第六四回帝国議会に提出された児童虐待防止法案の基礎となった「児童虐待防止に関する法律案要綱」の作成である。社会事業に関しては、児童虐待防止法の実施に伴い、同法の対象となった被虐待児童の保護を目的として昭和八年に創設された児童擁護協会の会長に就任し、児童の保護活動や児童虐待防止法の普及に努めたことが挙げられる。また彼は、児童虐待に関して、たびたび一般向けの講演を行うなど、これに関連する社会教育を実践している。そして法学研究に関しては、児童虐待防止法を制定するにあたり大きな障害となることが想定された民法の「親権」について、彼が独自の学説を展開していったことが挙げられる。このように見てみると、児童虐待防止法をめぐる彼の一連の活動は、社会教育・社会事業・立法が彼自身の学問にどのような影響を与えたか、あるいは彼の学問が立法や社会事業・社会教育にどのように反映されているかを捉えることを大いに可能とするものであるといえよう。

第二に、児童虐待防止法にかかわる重遠の活動が、原胤昭という人物との密接な協同のなかで行われたものであるという点も注目に値する。拙稿「大正・昭和初期婦人団体による対議会活動と民法学者」で、筆者は、穂積法学を理解するためには、重遠が自らの学問の成果の具現化を図るために、いかなる人々と協力関係にあったかを考察の対象にするべきだと述べたのだが[11]、その意味において、本研究対象は格別の重要性を有しているといえる。原胤昭[12]は「免囚保護の父」と呼ばれており、生涯にわたり、出獄人保護事業に従事した人物として知られる。もともとは江戸南町奉行所の与力であり、明治になり東京府職員となったが、明治二（一八六九）年に辞職し、同七年に受洗の上、キリスト教書店「十字屋」を創業し、キリスト教関係の出版活動に従事する。しかしその後、福島事件に関連する錦絵を出版して新聞紙条例違反に問われて明治一六年に入獄したことをきっかけに、受刑者や出獄者の保護の必要性を痛感し、兵庫仮留監、釧路集治監及び樺戸集治監で教誨師として活動することとなる。明治三〇年に英照皇太后の崩御に伴う恩赦により、全国の監獄から一五、八二四名が釈放されると、保護を希望する多数の釈放者が原のもとに押し寄せた。これを受けて原は、東京出獄人保護所を設立し、出獄人保護事業を本格的に開始した。そのなかで原は、児童虐待こそが犯罪者を生み出す根源であるとの認識をもつに至り、明治四二年に「児童虐待防止会」を設立し、日本における被虐待児童保護の先駆的取り組みを行った。重遠はこのような人物とともに児童虐待防止活動を行っていくわけだが、原との面識はここに始まるものではなく、少年時代には既に知見を得ていた。しかも後述のように、重遠自身、社会事業への関心は原によって喚起されたと語っている。従って、原との協同作業は重遠の社会事業への関心という文脈のなかにあって、とりわけ重要性を有しており、そうであればこそ、研究・教育と社会事業との連携のなかで重遠を考察するにあたり、まずもってその詳細を明らかにすべき事項ということが出来よう。

第三に、児童虐待防止法の制定と密接な関係をもつ形で提唱された重遠の親権論は、現在の民法学においても今なお無視出来ない存在感を有しており、現代の法学との繋がりという点からも注目に値する。明治民法八七九条には「親権ヲ行フ父又ハ母ハ未成年ノ子ノ監護及ヒ教育ヲ為ス権利ヲ有シ義務ヲ負フ」とあり、同条は戦後に八二〇条にて「親権を行う者は子の監護及び教育をする権利を有し、義務を負う。」と改められたが[13]、ここに見られる親権の法的性格、特に「子を監護教育する親の義務」が誰に対しての「義務」かについては、立法当時より現在に至るまで議論が続いている。現在、これには大きく分けて二つの説─国家や社会に対する義務とする「公的義務説」、そして、子に対する純然たる私法上の義務と解する「私法義務説」─とがあり、このうちの「公的義務説」が重遠の提唱にかかるものである[14]。彼の学説については、これを肯定的に捉えるものも否定的に捉えるものもあるが[15]、そのいずれも彼の真意が十分に理解されているとはいい難い状況にある。従って、親権をめぐる議論をするにあたっては、そもそも重遠がどのような意図をもってこれを提唱したのかについて、今一度振り返る必要があり、そのためにも、当時のコンテクストに則して彼の諸説を考察することは有益であると考える。

以上の問題意識の下で、まず第一章では、原胤昭と穂積重遠が出会った経緯について、「渋沢栄一日記」や「穂積歌子日記」を紐解きながら明らかにする。そして第二章では、穂積重遠の証言をもとに、原と重遠が取り組んだ児童虐待防止運動について考察する[16]。そして第三章では、児童虐待防止法の制定にあたり障壁となった「親権」規定を、重遠はいかに克服し、同法の制定へと繋げていったのかに迫りたい。

一　原胤昭と穂積重遠の出会い

穂積重遠が原胤昭と初めて会ったのは重遠が一六歳の時である。父陳重、母歌子、祖父渋沢栄一が原と交流するなかで、重遠もまた、彼と深い繋がりをもつようになる。

彼らの交流については、『渋沢栄一伝記資料』所収の「渋沢栄一日記」と、穂積歌子が明治二三年から同三九年までの日常を綴った「穂積歌子日記」から明らかにすることが出来る。これらの日記によると、原胤昭と穂積陳重との出会いは、明治三二（一八九九）年五月一一日に原と石井十次が渋沢を訪問したことに始まる。[17] 岡山孤児院の創設者石井十次は、当時、孤児たちによる「音楽幻燈隊」[18]を結成し、各地を公演して義援金を集める活動をしていた。ここで原は、彼らが東京公演をする際の「支援者と孤児院との仲介者となり、プロモーター兼プロデューサーの役割」[19]を果たした。東京では明治三二年四月一五日からひと月余りの間に、樺山資紀文部大臣官邸、大隈重信邸を始め、華族会館、番町教会、東京養育院、大日本婦人教育会などで、計二二回の公演が行われた。この間の五月一四日に兜町の渋沢栄一邸でも開催されることになり、その三日前に原は石井とともに渋沢本人を訪ねたというわけである。音楽会当日には、来賓として「清浦奎吾・小川滋（ママ）次郎・三好退蔵・原胤昭・浦田治平・穂積陳重・阪谷芳郎其他数十名の諸氏」[20]が招かれ、ここで初めて陳重と原は出会うことになる。

穂積陳重は、イギリス・ドイツ留学時より監獄学に関心をもち、日本における監獄改良の必要性を唱え、帰国後には、監獄法制の整備や監獄学研究の発展に貢献している。[21] こうした陳重が原の出獄人保護事業に関心をもつのも自然のことであり、原の事業を支援するとともに、家族を交えた交流を深めていくこととなる。音楽会の直後の五月二七日には早速、「兜町の同族会」で「原出獄人保護院寄付五十円」が臨時支出として決議され、[22] 翌六月二三日には、東京神田区にある「出獄人保護所（原寄宿舎）」へ、原の保護事業を見学するために、[23] 妻歌子と三子息（重遠・律之助・真六郎）を伴って訪問し、前記の五〇円と「出獄人土産にとて金五円」[24]を寄付している。また、明治四〇年二月には、陳重主催の法理研究会[25]において、出獄人保護事業についての講演を原に依頼している。[26] この他にも、「刑余者」のために蕎麦代名義の金員や菓子を歌子に届けさせたり、[27] 家族同伴で原の「親睦会」（後述参照）に参加するなど、プライベートな交流もあった。一方、原もまた、陳重から法律上の知識を学ぶにとどまらず[28]、「女子免囚保護所」と関係するものと思われる「女子教育会」での講演を依頼している[29]。さらに原は、陳重のみならず、歌子にも自身の活動への協力を依頼している。例えば、明治三五年九月に歌子は原から「今度女子出獄人保護所設立拠金のため大隈伯邸に於て菊花観覧会催すに付、賛成員にな」ってほしいとの依頼を受け[30]、弟篤二の妻敦子に賛成員になることを勧めたり[31]、知人に観覧会の切符を売るなど[32]、歌子もまた個人的に原の事業を支援している。また、歌子は、父渋沢栄一との繋がりにおいても原とともに活動することがあった[33]。こうした陳重夫婦と原との間柄について、息子である重遠は、「非常に懇意[34]」「別懇[35]」であったと評している。

また、重遠にとっては祖父にあたる渋沢栄一もまた、原と懇意にしていた。渋沢と原との出会いは前述のように明治三二年五月一一日に確認することが出来る。そしてその五か月後の一〇月三一日には、渋沢邸に原胤昭、清浦奎吾、土方久元、北垣国道、岡部長職、小河滋次郎、島田三郎、三好退蔵が訪れ、出獄人保護事業について「原胤昭ヨリ従来ノ経歴ト企望」が陳述され、それについての討議が行われ、翌年の明治三三年一月二四日にもまた「原氏設立ノ免囚人保護会ノ事」について談話する場がもたれている[36]。ここでいう「免囚人保護会」とは、原の「東京出獄人保護所」のことである。この時の訪問は、渋沢に原の事業の援助を求めるためのものであったと推測出来るが、渋沢は「自分ノ意見ヲ以テ大ニ修正ノ事ヲ談ス」として、この時点では援助するには至っていない[37]。

その後、渋沢が別件で原を招いたことが契機となり、両者の関係は緊密になる。原の回顧によると、「明治三十三・四年頃のこと、翁の心配して居られた養育院で、感化事業を手に染めよう」とした際、渋沢は養育院にいる不良少年の感化事業に関する助言を原に求めた[38]。この養育院とは、明治三八年に創設された東京市養育院感化部井之頭学校のことであろう。渋沢は、明治七年に東京府が慈善事業にあてていた共有金の管理を府知事より命じられて以来[39]、養育院事業に携わるようになり、それに関連する事業のひとつとしてこの井之頭学校を設立した。渋沢によると、日清戦争前後の時期、東京市内に浮浪少年が増加し、養育院に収容されるようになっていた。しかし、「此種の少年が入院して従来の収容者たる通常の孤児と接触するの結果、善良なるものも間々悪化の傾を生ずる」ようになり、「何とかして此浮浪少年若しくは不良少年の感化教育を行ひたいもの」と考え、明治三三年七月より感化事業も開始することになった。開始当初は本院内に感化部を設置し、「普通の児童」と「感化生」である不良少年とを同じ構内に収容しつつも、「居室は異なる」ようにして「一年余り教育を試みた」ものの、「相互の接触により感化教育の効果を見る能はざるのみならず、却て他の普通の児童を悪化するの奇観を呈した」。そのため、「遂に感化部を他の適当の場所に移転させなければならぬと云ふこと」になり、北多摩郡井之頭の御料地の一角を「拝借」して、明治三七年一一月に起工、翌三八年三月に竣工、同九月に「本院より感化部生徒全員二十六名を井之頭に移し、名称を東京市養育院感化部井之頭学校と改め、其年十月二十九日に開会式を挙げ」るに至った[40]。こうした感化事業の開始にあたり、原は渋沢の相談に乗り、親しく談話する機会を得た。また、原がいうには、その時に渋沢より「『私はあなたの事業に金を出して居りましたか』と云はれましたので、まだ御援助を受けて居ない旨の御答へを致しますと『それは、すまんことでした』と仰有って、早速八十島君を御呼びになり、金の支出を命ぜられました、その時から私は翁に毎月若干の金を頂戴することになったのであります」[41]と、出獄人保護事業の支援を受けるようになった。事実、原が渋沢から相談を受けるようになった明治三五年に、渋沢は原の東京出獄人保護所の協議員に就任している[42]。さらにこれをきっかけに、渋沢と原は、中央慈善協会や東京府慈善協会等の運営に共同で従事し、「生涯を通じて社会事業の同志としての深い付き合い」[43]をしていくこととなる。

こうした環境にあっては当然のことであるが、重遠にとって原は「少年時代からの知り合い」であった[44]。原は毎年、天長節（一一月三日）に「親睦会」と称し、かつて出獄人保護所にて原の世話を受けた「卒業生」とその家族を迎え、手打ち蕎麦を食べながら団欒する恒例行事を開いていた。重遠はこの行事について、「甚だ意地のきたない話だが、私は大好物のそばに引かれて、いつとはなしに其仲間に加わることとなり、『天長節は原さんの手打ちそば』と書き入れの年中行事にして居た」と回顧している。そして「原さん御夫婦は勿論の話、御嬢さん方や小さな坊ちゃんたちまでが、世間の人は前科者と忌み嫌うでもあろう人々とわけへだてなく笑い興する中にまじって、はじめはひそかに驚歎し、後にはこちらの心も聖められて楽しい半日を送ったものだ」とし、「私が今日社会事業に少しばかりの関心をもって居るのも、原さんのおそばの会で種を蒔かれたものと思う」と述べている。こうした経験のなかで、重遠の社会事業への関心が育まれたのであった(45)。そして陳重亡き後には、重遠もまた、原の良き相談相手となっていく。

二 「児童虐待防止法」制定にむけた原胤昭と穂積重遠の協同

（1）原胤昭による児童虐待防止事業

重遠の児童虐待防止事業とのかかわりについて、まずは重遠自身の発言を手がかりとして考察を始めることにしたい(46)。

僕は社会事業と法律との密接関係を痛感して居る。児童虐待防止法によって引き取られた子供等を世話する仕事に既に十年間関係して居るが、これには一場の物語がある。大正年間に山室軍平、原胤昭の両長老が畏きあたりの有難き御思召に恐懼感激して児童虐待防止事業に乗り出した。ところが乗り出して見ると忽ち壁に馬を乗りかけてしまった。何分にも虐待するのが親であり、雇主であるので、ウッカリ口出し手出しすると、眞額から法律的逆捻じを食わされて、空しく引き下らがざるを得ない。そこで僕は社会事業には法律の裏打ちがなくてはならぬということを痛感して、兼て別懇だった原胤昭翁と語り合ったことである。ところが其内に機漸く熟して今の厚生省の前身たる内務省社会局に社会事業調査委員会が設けられ、僕も末弘君も共に委員に列しそこで段々と各種社会事業立法の要綱が立案されたが、其結果制定実施されたのが昭和八年の児童虐待防止法である。而して右の委員会に於て僕が折に触れて今度は、社会立法は社会事業によって裏打ちされねばならぬ、ということを切論したのが言質を与えて、被虐待児童養護施設たる『子供の家』の責任を執らねばならぬことになったのである。

重遠は、原が「大正年間」に「畏きあたりの有難き御思召に恐懼感激して」[47]児童虐待防止事業に乗り出したと述べているが、実際には明治四二（一九〇九）年には既に「出獄人保護事業の余力を以て、虐待児童を保護」するための「児童虐待防止会」を設立している。[48]原は、犯罪の撲滅のためには、「犯罪人の卵子、犯罪の子種である被虐待児童を救護し加害を防止する」ことが必要であると痛感し、児童虐待防止事業を開始した。[49]事実、彼が保護した出獄人も、幼少時に虐待を受け、家出をして浮浪生活に陥り、犯罪に手を染めた者が非常に多かった。[50]従って、原が児童虐待防止事業を開始した直接の動機は、虐待を受けた子供が可哀想だからというよりも、被虐待児が社会として望ましくない大人にならないようにすること、そして犯罪者を生まないようにすることにあったといえよう。原は、被虐待児を自宅で保護し、さらには各児童養護施設にも送致するなどして、一年の間に八四名あまりの児童を保護した。[51]こうした活動はその後も細々とではあるが継続されていた。

こうした原の児童虐待防止事業がひとつの転機を迎えるのが、大正一一（一九二二）年のことである。これが重遠の挙げる、山室軍平とともに行われた事業である。そのきっかけは、浅草区で幼い少女が貰い親に虐待され殺害された事件にあった。[52] 原は、当時既に被虐待児童の保護活動を細々と行ってはいたものの、世間に活動の宣伝を積極的に行ってはおらず、そのためにこのような事件が起きてしまったと罪悪感に苛まれ、日本救世軍の創立者・山室軍平に相談を持ちかけたところ、彼もまた、同じくこの事件を通して、虐待された児童の救済方法はないかと思案していたところであった。そこで、原の児童虐待防止事業を救世軍が受け継ぎ、救世軍内に「児童虐待防止部」を設置し、社会事業の一部としてこの事業を行うことになった。[53]

しかし、彼らの児童虐待防止事業に大きな障害が立ちはだかった。それは法律の壁である。昭和八（一九三三）年制定の児童虐待防止法にも携わった内務省社会局保護課長藤野恵が、当時を振り返り、「実際親権者が児童を虐待いたします場合、親権者は民法の定むるところによりまして、その児童を監護教育するところの義務を持っているというところから、どんなに酷い懲らしめをいたしましても、鞭打ちましても、これは子供のしつけのためだということになれば、社会事業家などの方で、その子供を引き取って世話をするとか、或いは適当なところへ連れ出すというようなことは出来なかった。そこで、これはどうしても法律によらなければならないということを、原〔胤昭〕先生なども、早くからお唱えになっておられたようでございます[54]」と述べているように、明らかに虐待行為だとわかるような場合でも、民法上の親権を理由に親が第三者の介入を拒否した場合、これに対抗出来ないことから、被虐待児を救済することが非常に困難な状況が存在した。原自身も、「〔児童虐待防止〕の事業の発達は、必ず、一面児童虐待禁止の法律制定と相俟つ可きものであるから、政府当局に於ては、一日も早く此人道上、社会政策上、無視する事の出来ぬ事実の頻出を鑑みて、児童虐待防止法を制定せられむ事を望む[55]」と、児童虐待防止法制定の必要性を強く訴えている。このような状況を見ていた重遠もまた、前記引用のように「社会事業には法律の裏打ちがなくてはならぬということを痛感」するに至り、児童虐待防止法制定の必要性、そしてその前提となる民法上の親権問題について、「兼て別懇だった原胤昭翁と語り合」う機会をもったということであろう。

（2） 穂積重遠と児童虐待防止法

児童虐待防止の法制化の必要性を強く認識していた重遠は、その後、内務省社会局の社会事業調査委員会委員として児童虐待防止法の制定に直接携わることとなる。

我が国における社会事業史において、その制度的確立に貢献したのは、内務大臣の諮問機関として設置された、救済事業調査会（大正七年）、社会事業調査会（大正一〇年）、そして中央社会事業委員会（昭和一三年）の各調査会である。[56] そのなかでも、内務省社会局内に設置された社会事業調査会は、我が国の社会事業の根幹の形成に大きな役割を果たした。[57]

社会事業調査会は制度的には二期にわかれている。[58] 第一期は救済事業委員会の更改により大正一〇（一九二一）年に発足し、同一三年まで続いた。審議内容も基本的には救済事業委員会より行われていたものを継続しており、主に「防貧」「低所得層」対策をその対象としている。それに対して、大正一五年六月設置の第二期社会事業調査会では、社会事業を中心とした審議がなされている。その具体的な審議内容を見てみると、昭和六（一九三一）年一〇月までに、「社会事業体系ニ関スル件」「児童扶助制度ニ関スル件」「不良住宅密集地区ノ改善方策ニ関スル件」「感化法改正ニ関スル件」「融和促進施設ニ関スル件」「救護法施行勅令案要綱ニ関スル件」「児童虐待防止ニ関スル件」について審議されている。[59] 重遠が社会事業調査会の委員を務めたのは第二期からであり、大正一五（一九二六）年七月七日に委員に就任している。また前記の審議事項のうち、彼がかかわったのは「児童扶助制度ニ関スル件」「感化法改正ニ関スル件」「融和促進施設ニ関スル件」「救護法施行勅令案要綱ニ関スル件」「児童虐待防止ニ関スル件」の五件である。(60)

児童虐待防止に関する審議は、昭和六（一九三一）年四月二〇日に開催された第六回社会事業調査会において、内務大臣安達謙蔵より「諮問第七号社会ノ現況ニ鑑ミ児童ノ虐待防止ニ関スル法制ヲ定ムルノ必要アルヲ認ム之ニ関シ其ノ会ノ意見ヲ求ム」が示され、富田愛次郎社会部長代理より提案の趣旨が説明された後、(61)特別委員会の設置が決定されたことに始まる。特別委員には穂積重遠の他、有馬頼寧、鵜澤総明など、計九名が選出された。

特別委員会の審議内容については、社会局が「大正十五年六月社会事業調査会設置以来今日〔昭和七年三月〕に至る迄の経過を記述した」という「社会事業調査会報告（第二回）」と「東京朝日新聞」からその概要を見ることが出来る。(62)これらの資料によると、特別委員会は昭和六年六月一日、八日、一七日、二九日の四回にわたり開催された。

第一回委員会では、山崎保護課長から、児童の虐待防止の制度に関して、イギリス・アメリカ・ドイツ・フランスにおける現況並びに日本の児童虐待の実情、(63)そしてこれに対する現行制度の説明がなされ、引き続き、委員の希望により、社会局において立案中の「児童監護法」の要綱について、富田社会部長代理から次の説明があった。(64)

一、十四歳未満のものを対象とし親権者後見人その他保護すべき責任のある者のなす児童虐待についてはこれを取あげ適当なる施設において保護をなす

一、親権者後見人にあらざる者の虐待に対しては児童を親権者後見人に渡しこれらの費用は道府県の負担とす

ること
一、特殊の業務に対しては児童の使用を制限する
一、養子、もらひ子に対しては届出主義を認める

以上の要綱の説明に対し、各委員より次のような意見の開陳があった。[65]

一、児童虐待に対しては相当なる機関を設置しなければ現在の警察では効果が挙らない虐待者の手から取上げて親許にかへすことは娼妓の自由廃業に対し兎角楼主の肩を持つ警察に対して期待出来ぬ
一、小店員に対する労働時間の制限曲馬軽業に対する年齢の制限不具児を見せ物にする制限、親権に対する制限等考慮すべき点が多いがこれらについては法律の制定が必要である
一、もらひ子殺しは私生児に対する一般の取締と合せ考慮する必要がある
一、私生児の問題は婚いん（ママ）尊重主義と相対して可成り面倒な問題であるが現在民法においてはこれらの問題が考慮されてゐないから法令の設備が必要である
一、虐待防止の制度として親権に制限を加へることはやむを得ない

また、「都新聞」によれば、この第一回特別委員会のいずれかの時点で、以下のような話があったことが伝えられている。[66]

立法技術の上から社会局が疑問視していた親権制限規定、即ち本法案の骨子とすべき親権制限は民法そのものから改正せねばならぬか否かに付いては民法学者として権威ある穂積、鵜澤両博士は、児童虐待を防止するため特に法制を設けて実父母、養父母または継父母の有する民法規定の親権を或程度まで制限することは何等違法ではない、従って之がため民法を改正する必要はないとの解釈を下したので、社会局は此の解釈に基づき立法することに決した。

第二回委員会では、長谷川社会局事務官から「工業以外の職業（店舗、事務所、倉庫、其の他の商業、劇場、舞踏場、寄席其の他公衆の娯楽を目的とする興業、新聞売、花売、靴磨、メッセンヂャーボーイ其の他の街上商業、酒場、カフェー、其の他の酒精飲料を用ふる飲食店、玉突、病院、浴場、其の他の特殊職業等）に使用する児童の年齢制限に関する欧州各国の制度の概況」について説明があり、次に委員の穂積重遠から、第一回委員会にて問題となった親権、私生児、継親子等に関する民法改正案の状況の説明があった。[67] また、富田社会部長代理[68]から「社会局で立案している児童虐待に対する法律案要綱（児童監護法案）及び大正八年救済事業調査会の答申に係る養児保護に関する要綱」についての簡単な説明もあり、以下の内容について各委員との協議が行われた。[69]

一、児童虐待防止に関する法律案の名称を如何に定むべきや

二、児童虐待防止に関し特別機関の設置を必要とするや否や

三、特別機関を設くるものとせばその機関による監禁等に関しても規定を必要とせずや

四、養子の保護を如何に扱ふべきや

五、特殊業務に対する児童使用の禁止制限の程度に対する具体的意見

第三回委員会では、北岡社会局書記官から「我が国労働少年の状況殊に工業労働者最低年齢法施行の現況」について、山崎幹事から「児童の保護年齢、親権に関する立法例及少年保護司等」について、武田眞量氏から「東京府児童保護員制度並に其の取扱実例」について、それぞれ説明がなされた。その後、前回に引き続き審議を継続した。第四回委員会では、有馬委員長から本法の名称について問い合わせがあり、「国家が児童の虐待防止を為すべきことを宣言する」という意味において「児童虐待防止ニ関スル法律」と称したらどうかとの意見があったため、[70]このように定めることにした。そして社会局から出された原案に多少の修正を加えた後、特別委員会においてこれを可決した。その後、七月二五日開催の第七回社会事業調査会において、特別委員会で決定した「児童虐待防止に関する法律案要綱」が満場一致で可決され、これを内務大臣に答申した。

このような過程で成立した特別委員会の「児童虐待防止に関する法律案要綱」の内容は次の通りである。

児童虐待防止法に関する法律案要綱

一、保護すべき児童の範囲は十四歳未満とすること

二、地方長官は被虐待児童に対し左の適当なる保護の方法を講じ得ること

（一）親権者又は後見人が児童を虐待したる場合においては其児童を親族其の他の私人の家庭又は適当なる施設に委託すること

（二）親権者又は後見人に非ずして児童を保護すべき責任ある者が之を虐待したる場合に於ては其の児童を親

権者又は後見人に引渡し親権者又は後見人に引渡すこと能はず又は之を不適当と認むるときは（一）に掲ぐる処分を為すこと

（三）児童が十四歳に達したる後一年を経過する迄は前二号の処分を継続することを得ること

三、児童保護員を設置すること

児童保護員は児童の保護事務に関し地方長官を補助し殊に被虐待児童に付ては其の調査と保護とを為すことを職務とすること

四、左の行為は之を禁止すること

（一）曲芸、曲馬、軽業其の他主務大臣の指定する之に類する危険なる業務に児童を使用すること

（二）不具畸形の児童を公衆の観覧に供すること

（三）児童をして乞食を為さしめ又は児童を伴ひて乞食を為すこと

五、児童の心身に著しき障碍を及ぼす虞ある業務に児童を使用する者に対しては地方長官は必要なる届出を為さしめ又は其の使用を命令又は処分を以て禁止、制限することを得ること

右業務の範囲は主務大臣之を指定すること

六、費用は道府県の負担とし之に対し相当の国庫補助を認むること道府県は第二項に依る費用を本人又は扶養義務者より徴収することを得ること

七、第四項及び第五項に基く禁止若は制限に従わず又は届出を為さざる者には刑罰を課すること丶すること

八、本法に依る行政処分に対しては訴願に依り行政救済を為すこと

備考　右要綱に掲ぐる「児童の心身に著しき障碍を及ぼす虞ある業務」の内容概ね左の如し

（一）街上に於て又は各戸に付物品を販売し又は諸芸を演ずる業務
（二）貸座敷、待合、芸妓置屋、席貸其の他風俗上の取締を要する業務
（三）其の他右に類する業務にして特に地方長官に於て指定するもの

以上が、社会事業調査会特別委員会での審議経過及び概要であるが、同委員会における重遠の役割とは、児童虐待防止法と民法上の親権規定との抵触の有無についての見解を示すこと、そして同時期に進められていた民法改正作業の動向を伝えることにあったと考えてよい。前記「都新聞」で「本法案の骨子とすべき親権制限」とされているように、第一回委員会で最も問題となったのは親権に関する事項である。(71) 児童虐待防止法を制定するにあたり、従来の親権規定を改正する必要があるかという点が社会局内では問題視されていた。また、当時の学説や判例のなかには、親による子の引渡請求権を無条件に認めるなど、親権を強力な権利とみる見解があったのも確かである。そうであれば、第三者である公的機関が子供を保護するということが困難なのではないかと社会局が懸念したことも十分に理解出来るところである。このようななか、重遠は「児童虐待を防止するため特に法制を設けて実父母、養父母または継父母の有する民法規定の親権を或程度まで制限することは何等違法ではない」として、この懸念を払拭した。(72) また重遠は、前述の通り、第二回委員会で児童虐待防止法の制定に関連する民法規定の改正案についての説明を行っている。というのも、当時、重遠は、民法改正に向けた動きのなかで、臨時法制審議会では幹事として、そして民法改正調査委員会では親族編の起草を担当するなど中心的な立場にいたためである。説明が求められた事項のなかには、私生児(子)、継親子に関するものの他、親権についても取り上げられている。ここではおそらく、民法改正要綱の第二八「親権の喪失」に関しての説明が求められたと推測される。明治民法八九六条では、親

権者が「親権ヲ濫用」または「著シク不行跡」な場合に、検事の請求に基づき、子に対する親の親権を喪失させる制度が設けられていた。これに対し、臨時法制審議会では、この他にも「子の利益上親権を喪失せしめて次順位の親権者又は後見人を立てた方がよい事情があり得る」とし、「父又ハ母ニ親権ヲ行ハシムベカラザル重大ナル事由」という文言を追加し、さらにその事由の有無を判断して親権喪失の宣告を下す権限を家事審判所に委ね[73]、親権制限の拡張をはかるべきとした[74]。児童虐待に関する問題は、親子に関する民法規定との関係のなかで論じる必要性があることから、家族法領域の専門家であり、なおかつ民法改正作業の中心にいた重遠の存在は大きかったといえよう。

このようにして成立した「児童虐待防止に関する法律案要綱」は、その後、社会局によって起草された児童虐待防止法案の基礎となる。そしてこの法案は、第六四回帝国議会の協賛を得て昭和八年四月一日に法律第四〇号として制定・公布、同年一〇月一日より施行された。

児童虐待防止法の内容については、帝国議会の審議で一部修正がなされたことで骨抜きになったとの批判もあるが[75]、重遠は「子供が大切だ、子供の事をもっと国家、社会、我々が気を附けなければいかぬということの宣言」として大いに意味があり、また同法が児童救護の先鞭をつけることで、「これに刺激されてまだ足りない部分の社会立法がだんだんと出来て行く」ことが期待されると評価している[76]。何よりも、かつて原胤昭の前に立ちはだかっていた「法律の壁」を取り除き、虐待の起こることを前もって防止し、虐待された児童についてはその保護を円滑に行うことを可能にした点に、この法律の画期的意義を見出し得ることが出来よう。しかし重遠は、「法律だけつくっても駄目[77]」だと述べ、児童虐待防止法の制定をもって事足れりとはしていない。事実、重遠は、本章冒頭の引用文にも掲げているように、特別委員会の時点で、社会事業による社会立法の「裏打ち」を主張しており、そのために「『子供の家』の責任」をとることになった。こうして彼は、児童虐待に関する社会事業の方面にも自ら携わることとなる。

（3）穂積重遠と児童擁護協会

児童虐待防止法の実施にあたり、「この法律を円滑適正に運用する」[78]ために、昭和八（一九三三）年五月一日に「行政当局と民間社会事業家との協力機関」[79]として児童擁護協会が設立された。同協会は、原胤昭の養子であり長年にわたり彼の事業を支えてきた「原泰一氏の創意」[80]によるものとされている。また、同協会の事務所及び収容所は、「二十何年来児童虐待防止のために、原老人〔胤昭〕が働いてまいりました場所（神田区須田町二ノ七）を児童擁護協会で一部引継」[81]いだものである。このようにみてみると、児童擁護協会は、原胤昭と関係の深いものであったといえよう[82]。

児童擁護協会の主な事業内容は、児童擁護協会会則第四条に「一、不遇児童ノ調査　二、不遇児童ノ養育　三、不遇児童ノ監察　四、不遇児童擁護ニ関スル思想ノ普及　五、其ノ他本会ノ目的ヲ達スルタメニ必要ナル諸事業」と定められている通りである。このうち被虐待児の保護については、原泰一の説明[83]によると、まずは虐待が起きた場合、同協会の奉仕会員（東京市の方面委員、社会事業家、小学校校長、児童の保護者）に協会本部へ通告してもらい、職員が警察と協力して被虐待児の調査をする。その後、警察署長を経て、府の社会課が直ちに処置にあたる。ここで保護が必要だと判断された場合[84]には、同協会で収容保護を行う。そのための施設として、児童擁護協会は被虐待児童の収容施設を開設した。これが本章冒頭にある重遠の発言のなかの「子供の家」[85]である。

重遠もまた、児童擁護協会の会長として、原泰一とともに児童虐待防止事業に従事することとなる[86]。例えば、児童虐待防止法の施行に先駆け、児童擁護協会は、昭和八年五月一日に東京朝日新聞社講堂にて発会式を行うと同時に「児童を護る講演会と映画の会」を催し、一般来会者に対して児童虐待防止法の関する講演会とロシア映画「人生案内」の上映をしたのだが、重遠はそのなかで「親権の尊重と制限」と題する講演を行っている。なお、ここでの講演内容は、児童虐待防止に関する法令、同法に関する質疑応答、そして虐待児童に関する統計とともに「児童を護る」と題するパンフレットに採録の上、同年八月に約一万部が印刷され、頒布された。また、同法の施行前日の九月三〇日には、児童擁護協会主催の「児童を護る座談会」が麹町で開催され、重遠を始め、原胤昭、原泰一、児童擁護協会副会長前田多門、社会局保護課長藤野恵、救世軍社会部長植村益蔵、東京市幼少年保護所長草間八十雄、児童擁護協会評議員山田わか、同田中孝子らが参加した。そこで語られた内容は、同年一〇月三日より八日までの六日間にわたり東京朝日新聞に連載された。児童虐待防止法の施行後も、重遠は、児童擁護協会と東京市との共同主催で行われた、児童虐待防止事業に関係する委員や警察官を対象とした講演や、名古屋及び大阪の児童擁護協会の発会式での講演を行っている(87)。このように重遠は、講演会や座談会、パンフレットや新聞などを積極的に用いて、一般市民や関係者に児童虐待防止法の必要性そして児童保護への理解を訴えている。また重遠は、被虐待児童の救済についても対策を協議したり(88)、前述の「子供の家」に頻繁に訪れて子供たちとの交流を図るなど(89)、児童の保護活動にも関与している。こうした彼の児童擁護協会での活動は、「児童擁護協会の華やかな法律普及事業は、会長穂積重遠の力によるところが大きい(90)」と評価されている。

穂積重遠の社会事業への関心は、まさしく原胤昭によってその幼少期に植え付けられたものであった。そして帝大教授となった後もこの関心を持ち続け、原の志を引き継ぐ形で児童虐待防止事業に深く関与していった。こうした彼の姿勢は、彼の法学とも密接な繋がりを持つものであるといえる。彼は、「社会の実際と法律とを結び付けようとする努力、この努力のすべてを包摂するものが法律学である」[91]とする。そして当時の社会情勢にあって、重遠は「法律」と「社会」との間の「ずれ」を解消させるべく、様々な場面で両者の「歩み寄り」が必要であると提言している。[92]社会事業についても重遠は、「社会事業を行ふためにはやはり根本の法律がなければいかないが、法律だけでも社会事業は行へない。法律と人が相俟ってそこにこれらの尊い社会事業が立派に行はれる」[93]と述べている。このような彼にとって、児童虐待防止法の制定と児童擁護協会での保護事業は、まさにこうした彼の目指す「法律」と「社会」の歩み寄りの実践例であったといえよう。

三　穂積重遠の親権論

前章で見たように、児童虐待防止法の制定にあたり、当初その障壁となることが危惧されていた「親権」について、重遠が、昭和六（一九三一）年に開かれた社会事業調査会特別委員会の場で、民法改正を経なくとも児童虐待防止法をもってその制限が可能であるとの意見を開陳した一幕があった。本章では、その場で示されたと思われる重遠の親権論、特に彼の提唱にかかる公的義務説についてみていくことにする。

明治民法八七九条は「親権ヲ行フ父又ハ母ハ未成年ノ子ノ監護及ヒ教育ヲ為ス権利ヲ有シ義務ヲ負フ」と定めているが、この「義務」をめぐっては、明治二九年の第一五一回法典調査会にて梅謙次郎と穂積八束との間で既に議論が交わされていた。[94]穂積八束は、子は親に服従する関係であり対等なものではないため、親が子に義務を負うということはあり得ず、ここにいう義務は「公ニ対スル義務デアル国家ニ対スル義務」と解せざるを得ないとした上で、こうした規定を民法に設けることは不要であると主張したのに対し、梅は「権利義務ト云フノハ社会ニ対シ国ニ対シテト言フノデナク私法上ノ関係カラ子カラ親ニ対シ親カラ子ニ対シテ定メタ積リデアル[95]」と反論し、親権は子に対する義務であることを明言した。結果的には、原案通り、親権者は「権利ヲ有シ義務ヲ負フ」とされた[96]。また、民法制定後の親族法の概説書では、概ね梅の理解に沿った形で「子に対する義務」という説明がなされている[97]。このような状況下にあって、新たな見解を示したのが穂積重遠であった。重遠は、親権が義務という性質を有していることは肯定するものの、梅のように「子に対する義務」とは解さず、他面、穂積八束とも異なる形で「国家社会に対する義務」であるとする新たな解釈を打ち出したのである[98]。

（1） 大正六年・一四年『親族法大意』の比較

穂積重遠の著書『親族法大意』は、大正六（一九一七）年八月に初版が出され、同一四年四月に改訂版が出されたのだが、両者の「親権」の項目の記述には若干の変化が見られる。そしてその変化こそ、児童虐待防止法制定の親権論議における彼の態度を理解する上で重要なカギになると思われる。以下、両者の該当箇所を引用する（引用中の下線は筆者による）。

大正六年版「親権[99]」

親権ト戸主権　親権ハ父又ハ母ガ家ニ在ル子ニ対シテ有スル身上及ビ財産上ノ監督保護ヲ目的トスル権利義務ノ集合ナリ。純粋ナル家族制度ニ在リテハ親権ハ戸主権ニ包括セラレテ独立ノ存在ヲ有スル余地ナキモノナルガ、個人主義ノ発達ト共ニ親権ハ戸主権ト分離シテ之ト併立ス。我国今日ノ法制コレナリ。而シテ純粋ナル個人制度トナルニ及ンデハ戸主権ヲ認ムル余地ナク、親権独リ存ス。即チ家族制度ハ戸主権制度ナリ、個人制度ハ親権制度ナリト云フコトヲ得ベシ。然ルニ近来ノ国家社会主義的傾向ハ、子ハ国家ガ其教養ノ任ニ当ルベキモノナリトナシ、親権ハ多少ノ制限干渉ヲ受クルニ至レリ。

親権ノ進化　親権ハ又親ノ利益ヲ目的トスル制度ヨリ進化シテ、子ノ利益保護ノ制度トナレリ。又包括的ノ権力ヨリ進化シテ個々ノ権利義務ノ集合トナリ、親権ヲ行フコト自身モ親ノ権利タルト同時ニ又其義務トナレリ。即チ親権ノ歴史ハ子ノ権利ノ拡張史ナリト云フコトヲ得ベシ。

大正一四年版「親権」[100]

第一　親権と戸主権　父又は母が家に在る子に対して有する身上及び財産上の監督保護を内容とする権利義務を包括して親権と云う。（…）而して純粋な個人制度によると、戸主権はなくて親権のみが存する。即ち家族制度は戸主権制度であり、個人制度は親権制度であると云い得る。

第二　親権の進化　親権は子を親の所有物視する観念から発足し、親の利益を目的とする権力関係から進化して、子の利益保護のための権利義務関係となったのである。即ち親権の歴史はこの地位の上進史だと云うことが出来る。而して親権を行うこと自身も、親の権利たると同時に又其義務となったのであって（八七九）結局親権は親たるの義務を行う権利と云う所に帰着せねばならぬ。更に又子の監護教育は親にのみ一任せらるべきでなく、国家がそれに利害関係を有することが意識されると共に、親権は多少の制限干渉を受ける。

大正六年と同一四年の記述の違いについては、次の四点を指摘することが出来る。

第一に、大正六年版にも大正一四年版にも、国家が子の監護教育の一端を担うとの趣旨の記述がみられるが、その表現に違いがある。つまり、大正六年版では、「近来ノ国家社会主義的傾向ハ、子ハ国家ガ其教養ノ任ニ当ルベキモノナリトナシ」とあるのに対し、大正一四年版では、「監護教育は親にのみ一任せらるべきでなく、国家がそれに利害関係を有することが意識される」とある。「国家社会主義」は、明治末から大正期にかけては、「社会主義の根本主張を国家が実行する」ことを目指す主義として、ビスマルクが推し進めたような社会政策をその典型とするものと理解されていたが[101]、大正期の末頃から昭和戦前期には、これはもっぱら「ファシズム」を意味するものとして理解されるに至る[102]。大正六年版に見られる「国家社会主義」は時期的に見て前者のことであり、大正一四年版ではこの用語の新たな意味の出現を受け、これを用いることを避けたと推測される。

第二に、前記「第一」に挙げた記述（国家が子の監護教育の一端を担うとの趣旨の記述）の位置が大正六年版と一四年版だと異なる。つまり、前者では親権の進化について論じる箇所の前に置かれているのに対し、後者では、進化論的な説明[103]のなかに組み入れられ、子の利益保護のさらなる進化形態として、国家の関与が位置付けられている。

第三に、大正六年の時点では、親権制限が可能であることの実定法上の根拠は明らかになっていないが、大正一四年の記述になると、民法八七九条を「親に親権という義務を果たさせるための権利」と解釈し、それとの関係で国家による利害関係を論じるという形にかえられている。

第四に、大正一四年版の記述には、新たに「子を親の所有物視する観念」という文言が登場する。これは、当時の有力な学説（後述参照）を意識したものであるが、子を所有物とする観念を法の進化過程の第一段階に位置付けるこの記述[104]は、進化論的発想をとる彼の法理論からすると、この考えを原始的な遅れたものとして批判する意味合いを持つものといえよう。

それでは、重遠においてこのような記述の変化が生じた背景には何があったのか。これについては、大正六年から一四年の間に重遠が行った「子の引渡請求」に関する一連の判例研究を通して考察することが可能であるため、以下に見ていきたい。

(2)「親権」解釈の変化の背景としての判例研究

大正一〇(一九二一)年の『法学協会雑誌』に発表された「子の引渡の請求」と題する判例研究には、大正九年二月五日東京控訴院民事第二部判決についての紹介・批評がなされている[105]。

当該事件の概要は次の通りである。甲が乙という満一七歳の少女を女中として雇って家に置いていたところ、乙の親権者丙が甲乙間の契約は丙の同意なしに締結されたと主張して契約を取り消した。しかしその後も一向に乙は甲の家から出ていかないので、丙が甲に対して乙の引渡を請求した。甲がこれを拒絶したため、丙は区裁判所で乙の引渡請求の仮処分命令を得た上、地方裁判所に本訴を提起し勝訴判決を得た。そこで甲は控訴し、原判決を破棄し仮処分命令を取り消すよう申し立てるに至った。

これに対する控訴院の判断は次のようなものである。まず、丙が甲乙間の雇傭契約を取り消したのは有効であるということを前提とした上で、それにもかかわらず乙が帰ってこない場合、丙は甲に乙を返せと請求出来るのか、つまり子の引渡請求という訴えを起こすことは出来るのかという点について、裁判所は「さういう訴が起され得る」とした。しかし、甲が不法に抑留しているのではなく乙の自由意思で帰らない場合でも、丙は甲に乙の引渡を要求することが出来るのかという点について、裁判所は乙が一七歳であるということから意思能力があるものと認め、また甲が不法に乙を抑留したという事実は証明出来ないことから、「親権者タル被控訴人ハ単ニ右乙ト控訴人トノ間ノ雇傭契約ノ取消ヲ為シタル一事ニ因リ直ニ控訴人ニ対シ右乙ノ引渡ヲ求ムルハ、乙ノ自由意思ヲ無視スルモノニシテ、固ヨリ法律上許容スベキ限ニアラズ」として甲を勝訴させ、原判決を破棄し、仮処分命令を取り消した。

このような控訴院の判決について、重遠は、判決の結論には同意するものの、親権者に子の引渡請求権があるとした点については異論があるとしている。この重遠の見解についてみていこう。

親による子の引渡請求権は、明文で認められたものではなく、判例のなかで認められるようになったものである。例えば、大正元年一二月一九日第一民事部判決では「給付ノ訴ハ給付ノ目的カ物ナルニ非サレハ之ヲ提起スルヲ得サルノ法則アルナケレハ幼児ノ引渡ヲ請求スルノ訴モ法律ノ許ス所ナリト謂ハサル可ラス」[106]として、親権者に子の引渡請求権を認め、大正七年三月三〇日の大審院判決では、「親権ノ効力タル子ノ監護教育権ハ親権者ニ専属スル対世的ノ権利ニシテ親権者ハ其目的タル未成年ノ子ニ対シテ之ヲ行フコトヲ得ルト同時ニ何人ト雖モ之カ行使ヲ妨ケ及ヒ之ヲ侵害スルコトヲ得サルモノナレハ親権者ノ手ヨリ其子ヲ奪ヒ去リ其監護教育権ヲ侵害シタル者アル場合ニ於テ親権者ハ之ニ対シ其子ノ引渡ヲ求メ以テ親権ノ行使ヲ全クスルコトヲ得サルヘカラス」[107]として、対世的権利である監護教育権に基づき、親権者は子の引渡を求めることが出来るとしている。[108]この点は、前記の大正九年二月五日判決でも同様であり、当時の裁判所の傾向としては、子を所有物として物権的請求権類似の権利を発生させ、引渡を肯定するという見解に立っていたといえよう。また、法学者たちのなかでも、こうした裁判所の態度を支持する者が多かった。[109]このような見解に対し、重遠は、以下の点から批判する。

第一に、いまだに親権を「親の利益のための権利」として捉えているという点である。その例証として、重遠は、「其（親権ノ）目的タル未成年ノ子」とする大正七年大審院判決と、「人其モノガ私権ノ目的ト為ル」[110]とする三潴信三の学説を挙げ、これらは子が親権の目的物であるかのごとく説いている点において「旧世紀の遺物」のようだと否定する。そして、今日の親権制度では、むしろ親が、「「子を育てるという」親たる義務をなし得る」権利を有するという観点から捉えていかねばならないとする。そのように親権を定義づけるならば、（第三者からの）権利侵害に対しては、子の引渡請求権として物上請求権類似の権利を発生させるのではなく、侵害停止、原状回復及び損害賠償を請求出来るに留めればよいのではないか、と重遠はいう。

第二に、大正九年二月判決では、子の引渡請求の要件として、子の自由意思に反し第三者によって不法に抑留されている事実が必要であるとしているが、これに対し重遠は、「未成年者に十分の意思能力があり、第三者に毫も抑留の事実がないのならば、引渡を請求すること自体が筋違い」であると指摘する。というのも、対世的権利としての親権によって子の引渡請求が導かれる場合には、子の意思とは関係なしにそれは認められるべきであり、そのように考えると、本判決の結論は理屈が通ってないということになる。従って、こうした場合はむしろ「親権妨害排除の訴え」によるべきではないかと重遠は主張する。(11) つまり、「親権妨害排除の訴え」であれば、仮に子が第三者によって不法に抑留されている場合には、妨害排除の請求の枠内で第三者の抑留を解くことが出来、あわせて子の自由意思を尊重することも出来、論理の矛盾なく同判決と同じ結果に結びつけることが可能となる。また重遠は、仮に自由意思のある子が抑留を解かれた上でも戻らなければ、それは民法八八〇条の定める居所指定権の問題として扱うべきであるとする。子は居所指定権に従わねばならないという意味で子の自由意思は親権者に拘束されるが、これには強制力はない。従って、親権者の指定に子が従わなくとも親権者は子を強制的に連れ戻すことは出来ないので、最終的には本人の意思にまかせるほかはない。重遠によれば、この問題はあくまで子の人格を尊重した上で扱わなければならないとしており、彼のこのような姿勢は、子の人格を最優先させるが故のものだと評価することが出来るだろう。

重遠によるこの判例評釈はその後の判例に影響を与えることとなる。(112)実際に、大正一二年一一月二九日大審院第二民事部判決では、子の身柄の引渡の問題を親権の妨害排除の問題として捉え直すことになった。(113)

以上、従来の学説に対する重遠の反論を見てきたが、彼がなぜこのような立場をとらねばならなかったのか、その理由を考える必要があるだろう。まず指摘しておかなければならないのは、当時においては親権者が子を酷使することが公然と行われており、こうした行為は親権行使の範囲内に収まると認識されていた。そのため、このような境遇に置かれかねない子供を第三者が保護した場合、親権者は親権を盾にとって子の引渡を求めるということが現実に生じていた。これに対し、重遠は、当時において法学界で支配的だったドイツ流解釈法学では、適当な解決に導くことは困難であると認識していたのではないかと思われる。すなわち、彼にとっては、大正七年三月三〇日の大審院判決やそれを支持する三潴信三の判例研究などにみられる、社会的現実に目を向けることなく、単純な概念の当て嵌めだけで子の引渡請求権を可能にするといった、いわゆる概念法学的な考え方は、まさしく打破すべき当時の法学界の「弊」(114)であった。重遠にとって何よりも優先すべきは、体系的一貫性よりも、親の都合によって「食い物」にされたり「虐め」られたりする子供たちの生命、人格を守ることにあった。しかし、従来の判例や学説のように、子の引渡請求を認めるという立場から出発すると、横暴な親の要求を阻止することが出来ない。そこで、子の自由意思が認められる範囲を広げ、親の主張を最小限に留めることを可能にする解釈を全面に推し進めることで、親権者の横暴を防ぎ、子供を取り巻く悲惨な現実に歯止めをかけようとしたのであった。こうした重遠の態度は、まさしく児童虐待防止法の制定を推し進める彼の態度と軌を一にするものといえよう。

(3)「親たるの義務を行う権利」としての「親権」

前節で取り上げた大正一〇(一九二一)年の判例評釈のなかに示されている重遠の親権論は、親の横暴から子を守ろうという姿勢こそ明白であるものの、法律上の理論的根拠は必ずしも明らかではない。特に、親権の物権的性質を承認しつつも、なぜ引渡の訴えが認められないのか、なぜ妨害排除の請求に限られることになるのかについての重遠自身の説明はない。尤も、本章第一節に挙げた『親族法大意』(大正一四年)では、「親権は親たるの義務を行う権利」と親権を位置づけ、国家がこれに利害関係を有するとした上で親権の制限が可能であるとしている。非常に凝縮した形で表現されている彼のこの親権論は、児童虐待防止法の制定後、昭和八(一九三三)年一〇月に行われた彼の講演のなかで、より詳細に展開されている。そこで本節では、この講演内容に則して、彼の考える「親権」についてみていくことにしたい(115)。

まず重遠は、「親権なるものは親の利益のための権利といはんよりはむしろ子供の利益のための権利なのぢやなからうか」とし、その意味において「親権といふのは一方からいへば権利であるが一方からいへば義務である」と述べている。親権の権利・義務については民法八七九条に規定されているが、これについて、これまでの法学者たちの見解では「権利を有し義務を負ふといふのは一寸をかしいが、これは謂はゞ親子の間にいろいろな権利もあり義務もあるといふことを権利を有し義務を負ふと言ってをるんだ」とされてきたが、重遠自身はこれでは「もの足りない」という。つまり彼は、「親権といふものは一方からいへば権利だが、又一方からいへば義務なんだといふことを民法は親は子供を監護教育する権利を有し義務を負ふとかう言ってをる。子供に対する親の権利は即ち義務なのである。初めは親の権利であったが、だんだんと親の義務、子供を育てるのは親の義務といふ方に考へが向いて来たのだ、又それが本当なのだ、かういふ風に思ふ」と述べている。

このように、重遠は、まずは「子供の利益のため」にという点を強調した上で、親権を「親の義務」として捉えている。それではこのような解釈の場合、親は誰に義務を負い、また親は誰に対して権利を主張することが出来るのだろうか。これについて重遠は次のように話を進めていく。

前述の通り、子を養育することは親の義務だと述べたものの、そうなると「子供の方からいへば育て丶貰ふことが子供の権利」となり、これは「甚だ怪しからん考へだ、これは我国古来の醇風美俗に反する考へ方だ」との反論が出るだろうと、重遠は推測する。しかしこのような反論は、「今までの法律の観念に囚はれた考へ方」、つまり「一方が権利者ならば、それによつて束縛を受ける者が義務者である。一方が義務者ならば、それによつて利益を受ける者が権利者である」という考え方に縛られており、親子の関係はこうした考えとは異なるものだとする。彼によれば、「子供の利益のために親がさういふ〔子を養育する〕義務を負つてをるが、しかしそれは子供に対する義務ではな」く、「日本国家、社会、人類に対する」義務である。つまり、国家の発展のため、人類の向上のために、今の我々よりも精神的身体的に優れた次世代を育てることこそ、我々が国家より課せられた「義務」であるとした。

このように、重遠がいうところの「親の義務」とは、国家・社会・人類を権利者とする義務ということになるわけであるが、彼の議論の運びからすると、重遠がこうした解釈をとる目的は、決して国家そのものの利益を実現するためではなく、むしろ、子を権利者とすることを善しとしない者からの批判をかわすためであったとみてよいだろう。なお、子の法的地位についてはこの講演のなかでは名言されていないが、八年後の昭和一六年に『龍門雑誌』に掲載された彼の講演録のなかでは、「国家社会が権利者であつて親が義務者であり、子供は受益者である」とされている。(116) ここにも子の利益を重んじる彼の態度が表れているといえる。

次に親権の「権利」について言及がなされる。重遠は、「外の人が手出しをした時に自分をして親たる義務を為さしめよと言って外の人の手出しを排斥する」こと、これが親の有する権利であるとする。なお、ここでいう「親たる義務」とは、「迷惑千万、なるべくならば御免蒙りたく思ふ」負担や苦痛を伴うものではなく、「甚だ愉快な義務」である。親だからこそなすべき義務であり、是非尽くしたい義務である。それ故に、第三者がそれを邪魔するときには、親はそれを「私の子供だから私が育てます」として、払いのけることが出来るのである。このようにして考えていくと、親権とは「(子を育てる) 義務を行いたいと(第三者に対して) いう権利」、つまり「義務を行う権利」であるということが出来るのである。このような彼の「親の権利」の捉え方は、対世的性質の具備を肯定したものであり、親権を物権的なものとして捉えているといえる。[117] しかし、このように考えると、他の物権と同様、親権においても権利行使をしない自由も認められるのではないかという疑問が出てくるだろう。これに対し、重遠は、親権は「普通の権利と大変趣が違ふ」として、「親の権利であるから育てるも勝手育てないのも勝手といふことは出来ない」と反論する。つまり「親権なるものはどうしても行はなければいけない〔放棄することの出来ない〕権利」であり、「権利」であると同時に「権利を行ふ義務」を伴うものであるのだとした。

それでは、こうした「権利義務」をもつ親に対して、国家はどのような権利を行使することが出来るのだろうか。これについて重遠は次のように述べている。

子供を育てることは親の権利である、しかしそれは義務を行ふ権利であるから、親がその義務を盡さない場合には国家がそれに口出しをして、お前は親権者でありながら子供を育てる義務、その権利内容たる義務を行はないから、もうお前にその子供を委せておけないからこちらへ差出せといふことを国家が言ふことはそれは国家としては勿論当然である。尤も親として子を育てさせるといふ事は非常に大切な事であるから無暗にさういふ事は出来ない、出来得る限り親としてその子供を育てさせるべきであるけれども、どうも親が十分その権利を行はない、或はその権利を濫用して子供を害することにならば、国家としてこれに干渉するのは寧ろ当然な事ぢゃないか。子供がその親の不心得によって良く育たぬ、或は早く死ぬといふやうなことはその子供が可哀さうだといふだけの問題ぢゃない。その一家の不仕合わせだけの問題でなく次の日本、次の人類がどうなるかといふ問題であるから、国家としてそれを打棄てゝおくわけには行かぬ、かういふ事になるのであります。親権なるものは素より大切なものであるから無暗にこれを侵害することはよくないけれども、しかし親権の元来の目的は親の利益のための権利ではないので、国家、社会、人類の利益のための権利であるから、その国家、社会、人類の利益のため親権に立入るといふことは国家としてはこれ亦為し得ることであり、又為さねばならぬ事である。かういう風な考へで行くべきでなからうかといふような議論を私などが致しまして、先づ先づこの程度に親権を制限しても適当であらうといふことで今度の児童虐待防止法が出来上がつたといふ次第であります。

このように重遠は、親として子を育てるということは非常に大切なことであるから、出来る限り親としてその子供を育てさせるべきであるが、親が十分その権利を行使しない、あるいはその権利を濫用して子供を害するならば、それは子供にとって不利益になるのは勿論のこと、さらに国家・社会・人類の利益にもかかわってくる。そのため、こうした事態が生じた時には国家はこれに干渉しなければならないとして、国家に対して、親の親権行使を補完・制限する権限を与えるべきだとした。そしてこうした流れが児童虐待防止法の制定へと繋がっていくのである。

(4) 小括

以上を踏まえ、重遠の見解をここで整理しておく。

重遠においては、既に大正六（一九一七）年の『親族法大意』の時点で、親権は制限されるべきであるという基本的な方向性が打ち出されている。尤も、それは漠然とした形で「国家社会主義」思想に依拠しているに過ぎない。しかし、その後の判例研究のなかで彼の思索は深まり、その根拠を民法八七九条に基礎づけるようになる。すなわち、同条の定める義務を国家・社会に対する義務と読み替えることにより、親権の制限が可能であるとしたのである。

こうした重遠の学説を理解するにあたっては、当時の児童虐待をめぐる状況を踏まえる必要がある。当時においては、子供への虐待事件が多発するなか、親子関係に国家が介入する余地を広げる必要があった。勿論、民法には親権喪失制度（八九六条以下）があったが、虐待の事案は緊急性の高いものが多く、親権剥奪の手続を待つとなると相当な時間を要し、その間に「子供は干乾しになっている」[118]ことにもなりかねない。そこで、応急措置として、子供を保護出来るための法律や裁判上の判断が必要であった。しかし、三潴や梅のような既存の親権論ではこれに応えることが出来なかった。三潴は親権を所有権のような排他的な支配権として捉えていたが、この説に従うならば、親権制限には明文の条文が必要になり、児童虐待を防ぐために親権を制限し、これにより子の利益を図るには、民法の抜本的改正は避けられない。しかし、この当時、民法改正作業に直接携わっていた重遠にとって、民法を改正させることがいかに困難であるかは誰よりも痛感しているところであった。そのようななかで、緊急性を伴うこうした問題を迅速に解決させるためには、民法を改正せずとも親権を制限することが出来るような親権解釈が必要だったのである。また、梅のような親の子に対する義務という解釈も、重遠にとっては現実的ではなかった。というのも、既述の通り、梅のような解釈をとった上で親権の制限を肯定してしまうと、醇風美俗を重んじる当時の学界状況において厳しい批判が予測されたからである。このように見てみるならば、彼の「義務」の解釈は、親権という権利の制限を導くことを現実的に可能にすることを目指す、極めて実践的性格の強いものであったと見ることが許されるように思われる。(119) すなわち、子の利益の実現こそが一貫した重遠の意図であったものの、それを直接実現できないという現実のなかである種の妥協案として成立したのが彼の公的義務説であったといえよう。(120)

おわりに

以上、穂積重遠の児童虐待防止法に関する立法活動、社会事業、そしてそこで問題となる民法上の親権をめぐる彼の見解について考察してきた。最後にこうした所論を総合し、穂積法学の特徴を分析して、本稿を終えることにしたい。

穂積重遠という法学者については、時に、醇風美俗を重んじる保守的な法律家という捉え方がされることもある。(121) しかし、彼の活動全般を総合的に見てみることで、それとはまた異なる評価を与えることが可能になろう。本稿第一章及び第二章で見たように、彼は幼少期より社会事業に関心を有しており、そのなかで彼は一貫して子の利益の実現を目指している。この点は、本稿第三章で見た彼の親権論においても貫徹されており、彼の真意は決して醇風美俗の実現にあるのではなく、むしろこうした醇風美俗を唱える人々の批判をかわしつつ、子の利益を実現させることにあった。重遠のこうした議論の仕方については、彼を直接よく知る川島武宜が、「〔穂積重遠〕先生は終生常に変ることなく、種々のレトリックを用いて『家族制度』を批判して市民的な家族倫理と法とを主張しつづけられた」[122]と述べているが、重遠の親権論はまさしくこの典型例であったと評価出来よう。このように、我々は、重遠を取り巻く時代状況にあって、彼がやむを得ずに使わざるを得なかったレトリックを鵜呑みにするのではなく、その奥にある彼の真意を捉えることが必要である。

こうした子の利益を志向するという重遠の理念は、戦後、その弟子である中川善之助に受け継がれていくことになる[123]。そしてようやく平成二三（二〇一一）年に至り、民法八二〇条が改正され、親権は「子の利益のために」行使されるべきことが明文化された[124]。このように見てみると、重遠を始めとする当時の社会学的法律学には現代法学に直結する存在感があるといえよう。本稿では、親権論というわずか一例を挙げるに留まったが、今後も穂積重遠の活動を多角的な視点から捉えた上で分析し、社会学的法律学の実像やその現代への影響を明らかにしていきたい。

（1）石坂音四郎「日本法学ノ独立」（『法学新報』二三巻、大正二年）七三頁。

（2）この時期の法学は民法学史の枠内で言及されることが多い。例えば水本浩「民法学史の枠内で言及されること」「民法学の転回と新展開—本期（大正一〇年～昭和二〇）の発足前の状況」（水本浩・平井一雄編『日本民法学史・通史』（信山社、平成九年）一六九頁以下所収）は、大正期にあって、新しい民法学が展開する基礎的方法論が形成されたとする。大村敦志氏もまた、現代に繋がる法学史の転換点として大正時代を特徴づける見方をとっている（同『穂積重遠』（ミネルヴァ書房、二〇一三年）Ⅵ頁）。また、我が国の外国法継受史の文脈で、野田良之「フランス法」（伊藤正己編『外国法と日本法』（岩波書店、一九六六年）一八四頁以下所収）は、大正初年以降を「日本法が比較法的にその独自性を自覚し、外国法摂取においても自主的な立場に立ってこれを行なうようになる時期」（二一〇頁）と特徴づける。このように複数の分野にわたり既に大正期の法学についての研究が見受けられるが、この時代の法学の特徴を捉えるためには、単に法学の一部門の学問史という捉え方を超え、社会史など隣接分野と総合することが必要であろう。こうした方向を目指す研究としては、伊藤孝夫『大正デモクラシーの法と社会』（京都大学学術出版会、二〇〇〇年）がある。

（3）杉山直治郎「法律思想の発達」（同『法源と解釋』（有斐閣、一九五七年））二九五以下参照。

（4）渡辺洋三『法と社会の昭和史』（岩波書店、一九八八年）四三頁及び利谷信義『日本の法を考える』（東京大学出版会、二〇一三年（新装版））三九頁を参照のこと。なお、「社会学的法律学」という名称は、我妻栄「穂積重遠先生の人と学問」（『法学セミナー』一五七号、一九六九年）一三〇頁で用いられている。

（5）渡辺前掲『法と社会の昭和史』四三頁。

（6）我妻前掲「穂積重遠先生の人と学問」一三一頁。

（7）大村前掲『穂積重遠』二九五頁。

（8）なお、本稿は便宜上「大正期」といういい方をしているが、それは鵜飼信成他編『講座日本近代法発達史』（勁草書房、一九五八―一九六七年）の採用する時代区分である「法体制再編期」（大正三年―昭和六年）に相当するものとして筆者は用いている。なお、児童虐待防止法が施行されたのは昭和八年のことであるが、社会事業調査会の中で同法の基本的骨子が固まったのは、後述するように昭和六年のことである。

（9）穂積重遠「大学生活四十年」（『法律時報』一五巻一〇号、昭和一八年）二八頁。

（10）大村前掲『穂積重遠』八三頁。

（11）拙稿「大正・昭和初期婦人団体による対議会活動と民法学者」（『法学研究』八八巻九号、二〇一五年）三五頁。

（12）原胤昭については、原泰一・若木雅夫『更生保護の父　原胤昭』（渡邊書房、一九五一年）、片岡優子『原胤昭の研究』（関西学院大学出版会、二〇一一年）、原泰一「原胤昭」（日本刑事政策研究会編『日本刑事政策史上の人々』（日本加除出版、一九八九年所収））、安形静男「原胤昭　免囚の父―更生保護史上に異彩の生涯と足跡―」（『犯罪と非行』一〇四号、一九九五年）、池田由子「免囚保護と児童虐待防止法運動の先駆者　原胤昭の業績」（『更生保護』五三巻八号、二〇〇二年）、池田由子・矢花芙美子「わが國における児童虐待防止運動の歴史―とくに明治時代における原胤昭の業績を中心として―」（『東洋大学発達臨床研究紀要』二号、二〇〇二年）、児玉圭司「出獄人保護事業に生涯を捧げた原胤昭」（『人権のひろば』一一一号、二〇一六年所収）など、数多くの研究業績がある。

（13）なお本条は、平成二三年に改正され、「親権を行う者は子の利益のために子の監護及び教育をする権利を有し、義務を負う」となった。

（14）例えば、門広乃里子氏による論稿「子どもと親に関わる最近の法状況を契機として」（『法律時報』八三巻一二号、二〇一一年）五頁では、戦前の公的義務説の代表として、重遠の著書『親権論』を引用している。また、棚村政行氏は「公的義務説の代表者である穂積重遠」と明言している（同「親権法の改正をめぐって」（『Law&Practice』第二号、二〇〇八年）一五一頁）。

(15) 重遠の公的義務説を肯定するものとしては、川田昇『親権と子の利益』（信山社、二〇〇五年）が挙げられる。川田氏は「当時の状況のもとで、穂積博士は『子の権利』と呼ぶことが（…）『面白くない、といふ非難』が予想されるところから、名称としてそれを避けただけであり、その意味では『子の権利』は否定されてなかったということができ」（四五頁）、また「〔重遠の公的義務説に基づく〕子の監護教育は、『次代の国民の発育』という社会の存続にかかわる問題として、国家が自らこれに関して一定の責任を引き受け、親権に対する干渉や援助をするに至ったというのであり、〔これは、戦後の児童福祉法を念頭において論じた我妻栄の（一九五〇年中葉における）学説に共通する〕『親権の社会性』を示すための構成であったことは明らか」（四五頁）なため、「今日私法義務説が正当性を主張する根拠として『子どもの権利』を持ち出し、公的義務説が子どもの権利を否定するか、少なくともこれを相いれないかのように説くことは、明らかに誤りであるといわなければならない」（四七頁）として、重遠の公的義務説に一定の評価を与えている。他方、重遠の公的義務説を否定的に捉えるものとしては、米倉明「親権概念の転換の必要性」（星野英一・森島昭夫編『現代社会と民法学の動向　下』（有斐閣、一九九二年）三六一―四〇七頁）がある。米倉氏は、現在の解釈論として、子の利益の実現のために重遠の提唱するような公的義務説をとる実益は少なく、むしろ親が子に対して負っている債務と捉えるべきだとする。また、平田厚「わが国における親権概念の成立と変遷」（『明治大学法科大学院論集』四巻、二〇〇八年）では、重遠の公的義務説を紹介した後に、「このような言説は、イングランドにおいて、戦争国家化への発展とともに、一九〇八年児童法が親責任を強調し、児童を『国家の財産』として利用しようとする帝国主義的な要請が出てきたことを髣髴とさせる」（一四三頁）と述べている。この他、公的義務説の学説史的位置づけについては、於保不二雄編『注釈民法（二三）親族（四）』（有斐閣、昭和四四年）七二―七三頁、上羅翔太「日本における婚外子の共同親権制度の導入」（『立命館法政論集』一三巻、二〇一五年）七五―七八頁がある。なお本稿では、史料の引用にあたり、筆者による補記は〔　〕により示し、中略箇所については（…）と示すこととする。

(16) なお本稿では、重遠の関与する「児童虐待防止法に関する法律案要綱」にのみ言及することとし、児童虐待防止法全体の立法過程の詳細については割愛する。

これについては、田中亜紀子氏による優れた論稿（同「昭和戦前期の未成年者処遇制度─昭和八年児童虐待防止法案審議を主たる対象として─」（『阪大法学』六三巻三・四号、二〇一三年）五三七─五五九頁）がある。

(17) 「渋沢栄一日記（明治三二年五月一一日）」（渋沢青淵記念財団竜門社『渋沢栄一伝記資料』第二四巻（渋沢栄一伝記資料刊行会、昭和三四年）二七〇頁所収）。

(18) 岡山孤児院及びその活動については、細井勇『石井十次と岡山孤児院』（ミネルヴァ書房、二〇〇九年）、細井勇・菊池義昭編『岡山孤児院関係資料集成第一巻』（不二出版、二〇〇九年）、一色哲「メディアとしての音楽幻燈隊と岡山孤児院」（『キリスト教社会問題研究』四四号、一九九五年）四九─六六頁、菊池義昭「明治三〇年代前半の岡山孤児院の運営体制と寄付募集組織の強化」（『石井十次資料館研究紀要』創刊号、二〇〇〇年）四─六一頁、同「岡山孤児院の音楽活動写真隊と赤野五十二準備員の国内での慈善会の活動実態」（『東北社会福祉史研究』三〇号、二〇一二年）九─六二頁を参照のこと。また、渋沢青淵記念財団竜門社前掲『渋沢栄一伝記資料』第二四巻の二七〇─二八八頁にも岡山孤児院に関する記事が所収されている。

(19) 片岡前掲『原胤昭の研究』二五九頁。

(20) 「栄一邸に於ける岡山孤児院の幻灯音楽会」（『龍門雑誌』一三二号、明治三二年）（渋沢青淵記念財団竜門社前掲『渋沢栄一伝記資料』第二四巻二七〇頁所収）。

(21) 陳重は「英国に留学中『ベンタム』の名著『パナプチコム』を読んで、深く監獄改良の必要を感じ、其後ち『ドイツ』に留学して、同国では監獄の事は既に一科の専門学となって居るのを見て」（穂積陳重「小河滋次郎博士と監獄学の専攻」（穂積重遠『穂積陳重遺文集』第三冊（岩波書店、昭和七年））四五四─四五九頁）、帰国後には、彼自ら東京大学にて監獄学の課外授業を行ったり、「獄制論」「監獄学大綱」「監獄の改良策」といった論文を発表するなど、監獄学を重視する姿勢がみられる。また、近代日本の監獄行政に多大な貢献をした小河滋次郎に監獄学を勧めたのも陳重である。陳重と小河の接点については、小野修三「小河滋次郎覚書」（『三田商学研究』四一巻四号、一九九八年）一七三─一八一頁を参照のこと。

(22) 穂積重行編『穂積歌子日記』（みすず書房、一九八九年）四六七頁。

なお、ここでいう「兜町の同族会」とは「渋沢同族会」のことである。これは、渋沢栄一とその「嫡出の子及び家督相続人並びにその配偶者」によって、「同族の財産及年々の出入りを監督せしむる目的」で構成された。同会は明治二二年に第一回会合が開かれ、同二四年には家法が制定され、その後、毎月一回会合が開かれ、昭和三八年まで続いた。渋沢同族会については、渋沢栄一記念財団編『渋沢栄一を知る事典』（東京堂出版、二〇一二年）三三―三四頁を参照のこと。また当時の同族会での様子については、渋沢雅英『父・渋沢敬三』（実業之日本社、昭和四一年）一五〇―一五五頁にその詳細が記されている。

(23) 穂積前掲『穂積歌子日記』四七三頁（明治三二年六月二三日）。

(24) 『基督教新聞』八二八号（一八九九年六月三〇日）八頁。

(25) この研究会については『法学協会雑誌』一五巻一号（明治三〇年）八五頁を参照。

(26) 原の講演内容については『国家学会雑誌』二一巻四号（明治四〇年）六〇四―六〇六頁及び『法学協会雑誌』二五巻四号（明治四〇年）五五二―五六〇頁を参照のこと。

(27) 穂積前掲『穂積歌子日記』六六二頁（明治三五年一月一六日）。

(28) 原泰一・若木雅夫前掲『更生保護の父　原胤昭』一一一頁。

(29) 穂積前掲『穂積歌子日記』五九三頁（明治三四年二月四日）。なお、この日の歌子の記述には「原の『女子教育会』は翌年の『女子免囚保護所』に関係するか。」とする穂積重行の注釈が付されている。

(30) 穂積前掲『穂積歌子日記』七〇五頁（明治三五年九月二日）。

(31) 穂積前掲『穂積歌子日記』七〇五頁（明治三五年九月二日）。

(32) 穂積前掲『穂積歌子日記』七〇九頁（明治三五年一〇月二日）、七一六頁（明治三五年一一月一〇日）、七一七頁（明治三五年一一月一四日）、七一八頁（明治三五年一一月二三日）、七二二頁（明治三五年一二月一〇日）。

(33) 例えば、歌子の明治三八年一〇月二九日の日記には、渋沢栄一が設立した東京市養育院感化部井之頭学校の開会式に、原とともに訪れている模様が記されているが、ここに陳重は出席していない（穂積前掲『穂積歌子日記』九一八頁）。

(34) 穂積重遠「少年保護の先駆者」（『少年保護』七巻七号、昭和一七年）九六頁。

(35) 穂積重遠「エンジェルの原さん」（『厚生問題』二六巻五号、昭和一七年）五五頁。

(36) 「渋沢栄一日記」（明治三二年一〇月三一日及び明治三三年一月二四日）（渋沢青淵記念財団竜門社前掲『渋沢栄一伝記資料』二四巻三〇二頁所収）。なお、一〇月三一日の訪問については、穂積歌子の日記にも「今夕兜町邸へ原氏其外の人々を招き給ひ、免囚保護事業につき御相談あり」と記されており、その際、「余興に養育院のさまを幻燈にうつすよしにて、大人より子供よこせと〔父渋沢栄一より〕仰せありたれば、五時男子三人歩行」と記されており、重遠もこの場に居合わせていたことがわかる（穂積前掲『穂積歌子日記』五〇二頁）。また、明治三三年一月二四日の訪問の顔ぶれは、同三二年一〇月の時と異なり、「清浦、小河、岡部、中村〔元雄〕、三好、本多〔庸一〕」である。

(37)「渋沢栄一日記」（明治三三年一月二四日）（渋沢青淵記念財団竜門社前掲『渋沢栄一伝記資料』二四巻三〇二頁所収）。

(38) 原胤昭「特に『翁』と申上げて青淵先生を偲ぶ」（『龍門雑誌』五二三号、昭和七年）（渋沢青淵記念財団竜門社前掲『渋沢栄一伝記資料』二四巻三〇四頁以下所収）三〇五頁。

(39) 大谷まこと『渋沢栄一の福祉思想』（ミネルヴァ書房、二〇一一年）一二八頁以下参照。

(40) 渋沢栄一『東京市養育院創立五十周年記念　回顧五十年』（東京養育院、大正一一年）一〇頁以下。

(41) 原前掲「特に『翁』と申上げて青淵先生を偲ぶ」三〇五頁。

(42) 渋沢青淵記念財団竜門社前掲『渋沢栄一伝記資料』二四巻、三〇二頁。

(43) 大谷前掲『渋沢栄一の福祉思想』一九三頁。

(44) 穂積前掲「エンジェルの原さん」五五頁。

(45) 穂積前掲「エンジェルの原さん」五五頁。また、東京帝国大学セツルメントで活動していた松本征二は、重遠について、「法律の他に関係されていたところは、極めてひろく、社会福祉事業も亦、〔穂積重遠〕先生の一大活動の分野であった。（…）先生は、明治時代の社会福祉事業の先駆者の一人に数えられる原胤昭氏と特に親しく、その影響もあり（…）多大の功績をもたらされた」と述べている（松本征二「穂積先生と社会福祉事業」（「穂積重遠先生を偲ぶ会」発起人『穂積重遠先生を偲んで―穂積重遠先生御逝去三十周年記念』一九八二年所収）六八―六九頁）。

(46) 穂積前掲「大学生活四十年」二八頁。

(47) これについて、穂積重遠「子供に対する法の保護と社会の保護」（『社会事業研究』二一巻一二号、昭和八年）二〇頁には「又畏れ多くも皇太后陛下が皇后であらせられた時に、原胤昭先生と山室軍平先生をわざわざ御所へ召されて、この児童虐待防止の仕事についての御下問があつたといふ事であります。陛下もやはり、新聞記事を御覧になつて、かういふ者を棄てておいてはと思召し遊ばされたのでございませう」とある。

(48) 原胤昭「児童虐待防止事業最初の試み」（室田保夫・二井仁美編・解説『子どもの人権問題資料集成

第八巻（子ども虐待）』（不二出版、二〇一〇年）一一頁所収、初出は『社会事業』六巻五号（一九二二年））。

(49) 原胤昭「児童虐待防止事業」（室田・二井前掲『子どもの人権問題資料集成　第八巻』一頁所収、初出は『慈善』第一編第二号（一九〇七年））。

(50) 原前掲「児童虐待防止事業」一頁。

(51) 原前掲「児童虐待防止事業最初の試み」一一頁。

(52) これは大正一一年七月五日に京橋区月島海岸に漂着した少女のトランク詰め首無し死体事件のことである。当時一〇歳だった少女はつが、養父とその内縁の妻によって折檻され死亡した。当該事件については『東京朝日新聞』（大正一一年七月六・七日朝刊）を参照のこと。またその後、昭和五年四月に発覚した板橋・岩ノ坂地区での貰い子殺し事件（岩ノ坂事件）がきっかけで内務省社会局が児童虐待防止法の制定に着手している（「岩ノ坂事件から新法律の制定へ」（『東京朝日新聞』（昭和五年五月一〇日朝刊））。

(53) 原前掲「児童虐待防止事業最初の試み」一一頁、山室軍平「児童虐待防止運動の開始（救世軍の新しき社会事業）」（室田・二井前掲『子どもの人権問題資料集成　第八巻』一三頁所収、初出は『ときのこゑ』六三九号（一九二二年））。

(54) 「児童を護る座談会（児童擁護協会主催・昭和八年九月三〇日）」（草間八十雄『近代日本の格差と最下層社会』（明石書店、二〇一三年）所収）一八九―一九〇頁。

(55) 原胤昭「被虐待児の保護に就て」（室田・二井前掲『子どもの人権問題資料集成　第八巻』一七頁所収、初出は『社会事業』九巻一二号（一九二六年））。この点については、田中孝子「児童虐待防止法の通過に就いて」（『婦選』七巻四号（一九三三年）（『復刻版婦選』第八巻（不二出版、一九九三年）所収））二七二頁も参照のこと。

(56) 但し、中央社会事業委員会は厚生大臣（昭和一三年六月厚生省設立）の諮問機関となる。我が国の社会事業の歴史やそれにおける内務省の役割については、大霞会『内務省史』第一巻（原書房、昭和五五年）を参照のこと。

(57) 窪田暁子「第一七巻解題」（社会福祉調査会『戦前期社会事業史料集成』（日本図書センター、一九八五年））一三頁。

(58) 窪田前掲「第一七巻解題」一二―一三頁参照。

(59) 社会局「社会事業調査会報告（第二回）」（社会福祉調査研究会前掲『戦前期社会事業史料集成』第一七巻所収）一〇〇―一〇一頁。

(60) 社会局前掲「社会事業調査会報告（第二回）」五六、六九、七八、八五、九四頁参照。

(61) その内容は「輓近社会事情の変遷に伴ひ児童に対す

る虐待事実は漸次増加すると共に其の性質も亦著しく苛酷となるの傾向に在り然るに従来此の種の行為に対しては厳罰を以て犯行の防止を図るの外単に民法中親権者の為す虐待に付親権喪失の制裁あるに止まり被害児童の処遇に関しては何等適当なる方途を講ずる所なし誠に人道上遺憾とする所なるのみならず国家将来の為にも眞に憂慮すべき事態なりと謂はざるへからず乃ち速に被虐待児同の保護救済に関する制度を確立し以て我が国児童保護法制の完備を期するは緊要の事に属す是此の諮問を発したる所以なり」（社会局前掲「社会事業調査会報告（第二回）」九三―九四頁）といったものである。

(62) 以下、第一回から第四回までの委員会の内容については、「社会事業調査会報告（第二回）」の内容を中心に据えつつ、必要に応じて『東京朝日新聞』の記事を補充する。その際、「社会事業調査会報告（第二回）」からの引用については単に括弧で示すにとどめ、『東京朝日新聞』からの引用はその都度注記することにする。

(63) 社会局保護課は一九三〇年に「英独仏児童虐待防止制度概観」を、そして一九三一年「被虐待児童数」「被虐待事実」を調査した上で「児童虐待防止制度資料」をそれぞれ作成している。この資料は、室田・二井前掲『子どもの人権問題資料集成　第八巻』二七三頁以下所収。

(64) 「児童監護法案の要綱を説明　児童虐待防止委員会」（『東京朝日新聞』（昭和六年六月二日夕刊））。

(65) 前掲「児童監護法案の要綱を説明　児童虐待防止委員会」。

(66) 「児童監護法制定委員会」（『都新聞』（昭和六年六月二日））。

(67) 「児童虐待防止　社会事業調査会委員会開く」（『東京朝日新聞』（昭和六年六月九日朝刊））。なお、重遠による説明が行われたことについては「社会事業調査会報告（第二回）」には記されていない。

(68) 『東京朝日新聞』の記事では「山崎保護課長」となっている。

(69) 「児童虐待防止　社会事業調査会委員会開く」（『東京朝日新聞』（昭和六年六月九日朝刊））。

(70) この法律名を提案したのは重遠である。これについては、前掲「大学生活四十年」のなかで重遠自身が、「なお右の委員会〔社会事業調査委員会〕に於て法律の標題の問題が起った。あまり露骨だから『児童愛護法』とでもしたら、といふのである。しかし僕は法律の標題はどうしても『児童虐待防止法』でなくてはならぬと主張した。此法律の目的は虐待されて居る一人々々の児童を救ふだけには存せぬ、児童虐待は国家の厳に否認する所なる旨を天下に宣明して社会を教育せんとするのが此法律の目的だ、故に其内容を端的に標示せざるべからず、といふのである。」（二八頁）との発言からも明らかである。

(71) 穂積前掲「子供に関する法の保護と社会の保護」二一三頁のなかで、重遠は「［社会事業調査会では］児童虐待防止法といふ法律をつくるのは結構だが親権を侵しはしないか、親権なるものは大いに尊重しなければならぬものである。民法が子供を監護教育することは親の権利だとかう認めておる、それを侵害するといふことになってはどうも宜しくないなか、かういふ事が初めから可なり喧しい議論であったのでありまず。」と述べ、親権制限に反対する強硬な意見があったことを伝えている。また重遠によれば、同委員会では、親権問題の他に、子供を用いたサーカス、軽業、乞食等の商売を制限させることは営業の妨害にならないかについても問題になった。但し、重遠が語るところによると、当時の議論としては、親権問題の方が「大問題」であり、「法律家仲間では大議論があり、内務省は一つこれをやりたいといふ、司法省はさあどういふものかといって首を捻るといふやうな事が内部ではあった」と述べており、内務省と司法省の間にも意見の相違があったことがわかる。しかし、その後の帝国議会における審議のなかでは、むしろ後者が議論になり、後述のように、結果的には、営業の制限にかかわる要綱案「四」（法案では七条）が削除されることになる。

(72) 特別委員会における第二回以降の審議内容には、民法の親権規定との抵触に関する議論がもはや見られないことから、第一回委員会での重遠の発言が、委員会の疑問を払拭したとみることが出来よう。

(73) 穂積重遠「民法改正要綱解説（五）」（『法学協会雑誌』第四六巻第一〇号、昭和三年）四一頁。

(74) この点は、大正一四年一月二一日に行われた第二一回臨時法制審議会総会のなかで、委員の松本烝治が「民法第八百九十六條ハ、親権ノ濫用又ハ著シキ不行跡ノ場合ニ限ッテ、親権ノ喪失ヲ認メテ居ルノデアリマスガ、之ヲ後見人ノ欠格ニ関スル規定ト比較イタシマスルト、ドウモ狭キニ失シテ居リマシテ、子ノ利益ヲ十分ニ保護スルニハ足ラヌヤウニ考ヘラレルノデアリマスカラ、此親権喪失ノ事由ヲ拡張致シマシテ、家事審判所ノ審判ニ依テ、他ノ場合ニ於テモ親権ヲ喪失セシムルコトニシタイト云フノデアリマス」（「臨時法制審議会総会（第二十一回）議事速記録」（堀内節編著『続家事審判制度の研究』（中央大学出版部、昭和五一年）所収）六五六頁）と発言していることから明らかである。

(75) 「児童虐待防止法に関する法律案要綱」の「四」は、児童虐待防止法案第七条として「何人ト雖モ左ノ各号ニ掲クル行為ヲ為スコトヲ得ス　一　不具畸形ノ児童ヲ観覧ニ供スルコト　二　児童ヲシテ乞食ヲ為サシメ又ハ児童ヲ用ヒテ乞食ヲ為スコト　三　軽業、曲馬其他之ニ類スル危険ナル業務ニシテ主務大臣ノ定ムルモノニ児童ヲ用フルコト」と規定された。しかし本条は、衆議院での審議のなかで、児童に軽業や曲馬をさせることを全面禁止してしまうと、興行師にとって非常な打撃となるとして削除された。この点を遺憾とする声もあった（田中前掲「児童虐待防止法の通過に就いて」二七二頁）。

(76)　穂積前掲「子供に対する法の保護と社会の保護」一五一—一八頁参照。

(77)　穂積前掲「子供に対する法の保護と社会の保護」一八頁。

(78)　高島巌「児童虐待防止法と児童擁護協会の活動」（室田・二井前掲『子どもの人権問題資料集成第八巻』五一頁所収、初出は『社会事業研究』二一巻一二号（一九三三年））。

(79)　菊池勇夫「児童虐待防止法の趣旨とその社会的効果」（室田・二井前掲『子どもの人権問題資料集成第八巻』一三四頁所収、初出は『社会事業』一九巻六号（一九三五年））。同協会の役員には、丹羽七郎・富田愛次郎・藤野恵といった内務省社会局関係者や、貴族院議員の三島通庸がいる。彼らはいずれも児童虐待防止法の制定に尽力した人物であり、そのため児童擁護協会は「『児童虐待防止法』の後援団体的な性格が強い」との評価もなされている（齋藤薫「『児童虐待防止法解義』他解説」（上笙一郎『日本〈子どもの権利〉叢書八』（久山社、一九九五年）巻末所収）四頁）。

(80)　田中前掲「児童虐待防止法の通過に就いて」二七二—二七三頁。

原泰一は、慶應義塾大学理財科を卒業した後、米国留学を経て、三井銀行に入社、その後、中央社会事業委員会理事、日本赤十字社副社長、貴族院議員等の経歴をもった人物である（衆議院・参議院編『議会制度百年史　貴族院・参議院議員名鑑』（大蔵省印刷局、平成二年）一五四頁）。また、原胤昭の四女ミチの配偶者で、婚姻後に胤昭の養子となっている。

(81)　前掲「児童を護る座談会（児童擁護協会主催・昭和八年九月三〇日）」二〇四頁。

(82)　この点については、片岡前掲『原胤昭の研究』二九五頁も参照のこと。

(83)　前掲「児童を護る座談会（児童擁護協会主催・昭和八年九月三〇日）」二〇三—二〇四頁参照。

(84)　児童虐待防止法第二条には保護処分の種類として「訓戒」「条件付監護命令」「委託」の三つが挙げられており、児童擁護協会による収容保護はここの「委託」にあたる。児童保護の見地からすれば、児童は可能な限り、親権者や後見人、その他の児童保護責任者のもとで保護されるべきであるため、まずは訓戒や条件付監護命令をもって対応する必要があった。そしてこれらの処分では到底保護の目的を達することが出来ない場合に委託が選択された。尤も、施設への収容は親権者または後見人が児童を虐待した場合に限り、それ以外の者が児童を虐待した場合は親権者または後見人に引き渡すこととなっている。同法の保護処分の種類については、藤野恵『児童虐待防止法解説』（労働立法研究所、昭和八年（上前掲『日本〈子どもの権利〉叢書八』所収））三四頁以下を参照。

（85）児童擁護協会は、昭和八年五月の設立当初は、内務省社会局の中央社会事業協会を間借りして児童擁護活動を行ってきたが、同年一〇月三日、事務所を東京神田区に移転、ここに収容所も設け、「街から追はれ家庭から棄てられた子供達に温かいホームを與へる」ようになる（『東京朝日新聞』（昭和八年一〇月四日朝刊））。これが「子供の家」の始まりである。児童擁護協会常務理事の高島巌が園長を務めた。その後、昭和一三年一一月に杉並区に移転し、「子供の家学園」となる（『東京朝日新聞』（昭和一三年一二月一日朝刊））。「子供の家」の活動については、差し当たり、高島巌『歌わぬ子の話』（児童擁護協会、昭和一三年（室田・二井前掲『子どもの人権問題資料集成　第八巻』一五五―一六九頁所収））、同『歌ふ子供たち』（萬理閣、昭和一四年（室田・二井前掲『子どもの人権問題資料集成　第八巻』一七〇―二四九頁所収））を参照のこと。

（86）以下に記す児童擁護協会の活動内容については、高島前掲「児童虐待防止法と児童擁護協会の活動」五二頁を参照のこと。

（87）このうち、大阪児童擁護協会の発会式での講演内容は「子供に対する法の保護と社会の保護」という題名で『社会事業研究』二一巻一二号（昭和八年一二月）に掲載されている。

（88）『東京朝日新聞』（昭和一二年四月二四日）。

（89）重遠は、毎年一二月に行われる「子供の家」でのクリスマス会には頻繁に出席し、子供たちに励ましの言葉をかけている（『東京朝日新聞』（昭和一〇年一二月二日、昭和一三年一二月一八日）、高島前掲「歌わぬ子の話」一五七頁）。

（90）齋藤前掲『『児童虐待防止法解義』他解説」四頁。

（91）我妻前掲「穂積先生の人と学問」一三〇頁。

（92）これについては、拙著『大正期日本法学とスイス法』（慶應義塾大学出版会、二〇一五年）八八頁以下を参照のこと。

（93）穂積前掲「子供に対する法の保護と社会の保護」二二頁。

(94) 法務大臣官房　司法法制調査部監修『法典調査会民法議事速記録六』(日本近代立法資料叢書六)(商事法務研究会、昭和五九年)四二七頁。

(95) 法務大臣官房　司法法制調査部監修前掲『法典調査会民法議事速記録六』四二八頁。

(96) 法務大臣官房　司法法制調査部監修前掲『法典調査会民法議事速記録六』四三一―四三二頁。

(97) 奥田義人『民法親族法論』(有斐閣書房、明治三一年)三三六―三三七頁、梅謙次郎『民法要義　巻之四親族編』(明法堂、明治三二年)三五〇頁、上田豊『民法親族編相続編釈義』(博文館、明治四一年)一四七頁、牧野菊之助『日本親族法論』(厳松堂書店、明治四一年)三七二頁。

(98) 八束と後述する重遠の見解の相違は次の二点にある。第一に、八束は親子関係が服従関係と捉えているのに対し、重遠は、明言こそ避けてはいるが、親子関係が対等であることを総じて否定していないように思われる。第二に、八束は公法上存在する親権の義務性の実践的意義に何等言及していないが、重遠にとってそれは親権の制限を導くために用いられている。

(99) 穂積重遠『親権法大意』(岩波書店、大正六年(第三版))一一九―一二〇頁。

(100) 穂積重遠『親権法大意(改訂版)』(岩波書店、大正一四年(改訂二二版))一一六―一一七頁。

(101) 深作安文『外来思想と我が国民道徳』(右文館、一九二四年)七八―七九頁、有賀長雄講述『近時政治史』(東京専門学校文学科第四回第三部講義録)』(東京専門学校、一九〇〇年)三四―三六頁。

(102) 馬場義続「我国に於ける最近の国家主義乃至国家社会主義運動に就て」(『司法研究』第一九輯(報告書集一〇)(司法省調査課、一九三五年))一頁以下に、この意味での国家社会主義運動についての歴史的概観がある。

(103) 重遠の法律進化論については、拙著前掲『大正期日本法学とスイス法』二八二―二八五頁を参照のこと。

(104) この点について、重遠は、様々なところで論じているが、ここでは「権利義務の真の意義」(『産業組合』第二二五号(産業組合中央会、一九二四年))と「親権の尊重と制限」(上前掲『日本〈子どもの権利〉叢書八』所収、初出は『児童を護る』(児童擁護協会、一九三三年))を挙げておく。

(105) 穂積重遠「親族法相続法判例批評―三、子の引渡の請求」(『法学協会雑誌』三九巻六号、大正一〇年)一四三―一四九頁。

(106) 「幼女引渡請求ノ件(大正元年一二月一九日第一民事部判決)」(『大審院民事判決録』一八輯)一〇九二頁。

(107) 「幼児引渡請求ノ件(大正七年三月三〇日第三民事

部判決）」（『大審院民事判決録』二四輯）六一四頁。

(108) 重遠は、これについて別の論文のなかでは、「丁度所有物の返還と同じやうな取扱〔自分の時計を人が持って行った、その時計を返せといふ、物品取戻と同じような形式〕で裁判所は取り扱って来た。」と具体的に説明している（穂積前掲「親権の尊重と制限」三八頁）。

(109) 例えば、奥田義人（『日本親族法』（中央大学講義録）大正五年）、仁井田益太郎（『親族法相続法論』大正六年）、三潴信三（「民法判例批評（五）親権ヲ行フ嫡母ノ居住指定権監護教育権ノ性質監護教育権侵害者ニ対スル親権者ノ権利」（『法学協会雑誌』三六巻九号、大正七年））、牧野喜之助（『日本親族法論』大正一五年）、島田鐵吉（『親族法』（明治大学講義録）大正八年）、薬師寺傳兵衛（「幼児引渡請求権」（『法曹記事』二九巻七号、昭和一七年））の諸説が挙げられよう（高窪喜八郎『法律学説判例評論全集第九巻』（法律評論社、大正一五年）三三五頁参照）。

(110) 三潴前掲「民法判例批評（五）」九五頁。

(111) 穂積重遠「民法判例研究録　四、親権―幼児引渡の請求」（『法学協会雑誌』四二巻二号、大正一三年）一八一頁。

(112) これは重遠自身も「私は（…）『判例民法』及び『判例民事法』に於て此〔大正七年及びその類似判例にみられる〕大審院の態度に反対し来ったところ、最後の判例から十个月後に大審院が其態度を一変し、（…）私の議論の如き趣旨の判決を為すに至った」（穂積重遠『親族法』（岩波書店、昭和八年）五六六頁）と述べている。

(113) この判決では「被上告人（控訴人、原告）ノ親権ニ服スル其ノ養女千代ガ上告人（被控訴人、被告）方ニ居住スル事実アリトスルモ其ノ居住カ千代ノ意思ニ基クモノナル以上ハ上告人ハ被上告人ノ親権ノ行使ヲ妨害セリト為スコト能ハズ（下線・筆者）」（「少女引渡請求事件（大正一二年一一月二九日第二民事部判決）」（『大審院民事判例集』二巻一二号）六四八頁）としている。なお、重遠はこの判決を「親権といふことの考へ方に一新生面を開いた判決」であると評価している（穂積前掲「親権の尊重と制限」四〇頁）。

(114) この表現は、穂積重遠『法学通論』（日本評論社、昭和二二年（第二版））一三五頁による。

(115) 以下に紹介する講演の内容は、穂積前掲「子供に対する法の保護と社会の保護」によるものである。

(116) 穂積重遠「権利義務の新体制」（『龍門雑誌』六三三号、昭和一六年）一四頁。

(117) 穂積前掲「親族法相続法判例批評―三」一四八頁は、親権にもとづく他人に対する妨害排除請求が可能であることを説明するなかで「其意味で〔監護教育権が〕

絶対権だとも物権的だとも云ひ得るのである」と述べている。

(118) 穂積前掲「親権の尊重と制限」四五頁。

(119) 前述の注15で重遠の公的義務説に関する先行研究を挙げたが、本稿での考察を踏まえると、次のような指摘が可能であろう。まず平田氏は、重遠の公的義務説を「帝国主義的」であると評価する。しかし、重遠の言説のみならず、その背景にある彼の判例研究、さらには彼個人の交友関係をも視野に入れるならば、重遠の真意が国の利益の増大を図ることを第一義的に目指すものではなかったことは明らかであろう。この点は、昭和八年の講演（大阪児童擁護協会）で重遠が単に社会・国家のためというにとどまらず、さらに「人類」のためと述べているところからもわかる。また、川田氏は重遠の所論は、「『子の権利』は否定されていなかったということができる」（川田前掲『親権と子の利益』四五頁）とするが、重遠の真意は、子の利益を「否定していない」という段階にとどまらず、むしろ積極的にその実現を図ることにあったと評価してよいだろう。

(120) 尤も、こうした彼の意図は、その当時においてもすぐに理解されることはなく、管見の限り、大正一四年版の『親族法大意』の出版後一〇年の間で、公的義務説を採用する親族法の概説書を確認することは出来ない。昭和一〇（一九三五）年になり、ようやく谷口知平が親権は「子の利益のために、或は国家社会の利益のために認められるところの義務的性質を有するものとなる」（『親族』（弘文堂書房、昭和一〇年）四〇九頁）と、同一三年には我妻栄も「子を支配する専制的権利たることから子を監護教育すべき社会的義務たることの推移する」（『親族法・相続法講義案』（岩波書店、昭和一三年）一二一頁）と述べ、親権における義務が親の国家に対する義務であるという点を肯定的に捉えるようになった。

(121) 例えば、依田精一氏は、重遠を臨時法制審議会の改革派と位置付けてはいるものの、「決して従来の醇風美俗とされた伝統的倫理と対決するものではなかった」とし、「〔美濃部達吉や重遠のような〕改革派の果した役割は、結局、時代遅れとなった『家』制度をなるべく近代法体系に近づけようとはした。しかし、それは国家に個人を対置し、家族を『家』から自由にすると言うことではなかったと言えよう。」と述べている（依田精一「戦後家族制度改革の歴史的性格」（福島正夫編『家族　政策と法』（東京大学出版会、一九七五年所収）二三七頁））。こうした評価に立った上で、依田はさらに、重遠の家族制度観を「権威主義的家父長制に真向うから反対する市民的家族観」として高く評価した川島武宜（同「穂積重遠博士の家族制度観」

（同『川島武宜著作集第二巻』（岩波書店、一九八六年所収））二八一頁）に対しても懐疑的な見方をしている（二三八頁注49）。田中亜紀子氏も重遠を「日本の家族関係に対して醇風美俗を認めている」と評価している（同前掲「昭和戦前期の未成年者処遇制度」五六一頁）。

(122) 川島武宜「想い出すことなど」（「穂積重遠先生を偲ぶ会」発起人前掲『穂積重遠先生を偲んで』）二三頁。

(123) 中川によると、親子法は、「家のため」の親子法に始まり、「親のため」の親子法を経て、現代は「子のため」の親子法が志向されるに至っているとし（中川善之助『新訂親族法』（青林書院、一九六八年）三五一頁）、彼自身の学問形成においても子の利益に力点を置いたものとなっている。但し、親権論自体に関しては、中川は重遠の提唱する公的義務説を採用してはいない。彼の著書『註解親族法』（法文社、第四版、一九五一年）の記述によれば、「親権は（…）権利であると共に義務でもあり、特に親権はこの点顕著であるので、本条は之を明言するのである。即ち親権者は何人よりも先に監護教育する義務があると共に、何人よりも先に之を行う権利を有する。故に子の利益の為に与えられた監護教育の権利の範囲を逸脱した濫用は許さるべきでないし、親の義務である親権の一般的辞退もしくは放棄の契約は許さるべきではない」（二四七頁）として、権利濫用の法理を用いて親権制限を導いていることがわかる。この点については、幼児引渡請求に関する彼の判例批評からも明らかである（中川善之助『家族法判例講義〔下〕』（日本評論社、一九六六年）一〇〇頁以下、特に一二二頁）。ここで権利濫用の法理を用いることが可能となった背景には、戦後の民法改正で権利濫用の禁止が盛り込まれたことがあることはいうまでもない。こうした学説形成のバックグラウンドの違いが両者の見解の相違に繋がっているに過ぎない。

(124) 改正の詳細については、中田裕康「民法改正—児童虐待防止のための親権制度等の改正」（『法学教室』、二〇一一年一〇月号（No.373）、二〇一一年）六〇頁参照。

要旨

本稿では、大正・昭和戦前期に興った様々な学問的潮流のなかのひとつである「社会学的法律学」を、現代法学に繋がる重要な潮流として捉え、そのなかの代表的人物である家族法学者穂積重遠に注目する。穂積重遠はその当時において、東京帝国大学法科大学で教鞭を執る傍ら、臨時法制審議会での民法改正作業をはじめとする立法活動や東京帝国大学セツルメントなどの社会事業にも携わった人物である。こうした多方面にわたり活躍する重遠の家族法理論を捉えるためには、従来の学説研究に見られる彼の著書や論文のみからの分析だけではその実相に迫ることが十分に出来ない。そこで、彼の法理論を支えた、彼の立法活動や社会事業活動も含めて把握することが必要不可欠であると考える。また重遠には、様々な人物との協力関係のもとで学問の成果の具現化を図る傾向も見られるため、人物交流という観点からも考察を行っていく必要があるだろう。

以上の問題認識のもと、本稿では、昭和八年制定の児童虐待防止法をめぐる重遠の活動を一例として考察することで、少年時代における更生保護の父・原胤昭との出会いが社会事業へ関心を抱くようになったきっかけとなり、その後、原が取り組んでいた事業のひとつである児童虐待防止事業をなかば引き継ぐようなかたちで、内務省社会局での「児童虐待防止法に関する法律案要綱」の制定や児童擁護協会での社会事業に携わったことを明らかにした。また、児童虐待防止法の制定において大きな障壁となった「親権」について、その制限が法律や勅令であっても出来るかについての疑義があった当時にあって、立法による親権制限が可能であることを親権理論として基礎づけることを可能にした彼の親権解釈にも注目した。

国家に親の親権行使を補完・制限する権限を与える点において、彼の学説は一見、醇風美俗を想起させる保守的傾向を有しているように思われるが、実際の諸活動を照らし合わせてみることで、そこには、当時の置かれている状況を突破しようとする彼の実践的な性質を浮き彫りにすることが可能となる。すなわち、「子の利益」の実現こそが彼の親権論の核心にあり、子供の身を守るための応急措置を可能とする解釈論を展開していることが明らかになった。このように、重遠の分析にあたっては、言説のみに注目するのではなく、彼の活動全般のなかに彼の理論を位置付ける視座が必要であろう。

●キーワード：穂積重遠、原胤昭、児童虐待防止法、内務省社会局、児童擁護協会、親権、公的義務説、子の利益

平田小六の農民小説に描かれた組合に関する法的考察

頼松瑞生

一　はじめに

法制史を研究する上で有用な史料といえば、先ず、立法資料や判例を挙げることができるが、これ以外にも様々なものがある。文学作品もまた、注目に値する貴重な史料の一つであろう。すなわち、文学作品に描かれた人間生活の中から法律問題を抽出し、それを分析することは、その作者のみならず、その作品が描かれた当時の一般人がどのような法意識を持っていたかということを理解する上で重要であるといえるのである。

制定された法であっても、それが必ずしも立法者の意図した通りに一般民衆から受け取られるとは限らない。さらに、一般民衆がその法をどのように受け止めていたかということが、法の運用に大きな影響を及ぼすと考えられるのである。そうであるならば、文学作品に描かれている人々が法に対してどのような認識を持っていたかを見ることは、その時代の社会における法のあり方を知るためにも有意義であるといえよう。

文学作品を通じて法の運用状況を探ろうとする試みは、我が国では、中田薫の『徳川時代の文学に見えたる私法』[1]をもって嚆矢とする。この研究は、江戸時代の浄瑠璃・浮世草子など、それまで法制史の分野ではあまり取り上げられることがなかった文学的読物を対象としたという点において画期的なものであった。そこでは、文学作品の中で描かれた法的事象について、明治期以降に導入された近代法の観点から分析が行われ、近代の法制度との共通点・相違点を明らかにすることに力点が置かれている。その際、ヨーロッパの法制度との比較が行われるなど、いわゆる比較法制史的手法が用いられているのは、よく知られている事実である。このことは、近代以降、我が国が西欧から法を継受する上で、それ以前からの法との継続性を示せるという点において意味があったと考えられる。つまり、この手法は、近代法の観点から我が国の法制史を統一的に説明できるという特徴を有するのである。

しかし、この手法にあっては、文学作品に描かれた法的事象が単なる事実として捉えられて分析されるのみであって、その作者が法的事象についてどのように理解し、どのような考えを有していたかということに関しては注目されない。この点について興味深い指摘をしているのは、民法・著作権法の大家であった勝本正晃である。すなわち、「法律上問題となるのは、作家が現代の法律制度を批判する意味に於て作品を書いてゐる場合である。即ち作家は、一面法律家の立場に於て、其作品を通して自己の理想を訴へ、現代の法制の欠陥を剔抉せんとするのであつて、それは事実上、文芸の仮面を付けた法律論に他ならない」[2]というのである。ここで強調されているのは、文学作品の中にはその時代の法制度を批判するものがあって、そこで示された法制度に対する作者の見方こそが研究対象として取り上げられるべきであるということである。もっとも、作者の見方というものは、一個人の見解に過ぎず、その時代に生きた人々の代表的見解とは異なることもありえよう。しかし、そもそも、意見とは多様なものであって、その時代に作者のような考え方があったという事実を示すことこそが重要なのである。

ただ、勝本は、これに関連して、次のようなことも指摘している。すなわち、「日本の小説は〝私小説〟たとえば夏目漱石の小説でも私小説が大部分で〝社会〟をとり扱っているものは少ないのであります」「その当時の社会というものの欠陥を指摘し、かつ、それを是正・解決しようという意図はなく、自分の身辺のみを書いているのが、彼の小説の傾向である」(3)というのである。しかし、我が国では、明治期以降、社会的問題を取り上げた社会小説という分野が現れ、内田魯庵などがその代表的作家として活躍したことは知られている。また、大正後期に勃興したプロレタリア文学も、社会主義の影響の下、社会的問題を数多く取り上げたものといえよう。その点において、明治後期以降、盛んとなった農民文学も同様と考えることができる。したがって、我が国の文学作品についても、その作者が当時の社会制度や法制度に対してどのような批判的意見を有していたかを理解する上で、分析の対象となりうるといえよう。

しかし、ここで注意しなければならないのは、このような文学作品の作者の中には、法制度の問題に精通した上で、その知識を作品に反映させようとする者がいた一方、法制度に関する知識をあまり持たないまま、社会的問題について描こうとする者がいたことである。そして、実際には、後者（法的知識が乏しいまま、社会的問題を描こうとする作家）の方が多かったように思われる。ただ、このような作家の作品の方が一般市民の法に対する見方に近い性格を有するものともいえる。何となれば、その作品は、法律の専門的知識なしに書かれる以上、法に対する一般市民の見方に左右されやすいと思われるからである。一般市民との触れ合いの経験から、その作品が生み出される場合などは、特にそうした傾向が強まるといえよう。

そのような例として、昭和一〇年前後に数多くの農民小説を発表し、注目された平田小六（明治三六年〜昭和五一年）という作家を挙げることができる。小学校教員を経て、作家となった平田は、法律に関する専門的教育を受けたことはなかったものの、当時の農村における社会的問題を数多く取り上げて、小説に描いた。その作品が発表された当時は、恐慌の影響もあり、小作争議が頻発し、東北地方を中心に農家における娘の身売りなどが深刻な問題となっていた。当時、平田が、その作品において、社会的問題を取り上げるには、題材に事欠かなかったといえよう。平田の小説は、青森県の農村地帯で小学校教員をしていた当時に、農民と接した経験が下地になっているとされる。そのため、その作品で示される農村における社会制度の見方についても、一般農民から相当影響を受けている部分があると思われる(4)。したがって、その作品を通じて、社会制度に対する当時の農民の見方や意識が読み取れるといえよう。

その小説で取り上げられた題材には、農民組合、小作契約、芸娼妓契約、家制度など、法的に問題となるテーマが多く含まれる。その中でも、本稿では、農村における組合の問題を取り上げることとしたい。平田が作品を残した昭和一〇年前後の時期は、国家によって産業組合や農事実行組合などの結成が奨励されていた。その背景には、産業の振興とともに、国家による農民の統制を図る目的があったとされる。平田の農民文学にも、そのような状況が色濃く反映されている。本稿では、その文学作品について法的検討を行うことによって、組合に関する法制度が農村においてどのように受容されていたのか、その一端を明らかにしていくこととしたい。

二　近代における日本の農民文学の特徴

(一)　明治四〇年代の農民文学

文学の一分野として農民文学というものがある。農村における農民の生活を文学的に描写したものであるが、我が国においては自然主義文学の影響の下に明治四〇年代になってから確立したといわれる。その時代の作品として特に知られているのが、真山青果の「南小泉村」（明治四〇年）と長塚節の「土」（明治四三年）である。これらの作品は農民生活の悲惨な面を鋭く描写し、そのことが当時の知識人の注目を集めるところとなった。例えば、夏目漱石は長塚節の「土」に関して次のように述べている。

「土」の中に出て来る人物は、最も貧しい百姓である。教育もなければ品格もなければ、ただ土の上に生み付けられて、土と共に成長した蛆同様に憐れな百姓の生活である。先祖以来茨城の結城郡に居を移した地方の豪族として、多数の小作人を使用する長塚君は、彼等の獣類に近き、恐るべく困憊を極めた生活状態を、一から十迄誠実に此「土」の中に収め尽したのである。彼等の下卑で、浅薄で、迷信が強くて、無邪気で、狡猾で、無欲で、強欲で、殆ど余等（今の文壇の作家を悉く含む）の想像にさへ上りがたい所を、ありありと眼に映るように描写したのが「土」である。さうして「土」は長塚君以外に何人も手を著けられ得ない、苦しい百姓生活の、最も獣類に接近した部分を、精細に直叙したものであるから、誰も及ばないと云ふのである。(5)

しかし、そのことが、直ちに、知識人に対して農民生活の改善を目指さなければならないという自覚を呼び起こしたわけではなかった。漱石自身は、この発言に続く文の中で、「斯様な生活をして居る人間が、我々と同時代に、しかも帝都を去る程遠からぬ田舎に住んで居るといふ悲惨な事実を、ひしと一度は胸の底に抱き締めて見たら、公等の是から先の人生観の上に、又公等の日常の行動の上に、何かの参考として利益を与へはしまいか」(6)と述べている。ここから農民の悲惨な状況に対する同情を読み取れるものの、直ちにその改善のために行動すべきであるという姿勢まで示されているとはいえない。

そもそも、長塚節にせよ、真山青果にせよ、明治四〇年代の農民文学の作者には、農民生活の問題を描いていても、その問題を改善しようとする積極的姿勢が十分に見られないのである。例えば、地主の息子であった長塚節は小作人の生活が悲惨であったことを目の当たりにしていたものの、地主側の立場にあつたこともあり、利害関係がある小作人の立場に立って物事を見るには限界があった。この点については、「節が地主出身であるため、小説の中の地主の家が持つ矛盾、あるいは地主対小作農の階級的対立が描けていないという非難」(7)があることが指摘されている。

また、真山青果であるが、彼自身は農民出身ではなく、農村地帯にある診療所の代診（医師の代わりに診療を行う者）を務めていた経験から、その代表的な農民小説「南小泉村」が生み出されることとなった。青果も悲惨な農民の境遇に対して同情を示していたが、農民の立場に立ってその生活の改善を目指すという姿勢までには至らなかった。そのことは次の「南小泉村」における冒頭の記述からも明らかであろう。

百姓ほどみぢめなものは無い、取分け奥州の小百姓はそれが酷い、襤褸を着て糅飯（かてめし）を食つて、子供ばかり産んで居る。丁度、その壁土のやうに泥黒い、汚ない、光ない生涯を送つて居る。地を這ふ爬虫（むし）の一生、塵埃（ごみ）を嘗めて生きて居るのにも譬ふれば譬へられる。からだは立つて歩いても、心は多く地を這つて居る。親切に思遣ると気の毒にもなるが、趣味に同情は無い。僕はその湿気臭い、鈍い、そしてみぢめな生活を見るたびに、毎（いつ）も、醜いものを憎むと云ふ、ある不快と嫌悪とを心に覚える。(8)

これを見れば、青果が自らを農民と区別し、距離を置いていたことがよく理解できる。したがって、その身を犠牲にしてでも、農民生活の改善に尽くすというような姿勢は全く読み取ることはできない。つまり、明治末期の農民文学は農民の悲惨な生活を描くにとどまり、その状況をどのように打開していくかという展望が見られなかったのである。(9)

もっとも、当時の状況からすれば、このような消極的姿勢は当然であったということもいえる。明治三二年に出版された横山源之助の『日本之下層社会』（教文館）などによって、小作人の悲惨な生活状況が紹介されていたものの、都市部の住民などにとって余所の世界のことであり、関心は高くなかったように思われる。また、地主層にとっても小作人の待遇見直しは利害が大きく絡む問題であるだけに、迂闊に踏み込むことができなかったのである。

このような状況が変わるとすれば、当事者である小作人が積極的に声を上げて行動に出ることよってである。小作人による生活改善要求の動きが強まれば、地主層としてもこの問題に真剣に取り組まざるを得なくなるであろうし、都市部の住民たちの目を引くことにもなろう。明治三〇年代までは小作人による争議行為は散発的なものであったということであるが、明治四〇年代に入ると、大規模な小作争議が見られるようになってくる。すなわち、「一九〇八年施行された「米穀検査規則」によって地主は米の品質向上を要求したが、これに対し小作人は労力出費増加の代償として小作料の引下げや奨励金の交付を要求し、兵庫・広島・愛知など西日本一帯と、新潟・福井などに多数の争議がおこった」(10)というのである。もっとも、このような争議は小作人に対する奨励米の支給などによって早期に解決が図られ、全国的規模の争議となる前に収束した。(11)長塚節が描いたのは茨城県の農村、真山青果が描いたのは宮城県の農村であるから、両者ともに、当時、争議のあった地域ではない。そのような事情もあって、実際に起こった小作争議の問題が彼等の小説に反映されることはなかったと考えられる。

（二）昭和初期の農民文学

大正期に入ると小作争議が増加し始め、大正九年の恐慌を受けて、翌大正一〇年には全国の争議件数が一六八〇件に達した[12]。政府が官憲による取締を強化する一方、大正一三年に「小作調停法」が施行され、問題の収束が図られた。

他方、法律学の分野においては、社会学的視点によって農村社会を研究しようとする動向が見られるようになる。例えば、大正一三年、末弘厳太郎が『農村法律問題』（改造社）を著し、その中で、入会権や小作など、農村における社会的問題となりうるものを取り上げて法的検討を行った。このような傾向の研究はその後においても行われ、沢村康の『小作法と自作農創定法』（改造社、昭和二年）、松村勝治郎の『小作権に関する研究』（労働公論社、昭和六年）、小林巳智次の『農業法研究』（有斐閣、昭和一二年）などの著作が発表された。

このような状況の下、昭和期に入ると、農民文学のあり方も、プロレタリア文学の影響を受けて、変わってくることになる。例えば、この時期、注目された作品としては黒島伝治の「豚群」（大正一五年）や小林多喜二の「不在地主」（昭和四年）などを挙げることができる。「豚群」は差押に抵抗する農民を描き、「不在地主」は小作争議を題材としたものであるが、何れも闘争による悲惨な農民生活の打開を目指す方向性が示されている。その後、これに続く作家として、須井一（谷口善太郎）、伊藤永之介、平田小六などが現れ、地主からの農民解放を志向する農民文学の作品が次々と発表されていった。

これらの文学作品の作者たちが、「小作調停法」等の立法の動向や農村社会問題を扱った法学文献などによって、法律に対する関心や知識を深めていったことは想像に難くない。問題は、そのことが彼等の作品にどのように反映されたかである。

当時の状況として、小作人たちは、その要求を実現するために、組合を結成する以外にも、地主に対して法廷闘争を挑むといったことがあった[13]。また、立法の動向としても、大正末年より、小作人保護のために小作権の強化を目的とした「小作法」制定が試みられた[14]。その中にあって、農民文学がこのような社会の動向に影響されていったのは当然のことといえよう。結果として、昭和初期の農民文学は地主からの農民解放と農民生活の改善を志向するものとなったのである。

しかし、このような傾向を持つ農民文学は社会主義的であるとして、官憲からの弾圧を受けることとなる。すなわち、小林多喜二は警察署で虐殺され、伊藤永之介も一時的に筆を折らざるを得なかった。そして、平田小六も、昭和一三年、創作活動を離れ、中国大陸に渡ることになるのである[15]。恐らく官憲からの圧力のため、農民文学を書き続けることが困難となったためであろう。

平田小六の「囚はれた大地」（昭和九年）といえば、小林多喜二の「不在地主」などと並んで、プロレタリア文学の影響を受けた農民文学の代表作として高い評価を受けたことで知られている。それが発表された当時、文芸評論家の亀井勝一郎は「過去のいかなる左翼的農民小説に比しても、一頭地を抜くものであることは言ふまでもない[16]」と述べ、この作品を激賞したという。

しかし、現在では、平田の作品はあまり注目されることなく、それに関する研究も少ないように思われる。その大きな理由は、作家として第一線にあった時期が昭和八年から昭和一二年までの四年間と比較的短かったことにあると考えられる。とはいえ、それによって、その作品が持つ社会的意義が失われるものではない。何となれば、そこで取り上げられているのは、小作争議、人身売買など、当時の農村社会が抱えていた問題であり、昭和初期の農村社会における法のあり方を明らかにする上で、貴重な史料を提供してくれるものであるからである。

三　平田小六の経歴及び人間像

平田小六は、明治三六年、秋田県大館町（現在は大館市）に生まれた。当時、父孝次郎は大館中学校（現在は大館鳳鳴高等学校）の教師であった。大正一三年に弘前中学校（現在は弘前高等学校）を卒業し、中津軽郡、北津軽郡、弘前市など、青森県各地の尋常小学校の教師を勤めた。父の死がきっかけとなり、昭和四年、画家を志して上京し、東京毎日新聞社に入社する。その後、昭和七年に創刊された『唯物論研究』（唯物論研究会の機関誌）の編集事務員となったことから、プロレタリア文学に興味を持ち始め、文筆活動に入った。(17)

その小説は、小学校教員であった時の経験に基づいており、教員時代に接した津軽の農民を題材としたものが多い。その中でも、長編小説「囚はれた大地」はその代表作として最もよく知られている。この小説は『文化集団』という雑誌に昭和八年一一月号から翌九年五月号まで連載された。その後、これに加筆されたものが、昭和九年九月にナウカ社より出版されている。(18)昭和二四年、この小説は改造社より再出版されたが、(19)平田はその序文の中で次のように述べている。

私は農村の出身でも農民の子弟でもないが、その青春の最初の六年間を東北の農村で過した。主として青森県北津軽郡の北端で、自然にも文化にも恵まれるところ最も薄い地方であつた。地方の小都市に成長した私にとつて農村や農民は珍しいものではなかつたが、そこに自分の身を置くようになつたとき、これまで漠然と眺めていた農村社会が全く異なるものとなつて現れて来た。農民は季節によつて移動する或種の動物のように、食と仕事を求めて移動していた。娘の身売りが身辺から続出し、農民の窮乏は惨状を極めていた。厳しい冬に垂筵一枚の藁小屋に住み、燈火のない不衛生な住居、幼児の早死、青年の肺患、貧困と野蛮、しかも人間として堪え得る限りの粗食とそのために働く絶え間のない労働、私は朝夕こうした彼等の生活の目撃者となった。(20)

これを見ると、平田も真山青果などと同じように農村出身者ではないことから、第三者の視点に立って農民を描いていたことが理解できる。しかし、青果と異なるのは、農民に対して衷心から同情し、その生活の改善を願う思いがその作品に現れていたことである。平田は、この点に関して次のように述べる。

こうした青年の感傷的な共感と愛情は、やがて社会的な正義感、反抗へと変つていくのが自然な発展の順序ではあるまいか？　私自身の少年時代の苦い体験も加わつて、私は農民の悲惨を資本主義社会の矛盾として理解したのである。私はこの惨めで小さな農民を見殺しにしている人々と社会を呪つた。それに抗議し訴えたく思つた。その情熱の中には私自身のそれまでの経験や運命に対する感傷や愛惜が隠れていた。(21)

平田は、その後も、数年間、このような農民に対する思いを込めて小説を発表していったが、その文学は社会主義的傾向のあるものと見られ、次第に作家活動を続けることが困難となる。昭和一三年、小説の執筆を断念した平田は、中国大陸に渡り、京津日日新聞に入社した。昭和二一年、帰国後、幾つかの小説を発表したものの、昭和二六以降、小説の筆を執ることはなかった。その後は、政治家小笠原八十美の伝記である『小笠原一代記』（厚文堂、昭和二七年）などの著作のほか、昭和四〇年代に入って、雑誌『日本及日本人』に連続的に発表した人物評論がある。[22]

戦後、執筆された農民小説としては「山姥」[23]（昭和二三年）があるが、戦前の農村を描いたものである。したがって、確認できた限りにおいて、平田には戦後の農村社会を扱った文学作品はない。戦後、農地解放によって、農村社会は大きな変貌を遂げる。地主からの農民解放を目指してきた平田にとっては、この変貌は農民文学を書き続ける動機と意欲を失わせるものであったのかもしれない。結果として、平田の農民文学は、その教員時代の経験に基づくものであることから、大正末期から昭和初期にかけての東北地方（主として青森県）の農村社会を描いたものといえる。それは、小作調停法の制定によって一時的に減少した小作争議が、凶作や恐慌の影響を受けて、再び激化していった時代を背景としたものであった。平田の作品にも、そのような時代状況が色濃く反映されている。

四 「囚はれた大地」の内容及びその社会的背景

平田小六の代表作「囚はれた大地」は、「津軽平野の北端、岩木川がその最後の流れをそそぐ十三潟[24]の湖畔にあるA村[25]」を舞台とする。この小説は、貧困に苦しむ農民たちを救おうと努力する青年教師木村が、村の有力者たちの妨害や農民たちの無理解など、様々な障害に直面して、苦悩する状況を描いたものである。この青年教師木村は作者自身をモデルとしているとされる。[26]

小説では、小作農の与作が農民たちに呼び掛け、農民組合が結成される場面が描かれている。すなわち、それまで地主層に利益を奪われていた木炭の販売に関して、農民自身が主導権を握って、その利益を確保しようというのである。しかし、その動向を快く思わない地主層の妨害に遭い、最終的には官憲の介入によって与作やその協力者木村たちは検挙されることになる。結果的に農民たちの弾圧というかたちで物語は終わっているのであるが、平田はその悲劇を描くことによって、農村における貧農たちの苦悩を訴えかけているように思われる。

ここで描かれているような農民組合の結成の動きは、大正中期以降、小作争議の頻発と連動するかたちで、全国的に増加してきた。それは、この小説の舞台となった青森県津軽地方においても例外ではない。すなわち、大正一三年、日農関東同盟の支援の下、西津軽郡車力村（現在はつがる市）に車力農民組合が結成され、この組合が主導して行った小作争議がある程度の成果を収めたことから、農民組合の組織化が青森県下で促進される結果となったのである。(27)このような農民たちの動きは、それまで農村の支配権を握ってきた地主層にも脅威を及ぼすことになる。特に、大正一四年、車力村の村会議員選挙において農民組合が支持する候補者が当選し、大地主の候補者が落選したことは、地主層にとって大きな打撃となったとされる。(28)これは普通選挙法による地方議会の選挙が実施される大正15年より以前の出来事であるから、当時、貧農でなくても、地主層による支配に不満を持つ者が少なからずいたことを示しているといえよう。それだけに、農民組合は着実に支持を集め、社会的地位を拡大していったのである。

ただ、全ての農村地域において同じような状況であったわけではない。地域によっては、地主層の影響力が強く、農民組合の結成が阻まれる農村もあった。「囚はれた大地」の舞台は津軽地方のA村ということであるが、この村は、平田が小学校教員として赴任した下前小学校（現在は中泊町立小泊小学校に統合）のある北津軽郡小泊村がモデルになっているとされる。(29)当時、この地域では農民組合の結成が進んでおらず、昭和五年までの農民組合組織状況を示した資料の中にも、この村に農民組合が結成されたという記録は見られない。(30)したがって、この小説の舞台となった村は、地主層の影響力が強く、農民組合の結成が困難であった地域であったと思われる。小説の中で、農民組合を結成しようとする動きに対して、有力地主などが強力に妨害しようとする場面が描かれているのも、このような村の状況を反映してのものといえよう。

小説では、困難な状況において、小作農の与作が農民組合の結成に奮闘することになっている。そのような方向に与作を駆り立てた理由は何か。このことを理解するには、与作の人物像を把握しておく必要があろう。以下、小説で描かれている与作の経歴について述べる。

与作は小作農の家に生まれたが、幼い頃、両親を喪い、祖父母に育てられた。しかし、農業は好まず、一六歳の時、祖母の死をきっかけにして、北海道の漁場で働くようになった。それ以降、北海道やカムチャッカ半島の漁場を転々として渡り歩き、やがて函館ドックの労働者になる。ところが、函館ドックの労働争議[31]に参加したため、解雇されてしまう。その後、東京に移り、労働者として様々な仕事を転々とすることになる。しかし、都会での生活は困窮を極め、その生活が「人間の血の不断の搾取と絶え間ない飢餓の切迫であり、ありとあらゆる自由の拘束であり、圧制と権力の乱用の世界[32]」の中にあることを悟った。都会の夢に破れた与作は帰郷し、農民の生活向上のために尽力することになるのである。

これを見ると、与作という人物が地元の農村出身とはいえ、外の世界で様々な職を経験し、労働運動の事情にも精通しているという、村内では特殊な人物であったことが理解できる。したがって、小説で描かれているように、すでに結成されている他村の農民組合の関係者と連絡を取り合うなど、積極的な行動を取ることができたのである。車力村農民組合が日農関東同盟の協力を得て結成された例からも分かるように、農村における農民組合の結成には外部の組織の支持によるところが大きい。その中でも、大正一一年に賀川豊彦、杉山元治郎らによって創立された日本農民組合は全国的規模の大きな組織で、日農関東同盟もその所属下にあり、全国にある多数の農民組合に対して影響力を持っていた。したがって、農村内に農民組合を結成するには、日本農民組合のような大組織の協力を取り付け、地元の農民たちに働きかける与作のような人物が必要であったと考えられるのである。

しかし、地主層の影響力が強い地域では、農民組合の結成は困難を極め、小作争議の発生も抑制されていた。そのことは、「囚はれた大地」の舞台となった北津軽郡小泊村にも該当する。しかし、昭和六年、東北地方が凶作に見舞われた頃から、小泊村が属する北津軽郡でも小作争議が増加し始めている。すなわち、北津軽郡では、昭和五年には四件に過ぎなかった小作争議が、昭和一〇年には一一五件と大幅に増えているのである。[33] 当時において、この増加した件数は、他の津軽地方と比べても多い。これは、北津軽郡において、凶作のため、小作人の間で小作料減免を要求する声がいかに高まっていたかを示すものといえよう。

以上のことから、北津軽郡における小作争議は、平田がそこで教師生活を送っていた大正末期よりも、「囚はれた大地」が執筆・公表された時期（昭和八～九年）の方が激化していたといえる。このことが、平田に小説を執筆させる動機の一つになったのではないか。そうであるならば、この小説は、単に、大正末期に過ごした農村の状況を回想的に描いたものではなく、凶作に苦しめられていた、昭和八～九年（執筆当時）の農村の状況をも念頭に置いて描かれたものといえよう。

五　農村における組合の形態

（一）産業組合

「囚はれた大地」においては、農村における組合組織の問題が重要なテーマの一つとなっている。ただ、組合といっても、当時の農村においては、主に三種類の形態のものが存在していた。すなわち、一．産業組合、二．農事実行組合、三．小作人組合（農民組合）である。

この中、産業組合とは、「組合員の産業又は其の経済の発達を企図する為に設立する社団法人[34]」のことをいう。協同組合の一種で、明治三三年の産業組合法に基づいて設立することが認められた。産業組合は、営む事業の内容に応じて、信用・販売・購買・利用（生産）の四種類のものが存在する。

「囚はれた大地」の中で登場するのは、販売を事業内容とする販売組合と呼ばれるタイプの産業組合である。すなわち、それは、「組合員の生産したる物に加工し又は加工せずして之を売却すること[35]」を目的とする。小説では、役場に木炭販売組合が作られたものの、農民からあまりその信用が得られていない状況が描かれる。その理由は次に述べられている通りである。

木炭の主たる消費先である地方の都市には、交通の利を占めた村々から炭が集積していて、木炭の価値は次第に下落するばかりであつた。A村のように停車場まで数里の悪路で隔てられている上に、官有の高価な有料材を払下げて木炭を生産することは、他の村とは到底競争相手にはならず、その上、どこの村でも各々の競合で採算のとれるように木炭を焼くことは、非常に困難な状態となつていた。このことはその他の農作物にも当てはまるのであつた[36]。

つまり、木炭そのものが値下がりしていて、すでに採算が取れないものとなっている以上、販売組合を活用する意義が失われてしまったというのである。ここで注目すべきなのは、これに関連して「最初それを計画した地主や二三の投機家さえ、そういう組合の必要を認めなくなつていることがわかつた[37]」と述べられていることである。これは、当時、地主層が販売組合の設立に主導的役割を果たしていたということを示すものといえよう。販売組合などを含む産業組合は、その設立の根拠となる法律として産業組合法が制定された当初（明治三三年）、地主層を中心として構成されていた。その組合員が一般の農民にまで拡大していくのは、日露戦争以後であるという(38)。この小説は、昭和初期においても、組合の中心層が依然として地主であったことを物語っているといえよう。

ただ、問題となるのは、「役場に木炭の販売組合が出来た(39)」とされていることである。産業組合法は、制定当初、組合の設立に関して、「産業組合ハ七人以上ニ非ラサレハ之ヲ設立スルコトヲ得ス」（第七条）と規定するものの、役場が設立できるとは定めていなかった。それにもかかわらず、「役場に木炭の販売組合が出来た」とされるのは、恐らく、組合の設立者の中に役場の関係者が多くいたためであろう。

ここで重要であるのは、小説において産業組合が農民にとって役立っていないものとして否定的に描かれていることである。その理由は、産業組合の拠点となる村が地理的条件などの点から他村に比べて不利な状況にあったからとされる。しかし、そうであったとしても、その運営の改善に期待するような記述が何ら見られないのである。それは、産業組合が地主層を中心に運営されており、小作人など貧農の利益があまり考慮されていないという意識があったからのように思われる。そのことが積極的に産業組合を評価しないという姿勢につながっているといえよう。

しかし、昭和七年の産業組合法改正が農村恐慌対策の一環として行われたことを看過してはならない。すなわち、これによって産業組合体制の整備が図られ、全村の農家を産業組合に組み込むことで、農民たちの保護と救済を実現しようとしたのである(40)。平田は、小説の中で、このような事情について一切触れていない。法改正に関して認識していなかったということもあるかもしれないが、小説執筆時（昭和八～九年）においては、改正の効果が十分に現れておらず、都会にいた平田に伝わっていなかったということも考えられる。

(二) 農事実行組合

「囚はれた大地」に登場する販売組合（産業組合）に関して注意すべき点は、一般農民にも組合の利用が認められているように描かれていることである。前述のように、産業組合は、元来、地主層中心の組織で、一般農民、殊に貧しい小作農などを含まないものであった。しかし、この小説では、一般農民も組合の対象として捉えられているのである。

これには、昭和七年の産業組合法改正が関係しているように思われる。すなわち、この改正により、「法人ハ産業組合ノ組合員タルコトヲ得ス但シ農事実行組合、養蚕実行組合其ノ他命令ヲ以テ定ムル法人ハ此ノ限ニ在ラス」（第一〇条ノ二第一項）という条文が追加となった。つまり、農事実行組合などの法人も組合員となることが認められるようになったのである。

農事実行組合というのは、「一定ノ地区内ノ農業者ヲ以テ之ヲ組織シ組合員ノ共同ノ利益増進ヲ図ルヲ以テ目的トス」（第一〇条ノ三第一項）るものである。当時、各府県においては、農事実行組合の設立が奨励されていた。例えば、神奈川県では、次のような措置が取られている。

専ら米、麦作の改良、裏作の普及、並肥料の自給を図らしむる為、大正八年五月県令第四十四号を以て農事実行組合設置奨励規則を制定し、同時に県告示第八十三号を以て同組合規約準則を示し、県直接奨励金を交付して組合戸数十五戸以上耕地面積七町歩以上を以て単位とせる組合の設置を奨励したるも、大正九年三月県令第二十一号を以て之を改正し、大字若は之に準ずべき区域を以て単位とし、郡市若は郡市農会をして直接設置奨励せしめ、県は郡市若は郡市農会の該組合設置奨励費に対して補助金を交付す。(41)

これを見ると、農事実行組合が、府県、郡、市など、行政主導で設立されていったことが分かる。その際、町村は府県や郡の指示の下に農事実行組合の設立に協力したであろう。その農事実行組合が産業組合（販売組合）に加入するにあたっても、行政の力が大きく働いたことは想像に難くない。

この産業組合法の改正は、それまで産業組合に加入していなかった農民たちを産業組合に加入させ、農民たちを悉く産業組合の組織下に置くために行われたとされる。すなわち、この点について次のように指摘したものがある。

此の部落を区域として組織する団体で、法律に依り人格を与へられて居る農事実行組合は、従来出資能力がない為に産業組合に加入することが出来なかつた者も、此の組合の組織に依り部落民は一人残らず産業組合に加入することが出来、又従来申合せに依つて組織せられて居る各種農事の実行団体も総て農事実行組合に組織を変更すれば之を産業組合に加入せしめて経済の統制を図ることを得しめる様になつたのである。(42)

しかし、そのことは農事実行組合の活動を停滞させるという問題を生じさせることにもなった。これに関しては、次のような指摘がある。

実行組合を始め多くの農家団体では、単に利益のみによつて導かれ結ばれてゐた為、現在の如き不況に当面すれば、何等為すところを知らない状態にある。これらの組合の無力は、又一面には上から下に所謂官僚的に拵へられたもので、何等民衆の自発的自覚に出たものでないことによると思ふ。[43]

したがって、「囚はれた大地」でも描かれているように、「そういう組合の必要を認めなくなつていることがわかつた」といわれるほど、その活動が停滞してしまう組合が出てくることになるのである。[44] 当時、このような問題を解決するために、「青年男女の間に大いに自発的気運が勃興し、所謂指導者なしの相互啓発的な男女青年合同の倶楽部が組織された」[45] 方がよいなどといった提案がなされていた。しかし、これについては、「何故か県当局はこれに対して圧迫的態度をとつてゐる」[46] という指摘がなされている。このような自主的な組織を認めることが、行政当局による経済統制の強化という当時の政策に反するものであったからであろう。

しかし、ここで注意しなければならないのは、「囚はれた大地」において、農事実行組合の存在について一切言及されていないことである。このことは、当時、平田が農事実行組合という法的組織に関して認識していなかった可能性を示唆するものである。その理由として考えられるのは、平田が農村生活を送っていたのは昭和四年までであり、昭和七年の産業組合法改正以前であったということである。昭和四年以降、東京で生活をしていた平田が、産業組合法改正によって農村に及ぼされた影響を直接実感するのは困難といえよう。ましてや、専門的な法学教育を受けた経験もないことから、産業組合法改正そのものについても注意を払っていなかった可能性もあるのである。

とはいえ、その小説に登場する販売組合（産業組合）には、多くの一般農民が関わっているように描かれているのも事実である。思うに、産業組合法改正や農事実行組合に関することは認識していなかったとしても、執筆当時（昭和8～9年）における農村の状況に気を配り、その結果を作品に反映させていたのではないか。そこで、平田が農村から離れて生活していたにもかかわらず、どのようにして当時の農村の状況を把握することができたのかということが問題となる。無論、新聞や雑誌などからも情報を得ていたであろうが、平田は、文学を目指すきっかけともなった唯物論研究会と関わりを持っていた。この研究会を通じて知り合った知識人から情報を得ていたとも考えられる。そうであるならば、その情報は、必ずしも、平田がかつて過ごした津軽地方に関するものに限られない可能性が出てくる。

いずれにせよ、産業組合法改正とその影響が明確に意識されていなかった結果として、その小説では、農事実行組合の存在について言及されることがない。このことは、地域差もあるであろうが、当時、農村において、農事実行組合が未だ大きな存在になっていなかったことを意味しているとも考えられる。産業組合による農民の統制が、昭和一〇年代に入ってから本格化していったと見るならば、この小説が書かれた時期には、農民統制の手段としての農事実行組合が十分に機能していなかったということもできるのである。したがって、前述したように、「現在の如き不況に当面すれば、何等為すところを知らない状態にある」ということになる。小説においても、当時のそのような農事実行組合の実態が反映されているのではないかと考えられる。

(三) 農民組合(小作人組合)

「囚はれた大地」で強調されているのは、農民たちが、行政主導の組合とは別に、自主的な農民組合を結成しようとする場面である。このような農民たちによる自主的な農民組合は産業組合とは異なるものであった。産業組合は、産業組合法第八条が「組合ノ設立者ハ定款ヲ作リ之ヲ主タル事務所所在地ノ地方長官ニ差出シ設立ノ許可ヲ請フヘシ」と規定していることからも理解できるように、統制的性格をもつものである。それは、農民による自治と相反するといえよう。

そもそも、産業組合法施行規則（明治四二年制定）が、第一条ノ三において、「産業組合法第一条第七項ニ組合員タルコトヲ得サル者ト称スルハ法令若ハ定款ノ規定ニ依リ又ハ出資ノ能力ナキ為組合ニ加入スルコトヲ得サル者ヲ謂フ」と規定していたから、出資能力がない貧農は個人的資格で産業組合に加入することができなかった。それは、産業組合法第一七条第一項が「組合員ハ出資一口以上ヲ有スヘシ」と規定していたことの帰結である。ところが、「囚はれた大地」で描かれる農民組合は、このような貧農たちを救うために組織されたものといえる。これが産業組合法の適用を受けることを前提としたものでなかったことは明白であろう。

このような農民組合は、法律的観点から見ると、むしろ農事実行組合に近いものであったといえよう。すなわち、昭和一六年の『農事実行組合登記手続精義』[47]によれば、「農事実行組合ハ自由設立デアッテ行政官庁ガ行政上ノ手心ヲ以テ干渉スルコトガ出来ナイコトトスルガ為ニ設立、解散ノ認可ナキノミナラズ産業組合ノ如キ行政官庁ノ監督ハ農事実行組合ニハ認メテ居ラナイ[48]」とされるのである。しかも、この種の組合に関しては、「組合員ノ共同ノ利益ヲ増進スル」という「目的ヲ達成スル為メノ範囲ナラバ如何ナル事業デモ行フコトガ出来ル、其ノ事業ノ種類ニハ何等ノ制限ガナイ[49]」という。これだけを見ると、相当に自由度が高い組織として認められていたように思われる。

しかし、先にも述べたように、農事実行組合に関しては、府県などの地方の行政機関において、以前から設立が奨励され、その運営には行政が深く関与していた。さらに、法律によって「規約ヲ作成スルコトヲ要ス」（昭和七年改正産業組合法第一〇条ノ三第四項）とされ、「事業ノ種類ハ組合規約ニ規定スルコトトナッテ[50]」いたから、実際には、多くの農事実行組合では、それほど自由度が高くなかったと思われる。

この小説で、農民たちによる自主的な農民組合といわれる組織は、このような農事実行組合とも異なり、登記など、法律的な手続を得た上で設立されたわけではないものであった。すなわち、このような組合は、当時、一般的に小作人組合と呼ばれていたものに該当すると思われる。

小作人組合は小作人を中心として結成された組合であって、小作争議が激化する大正九年以降、急速に数を伸ばしていった。その数は大正末期で四千近くに上ったという[51]。また、その法的性質に関しては、「法人格を有するものにあらずして、民法上の組合契約による任意申合せ団体なり[52]」とされる。したがって、行政的手続を経て設立された産業組合や農事実行組合とは異なる任意組合ということができる。それは、まさに農民たちによる自主的な組織であった。この小作人組合において行われた事業は広汎に及び、主なものとして、小作条件の維持改善を目的とする事業、農業の改良発達を目的とする事業などが挙げられる。

「囚はれた大地」で多く描かれているのは、このような小作人組合（農民組合）であって、農事実行組合ではない。それは、当時、農民たちが行政による干渉を懸念して、あえて法律的手続によらずに組合を結成しようとしたからではないかと考えられる[53]。というのは、農事実行組合の設立手続は届出制によるものであるから、行政の干渉はできないという指摘がある一方、規約の作成に際して行政指導が行われるのではないかと危惧する農民も多くいたと思われるからである。そして、何よりも農事実行組合に対しては産業組合に加入するように強い国家的圧力が働いていた。それは「農事実行組合は産業組合に加入することが原則[54]」であるとされていたことからも理解できる。このような状況が農民たちに農事実行組合設立のための法律的手続をとるのを躊躇させたと想像することができるのである[55]。しかし、法律的手続によらずに農民組合を結成したとしても、それに対して加えられた、国家や地主を中心とする既得権益層による圧力はかなり強いものであった。

六　農民組合に対する取締

組合を通じて農民を統制しようとする国家政策からすれば、自主的な組織である農民組合は望ましいものではなかった。その結果として、官憲による農民組合に対する弾圧が激化することになる。「囚はれた大地」でも、与作たち農村組合の指導者等が警察に拘束されるところが描かれている。[56]しかし、具体的にどのような法的理由で拘束されたかは説明されていない。

明治三三年に制定された治安警察法は、第一七条において「左ノ各号ノ目的ヲ以テ他人ニ対シテ暴行、脅迫シ若ハ公然誹毀シ又ハ第二号ノ目的ヲ以テ他人ヲ誘惑若ハ煽動スルコトヲ得ス」と規定し、その第一号に「労務ノ条件又ハ報酬ニ関シ協同ノ行動ヲ為スヘキ団結ニ加入セシメ又ハ其ノ加入ヲ妨クルコト」を掲げるなど、労働組合の結成に対する取締を行うものであった。しかし、労働者側からの反発などもあり、大正一五年、この条文は削除されることとなった。とはいえ、以降は、新たに制定された治安維持法（大正一四年制定）や「暴力行為等処罰ニ関スル法律」（大正一五年制定）などが、労働運動に対する取締の根拠として用いられたのである。したがって、恐らく、与作たちも、このような法律を根拠として身柄を拘束されたということなのであろうと思われる。

なお、小説の中で、この身柄拘束に関して「召喚や検束ではないほんとうの検挙が始まつたのだということが明らかであつた」[57]という記述が見られる。この中、「召喚」というのは、本来であれば、被告人の召喚のことを指すのであるが、ここでは文の前後関係から見て、任意出頭を意味するように思われる。任意出頭に関しては、大正一二年に制定された「司法警察職務規範」（司法省刑事局訓令）が「捜査上必要アルトキハ被疑者其ノ他ノ関係者ニ任意ノ出頭ヲ求メ又ハ其ノ所在ニ就キ若ハ承諾ヲ得テ犯所其ノ他ノ場所ニ同行シ其ノ陳述ヲ聴クコトヲ得」（第六四条）と規定していた。ここで、作者の平田が「任意出頭」のことを「召喚」と呼んでいるのは興味深い。ただし、その呼び方は、全く平田の個人的なものであるのか、それとも、当時、農村部や都市部（小説が執筆された時点では作者は東京で生活していた）で一般的に行われていたものであるか、判然としない。

さらに、ここでは、「検束」という言葉も用いられている。これに関して、行政執行法（明治三三年制定）第一条第一項は「当該行政官庁ハ泥酔者、瘋癲者、自殺ヲ企ツル者其ノ他救護ヲ要スト認ムル者ニ対シ必要ナル検束ヲ加ヘ戎器、兇器其ノ他危険ノ虞アル物件ノ仮領置ヲ為スコトヲ得暴行、闘争其ノ他公安ヲ害スルノ虞アル者ニ対シ之ヲ予防スル為必要ナルトキ亦同ジ」と規定していた。ここで検束というのは、警察による身柄拘束にほかならない。昭和二年に出版された『暴圧法と如何に戦ふべきか』[58]では、「ところが、彼等官憲は、この「その他公安を害する」をさかんに乱用して、ほとんど、神経衰弱的恐怖病患者のやうに、出タラ目な検束をつづけてゐるのだ」[59]として、この規定の運用に問題があったことが指摘されている。恐らく、小説に描かれているような、農民組合の結成に尽力する農民たちも「公安ヲ害スル虞アル者」として検束されたのであろう。したがって、この小説は、当時、検束が農民運動に対する弾圧の手段として用いられたということを如実に示しているといえるのである。

ただし、検束については、行政執行法第一条第二項において「前項ノ検束ハ翌日ノ日没後ニ至ルコトヲ得ス」と規定されていた。つまり、検束は時間的制約があるため、農民運動弾圧の手段としては効果が限定されていて、威嚇的な性格をもつにとどまるものであった。先に挙げた「召喚や検束ではないほんとうの検挙が始まつたのだということが明らかであつた」という小説中の言葉が示しているように、検束は、どちらかというと、本格的な取締を行う前の警告としての意味を持っていたと考えられる。

とはいえ、このような時間的制約は、しばしば、無視されることがあったようである。そのことは、前出の『暴圧法と如何に戦ふべきか』において次のように述べられている。

第二項が明示してゐるやうに、検束による留置は、「翌日の日没後に至ることを得ない」したがつて、もしも、これ以上の場合においては、完全に違法なのである。―（中略）―かゝる正規にも拘らず、かれら官憲は、かれら自ら法規を蹂躙して、我等の前衛を不法に留置してゐるのである。(60)

法に違反して、このような長期的拘束が行われていたのは、検束に名を借りて、犯罪の自白を引き出すための取り調べが行われていたからであるとも考えられる。そうであるならば、農民運動を行う者にとって、実際の状況は、平田が考えた以上に厳しいものであったといえよう。(61) 産業組合を通じてすべての農民に対して統制を強めようとしていた国家の立場からすれば、農民たちによる自主的な組合の結成は見逃すことができないことであった。農民組合に対する強力な締め付けは、このような国家の姿勢を示すものである。

それならば、農民組合の結成ではなく、大正一三年に制定された小作調停法に基づく小作調停の利用など、地主側にとって比較的抵抗感が少ない方法によって、一般農民の利益を保護していくことはできなかったのであろうか。小作調停を利用することで、小作料の減免と納付延期が認められた例もある。(62) しかし、平田は、その小説において、小作調停について触れていない。小作調停も農民組合の活動を妨害するための地主層の手段と見られていたため、重視されなかったのかもしれない。その結果として、農民組合の結成こそが貧農を救済するのに有効な手段として強調されるようになるのである。しかし、その農民組合に対しては、国家による激しい弾圧が加えられていた。そこに、平田が訴えようとする農村社会の悲劇があるように思われるのである。

七　農村における組合に関する法的問題

（一）組合を通さずに行われる組合員による物品販売

「囚はれた大地」では、農民組合（小作人組合）が様々な弾圧を受ける様子が描かれている。例えば、地主が農民組合に加入していない農民からのみ高値で木炭を買い受け、農民組合に加入している農民たちに対して揺さ振りを掛けるという場面がある。(63)それによれば、農民組合に加入した農民が地主のところに木炭を持ち込んでも、組合員であったら農民組合で買ってもらえばよいと拒絶されることになっている。

このような場合、法的手続によって設立された組合が産業組合としての販売組合ならば、その組合員が独断で物品を売却することができない可能性が高い。それは、明治35年に出版された『行政指針　産業組合法提要』(64)の中で示されている「有限責任販売組合模範定款」（農商務省農務局調査）（明治三四年一一月三〇日官報第五五二四号）の第二九条が「組合員は理事の承認を経るに非されは組合に委託せすして前条の物品を売却することを得す」と規定していることからも明らかである。(65)

それでは、産業組合に加入していない農事実行組合の場合はどうであろうか。組合の定める規約にもよるであろうが、産業組合法上、この種の組合が「組合員ノ共同ノ利益増進ヲ図ル」目的を有するとされていることからすれば、組合員の共同利益を害する恐れのある、個別の組合員による物品売却は認められないと考えられよう。これに関して、農事実行組合規約例として示されているものの中に、「組合員組合員タルノ信義ニ反シタル行為ヲ為シ改メサルトキハ総会ノ決議ニ依リテ之ヲ除名ス」（第一一条）[66]という規定が見られる。このことからすれば、組合内の承認なしに単独で物品売却を行った組合員は除名できることになる。同様のことは、行政に対する届出を行っていない農民組合にも該当するといえよう。

しかし、農民たちによる自主的な農民組合としては、組合員の除名が増えることによって組合員数が減少するのは組織的に大きな打撃である。したがって、組合員として信義に反する行為をする者が多く現れたとしても、事実上、積極的に除名することは困難であったと思われる。ただ、このような場合、「囚はれた大地」でも描かれているように、組合の利益に反する行為を行った者は、組合において除名がなされるまでもなく、自ら組合を脱退していったようである。[67]この点に関して、先に挙げた農事実行組合規約例では、「本組合ニ加入シ又ハ本組合ヨリ脱退セントスル者ハ組合長ノ承認ヲ経ルコトヲ要ス」（第九条）[68]と規定している。しかし、組合の利益に反する行為が組合員によって相次いで行われるような組織は弱体化していると考えられ、このような脱退の手続も有名無実化していたといえよう。その結果、正式な脱退手続によらずして、事実上、脱退したに等しい組合員が多数現れることになるのである。「囚はれた大地」では、農民組合が、地主からの攻撃に対してなす術なく、弱体化していく状況がまざまざと描かれている。

ただ、この小説では、農民組合の機能に関する理解をめぐって混乱があるように思われる。それは、農民組合の指導者である与作が木炭の買い占めを行っている地主の所で談判する場面から窺える。つまり、与作は地主側に対して何故農民組合の組合員から木炭を買わないのかと詰問するのである。このような姿勢は、農民組合の目的を自ら否定するものといえよう。何となれば、農民組合の目的は、組合員から委託を受けた物品を組合で一括して売却することによって、農民の利益を図ろうとするものだからである。組合員が各々個別に物品を売却したのでは、買手に買い叩かれる恐れがあるであろうし、そもそも、組合を結成する意味が失われてしまう。それにもかかわらず、組合の指導者ともあろう者が、地主側に組合員各々から物品を買うように迫っているのである。

このことは、当時の農村における一般農民の指導者自体が法律知識に乏しく、農民組合の意義をよく理解していなかったことを意味するものであろうか。そうであるならば、小説の作者はそのような農民の姿をあえて描こうとしたことなる。或は、作者である平田自身に農民組合に対する理解不足のところがあったとも考えられる。いずれにせよ、当時の農民たちが、生活の貧しさから目先の利益に捉われざるを得なかった状況がよく示されているといえよう。

（二）産業組合における組合員以外の生産物の取扱い

とはいえ、このような農民組合に対する妨害行為を行っている地主の側にも、大きな法的問題があるように思われる。何となれば、小説では、地主たちは木炭の販売組合の設立に関わっていることになっており、その組合の組合員であったと考えられるからである[69]。これに関して、産業組合法の制定に関わった平田東助は、「販売組合の取扱ふ貨物は必す組合員の生産したるものならさるへからす」「組合員以外に於て生産したる貨物を販売組合に於て取扱ふは法律の許さゝる所なり[70]」と述べている。すなわち、地主が木炭の販売組合の組合員であるとするならば、その組合の組合員が生産した木炭のみしか販売することができない。しかし、小説では、「農民組合の組合員」でない農民であれば、地主が木炭を買い上げるということになっており、その中には「販売組合の組合員」でない農民も含まれている可能性があるのである。地主が農民たちから木炭を買い占めているのは、単に農民組合を妨害するためだけではなく、販売するためであるといえよう。それは、小説の中で「地主山二や、これと結託する商人が、この春百姓達がもてあましていた木炭を、捨て値で買い占めて、莫大な利益を得た」[71]という記述があることからも理解できる。そうであるならば、地主は販売組合に属していない農民から買い取った木炭も売ることになる。これが産業組合法の趣旨に反することになるのは明らかである。

もっとも、産業組合法では、組合員が組合員以外の者による生産物を販売した場合について、罰則が設けられていたわけではない。産業組合の趣旨に反する行為に対する罰則は産業組合の定款で設けられていた。例えば、昭和一二年に出版された『組合定款の知識』[72]に挙げられている「信用販売購買利用組合定款例」では、「組合員ハ理事ノ承諾ヲ経ルニ非サレハ本組合ニ於テ取扱フ物ヲ本組合ヲ通セスシテ販売スルコトヲ得ス」（第五三条）という規定を見出すことができる。[73]この規定は組合員が個別に販売するのを制限するためのものであるが、理事が販売する物について目を通すことで、組合員以外の者が生産した物が販売されるのを防止するという目的もあったと考えられる。しかし、ここで組合員以外の者が生産した物を販売できないとは書かれていないところに、産業組合の趣旨が徹底されていないきらいがある。とはいえ、「組合員前条ノ規定ニ違反シタルトキハ過怠金ヲ徴収スルコトヲ得」（同定款第五四条）[74]という罰則の規定を設けることで、理事による取締機能を強化しようとしたのである。しかし、地主が大きな影響力をもつ販売組合にあっては、地主が個別に生産物を販売することは、理事によって容易に承認されるであろう。その場合、販売が認められた物品の中に非組合員の生産物が混入していたとしても、それが見過ごされることは十分に考えられるのである。そうであれば、組合員以外の者が生産した物を扱わないという産業組合の趣旨は骨抜きにされてしまうことになろう。

ただ、この定款例では、「組合員カ左ノ各号ノ一ニ該当スルトキハ総会ノ決議ニ依リテ之ヲ除名ス」（第九三条）という規定も設けられており、その第二号は「組合員ノ生産物ニ非サル物ノ販売ヲ委託シタルトキ」となっている。[75]

したがって、組合員以外の者が生産した物を販売するように、組合に委託すれば、除名されることになっていた。しかし、ここで除名の対象となるのは、組合員が組合に組合員以外の者の生産物を委託した場合であって、組合員自らが組合員以外の者の生産物を販売した場合ではない。そのため、組合員である地主は、組合員以外の者から物品を買い取って、自らそれを販売したとしても、そのことだけで罰則を科されることがなかった。しかも、先に述べたように、組合員が組合を通さずに生産物を販売することは、定款上、組合理事の承認があれば可能であったから、問題はなかった。もっとも、このような地主の行為が組合の利益に反するということであれば、除名の対象となり得るであろう。何となれば、この定款例でも「本組合ノ事業ヲ妨クル所為アリタルトキ」（第九三条第六号）と規定されているからである。しかし、地主側が、自ら行為は組合の利益に反するものではないと主張するかもしれないし、或は、強い影響力を行使して、他の組合員からの異論を封じ込めるかもしれない。小説に描かれているような、地主の強権的な手法を見ると、実際にそのような事実があったことも十分に想像できるのである。

さらに、この小説では、販売組合が採算の取れないものとして積極的に活用されていないという、より根本的な問題が示されている。このような問題が存在している限りにおいて、地主が組合の利益に反する行動に出たとしても、大きな関心を呼ばず、結果的に容認されてしまうことになるであろう。また、たとえ地主が組合から除名されるようなことがあったとしても、そもそも組合がほとんど利益を上げていないのであるならば、その地主自身がほとんど打撃を受けることはない。そのことが、地主の利益相反行為に対する歯止めを失わせ、結果的に組合に対する農民の期待が低下するという悪循環をもたらすのである。

そのような事態となる一因としては、産業組合に対する当時の法的規制に不十分なところがあったことが考えられる。すなわち、非組合員の生産物の販売委託などのような、組合員の利益相反行為に対する罰則が定款に委ねられており、法律が直接規定していたわけではなかったのである。[76]そのため、罰則が適用されることになったとしても、組合から除名されるにとどまり、制裁としてはあまり効果的なものとはいえなかった。これと比較して、産業組合法が規定する罰則は、懲役、禁錮、罰金、過料など、明らかに重いものであった。したがって、非組合員の生産物の販売に関して、その規制が効果的に行われなかったとしても、それは当然の結果ともいえるのである。

(三) 産業組合における農民の法的地位

さらに、「囚はれた大地」で描かれている地主による木炭の買い占めに関して、もう一つ問題となることがある。それは、地主が買い上げた木炭の生産者の大部分は地主側の販売組合、すなわち、産業組合に属していたのではないかということである。そのことを窺わせるのは、農民組合の指導者であった与作が地主による木炭の買い占めを知って、仲間たちとともに地主の所へ向かおうとする、次のような場面である。

「よし、皆で押しかけろ!」
与作は咄嗟に組合の契約を思い出して、そう云うと先に立つて歩き出した。[77]

ここで与作が思い出した「組合の契約」というのは、地主側の販売組合の契約のことではなかったかと考えられる。何となれば、与作らが自主的に結成した農民組合の組合員である農民の一部は同時に地主側の販売組合の「加入者」でもあったと想定できるからである。しかし、このような農民たちは、販売組合の「加入者」としては認められても、その「組合員」ではない。何となれば、産業組合法第一七条第一項は「組合員ハ出資一口以上ヲ有スヘシ」と規定しており、組合員となるための条件として出資義務を課していたからである。農民組合に参加するような農民たちは貧しく、出資義務を果たせるような状況ではなかった。したがって、販売組合の組合員とはなりえなかったのである。

それでは、彼等が販売組合の「加入者」として位置付けられるというのは、どのような意味においてであろうか。そのことを理解するためには、昭和七年の産業組合法改正によって農事実行組合のような法人が産業組合の組合員となれるようになった（第一〇条ノ二）ことを挙げなければならない。農事実行組合は、産業組合の場合のように、組合員資格として出資義務が課せられていなかったから、多数の農民が組合員として加入していた。そのことは、農事実行組合が産業組合に組み込まれることに伴って、農事実行組合の組合員である農民が産業組合に加入することを意味していた。しかし、産業組合の組合員になったのは農事実行組合であって、農民たちではない。したがって、このような農民たちは、法律上、産業組合の「組合員タル法人ノ組合員」（昭和七年改正産業組合法第一〇条ノ七）という位置付けであった。彼等が販売組合の「加入者」であると述べたのは、そのような意味においてである。

とはいえ、「組合員」ではなく「組合員タル法人ノ組合員」である農民たちにも産業組合法は適用される。したがって、その生産物は産業組合で委託販売されることになるのである。小説の中で、与作が組合の契約を思い出したと述べられているのは、農民たちの生産物が地主を通じて組合に委託されることになっていたからではないかと考えられる。つまり、農民たちは販売組合の組合員である地主に生産物を買い上げてもらい、その地主が買い上げた物を組合に委託するという契約があったように思われるのである。この場合、その農民たちは販売組合の組合員である農事実行組合の組合員であるから、販売組合でその生産物を扱っても問題ないということになるわけである。

（四）産業組合と地主の関係

しかし、ここで大きな問題が生じる。すなわち、地主は生産者でないので、販売組合の組合員になれないのではないかという点である。それは、販売組合の目的に関して定めた産業組合法第一条第一項第二号において「組合員ノ生産シタル物ニ加工シ又ハ加工セスシテ之ヲ売却スルコト」と規定されていたことから、問題とされるようになった。この点について、産業組合の保護育成にも深く関わった農商務省官僚の小平権一は次のように述べている。

即ち組合員が自ら生産せず他より仕入れたる物を販売組合にて取扱ふことは出来ない。故に販売組合の組織は、農業者、漁業者、林業者、工業者自ら生産を為す者に非ざれば、組合員となることは出来ない。(78)

地主は小作人に生産を任せており、自ら生産をする者ではないので、組合員となることができないという議論は、ここから出てくるのである。この点に関しては、以下の農商務次官の通牒がある。

地主カ農業ニ関スル何等ノ行為ヲ為サス単ニ其ノ所有地ヲ貸付シ其ノ地代トシテ小作米ヲ取得スル場合ニ於テハ其ノ米ノ生産者ト謂フコトヲ得サルコトハ勿論ナルモ地主ニシテ当時其ノ所有地ノ生産ニ付企業者ノ如ク関与シテ小作米ヲ収納スル者ハ其ノ収納米ニ付自ラ生産シタルモノトシテ取扱フ事（明治四一年八月農発第一七〇号農商務次官通牒）

つまり、地主が小作人に全く生産を任せきりの場合は、生産者ということができないが、土地を貸す以外に、何らかのかたちで生産に関与していれば、生産者として認められるというのである。この小説の場合は、どうであろうか。それによれば、農民たちから木炭を買い占めていた地主は、普段、農村から離れた町に暮らしていて、銀行業を営み、小作地のある村に戻ってくることはほとんどないという(79)。したがって、このような者は生産者ということができない。しかも、当時、組合員の資格として、「組合の区域内に居住するものなること(80)」が要求されていたから、この地主はいわゆる不在地主として組合員たる要件を満たさないということになる。

そうであるならば、地主が農民と組合の仲立ちをする立場にあったのではないかという、先に述べた推測は成り立たなくなるかもしれない。ただ、小説によれば、この地主は下山という者に帳場を任せ、小作人からの小作米などの取り立てを行わせていたという。この点について、小平権一は「地主が小作地に管理人を置き其の管理人が小作料を受け取り処分するものであつて、其の管理人が地主に代りて土地の改良其の他生産に干渉して居るときは、其の管理人は販売組合の組合員となることが出来ると解釈すべきである(81)」と述べている。そうであるならば、小説に登場する下山がこの管理人の立場にあるものとして認められ、何らかのかたちで、この者が生産に関与していると考えることができれば、この条件に該当することになる。すなわち、下山は管理人として組合員になることができ、地主の代理人としての立場に立って、農民と組合を仲立ちすることができるのである。したがって、地主は、管理人を通じて、間接的に農民と関係を持つことになる。そのため、地主が農民と組合の仲立ちをする立場にあったといっても、強ち間違いとはいえないということになろう。

(五) 農事実行組合における組合員の資格

先に述べたように、農民たちが個別に地主に木炭を売るとなると、農民組合(農民たちが自主的に作った組織)の利益に反することになる。そもそも、農民組合は、地主や販売組合（産業組合）よりも、有利な条件で木炭販売を行うために結成されたものである。そのため、木炭が農民組合に引き渡される前に、地主に売られてしまっては、組合を結成した意味がなくなってしまう。しかし、一部の農民は役場主導で作られた農事実行組合にも組合員として属しており、その農事実行組合を通じて販売組合（産業組合）にも関係している。その結果として、その生産物は、販売組合にも引き取ってもらう権利があることになる。そこで、このような農民にとっては、農民組合と販売組合、いずれの利益を優先すべきなのかということが問題になってくるのである。

このような問題が生じるのは、その農民が複数の組合に属しているからである。そのため、組合員となる資格を制限して、他の組合の組合員である者は新たに別の組合の組合員となることができないというルールを設けようという考えが出てくることになる。この点に関して、昭和七年改正産業組合法第一〇条ノ三第一項は「法人ハ産業組合ノ組合員タルコトヲ得ズ但シ農事実行組合、養蚕実行組合其ノ他命令ヲ以テ定ムル法人ハ此ノ限ニ在ラズ」という規定を設けていた。したがって、法令によって認められた組合でなければ、産業組合の組合員となることができなかった。そこで問題となるのは、農事実行組合に加入しようとする者は産業組合以外の組合に属していてはならないかということである。しかし、「農村に於ける原始産業に従事する者は凡て農業者の中に包含せしめなくてはならないと云ふ解釈が農事実行組合に関する法律制定の主旨である。農事実行組合の組合員の範囲は出来るだけ広範囲に解釈し、農村の実行団体たらしむること、しなくてはならない[82]」という国の立場からすれば、農事実行組合の組合員に対する資格制限はなるべく設けない方が望ましいと考えられる。また、当時の「農事実行組合規約例」においても、組合員の資格に関しては「本組合ハ地区内ノ農業者ヲ以テ組合員トス」（第五条[83]）と定められているだけで、特に他の組合の組合員となることを制限するような規定はない。

しかし、同規約例では、「組合員左ノ各号ノ一ニ該当スルトキハ総会ノ決議ニ依リテ之ヲ除名ス」（第一三条）と規定し、これについて、次の二つの場合を挙げていた。すなわち、「一　組合ノ事務ヲ妨クル所為アリタルトキ」と「二　犯罪其ノ所為ニ依リ組合ノ信用ヲ毀損シタルトキ」である[85]。すなわち、他の組合に加入し、活動を行うことが、農事実行組合の利益に相反し、事務を妨げるようになる場合には、除名の対象となるといえよう。したがって、当時、農事実行組合としては、加入に関して特段の制限を設けるようなことはせず、組合員が自主的な農民組合に加入することを認めていた。ただ、それが農事実行組合の利益に反することが明らかになった場合にのみ、除名というかたちでその者を排除するということであったと思われる。[84]

（六）産業組合における組合員の出資義務

平田は、その代表作「囚はれた大地」以外にも、数多くの農民小説を残した。その一つに、「村の地主[86]」（昭和九〜一〇年）という短編小説がある。この小説においても、農村における組合のことが取り上げられている。すなわち、次のように述べられるのである。

この頃丁度県下の各村が競うて林檎の輸出組合をつくつた時代で、組合のある村では輸出先と連絡して、輸出が好調に運んでゐた。兼ねがね仲買の不当なさやで惨々苦しみ抜いて来ただけに、庄屋は早速村に組合を創ることを村会にはかつた。組合と云ふのは、各組合員が協同で倉庫を持つて、そこに苹果を預けて置いたり、或は適当の値上りまで苹果を担保にして小額の金融をしたりするのであつた[87]。組合の事務所には、多年その道の経験者を置くことにして、輸出先の問屋と電報で値段の交渉をやるのであつた。

庄屋の提唱で、輸出組合の件は満場一致可決した。倉庫建設費の大部分は庄屋が田を抵当に入れて作った。出資は五年の年賦でかへしてもらふことも、庄屋は自分から申し出た。[88]

ここで「輸出」と述べられているのは、海外貿易が取り上げられているわけでないことから、恐らく「販売」のことを意味するものと思われる。したがって、この組合は、産業組合の事業のうち、「信用」と「販売」を営む「信用販売組合」であると考えてよいであろう。

注目すべきなのは、「庄屋」と呼ばれる人物[89]が組合のためにかなりの金額を出資し、倉庫建設費の大部分を負担している点である。ところが、産業組合法第一七条第二項は「組合員ノ有スヘキ口数ハ三十口ヲ超ユルコトヲ得ス但シ特別ノ事由アルトキハ定款ノ定ムル所ニ依リ五十口迄之ヲ増加スルコトヲ得」と規定していた。この場合、一口の金額は五〇円である（産業組合法施行規則第二条）。このように一人あたりの出資口数や一口の金額が制限されていたのは、次のような理由に基づく。すなわち、「其の一は少数の組合員が多数の出資金を為し、独占的の弊に陥らしめざること。其の二は産業組合は中小産者の人的団体であつて人を主として居る。故に一口の出資金額を多くするときは中小産者は加入し得ざること、なること即ち之である[90]」というのである。

そうであるならば、この小説で描かれているように、「庄屋」一人が組合設立の費用の大部分を負担するのは法律に違反する可能性が出てくるのではないか。この点に関連して、産業組合法第七条は「産業組合ハ七人以上ニ非サレハ設立スルコトヲ得ス」と規定していた。したがって、産業組合の設立にあたっては、少なくとも七人の者が組合員として出資義務を負っていたことになる。ただ、その中の一人が制限いっぱいの三十口まで出資し、残りの者はすべて一口しか出資しないということも考えられよう。つまり、これは、特定の者のみが過大な金銭的負担を負うことを意味する。法律は、産業組合が莫大な資金を必要とするような場合には、特定の者のみが多くを出資して独占に陥るのを防ぐという目的を果たすものであったかもしれない。しかし、出資金の総額が比較的少ない場合は、特定の者のみがその大部分を負担することによって、組合において独占的立場に立つということも起こりえたであろう。したがって、この小説のように「庄屋」が出資総額のかなりの部分を負担することは、法律の趣旨に反し、好ましくないものであるにせよ、必ずしも法律に違反するとまではいえないのである。

とはいえ、この小説が、組合設立に関して「庄屋」のみに重い責任を負担させ、他の組合員のことについてほとんど触れるところがないのは疑問である。小説では、組合設立にあたって村会で満場一致で可決されたとあるから、村会議員たちも組合の意義を積極的に認め、その収益に期待していたと考える方が自然である。そうであれば、出資された額の大部分が「庄屋」一人によるもので、他の者による出資の割合が低いというのは理に適わないように思われるのである。

このことは、作者の平田が小説を書くにあたって、組合設立における出資義務に関する規定のことなどをよく理解していなかった可能性を示している。つまり、その小説を読むと、組合の設立には七人以上の者による出資が必要であるということが明確にされず、あたかも一人の者が資金を提供すれば設立できるかのように書かれているのである。

しかし、これは、当時、産業組合を設立する側の地主層の中にも、そのような意識を持った者がいたことを示しているとも考えられる。ただ、このような立場は産業組合法の趣旨に反するものであった。すなわち、産業組合法の制定当時、農商務官僚であった月田藤三郎は、産業組合の性質について「中産以下産業者の最も憾とするところは、資産に乏しく信用薄きを以て、資産豊かなる産業者と争ふ能はす、常に之に屈服するの止むを得さるにあり、産業組合は即ち此種の産業者を協同せしめ、其信用を合一して以て、大資本家と拮抗するに足るの能力を得せしめたるものなり」[91]と述べている。そうであるならば、産業組合の設立にあたっては、中産農民の協同ということが図られなければならないはずである。ところが、このような立場に対して、主として有力地主一人が産業組合に関する責任を負担すべきであるという考えがあり、それが当時の農村において受け入れられていたと見ることもできるのである。特に、平田がその小説のモデルとして描いた北津軽郡には、そのような意識が強かったといえるかもしれない。つまり、明治以降も、有力地主が強い権力を持っており、小作農などによる農民組合の結成が困難であった地域においては、中産農民の協同という産業組合の本来の趣旨が十分に活かされていなかったということなのである。

八　結び

平田小六の農民小説は苦境に置かれた農民の立場に理解を示し、その生活改善を志向するものであった。「囚はれた大地」はその代表作であるが、そこでは、農民たちが自主的に組合を結成することによって、有力地主らの専横に立ち向かい、苦境から抜け出そうとする状況が描かれている。その一方、小説が執筆された時期（昭和八～九年）は、昭和七年の産業組合法改正を受けて、産業組合による農民の統制を図る政策が推進されつつあった。その名目は不況に苦しむ農民たちの救済ということにあったが、このような国の政策に関わる動向は、平田の小説で直接的に触れられることはない。しかし、農民たちと産業組合の関わりを描いた場面などからは、産業組合法改正の影響が見て取れる。したがって、平田の小説においては、当時、農民たちが、組合という組織に対して、どのような意識を持ち、どのように接していたかが、ある程度、示されているように思われるのである。その点についてまとめると、次のようなことがいえる。

第一は、農民たちが、貧しい生活を克服するための活路を、農民による自主的な農民組合の結成に見出そうとしていることが強調される点である。しかし、それと同時に、その実現には大きな障害があったことも描かれている。すなわち、官憲による弾圧や有力地主による妨害である。しかし、農民組合の結成に障害となったものは、これだけではない。農民組合に対しては、地主に対する遠慮などから警戒心を持つ農民が少なからずおり、必ずしも農民の全面的支持を得ていたわけではなかったのである。特に、有力地主の影響が強力であった地域において、その傾向が顕著に見られたといえる。小説でも、農民組合の結成に非協力的な農民たちが描かれている。平田としては、農民組合に対して否定的立場をとる農民を問題解決に無理解な人々と捉えていたように思われる。しかし、平田の立場はどうであれ、当時、農民たちの間でも、農民組合に対する評価が分かれていたというのが事実であり、小説はその状況を如実に示しているのであるといえよう。

第二は、産業組合（販売組合）が上手く機能せず、農民たちから見限られている状況が示されている点である。産業組合は、そもそも、中産農民の保護と救済を目的とした組織であったが、昭和七年の産業組合法改正により、その対象が全農民にまで拡大されることとなった。しかし、小説では、その意義と効果が全く評価されることがないのである。これは、従来から、有力地主など、その地域において影響力を持つ、限られた者のみが、産業組合の設立に関わり、利益を得ようとしていたと捉えられている結果ではないかと思われる。例えば、平田の短編小説「村の地主」においては、有力地主一人が大部分を出資して産業組合を設立する場面が描かれている。これは、一般農民の側から見れば、産業組合が有力地主の利益確保の手段に過ぎず、自分たちの犠牲の上に成り立つものであることを意味する。

ただ、産業組合法改正によって、そのような状況に何らかの変化が生じたのではないかとも考えられる。ところが、小説では、法改正の事実を含めて、この点について触れられることがない。これは、平田が一連の小説を執筆していた当時（昭和八〜一〇年）において、法改正の効果が農村で未だ十分に現れていなかったことを示しているともいえよう。すなわち、「囚はれた大地」の舞台となった北津軽郡において小作争議の件数が最も増加したのは昭和一〇年であり、この年までに産業組合法改正による貧農の生活改善が実現していたとはいえないからである。したがって、小説で産業組合の意義が肯定的に評価されていないのは、平田が法改正の事実を認識していなかった可能性があることに加えて、その執筆時において法改正の効果が未だ十分に現れていなかったことによるものであると考えられる。

実際に、当時、農村における産業組合の多くは苦境に立たされていた。昭和四年の世界恐慌の影響に加えて、東北地方では凶作が続き、比較的順調な運営がなされてきた産業組合でさえ、組合員数の減少など、大きな影響を受けた(92)。そのような状況においては、法改正によって、直ちに産業組合が一般農民にとって利益をもたらすものとして認識されるようになるのは困難であったといえよう。

第三は、小説に登場する農民たちがしばしば組合の目的を理解してないと思われるところがあるという点である。例えば、それは、農民組合（小作人組合）の組合員が組合を通さずに生産物を販売しようとする場面などに現れている。特に問題といえるのは、組合の指導者的立場にある者であっても、時にそのような行為を支持するなど、組合の目的に反する行動をとる場合があったことが示されている点である。

その理由の一つとして、農民たちが同時に複数の組合に属することにより、その利害関係が錯綜し、各々の組合の目的が見えにくくなったことが考えられる。例えば、農民組合（小作人組合）と産業組合は時に利害が対立することがあるものであるが、その両方に所属することによって、何れの組合の目的を優先すべきかが不鮮明となるのである。そのため、農民が組合の活用に失敗し、十分な利益を得られないということもあったと考えられる。ただ、これは、作者の平田が産業組合法の改正について認識していなかった結果が小説に反映されたものと見ることもできる。とはいえ、経済的不況や凶作の中にあって、産業組合の運営が困難となっていた状況からすれば、当時の農民たちとしても、組合の意義や目的を見出し難く、混乱に陥っていたという面があったように思われる。

しかし、その後、昭和一〇年代に入ると、国家による貧農対策が、ある程度、効果を上げ始める一方、産業組合による農民統制が進むようになる。それは、農民たちによる自主的な農民組合を弾圧した結果でもあった。このようなことから、平田の農民小説は、不況などの影響によって産業組合が停滞していた時期から、産業組合による農民統制が達成された時期までの間の過渡的状況を示したものと見ることができるのではないか。すなわち、産業組合が停滞する中で、農民組合の結成に活路を見出そうとする農民がいる一方、産業組合による農民統制という国家政策が取られるようになった。しかし、その政策が未だ十分に農村に浸透しておらず、農民たちは変化しつつある組合の状況に困惑しつつも、従来の意識から抜け切れないでいる。以上のようなことが、平田の小説で描かれた農村の状況ではなかったかと考えられるのである。平田自身は、法律に精通していたわけではないので、そのようなことを明確に意識していなかったかもしれない。ただ、平田としては、農民たちによる自主的な農民組合を結成することの重要性とそれに対して障害があることの理不尽さを訴えたかったのであろう。しかし、その小説には、作者の意図とは別に、産業組合法改正当時における産業組合や農民組合に対する農民の見方が現れているように思われるのである。

（1）初版本は大正一二年に半狂堂より出版された。その後、岩波文庫の一冊として出版（第一版は昭和三一年に刊行）され、普及している。
（2）勝本正晃『法律より見たる日本文学』（巖松堂書店、昭和九年）一一四頁。
（3）勝本正晃「文芸と法律」『机辺散語』（創文社、昭和五〇年）九三頁。初出は『消防大学校学友会報』昭和三九年四月号。
（4）もっとも、農村における社会制度に対する平田自身の見方が全く一般農民のそれと一致するものであるかどうかは検討を要するといえよう。その検討に当たっては、教師と農民という立場の違いに加えて、その農民小説が農村生活を離れて数年後に書かれたものであるということを考慮に入れなければならない。
（5）夏目漱石「『土』に就て」、長塚節『土』（春陽堂、明治四五年）序文六―七頁。
（6）夏目・前掲注（5）序文一〇―一一頁。
（7）井上俊夫『農民文学論』（五月書房、昭和五〇年）二四頁。
（8）真山青果『南小泉村』（今古堂、明治四二年）一―二頁。
（9）我が国において農民文学が確立する以前、明治三二年に大淵渉の『民法小説　小作の争』（駸々堂）という本が出版されている。ただ、これは文学作品というよりも、法律家が小説の形を借りて小作に関する法律を説明した解説書としての性格を持つものである。
（10）大島清「小作争議」『世界大百科事典11』（平凡社、昭和四七年）参照。この点に関して、明治四三年の農商務省令「重要物産ノ検査手数料ニ関スル件」と農商務次官通牒「重要物産ノ検査ニ関スル件」を受けて、米穀検査が全国的に行われるようになったという指摘がある（玉真之介「米穀検査制度の史的展開過程―殖産興業政策および食糧政策との関連を中心に―」『農業総合研究』第四〇巻第二号、昭和六一年、一七頁）。なお、一九〇八年（明治四一年）に「米穀検査規則」が施行されたというのは、全国的なものを意味するのではなく、岡山県において県令として当該規則が施行された事実があることを指すと思われる（『岡山県米穀検査令規』（岡山県米穀検査所、明治四四年）参照）。
（11）玉・前掲注（10）三六頁。
（12）大島・前掲注（10）参照。
（13）大島・前掲注（10）参照。
（14）大内力「小作制度」『世界大百科事典11』（平凡社、昭和四七年）参照。
（15）佐賀郁朗「地域学に農民文学からの視点を―平田小六と伊藤永之介―」『地域学』第八号、平成二二年、七頁。
（16）佐賀・前掲注（15）四頁。原文は未見であるが、亀井勝一郎「地方主義文学と作家の意欲」『新潮』昭和九年一一月号に記載されているということである。
(17) 平田小六の経歴については、小山内時雄編「平田小六著作年表稿―附・平田文学の軌跡―」『郷土作家研究』第一三号、昭和六三年、佐賀・前掲注(15)三頁、対馬美香「平田小六『囚はれた大地』解説」『新・プロレタリア文学精選集二〇』(ゆまに書房、平成一六年)一頁を参照した。未見ではあるが、対馬氏には、この他にも『大館出身の稀有な文学者・平田小六の生涯』(大館市、平成一〇年)など、平田小六に関する著作が幾つかある。平田小六研究の第一人者であったが、惜しまれつつ、平成一七年に逝去された。
(18) 佐賀・前掲注(15)四頁。
(19) この小説は、その後も、昭和五三年に北の街社より、平成一六年にゆまに書房より出版された(前掲注(17)参照)。
(20) 平田小六『囚われた大地』(改造社、昭和一四年)序文二頁。
(21) 平田・前掲注(20)序文三頁。
(22) 佐賀・前掲注(15)一〇頁。その人物評論の業績は『菊よみがえる朝 維新前夜、群英の血は流れる』(日本及日本人社、昭和五一年)としてまとめられた。
(23) 『働く人のひろば』第六号に掲載。なお、この小説は『平田小六短編集』(昭森社、昭和四七年)にも収録されている。
(24) 正式名称は十三湖であるが、地元では十三潟(とさがた)と呼ばれる。
(25) 平田・前掲注(20)一七頁。
(26) 対馬・前掲注(17)二頁。
(27) 渡辺克司「一九二〇年代における限界地・漁業出稼ぎ地帯の小作争議の性格―青森県西津軽郡車力村を対象として―」『北海道大学農経論叢』第四五号、平成元年、二九頁。
(28) 渡辺・前掲注(27)三四頁。
(29) 対馬・前掲注(17)一頁。
(30) 渡辺・前掲注(27)三〇頁。
(31) 函館市史編纂室編『函館市史 通説編 第三巻』(函館市、平成九年)一〇九〇―一〇九二頁によれば、昭和三年二月に函館ドック争議が発生したことが記されている。
(32) 平田・前掲注(20)二二五頁。
(33) 渡辺・前掲注(27)三三頁。
(34) 平田東助『産業組合法要義』(平田東助、明治三三年)一四頁。
(35) 平田・前掲注(34)一五頁。
(36) 平田・前掲注(20)一六六頁。
(37) 平田・前掲注(20)一六六頁。
(38) 篠浦光「農村協同組合の展開過程」『農業総合研

究』第一四巻第三号、昭和三五年、一四〇頁では、販売組合などの産業組合を構成していた組合員について、当初は地主・豪農中心であったのが、大正初期頃までに中堅の農民層にまで拡大してきたことが述べられている。

(39) 平田・前掲注(20)一九頁。

(40) 「小平権一と近代農政」編集出版委員会編『小平権一と近代農政』(日本評論社、昭和六〇年)一二五―一二六頁。

(41) 神奈川県産業部編『神奈川県普通農事要覧』(神奈川県産業部、大正一〇年)八三―八四頁。

(42) 産業組合中央会長崎支会編『農事実行組合の梗概と活動事例』(産業組合中央会長崎支会、昭和一一年)三頁。

(43) 小野武夫編『農村の疲弊と其対策』(大日本連合青年団、昭和六年)一〇頁。

(44) これは直接的には産業組合(販売組合)について述べられているのだが、農事実行組合が組合員として産業組合に所属していると見れば、農事実行組合についても該当することであると思われる。

(45) 小野・前掲注(43)一一頁。

(46) 小野・前掲注(43)一一頁。

(47) 著者は福岡裁判所の篠崎義広という人物である。発行所は産業組合中央会福岡県支会となっている。

(48) 篠崎・前掲注(47)七頁。農事実行組合の設立には届出制が採用されていた(昭和七年改正産業組合法第一〇条ノ三第五項)。

(49) 篠崎・前掲注(47)四頁。

(50) 篠崎・前掲注(47)四―五頁。

(51) 産業組合中央会編『産業組合調査資料 第二七輯 産業組合と小作問題に関する調査』(産業組合中央会、昭和三年)二五頁。

(52) 前掲注(51)二七頁。

(53) 群馬県の農村においては、農事実行組合への改組が奨励されたにもかかわらず、昭和一四年になるまで、農事実行組合数よりも任意組合数の方が上回っていたという(『農会技術員の養成と農事実行組合の整備』(群馬県農会、昭和一六年)二一頁)。

(54) 前掲注(42)四頁。

(55) しかし、その後、昭和一〇年代に入ると、各地域において、農事実行組合の設立が強制的に行われるようになっていたようである。例えば、そのことは、新山新太郎『農民私史』(農山漁村文化協会、昭和五三年)二〇六頁に「昭和一五年に、各部落単位に実行組合が設立された。その中に五人組制がとり入れられて発足した」という記述があることから窺うことができる。なお、この例は、秋田県の農村に関するものであるが、農事実行組合と隣組が結び付けられたものといえるかもしれない。
(56) 平田・前掲注(20)四三〇—四三三頁。
(57) 平田・前掲注(20)四三二頁。
(58) 産業労働調査所編輯、労働問題研究所発行とある。
(59) 前掲注(58)三八頁。
(60) 前掲注(58)三九—四〇頁。
(61) 「昭和六年頃からは、軍部が憲兵を派遣して争議に干渉し始めた。つまり警察の手だけでは抑圧ができないとみたのだ」(新山・前掲注(55)一五六頁)という記述は、このことを裏付けるものといえよう。
(62) 新山・前掲注(55)一四七頁。
(63) 平田・前掲注(20)四〇六—四〇九頁。
(64) 警眼社より発行された。著者は後に産業組合中央会会頭を務める月田藤三郎である。月田は農商務省官僚として耕地整理法の制定に関わったことでも知られる。
(65) 月田・前掲注(64)一三〇頁。
(66) 馬場光三『農村部落の指導』(大貫書店、昭和一七年)附録二頁。
(67) 平田・前掲注(20)四二〇頁。
(68) 馬場・前掲注(66)附録一頁。
(69) これに関して、産業組合の組合員は生産者でなければならず、地主は生産者でないので組合員になれないのではないかという議論がある。この点については後述する。
(70) 平田・前掲注(34)二五頁。
(71) 平田・前掲注(20)二二八頁。
(72) 著者は小池金之助で、昭和図書より発行された。小池には、これ以外にも『同業組合及準則組合』(昭和図書、昭和一四年)という著作がある。
(73) 小池・前掲注(72)一〇五頁。
(74) 小池・前掲注(72)一〇五頁。
(75) 小池・前掲注(72)一一四頁。
(76) この点に関して、昭和七年改正産業組合法第四八条ノ二は「組合ハ定款ノ定ムル所ニ依リ定款ニ違反シタル組合員ニ対シ過怠金ヲ課スルコトヲ得」と規定していた。本文中に紹介した「信用販売購買利用組合定款例」第五四条は、この規定を受けてのものであろう(前掲注(74)参照)。
(77) 平田・前掲注(20)四〇六頁。
(78) 小平権一『解釈法令叢書　第五　産業組合法』(日本評論社、昭和一三年)二〇—二二頁。
(79) 平田・前掲注(20)二二五—二二六頁。
(80) 小平・前掲注(78)一二五頁。
(81) 小平・前掲注(78)二三頁。
(82) 小平・前掲注(78)一三一頁。
(83) 小池・前掲注(72)一四七頁。
(84) 「犯罪其ノ他ノ所為」の誤りであろうと思われる。
(85) 小池・前掲注(72)一四九頁。

(86)『文学評論』第一巻第五号及び第二巻第七号に発表された。その後、『新選プロレタリア文学総輯三　童児』（ナウカ社、昭和一〇年）に収録された。以下、脚注で引用される頁数はナウカ社版による。

(87) へいか。「りんご」のこと。

(88) 平田・前掲注（86）四六頁。

(89) 先祖が、代々、近隣一帯の庄屋を務めてきた大地主であったことから、昔の慣例にしたがって「庄屋」と呼ばれているのであるという（平田・前掲注（86）四〇頁）。

(90) 小平・前掲注（78）一七一頁。

(91) 月田・前掲注（64）二―三頁。

(92) 白井泉「農家経営と産業組合の信用事業―無限責任竹館林檎生産購買販売信用組合の事例―」『経営史学』第四八巻第一号、平成二五年、一九頁。

要約

我が国の農民文学は、明治四〇年代に確立した。そのテーマとなっているのは、地主から抑圧され、貧困に苦しむ農民である。昭和初期になると、それはプロレタリア文学の影響を受けて、農民組合の結成や小作争議など、農民の抵抗運動を描いたものが多く発表されるようになった。平田小六の長編小説「囚はれた大地」（昭和八～九年）も、その一つに挙げられる。平田は、大正末期、青森県北津軽郡で小学校教員をしていたが、その時に農民たちと接した経験が小説の題材となった。「囚はれた大地」では、農民たちが、村の有力者たちが設立した産業組合を見限って、木炭販売のための農民組合を結成しようとする状況が描かれている。本稿では、この小説を中心として、平田小六の農民小説を取り上げ、農村における組合に関する記述を検討した。そのことによって、昭和初期において、組合に関する法制度がどのように農村で受容されていたのかを明らかにするのが目的である。

　この小説が発表された当時は、全ての農民を産業組合に組み込んで管理・統制しようとする国家政策が取られようとしていた。すなわち、昭和七年、産業組合法が改正され、一般農民が所属する農事実行組合を産業組合の組合員として加入させることが認められるようになったのである。しかし、当時の東北地方では、経済恐慌や凶作などの影響によって、産業組合の運営が厳しい状況に置かれていた。「囚はれた大地」でも、産業組合の運営が不振に陥って、農民たちから利用されなくなっている状況が描かれている。したがって、小説に登場する農村においては、産業組合法改正が意図した通りに、農事実行組合が順調に組合員として産業組合に統合され、農民に対する国家統制が進んだとは見ることができない。

　その一方、小説では、農民たちが、自らの利益を確保するために、農民組合を結成しようとする動きが描かれている。しかし、この動きは、地主層の妨害や官憲の弾圧を受けて、頓挫を余儀なくされるという悲劇的結末を迎えることになる。

ただ、農民たちにとっては、農民組合の結成に代わる次善の策として、小作調停を利用するということも考えられたはずである。それにもかかわらず、小説では、これに関する記述はなく、あくまでも農民組合の結成の必要性が強調されるのである。しかし、当時、農民の中には、地主に対する遠慮などから、農民組合の結成に対して消極的な者も少なからずいた。平田の小説の中にも、そのことを記述した場面が見られる。したがって、その小説は、当時の農民たちの間で、農民組合に対して肯定的立場と否定的立場の両方があったことを示しているといえる。

その後、昭和一〇年代に入ると、産業組合による農民の統制が進み、農民にとって産業組合は大きな意味を持つようになる。これに対して、農民組合は、国家による圧力の下、その勢いを失っていくのである。したがって、平田の農民小説は、不況などによって産業組合が停滞していた時期から、産業組合による農民の統制が達成される時期までの間の過渡的状況を示したものと見ることができるのである。

●キーワード：農民文学、産業組合、農事実行組合、農民組合

役所と「地方」の間
――清代モンゴルのオトグ旗における社会構造と裁判実態――

額定其労

一　はじめに

清代のモンゴル（一六三五～一九一一年）は行政上「盟旗」組織によって統治されていた。盟はいくつかの旗を管轄する行政組織であるが、その所轄する旗の数は各盟の間でまちまちであった。盟の下位行政機構である旗は、通例モンゴルの在地貴族によって統治される、清朝がモンゴルに設けた末端の行政組織に当たる。盟の場合と同様、旗もモンゴル在来の政治集団を母体にしてつくられたため、各旗の人口や面積は一様ではなく、また諸旗の歴史にも多かれ少なかれ相違がみられる(1)。

このような制度的統一性と社会的多様性の両方を内包する盟旗組織が実際にどのように機能していたのかという問題は興味深い研究テーマであり、原語史料へのアクセスの可能性が増すにつれて近年活発に研究されるようになっている(2)。法制史を研究する筆者は盟旗制度下における裁判制度に注目し、特に旗の内部における社会構造と裁判の実態を解明することを試みてきた。その一環として、別稿において清代モンゴルのアラシャ旗とハラチン右翼旗における裁判制度の考察を行い、その結果、両旗における行政と裁判のあり方が様々な点で相互に異なることが明らかになった[3]。

本稿では、清代モンゴルのさらにまた別の旗であるイフ・ジョー盟オトグ旗を取り上げ、その社会構造とそこでの裁判の実態を解明するつもりである[4]。オトグ旗をめぐる史料状況の制約により、主として対象とする時期は一九世半ばから二〇世紀初頭まで（つまり清朝の滅亡まで）とする[5]。これによって清代オトグ旗における社会統治の特性に関し、基礎的な理解が得られればと考えている。また本論文は、まだ不十分にしか研究されていない清代モンゴルの社会と法制（特に旗レベルでのそれ）に関する理解の深化のためにも、貴重な材料を提供してくれるものと思われる[6]。

清代モンゴルのイフ・ジョー盟はオルドス部によって構成された。同盟はモンゴルの最南端に当たる「ボロトホイ」［Borotoqoi］と俗称される黄河の河套地域に立地し、南側が陝西省の長城に接していた。北京からは千百里（およそ六三四キロメートル）離れていた。清代のイフ・ジョー盟の管轄下には七つ（乾隆元（一七三六）年までは六つ）の旗が置かれており、オトグ旗（一六五〇〜一九四九年）はその一つに当たる（公式には「オルドス右翼中旗」）。オトグ旗はイフ・ジョー盟の中で面積が最も大きい旗であった（乾隆六［一七四一］年における総面積は四・四二万平方キロメートル）。また中国本土に接する境界線も同盟諸旗の中で最も長い[7]。このような地理的条件を持つ同旗の行政業務は、後に触れるように、モンゴル人と漢人との間の関係の処理も含むものとならざるをえなかった[8]。

また、清代のオトグ旗の社会についてモンゴル法制史の視点から俯瞰すれば、次のような諸特徴が指摘できよう。第一に、基本的な社会編成の方式となっていたのは、清朝政府により導入された軍事行政システムであったこと。第二に、それにもかかわらずモンゴル固有の役職制度や貴族・平民の伝統的な身分制度が残されていたこと。

第三に、遊牧生活が維持されていたこと。第四に、旗役所が「中央」、それ以外の旗内の地は「地方」という権力構造を反映した空間認識が成立していたことである（この四点について詳しくは後述）。これらの特徴に鑑みれば、清代のオトグ旗は同時代の多くのモンゴル旗の典型例だと言うことができる。

以下、まず二で清代オトグ旗の社会構造について行政組織と身分秩序を中心に概観し、次いで具体的な裁判事例の分析を通して訴訟処理の実態を解明する。そして四で、当時の裁判のあり方が孕んでいた問題点と上級機関によるその対策の試みについて記述し、最後に五において本稿で得られた知見をまとめると同時に、オトグ旗の社会構造と裁判制度が清代のアラシャ旗やハラチン右翼旗のそれとどのような点で相違するかについて略述する。[9]なお、本論文の事例で使う月日は旧暦であり、またカタカナの過多を避けるため、モンゴル人の名前と地名は原則ローマ字転写で示したことを予め断っておく。

二　行政組織と身分秩序

（一）　ザサグと旗衙門

オトグ旗では旗の設立当初から伝統的な旗制度が廃止される一九四九年まで計一四人のザサグ（旗長）[10]が旗の統治に当たっていた。ザサグは在地貴族出身の領主に当たり、同時に清朝（後に民国）がモンゴルを統治するためにその地位を認めた中間管理職でもあった。オトグ旗の諸ザサグについて、在職順にその名前と相互の血縁関係、在職年代、職位（爵位と役職）を示すと**表1**の通りとなる。**表1**から分かるように、ザサグ職は父系血縁原理に基づいて世襲されている。現職のザサグに息子がいない場合でも、父系血縁関係が最も近い親戚の息子がその職を継承した。例えば第⑦と⑨、⑪番目のザサグには実子がいなかったため、ザサグの兄弟の息子（甥）や父の兄弟の息子（イトコ）が職を受け継いでいる。また、ザサグ職は長男世襲が原則であったように見える。次男がザサグ職を継承した特例は一つ存在し、それは第⑭番目ザサグの Vangčinǰab の場合である。しかし次男の彼がザサグ職を継いだのは、彼の兄つまり第⑬番目ザサグの長男が、幼少時に死亡したからである。歴代ザサグの在職年数は最短で五年（⑭）、最長で四〇年（⑧）とまちまちであるが、平均すると一人当たり二〇年ほど旗の統治に当たったたと理解してよかろう。また**表1**の中の爵位・職位欄から分かる通り、歴代ザサグは「多羅貝勒」の爵位を世襲しており、これは同旗が時に「オトグ貝勒の旗」［Otoγ beyile-yin qosiγu］と俗称された所以である。[11] ザサグは盟長や副盟長等、盟における役職に任命されることがあり、その場合は通例盟と自らの旗の公務を兼務する形となった。

ザサグは自らの邸宅に住んでいたが、旗の公務は旗の役所に当たる「旗衙門」［qosiγu yamun; yamu］を中心に行われた。旗衙門はザサグの邸宅の近くに設けられており、光緒八（一八八二）年に両者が移設された際には、相互に五〇〇メートル程度離れていたという。[12] 旗衙門には役人が駐在し交替制で勤務した。旗衙門の交替勤務体制の成立時期と変遷過程については未詳であるが、この体制自体は少なくとも光緒二五（一八九九）年時点では既に安定していたようである。即ち、同年には役人たちが三つのグループに分かれて交替制で勤務していたことが、当時の公文書から確認できる。[13] さらに、その実態が、宣統元（一九〇九）年に盟長がオトグ旗に送った命令文書の中で左記のように明確に記されている。

当番の所［saγudal-un γaǰar, つまり旗衙門］に駐在して勤務する［各］当番に当たり、管旗章京と［二人の］梅林章京の中から一人を派遣し、［そのうえ］五人の扎蘭章京を［駐在させて］手伝わせることにせよ。また、〔各当番に対し〕諸ハラー[14]から浧しく率直かつ誠実な領催を五人選出して〔充てよ。〕〔そして各当番は〕年に二回、一回につき二ヶ月間で〔当番に当たり、全てで〕三つの当番となり交替制で〔旗衙門で〕勤務し、あらゆる公務を怠ることなく遂行せよ。[15]

右の引用の中で言及される管旗章京や梅林章京、扎蘭章京、領催とは、それぞれ清朝が導入した官制に基づく旗内の役職名である。清代のオトグ旗ではザサグの補佐役たる協理タイジが二名、管旗章京が一名、梅林章京が二名存在し、この五名の役人は「印務の五人の正役人」［tamaya-yin tabun jingkini］と称された。この五名のうち一人の管旗章京と二人の梅林章京の計三名はそれぞれ旗衙門の三つの当番グループのリーダーとなったものの、二人の協理タイジは普段は旗衙門に駐在しなかったようである。[16] 協理タイジはザサグの補佐という高い地位にあったため、ザサグと同様に、旗衙門における日常公務には通常は参加しなかったのであろう。

また、旗衙門の各当番には書記が四人ずつ配置されていたと言われている。[17] 従って、この四人の書記を上記の旗衙門で勤務する役人と併せて考えれば、各当番には計一五人程度の役人が所属していたと推定される。また、旗衙門には上申文書をザサグの邸宅に持ち運んだりする上奏者［ayiladqal］が数名勤務し、彼らは勤務中の扎蘭章京の中から選ばれたという。[18] 旗衙門では役人が駐在して日常公務を処理するほか、旗務会議［qural］が開催されることもあった。同会議とは、旗に所属する役人が必要に応じて召集される会議であり、季節毎に一回開かれる定例会議と、必要に応じて開催される臨時会議との二種類があった。一般の旗務会議には七〇～八〇人が出席したが、規模の大きい時には二〇〇人もが参加した。[19] いずれにせよ、旗衙門が旗の中央の役所としての役割を担っていたことは明白である。

表1　オトグ旗の歴代ザサグ

順位	名前 （転写・カタカナ）	血縁関係	在職年代 （任命・退職）	爵位・職位 （授与年代＝爵位・職位）
①	Šanda シャンダ	—	順治 7 （1650） 康熙 2 （1663）	順治 7 （1650）＝多羅貝勒
②	Sonom ソノム	①の長男	康熙 2 （1663） 康熙21（1682）	康熙 2 （1663）＝多羅貝勒 康熙16（1677）＝多羅郡王
③	Songrob ソンロブ	②の長男	康熙21（1682） 康熙48（1709）	康熙21（1682）＝多羅貝勒 康熙37（1698）＝多羅郡王
④	Γanǰuur ガンジョール	③の長男	康熙48（1709） 康熙57（1718）	康熙48（1709）＝多羅貝勒
⑤	Noyirobǰamsu ノイロブジャムソ	④の長男	康熙57（1718） 乾隆12（1747）	康熙57（1718）＝多羅貝勒
⑥	Dongrobǰamsu ドンロブジャムソ	⑤の長男	乾隆12（1747） 乾隆38（1773）	乾隆12（1747）＝多羅貝勒 乾隆31（1766）＝郡王品級 乾隆34（1769）＝副盟長
⑦	Dongrobsereng ドンロブセレン	⑥の長男	乾隆38（1773） 嘉慶 3 （1798）	乾隆38（1773）＝多羅貝勒 乾隆45（1780）＝副盟長 乾隆54（1789）＝盟長
⑧	Sonomrabǰayigendün ソノムラブジャイゲンドゥン	⑦の従弟	嘉慶 3 （1798） 道光18（1838）	嘉慶 3 （1798）＝多羅貝勒 嘉慶16（1811）＝副盟長 嘉慶17（1812）＝盟長
⑨	Güngsangrabdanǰamsu グンサンラブダンジャムソ	⑧の長男	道光18（1838） 咸豊元（1851）	道光18（1838）＝多羅貝勒 道光19（1839）＝副盟長 道光21（1941）＝盟長
⑩	Erdeničoγtu エルデンチョクト	⑨の甥	咸豊 3 （1853） 同治元（1862）	咸豊 3 （1853）＝多羅貝勒 咸豊 8 （1858）＝副盟長
⑪	Čaγdurǰab チャグドルジャブ	⑩の長男	同治元（1862） 光緒 7 （1881）	同治元（1862）＝多羅貝勒
⑫	Rasiǰamsu ラシジャムソ	⑪の従兄	光緒 8 （1882） 光緒28（1902）	光緒 7 （1881）＝多羅貝勒 光緒11（1885）＝盟長補佐[注1] 光緒20（1894）＝副盟長 光緒26（1900）＝盟長
⑬	Γalsangrulmavangǰalǰamsu ガルサンロルマワンジャルジャムソ	⑫の一人息子	光緒28（1902） 民国26（1937）	光緒28（1902）＝多羅貝勒 民国 2 （1913）＝多羅郡王 ？＝盟長補佐
⑭	Vangčinǰab ワンチンジャブ	⑬の次男	民国27（1938） 民国32（1943）	民国27（1938）＝多羅貝勒 民国27（1938）＝多羅郡王

	Vangdudnorbu ワンダドノロブ	⑭の一人息子	幼少のため就任せず	

出典：Yang Sömbör & Arbinbayar, *Otoɣ qosiɣun-u teüke tobčiyan,* pp. 65–103, 157–163や『王公表傳』巻之四十四、七三～七四頁に基づいて作成。

注 1 ：「盟長補佐」［sidkegči］とは盟長を手伝って案件を処理する役職名であり、その官位と任命の方法は副盟長と同じである（内蒙古自治区档案館所蔵档案 No. 514-1-17, 111b–114a）。ただ両者の公務処理上の役割分担については不明。

（二）　社会組織と地方有力者

ザサグと旗衙門は政治的に旗の中央に位置づけられ、それ以外の旗内の地は「ジャハ」［ǰaqa］、つまり「周辺」と総称された（本稿では「地方」と呼ぶ）。地方には寺院を除けばまとまった建物は殆どなく、専ら自然地帯が広がっていた。人々はそうした田舎で遊牧生活を営みながら散らばって暮らしていた。清代オトグ旗の公文書によれば、地方在住者は役人［yamutad］やタイジ（貴族［tayiǰi］）、平民［arad］というように身分的に三つに大別されていた[20]。役人とは、ザサグによって与えられた何らかの役職や等級を保持する者を指し、平民でも、管旗章京以下の役人になることが可能であった。役職に任じられている役人には上記の扎蘭章京などの清朝による諸役職を持つ者と、オトグ旗固有の役職に任命された者とがいた。後者に当たるのは、一般に訴訟処理の担当役人を意味する「ジャルグチ」［ǰarɣuči］や様々な特定の職務のために遠隔地に配置された「ダーマル」や「ダルガ」などである[21]。また、特定の役職ではなく、単なる等級のみを持つ役人［jingseted］もいた。具体的な役職に就いているか否かを問わず、役人は役人である以上は行政権力を持っており、同時に権力者として日常社会においても権勢を振るった。役人以外に、地方ではタイジも特権的な有力者であった。つまり、タイジは貴族という特権的身分を擁し、また平民に対して伝統的な支配権を保持していた（詳細は後述）。しかし、その一方でタイジも平民も役人組織を基幹とするハラーという軍事行政機構に組織された。本節では以下、まずハラー組織とその長官たる扎蘭章京について考察し、ついでジャルグチに関して検討し、最後にタイジと平民という身分的編成の問題に触れる。

（a）ハラー組織と扎蘭章京

清代のオトグ旗には一五個のハラー及びそれを一つずつ率いる一五人の扎蘭章京が存在し、各ハラーはさらに四～六つの蘇木［sumu］を包含した。蘇木とは、清朝がモンゴルに導入した原則一五〇人の成人男性からなる軍事行政組織のことであり、オトグ旗には計八四の蘇木があった。各蘇木の長官は蘇木章京であり、その部下としては驍騎校が一名、領催が二～三名いた。蘇木組織の下位には原則一〇戸から構成される十戸組織が存在した[22]。各ハラーと蘇木は、各々の長官たる扎蘭章京と蘇木章京の名前を冠されて呼称された。

扎蘭章京について、光緒二四（一八九八）年末に作成された公文書にその等級と名前が記されており、それらを示すと**表2**のようになる。ここで言う「等級」［ǰerge］とはランクを示すための位階のことであり、前述の通り、必ずしも具体的な役職を持っていることを意味しない。**表2**から明らかなように、一五人の扎蘭章京のうちタイジ出身者が二名、残りは平民出身者である。タイジ出身者のうちSirabbatuは上奏者の職をも兼ねて持っており、彼が旗衙門の当番に当たっていたことは明白である。また等級について、二名が管旗等級、二名が無等級（**表2**の最後の二行に当たる）であるのを除けば、他は全員梅林等級を持っている。扎蘭章京がその功績に応じて梅林や管旗の等級を授かっていたことが見て取れる。

一人の扎蘭章京によって率いられる各ハラーはそれぞれ一定の領域を基盤としたと思われる。例えば、光緒元（一八七五）年三月八日にオトグ旗衙門が旗外に住む同旗の人々を呼び戻すために梅林等級の扎蘭章京Senggeに与えた命令文書の中で、「……わが盟の中の諸ザサグ旗の地に古くから暮らすわが旗に属する人々や、〔わが旗から〕

表2　光緒24（1898）年末のオトグ旗における15人の扎蘭章京

等級		名前	
ローマ字転写	日本語	ローマ字転写	日本語
ǰakiruγči	管旗	Bayandorǰi	バヤンドルジ
tayiǰi, ayiladqal, meyiren	タイジ・上奏者・梅林	Sirabbatu	シャラブバト
meyiren	梅林	Gönčüg	グンチュグ
meyiren	梅林	Qalǰan	ハルジャン
meyiren	梅林	Serengdongrob	セレンドンロブ
meyiren	梅林	Delgersang	デルゲルサン
meyiren	梅林	Namǰildorǰi	ナムジルドルジ
meyiren	梅林	Banǰung	バンジョン
meyiren	梅林	Bayanbilig	バヤンビリグ
meyiren	梅林	Urtunasun	オルトナサン
meyiren	梅林	Jimbasonom	ジャンバソノム
ǰakiruγči	管旗	Γalsangdongrob 注1	ガルサンドンロブ
tayiǰi, meyiren	タイジ・梅林	Radnasidi	ラドナシディ
——	——	Möngkebatu	ムンフバト
——	——	Engkeǰirγal	エンヘジャラガル

出典：内蒙古自治区档案館所蔵档案 No. 514-1-82, 23b-24b に基づいて作成。
注1：管旗章京等級の Γalsangdongrob とタイジ・梅林 Radnasidi の名前がなぜ最前列辺りにではなく後半に書かれたのかについては不明である。

避難して行ったタイジや役人、僧俗の者および平民たちの統計をとり、そのうえで全員を回収して来て、（中略）扎蘭章京と各蘇木に分配し、元の地に住まわせ……」と記されており、[23] 各ハラーは一定の区域を基盤としていたことが示唆される。しかし、各ハラーの領域の間には恐らく明確な境界線はなく、人々はハラーを越えて遊牧することが可能であったように思われる。

ハラーの行政機能について、例えば光緒二四（一八九八）年三月一八日に旗衙門が地方にいる役人 Qalǰan へ送った文書の控えには、「〔今日は〕『梅林〔等級〕Sereng-dongrob のハラーの羊毛を漢人 Bayar のキャンプに数通り運び届けて渡せ』という旨の驍騎校 Qalǰan に送る一通の文書を Tümen に渡した」と記されている。[24] ここで言う「梅林 Serengdongrob」とは上掲**表2**に示されている梅林等級の扎蘭章京 Serengdongrob のことであり、「ハラーの羊毛」とは彼が管轄するハラーが旗に対して納めるアルバ（貢租賦役）に当たる羊毛のことと見られる。また、光緒二五（一八九九）年一月二一日に地方にいる役人たちに送られた旗衙門の文書の控えには、「〔お前たちのハラーに〕『割り当てた公金は管轄する諸蘇木に均等に分担させ、一銭分も不足することなく集めて揃え、〔旗衙門に〕送って来い』と梅林等級の扎蘭章京 Qalǰan と Jimbasonom に送る二通の文書……」という文言がある。[25] Qalǰan と Jimbasonom はそれぞれ同じく**表2**に示されている二人の梅林等級の扎蘭章京であり、本事例から、ハラーに割り当てられたアルバは具体的には各蘇木に負担を分配して供出させていたことが判る。[26] そして各蘇木に割り当てられたアルバは蘇木内の各戸に改めて割り当てられたと推定されよう。総合すれば、地方における上位の行政組織はハラーであり、蘇木はその下位の行政機構であったと言える。

（b）ジャルグチ

「ジャルグチ」は、モンゴル固有の役職名である。モンゴル帝国時代には帝国の中央と支配下の各地域にジャルグチが配置され、訴訟処理のほか、戸口の調査や財政の管理など行政一般に亘る広い職権を持っていた。[27] また、一八世紀半ば頃のジューンガル帝国の各部（ウルス）の中央にも各々六人のジャルグチが置かれ、刑事案件を処理していたと言われる。[28] 清代のモンゴルでは、モンゴル人と漢人の関係調整のために清朝中央から派遣されてきた駐防官（正式には「理事司員」などと呼ばれる）が、モンゴル側でジャルグチと呼ばれた。[29] また、これとは別に、旗内にはモンゴル人ジャルグチが置かれることがあり、その存在はオトグ旗の他に、イフ・ジョー盟のウーシン旗（同盟

表3　光緒24（1898）～同26（1900）年におけるオトグ旗のジャルグチ

等級		名前		着任・離任年月
ローマ字転写	日本語	ローマ字転写	日本語	
tayiǰi, ǰakiruγči	タイジ・管旗	Delgerbatu	デルゲルバト	1898年 6 月以前に離任
meyiren	梅林（後に管旗）	Tümenbayar	トゥメンバヤル	不明
meyiren	梅林	Šaluu	シャロー	不明
meyiren	梅林	Jamiyang	ジャミヤン	不明
meyiren	梅林	Rasi	ラシ	1898年 8 月着任 1899年 4 月離任
tayiǰi, meyiren	タイジ・梅林	Vačirbatu	ワチルバト	1898年 6 月以前に着任
meyiren	梅林	Činglai	チンライ	1899年 4 月着任

出典：内蒙古自治区档案館所蔵档案 No. 514-1-82に基づいて作成。

右翼前旗）やダラド旗（同盟左翼后旗）でも確認することができる。(30) さらに、ザサグ職が廃止されて清朝の直接統治下に置かれたチャハル八旗の正白旗には、「旗のジャルグチ」［qosiγun-u ǰarγuči］という役人がいた。(31)

清末のオトグ旗にはジャルグチのポストが四つ存在した。光緒二四（一八九八）～同二六（一九〇〇）年の間にジャルグチ職に関わった者を示すと**表3**の通りとなる。**表3**から分かるように、この三年間に着任あるいは離任した七人のジャルグチの中にタイジ出身者が二名、平民出自が五名おり、ジャルグチにはタイジと平民との両方がなり得たことが明らかである。また、彼らは扎蘭章京の場合と同様に梅林や管旗の等級を授かることができている。このような特徴を、史料中に時折見られる「一五人の扎蘭章京とジャハの三人のジャルグチ」という表現と合わせて考えるならば、ジャルグチは扎蘭章京と同格の職掌であったことが分かる。ここで言う「ジャハの三人のジャルグチ」とは、旗内に常設されていた四人のジャルグチの内の三人を指している。例えば、光緒二四（一八九八）年四月六日の時点では**表3**中のDelgerbatuとŠaluu, Jamiyang, Tümenbayarがジャルグチ職に在任しているもののTümenbayar 以外の三人だけが「ジャハの三人のジャルグチ」と呼ばれている[32]。Tümenbayar は「ジャハのジャルグチ」と呼ばれておらず、また他のジャルグチの場合と異なり旗衙門が彼に任務を与えるための命令文書を送った記録も見当たらない。これらの根拠に基づけば、彼が「ジャハの三人のジャルグチ」と異なる特別なジャルグチであったことは確実であり、旗衙門のジャルグチ或いは地方のある特定の地域に駐在するジャルグチであった可能性がある。

では、ジャルグチは一体どのような職務を担っていたのだろうか。まず、以下の諸事例を見てみよう。

① 〔光緒二四（一八九八）年四月二七日。〕「管轄地域内の放牧が禁止された牧草地について、〔ジャルグチたちは〕自ら赴いて調査し、〔そこに漢人が家畜を放牧していればその家畜を〕取り払え。そして、その結果について自ら〔旗衙門に来て〕如実に報告し、処理に備えよ」という旨のジャハのジャルグチたちにそれぞれ送る三通の文書……[33]

② 〔光緒二五（一八九九）年二月一二日。〕「Nuuča から Čayiča にいたるまでの辺境沿いの地域における家畜の放牧税（「草頭」）を徴収し、〔それについては人を遣わして旗衙門に〕送って来い」という旨の梅林等級のジャルグチ Šaluu に送る一通の文書を〔蘇木〕章京 Dongrob に渡した[34]。

③ 〔光緒二六（一九〇〇）年三月二九日。〕「旗界を超えて〔旗内に入り〕家屋の建設や家畜の臨時放牧、薪の採集、神聖な泉や湖の中に生えている葦の伐採を行う漢人に対して、厳しい禁止令を出した上で、内地へ追い払え」と言う旨の梅林等級のジャルグチ Šaluu に送る一通の文書を梅林等級の書記 Tümenbayar に渡した[35]。

④ 〔光緒二六（一九〇〇）年四月一二日。〕「漢人 Yangwa の仲間に当たる大勢の漢人集団に、Borotoloγai のオ

ボーの近辺で甘草を採取してはならないことを布告し、〔そこでの甘草の採取を〕阻止せよ」という旨の梅林等級のジャルグチ Čionglai に送る一通の文書を扎蘭等級の Jaγurǰab に渡した(36)。

右掲の四つの事例は、旗衙門が「ジャハの三人のジャルグチ」に送った命令文書の宛先や内容の要約、配達者がそれぞれ記録されている役所での控えである。これらの諸事例が示す通り、ジャルグチは漢人による旗内の自然保護区域での家畜放牧や旗内への無断入植、自然資源と産物の採取などの違法行為を監視していた（①③④）。また、オトグ旗は旗境に沿った旗内の一部の牧草地を漢人に貸し出して「草頭」と呼ばれる放牧税を取っており、その税金の徴収は主にジャルグチが行っていたと考えられる（②）。ジャルグチが漢人に関わる庶務を処理していたことは明白である。

しかしその一方で、漢人関係の公務の処理は必ずしもジャルグチに限られるというわけではなかった。ジャルグチ以外の役人も漢人関係の公務を処理する事例が存在するからである。例えば光緒二五（一八九九）年三月二日に、扎蘭等級の Ülemǰi と章京等級のダーマルである Möngke は上掲事例②に見られるような放牧地の税金の徴収を命じられている(37)。また逆に、ジャルグチは他の役人同様、狼の仔の殺害やオボーの修理など旗内の一般公務を担うこともあった(38)。ジャルグチのこのような特徴は、行政一般に亘る広い職掌を付与されていたモンゴル帝国時代のジャルグチの特質と同様なものである。

上述のように、漢人関係公務はジャルグチ以外の役人でも遂行することが制度的に可能であった。では、ジャルグチ職を特別に設置する意義はどこにあったのであろうか。もちろん、同職は清代以前から受け継がれてきた伝統的な職掌であったから、オトグ旗に制度としてそのまま受け継がれたと単純に説明することも十分可能である。しかし、ジャルグチ職の設置の最も重要な意義は、同職を公的に設置することによって漢人に関わる庶務を特定の役人つまりジャルグチに集中させることにあったと筆者は考えている。モンゴルと異なる文化的背景を有する漢人関係の庶務を、優れた紛争処理能力を持つ上に漢語が堪能なジャルグチに集中させることで、窓口の統一化と漢人管理の強化を図ろうとしたのではなかろうか。

なお、ジャルグチとは別に、上述の、旗衙門に交替制で勤務する「書記」［bičigeči, ビチゲチ］という役職もあった。書記ポストにはタイジと平民のどちらも就くことができた。光緒二四（一八九八）～同二六（一九〇〇）年の档案によると、当時の書記には蘇木章京～管旗章京までの等級が付与されている[39]。書記は旗衙門で当番に就いていない時には、地方において一般の役人として権勢を振るっていたようである。つまり後述するように、書記は単に文書関係の役所仕事に限らず、紛争処理などの公務全般に関わったのである。この点からすれば、書記もまたジャルグチと同じく、モンゴル帝国時代から受け継がれてきた伝統的な職掌（ビチゲチ）であったと言えるであろう[40]。

（c）タイジと平民

オトグ旗では、ボルジギン氏族つまりチンギス・ハーン一族の父系血統を継ぐ男子が「タイジ」すなわち貴族と呼ばれ、それ以外の氏族出身者が「アラド」［arad］つまり平民と呼ばれた。タイジは蘇木章京およびそれより上位の役職やジャルグチ、書記職に就くことが可能であった[41]。旗衙門は光緒二五（一八九九）年三月二六日に一五人の扎蘭章京に対し、「管轄する各蘇木に緊急に通知し、男子の名簿を作り、それを〔清朝の〕爵位を授かるべきタイジの名前と共に今年の秋の中（八）月の初一日に〔旗衙門へ〕送って来い」という旨の命令文書を送っており[42]、また扎蘭章京による「私のハラーのタイジ」［minu qariyan-u tayiǰi］という表現が示す通り[43]、タイジは各ハラーに、そして各ハラーのタイジは各々が特定の蘇木に、属していた[44]。タイジの血縁分枝集団には清朝によって「族長」［töröl-ün daruγa］という職掌が置かれ、これは所定の集団内のタイジに対する監督に当たっていた。例えば光緒八（一八八二）年九月一五日にイフ・ジョー盟長 Badaraqu が下した一件の判決の中で、「盗みを行った［オトグ旗の］タイジ Vačir を見逃した族長たるタイジ Radnasidi を一・九畜で罰すべき」と記されており、タイジに対する所轄族長の監督責任の存在が確認される[45]。オトグ旗におけるタイジ一般の特権について、Yang Sömbör & Arbinbayar は次のように指摘する。

> タイジには様々な特権があった。タイジが僧侶になったら「トイン」と敬称され、軍隊に派遣されたら長官に任じられる。戦死すると平民の兵士よりも多くの慰問金が与えられる。また、旗の臨時アルバを免除されていたが、この制度は咸豊四（一八五四）年に廃止され、タイジも平民と同様に臨時アルバを負担するようになった[46]。

後述するように、タイジはこのほかに平民間の軽微な紛争を処理することもできた。これは、「同じタイジの従属民」［nige tayiǰi-yin qariyatu］[47]や「所轄のタイジ」［qariyatu tayiǰi］[48]などの公文書に現れる文言が示す通り、タイジが平民を従属させる伝統的な身分関係を維持していたからであろう。また、嘉慶一八（一八一三）年のアラシャ旗の裁判記録文書はオトグ旗のタイジと平民との間の従属関係を証明する事実を含んでいる。即ち、オトグ旗の Sirabdarǰai という平民出自の僧侶がアラシャ旗で殺害された。この案件を処理するためにアラシャ旗の役人がオトグ旗を訪問し、「死んだ僧侶 Sirabdarǰai を管轄するタイジ及び親族の人々」に人命賠償金を支払うことで事件を終息させたという[49]。

また、諸タイジに対しては配下の平民を監督する責任が法的に定められていたようである。例えば、光緒八（一八八二）年九月一五日にイフ・ジョー盟長 Badaraqu が下した一判決では、「盗みを行った〔オトグ旗の平民〕Sira-man を見逃した所轄のタイジ Altan'orgil を一・九畜で罰せよ」と命じられており、タイジが配下の平民の犯罪に対して監督責任を負っていたことが窺われる[50]。なお、各タイジが管轄する平民男子の数はタイジの序列によって異なった。つまり、一等タイジが一六人、二等タイジが八人、三等タイジが六人、四等タイジが四人の平民男子を管轄していたという[51]。しかし、これらの平民配分数字はあくまで清朝側の規定によるものであり、その実態は様々であったに違いない。

三　実例にみる裁判の実態

（一）離婚に関する諸案件

（a）清代オトグ旗の公証档案

本節では清代オトグ旗の公証档案を用いて離婚案件処理の実態を考察する。まずは同档案について簡単に紹介しておきたい。同档案は、現在内蒙古自治区档案館に所蔵されている（No. 514-1-8）、清代のオトグ旗衙門で作成された一冊のモンゴル文公証記録集である。档冊の表紙には『道光二十七（一八四七）年冬の初（十）月の初旬からチュリヘル[52]の地と離婚などを書き写した冊子』〔*Törö gereltü-yin qoriη doloduγar on ebül-ün terigün sara-yin sine-*

ečė ekilejü čüliker-ün γajar bolon süi salqu jerge-yi bičijü qaγuluγsan debter〕という表題が付されているが、後掲の事例に見られるように、档案の中では「大档案」〔yeke dangsa〕と略称されることもある。档冊の表題からも分かるように、同档案はチュリヘル地の譲渡や離婚案件の処理結果に関わる公証記録であるが、例外として少数の養子縁組の公証記録と一件の家畜争いの案件の処理記録が含まれている(53)。同档案は道光二七（一八四七）年から光緒三（一八七七）年までのおよそ四〇年間を対象としている。

同档案に含まれている離婚案件の公証記録には合意離婚と裁判離婚の両方が含まれており、いずれの場合においても、当事者たちが自ら旗衙門に赴くか、それとも地方有力者を通すかのどちらかの方法で公証が行われている。合意離婚の公証の場合は、協理タイジから末端役人の領催にいたるまでの諸役人やジャルグチ、書記、さらにはタイジまでもが公証人として離婚に関与することができたように見える。しかし後述するように、裁判離婚の場合はこれらの地方有力者のうちの蘇木章京より上位の役人や有力タイジなどのみが離婚裁判を処理することができた。以下（b）では、地方有力者が地方において離婚案件を処理し、その結果を旗衙門で公証した公証記録を五件取り上げ、彼らによる離婚案件処理の実態を考察する。

（b） 離婚案件の諸事例

ここでは、地方では誰がどのような方法で離婚案件を処理していたのかについて考察する。まず、離婚に関する報告を受けた役人が自ら当該離婚案件を処理した二件の事例を提示して検討する。

事例一 同じく〔咸豊元（一八五一）年〕秋の中（八）月十日に書記Arslanから転送してきた一まとまりの文

書〔nigen eketei dangsa〕の中に、「扎蘭〔章京〕Judba が管轄する〔蘇木章京〕Yekeü の蘇木の Radna は、以前タイジ Jambal の娘である Sedeng を娶って妻にしましたが、彼女との間で喧嘩争い〔čorgil temečel〕を引き起こし、〔二人は〕ついに不和となって相互を訴え合いました。これについて協理〔タイジ〕が審理を行い、『妻 Sedeng を親戚の兄に当たるタイジ Tümendelger に引き渡す。七歳の息子 Rasidongrob は今のところ一時的に母親に預けるが、一五歳になった時点で父親の Radna に与えて従わせることにせよ。三歳の娘は母親に与えよ』と命じました。これに対して各々は、『今後は双方の間で喧嘩争いを絶対に起こしません』と喜んで従い〔duratai dayaǰu〕、誓約書(54)を差し出しました」とある。これを大档案に記録した(55)。

事例二〔同治四（一八六五）年〕冬の初（一〇）月二三日に章京等級の書記 Töbǰirγal と〔蘇木〕章京 Bolod, 領催 Jigmed たちが伝達して報告したことの中に、「扎蘭〔章京〕Šaγdurǰab が管轄する〔蘇木〕章京 Bolod の蘇木の Čingbatu は咸豊八（一八五八）年に婦人 Norǰang の娘 Naranǰid を娶って妻にしたのであり、現在〔二人の間に〕息子が一人います。しかし、この数年の間に夫婦の間で不和が起こり、〔二人は〕喧嘩争いを起こしたり殴り合ったりして事件を引き起こしかねない状況にあります。そこで、私たちが二人を対面させて取り調べたところ、Čingbatu と妻の Naranǰid には夫婦の絆を守って精進していく様子が全くないことが判明しました。そのため、婦人 Norǰang から資財〔haramǰi〕として一頭の子連れの牝牛と一九頭の小型家畜を取り上げ、それらを息子と一緒に Čingbatu に引き渡しました。その上で、妻の Naranǰid を離婚させて母親の Norǰang に引き渡しました。また、『今後はどうのこうのと言ったことは起こしません』といった内容の誓約書を受け取りましたので、併せて上申します」とある。この案件は処理がなされた通りにすることとし、档案に記録した[56]。

右掲の二つの事例はいずれも、地方にいる役人が離婚紛争を処理し旗衙門に登録した事例である。まず**事例一**では、協理タイジが離婚案件を裁き、その上で両当事者から、当該裁判を受け入れ今後は再び争わないという旨の誓約書を受け取っている。そして、その判決内容は別の紙に書き記されたようであり、またその文書自体が当事者の誓約書原本と共に書記 Arslan から旗衙門に送られた（判決報告文と当事者の誓約書原本のまとまりが文中の「一まとまりの文書」であろう）。なお、本事例に関して原文に明記されていない不明な点が三つある。つまり、①書記 Arslan が文書を自ら旗衙門に持ってきたのか、それとも他人に依頼して届けたのか、②彼が裁判現場にいたのかどうか、③彼が旗衙門への判決報告書を作ったのかどうかについては特定できない。しかし、本事例では離婚案件を協理タイジが裁いたことは明白である。

ついで**事例二**では、章京等級の書記 Töbǰiryal と蘇木章京 Bolod，領催 Jigmed の三人が共同で離婚案件を裁き、その上三人が共に旗衙門に判決内容を報告している。彼らは当事者の誓約書は持参したが、判決内容については口頭で報告したように見える。なぜ案件を処理した役人三人ともに揃って旗衙門に赴いて公証を行ったのかについては特定できない。しかし、少なくとも蘇木章京が離婚訴訟を処理した場合には必ず自ら旗衙門に報告すべきという決まりはなかったようである。それは、他の事例では一人の蘇木章京が三人の領催と共同で離婚案件を処理したが、旗衙門での公証は彼ら自身ではなく、一方の当事者側が行ったという事実が存在するからである[57]。地方で行われた離婚裁判の旗衙門への報告と登録は、訴訟を担当した役人本人でも、どちらか片方（或いは両方揃って）の当事者側でもできたことを物語っている。

上記の二つの事例以外に、地方で梅林章京が自ら離婚案件を裁いた事例も存在する[58]。これを前掲の二つの事例と合わせて考えるならば、蘇木章京以上の職位にある役人には離婚案件を処理する権限が認められていたと推定できる。逆に言えば、蘇木章京より下位の驍騎校と領催は、独自に離婚案件を裁くことが許されていなかったのである。なお、上述のように、蘇木章京が離婚案件を処理する際には通例領催や書記などの役人と共同で行った[59]。離婚案件の処理は、それを担当する役人の序列が低くなるほど、合議体を設けるなどして慎重になる傾向にあったのであろう。

以上では、離婚の訴えを受理した役人が自ら当該案件を処理した裁判事例について分析を行った。しかし、全ての離婚案件が訴えを受理した役人本人によって処理されていた訳ではない。次に、離婚の訴えを受理した役人が別の役人や平民に命じて当該訴訟を処理させた二つの事例の分析を行う。

事例三　同じく〔咸豊五（一八五五）年〕春の末（三）月十五日に梅林等級の扎蘭章京 Erdeničoγtu が転送して報告した一まとまりの文書の中に、「この卑しき奴僕である私が管轄する〔蘇木章京〕Jüngnei の蘇木の Sepüng の母 Čayanbabai が来て、『同じ蘇木の Öljeyidelger を婿養子にしていますが、Öljeyidelger は相次いで悪い事件を引き起こしました』と言いました。そこで、すぐに扎蘭等級の書記 Arslan に〔訴訟を〕処理して終わらせることを命じました。〔彼は〕取り調べを行って事実を確認し、〔離婚は原告 Čayanbabai の〕申し立てた通りにしました。もし宜しければこれを大档案に記録して頂けないでしょうか」とある。これを公証した[60]。

事例四　同じく〔咸豊元（一八五一）年四月〕初九日に扎蘭章京 Minǰuur が転送する形で持ってきた一まとまりの文書の中に、「〔扎蘭章京〕Gilvan が管轄する〔蘇木章京〕Vangčurǰalsan の蘇木の Nadai が来て、『この卑しき私は同蘇木の Siramang の息子 Rabdan に自らの娘 Qoboi を嫁がせて妻にさせています。〔しかし〕最近では Rabdan に精進していく様子が見られないうえ、彼は自らの妻 Qoboi を殴ったり虐待したりすることすらしています。これを報告します』と言いました。そこで、Dorǰi と Dalai を派遣し、当事者たちを対面させた上で尋問を行いました。〔Dorǰi と Dalai が戻って来て〕『Rabdan が〔自分の〕妻を殴打したことは事実であり、夫妻には人生を共に歩んでいくような良き仲は一切見られません。そこで、妻 Qoboi を〔彼女の〕父親 Nadai に完全に引き渡すことにし、そのうえで Siramang は、「今後はどうのこうのと争うことはしません」と言う誓約書を喜んで提出しました』と報告しました。そのため、大档案に記録して頂けますよう各種の事実を報告します」と言います。これについてはそのまま档案に抄録して残した(61)。

前掲の**事例三**では、扎蘭章京 Erdeničoytu が離婚訴訟を受理したものの、自らは処理せず、扎蘭等級の書記 Arslan を当事者の所に派遣して案件を処理させている。役人が上司に命じられて離婚訴訟を処理している**事例三**に対して、**事例四**では、平民と思われる Dorǰi と Dalai が扎蘭章京 Minǰuur に命じられて当事者の所に赴き、離婚訴訟を処理している。このように、地方における離婚訴訟の場合、訴訟を受け付けた役人が自らではなく、他の役人や平民にその処理を命じることが多々あったようである。

一方、左記の**事例五**が示す通り、タイジが離婚案件の処理に関わることもあった。**事例五**の全文を挙げると次の通りである。

事例五　咸豊三（一八五三）年秋の初（七）月の初二日に二等タイジ Dongrobvangǰalǰamsu から転送という形で送られてきた一まとまりの文書の中に、「〔扎蘭章京〕Γaldanǰab が管轄する〔蘇木章京〕Gönčügrasi の蘇木の Dondob が、『私は以前、〔扎蘭章京〕Rasidongrob が管轄するラマ Demčüg の妹 Rasi という者を娶って妻にしましたが、〔私たちの間には〕和合がなかったため、一緒に暮らすことができなくなりました』と報告してきました。そこで、すぐに当事者たる夫妻を対面させて取り調べると、二人は仲が良くないうえ、共に暮らして精進していく様子がありませんでした。そこで、妻 Rasi に一五頭の〔小型〕家畜を分与財産（ömči）として与え、〔彼女を〕実家に引き渡すことにしました。これに対して各々は〔裁きを〕『喜んで受け入れ、今後は恨み合ったり喧嘩争いを起こしたりすることはありません』と言い、私と〔蘇木〕章京 Qaysereng、領催 Čoγtu の目の前で二人が揃って誓約書を提出しました。そのため、妻 Rasi をラマ Demčüg に引き渡し、〔夫妻は〕完全に離婚したことを報告します」とある。これはその通りにすることとし、档案に記録した[62]。

本事例では、平民 Dondob が二等タイジの爵位を持つタイジ Dongrobvangǰalǰamsu に離婚を訴えている[63]。しかし傍線で示した通り、タイジの Dongrobvangǰalǰamsu は当該案件を蘇木章京 Qaysereng と領催 Čoγtu の二人の役人と合同で審理、処理したとみられる。判決後、離婚に伴う財産分与が行われ、さらに両当事者からは、当該裁きを受け入れ今後は相互に争わないという趣旨の誓約書が提出されている。また、Dongrobvangǰalǰamsu は離婚訴訟の処理結果を文書で旗衙門に報告すると同時に、当事者の誓約書をも提出して公証登録を行っている。これらの行為は、有力なタイジ（本事例では二等タイジ）は離婚案件を処理することが許されていたことを示している。しかし同事例に基づく限りでは、有力なタイジが裁判を行う際には誰か役人と共同で行うことが求められていたと言わざるを得ない。

一方、前掲の諸事例では示されなかったが、地方では老人が婚姻にまつわるトラブルを処置することもあった。例えば、咸豊元（一八五一）年九月（档案の破損により日にちは不明）の公証記録には、「梅林等級の扎蘭章京Gilbayaのハラーの〔蘇木〕章京Qarakiüの蘇木のJuntaは、生前、梅林等級の扎蘭章京Minǰuurのハラーに属する梅林等級の蘇木章京Gönčügǰabの蘇木の箭丁Bayasquの姉Möndüiを娶って妻にしていました。しかし彼（Junta）が前後しているとはいえ二人の妻を娶ったため、近隣の老人たちが討議し［jüičilen kelelčeǰü］、Bayasquの姉たる婦人Möndüiを〔彼女の〕実家の近くに住まわせました」と記されている[64]。この情報によれば、地方における離婚紛争の処理はまず老人に持ち込むという道も開けていたと言えよう。これはまた、地方では役人やタイジなども離婚の調停や仲裁に関わっていたことを示唆しよう。

（二）牛を奪い合った案件

本節では、一頭の牛を奪い合った紛争を地方にいる役人が処理した一案件を紹介し、その分析を通じて地方における財産（家畜）を巡る訴訟処理の実態を考察したい。前にも触れた通り、同事例は公証档案に記録されている唯一の家畜争いの案件であり、その全文は左記の通りである。

〔同治元（一八六二）年春の初（一）月三〇日に〕扎蘭等級の書記Čoyiǰinǰabが〔旗衙門に来て〕報告するに、「以前〔扎蘭章京〕Batumangnaiのハラーの Baluqurと〔扎蘭章京〕Tübsinǰiryalのハラーの婦人Sünǰidは、ホイト・マイマイの漢人シャラ(65)に頼んで彼の牛を借り入れ、各々の家畜群と一緒に放牧していました(66)。しかし彼らは〔漢人の〕一頭の三歳の牡牛を奪い合うこととなり、その結果、Baluqur は旅の途中であったタイジたる書記 Gönčügsereng に報告しました。〔しかし〕彼（Gönčügsereng）はこの卑しき私に〔案件の〕取り調べを命じたのです。その時、私はちょうど公務に当たっており間に合わなかったため、〔案件を蘇木〕章京 Amur-sanaya と驍騎校 Isi に命じて取り調べさせました。彼らが戻ってきて言うには、『私たちは Baluqur と Sünǰid を対面させて尋問しました。しかし、争った牛が一体誰に属するかは明白にならなかったにもかかわらず、両者は共にそれを強く主張していました。そこで、その牛は取り上げて、公務のため費やすものとして貴方様に引き渡すことにしました。また、Baluqur と Sünǰid はそれぞれの資金を出して元の牛を賠償し、それを家畜の持ち主に返すことにすると処置しました。これについて漢人とモンゴル人の三者は甘んじて引き受けました。このように処置して来ました』と言いました。争った牛を、彼らは去年連れてきてこの卑しき私に渡したのです。しかし、〔私が〕その牛を大衙門に送り届けようとしている矢先に、牛はドリョーボル(67)という病気を患い、ついに衰えて死んでしまいました。そこで、死んだ牛の〔二本の〕角から、ぼやけた漢字のある焼き印［kitad tamaya］の跡がある一本を取って証拠として保管し、牛皮は売却し、その代金の銅銭三百枚で鉄の鎖を一つ作りました。これらのことを報告します」と言いました。これを档案に記録した(68)。

本事例では、牛の所属を巡る紛争がまずタイジ出身の書記 Gönčügsereng に訴えられている。原告 Baluqur が Gönčügsereng に訴えたのは、後者がタイジであるからなのか、それとも書記であるからなのか、原文では不明である。しかし、Baluqur は自らが属するハラーの長官である扎蘭章京 Batumangnai あるいは自分の蘇木の蘇木章京のどちらにも訴えなかったことは明確である。この事実は、少なくとも民事的性格の強い訴訟沙汰は必ず所轄の蘇木やハラーの長官に提起すべきだという決まりはなかったことを証明している（この点については前述の**事例一**からも確認できよう）。

一方、訴訟処理を最初に引き受けた Gönčügsereng は旅の途中であったため、当該案件は彼が自ら処理したのではなく、扎蘭等級の書記 Čoyjinǰab に依頼した。しかし傍線で示した通り、Čoyjinǰab は公務に当たっていて都合が悪かったため、彼は案件処理をさらに蘇木章京 Amursanaya と驍騎校 Isi に命じた。つまり役人側からすれば、同案件は①タイジ書記 Gönčügsereng，②扎蘭等級の書記 Čoyjinǰab，③蘇木章京 Amursanaya と驍騎校 Isi の誰もが処理できる範囲内の事案であったのであり、また逆に当事者側からすれば、訴訟は、①〜③のうちの誰に対してでも提起することが可能であったであろう。即ち、訴訟は一般に当事者にとって最も都合の良い（例えば住居が近かったり等級が高かったりする）有力者に提起されたと言えるだろう。

同事例では旗の公用のために取り上げた牛が病死した証拠として、焼き印のある角が提示されたが、旗衙門はその牛の死因に対する取り調べは行っていない。また Čoyjinǰab は死んだ牛の皮を旗衙門の許可なく独断で売買し、その代金で刑具用の鎖を作っているものの、これらの行為についても旗衙門は特に追及していない。これらの事実はまさしくオトグ旗の行政実務における地方役人の自由裁量権の大きさを裏付けるものであろう。

（三）　タイジ・バヤンヘシグが不法に拘束された案件

本事例は、宣統二（一九一〇）年八月一日に、オトグ旗のタイジ Bayankesig（バヤンヘシグ）が「無実の罪を着せられて極端に抑圧された」という訴えを、当時副盟長を務めていたウーシン旗のザサグ Čaydursereng に提起したものである[69]。案件処理の際、副盟長は事件関係者を同年八月一五日までにウーシン旗の衙門に移送してくるようオトグ旗側に命じた。しかしオトグ旗側は、召喚された者たちが公務に遣わされていたり病気であったりしているため、彼らを定まった期限内にウーシン旗衙門に移送することは事実上不可能だと回答した上で、当該案件をオトグ旗側が独自で処理することを申し入れた。副盟長はそれには同意せず、両旗が「集会」〔čiγulγan〕を設けて案件を共同で処理するようオトグ旗側に命じた。その結果、宣統二（一九一〇）年九月二〇日、副盟長が派遣した二人の役人とオトグ旗から来た一名の役人[70]が事件関係者を連れて Barsungqu-yin Doyang という寺院で会合し案件の共同審理を行った。両旗の役人は判決を下してからその内容を副盟長に報告した。副盟長は同年一〇月二〇日、同判決に同意する旨の文書をオトグ旗に送付し、判決の執行を命じた。本節では案件の事実関係を記述し、オトグ旗における刑事案件処理のあり方を検討する。まず Bayankesig が副盟長に提出した訴状の全文を提示し、案件の発端を明らかにする。

無実の罪を着せられて極端に抑圧された苦い不満ごとを持ち出して報告すること〔は以下の通りです〕。この卑しき私の従兄であるタイジ Šorboi は自分に実子がいなかったため、以前光緒一六（一八九〇）年にダルハド[71]の婦人 Okin の一人の娘を養女として迎え入れ、彼女が成人した時に、同じハラーの老人 Kesigbatu を婿養子にしたのです。しかし、二年後に Kesigbatu は病気で亡くなりました。そこで、私の実兄 Sangǰai は、この卑しき私に勧めて、「私たちの従兄であるタイジ Šorboi は実子がいないうえ、今や〔彼の〕婿養子も亡くなっている。もし未亡人の Amurǰirγalang に婿を見つけてあの家を継がせないなら、年取った可哀相な〔従〕兄と義理の〔従〕姉は生活が〔益々〕困難になるだろう。私の考えは、弟のお前 Bayankesig を婿入りさせて〔従兄の家を〕継がせることである。ただお前の意思は知らない」と申しました。〔これに対して〕この卑しき私は、「どうするか兄上がお決めください」と申しました。その後、タイジたる兄Sangǰai は自ら赴いて従兄と義理の従姉、および蘇木章京である梅林等級のタイジ Toγtaqu に手ぬぐい［alčiγur］を渡して婚約を行ったのです。〔しかし〕意外なことに、今年の夏の初（四）月二六日に章京等級の驍騎校 Vačir が扎蘭等級の Delger を連れて来てこの卑しき私を〔刑罰用の〕黒い縄で縛りつけたうえ、同一蘇木の平民 Jabadai と Čoγtu に監視させておきました。そして一八日間が過ぎた後、驍騎校 Vačir と梅林等級の書記 Tarambilig たちは鎖や枷、梃、手錠、足枷を持って来て、〔私に〕嵌めて〔私を〕逮捕しました。〔そして〕それから数ヶ月間は〔私を〕釈放することもなければ、取り調べて尋問することもありませんでした。〔私は〕長い間重い枷を嵌められたままでいることに耐えられず、生きる道を求め、仕方なく逃亡してきた次第です。できることならば、お上におかれては慈しんで〔訴状を〕ご覧下さり、無実のまま抑圧されている苦しい不満ごとを裁き処理して頂けないものでしょうか(72)。

引用文の中に触れられている「婚約」とは宣統元（一九〇九）年六月に交わされたものであり(73)、原告の Bayankesig はその翌年の四月二六日に縄で縛られ、五月九日に旗衙門の命令によって枷をかけられたという(74)。Bayankesig が逮捕された原因は彼の婚約と関係があることは彼の訴えからも推察できるが、さらに具体的な理由は左掲の驍騎校 Vačir と梅林等級の扎蘭章京 Arbinsang が裁判集会で供述した口供から見て取れる。まずは前者の供述を取り上げよう。

今年の夏の初（四）月二六日、ダルハドの Bayankesig と未亡人〔ekener〕Amurǰirɣalang たちがタイジ Sangǰai の家から四頭の馬を連れ去ったということを聞き、私はすぐに Sangǰai の家に行って彼の弟 Bayankesig に対し、「このように馬を連れ去られたことは、私と一緒に扎蘭章京の所に行って報告すべきである」と言いました。〔しかし彼は〕「私は事件を引き起こした人間であるため、お前と一緒には行かない〔し、一緒ではなくても行かない〕」と答えました。そこで私は、「お前が私に付いて来ないなら、お前を縛ってやるぞ」と言い、扎蘭〔等級の〕Delger に縛ってもらいました。これは事実です。[75]

引用文の中の「ダルハドの Bayankesig」（原告のタイジ・バヤンヘシグと同名）とは未亡人 Amurǰirɣalang の実の母方伯父であるという。[76] Vačir の証言に基づくと、Bayankesig が彼の命令に従わなかったため縛られたことになる。しかし後述のように、実は Vačir 本人も未亡人の Amurǰirɣalang と婚約していたのであり、彼が扎蘭等級の Delger に命じて原告を縄で縛ったのは婚約を巡る報復行為のように見える。また、引用文に現れている「連れ去られた四頭の馬」は恐らく Bayankesig 側が女性側に提供する結納に当たるものと考えられる。これらのことについては、左記の梅林等級の扎蘭章京 Arbinsang の供述から確認できる。

タイジ Šorboi の妻 Serǰimiduɣ が、扎蘭等級の蘇木章京 Baldan を通じて、「私の養女 Amurǰirɣalang に本蘇木の中から婿を与えることをお願いします」と頼んできたため、〔私は〕「本蘇木から婿を与えよう」と同意し、章京等級の驍騎校 Vačir にハダグ[77]を渡させて〔、Amurǰirɣalang は彼と婚約をしました〕。その後、今年の春の中（二）月に婦人 Serǰimiduɣ たちはタイジ Sangǰai との間で起った争いを私に報告しました。私が解決しようと彼らを召喚したところ、Serǰimiduγ はなんと娘をダラド旗の Tümenǰirγal に引き渡して来させませんでした。そのため、事件は解決できませんでした。(78)

即ち、婦人 Serǰimiduγ は養女たる未亡人の Amurǰirγalang をタイジ Bayankesig と婚約させた後、さらに役人を通して Vačir と婚約させたのである。また、彼女がタイジ Sangǰai と争いを起こしたのは恐らくは結納のためであり（傍線部分を参照）、結納をめぐる合意ができなかったがために、婦人 Serǰimiduγ は Bayankesig とは別の人物（つまり Vačir）と養女との間に新たな婚約を交わした可能性が高い。しかし新しい婚約者の Vačir には結納を提供する能力がなかったためなのか、それとも結納をめぐって合意ができなかったためなのか、とにかく未亡人側が前の婚約者から結納の家畜を「連れ去る」ことへと発展している。

一方、婦人 Serǰimiduγ はタイジ Bayankesig が拘束された後、五月一九日に副盟長に訴状を提出している。(79) その訴状の内容によれば、タイジ Bayankesig が逮捕された後、Serǰimiduγ と彼女の養女（未亡人）Amurǰirγalang は Qaraγanatu-yin Süme という寺院で行われる裁判の集会に来るようにとオトグ旗衙門に召喚されたという。(80) つまり、事件は Bayankesig が逮捕された後に旗衙門にいったん報告され、裁判が行われる予定であったが、Serǰimiduγ と彼女の養女が裁判に来なかったため、同案件は旗内で処理できないままであった。(81) その間、同年五月一九日、タイジ Bayankesig が直接副盟長に訴状を提出するということになったのである。(82) このように、この案件は複雑な経緯を経た困難なものであったが、審理を通じて解決にいたった。判決内容を要約すると左記の通りである。(83)

i．タイジ Bayankesig の訴えたことは事実であるため、彼と未亡人 Amurǰirγalang の婚約を維持し、枷を外して釈放する。

ii. 驍騎校 Vačir は役職のある者であり、ダルハドの Bayankesig が本当にタイジ Sangǰai から四頭の馬を取り立てたのであれば、本来ならば何の目的で取り立てたのかについてその場で事情を聞いて事件を解決すべきであった。しかし、彼は横暴かつ無鉄砲にもタイジ Bayankesig を縛りつけ、それによって訴訟沙汰を助長し今にいたらしめた。これは妥当な行為とはとても言えない。そこで、章京等級の驍騎校 Vačir を「非行を行った際の軽い法」(84)の通り鞭打ち四〇に処する。

iii. 扎蘭等級の Delger は年寄りであるため、たとえ章京等級の驍騎校 Vačir にタイジ Bayankesig を縛れと言われたとしても、彼にその場で勧告して阻止すべきであった。それにもかかわらず、Delger は自分の手でタイジ Bayankesig を縛りつけた。これは道理に合わないため、彼を鞭打ちに処すべきである。しかし彼は年を取っているため許して処罰を免じるが、叱責し今後同じ過ちを起こさないように注意する。

iv. 婦人 Serǰimiduγ は、彼女とタイジ Sangǰai との間で起きた争いを処理する際、所轄の扎蘭章京や役人たちの召喚に従って裁判の集会に来なかったうえ、養女を他の旗に居させ続けて訴訟沙汰を大きくし、また役人たちの命令にも背いた。さらに、彼女が、「平民 Nadmid は『もし同族の中で結婚がなされれば、私は受け入れることができない』と驍騎校 Vačir に訴えた」と嘘を言って他人を誣告したことは妥当ではない。そこで、Serǰimiduγ は「非行を行った際の軽い法」の通り鞭打ち四〇に処する。

v. ダルハドの Bayankesig が連れ去った四頭の馬は持ち主の Sangǰai に引き渡す。

vi. タイジの Šorboi と Sangǰai, 蘇木章京かつタイジ Toγtaqu, 梅林等級の扎蘭章京 Arbinsang, 梅林等級の Tarambilig, 扎蘭等級の ǰabatai, 平民 Čoγtu については本案件に関係する罪がないので論じない。

この案件に関して次の三点を指摘したい。

まず第一点目は、清代のオトグ旗で用いられていた鞭打ち刑罰には四〇回と八〇回との二種類があったことである。傍線で示した通り、鞭打ち四〇回は「非行を行った際の軽い法」に対応して用いられている。これに対して鞭打ち八〇回は「非行を行った際の重い法」に対応する刑罰であった。後者に関して、もし刑罰をさらに重くする場合は、鞭打ち八〇回の上に枷一ヶ月や罰畜の刑罰が追加されることがあった。しかし、この二種類の鞭打ち刑が具体的にどのような犯罪に適用されたのか、その運用実態の全体像は未解明である。ただ本事例では、不法に他人を拘束した行為や召喚しても来なかったり他人を誣告したりした行為に対して鞭打ち四〇回が適用されている。また他の事例から、恐喝と姦通を行った者や馬一頭を窃盗した者、身分を偽って他旗に亡命した者は鞭打ち八〇回、あるいはそれに他の刑罰が加えられて処罰された事実が確認できる(85)。また、この鞭打ち四〇回や八〇回の刑罰規定における「法」の用語は、時には「律」［čaγaǰa］や「律の書」［čaγaǰin-u bičig］に置き換えて記されることがあるが、それらが蒙古例(86)のことを指しているのかどうかは特定できない。

ただし、この二分類された規定自体は恐らくは中国刑法典の『大清律例』における「不応為律」のことであろう。と言うのも、『大清律例』には「不応為」の項目が存在し、そこには「凡そ為すべからずを而して之を為す者は笞四十。事理が重き者は杖八十(87)」と定められているからである。また、『大清律例』が清代モンゴルにおける裁判でも参照されていた事実が既に先学によって指摘されている(88)。さらに言えば、中国本土での「杖」が、モンゴル語でそのまま「鞭」［tasiγur］に読み替えられていたことも先行研究によって明らかにされている(89)。従ってオトグ旗における裁判で「杖八〇」ではなく、「鞭打ち八〇」が使われているのは特段不思議とは思われない。

二点目は、民間における訴訟行為に関する点である。本事例では、タイジBayankesigと婦人Serǰimiduyが副盟長に対して提起した訴えは文書の形式を採っており、また二通の訴状の書式は基本的に同じであった。このことから、当時は訴状が既に定式化していたことが窺われる。しかし二人の訴状の内容から分かるように、両者とも自分に都合のいい事実のみを述べ、不利な事実の記述は極力避けている。例えば、両者は共に以前に婚約の件で相互に争ったことを訴状の中で一切触れていない。また、原告Bayankesigは自らが何の理由もなく逮捕されたと主張するが、逮捕のきっかけとなった、四頭の馬を連れ去られた件は完全に省いている。つまり、訴状の中でどのような事実を拾って述べるかについて、二人の原告（あるいはもし訴状を代筆した者がいたのであればその者）は明確な考えを持っていた。さらに、二人の原告がオトグ旗衙門にではなく副盟長に訴えたのも、前者に訴えると何らかの不都合が生じると事前に察知していたからに違いない。総じて言えば、当時のオトグ旗では訴状が形式化し、また訴状の内容や訴訟行為自体が戦略的となっていたことが窺われる。

第三点目は、タイジの特権についてである。前掲のように、タイジBayankesigは平民出身の役人たる章京等級の驍騎校Vačirと扎蘭等級のDelgerに縄で縛られているが、判決では、被害者であるBayankesigがタイジ身分を持つがゆえに加害者に対する処罰を通常より重くすべきだという姿勢は見られない。また、タイジBayankesigが平民出自の役人に拘束されていることから、身柄拘束の場合にタイジという身分が尊重され、特別な扱いがなされるということは一般的ではなかったことが理解される。しかし、清代のモンゴルでは貴族の逮捕や貴族に対する刑罰執行を行う者は同じく貴族出身の者に限るのが原則であった(90)。つまり本事例から、当時のオトグ旗ではタイジはその身分に応じた特別な法的保護を受けていたわけではないという事実を窺うことができる。ただし、逆にタイジが罪を犯した場合に刑罰が平均より減ぜられていたのであろうか。また、仮に役人ではない平民がタイジに対して侵害行為を行ったとすれば、その平民は通常より重く対処されえたのであろうか。これらの問題については現在のところ不明であり、今後の研究に委ねたい。

（四）少女オトゴンが自殺した案件

本事例は、少女Odqon（オトゴン）が自殺した、人命に関わる案件を巡るものである。光緒一一（一八八五）年九月一二日、オトグ旗の少女Odqonがハンギン旗（イフ・ジョー盟右翼后旗）内でトラブルに絡み、自殺した[91]。そのため、同一〇月八日にハンギン旗の章京等級のBadmaが事件関係者であるオトグ旗のBoroγodvaたちを連行して自らの旗衙門に移送した。ハンギン旗衙門は案件関係者の供述を取ってから、彼らをオトグ旗へ護送した。またそれと同時に、Badmaの報告内容と案件関係者の供述を含んだ公文書をオトグ旗衙門に送り、案件の処理とそれに対する報告を求めた。同公文書は同年一〇月一一日付で出されており、オトグ旗がそれを受け取ったのは六日後の一七日のことであった。オトグ旗側は案件の処理結果を一〇月二九日に文書でハンギン旗に伝えている[92]。

以下では、まず被告人Boroγodvaがオトグ旗衙門で行った供述の全文を提示し、それを章京等級のBadmaが自らの旗であるハンギン旗の衙門に提出した報告文の内容と比較検討することで案件の事実関係を明らかにし、次いで判決内容を要約し、最後に同裁判事例から得られる知見を整理する。

被告人Boroγodvaがオトグ旗衙門で行った供述によると、事件の経緯は以下のようであったという。

この卑しき私は、扎蘭章京Baldanが管轄する蘇木章京Dorǰiǰabの蘇木に属する者であり、同時にタイジSedengdorǰiの配下です。今年二六歳です。父Gönčügǰalsanと母Udbalaは早く亡くなっており、実兄の

Dambalubsang は私とは別に母方の伯父 Γaldansereng と一緒に暮しています。今秋の中〔八〕月、我々の蘇木章京と驍騎校は、「Delger と Udba からアルバを徴収して来い」と私に命じました。私はそれに従い、同秋の末〔九〕月初八日にハンギン旗の Dörben Qudduγ という所に住むわが蘇木の Delger の家に行くと、Delger は留守中でした。それで同日、彼の近所に住む同じハラーの Udba からアルバを徴収しに行きました。その後 Delger の家に戻りました。そして〔十日に〕Delger の妻が他の人の家を訪問しに行った後、私が Delger の娘 Odqon に対し、「鍋を空けてくれ。俺はパンを揚げたい［boγorsoγ činaγa］」と言ったところ、彼女は、「お前にパンを揚げてやる娘はこの世にまだ生まれていないだろう」と答えました。〔それに対し〕私は、「先に生まれたお前に揚げてもらおう」と無意識に言ったところ、彼女はなんと鞭を持って来て私を叩きました。私は鞭を奪い取りました。これらのことついては、Udba と Lubsangbalǰuur が目撃したのです。そして少女の母が戻って来た後、Udba が、「お前の娘が人を鞭で殴ったことは妥当ではない」と言って〔私たちを〕調停し、母と娘の二人に私に嗅ぎ煙草の瓶を献じさせ〔て謝罪させ〕ました。しかし、〔私は〕鞭を返すことはしませんでした。一一日、私と Udba はこの事件をハンギン〔旗〕の章京〔等級の〕Badma に報告し、鞭を引き渡して証拠としました。一二日、章京〔等級の〕Badma が Udba を遣わして彼女たちを召喚する際、私は〔Udba と〕同行しました。私たち二人が Delger の家に寄って Udba の家に着いた時、「Delger の娘が首を吊って死んでいる」と言われ、章京〔等級の〕Badma に逮捕されて送られました。(93)

しかし、少女の死因について、章京等級の Badma がハンギン旗衙門に提出した報告文では、「Boroγodva と Udba が Delger の家に行って、『〔旅のための〕乗用家畜と食べ物を用意し、この少女を所轄の〔オトグ旗〕衙門に訴える』と脅したところ、少女は怖がり慌てた挙句、家の梁から首を吊って死んだ」と述べられている[94]。つまり、彼女は彼が召喚したことを原因にして死んだのではなく、Boroγodva と Udba による「オトグ旗衙門に訴える」という脅しによって自殺したと、Badma は述べている。また、Badma は Udba を遣わして少女を召喚したことについては言及していない。少女がどちらかの衙門で取り調べられることを恐れて自殺したことは事実のようであるが、その原因は章京等級の Badma に召喚されたからなのか（後述するように、オトグ旗衙門はこの説を採用している）、それとも Boroγodva と Udba に恐喝されたからなのかは不明である。

この事件に対しオトグ旗衙門が下した判決の要旨は次の通りである[95]。

i．平民 Delger の娘 Odqon が、公務のために遣わされた Boroγodva を鞭で殴って喧嘩を売ったことは事実であり、その件でハンギン旗の章京等級の Badma が彼女を召喚しようとした際に彼女が自殺したことに相違はない。ただし Boroγodva は公務を執行する際に些細なことで喧嘩を引き起こし［öčüken čorgilduγsan］、それが無罪の少女を死なせたきっかけになっている。そこで、Boroγodva を「非行を行った法」の通り処罰した上で、所轄の扎蘭章京と蘇木に引き渡して監視する。

ii．死者の葬儀を行うための費用として、Boroγodva から大型家畜二頭と小型家畜二〇頭を取り上げて被害者の遺族に引き渡す（これに対し死者の遺族たちは、「今後再び不平不満を言うことはない」という旨の画押のある誓約書をオトグ旗衙門に提出したという[96]）。

本事例に関して次の三点の解釈を加えたい。

一つは、人命に関わる裁判では遺族側の意思が重要視されていることである。本事例では、旗衙門は葬儀の費用として加害者のBoroyodvaから大型家畜二頭と小型家畜二〇頭を取り上げて被害者の遺族に提供しており、遺族側はこの措置に同意し、蒸し返しをしないとの誓約書を提出している。遺族が旗衙門の処置に不満であれば盟長へ上訴することが可能であったのであり、もし上訴が起これば訴訟が長引いて事件の終結が遅れてしまう。また、上訴となると事件関係者がもう一度集められて取り調べられ、また旗衙門が当該裁判の集会に役人を派遣しなければならない。実にコストと手間のかかることである。このような背景が想定されるため、人命が関わる裁判では遺族の意思が特に重要視され、案件の旗内での決着が工夫されていたのであろう[97]。

もう一つは、裁判で属人主義が採られている点である。事件は隣接のハンギン旗内で起こったが、加害者と被害者は全員オトグ旗の人間であったため裁判はオトグ旗側が単独で行った。また、事件の処理後にオトグ旗はその結果をハンギン旗に報告している。これは、最初に逮捕と審理に当たったハンギン旗側と、再審理を行って判決を下したオトグ旗側の間の意思疎通のためと思われる。一方、事件当事者がそれぞれ異なる旗に属していれば、関係諸旗の役人が会合して当該事件を裁くのが通例であった[98]。ただし、複数の旗が役人を派遣しあって合同で案件処理に臨むことは、訴えがいずれかの旗の役所に提起された場合のみであったように見受けられる。すなわち、案件当事者が二つの旗に分かれて属していても、もし訴えが提起されたのが盟長であったならば、当該案件は例外を除いてその盟長のもとで裁かれたようである[99]。

最後に、判決では、事件を引き起こしたBoroyodvaに関し「非行を行った法の通り処罰した」と書かれているが、処罰の具体的な内容は明示されていない。しかし、死者にも公務のために遣わされた者を殴った過ちがあり、またBoroyodvaが起こしたトラブルは「些細な喧嘩」であるという判断がなされていることを考えれば、彼は鞭打ち四〇回に処せられた可能性が高い。この「非行を行った法」が実際に厳密に適用されていたのかどうかは不明であるが、本事例の場合は差し当たりこのように理解しておきたい。

四　裁判の実態と統制

ここまで三において、離婚から人命に関わるものにいたるまで様々な案件がどのように裁かれていたのかについて実例を通して考察してきた。総じて言えば、離婚や財産争いなどの民事的性格の強い紛争は地方で処理され、人命に関わるような刑事案件は中央の役所である旗衙門によって裁かれるという傾向が見られる。三で紹介した六つの民事案件（離婚と家畜をめぐる争い）はいずれも地方にいる役人や有力タイジによって裁かれた後に、旗衙門に報告されて公証されたものである。しかし前述の通り、役人を含めて民間における仲裁や調停による民事紛争の処理も行われていたようであり、それらが全て旗衙門によって公証されたとは思われない。

では、公権力による裁判、つまり地方と旗衙門における法廷は、実際にはどのような形で開かれていたのであろうか。まず、地方における裁判の具体的な流れについて述べるならば、それは、上掲の五件の離婚に関わる事例によれば、次のようなものであった。即ち裁判が行われる際には、当事者たちが一同に集められて審理が行われ、判決が言い渡された後、最後に当事者たちは「当該の裁きに同意し今後は相互に再び争わない」という趣旨の誓約を書面あるいは口頭で行った。なお、「この案件は処理がなされた通りにすることとし、档案に記録した」（事例二）などの事例の末尾に現れる文言が裏づけるとおり、地方から旗衙門に報告されてきた離婚訴訟の処理結果は、駐在役人の審査を経てから登録されていたようである。

次に、旗衙門における裁判の様子について見てみよう。Yang Sömbör と Arbinbayar によれば、旗衙門では案件はまず当番を務めている役人たちによる合議体の形で審理され、彼らによる判決はザサグの裁可を経て当事者に言い渡された。ただし即座に処理できない案件は次の旗務会議の開催時に処理し、またそこでの判決もザサグの裁可を経なければならなかった。旗のレベルで処理できない案件は盟長に上申するのが通例であった[100]。また、流刑や死刑判決が言い渡される事案も盟長に上申しなければならなかったであろう。イフ・ジョー盟では各旗衙門における裁判の流れや犯罪に適用する法は大同小異であったと言われており、その概要を示すと左記の通りである。

普通の案件は扎蘭章京が直接に命令して裁くが、事実関係が明白ではない訴訟沙汰や大事件は〔旗衙門で〕「堂をつく」って［tang tökügerčü］審理し処理する。後者の場合は、案件の報告を受けた後、審判官［sigügči noyan］が裁判の場所と月日を事件に関わった全員に通知し、集合を命じる。法廷では帽子の上に赤い頂子を戴いた一人の役人が主審、青い頂子の一人の役人が副審となり、この二人の審判官は一人の書記と並んで座る。彼らの両側には領催や箭丁が数名ずつ並び立つ。皆、正装し、法廷の雰囲気は厳かである。犯人は跪かさせられて尋問される。もし白状しないと腹這いにしてズボンを脱がせ、尻を鞭で叩くことになる。犯人が女性であればズボンは脱がせない慣わしである。叩く時は五回ずつに分けて行う。犯人が白状すれば、それを書きとめて画押を取る。最後に、犯人の罪の軽重に基づいて当該旗で結審するか、それとも盟長の衙門に上申するかを決めるのである。軽微な罪を犯した者は鞭打ちと財産刑で処罰する。財産刑には家畜や金銭、れんが状に押し固めた茶などが用いられた。重罪には流や徒、死などの刑罰が適用された[101]。

右掲の引用文の中に見られる「堂」とは、法廷を開く施設を指すと思われる。同語は元々、中国の地方長官の公務処理用の広間の名称であり、清代モンゴルの一部の旗はその語を借用したと考えられる。例えば事件の関係者を一同に集めて審理を行ったり、場合によっては被疑者を拷問したりする行為は、清代のハラチン右翼旗では「堂をつくる」[tangkim jokiyaqu] 或いは「司をもうける」[se bayiyulqu] と称された[102]。オトグ旗の場合とほぼ同じ言い方である。

また、引用文の中の裁判を行う「赤い頂子」の審判官は恐らく管旗章京または管旗章京等級を持つ梅林章京のどちらかであり、「青い頂子」の審判官は扎蘭章京のことであると考えられる。管旗章京と梅林章京、扎蘭章京の帽子の上に戴く玉はそれぞれ赤色、透明な薄青色、不透明な深青色の「頂子」であったからである[103]。このうち扎蘭章京が梅林章京の等級を持てば、本来の不透明な深青色の頂子ではなく、梅林章京と同様に透明な薄青色の頂子を付けることになり、また梅林章京が管旗章京等級を持てば同様に頂子を変えなければならなかったと思われる。従って、旗衙門の裁判では、各々が一組の当番を率いる一人の管旗章京と二人の梅林章京の間で、その時の当番にいた者が「主審」となるのが通例であったと推測される。また、当番にいた五人の扎蘭章京の中から一人が「副審」となったようである。さらに、右の記述からは旗衙門の裁判における合議体の構成を垣間見ることができる。

なお、別の史料からは次のような裁判に関わる司法実践が確認できる。即ち、召喚は文書で行うのが通例であった。枷をかけられた受刑者は自らが所属する蘇木内で監視されながら、蘇木内の各戸を転々と回って過ごした[104]。犯人の逮捕は扎蘭章京や蘇木章京などの軍事行政組織に所属する役人が担うのが一般的であった。ジャルグチは主に漢人とモンゴル人の間で起きた案件を処理したと推察されるが、漢人に殴られて死んだモンゴル人に関する案件の取り調べをジャルグチがタイジたる梅林章京に命令した事例も存在する[105]。また、ジャルグチが他旗から逃亡してきたモンゴル人を逮捕した例もある[106]。これらの事実は、漢人関係の訴訟が全てジャルグチによって処理されていた訳ではないことと同時に、ジャルグチがモンゴル人に関する司法実務をも担っていたことを裏づけるものであり、二で考察したジャルグチ職の特徴を想起させよう。

一方、三で考察したように、地方における訴訟沙汰（特に民事的性格の強い案件）は、原告が所属する組織の扎蘭章京や蘇木章京に訴えなければならないとされていた訳では必ずしもなく、蘇木章京以上の職位にある役人や有力タイジ、書記であれば、誰にでも提起することが事実上許されていた。また、これらの訴訟処理権限が認められた役人やタイジ、書記でも、受理した訴訟を自ら裁くことなく、下級役人や下級書記、また平民にすら命じて裁かせることも可能であった。さらに、後述するように、訴訟処理権限が付与されていない役人やタイジまでもが地方においては無断で裁判を行ったり刑罰を執行したりしていた。一方、当事者たちは自分にとって最も都合の良い地方有力者のもとに訴訟沙汰を持ち込んだようである。このような緩やかかつ柔軟性に富んだ裁判実態は裁判権の事実上の細分化をもたらし、同時に、不正な判決による新たな紛争を多々生み出す弊害をもたらした。こうした裁判制度の不備も含めて、疲弊した行政を立て直すために、宣統元（一九〇九）年七月二八日に、イフ・ジョー盟長がオトグ旗に対して行政全般に関わる「制度」［dürim］を発布した。裁判に関して、「制度」は次にように定めている。

……諸蘇木の民の間で報告しようとする些細な訴訟沙汰［jaryu］があれば、所轄の〔蘇木〕章京たちに事情を報告し、〔蘇木〕章京は案件の状況を判断した上で〔上申すべきものは〕扎蘭章京に伝達する。一般の案件はなるべく扎蘭章京の所で適切に処理して終わらせよ。もしそれがやや大きな案件であれば、所轄の梅林章京の所に報告して処理せよ。〔ただし〕どうしても処理しきれない案件は〔旗衙門に〕伝達し、審理のために備えておけ。〔旗衙門に〕直接〔訴えに〕来た人々については、案件の軽重を見計らって〔彼らを〕所轄の扎蘭、梅林〔章京〕の所に引き返し、〔その案件は扎蘭や梅林章京に〕処理させることがある。こうした職務制度に従って処理させることや報告させること、および特別に命令して処理させることを除けば、田舎にいる役職に就いていないタイジや臣下［ködege-dür sula tayiǰi tüsimel］が秘密裏に、勝手かつ横暴にも事件を審理して処理し、鞭で打ったり家畜で罰したりするようなことは永遠に禁じる。[107]……

即ち、裁判に関して同「制度」は次の二点をめぐって統制を加えようとしている。

第一点目は、訴訟沙汰は現状のやり方と異なり、まず原告の所属する蘇木の長官つまり蘇木章京に提起すべきことになった。これによって蘇木章京→扎蘭章京→梅林章京→旗衙門（ザサグ）といった軍事行政組織とその官僚序列を基盤とし、案件の軽重・難易度に応じて段階的に序列の下方から上方へと持ち送りがなされる裁判制度が整えられた[108]。その背後にある意図は、地方にいる役人が処理できる案件は地方で、処理できない案件は旗衙門で処理することにあったのであろう。つまり、案件はできるだけ地方で処理するが、地方で処理できない案件や重大な案件は旗の役所で処理しようとしたのである。その結果、旗衙門で処理されるのは所謂「重大な案件」（重大な刑事案件や巨額の財産紛争）のみとなったように見受けられる[109]。

第二点目は、地方にいる裁判権を付与されていないタイジや役人による「私的な裁判」の禁止である。後述するように、地方の一部のタイジは旗衙門によって牌子と鞭を与えられて事件処理に当たっていた。「制度」が禁止したのは、このように裁判権が付与されたタイジ以外の貴族による「私的な裁判」（つまり無断で「事件を審理して処理し、鞭で打ったり家畜で罰したり」する裁断・処罰行為）である。また「制度」が指す「役人」とは、裁判権が認められた役人の中では最下級の蘇木章京よりさらに下位の地方役人を指したものと考えられる。この禁止令は反面、

「制度」発行の時点までは地方では役職に就いていない（つまり裁判権限が付与されていない）タイジや役人が許可なく裁判を行い、鞭打ちや罰畜などの刑罰を無断で施行していた実態を反映している。しかし、後述するように、この禁止令が出された後も、裁判権のないタイジが地方で案件を処理したり刑罰を施したりしていたのである。即ち、この禁止令によって地方における「私的な裁判」が途絶えるということはなかったのである。

一方で、前掲の「制度」では一切言及されていないが、前で触れたようにオトグ旗では地方にいるタイジに裁判権を付与することがあった。この裁判制度の歴史と実態については未解明であるが、その存在は民国一〇（一九二一）年にオトグ旗の「ドゴイラン」組織[110]が同旗衙門に上申した文書の中に確認できる。つまり同文書の中では、

……タイジ Vangčuysereng は以前に旗内で訴訟沙汰を処理していた時に、常に私利を貪り、案件の真実に依拠せず無罪の民を罰によって大いに苦しめていました。そこで、お上［degereče，旗衙門］は彼が所持していた牌子と鞭を回収した上で、彼には旗の中の訴訟沙汰を処理させないことにすると命じました。それにもかかわらず、彼はまたしても意のままに私利を貪り、罰を過度に科し……

と記述されており[111]、民国一〇（一九二一）年以前は、タイジ Vangčuysereng は牌子と鞭を与えられ、旗内で訴訟沙汰を処理する権限を付与されていたことが分かる。引用文の中の「牌子」とは職権を証明するための札のことであり、「鞭」は鞭打ち刑を執行する際に用いられた刑具に当たる。どちらも旗衙門から発行されたものと思われる。このような形で地方のタイジに裁判権を付与する制度は同盟のウーシン旗にも存在したが、こちらは清末に廃止されたという[112]。しかし右の事例が証明する通り、オトグ旗の場合は裁判権を回収された後も無断で裁判を行い続ける

タイジがいたのである。

五　おわりに

一九世紀半ばから二〇世紀初頭までの清代モンゴルのイフ・ジョー盟オトグ旗では、旗の中央機関としてザサグと旗衙門が存在し、旗衙門には役人が三つの当番に分かれて駐在し、各当番が交替制で二ヶ月間ずつ勤務していた。一方の地方では、ハラーと呼ばれる、扎蘭章京を長官とし属人的に編成された軍事行政組織が存在し、各ハラーはその内部に、同じく人的集団から成る蘇木四〜六個を包含していた。そしてこれらの軍事行政組織を運営したのは、官位序列を基幹として組織化された役人のシステムであった。これらの軍事行政組織および役人のシステムは清朝がモンゴルに導入した軍事行政制度（旗—蘇木機構）に基づくものであった。また同時に、旗内にはジャルグチや書記、ダーマル、ダルガなどのモンゴル固有の役人システムも維持されていた。この二つの系統の機構を運営する役人は皆ザサグによって直接任免された（ただし協理タイジは清朝皇帝の裁可を経る必要があった）。また、このような特定の役職を持つ役人以外に、具体的な役職には就かず「等級」（同じくザサグが付与）という、特権的身分を示すための肩書だけを持つ役人もいた。いずれのタイプの役人にも、例外を除けば、タイジ（貴族）でも平民でもなることができた。他方、タイジは自らに従属する平民に対して伝統的な支配権を行使し、同時に通常の社会生活においてはそれ以外の平民に対しても権勢を振るった。つまり、地方では役人やタイジが有力者として存在していたのである。

このような社会構造を背景として、地方で起きた紛争事件に関しては、原告に所轄の軍事行政組織（蘇木—ハラー）の長官への報告を課す規定は事実上存在しなかった。つまり、蘇木章京以上の職位を持つ役人であれば誰でも、さらに一部の有力（あるいは裁判権を付与された）タイジやジャルグチ、書記までもが、離婚や家畜をめぐる訴えを受理して裁くことが可能であった。このような裁判のあり方に関して言えば、本稿で検討した諸民事案件の通り、離婚や家畜をめぐる紛争のような比較的軽微な案件は地方にいる裁判権のある役人やその他の有力者によって裁かれた後、必要に応じて旗衙門に報告され公証されていた。これに対し、地方で処理できない事案は中央の旗衙門に移送され、そこで処理されたものと考えられる。本稿ではまた、全ての紛争が旗衙門や役人などの公権力による裁判によって処理されたのではなく、仲裁や調停によって処理されたりすることもあったことを指摘した。上記の公権力による裁判の例も考え合わせると、全体として、民事的性格の強い案件は地方で解決される傾向にあったと言うことができよう。

旗衙門の裁判では当番を率いる管旗章京または梅林章京が「主審」、当番にあった五人の扎蘭章京の中から一人が「副審」となり、また一人の書記が加わって共同で案件を審理していた。彼らはまず判決原案を作成してザサグに上申し、判決はザサグの裁可を経た後に当事者に言い渡された。もしこれらの役人が処理できない案件が見つかれば、その案件は旗務会議での処理にかけられたが、しかしそれでも解決できなければ盟に上申するしかなかった。後者に該当したのは主に流刑や死刑が適用される重大な案件であったと言う。また、本稿で検討した事例から、刑事的性格の強い案件は旗衙門によって処理されていたことが確認できた。

さらに、本論文の考察から清代後期のオトグ旗における裁判実務に関する個別の知見が多数得られた。その中から、清代モンゴルの他の旗との比較の視点からみて特に重要と思われる点をいくつか挙げると次の通りとなる。すなわち、①裁判は旗を基礎とした属人主義により行われていたこと、②旗衙門で用いる鞭打ち（笞、杖）の刑罰は四〇回と八〇回の二種類に大別されていたこと、③地方における離婚や家畜争いなどの裁判では、訴訟を受理した有力者が当該事案を自ら処理したり、あるいは下級役人を含めた他の役人や平民に命じて処理させたりすることもあったこと、④案件は通常合議体の形で審理されたこと、⑤タイジはその身分による特別な法的保護を受けてはいなかったこと、等々である。

こうした公権力による裁判と並んで、地方では裁判権を持たないタイジや役人が無断で訴訟沙汰を処理したり、罰畜や鞭打ちなどの刑罰を行ったりしていた。その結果、裁判権は事実上細分化することとなり、従って裁判の弊害が生じ、それがさらに新たな紛争の源となる事態が発生した。そこで、宣統元（一九〇九）年にイフ・ジョー盟長はオトグ旗に対して「制度」を発布し、第一に、訴訟沙汰は有力者であれば誰にでも訴えることができるという既存の裁判のあり方を統制し、訴訟沙汰は原告が自ら所属する蘇木の長官つまり蘇木章京に提起すべきであると定められた。これによって、蘇木章京↓扎蘭章京↓梅林章京↓旗衙門（ザサグ）という職位の序列に従って、案件の軽重・難易度に応じて段階的に上申されていく裁判制度が整えられた。第二に、地方における、裁判権を持たないタイジや役人による「私的な裁判」を禁止しようとした。しかし、それによっても地方における私的裁判を根絶することはできなかったように見受けられる。

本稿で得られたもう一つの重要な知見は、清代のオトグ旗ではジャルグチと書記が案件処理を担っていたことである。また注意すべき点は、ジャルグチ（「断事官」）と書記（ビチゲチ）がその字義通りの裁判処理や文書関係の公務のみに携わっていたのでなく、むしろそれらを中心にした旗内の公務全般に亘る職務を担っていたことである。この点は、支配下の各地に派遣されていたモンゴル帝国時代のジャルグチや書記の職掌と酷似しており、清代オトグ旗におけるジャルグチと書記機構はモンゴル帝国時代以来の遺産である可能性も存在すると言えよう。

最後に、清代のオトグ旗における社会構造と裁判実態が同時代のアラシャ旗やハラチン右翼旗の場合とどのように相違するのかについて簡単に述べておこう。第一に、オトグ旗の社会は清朝が導入した軍事行政システム（ハラー―蘇木）を中心に編成されていた点が異なる。この清朝のシステムは、もちろんアラシャ旗にもハラチン右翼旗にも同じく導入されたが、オトグ旗と同じようには機能しなかった。アラシャ旗の地方統治は「バグ」と呼ばれる行政区（三六個存在した）による領域編成を主としていた。またハラチン右翼旗は農耕定住形態を主としていたため、地方では「地域―村」という図式に示されるような自生的な領域編成が成立し、さらにそれを基盤に「保甲」や「社」という中国に起源を持つ行政編成がなされた。本稿で最初に触れたように、軍事行政システムに編成されながら遊牧社会を構成するオトグ旗は、清代モンゴルの多くの旗社会の典型例に属すると理解してよい。

第二に、オトグ旗の裁判は審級が明確ではなかった点が異なる。アラシャ旗では一審裁判は行政区の担当官、二審は旗役所がそれぞれ担った。これに対してハラチン右翼旗では訴訟は全て旗衙門に提起され、その後、耕地争いなどの一部の軽微な案件は地方有力者に送られて処理された。裁判をめぐって、重大な（刑事的性格の強い）案件は中央で、軽微な（民事的性格の強い）案件は地方で処理するという旗の役所と地方との間の役割分担の枠組は三旗ともほぼ同様であるが、手順と執行の厳密さに差異があるように筆者には見受けられる。

（1）管見によれば、「盟―旗」組織の母体となったのは、モンゴル固有の「ウルス―オトグ」集団である。また旗の種類には、オトグ旗の場合とは異なり、在地貴族がその統治に当たらない旗（「内属蒙古」と俗称される）や一般に活仏によって統治される「ラマ旗」も存在した。清代モンゴルの盟旗制度の概要については、金海ほか（編）『清代蒙古志』（呼和浩特：内蒙古人民出版社、二〇〇九年）を参照。

（2）清代モンゴルの盟旗制度に関する専門的な研究として、岡洋樹『清代モンゴル盟旗制度の研究』（東京：東方書店、二〇〇七年）が挙げられる。一方、盟旗組織における裁判の実態に関する代表的な研究として、萩原守『清代モンゴルの裁判と裁判文書』（東京：創文社、二〇〇六年）が存在する。なお、近年のモンゴル法制史研究の動向については、萩原守・額定其労「モンゴル法制史研究動向」『法制史研究』六四（一七一～二二一頁）（二〇一四年）を参照。

（3） 拙稿「清代モンゴルのアラシャ旗における裁判」（一、二、三）『法学論叢』一七〇-一（一〇一～一一九頁）；一七〇-二（一三六～一六二頁）；一七〇-三（一一九～一三九頁）（二〇一一年）、及び「清代ハラチン・モンゴルの右翼旗における裁判」『東北アジア研究』一六（一六七～二〇四頁）（二〇一二年）を参照。

（4） 本稿における「裁判」の用語は、社会における係争や犯罪行為に対し公権力が裁決・処罰を下すこと、という意味で使われる。すなわち、オトグ旗の事例で言えば、旗衙門（つまり役所。詳しくは後述）や地方にいる役人による職権的な裁断を指す。しかしこれは他方において、公権力側や民間人が調停や仲裁のような方式で紛争を処理していた事実を否定し排除するものではない（この点に関しても後述）。本稿では裁判に主眼をおき、それ以外の紛争処理方法については触れる程度に留める。

（5） 筆者が内蒙古自治区档案館で行った史料調査結果に基づくと、一九世紀半ば以前におけるオトグ旗の档案（古文書）は、それ以降に比べてかなり少数である。それは、一八六〇年代に、それまで残っていたオトグ旗の档案の多くが当時の回民蜂起軍によって燃やされたからだという。一方、それ以降に作成された档案も一九五〇年代に火事で大量に焼失したり、社会主義制度下の運動の中で燃やされたりして減少したと言われているが、それでも比較的多く残っている。"*Otoγ qosiγun-u oyilalγa*" nayiraγulqu komis, ed., *Otoγ qosiγun-u oyilalγa*『鄂托克旗志』(Hohhot: Öbör Mongγol-un arad-un keblel-ün qoriya, 2004), p. 795を参照。

（6） この点に関しては本稿で論じるつもりはない。様々な領域に分割され統治されていた清代のモンゴル社会は、それゆえに多様な地域性を孕んでいた。その全体を理解するには、まずはできるだけ多くの地域の実情を掘り起こし、各地域の特性と共通性を明らかにする作業が必要不可欠である。本論文はこうした清代モンゴル法制史研究における基礎作業の一環に過ぎず、本稿の結論を踏まえたモンゴル全般に関する議論は別稿に譲りたい。

（7） 『王公表傳』巻之四十四。本稿で用いる『王公表傳』は、全国図書館文献縮微復製中心編纂『清代蒙古史料合輯』所収の『欽定外藩蒙古回部王公表傳』（二〇〇三年）である。以下、同様。

（8） 民国政府が一九三六年に行った人口調査結果によれ

ば、当時のオトグ旗には漢人が一万人余り（総人口三万人超）居たという。Yang Sömbör & Arbinbayar, *Otoγ qosiγun-u teüke tobčiyan*『鄂托克旗史志』(Hohhot: Öbör Mongγol-un arad-un keblel-ün qoriya, 2011), pp. 3, 10を参照。なお、清代の他の旗においても、漢人の往来、さらには定住現象さえ見られていた。漢人の管理をめぐって、オトグ旗が清代のその他の大多数の旗と異なるのは、後述のジャルグチという旗内の役人に漢人に関わる行政を専門的に担わせていた点であるように見受けられる。すなわち、清代モンゴルの多くの旗ではオトグ旗のような特別な制度は設けられず、一般の役人に漢人に関わる仕事の処理を担当させていたようである。

(9) 一九世紀半ば以前の裁判の実態が未詳であるため、本稿でオトグ旗の裁判制度を通史的に概観することは不可能であるが、一九世紀半ば以降の状況については詳細な議論が可能である。一方、清代のアラシャ旗やハラチン右翼旗の裁判制度の枠組も一九世紀半ばには既に確立していたと考えられるので（拙稿「清代モンゴルのアラシャ旗における裁判」及び「清代ハラチン・モンゴルの右翼旗における裁判」を参照）、オトグ旗の社会編成や裁判制度の枠組をこの二つの旗の場合と比較検討することは可能である。

(10) オトグ旗では旗長は「ジャサグ」と発音されるが、その他の多くのモンゴル地域では「ザサグ」と発音される。あくまでも方言の差の問題であるため、本稿では統一して後者を用いる。

(11) 「多羅貝勒」[törö-yin beyile] は清朝がモンゴル王公に与えた爵位（計一〇階級）の一つであり、和碩親王 [qošui čin vang] と多羅郡王 [törö-yin giyün vang] に次いで三番目の高位に数えられる。詳細については、岡洋樹『清代モンゴル盟旗制度の研究』、一五九頁及び萩原守『清代モンゴルの裁判と裁判文書』、三四頁を参照。

(12) Yang Sömbör & Arbinbayar, *Otoγ qosiγun-u teüke tobčiyan*, pp. 118-121及び内蒙古図書館（編）『伊克昭盟志 伊克昭盟概況』【内蒙古歴史文献叢書】之六（呼和浩特：遠方出版社、二〇〇七年）、下、四三三頁。なお、これらの資料によれば、旗衙門とザサグの邸宅は前後併せて六回移転したが、前者が後者の南側に建てられるのが慣習であった。なお旗衙門とザサグの邸宅がいつ伝統的なゲルから家屋式の建築に変わったのかについては不明である。

(13) 内蒙古自治区档案館所蔵档案 No. 514-1-82, 20b-21a, 36b, 60b.

(14) 「ハラー」[qariya] とは扎蘭章京が管轄統帥する地方の行政組織の単位である。すなわち、八旗における「ジャラン」[満州語 jalan] に相当する。モンゴルの一般の旗には存在しない名称である。詳細については後述するが、「ハラー」の語自体は「所属」や「管轄」を意味するモンゴル語である。

(15) Ordos baraγun γarun dumdadu qosiγun-u teüke-yin Mongγol dangsa ebkemel-i nayiraγulqu komis, ed., *Ordos baraγun γarun dumdadu qosiγun-u teüke-yin Mongγol dangsa ebkemel-ün songγomal*『鄂爾多斯右翼中旗蒙古文歴史档案選編』(Hohhot: Öbör Mongγol-un suγul-un keblel-ün qoriya, 2012), v. 9, p. 298. 同様の内容はイフ・ジョー盟長が宣統二（一九一〇）年にウーシン旗に発送した命令文書からも確認できる。Altan'orgil, ed., *Kökeqota-yin teüken Mongγol sorbolǰi bičig*, nigedüger emkidkel『呼和浩特史蒙古文献資料匯編』第一輯 (Hohhot: Öbör Mongγol-un yeke surγaγuli-yin keblekü üiledbüri, 1987), p. 299を参照。また、オトグ旗は民国一二（一九二三）年に同じ内容の命令を旗内に発布している。これについてはHenry Serruys, C.I.C.M., "A Socio-Political Document from Ordos: The Dürim of Otoγ from 1923," *Monumenta Serica*, Journal of Oriental Studies, v.xxx (1972–1973) 及び Oγonos Čoγtu, ed., *Γadaγadu-du neyitelegdegsen Ordos Mongγol-un teüken materiyal*『国外刊行的鄂爾多斯蒙古族文史資料』(Hohhot: Öbör Mongγol-un arad-un keblel-ün qoriya, 2001), pp. 152–153を参照。

(16) Yang Sömbör & Arbinbayar, *Otoγ qosiγun-u teüke tobčiyan*, p. 47. 清代のオトグ旗における「印務の五人の正役人」を含む職位の序列は次の通りである。ザサグ、協理タイジ［台吉］［tusalaγči tayiǰi］、管旗章京［ǰakiruγči ǰanggi］、梅林章京［meyiren ǰanggi］、扎蘭章京［ǰalan ǰanggi］、蘇木章京［sumun ǰanggi］、驍騎校［kündü bošoγo; orolan kögegči］、領催［bošoγo］（金海・ほか『清代蒙古志』、一三九頁）。

(17) *"Otoγ qosiγun-u oγilalγa"* nayiraγulqu komis, *Otoγ qosiγun-u oγilalγa*, p. 617. 書記が当番体制を組んで旗役所で勤務することは、清代オトグ旗特有の実践ではなかった。例えば、ケレイドジン・D・シーリン（錫莉）氏の研究によれば、清代ハルハ・モンゴルの盟と旗のレベルでも書記が三ヶ月間ずつの交替制で勤務していた（ケレイドジン・D・シーリン「清代外モンゴルにおける書記の養成―東部二盟を中心に―」『内陸アジア史研究』二六（二〇一一年）、一一六頁）。また、清代のアラシャ旗でも同様の実践がなされていた。これに関しては、拙稿「清代モンゴルのアラシャ旗における裁判」（二）、一三七〜一四四頁を参照。

(18) Ordos baraγun γarun dumdadu qosiγun-u teüke-yin Mongγol dangsa ebkemel-i nayiraγulqu komis, *Ordos baraγun γarun dumdadu qosiγun-u teüke-yin Mongγol dangsa ebkemel-ün songγomal*, v. 9, p. 300.

(19) Yang Sömbör & Arbinbayar, *Otoγ qosiγun-u teüke tobčiyan*, pp. 47–48. なお、Yang Sömbör & Arbinbayar

はオトグ旗衙門の勤務体制に関して述べる際に、その典拠を示していない。両氏による情報は民国時代の事情に基づくものである可能性もあることに注意が必要である。しかし、清代後期のオトグ旗衙門では大量の公文書が作成されていたことからみれば、当時も書記などの役人が旗衙門で勤務していたことは間違いない。

（20）内蒙古自治区档案館所蔵档案 No. 513-2-1170, 25a.

（21）「ダーマル」［dayamal］と「ダルガ」［daruγa］は、オボーや寺院、山、湖などの管理や監視のために派遣されていたが、ダーマルの方が一般的である。また、十戸長は「十戸のダルガ」と呼ばれた。なお、オボー［oboγa］とは祭祀や境界指標用に造った堆石のことである。

（22）Yang Sömbör & Arbinbayar, *Otoγ qosiγun-u teüke tobčiyan*, pp. 19–24.

（23）内蒙古自治区档案館所蔵档案 No. 514-1-17, 21b.

（24）内蒙古自治区档案館所蔵档案 No. 514-1-82, 1b.

（25）内蒙古自治区档案館所蔵档案 No. 514-1-82, 26b.

（26）旗が課したアルバは常にハラー単位で割り当てられていたのではなく、ある特定の領域を単位として徴収が行われた例も見られる。例えば、内蒙古自治区档案館所蔵档案 No. 514-1-82, 70b を参照。

（27）四日市康博「ジャルグチ考—モンゴル帝国の重層的国家構造および分配システムとの関わりから—」『史學雑誌』一一四-四（二〇〇五年）、四五三頁。

（28）田山茂『蒙古法典の研究』（東京：日本学術振興会、一九六七年；東京：大空社、二〇〇一年［復刻版］）、九〇頁。

（29）一例として、清代のアラシャ旗では寧夏に駐防する理事司員が「ジャルグチ」とモンゴル側に呼ばれていた。例えば、阿拉善左旗档案館所蔵档案 No. 101-3-73, p. 24を参照。

（30）例えば、内蒙古自治区档案館所蔵档案 No. 514-1-17, 88a–88b を参照。

（31）Altan'orgil, ed., *Mongγol teüke-yin sorbolji bičig yisün jüil*『蒙古文献史料九種』(Hohhot: Öbör Mongγol-un čerig-ün toγoriγ-un keblekü üiledbüri, 1983), p. 14.

（32）内蒙古自治区档案館所蔵档案 No. 514-1-82, 7b–8a.

（33）内蒙古自治区档案館所蔵档案 No. 514-1-82, 9b.

（34）内蒙古自治区档案館所蔵档案 No. 514-1-82, 29a.

（35）内蒙古自治区档案館所蔵档案 No. 514-1-82, 67b. 本事例に現れている梅林等級の書記 Tümenbayar は、**表3**に見られる梅林（後に管旗）等級のジャルグチ Tümenbayar とは別人だと思われる。清代のオトグ旗では、ある役人が同時に幾つもの肩書を持っていれば、公文書ではそれらの肩書が全て示されるのが常であった。しかし筆者は、同じ人物が書記とジャルグチの肩書を同時に持っている事例をこれまでに見たことがない。

（36）内蒙古自治区档案館所蔵档案 No. 514-1-82, 68a.

（37）内蒙古自治区档案館所蔵档案 No. 514-1-82, 30a-31b.

（38）内蒙古自治区档案館所蔵档案 No. 514-1-82, 65a-66b.

（39）内蒙古自治区档案館所蔵档案 No. 514-1-82.

（40）モンゴル帝国時代の書記（ビチゲチ［ビチクチ］）の性質およびジャルグチとの相関性については、四日市康博「ジャルグチとビチクチに関する一考察――モンゴル帝国時代の行政官――」『史観』一四七（三三～五二頁）（二〇〇二年）を参照。

（41）内蒙古自治区档案館所蔵档案 No. 514-1-82, 9a, 20a.

（42）内蒙古自治区档案館所蔵档案 No. 514-1-82, 33a.

（43）内蒙古自治区档案館所蔵档案 No. 514-1-8, 43b.

（44）一方で、タイジが所轄の扎蘭章京や蘇木章京とどのような権力関係にあったかについては不明であり、今後の研究に期したい。なお、清代のハルハ・モンゴルにおけるタイジの社会編成については、岡洋樹『清代モンゴル盟旗制度の研究』、一〇九～一三〇頁を参照。

（45）Ordos baraγun γarun dumdadu qosiγun-u teüke-yin Mongγol dangsa ebkemel-i nayiraγulqu komis, *Ordos baraγun γarun dumdadu qosiγun-u teüke-yin Mongγol dangsa ebkemel-ün songγomal*, v. 9, p. 454. なお、引用文に現れる「九畜」とは家畜による財産刑の単位の一つであり、例えば『理藩院則例』巻四十四によれば、「九畜」には馬二頭、去勢した牡牛二頭、牝牛二頭、三歳牛二頭、二歳牛一頭が含まれた。上海大学法学院・ほか（編）『欽定理藩部則例』（天津：天津古籍出版社、一九九八年）所収の『理藩院則例』（漢文、光緒一六年版）、三四六頁を参照。

（46）Yang Sömbör & Arbinbayar, *Otoγ qosiγun-u teüke tobčiyan*, p. 32.

（47）内蒙古自治区档案館所蔵档案 No. 514-1-8, 37b.

（48）内蒙古自治区档案館所蔵档案 No. 514-1-8, 49a.

（49）阿拉善左旗档案館所蔵档案 No. 101-4-45-(3), pp. 5-6.

（50）Ordos baraγun γarun dumdadu qosiγun-u teüke-yin Mongγol dangsa ebkemel-i nayiraγulqu komis, *Ordos baraγun γarun dumdadu qosiγun-u teüke-yin Mongγol dangsa ebkemel-ün songγomal*, v. 9, p. 454.

（51）"*Otoγ qosiγun-u oyilalγa*" nayiraγulqu komis, *Otoγ qosiγun-u oyilalγa*, p. 615.

（52）「チュリヘル」［čüliker］とは、Agriophyllum squarrosum (L.) Moq.（中国語名「沙蓬」）という植物のモンゴル語名である。チュリヘルには種子が食用されるという経済的な価値があったため、その植生地が個人間で売買、贈与されたが、その契約関係は旗衙門に報告され、公証として档案に記録されたのである。

(53) これらの範疇に属する諸案件の多くは、当事者の双方が合意した後、その結果が衙門に報告され、登録されたものである。これに対して、地方や旗衙門での裁判を経て登録された案件は少数である。ただし、いずれの場合でも案件の解決結果が旗衙門で登録されさえすれば、それは不動の公的な証明力を持つことを意味したに違いない。これが、筆者が本档案を「公証档案」と見なした所以である。

(54) 原語は γar-un batulaqu bičig. ただし後述の牛を奪い合った案件の原文では γar-un batu と短く記されている。

(55) 内蒙古自治区档案館所蔵档案 No. 514-1-8, 13a-13b.

(56) 内蒙古自治区档案館所蔵档案 No. 514-1-8, 72b.

(57) 内蒙古自治区档案館所蔵档案 No. 514-1-17, 19a. 同事例では、蘇木章京 Temürǰab が自らの部下である領催の Erinčinrasi, Lubsangrasi, Layai と共同で離婚訴訟を処理したのに対して、その後、離婚した妻の兄であり原告であった Rasiǰamsu が離婚した夫の誓約書を持参したのに応じて、旗衙門で公証が行われている。

(58) 内蒙古自治区档案館所蔵档案 No. 514-1-8, 36a.

(59) 書記と蘇木章京が独自に、かつ独断で離婚訴訟を処理した事例は本档案には見当たらない。

(60) 内蒙古自治区档案館所蔵档案 No. 514-1-8, 27b.

(61) 内蒙古自治区档案館所蔵档案 No. 514-1-8, 11b-12a.

(62) 内蒙古自治区档案館所蔵档案 No. 514-1-8, 19b.

(63) 平民 Dondob とタイジ Dongrobvangǰalǰamsu の身分的関係は原文では一切触れられていない。ただ、前者が後者のアルバト（貢租賦役負担者）である可能性は十分にある。

(64) 内蒙古自治区档案館所蔵档案 No. 514-1-8, 15b.

(65) 「ホイト・マイマイの漢人」[qoyitu mayimai-yin irgen] を直訳すれば「北の漢人商人」という意味になるが、当時は、オトグ旗側から見て北方に位置する登口という町の漢人商人のことを指したようである。一方、原文では同商人の名前は省略されてあだ名の「シャラ」[sira] つまり「黄色」だけが記されている。筆者の生活経験によると、現代のオルドスでも、モンゴル人が漢人をその名前ではなく、「シャラ」や「ハラ」[qara, 黒顔の]、「ハルタル」[qaltar, 髭のある] などとあだ名を付けて呼ぶことは珍しくない。

(66) 両当事者が漢人の牛を借り入れて放牧したのは、牛乳生産のためだと思われる。

(67) 「ドリョーボル」[doliyabur] とは、恐らくは家畜の舌に潰瘍ができる病気の名前である。モンゴルでは、家畜がこの病気に罹り舌を傷つけてしまうと、草を食べることができなくなり、次第に飢え死にすることがある。

（68）内蒙古自治区档案館所蔵档案 No. 514-1-8, 52a-53a.

（69）同案件は、内蒙古自治区档案館所蔵档案 No. 514-1-92, 3a-6a, 12a-12b, 31b-40b, 52a-59b に記録されている。また、Ordos barayun γarun dumdadu qosiγun-u teüke-yin Mongγol dangsa ebkemel-i nayiraγulqu komis, *Ordos barayun γarun dumdadu qosiγun-u teüke-yin Mongγol dangsa ebkemel-ün songγomal*, v. 9, pp. 415-421, 421-435, 511-525も合わせて参照。

（70）副盟長の所から来た二人の役人は管旗等級の典儀長Öǰeyibatu と梅林等級の書記 Čoγlayinamǰil であり、オトグ旗の役人は管旗等級の書記 Tümenbayar であった（内蒙古自治区档案館所蔵档案 No. 514-1-92, 34b）。ここで言う「典儀長」とは、王公貴族の私的従士である「典儀」［ǰiγsaγal-un tüsimel］の長のことを指す。

（71）「ダルハド」［darqad］とはオルドスに存在するチンギス・ハーン廟の祭司集団の総称であり、公式には五〇〇戸が含まれていた。

（72）内蒙古自治区档案館所蔵档案 No. 514-1-92, 4b-5b.

（73）内蒙古自治区档案館所蔵档案 No. 514-1-92, 3b.

（74）これは扎蘭等級の Tarambilig の供述によるものである。内蒙古自治区档案館所蔵档案 No. 514-1-92, 56a を参照。

（75）内蒙古自治区档案館所蔵档案 No. 514-1-92, 53b-54a.

（76）内蒙古自治区档案館所蔵档案 No. 514-1-92, 4a, 6a.

（77）「ハダグ」［qadaγ］とは敬意の象徴として献ずる薄布や絹のことであり、英語では一般に ceremonial scarf と訳される。

（78）内蒙古自治区档案館所蔵档案 No. 514-1-92, 55b.

（79）Serǰimiduγ が提出した訴状は裁判処理のためにオトグ旗役所に送られた副盟長の命令文書に抄録されている。内蒙古自治区档案館所蔵档案 No. 514-1-92, 3a-4b を参照。

（80）内蒙古自治区档案館所蔵档案 No. 514-1-92, 4a.

（81）その理由について、Serǰimiduγ は訴状の中で次のように述べている。つまり、「以前にわが従弟であるタイジ Bayankesig に娘を妻として嫁がせようとしたことで、Bayankesig は今にいたるまで鎖と枷を付けられています。もし〔私たちも〕このように重く戒められると、年を取りかつ病気を抱えている老人である私と幼い子供、娘の三人は生活することができなくなります」と。内蒙古自治区档案館所蔵档案 No. 514-1-92, 4a-4b を参照。

（82）内蒙古自治区档案館所蔵档案 No. 514-1-92, 3a-4b.

（83）内蒙古自治区档案館所蔵档案 No. 514-1-92, 56b-

59a.

(84) 原語は jüi busu-yi yabuγsan könggen qauli-yin yosuγar.

(85) 内蒙古自治区档案館所蔵档案 No. 514-1-92, 19a; 515-1-75, 2b, 23b.

(86) 「蒙古例」とは、清朝がモンゴル人専用に制定した法典『蒙古律例』と『欽定理藩院則例』などの総称である。萩原守「清朝の蒙古例――『蒙古律例』『理藩院則例』他」、滋賀秀三（編）『中国法制史―基本史料の研究』（東京：東京大学出版会、一九九三年）、六二七頁によると、『蒙古律例』は嘉慶二〇（一八一五）年頃から『欽定理藩院則例』へと改名された。

(87) 「刑律之二十　雑犯」（凡不應得為而為之者，笞四十。事理重者，杖八十）。

(88) 萩原守『清代モンゴルの裁判と裁判文書』、一七九～一八〇頁。

(89) 萩原守『清代モンゴルの裁判と裁判文書』、八五頁。

(90) 例えば清代モンゴルのハラチン右翼旗では、司法において、貴族と平民の身分区分が明確に反映され、考慮されていた。詳しくは拙稿「清代ハラチン・モンゴルの右翼旗における裁判」、一八〇～一八一頁、一八四頁を参照。

(91) 少女 Odqon 一家はオトグ旗に属するものの、実際にはハンギン旗内に居住していたようである。また、後述するように、オトグ旗の Boroγodva がそこにアルバを徴収しに行っていた。このように、清末のイフ・ジョー盟では人々が旗を超えて移動することは稀ではなかったように見受けられる。人々が別の旗に住むようになったことの一因として、一八六〇年代の回民蜂起軍のイフ・ジョー盟領内への侵入が挙げられよう。

(92) 内蒙古自治区档案館所蔵档案 No. 514-1-17, 89a-92b, 101a-105a.

(93) 内蒙古自治区档案館所蔵档案 No. 514-1-17, 102a-102b.

(94) 内蒙古自治区档案館所蔵档案 No. 514-1-17: 90a-b.

(95) 内蒙古自治区档案館所蔵档案 No. 514-1-17, 104b-105a.

(96) 内蒙古自治区档案館所蔵档案 No. 514-1-17, 105a.

(97) 人命に関わる判決で死者の遺族の意思が重要視される傾向は、清代のアラシャ旗やハラチン右翼旗にも見られる。拙稿「清代モンゴルのアラシャ旗における裁判」（三）、一三三頁、及び「清代ハラチン・モンゴルの右翼旗における裁判」、一九七頁を参照。

(98) 例えば、内蒙古自治区档案館所蔵档案 No. 514-1-17, 15a-16b を参照。同公文書は、オトグ旗役所が同治一三（一八七四）年秋の中（八）月二八の日付でハンギン旗役所に送ったものであり、文書の内容から、両旗の役人が同二九日に合同で数件の案件を処理する約束になっていたことが分かる。処理予定のいずれの案件においても、当事者の一方はオトグ旗に、他方はハンギン旗に属していた。

(99) 例えば、Ordos baraɣun ɣarun dumdadu qosiɣun-u teüke-yin Mongɣol dangsa ebkemel-i nayiraɣulqu komis, *Ordos baraɣun ɣarun dumdadu qosiɣun-u teüke-yin Mongɣol dangsa ebkemel-ün songɣomal*, v. 9, pp. 413-414を参照。

(100) Yang Sömbör & Arbinbayar, *Otoɣ qosiɣun-u teüke tobčiyan*, p. 52.

(101) Yang Sömbör & Arbinbayar, *Otoɣ qosiɣun-u teüke tobčiyan*, p. 53. なお、これらの裁判実務の情報に関して、Yang Sömbör と Arbinbayar の両氏はその出典を示していない。恐らくは聞き取り調査によったであろうと考えられるが、情報としての信憑性にいささか疑問が残る。しかし、オトグ旗の裁判制度に関する先行研究はこれ以外に見当たらないため、本稿では両氏の研究成果を参照するしかなかった。読者にとっては留意が必要である。

(102) 拙稿「清代ハラチン・モンゴルの右翼旗における裁判」、一〇一頁を参照。

(103) Yang Sömbör & Arbinbayar, *Otoɣ qosiɣun-u teüke tobčiyan*, p. 29.

(104) 内蒙古自治区档案館所蔵档案 No. 514-1-17, 40b.

(105) 内蒙古自治区档案館所蔵档案 No. 514-1-82.

(106) 内蒙古自治区档案館所蔵档案 No. 514-1-17, 100b.

(107) Ordos baraɣun ɣarun dumdadu qosiɣun-u teüke-yin Mongɣol dangsa ebkemel-i nayiraɣulqu komis, *Ordos baraɣun ɣarun dumdadu qosiɣun-u teüke-yin Mongɣol dangsa ebkemel-ün songɣomal*, v. 9, pp. 301-302. 同様の内容は宣統二（一九一〇）年にイフ・ジョー盟長がウーシン旗に対して発布した「制度」からも確認できる。Altan'orgil, *Kökeqota-yin teüken Mongɣol sorbolǰi bičig, nigedüger emkidkel*, p. 302を参照。また、民国一二（一九二三）年に副盟長がオトグ旗に対して定めた「制度」の中にも見られる。Henry Serruys, "A Socio-Political Document from Ordos: The Dürim of Otoɣ from 1923," p. 557及びOɣonos Čoɣtu, ed., *Ɣadaɣadu-du neyitelegdegsen Ordos Mongɣol-un teüken material*, p. 154を参照。

(108) しかし、この「制度」によって規定された、蘇木章京→扎蘭章京→梅林章京→旗衙門（ザサグ）の序列に基づく裁判制度が、新設に当たるのか、それとも従来の同様な制度の立て直しなのかは不明である。さらなる実証研究が必要であるが、差し当たり筆者は後者の見方を支持したい。すなわち、本来ならば右の官僚機構とその序列に従って、訴訟沙汰を含めた旗内行政全般が処理されるはずであったが、オトグ旗ではこうした役人のシステムが徐々に従来の構造通り機能しなくなっていたと推測している。さらなる検討は別稿に譲りたい。

(109) Yang Sömbör & Arbinbayar, *Otoγ qosiγun-u teüke tobčiyan*, p. 51.

(110)「ドゴイラン」[duγuyilang] 組織とは、清末期から中華民国期にかけてイフ・ジョー盟に分布し、主として旗衙門や腐敗した役人に対し抵抗運動を展開した民間組織のことである。詳細については、Christopher P. Atwood, *Encyclopedia of Mongolia and the Mongol Empire* [New York: Facts On File, 2004], pp. 152-153, 及び同 *Young Mongols and Vigilantes in Inner Mongolia's Interregnum Decades, 1911-1931* (Leiden E. J. Brill, 2002) を参照。

(111) Oγonos Čoγtu, *Γadaγadu-du neyitelegdegsen Ordos Mongγol-un teüken materiyal*, p. 138.

(112) 例えばAltan'orgil, *Kökeqota-yin teüken Mongγol sorbolǰi bičig*, nigedüger emkidkel, p. 295によると、宣統二（一九一〇）年以前のウーシン旗では、旗衙門は役職に就いていない一部のタイジに有印文書と牌子、鞭を付与して裁判を行わせていた。

〔付記〕本稿の内容の一部については日本モンゴル学会二〇一一年度秋季大会（一一月一七日、於愛媛大学）で発表を行い、参加者よりいくつかの有益な指摘を頂いた。また、本稿の刊行に当たり、二名の匿名の査読者と森本一夫氏（東京大学東洋文化研究所）より貴重な助言を受けた。関係者の方々に謝意を表する。

要旨

清代のモンゴル（一六三五～一九一一）は、清朝が導入した「盟旗」という軍事行政組織によって統治されていた。しかし、盟旗組織下におけるモンゴルの諸地域社会には、地域的・歴史的特性が存在した。本論文は、一九世紀半ばから二〇世紀初頭までのオトグ旗に着目し、同旗の社会構造と同旗における裁判の実態を解明しようとするものである。

まず、オトグ旗の社会構造について、行政組織と身分秩序を中心に概観した。旗内ではザサグと旗衙門が権力の中心と、それ以外の旗内の領域は地方（「周辺」）と、それぞれ位置づけられていた。旗衙門には役人が交替制で勤務し、案件処理を含んだ日常行政を担っていた。地方にも役人が存在し、旗衙門から遠く隔たった地域の行政を処理していた。また、オトグ旗には「ジャルグチ」というモンゴル固有の役職も存在し、主に漢人に関わる業務を担当していた。これらの役人と並んで、地方では貴族の身分を持つタイジが平民に対して権勢を振るっていた。

次いで、裁判事例の分析を通して裁判の実態を記述した。すなわち離婚や家畜をめぐる争い、不法に拘束された事件、人命（自殺）に関わる案件を紹介し、分析した。これらの事例によれば、民事的性格の強い案件は地方で、刑事的性格の強い事案は旗衙門で処理される傾向にあった。ただし、民事的性格の強い案件は全てが公権力による裁判によって処理された訳ではなく、地方において仲裁や調停によって処理されることもあったことも指摘された。

第三に、地方と旗衙門における裁判の流れについて記述したうえで、当時の裁判実務が孕んでいた問題点とそれに対する盟の対策について論じた。盟の対策においては、第一に、訴訟は現状のやり方と異なり、まず原告の所属する蘇木の蘇木章京に提起すべきものとされた。これによって蘇木章京→扎蘭章京→梅林章京→旗衙門（ザサグ）という軍事行政組織とその官僚序列を基盤とし、案件の難易度に応じて段階的に序列の下方から上方へと持ち送りがなされる裁判制度が整えられた。対策においては、第二に、地方にいる、裁判権を付与されていないタイジや役人による「私的な裁判」の禁止がなされた。

最後に、本論文で得られた知見をまとめたうえで、清代のオトグ旗の社会構造と裁判の実態が同時代のアラシャ旗やハラチン右翼旗の場合と比べてどの点で異なるのかについて略述した。

●キーワード：清代モンゴル、オトグ旗、社会構造、裁判

二〇世紀初頭ライタ川以西における「非弁護士」試論

――オーストリア司法省文書を手がかりとして

上田　理恵子

はじめに

本稿の目的は、非弁護士（Winkelschreiber）に関する史料をてがかりとして、十九世紀後半の中・東欧と称される地域における法的サービスの一端を明らかにすることにある(1)。

複数の文脈で語られる“Winkelschreiber”の訳語については検討中ながら、とりあえず本稿では、中立的に

「無資格であること」や法令用語として用いられる場合に「非弁護士」、明らかに蔑称として語られる場合に「もぐり弁護士」「もぐり代書人」などの訳語を充てることとする。

以下、問題の所在に続き、本稿の具体的な課題設定を述べる。

弁護士の資格を持たずに他人の法律事務を扱い、またはその斡旋をすること（非弁活動）は、「報酬を得る目的で」「業」として行えば、今日の日本ならば弁護士法七二条で、諸外国でも法律厳しく規制されている[2]。

その一方で、裁判官、検察官、弁護士の隣接領域として確立している専門職の資格は少なくない。日本では明治五年の司法職務定制の代書人が司法代書人（大正八年）、やがては司法書士（昭和一〇年）となったほか、特許代理業務者（明治三二年）が弁理士（大正一〇年）となり、第二次世界大戦後の昭和二六年には税理士が導入された。このほか行政書士や社会保険労務士、宅地建物取引主者等々、分野を限定した法律業務の担い手は、身近な法的サービスの普及に欠かせない存在として、社会的評価も安定している。

しかし、明治以降における法専門職の近代化過程の中で、準法律家に分類される職業が確立するまでの詳細については、法曹三者の中でも弁護士との関わり、地域ごとの事情等が複雑に交錯してきた。日本については、「前段の司法[3]」や地域社会における法的サービスの担い手としての「非弁護士」に注目した実証的研究が、蓄積されてきている[4]。橋本（二〇〇五）によれば、その役割は実態に応じて、以下の四つに類型化される[5]。

①客と弁護士の間に介在して、弁護士の紹介及び訴訟代理の委任を行うことを業とする（弁護士紹介型）

②顧客の依頼に応じて法律事務一般（法律相談を含む）を処理することを業とする者（法律事務処理型）。非弁護士のなかでもかなり高度な法的知識を有したという。

③地域社会に生起する各種紛争に介入し、仲裁行為を業とする紛争解決型。地域の名望家に多くみられたとい

う。

④他人から債権等を譲りうけ、訴訟等を通じて当該権利の回収・取り立て（債権回収型）。

研究の蓄積が進む過程で、ここに提示された四類型についても、時代や地域による違いが顕在化してくる。例えば、②にふくまれると思われる「情報提供」業務のなかには、法律事務に含まれる案件ばかりとは限らない。法律の「一歩前」の相談もある。今日の司法支援センター（通称「法テラス」）にいう「情報提供」業務でも、さまざまな問い合わせを念頭においた窓口となるべく「専門のアドヴァイザー」が対応しているという。(6)

一九世紀ドイツ諸邦における法律アドヴァイザー

帝国ドイツ弁護士法(7)の制定は一八七八年のことだが、地域差はあるにせよ、それまでにもドイツ諸邦では法律専門職化は進んでいたとみてよい。法学の発展と同様、法曹養成についても、「合理化された官僚制的行政システムに適合するように変形されて」ではあるが、大学法学部という高いレベルで整えられていた。(8) そのなかでは少数派に属した弁護士職一般についてみれば、裁判官や行政官僚とは一線を画しながら、一八五〇年には名称が弁護士（Rechtsanwalt）に統一され、グナイスト（Rudolf Gneist, 1816–1895）らの指導者が数の増加を訴え、大局的に見れば、弁護士の技能、資質、意識、社会的評価も向上していったとみるべきであろう。

一方で同じ地域に、法律に関して十分に素養のない者であっても、法の助言者、法の代理人となる例、書類を作成し、下級裁判所に出廷する例も少なからず存在していた。(9)「非弁護士」または「もぐり弁護士」（Winkeladvokat）または「もぐり助言者」（Winkelkonsulent）、「無資格文書作成者」または「もぐり書類作成者」（Winkelschreiber）という用語の語源となる人々である。「弁護士職の範囲の一部」という意味に加え、多くの人々は文字通り、弁護士や公証人の「事務所の「片隅」(Winkel) で仕事していたことに関連するという。[10] これらの人々について、研究の蓄積は少ないながら、法専門職に関する複数の歴史研究書では傍論として一定の記述が割かれている。[11]「片隅」(Winkel) を冠した呼び名が、往々にして否定的な、貶める意味合いを持つ民衆の言葉 (俗称) となったことは想像に難くない。むしろ、蔑称で用いられることの方が多かったと推測される。[12]

ただし、リュッカー (二〇〇七) によれば、一九世紀から二〇世紀初頭にかけて、この用語が、もう少し中立的な文脈で用いられていたこともあるという。確かに規制を加えるべき立場として公文書に登場するものの、一般的な名称として職業的な法律アドヴァイザーを意味する側面である。「無資格」が直ちに「もぐり」(蔑称) とは決めつけられない場合もあったということだ。

さらに、こうした一九世紀から見かけられた法に関する助言者 (Rechtsberater) の供給源について、リュッカー (二〇〇七) が挙げるのは免職された弁護士や公証人、弁護士や公証人の書記・補助者、国家の官僚を退職した司法・行政官僚、書記官、はては学校教員、聖職者、読み書きできる宿屋の主人、手工業者や農民である。総じて「専ら、若干法をかじっている程度 (Daumenregel) の人たち」の副業だったという。[13]

帝政期のドイツでは、「法律相談員」(Rechtskonsulent) や「民衆代言人」(Volksanwalt) 等、各地でさまざまな公式名称が法律に関する助言者について用いられていたという。

弁護士側から見れば、心地よいはずがない。自由な弁護士職としての職域を確立するにあたって、隣接業種となりうる非弁護士を積極に排除することは弁護士層の優先課題として積極的に取り組まれてきた。[14]

しかし、こうした職種は、弁護士数が充足した時期となっても、案件の「引き延ばし」(“Schlepper”) をはじめさまざまな悪評が語られても、さらには営業法上の数次にわたる改正や帝国民事訴訟法 (一八七七年) による規制を受けながらもなくならなかった。リュッカー（二〇〇七）は、「顧客と同じような社会階層」で「血縁や地縁」からたどれる身近な非弁護士の方が地域住民には頼りにされたこと、「素朴な一般人」と市民の権利擁護者としての弁護士との間に立ちはだかる「社会的障壁」こそ、大衆をして非弁護士へと向かわせた主要因であったと考察する。[15]

帝政ロシアにおける「準弁護士」創設

同じころ、場所を東方へ移したロシアでは、法律専門職の発達は、随分と遅れていたようである。高橋（一九九〇）によれば、『ロシア帝国法律集成』（一八三二年）においても、訴訟代理資格の専門職化は目指されていなかった。とはいえ訴訟が書面を必要とする以上、訴訟代理が一つの職業としてなり立つ基盤が十分にあった。そのため、「代訟人」（стряпчий, ходатай）と呼ばれる人々が活躍していたという。これを構成するのは①「裁判所の職員」、②「職業的弁護士」（司法改革以降のように教育、資格要件は整っていない。多くは退職官吏）、③「雑多な群衆」（都市に蟠踞する細民、零落した地主や破産した商人などさまざま。訴状の作成、署名、請願書の作成など個別の訴訟行為を代理）であった。特に第三の類型に属する人々の社会的地位は低かったという。[16]ドイツについてみた「法をかじっている程度」の人々に相当するが、そもそも正規の法曹が確立していない、という混乱した状況にあったとみられるのが一八六四年の司法改革前であった。

したがって、司法改革によって、弁護士や公証人の制度整備や大学における法学教育が急がれた。並行して、当面の弁護士人口の不足を解消するため、一八七四年から創設されたのが「準弁護士」（частный поверенный）という職種である。[17]学歴は特に要件とはされず、個別の裁判所（治安判事会議、地方裁判所、控訴院）が「人格」の審査を実施する。認められれば登録料を支払い、その裁判所に限定して訴訟代理資格を得る。登録裁判所には監督義務と懲戒権が認められたほか、司法大臣もまた、準弁護士の行状によっては訴訟業務から排除する権限を持った。きわめて変則的な職種ながら、裁判所への登録制度をとることで、純然たる「もぐり」弁護士（подпольная адвокатура）ないし「非合法」弁護士（нелегальная адвокатура）とは区別されていた。一八九五年当時、ロシア全国の弁護士人口二、一二〇人に対して、準弁護士人口は二、四一八人、数の上では正規の弁護士人口を上回っていたという。[18]

「公的代理」（öffentliche Agentie）申請をめぐって―ハプスブルク君主国の場合

きわめて大雑把に見た場合ではあるが、ハプスブルク君主国の領域は、地理的に上述のロシアとドイツの間に位置する。中欧から東欧にかけて、第一次世界大戦まで存続したハプスブルク君主国の最後の国家体制は一八六七年のアウスグライヒ（Ausgleich）にはじまるオーストリア＝ハンガリー二重君主国であった。[19] アウスグライヒは、オーストリア帝国側、正式には「帝国議会において代表される諸王国および諸邦」（以下「オーストリア」または「ライタ川以西地域」と称される）とハンガリー王国（「ライタ川以東地域」と称される）との間で結ばれた協約のことである。この二重体制期オーストリア＝ハンガリーの五〇年間は、歴史家オーキーの言葉を借りれば「オーストリアと周辺諸国の人々の歴史のうちでもっとも記憶に残る」ほど、かつてない「経済発展と文化的進歩の時代にあり、そこでの問題は過去の諸帝国のように停滞から生じるのではなく、成長の過程から生じるものであった」という。[20]

この時期を「法的サービス需要」あるいは「法専門職の確立」という視点からみたとき、非弁護士についてどのような位置づけができるだろうか。地域の法的サービスを充足させるために、弁護士や公証人業務の職域独占を進めるにあたって、積極的に排除されるべきにもかかわらず、制限されながら存続したのか、そもそも法専門職として積極的に認められていったのか。

後述するオーストリア司法省関連文書群の一つ「代理業―非弁護士」（Agentenwesen-Winkelschreiber）からは、「公的代理業者」の地位を獲得しようとした人々の申請に、官公庁がどのように対応したかを知ることができる。それを手掛かりとして、本稿では以下の二つの課題に取り組みたい。

一つ目の課題は、官僚でもなく、弁護士や公証人としての資格を持たないながら、限定的ではあるが、地域ごとに官公庁の認可を得る、という意味で「公的に」法律関連業務に従事しようとした人々はどのような人たちだったのかを明らかにすることである。

二つ目の課題は、官公庁が申請に対する判断をどのように下してきたのか、についてである。

そのため、本稿では、まずは二重体制期における弁護士と公証人について、人数や制度整備状況（一）、非弁護士活動の規制状況（二）を概観する。そのうえで、司法省閲覧文書群（三）、次に諸事例（四）の検討へと進めたい。

一　二重体制下オーストリアにおける弁護士・公証人の概況

1．弁護士法（一八六八年）と公証人法（一八七一年）―資格要件と権限を中心に

オーストリアの近代的な弁護士法制は、一般裁判所法（一七八一年）[21]、暫定弁護士法（一八四九年）[22]、弁護士法（一

八六八年)[23]を経て整備されてきた。それぞれ、絶対王政期、三月革命、アウスグライヒ体制という国家体制の転換期に一致している。[24]

弁護士法(一八六八年)は、総条文数四一条、五章(資格要件、権利と義務、弁護士会および委員会、資格の喪失、その他暫定的諸規定)から成る。本稿との関係で特に重要なのは、資弁護士資格取得要件を明記した第一条と権限を明記した第八条である。

第一条では、弁護士を開業するにあたって、資格要件さえ満たせば、官公庁による任命が不要であると明記されている。その要件とは、①国籍(Heimatrecht)、②行為能力(Eigenberechtigung)、③法学・政治学の修了および法学博士の学位取得、④法定の方法と期間を満たす実務修習、および⑤弁護士試験への合格である。

弁護士の職域については第八条で、オーストリア側の「すべての裁判所および官公庁(alle Gerichte und Behörde)において当事者の代理を職業として行う権限、すべての裁判・裁判外(in allen gerichtlichen und außergerichtlichen)の事件について、およびすべての公的および私的事項(in allen öffentlichen und Privatangelegenheiten)について職業として当事者を代理する権限を持つ」と明文化された。

公証人法制の整備も、特に一九世紀以降の展開はこれに対応している。[25]すでに一般裁判所法の一一二条には手形の支払拒絶(Wechsel-Proteste)に限定してではあるが、公証人による証書の作成が規定されている。一八五〇年にはフランス法に倣った公証人勅令[26]が制定されている。さらに二重体制期に入って一八七一年に制定された公証人法[27]は、幾多の改正を経つつも、現行法である。

制定当初のかたちでは、施行法や補則を除いた公証人法の総条文数は一八四、これらが一一章に分かれる。公証人は国家によって任ぜられ(bestellt)、公認され(öffentlich beglaubigt)、この法律に応じて権利や法律行為について、ならびに法律に基づく事実について公的証書を作成・認証し、当事者の委託を受けて証書を保管し、金銭および有価証券を第三者に交付または官公署に供託（Erlage）する（第一条）。さらに、本稿との関係で重要なのは、当事者の求めに応じて、訴訟関連を除いて官公署に提出する請願書（Eingaben）および私文書（Privaturkunden）を作成することを業として認められていることである（第五条）。

公証人の地位（Notarstelle）を取得する資格要件については、原則として五つに分類して規定されている（第六条）。すなわち①国内の自治体に住民登録し（heimatberechtigt）、二四歳以上、経歴の上で品行方正（unbescholten）にして自己の財産につき、自由な管理能力（freie Verwaltung）を有する者であること、②法・国家学を修了し、規定の筆記試験に合格するか、法学博士の学位を取得していること、③公証人、弁護士、または裁判官試験に合格していること、④四年以上の法律実務経験があること。そのうち少なくとも二年は公証人事務所での実務経験があること。残りの期間は裁判所、弁護士、財務管理官（Finanzprocuratur）のもとでもよい。⑤公証人として任命される地の言語（Landessprache）に十分通じていること、が要件とされる。

公証人としての地域管轄は、任命された地の第一審裁判所の管轄区すべてに及ぶ。必要に応じて、任命地以外でも定期的に職務を行うよう指定されることもある（第八条）。公証人の任命権者、地区割りや定員数については公証人会への諮問の後、最終的に決定するのはいずれも司法大臣である（第九、第一〇条）。

以上の諸立法により、二重体制期になって、「公的な代理業者」として弁護士や公証人の職域について確立していた。

2．司法統計にみる二重体制期の法曹数

以下に示すのは第一次世界大戦直前の司法統計から、高等裁判所管轄区ごとの分布状況（表1）、三年間の法曹数の推移（表2）である。

二重体制期末期には、弁護士と公証人の合計が七〇〇〇人に迫っている。ハーニッシュ（一九九四）によれば、一九一〇年当時のオーストリア＝ハンガリーの人口は約五千百万人、そのうちライタ川以西地域の住民は二千八百万人ほどであったという。(28) 一八八〇年、一八九〇年当時の法曹数の合計が、各々三六〇〇人、五四〇〇人程度であったことから、全領邦レベルで見れば、すでに一定の法曹数が供給されていたこと

表1．高等裁判所管区ごとの法曹数（1913）（単位：人）

高等裁判所管区	裁判官	検察官	弁護士	公証人
Wien	766	48	1,553	213
Graz	432	26	271	141
Innsbruck	234	16	206	70
Triest	169	9	185	43
Prag	1,044	46	1,275	249
Brünn	519	34	473	121
Krakau	480	28	467	78
Lemberg	1,150	61	1,241	158
Zara	159	11	95	37
合計	4,954	275	5,766	1,110

出典：k.k. Statistischen Zentralkommission (Hg.), Österreichische Justiz-Statistik. Ein Handbuch für die Justizverwaltung. Zweiter Jg. 1911, Wien 1914より筆者作成

表2．オーストリアにおける法曹数（1912-1914年）（単位：人）

年	裁判官	検察官	弁護士	公証人
1912	4,936	271	5,474	1,109
1913	4,954	275	5,766	1,110
1914	4,960	277	5,964	1,113

出典：k.k. Statistischen Zentralkommission (Hg.), Österreichische Justiz-Statistik. Ein Handbuch für die Justizverwaltung. Zweiter Jg. 1911, Wien 1914, Dritter Jg. 1912, Wien 1915より筆者作成。

がわかる。[29]

二 「公的代理業」(öffentliche Agentie) と非弁護士取締法

無資格の業者に対する規制は、前述の弁護士法や公証人法の整備と並行して進められていた。直接に非弁護士を取り締まる司法省令（一八五七年）は現行法でもある。これに先立つ司法局令（一八三三年）も後述する二重体制期の史料にも関連するため、検討しておく必要がある。

1. 司法局令（一八三三年二六〇八号）における「公的代理業者」

一八三三年四月一六日付で司法局（Hofkanzlei）から地方官庁（Landesstelle）に宛てた命令は、全八条からなる。[30] 既存の代理業者の営業は「法令に明文で規定された場合を除いては」認められる（第一条）しかしながら、今後、直訳すれば「宮廷代理業者」（Hof=Agenten）となるには「法律に定められた公的代理または業務遂行者」(öffentliche Agentie oder Geschäftsführer) でなければならない（第二条）とされる。

その「公的代理業者」になる資格要件として、①二四歳以上、②国内の大学または高等専門学校（Lyceum）[31]で法学を修了していること、③国家または領邦の役所、弁護士または資格を持つ公的代理業者のもとで（bey einem berechtigten öffentlichen Agenten）三年以上の実務修習を経験し、良好な証明書を発行してもらうこと、④試験、⑤品行方正（Sittlichkeit und Rechtlichkeit）の証明があること、⑥供託金一万グルデンが必要とされる（第四条）。

地方官庁は、所轄の地域について「公的事項または代理業」の認可を与える権限を持つ。ただし、前条の要件がすべて満たしていなければならない。申請が却下された場合は、司法局に抗告することができる。（第五条）。公的代理業者の格を取得すると、「法律の明文で他の者に留保されていないあらゆる業務」について提供を申し出、遂行し、事務所（Geschäfts＝Kanzlei）および情報提供所（Auskunfts＝Bueau）を開設し、当事者との合意の上、報酬を得る」ことができる（第六条）。既存の代理業者に対しては、すでに有する権限に加え、［新設の］資格ある「公的代理業者」の有する権限はすべて、新たな資格要件なしに認められる（第七条）。しかしながら、既存の「私設事務所」（Privat＝Geschäfts＝Kanzleyen）は［地方官庁により］厳しく監督されねばならず、ひとたび不正が発覚すれば（bey der ersten Unregelmäßigkeit）、閉鎖されねばならない（第八条）。

当時は、まだ一般裁判所法（一七八九年）が基本的な弁護士法制であった。司法局令の文言から、すでに弁護士とは別に「宮廷代理業者」（Hof＝Agent）が存在していたこと、その代理業者に替えて、資格要件を備えた「公的代理業者」（berechtigte öffentliche Agenten oder Geschäftsführer）が地域毎に新設され、既存の業者に対する規制が強められようとしていたことがわかる。それほど、「三百代言」的な業者の実害は、ライタ以西地域でも深刻だったとも推測される。

その一方では、一九世紀前半は、一八四八年革命に向けて「自由で自律した市民」像が形成されつつあった時期でもある点に注意しておく必要がある。同時に、啓蒙思想に基づく『一般民法典』（一八一一年）の制定により、法を「自分で理解する」気運が高まり、書式集やマニュアル集も次々と出版されてきていた点である[32]。したがって、すぐに弁護士を頼るのではなく、書式集や情報提供だけで、少しでも安価に、自力で事務処理を進めようとする人々も増えてきたと考えられる。

2．非弁護士取締令（司法省令一八五七年第一一四号）

非弁護士取締に関する司法省令（一八五七年、Verordnung des Justizministeriums vom 8. Juni 1857, betreffend die Behandlung der Winkelschreiber）もまた、改正を重ねながらも原則として今日も適用される法令の一つであり、五つの条文から構成されている(33)。

定義によれば、非弁護士（Winkelschreiber）とは、「法曹（Rechtsfreund）の資格をもっていない者で、当事者が訴訟法の規定に従って、法曹を用いなければならないような事件において、権限なくして当事者の名において出廷し、または当事者のために申請書類（Eingaben）を作成した者」または「権限のある官庁により許可を得ずして、法的効力ある証書や、訴訟・非訟事件（in und außer Streitsachen）において、裁判所関係書類を当事者のために作成し、または代理人として出廷することを業として行っている者」であり、「法曹の関与について法律上規定されていない」場合であっても、以上の行為に該当すれば、非弁護士とみなされる（第一条）。非弁護士であるかどうかという事実は、金銭の給付が認められ、または利益を得ることへの意思が認められること、作成した証書や申請書の量、代理人の特徴をもった頻度の高い出廷回数から、譲渡された債務の持参［という事実］から、あるいはその他の事情から認められるとする。

非弁護士の審理と処罰は彼らが関わった裁判所に委ねられ（第二条）、秩序罰としての罰則は五～二〇〇グルデンの罰金または二四時間から六週間の拘留（第三条）、上級裁判所対する抗告が認められ（第四条）、非弁護士に加担した弁護士や公証人には懲戒処分が下される（第五条）。

3. 小括

ライタ以西地域において、弁護士や公証人に関する法制がいちおうの確立をみるのは二重体制期のことである。弁護士法（一八六八年）第八条や公証人法（一八七一年）第五条の規定では、裁判所のみならず官公署に関わる業務一切が弁護士や公証人の職域である、と明記された。すでに非弁護士取締令も制定されている。全国的にみれば、二重体制期に一定の弁護士や公証人数も存在していることが統計からもわかる。

では、一八三三年の「公的代理業」（öffentliche Agentie）は役割を終えたのか。そうでもなかったようだ。君主国解体の間際まで、「公的代理業」に関わる申請が後を絶たなかった。そのことを示す史料が後述する司法省における内務省からの閲覧文書（Einsichtsakten des Innenministeriums）である。

三　司法省文書の検討

1. 手続における文書の位置づけ

司法省で作成された文書群を収めた箱の一つには『代理制度、非弁護士、一八四八年—一九一八年』（Agentenwesen, Winkelschreiber, 1848-1918）と記載されている。ここに分類された束（Faszikel）の一つ「一〇九便」（Post109）には、一九〇五年から一九一七年にかけて、内務省から司法省へ閲覧に供された案件に対し、司法省が確認あるいは意見を付した文書が百数十点確認できている。大部分は「公的代理業」申請拒否に関する抗告（Rekurs）についてである。(34)

二重体制期の地方行政組織は、「公的代理業」が規定された一八三三年当時とは大きく異なっている。一八六八年以降、ライタ川以西の地域の自治体には、総督府および州という二種類が設置されていた[35]。その分類に従うと、ザルツブルク、ケルンテン、クライン（Krain）、オーストリア領シュレージエン、ブコヴィナの行政の長は州知事（Landespräsident）、それ以外の諸邦の行政の長は総督（Statthalter）と称され、各州の行政官庁を代表した。知事も総督も役割は同じで、行政組織を運営し、ウィーンの内閣政府の政策を具体的な州の官庁命令として下すことにあったという[36]。

文書群から明らかになる手続の流れに従えば、公的代理の認許（Konzession）申請書は、最初に基礎自治体にあたる郡（Bezirkshauptmannschaft）に受理され、次に総督府や州に送付される。そこで郡、弁護士会、公証人会ほか関連機関・団体の意見を参考にしつつ、個別の申請につき可否が決定される。

これに対する抗告（Recurs）を内務省が判断するにあたり、省庁間の申し合わせにより、関係省庁向けに閲覧に供するための文書（Einsichtsakten）が作成されていた。「公的代理業」（öffentliche Agentie）については、内務省から司法省に送られ、司法省の意見が付され、内務省へ返却されることとなっていた[37]。

2．文書の基本的な構成と概要

個別の文書には、件名と申請者名（「公的代理業に関する『何某（氏名）』による申請」）、申請理由および経緯の要約、内務省の判断が記され、司法省の所見が示され、最後には「閲覧済」（”Gesehen”）が付されている。

すべての文書に共通して記されているのは、申請者の氏名または団体名である。住所や経歴について、記載の形式や有無は、厳格に統一されているわけではない。件名も、大半は「公的代理業の認可」とあるが、さらに具体的に「税務案件に関する事務所開設」のように特化しているものもある。

文書の大半は短く、二つ折りにして三頁から四頁目まで、中には表裏一枚しかないものも少なくない。「閲覧済み」または「内務省の見解に同意」とのみ記されている場合もあれば、添付書類や司法省の意見が付されている場合もある。さらには、個別の許可申請だけではない。許可に対する異議申し立てや、法令の改正を求めるなど、営業許可申請以外の案件も若干含まれている。

このうち、①申請者と案件の種類、②官公庁の対応状況を考察するためには、現時点で確認できた限りの文書について、申請者、申請地、案件、拒否の理由づけについて俯瞰し、次に特徴的な申請書を選び出し、特徴を検討することとする。

はじめに、束の中の文書全体の特徴として、以下の四項目を概観する。

（1）申請者

「一〇九便」にみられる申請者たちの中には、年金生活者、不動産所有者、事務所経営者、弁護士見習いも認められるが、退役軍人と退職官吏が目立つ[38]。

年金受給資格があるにも関わらず、退役軍人や退職官吏の申請が目立つ理由については、まだ推測の域を出ないが、経済的に余裕のある場合は、今日でもみられるように「地域貢献」を試みたのかもしれない。しかし、それよりも可能性が高いのは、当時の年金受給額が十分ではなかった、という推測である。司法閲覧文書のなかでも、経緯の説明に「一家五人を養うには不足」と述べる退職官吏の証言が記述もみられた（後述する事例四〇）。たしかに、軍人はハプスブルク君主国では「第一身分[39]」で、官僚は「日常の支配者[40]」と称された。現役軍人が金銭的に苦しいことはよく知られていた[41]。官吏もまた、下層や中間層、あるいは中央行政と地方当局では大きな違いがあったとみえる[42]。

経済的な理由に加え、特に人口の少ない地域のなかでは、多少とも専門知識を有する者が必要とされたことも推測される。特に、退役軍人については申請案件についても後述する通り、専門性への需要は注目できる。現役の官僚や弁護士事務所の敷居よりも、行政に直接利害関係を持たない退職者という点が、かえって利用者には相談しやすかったかもしれない。

なお、博士（Dr.）の肩書を持つ申請者を、少なくとも三名は確認できている。法学を履修したことが認められる者、区裁判所判事経験者、公証人の事務所勤務など、法律実務の現場経験をうかがえる者もある。弁護士や公証人資格要件を部分的に満たす者が複数含まれているが、多数とまではいかない[43]。

申請者たちには、いずれも一定の教育や実務経験、専門知識がある。史料の性格上、それは自然なことと評価される。地方の行政庁で申請を却下されても、中央官庁まで不服申し立てという対策を立てる素養がある人々だからである。

（2）申請地と管轄庁

全文書群について詳細な調査は継続中であるが、現時点で確認できた申請地について、多いのはウィーン、トリエスト（トリエステ）、インスブルック、グラーツ、プラーグ（プラハ）である。文書によっては申請者の出生地まで記載したものもあれば、処分庁の所在地しかわからないものもある。ただし、北はレンベルク（リヴィウ）、チェルノヴィッツ（チェルニウツィー）、中部ではガブロンツ（ヤブロネツ）、ブリュン（ブルノ）、ピルゼン、南はゲルツ（ゴリツィア）、マルブルク（マリボル）など、偏りなく全域にわたる地名が認められる。

（3）申請内容

申請された職務内容の大半は、情報提供、書類作成、当事者の代理人となることであるが、記載方法は一定していない。申請書自体も、官庁で要約される段階での内容変更もあったと思われる。申請マニュアルがあったかどうかは確認できていないが、時期が後半になるにつれ「代理」（Vertretung）という文言は目立って減る。業務内容を細分化して記載したり、「地域の実情」等の用語を入れたり、詳述した陳情書が添付されたこともある。官庁からの指示、伝聞あるいは自身の経験も含め、弁護士や公証人の職域と抵触しないための工夫の跡がうかがえる。

突出して多い案件は、軍関連事項（Militärische Angelegenheiten）である。前述の通り、申請者について退役軍人が多かったことと合致している。

二重体制下のオーストリアとハンガリーの軍制は複雑であった。軍事・外交・財政は両国の共通事項とされており、軍隊には共通陸・海軍と、それぞれの国防軍、戦時の兵力補充にあたる予備役、軍政国境軍が総戦力となった。満二〇歳となると徴兵検査を受け、合計十二年間の兵役義務期間が待っていた。高等教育を受けた者には一年志願兵制度があり、その後予備役将校試験を受けられること、兵役免除資格制度、兵役中の婚姻や休暇の取得について、使用言語が指揮語、服務語、連隊語に分かれること、退役後の年金など、どこでも制度に明るい人物が必要だったことは想像に難くない(44)。

折しも、オーストリア＝ハンガリーはバルカン戦争（一九一二年から一九一三年）、第一次世界大戦（一九一四〜一九一八年）の当事国であった。華やかな制服が強調されるなど、軍人賛美の風潮が高まり、学校の体育では軍事教練的な訓練も行われるようになった(45)。

申請者の中にも、軍事教練の訓練を職務内容に含めているものもみられる。このように、弁護士会や公証人会との職域競合という問題とは必ずしも重ならない領域も軍関係案件には認められる。

次に多いのは税務案件（Steuersachen）。このほか、明記された案件の中には国籍または住民登録法（Heimatrecht）、保証（Kaution）、税関（Zollangelegenheiten）、扶養（Pflege）、会計（Rechnung）、法務（Recht）等がある。

四　諸事例より

前述したように、司法省が目にする文書はすべて、総督府・州ではひとまず却下されたうえで内務省まで上がってきた案件である。したがって、大半の文書においては、中央官庁でも地方官庁での判断を支持し、抗告を却下している。しかし、なかには部分的に申請を容認するもの、官庁相互間においても見解の対立が認められる場合もある。

そこで、個別の申請内容に対して官公庁はどのように対応したかを基準として、一二の事例について、1．全面的な申請却下または認許の取消、2．部分的な認許、3．官庁間の見解不一致の順に分類した後、小括を述べたい。

なお、「一〇九便」の通し番号を漢数で示し、文書番号（Zahl）を横に併記する。人名はイニシャルのみとする。

1．全面的な申請却下または認許の取消

（1）二七（Z. 24992）（一九〇七年）―「公的代理業」の官公庁解釈

グラーツ（Graz）（現オーストリア共和国・シュタイヤーマルク州都）在住のL.F.による、税務および営業に関する

情報提供および書類作成について「私的代理業」（Privatagentie）の申請を願い出ている。本人は「私的代理業」と称するが、官庁側では「公的代理」の申請であると解釈する。

この申請者は、別に詳細な請願書（Denkschrift）を提出。それによれば当地には、税務や営業に関する案件について「弁護士も公証人」の需要はなく、自分と競合するのは無資格の業者（Winkelschreiber）だけである」という。シュタイアーマルクじゅうには他に、自分を除き私的代理業（Privatagentie）を営む者は存在せ」ず、商工会議所も需要を認めている、という。自身についても「弁護士や公証人よりも客観的であり、自身の素養も含めて、代理人たるにふさわしい」と主張する。

ここでは、公的事項に関する代理人と私的事項に関する代理人の違いについて、司法省の見解が明確に示される。すなわち、私的事項の代理は「私人としての営業に関する代理」（in einer "Geschäftsvermittlung im Privatleben）であるのに対して、申請者は官公署に関わる事項について代理業を営もうとしている。税務案件は「公的代理業」にあたり、弁護士法第八条の規定にも違反する。断じて認可できない。「情報提供に限定して認許する」という案についても、申請者が「単なる情報提供にとどまるとは現実的に考えられない」から反対である、というのが司法省の見解である。

（2）四〇（Z. 23211）（一九〇九年）―元官吏、区裁判所判事

ステーニコ（Stenico）（現イタリア共和国の基礎自治体）在住の申請者S.W.は、元区裁判所（Bezirksrichter）判事。退職後は弁護士事務所経営者。二八八〇クローネの年金で五人の子持ち。申請理由は「公的事項の代理」とのみ記されており、包括的に弁護士および公証人の業務を扱おうとしていたとみえる。

申請者によれば、ステーニコには弁護士がおらず、『もぐり弁護士業』が横行している、ということである」（“das Gewerbe der Winkelschreiber blühe”)。申請者は一三年にわたりステーニコで官吏（Adjunkt）を務めたことから地元住民と親交が密であるという。

ロヴェレート（Rovereto）の弁護士会は、地域の需要（Lokalbedarf）はない、として反対。ステーニコに最近（一九〇六年）まで在住の弁護士は、［需要がないため］当地で生計を立てられなかったという。

インスブルック高等裁判所総務部（Präsidium）も反対。申請者は繰り返し懲戒処分を受け、地元住民の信頼もない、という。ステーニコでの現役時代から借金も負っていた。（ちなみに、申請時に支払う供託金も免除を願い出ている。）これまで「裁判所が悩まされてきた『無資格業者』（Winkelschreiber）」も、「登記簿」（Grundbuch）[46]が導入されてから消滅している。そのため、インスブルック総督府は申請を却下。内務省もこれを支持している。商業省、司法省とも異議なしであった。

（3）五六（Z.10251）（一九一一年）―複数回の申請者①

ウィーン（Wien）（現オーストリア共和国の首都）在住のDr.E.Sに関する住民登録法（Heimatrecht）に関する私的代理業申請に係る内務省からの送付文書。

申請当時の身分・職業についてはいずれにも記載がないが、一八八一年生まれであること、弁護士修習を一年、司法官試補を三年務めたことが記載されている。

司法省の了解を得て、先に申請者には、住民登録法（Heimatrecht）[47]、国籍（Staatsbürgerschaft）に関わる事項、さらに財団設立懸賞広告に関する仲介業務ならびに情報提供業務（ただし官公署における当事者代理や、住民登録機関に関する法に基づく抗告を除く）の営業が許可されていた。本文書には、これに対して下オーストリア弁護士会が取消を求めていることも記されている。司法省の見解でも、弁護士会の請求は「弁護士法二三条に基づき、認められるべきである」。

これに先立つ三つの文書四九（Z.32401）（一九一〇年）、五〇（Z.37960）（一九一一年）、五一（Z.229）（一九一一年）、加えて一一五（Z.4765）（一九一四年）も同一人物に関するもので、私的代理権限の拡大申請を行い、内務省から却下されている。

（4）六八（Z. 9952）（一九一二年）

申請者J.Tは退職自治体職員であり、かつて海軍下士官として勤務経験もある。最近（一八七六年から一九〇七年）には自治体職員を務めた。Tの年金（一八六〇クローネ）により五名の家族を扶養するにあたり、家計の足しとするべく官公署提出書類作成のための事務所の設立を申請した。

申し立てによれば、自治体職員勤務を通して行政法規に深く精通している。申請時の供託金についても免除を願いでている。シニ（Sinj）（当時のダルマティア州、現クロアチア共和国の都市）市長は、弁護士費用（当地では三クローネ）が高額であることを考慮して、申請者に賛同している。弁護士会および公証人会は反対。郡は申請を拒否。理由として、申請者は過去に二回「もぐり代書屋」（Winkelschreiberei）として処罰されたことがある、という。これを受けて総督府は申請を却下。申請者は内務省に対し、申請した職務内容の一部だけでも認めて欲しいと抗告。内務省も却下。そのような事務所の必要無し、とする。

（5）一一二九（Z. 39962）（一九一五年）――「公証人見習い」中の退職官吏

トリエント（Trient）（現イタリア共和国、トレント Trento）在住の申請者 R.V. は軍隊関連情報提供業務の許可を得ていたが、開業していなかったため、総督府から取り下げるよう、請求されたが、これに異議を申し立てた。現時点で公証人見習いであるため、将来的に必ず営業するという。

内務省は南ティロル州に照会し、この公証人見習いは、「一時的な生計の足しとして見習いを務めているにすぎない」と判断した。「退職公務員」が長年にわたり公証人として働く見込みはない、として申請した業務の許可も取り消している。

（6）一一三〇（Z. 39963）（一九一五年）――複数回の申請者②

グラーツ（前出）在住の申請者Dは、すでに一九〇七年〔三一（Z.33824）〕、一九〇八年〔三四（Z.13482）〕と申請を繰り返している。

一九〇七年の申請では、軍隊関連の案件について、情報提供、官公署提出書類の作成、役所への当事者代理業務の事務所開設をグラーツで申請していたが、このうち軍隊関連の情報提供業務に限定してのみ一九〇九年に許可されている。

今回の申請も拒否。法的根拠として司法局令（一八三三年）制定当時から状況が変わったこと、改正弁護士法（一八六八年）第八条にもとづき、裁判所のみならず、あらゆる官公署における代理と提出書類の作成まで含めては弁護士と公証人以外の「公的代理」は認めないよう、司法省でも確認されている(48)。

懲りない申請者は一九一七年にマルブルク（Marburg）（現スロヴェニア共和国、マリボル Maribor）にて情報提供および書類作成業務を申請し、却下されている〔一四〇（Z.21200）〕。

2. 部分的な認許例

（1）三五（Z. 26557）（一九〇八年）

オストラウ（Ostrau）（現チェコ共和国、オストラヴァ Ostrava）にて休職中の軍人 A.C. は軍隊関連情報事務所の開設を申請した。

オストラウ市長は「当地にはこのような事務所は一つもなく、当地の弁護士や公証人は、軍隊関連業務をほとんど取り扱わないため、地域の需要がある」として支持。郡庁も賛同。

シレジア総督府は申請者の資格・能力に疑問ありとして申請拒否。

内務省は、総督府の判断のうち、書類作成業務に関しては総督府の判断を容れ、情報提供業務については、私的代理業務の範囲内であるとして、拒否を取り消した。その決定を司法省も支持する。なお、記載によれば、本件については商業省や軍事省にも閲覧に供されている。

（2）五四（Z. 8740）（一九一一年）

申請者 D.G. は、一九〇八年、ボーツェン（Bozen）（現イタリア共和国、ボルツァーノ Bolzano）にて軍隊・行政関連情報提供事務所の開設申請を拒否された経歴を持つ。

一九一一年、レヴィコ（Levico）（現イタリア共和国、レーヴィコ・テルメ Levico Terme）にて軍隊関連情報およびその他の政治・行政分野に関する私的代理業務の事務所開設を申請した。

申請地を管轄するトリエント（Trient）の公証人会・弁護士会は「地域の需要なし」「申請者の人格に問題あり」との理由で反対している。

内務省は、「人格」についての弁護士会等の所見に理由ありと認めるが、軍隊情報提供に限定して許可できるのではないか、と考えている。

これに対して付された司法省の回答によれば、公法分野に関しては、「情報提供業務であっても」公的代理人の権限に属する。したがって「政治・行政」分野については情報提供も含めて一切認められない。また、軍隊関連情報についての業務を許可する前に、申請者からの聴取を求める。

（3）五五（Z. 9433）（一九一〇年）

申請者である退役軍人L.M.（プラハ在住）は、以下の業務を取り扱う事務所を開設する予定である。①兵役および軍隊関連情報、②軍事、学校および教育制度、養育、財団設立、入隊候補者一覧表の作成業務。

申請者は「専ら情報提供」と明記し、官公署における代理や提出書類の作成には関与しない、という。お金をかけずに入手できる情報は無償で提供するという。

プラハ（Praha）（現チェコ共和国の首都、ドイツ語表記はPrag）の公証人・弁護士会は反対。「情報提供事務所の営業は、必然的に代理や書類作成をすることも不可避だから」という。市役所は、地域の実情を考慮して許可。

内務省は総督府に対して「軍隊関連情報提供の事務所開設を許可することに何ら懸念はない」が、「情報提供に限定し、書類作成その他いかなる権限踰越においても許可の取消となる」とする。司法省も同意。

（4）五九（Z. 18605）（一九一一年）

退役将校（少佐）E.H. による事務所開設の申請。事務所の内容は以下の通り。①兵役と関連法令に関する事項、②その他の軍隊に関する事項、③士官と等級のない軍人に関わる婚姻、宮廷、貴族に関わる事項、④軍事に関する皇帝への請願書作成。

エゲル（Eger）（現チェコ共和国、ヘプ Cheb）の郡庁は、地域の需要により、賛同。ボヘミア公証人会も異議なし。「喫緊の需要に対応するもの」という理由である。ボヘミア弁護士会は官公庁への当事者代理や法的書類作成は弁護士に留保するという原則を貫く。ボヘミア総督府に対して、内務省は「情報提供のみに限定し、違反があれば直ちに認許取り消し」という見解を示す。名称も「軍隊に関する情報提供事務所」とのみ明記するよう指示する。司法省も同意。

（5）一〇〇（Z. 7173）（一九一三年）—公的代理に該当しない場合

申請者Kはマリエンバード（Marienbad）（現チェコ共和国、マリヤーンスケー・ラーズニェ Mariánské Lázně）在住。建物管理と関連する事務九点の業務に関する申請の部分許可である。①管理する建物の住人を警察に住民登録すること、②退去・再入居時の税務署への申告、③所得税申告時に提出する建物一覧表の作成、④管理する建物に関する納税申告書、⑤労働災害保険のために提出する書類作成、⑥雇用者の保険のために添付する家賃一覧表作成、⑦税金に関する官公署提出書類の作成、⑧弁護士に明文で留保されていない、行政または税務関係官公署に提出する簡易な書類作成、⑨帳簿管理ならびに家主や商人のための広報。

内務省によれば、⑦と⑧は公的代理事項に属するため認められない。その他は商業省の見解でも「私的代理」の範囲と認められている、とのことである。

司法省も同意。補足的に①から③は厳密にいえば公的代理事項と見えなくもないが、「あまりにも些末な事項」であり、弁護士会に照会するまでもない、とする。

3. 官庁間の見解不一致——一三九（Z. 8947）（一九一七年）

退職した総督府参事会員（Statthaltereirat）L.T. は行政案件（Verwaltungsangelegenheiten）に関する法務補助事務所設立を申請したが、クラカウ（Krakau）（現ポーランド共和国、クラクフ Kraków）弁護士会は反対。ガリツィア総督府も申請却下。これに対して申請者は内務省へ抗告した。

しかし、興味深いのは、クラカウ市参事会（Stadtmagistrat）、その上の郡庁（Bezirkshauptmannschaft）はともに「住民を考慮して申請に同意していた」ことである。「ガリツィアの人々は行政に関わる件で弁護士に相談することに馴れていない。費用が高いうえにめったに成功しないからだ。郡庁やその他の自治体で弁護士が介入してくることは全くといってよいほどなく、住民は非弁護士（Winkelschreiber）に頼っている、と申請者は理由づけている。

内務省は、「公証人団体の意見が必要であること、クラカウ市や郡の主張に対する見解も明らかにすること」が必要であると確信し、申請された事務所の開設が喫緊の課題である場合には、「例外的に申請に異議を唱えないこともありうる」と考えていた。

ガリツィア総督府や内務省が許可の意向であるのに対して、司法省は異議を唱えた。何よりの懸念は、弁護士の職域保護である。「クラカウの弁護士数は充足しており、行政案件取扱事務所の必要は明らかに存在しない。とりわけ、弁護士費用が高すぎるという主張に対しては、申請者こそ、第六等級[49]の年金を受給しながら、弁護士費用を下回る料金を設定しようと画策しているのではないかと懸念する」。

ガリツィアでは、むしろ弁護士過剰であること、モラトリアムが継続され、厳しい経済状態であること、戦時体制下で訴訟も執行手続も停滞していること、したがって、弁護士の職域と競合するような行政事件代理事務所の開設には「決して同意できない」。

また、公証人団体の意見表明を取り寄せることもできるが、彼らも反対だろうし、そうするまでもなく司法省見解としては、「申請は、断固として拒否されるべき」と締めくくられる。

内務省が司法省の意見をどのように扱ったか、現時点では定かではない。しかし、長引く戦争から、地方において正規の法曹が困窮化に陥っていたこと、司法省による正規弁護士の職域保護の意図は確認できた。

当時の東ガリツィアで人口の約六割はウクライナ人の農民、約二割五分がポーランド人の支配層、残りのうち約一割強程度を占めるのがユダヤ人であったという[50]。ユダヤ人の中には宗教的伝統を固守する者もいれば、改宗ユダヤ人として支配層のポーランド人社会に順化する者、あるいはウィーンも含め、ドイツ語圏の社会へ出ていく者もいた。ポーランド語かドイツ語で高等教育を受けたユダヤ子弟の中には、弁護士になる者も多かった。このような社会的背景を考慮すれば、地元住民はユダヤ人弁護士に反感を持ち、むしろ非弁護士に共感を寄せたかもしれない、という推測もできよう[51]。しかし、本稿の冒頭で紹介した「地元住民と弁護士との『社会的障壁』」だけで説明しきれない事情がこの地域にはある。この地の帰属をめぐるポーランド人とウクライナ人の対立から、ハプスブルク君主国解体とともにポーランド・ウクライナ戦争（一九一八～一九一九年）が勃発したからである。さらにこのとき、両者の間で中立を守ろうとしたユダヤ人に対してはポグロム（集団迫害行為）が誘発された[52]。

一九一七年当時、ポーランド人を思わせる姓を持つ申請者の元官吏は、当地のユダヤ人弁護士よりも地元住民に親しまれていたのだろうか。わかっているのは、官公署に申請書を提出し、却下されれば中央官庁まで申し立てる手間を惜しまない以上、当地での日々の暮らしに関して、法的サービスの需要があったということだけである。「ガリツィアの人々は行政に関わる件で弁護士に相談することに馴れていないため申請者を認めて欲しい」という郡庁の意見、当地の弁護士会の反対、「クラカウの弁護士数は、むしろ供給過剰、失業もあり」という司法省の見解の対立について、今少し検討を重ねる必要があろう。

5. 小括

以上の諸事例から明らかにされた事項として、以下の諸点を挙げる。

第一に、官公庁が考慮する事由の優先順位についてである。①弁護士および公証人の職域保護、②「地域の需要」(Lokalbedarf)の有無、③申請者の人柄が挙げられる。そのなかでも、有無を言わせず申請が拒否される理由となるのは①である。ことに司法省は、断固として妥協しない。地方の役人や役所が「地域の需要」に同意しても、少なくとも司法省が裁判所や官公署に提出する書類の作成や代理業務を認めることはなかった(六八、一三九)。部分的認許の場合でも、弁護士や公証人の職域に相当する部分は除外される(三五、五四、五九、一〇〇)。①と抵触しなければ、②「地域の需要」(Lokalbedarf)は申請を認めるための理由となる。ただし申請者の主張だけでは足りず、他の団体や機関の裏付けを必要とする(三五、四〇)。③の申請者の人格や能力は、①や②に比べれば、補足的な理由づけであるが、申請者の経歴は影響しているようである(二七、四〇、五六、六八、一三〇)。

第二に、軍隊関連の案件については、情報提供業務に限ってとはいえ認許される例が複数認められる(三五、五

四、五九、一二九、一三〇）。他の案件については「情報提供にとどまっていられるとは考えられない」（二七）として反対するのとは対照的である。この点については、戦時に近接した特殊な時期の社会需要に応える必要があったことに加え、一般的な弁護士と公証人の業務内容とは異なる特殊な専門性が問われる案件だったから、という事情も考えられる。

第三に、申請者にとって、無資格の非弁護士（Winkelschreiber）から「公的代理業者」（öffentliche Agent）になること、あるいは「情報提供業務に限って」でも事務所開設を認可されることの意義についてである。申請書そのものではないが、用語の使い方や表現にも工夫のあとがみられるし、実務家としての経験や能力、地域に根付いていることも記述されていたと見える。申請者のなかには、場所を変えてまで何度も申請を試みる者もいた。

二重体制期ともなれば、正規の弁護士や公証人の数もある程度は安定してくる。たとえ「公的代理業者」の認可が下りたとしても、業務に対して報酬をもらってよいという以外、職務や地位について何か保証があるわけでもない。むしろ、役所から監視対象とされてしまう。かえって「もぐり」の方が動きやすかったかもしれない。

にもかかわらず、申請が続いた理由として、今のところ、筆者にできる推測は専ら「地域の需要」である。「もぐり」よりは不自由なかわりに、弁護士や公証人より安価な料金を設定しつつ、地域に根付いて継続的に営業するという選択肢を可能にするだけの需要があったということだ。

依頼人となる地域住民の立場から見た場合はどうだったか。冒頭のリュッカー（二〇〇七）と同じような考察も成立する。具合が悪くなっても医者へ行くより売薬で済ませたい人が多いように、弁護士事務所へ行くより料金も安く、身近な相談相手を頼る心境は、当時から今日にいたるまで、地域の違いを超えてさほど変わりはないように思う。当時も、場所によっては、本格的な法律相談というより「一歩前」の相談もかなり多かったのではないだろうか。そうは言っても、金銭を支払うともなれば、役所から認許証のある相手の方が、なおのこと安心だったことだろう。非弁護士間での顧客獲得競争のためにも、申請者は役所へ足を運んだと考えらえる。

これに加えて、地域ごとの事情をあわせて考えるとき、例えば、最後に扱ったガリツィアの行政案件（一三九）のように、地域史研究の蓄積との慎重な協働のもとに、さらなる検討が求められよう。

おわりに

冒頭で挙げた二つの課題のうち一つ目の課題である「非弁護士」を構成する人々について、今回の史料で「公的代理」ないし情報提供事務所開設の申請者を一覧したところ、「もぐり弁護士」という蔑称が、さほど似つかわしくなかった。確かに、中には、非弁護士取締令による処罰を経験した者も含まれている。しかし、退職軍人、退職官吏、宿屋経営者、法律事務職員等、多様な経歴ながら、いずれも一定の教育や実務経験、専門知識を持ち、とくに時期が後半になると業務も情報提供に限定したものが目立つようになる。

二つ目の課題、官公庁の対応について確認できたのは、弁護士・公証人の増加に伴い、官公庁がこれらの職域保護に努め、非弁護士を排除しようとしていたことである。一九世紀前半に設置された「公的代理業者」はあくまで過渡的な措置で、世紀転換期以降の官公庁からみれば、すでに役割を終えていなければならないはずであった。さしずめ司法省は、その急先鋒だった。申請者に直接対応する役所の中には同意する場合もあったが、処分庁である総督府や州も、基本的には中央官庁と同じである。

その一方で、法曹の職域を侵す心配がなければ、「地域の需要」によって営業が認められる余地もあった。軍関係案件の情報提供業務が、その好例であった。さらに、官公庁間で見解が対立する場合には、特殊な地域事情や法曹界の利害をうかがわせるものも認められた。

今後の検討課題は多いが[53]、ライタ川以西地域の住民から、非弁護士必要とされていた、というのは確かなようである。

（1）本稿にいう「法的サービス」は、ひとまず六本佳平（一九八六）『法社会学』（有斐閣、とくに一三六、二九五—二九七頁）の「法的役務」を念頭においている。すなわち「法律的助言、文書作成、訴訟代理等」である。提供機関となるのは弁護士、準法律家、法律相談所など。ただし、扱う時代や地域による違いも想定される。

（2）日本弁護士連合会（二〇〇六）『自由と正義』第五七巻八号「特集2 諸外国における非弁護士活動規制の法制度」（六一—八四頁）では、アメリカ、イギリス、ドイツ、フランスの制度が紹介されている。

（3）川口由彦編（二〇一一）『調停の近代』（勁草書房）

（4）橋本誠一（二〇〇五）『在野「法曹」と地域社会』（法律文化社）、三阪佳弘「近代日本の地域社会と弁護士—一九〇〇年代の滋賀県域を題材として」法と政治六二巻一号（二〇一一）一七五—二五六頁、三阪佳弘「明治末・大正期京滋地域における弁護士と非弁護士—続・近代日本の地域社会と弁護士」阪法六三巻二号（二〇一三）二八九—三四三頁。日本における弁護士の職域拡大と隣接業種の成立過程について林真貴子（二〇〇九）「日本における法専門職の確立」鈴木秀光・高谷知佳・林真貴子・屋敷二郎編著『法制史学会六十周年記念若手論文集 法の流通』慈学社、六三九—六六五頁。隣接業種への着目、地域史料を用いて非弁護士の活動実態に迫るという方法を筆者も参考にさせていただいた。

（5）橋本（二〇〇五）二七七頁。

（6）総合法律支援法（平成一六年六月二日法律第七四号）を受け、二〇〇六年より全国各地に設立された法務省所管の公的な法人である。「国民がどこでも法的なトラブルの解決に必要な情報やサービスの提供を受けられるようにしようという構想」にもとづき「総合相談窓口」を謳う。設置からすでに十年を過ぎた現在、情報提供、民事法律扶助、犯罪被害者支援、弁護士過疎化対策、国選弁護士対策を柱として掲げているなかで、二〇一六年度末の状況によれば、利用件数が最も多かったのは、この「情報提供」業務で、三〇三万件を超えたとのことである。公式サイト（http://www.houterasu.or.jp/ 二〇一九年五月一日最終閲覧）を参照。二〇一六年三月末で民事法律扶助（二四七万件）、弁護士・司法書士費用の立替九七万件とされる。

（7）RGBl. 1878, Nr. 23, S. 177-198.

（8）McClelland, C. (1991), *The German experience of Professionalization: Modern Learned Professions and their Organizations from the Early Nineteenth Century to the Hitler Era*, Cambridge University Press（マクレランド，C／望月幸男監訳（一九九三）『近代ドイツの専門職』晃洋書房とくに五三－五四頁）。一九世紀から二〇世紀にかけてドイツにおける弁護士制度の変遷について、プロイセンを中心に検討した黒田忠史（一九九五）「弁護士資格の制度と機能」（望田幸男編『近代ドイツ＝「資格社会」の制度と機能』名古屋大学出版会、一七一－一九八頁）においても、原則としては国家試験制度の整備や職業仲間の利益と職業倫理を通して、行政官、裁判官とともに同等・同質の法曹であることが明らかにされている。ただし、裁判官・検察官と弁護士の間には、「目に見えない壁」が伝統的に、現在にいたるも残ることも指摘されている。

（9）グリム兄弟編纂の辞書では、Winkeladvokat の説明として「弁護士の職を無資格で秘密裡に営む者の民間の言い回し（volksläufige bezeichnung）」とあり、一八世紀に遡って存在したと説明される。蔑称として「もぐり」という嘲りをこめていることが明らかな用例と、事実として「無資格」を示すと思われる用例の両方が、主に一九世紀前半から二〇世紀初頭、編纂当時にかけて掲載される。Winkelschreiber について集められている用例はさらに古く、一六から一八世紀まで。説明では「非公然または官職なしの文書作成者」、「非合法、無資格で秘密裏に営業」とある。この用例のなかにも、明らかに Winkelschreiber だけを名指しで卑しめていたとは判断し難い用例も認められる。「谷に住む（巷の）公証人やその他の無資格文書作成者（die notari oder anderewinklschreiber des tals）が作成した文書でなくて裁判所で作成された文書」等。このほか、小説や劇作の代筆者という意味でも用いられていた。以上につき Jacob und Wilhelm Grimm (1991), *Deutsches Wörterbuch*, Nachdr. Bd. 30, München, 363-364.

（10）Rücker, S.(2007), *Rechtsberatung*, Tübingen, 38-39.

（11）Rücker (2007), 38-40. 近世に遡る法規制の数々に言及するものに Weissler, A. (1905), *Geschichte der Rechtsanwaltschaft*, Ffm, 169, 183, 262, 287 319; 市場については Siegrist, H. (1996), *Advokat, Bürger und Staat: Sozialgeschichte der Rechtsanwälte in Deutschland, Italien und der Schweiz (18.-20.Jh)*, Ffm, 1. Halbband 36ff, 201-

207.

(12) 例えば、19世紀に書かれた戯曲も否定的な意味で用いられるWinterfeld, Adolf Wilhelm Ernst von (1868), *Der Winkelschreiber*, Berlin 等。

(13) Rücker (2007), 38-40.

(14) この点につき、田中幹夫「ドイツにおける非弁護士活動規制」自由と正義　第五七巻第八号（二〇〇六）七一―七七頁（とくに七五頁以下の沿革論）、Fichtmüller, C.P. (2011), Liberalismus und Anwaltschaft, in: Deutschen Anwaltverein (Hg.) *Anwälte und ihre Geschichte: Zum 140. Gründungsjahr des Deutschen Anwaltsvereins*, Tübingen［以下、*Anwälte und ihre Geschichte* と略す］, 102. 本書の注で言及されるSiegrist (1996) が紹介する史料は、都会在住の弁護士が、地元の事務所にWinkeladvokatとして衆知の職員に仕事を分担させていた件で懲戒手続にかけられる、というバイエルン公国一八五〇年の事例である。

(15) Rücker (2007), 75.

(16) 以上につき高橋一彦（一九九〇）「帝政ロシアの弁護士法制（一）―弁護士法の起草過程と一八六四年司法改革―」東京大学社会科学研究所紀要五―六号、四五―四六頁。

(17) 高橋一彦（二〇〇一）『帝政ロシア司法制度史研究―司法改革とその時代』（名古屋大学出版会）の訳語に依る。"частный" には①「部分的な、個別の」と②「私有、私立の、私設の」の語義があるため、"Privatanwalt" というドイツ語訳もある（Jörg Baberowski, Autokratie und Justiz, Ffm, 1996）。活動範囲が限定されていたという性格上、高橋訳を採用させていただいた。

(18) 以上につき高橋（二〇〇一）特に二四五―二四六、二九九―三〇〇頁。一八九五年に実施された司法監察委員会の報告書をもとにした記述によれば、「もぐり弁護士」の供給源については「退官・免官となった下級官吏」という明記がある。準弁護士について、本書で明らかにされているのは、「学歴の要件がない」こと、「ユダヤ人が多いこと」、治安判事会議への登録者が多く、それより上級の地方裁判所所在地に集中する正規の弁護士との「棲み分け」が考えられたことである。

(19) アウスグライヒの名称、締結の経緯や評価について、Okey, R (2001), *The Habsburg Monarchy*, St. Martin's Press, N.Y.（オーキー（二〇一〇）『ハプスブルク君主国』三方洋子訳、NTT出版）、大津留厚『ハプスブルクの実験』（中公新書、一九九五年）が詳しい。内外の東欧史研究に関しては、基本書から最新情報まで網羅した文献案内も含めた入門書として大津留厚・水野博子・河野淳・岩崎周一編（二〇一四）『ハプスブルク史研究入門―歴史のラビリンスへの招待』昭和堂。多様性や複合性がむしろあたりまえだったとする史的研究にもとづく最新の概説書として岩崎周一（二〇一七）『ハプスブルク帝国』講談社現代新書。

（20） Okey (2001), 193.

（21） Allgemeines Gerichtsordnung, JGS Nr.13/1781.

（22） Provisorische Advokatenordnung, RGBl. Nr.364/1849.

（23） Advokatenordnung, RGBl. Nr.96/1868.

（24） オーストリアの弁護士制度の歴史について、先行研究の出発点に挙げられるのは、Friedrich Kübl, *Geschichte der österreichischen Advokatur*, Graz 1925；法制の変遷を詳述するものにNeschwara, C. (1998), die Entwicklung der Advokatur in Cisleithanien, Österreich im Spiegel der Gesetzgebung vom Ende des 18. Jahrhunderts bis zum Ende der Monarchie 1918, *ZRG-GA*, 471-473；最近の研究所としてPeter W. (2011), Österreichs Rechtsanwälte in Vergangenheit und Gegenwart, Wien, Verl. Österreich, 2008; Peter Wrabez, Die Anwaltschaft in Österreich, in: *Anwälte und ihre Geschichte*, 1013-1027. 一八六八年法以来一九八五年まで、大学で法学博士の学位も事前に取得していなければならなかった。さらに分属制（Lokalisierung）や弁護士強制（Anwaltszwang）がドイツに比べて極めて緩やかであること、弁護士固有の実務修習と試験を課している点等がオーストリアの特徴として挙げられている。本稿では言及できなかったハンガリー側については弁護士の歴史をユダヤ人問題との関連で論じるものとして、Kovàchs M. (1994), *Lieberal profession &Illiberal plolitics*, Oxford University Press; Tamás Antal (2012), *A Hundred Years of Publich Law in Hungary* (1890-1990), Novi Sad は陪審制、地方行政、領事裁判権など近現代のハンガリー司法制度史を概観するなかで、19世紀までの法曹養成制度の欠落についても指摘する。類似の立場をとるものにZoltán Fleck/Szonja Navratil (2011), Lawers in Hungarian History in a Sociological Perspective, in: *Anwälte und ihre Geschichte*, 1167-1184. これらを補完するものに法律法専門学院の存在を指摘する論稿としては、例えばGönzi Katalin (2006), Jogászképzés a királyi akadémiákon a felvilágosodás korában és a reformkorbon, in: *Jogtörténeti Szemle*, 2006/2, 1-3.

（25） 公証人の歴史は中世に遡る。邦語文献では田口正樹（二〇一五）「中世後期ドイツの国王裁判権と公証人」北大法学論集 六五、一一二七―一一六四六頁では、一三～四世紀の国王証書から中欧の公証人制度を対象としつつ、広く公証人文献を網羅する。オーストリアの公証人の歴史についてはChristian Neschwara, *Geschichte des österreichischen Notariats* Bd.1., *Vom Spätmittelalter bis zum Erlass der Notariatsordnung 1850*, Wien 1996, Christian Neschwara, *Österreichs Notariatsrecht in Mit-*

tel- und Osteuropa: Zur Geltung und Ausstrahlung des österreichischen Notariats, Wien 2000.

(26) Kaiserliches Patent vom 29. September 1850, RGBl.Nr 366.

(27) RGBl. Nr.75/1871.

(28) Hanisch, E. (1994), *Der Lange Schatten des Staates: Österreichische Gesellschaftsgeschichte im 20. Jahrhundert,* Wien, 45.

(29) この時期の法曹数の統計は以下を参照。Die Ergebnisse der Volkszählung und der mit derselben verbundenen Zählung der häuslichen Nutzthiere vom 31. December 1880 in den im Reichsrathe vertretenen Königreichen und Ländern-Die Bevölkerung der im Reichsrathe vertretenen Königreiche und Länder nach Beruf und Erwerb (*Österreichische Statistik, 1880-1910*)

(30) Hofkanzleidekret Z.2608, 16. April. 1833.

(31) ここにいう "Lyceum" は、いわば高等専門学校に相当する「法科学院」と推測される。一九世紀前半のオーストリアでは、ウィーンをはじめ一〇の大学と多数の「法科学院」(Rechtsakademie) があったという。Simon, T. (2007), Die Thun-Hohensteinsche Universitätsreform und die Neuordnung der juristischen Studien- und Prüfungsordnung in Österreich, in: Pokrovac (Hg.), *Juristenausbildung in Osteuropa bis zum Ersten Weltkrieg*, Ffm, 1-2 (Fußnote 2).

(32) このあたりの事情につき、Brauneder, W. (Hg.) (2011), *Allgemeines bürgerliches Gesetzbuch für die gesammten Deutschen Erbländer der Oesterreichischen Monarchie. Reprint anlässlichen des 200-Jahr-Jubiläums 2011 mit einem hinführenden Kommentar des Herausgebers*, Wien, 781. 一八世紀末から一九世紀半ばにかけての法実務マニュアル、書式集の例として、Rödigh, J.J. (1794), *Der vollständige Geschäftsmann*, Prag; Haidinger (1855), A., *Selbstadvokat*, Wien など。このほか Schimkowsky, J (1912), *Formularien für Verträge und für Eingaben im nicht streitigen Verfahren : ein Handbuch für Advocaten und Notare*, 2.Aufl.,Wien の著者による多数の書式、マニュアル集が一九世紀半ばより版を重ねている。

(33) RGBl. Nr.117/1857. 最近の改正は一九八九年 (BGBl.Nor. 343/1989) 第三条の罰則規定の金額が、六〇〇〇〇シリング (改正当時の通貨、約四三六〇ユーロに相当) とされた。

(34) Post109 inkl. 1917, Akten des k.k. Justizministeriums: Öffentliche Agentie: Specielle Fälle, AT-OestA/AVA Justiz JM Allgemeines Sig.1 A1741 表紙を兼ねた一覧表には、通し番号で一から一三〇 (一九一五年) までが記されているが、綴じられた文書一〇七点分の最後

は一四五（一九一七年）となっていた。破損、滅失も含めて合致しないものも複数認められるため、確認作業が必要である。文書には、同一の申請者が複数回提出する場合も含むため、文書数と申請者数と一致するわけではない。

(35) RGBl. Nr.44/1868. 本法によれば、「帝国議会において代表される諸王国および諸邦（ツィスライタニエン）」は、以下の十四の領邦に分類される。ここでは法令に従い、地名はドイツ語表記を採用、総督領については以下の通り。丸括弧内は総督府所在地①ボヘミア王国（プラハ）、②ダルマティア王国（ザラ）、③ガリツィア＝ロドメリア王国〔アウシュヴィッツ・ザトル公国、クラカウ大公国を含む〕（レンベルク）、④エスターライヒ・ウンター・デア・エンス大公国（ウィーン）、⑤エスターライヒ・オプ・デア・エンス大公国（リンツ）、⑥シュタイアマルク公爵領（グラーツ）、⑦メーレン辺境伯領（ブリュン）、⑧ティロル伯爵領およびフォアアールベルク（インスブルック）、⑨帝国直属都市トリエストおよびその諸地域、イストリア辺境伯領およびゲルツ＝グラディスカ伯爵領（トリエスト）、州について、丸括弧内は州庁所在地①ザルツブルク公爵領（ザルツブルク）、②クライン公爵領（ライバッハ）、③シュタイアマルク公爵領（クラーゲンフルト）、④ブコヴィナ公爵領（チェルノヴィッツ）、⑤オーバー・ウント・ニーダー・シュレージエン公爵領（トロッパウ）

(36) 一九世紀後半のハプスブルク君主国の行政組織について基本書として Brauneder, W.(2005), *Österreichische Verfassungsgeschichte*, 10. Aufl, Wien. 邦語文献では奥正嗣（二〇〇五）「オーストリア（ハプスブルク帝国）における立憲主義の展開—1852年～1867年　君主的統一国家（新絶対主義）—」国際研究論叢一八（三）一七—三四頁、武藤真也子ら東欧史研究会による法令翻訳および解説（二〇〇五）「ハプスブルク君主国一九世紀原典資料Ⅱ：「暫定自治体法」（一八四九年）・「ジルヴェスター勅令」（一八五一年）」東欧史研究第二七号一〇四—一二九頁。

(37) 申し合わせ（Geschäftsgebrauch）についても文書の確認が複数存在するとみられる。文書五五では（Z.16834/10）が挙げられている。

(38) 一覧表で名前が確認できた八八名のうち、経歴や身分を元軍人および軍隊経験者（将校から兵卒まで含めて）は二一人、総督府・郡・市町村を問わず官公署職員経験者は一〇人を確認済み。

(39) Friedländer, O. (1969), *Letzter Glanz der Märchenstadt*, Taschenausgabe, Wien-Müinchen, 56, 66.

(40) Hanisch (1994), 221.

(41) 将校との結婚が決してよい縁組と思われなかったのは「通常、新婦の父が部屋の敷金も払わねばならなかったから」という。以上につきHanisch (1994) 218.

（42） Hanisch (1994), 352.

（43） ドイツ諸邦の状況でも、法律を専門的に学んだ者は多数派ではなかったという指摘につきRücker (2007), 40. ただし、法律家志望あるいは事務所職員出身者の申請書が、少ない理由については、実際に少なかったのか、あるいは逆に、スキルに長けた彼らの申請は地方官庁レベルで問題なく通ったので中央に回されてくることが少なかったのか、更なる検討を要する。

（44） ハプスブルク君主国の軍隊の評価は、歴史家の間でも内在的な弱体性を強調するものと、国家にとっての存在の大きさ、優秀さに注目するものなど、評価が分かれるが、地域の軍人会等による「愛国心の高揚」等、社会・文化的側面に注目した研究としてCole, L. (2014), *Military Culture & Popular Patriotism in Late Imperial Austria*, Oxford Univ. Press. 邦語文献では二重体制下の軍制については武藤真也子（一九九八）「ハプスブルク帝国における二重制の形成と軍制再編―一八六八年の兵役法制定―」東欧史研究二〇、四五―六四頁参照。

（45） Hanisch (1994), 221.

（46） ここにいう「登記簿」については検討を要するが、ティロルとフォアアルベルクでは、他地域に比べて土地登記簿の導入が遅れていた。

（47） 170. Kaiserliches Patent vom 17. März 1849.

（48） Antrag Dr. Ofner und Genossen, betreffend die Aufhebung des Institutes der öffentlichen Agenten (Post 109/37, Beilagen 3 Z.488).

（49） 俸給表によれば、総督府の一般職員（Concepts-Personal）の場合、第六等級は一二階級中上から三番目、二二〇〇～二七〇〇グルデンとされている。以上につきRGBl. Nr.44/1868 Anhang.

（50） Wandruszka, A. / Urbanitsch, P. (Hg.) (1980), *Die Habsbugermonarchie 1848-1918*, Bd.3, Tl.1, Wien 561.

（51） 冒頭で言及した法テラスの情報提供業務も、そもそも「どこへ行けばよいかわからない」段階の利用者まで対象とされている。さらに、筆者の記憶に新しいところでは、二〇一六年四月に発生した熊本地震後の数か月、地域向け放送で弁護士会等による電話相談の案内が頻繁に流れたが、「『どこに聞いたらよいのかわからない』といったご相談でもかまいません」という言葉が繰り返されていた。

（52） 以上につき野村真理（二〇〇八）『ガリツィアのユダヤ人』（人文書院）とくに九五―一一二頁。

（53） 対象とした史料についても時期の設定、文書群の状態等から補充調査を継続中である。何より、「公的代理業」ないしは「情報提供」事務所にせよ、問題なく認可されたなら、中央官庁まで回されてこなかったはずである。したがって、地域レベルの文書について検討する必要があろう。さらには冒頭で掲げた橋本（二〇〇五）の分類にいう弁護士紹介型や紛争解決、債権回収型についても更なる史料調査が求められる。

要旨

本稿の目的は、二〇世紀初頭オーストリア＝ハンガリー二重君主国のうち、通称「オーストリア側」「ライタ川以西」と呼ばれる地域における「非弁護士」の法的サービス活動を、オーストリア帝国司法省文書の検討を通して、明らかにすることにある。

　非弁護士とは、今日では資格なくして取引に関する書類、当事者を代理し、法律に関する情報を提供する者を意味し、そのような行為は裁判所や行政庁によって厳しく罰せられる。オーストリアでは、一九世紀に弁護士や公証人制度の近代化が進む過程で、暫定的な資格として、一八三三年司法局令により「公的代理業」制度が設置され、「法の定めにより、別に留保されていないすべての行為」を代行し、事務および情報提供のための事務所を開設することが認められていた。しかし、非弁護士取締に関する司法省令（一八五七年）、弁護士法（一八六八年）、公証人法（一八七一年）の成立、弁護士や公証人数の増加の後もなお、公的代理業の申請は君主国解体まで後を絶たなかった。

　中央官庁への抗告案件に関わる司法省公文書の分析から、以下の二点が確認できた。第一に、申請者の経歴については、法学の中途退学者から宿屋経営者にいたるまで様々ながら、とりわけ退役軍人と退職官吏が多かった。申請者の多くは、たちの悪い「もぐり」弁護士というより、むしろ「地域の需要」に即しているように認められた。次に、官公庁の方針として、弁護士と公証人の職域確保を最優先課題とする。ただし、これらの職域を侵害しない限りにおいて、「地域の需要」を考慮して、申請を認める用意もあった。その好例として、第一次世界大戦に近接した時期と地域という背景事情からか、軍関係案件については「情報提供」業務に限って認可される事例が複数認められた。

　結論として、非弁護士の存在は、ライタ川以西の地域に必要であったと確認できる。

●キーワード：非弁護士、公的代理業者、オーストリア司法省文書、弁護士、公証人、オーストリア＝ハンガリー、ライタ川以西

《シンポジウム》

ヤマト政権＝前方後円墳時代の国制とジェンダー

――考古学との協同による、人的身分制的統合秩序の比較研究の試み――

企画趣旨説明　水林　彪

前方後円墳国家論　広瀬和雄

古墳時代の首長位継承――女性首長論を中心に　清家　章

広瀬・清家両報告に学ぶ――ヤマト政権＝前方後円墳時代の国制像の革新　水林　彪

「水林氏報告　ヤマト政権＝前方後円墳時代の国制像の革新」によせて　大久保徹也

日本古代女性史からのコメント――父系化の画期とその意義　義江明子

中国古代史からのコメント　籾山　明

西洋法制史からのコメント　田口正樹

企画趣旨説明

水林　彪

1　支配とジェンダーの発生の時代としてのヤマト政権＝前方後円墳時代

ヤマト政権＝前方後円墳時代[1]（三世紀中葉〜七世紀初頭）は、日本列島のほぼ全域にわたって、（1）支配（階級的支配、政治的支配）、および、（2）ジェンダー（社会的性《セックス》）という、今日にいたるまで人類が抱え込みつづけている大問題が形成された時代であった。すなわち、（1）古代文献史学が用いる意味での在地首長制とこれを基礎とする全列島的規模での支配体系（国制）の形成であり（三世紀）、（2）この支配体系を担う権力者の性の男性化、そして父系化である（五世紀とくにその末期以降）。かかる意味において、この時代[2]は、日本史学や日本法制史学のみならず、わが国の社会科学全般にとって、格別に重要な意義を有する時代だと言うことができる。

2　ヤマト政権＝前方後円墳時代研究のアクチュアリティー

（一）当該時代の研究は、また、アクチュアルな意義を有する。というのも、戦後日本の「国の形」を決定した日本国憲法の「改正」問題がかなりの現実味を帯びて浮上し、「改正」をめぐる論議において、この国の国制史がどのようなものであったのかが最重要の論点として取り上げられているからである。諸草案の中でも、現在の政治世界において圧倒的力をほこる自由民主党の「日本国憲法改正草案」（二〇一二年）は、この国と国民の命運を実際に決しかねないという意味において、特に重要であり、徹底的な学問的検証が必要である。

自民党「日本国憲法改正草案」前文は、「日本国」を「長い歴史と固有の文化を持ち、国民統合の象徴である天皇を戴く国家」と定義し、日本国憲法「改正」の目的は、「良き伝統と我々の国家を末永く子孫に継承するため」であるとする。同草案「Q＆A」は、「日本国憲法改正草案」のポイントが「天賦人権説に基づく規定振り」の「全面的見直し」にあることを隠さない。要するに、日本国憲法が西欧近代に誕生した自然法・自然権思想にもとづくものであることを問題視し、改正草案起草者がわが国固有の歴史と文化と考える天皇制中心の国家に立ち返る必要を説くのである。しかし、「日本国」の「長い歴史と固有の文化」は、はたして、「天皇を戴く国家」だったのか。

そもそも、儀制令において「天皇」号を正式な王号の一つと定めた八世紀の律令国家は、文字をはじめとする文化の総体を中国から継受することによって成立したものであり、その意味で「固有の文化」ではなかった（「天皇」号は、中国道教における北極の神格化としての「天皇大帝」、唐の高宗が「天皇」と自称したこと、などに由来する可能性が高い）。王号にはこだわらず、視野を広げて〈王〉と概念化しうる存在に着目しても、列島のほぼ全域を支配するにいたった王権は、三世紀中葉以前に遡ることはない。王墓というにふさわしい墳墓が築造されるのは、三世紀中葉頃に築造が完成したと推定される箸墓を嚆矢とするからである。それ以前の、優に1万年をこえる縄文・弥生の時代——文字通りの「長い歴史」——は、王政とは無縁であった。

三世紀中葉以前の何万年もの歴史は非王権的秩序であり、八世紀初頭に成立する律令国家は、「天皇を戴く国家」であることは確実であるが、この間に位置するヤマト政権＝前方後円墳時代の国制はどのような性質ものであったのか。律令天皇制の根幹をなすものは中国舶載の諸制度であるが、ヤマト政権＝前方後円墳時代の国制は、前方後円墳が列島の産物であることが端的に示すように、その全体少なくともその根幹部分は、列島固有のものであった(補注)。そのようなヤマト政権＝前方後円墳時代の国制はいかなる性質のものであったのか。このシンポジウムの目的の一つは、まさしく、この問題の究明にほかならない。

（二）ジェンダー問題のアクチュアリティーも国制論に劣らない。日本国憲法は、戦前の「家」制度を否定するために、「すべて国民は、個人として尊重される」（一三条）、「婚姻は、両性の合意のみに基いて成立し、夫婦が同等の権利を有することを基本として、相互の協力により、維持されなければならない」（二四条一項）と規定しているが、自民党改正草案は、一三条を「全て国民は、人として尊重される」と書き換え（「個人」から「人」へ）、二四条一項については、これを二項に繰り下げた上で、「婚姻は、両性の合意に基づいて成立し…」と修正し（「のみ」の削除）、一項として、「家族は、社会の自然かつ基礎的な単位として、尊重される。家族は、互いに助け合わなければならない」という規定を新設しようとする。自民党は、社会の基礎的単位を「個人」ではなく（個人主義の否定）「家族」に求め、国制全体を、家族を基礎単位とする団体主義秩序として再構築しようとしている。家族主義およびこれを基礎とする団体主義秩序は、形式上は男女平等ではあっても、事実上は、男性優位・女性劣位の構造を再生産し続けるであろう。自民党は、法制審議会などが立案した選択的な夫婦別姓案さえも葬り続けてきたが、その背景には、以上のようなイデオロギーが控えている。しかし、そのような家族主義は、はたして、「長い歴史」をもつ「固有の文化」なのであろうか。この問題についても、厳密な学問的検証が必要である。本シンポジウムでは、この問題に、古墳時代は、ジェンダーという観点からみて、どのような時代であったのか、という観点から切り込むことになろう。

3　西欧中世との比較

（一）日本国憲法と自民党「日本国憲法改正草案」の対立は立憲主義と反立憲主義の対立であるが、[3]このように問題を捉え返したとき、ヤマト政権＝前方後円墳時代はきわめて重要な時代として立ち現れる。すなわち、ほぼ全列島的規模において、中央政権と地方在地勢力との統一的な政治的関係がはじめて形成された時代として。そして、ここに、西欧との比較国制史的関心が生まれてくる。西欧において近代立憲主義が誕生しえたことの歴史的前提は、中世的立憲主義とも表現される、西欧的な中世の法と国制にほかならないが、それは、中央政権と地方在地勢力との関係の一つのあり方を提示するものであった。そのような西欧中世立憲主義との対比において、この国のヤマト政権＝前方後円墳時代の国制はいかなる特質を有していたのか。前方後円墳の威容から、強大な王権が存在していたように見えるが、近年の考古学研究は、そのような見方を否定しつつあるように思われる。後年、ヤマト政権は、列島の政治社会を強力なものとするためには、中国から律令や官僚制システムなどを導入して、自らを律令国家へと転換させねばならなかったという事実も、古墳時代の国制の質を考える上で、重要な論点となろう。

（二）西欧中世社会との比較法史的考察は、ジェンダーについても求められよう。ヤマト政権＝前方後円墳時代の女性首長・女帝論を世界史的視野において考えようとするとき、想記されることの一つは、かつてマルク・ブロックが、名著『封建社会』において指摘したジャンヌ・ダルクに関するエピソードである。彼女は裁判官の前で、「私は時にはジャンヌ・ダルク、また時にはジャンヌ・ロメと呼ばれています」と陳述した。ブロックは、これについて、「この娘は歴史では最初の名前でしか知られていないが、しかし、彼女の生地の慣習では、娘たちには母の姓を付ける傾向があった」と解説している（堀米庸三監訳『封建社会』岩波書店、一九九五年、一七七〜一七八頁）。西欧中世社会は、母系原理がなお生き続ける双系制社会であったということであろう。

総じて、ヤマト政権＝前方後円墳時代は、国制の面でも、ジェンダーの面でも、西洋中世社会との比較的考察を通じて、一層豊かに認識されるであろう。

4　中国・朝鮮も視野におさめて

列島社会を国際的視野をもって観察しようとするとき、西欧だけが問題になるわけではない。列島の原始・古代史は、常に中国や朝鮮からの影響のもとに展開してきたのであるから、ごく自然に、東アジア世界が視界に入ってくることになる。ヤマト政権＝前方後円墳時代の国制とジェンダーの歴史の国際的契機の探求である。

中国・朝鮮は、しかし、以上の同時代的パースペクティブとは異なる、歴史的パースペクティブにおいても問題になる。それは、次のようなことである。滋賀秀三氏は、かつて、中国の国制史を「最も大局的に見る」場合の時代区分に関して、〈封建制（上代、春秋末・戦国初まで）―郡県制（帝政時代、戦国以降とくに秦漢帝国から清末まで）―近代（清滅亡以後）〉の三段階論を提示された（『中国家族法の原理』創文社、一九六七年）。「封建制」とは「邑を単位としまた基盤とする族制的な自立勢力の間の幾段階もの統合関係によって形成される秩序」、「郡県制」とは「官僚制的領域国家」の謂である。「封建」の語には中国的色彩がともないやすいので、個性を脱色するために、「封建制」を〈人的身分制的統合秩序[4]〉と言い換えるならば、ヤマト政権＝前方後円墳時代の国制はその日本的形態、周封建制は中国的形態となり、ここに両者の比較研究の課題が浮上する。

先に、西欧の中世と日本のヤマト政権＝前方後円墳時代との比較の課題について言及したが、これも、「族制的な自立勢力の間の幾段階もの統合関係」の比較論であるから、ここに、日中に西欧を加えて、日本・中国・西欧の〈人的身分制的統合秩序〉の比較研究という課題が提起されることになる。

5　考古学に学ぶ

一般に、事の重要さに比例して、研究は困難の度をますものであるが、古墳時代の研究の場合には、そのことに加えて、他の時代には存在しない、特別に大きな困難が待ち受けている。「無文字時代[5]」という困難である[6]。法史学研究は、拠り所とする史料を、主として文献に求めてきた。法は現代においてさえ必ずしも成文法につきるわけではなく、時代を遡れば遡るほど非成文法が比重をましてくるが、にもかかわらず、法史学研究の対象は伝統的に主として成文法であり、非成文法を対象とする場合も、その認識手段は、ほとんどの場合、文献であった。しかるに、ヤマト政権＝前方後円墳時代の前期（三世紀中葉～四世紀末）および中期（四世紀末～五世紀末）は無文字時代であるから、この時代を対象とする法史学は、以上のような方法だけではほとんど歯がたたない。この時代の人々の社会関係を表現する第一次史料は、当時の人々が生みだし、そして、現在にまで伝わる「考古資料」であるから、法史学はこれを史料として、これを生み出した社会について考察することを課題とする考古学に眼を向けねばならない。考古学が発掘してきた「考古資料」は文字通り膨大であり、それらを史料として当時の社会を「復元」する考古学の成果は、近年、とみに豊かになってきたように見受けられる。そのような考古学に、法史学は真摯に学ぶ必要があるのである。

6　文献史の限界と文献批判の課題

無文字時代の法史学・国制史学は、考古学を基礎としなければ存立しえないのであるが、しかし、実際には、そのような試みはこれまで少なくとも十分ではなく、反対に、文字史料に依存することを基本としてきたと言うことができる。その文字史料とは、（A）中国人が列島社会について記述した文献、および、（B）『日本書紀』および『古事記』などである。しかし、前者（A）は、同時代史料ではあるものの、当時の中国人の「眼」を通しての列島社会記述であるという意味において、後者（B）は、ヤマト政権＝前方後円墳時代とは異質な律令国家の時代の人々の「眼」を通しての記述であるという意味において、第二次史料にすぎない。特に後者は、律令国家を正当化するために、それに至る歴史を意図的に再構成した「作品」であるから、真実の歴史との懸隔が甚だしい可能性のあることを常に念頭におかねばならない性質のものである。

以上のことから、記紀、および、これらを史料として組み立てられてきた無文字時代の法史・国制史像を、考古学を基礎とする法史学・国制史学によって、厳しく検証するという課題が生まれる。記紀などの古代文献史料のテクストクリティークは古くから文献史学によって試みられてきたものであり、大きな成果をあげてきたが、近年の考古学研究を基礎とするそれは、それを新しいステージに押し上げる可能性を有しているように思われる。

7　シンポジウムの構成

以上のように考えてくるならば、「ヤマト政権＝前方後円墳時代の国制とジェンダー」に関する研究領域は、きわめて広大であることが知られる。したがって――本シンポジウムは、丸一日を戴くことが出来たとはいえ――、その全体を論ずることはできない。今回の法史学と考古学の対話の最初の試みは、いくつかの重要なテーマを重点的に取り上げることで、満足しなければならない。

本シンポジウムは、次のように構成される。

Ⅰ　報告

1　広瀬和雄「前方後円墳国家論」
2　清家章「古墳時代の首長位継承――女性首長論を中心に」
3　水林彪「広瀬・清家両報告に学ぶ――ヤマト政権＝前方後円墳時代の国制像の革新」

Ⅱ　コメント

1　大久保徹也「総括的コメント」
2　義江明子「日本古代史・女性史からのコメント」

3　籾山明「中国古代史からのコメント」
4　田口正樹「西洋法制史からのコメント」

（1）　三世紀中葉から七世紀初頭にかけての約三五〇年間、現在の奈良県・大阪府一帯（旧国名で表現すれば、大和・河内）に存在した中央政権により、列島のほぼ全域にわたって地方支配が行なわれたが、この国制は、今日、前方後円墳とよびならわされている独特の墳墓によって可視的に表現されたことに注目し、ここでは、この時代を「ヤマト政権＝前方後円墳時代」と表現する。大和・河内の旧国名称によって指示される地域を「ヤマト」の名で表現することは、必ずしも適切ではないが、慣例にしたがった。この時代の中央政権は、今日、大和川水系とよばれる河川群が流れる地域に成立していたので、「ヤマト政権」よりも「ヤマト川水系政権」が実態に即しているように思われる。

（2）　ここでの「社会科学」は「自然科学」との対における「人間社会を対象とする学」の意味であり、「人文学」を含む。

（3）　「立憲主義」概念を、ここでは次のように定義しておく。「政治社会の形成にあたり、これに組み込まれることになる各社会成員の権利ないし自由を最大限に保障することを最も重要な目的として設定し、この目的の実現に資するような仕方で権力秩序（国制）を編成しようとする法原理」。

（4）　シンポジウム企画段階においては、「人的身分制的統合秩序の比較研究」ではなく、「比較封建制論」という表現を用い、シンポジウムの案内文でもそのように記されていたが、準備研究会における討論をふまえて、表現をあらためた。企画担当者であった私は、当初、「封建」の語から、特殊中国的な現象を指示する要素を捨象するという必要な加工を施すことによって、これを一個の歴史学的概念にまで高め、そのようなものとしての〈封建制〉の日本・中国・西欧の比較を試みることを構想したのであるが、「封建」という語にはどこまでも中国的色彩がつきまとうので、この語を普遍史的概念として使用することは避けるべきだとの意見が出され、〈人的身分制的統合秩序〉という語を使用することになった。

（5）　列島に居住する人々が漢字に接したのは弥生時代に遡るが、列島居住人自らが、自らの社会関係を文字（漢字）で表現するようになったのは、稲荷山古墳出土鉄剣銘文（四七一年と推定されている）成立の頃、すなわち五世紀末（古墳時代後期開始期）と考えられる。古墳時代前期および中期までは、以上のような意味で、無文字時代であった。

（6）　ヤマト政権＝前方後円墳時代の人的身分制的統合秩序の比較研究の対象として、先に本文において、西欧中世および中国上代に言及したが、これらはもはや無文字時代ではなかった。比較の対象としたい中国と西欧の封建社会が無文字社会ではないのに対して、列島における人的身分制的統合秩序の開始期はなお無文字社会であったことのうちに、列島の歴史の特徴の一つが認められる。

（補注）本シンポジウムの「企画趣旨」説明文を執筆した二〇一七年前半期の時点において、私は、「前方後円墳は列島に自生した墳墓である」との認識にもとづいて、本文のように記した。前方後円墳を構成する諸要素の起源を、弥生時代の列島各地の墳墓に求めていく考古学の通念に影響された記述であった。考古学の大勢は、現時点でも、そのように思考しているように思われる。しかるに、シンポジウム以降、研究を進める中で、「前方後円墳は、中国の決定的影響のもとに――しかも、中国の墳墓ではなく、神々を祭る天壇をモデルとして――形成されたのではないか」と考え直すにいたった。したがって、本文の記述は現時点では訂正を要するが、本誌に掲載させていただく文章は、シンポジウムを記録することを目的とするものであるから、元のままとした。

本シンポジウムの企画を思い立った当初、律令天皇制が中国船載的性格の濃厚な国制であるのに対して、ヤマト政権体制は列島に自生した国制であると思い込んでいたが、私自身の研究が多少とも進展したことによって、今では、当初の想定とは裏腹に、ヤマト政権体制もまたきわめて強度の舶載的性格を有する国制であったと考えている。その一端は、本誌所収の拙論「広瀬・清家両報告に学ぶ――ヤマト政権＝前方後円墳時代の国制像の革新」において言及したが、詳細については、前方後円墳の起源に関する私の現在の考え（前方後円墳天壇起源説）も含めて、次の拙論の参照をお願いしたい。「卑弥呼・台与政権論――日本国制史における〈反 civil〉の起源」（水林彪・青木人志・松園潤一朗編『法と国制の比較史――西欧・東アジア・日本』（日本評論社、二〇一八年）。

本企画趣旨説明および後続する諸論文は、二〇一七年度法制史学会（第六九回総会）において開催されたシンポジウムの記録である。シンポジウムの開催に尽力して下さった学会開催校（京都産業大学）の皆さんに、心より御礼申し上げる。

前方後円墳国家論

広瀬和雄

はじめに

邪馬台国と律令国家に挟まれた古墳時代には、いわゆる金石文や「倭の五王」上表文などのほかには文字史料がない。いきおい、八世紀に編纂された『記紀』が重視され、考古資料を用いた古墳時代研究にたいして、大きな影響力を行使している。

墳長四八六mという、とてつもなく巨大な大山（仁徳陵）古墳などの前方後墳の造営には、高度な土木技術が駆使され、多種多量な製品が副葬された。そこには、言うまでもなく膨大な労働力が投下されたが、そうした「不合理な」行為にたいして、「未開社会のなせる術だ」といった論理以前の観念が、敷衍されているようにも思える。いったい、古墳時代とはどのような時代だったのか。

1　古墳時代の首長と農民層

隣接して建てられた数棟の竪穴建物や掘立柱建物が、いくつかまとまって一個の集落を形づくる。周囲には畠地や水田、荒れ地や樹林などが広がり、その彼方には他の集落が見える。その一角には、濠や塀で囲繞された首長居館がつくられている。これが古墳時代集落の景観である。

（1）古墳時代の集落と首長居館

一棟の住居―土間敷きでワンルーム―を炉・竈を共有した世帯とみると、二～五棟ほどの建物のまとまり（建物群）は、律令期に郷戸として把握された古代家族の前身とみてよさそうだ。そうした建物群は、一棟前後の倉庫を含むものとそうでないものに大別できるが、建物相互のバラツキは大きくない。住居は一〇～三〇㎡程度、倉庫は一〇～二〇㎡程度が一般的である。たとえば、大阪府大園遺跡は五世紀後半～六世紀末にかけての集落遺跡だが、住居は一〇～二〇㎡のものが七六パーセントで、最大は五七㎡。倉庫は最大が二五㎡で、一〇～二〇㎡が八五パーセント。住居対倉庫の比率は二・五対一。

二～四の建物群が形づくった集落（集落共同体）がつながって、中小河川流域などに農耕共同体を形づくる。大園遺跡では約一㎞四方の範囲に、六世紀後半には九ヶ所の集落が併存している。そのなかの集落Eでは四九㎡や三六㎡の建物があるし、倉庫をもつ建物群が顕著だが、集落Hでは三九棟のなかで二〇㎡以上の建物は三棟で、最大は二四㎡にすぎない。集落相互に明瞭な格差がみられる。

古墳時代前期（三世紀中頃〜四世紀後半頃）と中期（四世紀末頃〜五世紀後半頃）の集落はおおむね数十年前後の短期間だが、後期（五世紀末頃〜七世紀初め頃）のものは長期につづく傾向がつよく、長いものだと一〇〇数十年も存続する。その間、建物群の配置などは一代ごとに変化するので、宅地が固定的に占有されていたとはみなしがたいし、首長居館のような防御性や閉鎖性はない。

いっぽう、古墳時代首長の生活・政治拠点は、周囲に濠・塀・土塁をめぐらせた方形の居館で、農民集落とはまったく違う景観と構造をみせている。幅数m〜数一〇m、深さ一m〜四mほどの濠に囲繞された方形区画―縁辺には塀や土塁―のなかに、大型建物、中小建物群（掘立柱建物、竪穴建物、倉庫群）、祭祀場、手工業工房、区画施設などが設けられる。ただ、建物の規模・形式・配置などに法則性は認めがたい。一人の首長とその家族、近親者や兵士などの機能集団が住まいしていたようだが、首長一代限りのものが顕著で、数代にわたってつづく居館は少ない。

農民層にたいして隔絶性・威圧性を感じさせた防御的・閉鎖的な方形居館には、地域を超える共通性がみられるので、首長層の〈われわれ意識〉の表象という了解があったのかもしれない。また、地域社会ではほかに政治的な場が認めがたいので、農耕共同体再生産の職務、すなわち勧農・貢納・裁判・祭祀・交易などは、首長居館のなかで執行されたのではないか。ちなみに、居館の大きさにはかなりの開きがある。群馬県原之城遺跡の首長居館は一〇五×一六五m、一七、三二五㎡だが、同丸山遺跡のそれは二五×三二m、八〇〇㎡。その面積の差は約二二倍。

（2）古墳時代の共同体

古墳時代には各級の共同性にもとづく大小の共同体が認められる（表1）。建物群をつくった世帯共同体（古代家族）は血縁を紐帯としたつながりで、その内部やそれら相互に大きな差異はない。難しいのは集落だが、ひとつのヒントが生産基盤の水田群にある。中小河川の流域にひろがる水田群には、一定の間隔で幅一m前後の太畦がつくられていて、それに仕切られた範囲が一個の経営単位とみなせそうである。個々の家族では労働力が不足しそうなので集落共同体を個別経営の単位とみなし、そこに世帯共同体の緩やかな結合体を存続させる要因をみておきたい。

農民層はなかば等質的な構成をとっている。食料生産の帰属が階層分解をもたらすならば、首長と農民層の中間がもっと階層化してもよさそうだが、そうではない。生産物の「富」への変換システムとともに、前方後円墳・群集墳造営

表1　古墳時代の各級共同体（人数は概数で、根拠に乏しいものもある）

	建物	建物群（数棟の建物）	集落（複数の建物群）	集落群	複数の集落群
人数	4～6人	10～30人ほど	40～80人ほど	―	―
共同体概念	世帯	世帯共同体（家族）	集落共同体（家族群）	農耕共同体	地域社会
共同体の代表	世帯主	家長	有力家長	首長	首長層
共同性の紐帯	血縁	血縁	太畦水田（小区画水田群）の経営	堰・水路の維持・管理や交易など	婚姻と交易（大河川の交通）
墳墓	―	―	群集墳の小型円墳	首長墓（前方後円墳など）	首長墓（前方後円墳など）
律令期の単位	房戸	郷戸	―	郷	郡

における労働力の消費など、それが蓄積しにくい構造があったのだろうか。

　堰と水路と畦畔に囲まれた水田からなる灌漑水田システムがなかば完結した中小河川流域には、ビジュアル的にも実態的にも二元化した首長と農民層（手工業民）で構成される大小の農耕共同体が展開していた。

　首長は共同体再生産のための秩序維持を担い、他共同体との「もの」の交易と人の往来をつうじて広域の首長ネットワーク―支配共同体―に参画し、盆地型地形に制約された地域社会を形成していた。

　中央政権の基本的な地方統治は、地域社会の首長層を対象としたが、特定の時代・地域には各農耕共同体の首長も俎上にのぼる。こうした〈「もの」・人・情報の首長ネットワークに支えられたタコ壺型社会〉が、古墳時代社会の特質をなす。

2　前方後円墳とはなにか

　農耕共同体の首長、もしくは地域社会の首長層が造営した前方後円（方）墳は、三世紀中頃から七世紀初め頃にかけて、北海道・北東北と沖縄を除く日本列島で約五二〇〇基、数えられる。墳丘・埋葬施設・副葬品からなる前方後円（方）墳は、地域的な個性を見せながらも概ねおなじような変遷を辿る。多様性をもちながらも、共通性を大幅に逸脱することはない墳墓様式である。

（1）共通性と階層性を見せる前方後円墳

　前方後円墳とはなにか。一口でいうと、それは見せる墳墓である。なにを見せるのか。一つは共通性を見せる。それぞれの地域での、前代の弥生墓制との超えがたい懸隔をもちつつ、前方後円墳というビジュアルな墳丘は、遠距離間の首長層を明瞭につなぎとめている。いま一つは、大山（仁徳陵）古墳をピークにしたピラミッド型の階層性を見せる。すなわち、〈共通性と階層性を見せる墳墓が前方後円墳〉。それは同質性と差異性を見せる、と同義である。

第一、前方後円墳祭祀にもとづく首長層の〈われわれ意識〉が、前方後円墳の共通性をもたらす。そこから「首長同盟・首長連合」といった政治体制が標榜される。前方後円墳からはどこまでいっても首長同士のつながりが読みとれるだけで、そこから対立軸はいっさい出てこない。ちなみに、前方後円墳祭祀とは〈亡き首長がカミと化して共同体を守護するという共同観念〉にもとづく。(註1) この場合の共同体とは、農耕共同体と支配共同体の二つである。

第二、前方後円墳にみられる階層性とは各々の地域での、そして各時期の首長同士の格差だが、本質的には中央と地方の関係をあらわす。したがって、地方首長の力量を前提にしつつ、そこには中央政権の意志がつよく働く。

第三、共通性と階層性を見せる墳墓、という前方後円墳の特性は、およそ三五〇年の永きにわたってずっとつづく。共通性が前面に出ると「同盟・連合」的側面が、階層性がそうだと「服属」的側面が強調されるが、それらはかならずしも時期的変化をしめすものではない。(註2)

(2) 前方後円墳の成立

前方後円墳の成立に先行した弥生時代後期後半（二～三世紀前半頃）には、西日本各地で弥生墳墓がつくられる。旧国か、それよりやや大きな単位での共通性とゆるやかな階層性を、丘陵上などに仰視させる墳墓である。それらのなかには、中国王朝起源の木槨が採用されたり、中国鏡が副葬されたりするものがある。いっぽうでは、南部朝鮮からの鉄素材をもとにした鉄製武器などが副葬される。そこには前一世紀以来の、政治的権威の淵源としての中国王朝と、権力の実質的基盤を南部朝鮮に求めるという、列島首長層の政治イデオロギーが看てとれる。(註3)

これら西日本各地の弥生墳墓の諸要素―立地、墳丘、墳形、外表施設、埋葬施設、副葬品―を統合して、斉一度を高め、大型化でいっそうのビジュアル化をはかった墳墓様式が、三世紀中頃に成立した前方後円墳である。そこには各地首長層の原理的対等の統合が表象されるが、初期前方後円墳の階層性にしたがうかぎり、実際に主導権を握ったのは奈良盆地の首長層であった。ちなみに、三世紀前半には前方後円墳に先行する前方後円形弥生墳墓が奈良県纏向墳墓群につくられている。ただ、それはかぎられた地域との政治的連携をあらわすようである。

西日本首長層統合の契機はおそらくは弥生時代中期以来、鉄素材の獲得でつよい結びつきをもっていた朝鮮半島の政治勢力への対抗ではなかったか。それまでは、個々に交渉のネットワークをつくっていた畿内や北部九州や山陰の諸勢力が、ここにいたって一個の利益共同体を創出したと推測される。

景初三（二三九）年の魏王朝への朝貢からすれば、その成立が直接的な契機になった蓋然性は高いが、これは邪馬台国の政治権力や版図をどうみるかと密接不分離なため、今後の課題としておきたい。

さて、前方後円墳成立当初からその墳丘規模には格差がみられる。そして、前方後方墳、円墳、方墳なども共存している。これらは埋葬施設や副葬品の組合せなどは共通するので、多彩な墳形が一体的に機能していたのは間違いない。初期の大王墓をふくむ奈良県大和・柳本古墳群は、多数の前方後円墳と少数の前方後方墳とで構成されるが、墳丘規模では前者が優っている。東国などの前期では前方後方墳が卓越しているが、前方後円墳と対峙するような関係にはない（註4）。

前方後円墳が畿内に成立してから各地に拡がったのではなく、前方後方墳、円墳、方墳などとともに、各地で「同時多発」的に造営された事実が、重要である。ちなみに、墳長一六〇ｍの前方後円墳、茨城県梵天山古墳、墳長六一ｍの前方後方墳、栃木県駒形大塚古墳などは箸墓古墳と同時期なので、三世紀中頃に汎列島的な首長層の統合としての政治団体が形成されたのは動かないが、東日本首長層のそれへの参画は多様なようだ（註5）。

3　前方後円墳は政治的墳墓

前方後円墳にあらわされた関係性をどうみるか。端的にいうと、〈中央と地方の政治秩序を見せる〉が、それである。前方後円墳は三世紀中頃から七世紀初め頃まで、可視的な政治秩序として機能しつづけたのである。

（1）中央―地方の政治秩序をあらわす前方後円墳

前方後円墳（をはじめとした古墳全体）は、古墳時代の政治一般をあらわすと思われがちだが、けっしてそうではない。それだと、順調に前方後円墳を築造してきたのにある時を境に休止したり、単独墳で前後にまったくそれが造営されなかったり、といった現象が説明できない。途中で首長墓の造営が停止されたからといって、その地域に首長がいなくなったとは、とても考えがたいからである。

第一は前方後円墳に媒介された政治で、中央政権の地方政策をあらわす一次的政治関係。第二は方形周溝墓・方形墳墓・台状墓など弥生伝統の墓制と、横穴墓・地下式横穴墓・洞穴墓など横穴系の墓制に媒介される政治で、各地での首長と中間層（民衆）との間に形成された二次的政治関係。第三は古墳などの墓制に表出されない政治。古墳時代にはこれら三つの政治が重層していた。

日本列島で初めて中央と地方との関係が成立したのが古墳時代である（註6）。墳丘の長さが二〇〇ｍを超える巨大前方後円墳は全国に三七基しかないが、そのうち三三基は畿内―大和川水系と淀川水系からなる―、一〇〇ｍを凌駕する大型前方後円（方）墳三〇二基のなかの一四〇基も畿内に集中している（表2）。それらに副葬された中国鏡や鉄製武器・農工具などの数量も圧倒的な卓越性をしめす。

表2　巨大・大型前方後円墳の比較

	畿内	吉備	上野	合計
超200m	33基	3基	1基	37基
超100m	140基	13基	27基	302基

畿内のなかでも大和川水系には、前期の大和・柳本古墳群と大阪府玉手山古墳群、前期後半から中期にかけての奈良県佐紀古墳群と同馬見古墳群、中期を中心にした大阪府古市古墳群と同百舌鳥古墳群がある。玉手山古墳群を除いたものを畿内五大古墳群とよぶが、それらは〈凝集性・巨大性・階層性〉という共通の特性をそなえた複数系譜型古墳群―複数の首長が一定期間、限られた場所で古墳を造営したもの―である。

たとえば、百舌鳥古墳群は前方後円墳三九基、円墳六〇基、方墳九基、合計一〇八基で、前方後円墳は墳長二〇〇m以上が四基、一〇〇m以上が七基。また、一二七基からなる古市古墳群には前方後円墳は三一基で、そのうち七基が墳長二〇〇m以上の巨大前方後円墳、一四基が墳長一〇〇m以上の大型前方後円墳。こうした墳丘規模と墳形の階層性は、独立した古墳相互、ならびに巨大墳とその「陪冢」との二重におよぶ。

有力首長を頂点に戴いた中小首長層・中間層が共同墓域に結集し、一大政治集団の勢威、首長層の幅広い結びつきとそのつよさを一定期間、見せつづけるのが畿内五大古墳群である。それらはまさしく中央政権を称揚するものであったし、〈目で見る王権〉として機能したのである。

大和川水系を中核にした「畿内」に匹敵する地域はどこにもない。凝集性をもった前期の古墳群としては宮崎県西都原古墳群や香川県石清尾山古墳群などがあるが、巨大前方後円墳や大量の威信財・権力財は見あたらないし、そのなかでの階層性も認めにくい。中期にいたっては佐紀・馬見・古市・百舌鳥古墳群と肩をならべうるものはどこにもない。

(2) 地方首長層の動向

地方首長墓の系譜はさほど安定的ではない。一つの水系で、首長墓が長期にわたって累代的に造営されたところは少ないし、前期から後期までの古墳時代をつうじて、その系譜が間断なくつづいた水系は地方にはほとんどない。二～三代程度で終息させたり、数代で途絶してしまったり、途中で墳形変更したり、いくつかの系譜が一つに統合されたり、といったふうだ。そのような「不安定さ」が在地での政治動向を反映しているとみなすと、地方首長層の「栄枯盛衰」は激しかったことになる。

また、いったん途切れた首長墓の系譜が、同一水系のなかで場所を変えながら造墓を再開するケースが注意をひく。一定の空白期間にもかかわらず、そのときどきの中央を範型とした墳墓様式と連動しながら、再び前方後円墳を築造する。いわば、不連続の連続性がその特性をなす。さらに、首長墓の偏在性も同様である。どこでも、いつでも満遍なく、前方後円墳がつくられたわけではけっしてない。複数系譜型古墳群もそうだが、前期の讃岐や播磨、中期の大隅半島、後期の壱岐島や東国や長野県飯田古墳群など、前方後円墳などの首長墓が偏っている事実は枚挙にいとまがない。

交通の要衝への立地も特徴的である。ラグーン（潟湖）に面した海浜型前方後円墳や、広大な平野があるのにそこを避けて狭隘な箇所につくられた大型前方後円墳など、往来する人びとに見せる墳墓としての特質が際立つ。ここでの交通とは、在地だけの狭いものではなく、中央と地方をむすぶ広域の「もの」と人びとの動きだから、各地の人びとは地方首長墓の背景に中央政権を見ている。前方後円墳はまさしく〈目で見る王権〉なのである。

このような〈不連続の連続性〉と〈偏在性〉が、地方首長墓の特性である。もし、その造営が地方首長層の任意ならば、そうした現象はいかにも不自然にみえる。(註7) 各地の首長墓は前代とのつながり、中央とのつながり、この二つの結びつきをあらわすのである。地方首長層にとって、時・空的な前方後円墳連鎖をつうじての結びつきが、みずからの政治的正統性を保証する道具立てであった。

（3）古墳時代の政治秩序

「各地の首長層がほぼ対等だった古墳時代前期を経て、中期には畿内首長層が政治的に卓越し、幾多の反乱を制して列島支配を貫徹する。その先には律令国家が成立する」が、これまでの古墳時代をめぐる代表的ストーリーである。「畿内で成立した前方後円墳が、同心円状に各地に拡大していく」も、それと不即不離といえようか。(註8)

事実はそうではない。最初期の前方後円墳は茨城県梵天山古墳や東京都宝萊山古墳、岡山県浦間茶臼山古墳や福岡県石塚山古墳など、日本列島各地で「同時多発的」に構築され、墳長約二九〇mの奈良県箸墓古墳をピークにした階層性を形づくっている。

前方後円墳の終焉もおなじである。畿内では七世紀初頭には墳長三一八mの奈良県見瀬丸山古墳などが築造されている。いっぽう、東国では墳丘の格差をもちつつ、六世紀後半〜七世紀初頭の前方後円墳がじつに六四九基もつくられ、それらが二、三代にわたって営造された後、「ほぼ一斉に」といった終息を迎える。前方後円墳は徐々に増え、減っていったのではない。出現も終焉も、一気呵成だ。

古墳時代の中央政権は、前期は大和・柳本古墳群を形づくった数人が、中期には佐紀・馬見・古市・百舌鳥古墳群に分散した四有力首長層が、それぞれ大王を輩出しながら共同統治した。その中核をなしたのは大和川水系の首長層だが、途中から淀川水系の首長層もそのなかに編成されていく。「王統」は一系的で、時間的な連続性がイデオロギー的支柱をなしているようだ。

中央政権の基盤を考える手がかりは、畿内五大古墳群に副葬された莫大な量の各種財にある。中国鏡など首長層の権威をしめす威信財、鉄製武器など政治権力を維持するための権力財、食料増産に不可欠な生産財の農工具、どれをとっても地方首長墓の追随を許さない。中央性の所以がここにある。

これら各種財は、三角縁神獣鏡や甲冑などで明らかなように、いったん中央に集積され、そこから各地に配布されるという再分配システムが、古墳時代には確立していた。そして、列島内部と南部朝鮮をあわせた「もの」と「もの」、「もの」と人の交換を基軸にした交通諸関係をスムーズに進めるために、各地の首長層が結集した。その中枢を掌握したのが、大和川水系の首長層である。いいかえれば、「もの」の分業生産と流通の枢要を、中央政権が押さえていたわけだ。

「もの」と人の再分配システムをめぐる首長ネットワーク、列島首長層がつくった利益共同体を、大和川水系の有力首長層が運営した。それは軍事と外交とイデオロギー的一体性で保持された一個の政治的構成体として、高句麗、百済、新羅、加耶の朝鮮諸国に対峙した。その基軸には、ビジュアルな政治秩序としての前方後円墳があった。そのような政治団体を前方後円墳国家とよぶ。（註9）

4　古墳時代政治体制の諸段階

前方後円墳などをとおして内外の人びとに見せた政治的枠組みは、およそ三五〇年間つづいた。それは中央政権の地方統治方式―一種の認可制―をあらわす。首長墓系譜にみられる不自然さや不安定さは、地方首長の実力というより、中央―地方の政治秩序を体現していたが、そこには対外的契機にもとづく数度の画期が認めうる。

（1）四世紀末頃の画期

第一の画期は四世紀末頃。この頃から畿内中枢の大和川水系では、古市・百舌鳥・佐紀・馬見の四大古墳群が併立する。各々は墳長超二〇〇mの巨大前方後円墳を一代一墳的に数代、築造した有力首長に統率された一大政治集団―複数の首長と中間層―をあらわす。

いっぽう、前期には各流域で首長墓がつくられた淀川水系では、中期になるとかぎられた大型前方後円墳のほかは営造が停止する。大和川水系の有力首長層を中核に、淀川水系の首長層もふくめた畿内の首長層が、これら四大政治集団に再編されたようだ。この時期の中央政権は、四有力首長が共同統治したとみて大過ない。（註10）

四大古墳群は、隔絶化・荘厳化・威圧化の極地ともいうべき巨大前方後円墳をピークにして、大・中・小型の前方後円墳や帆立貝形前方後円墳、さらには多数の円・方墳など、いっそうの階層化をみせる。首長層のほかに中間層も古墳群の一角を担っていて、ビジュアルな政治秩序の最大化とでもいうべき様相を呈する。そして、百舌鳥・古市・馬見古墳群は西方から、佐紀古墳群は北方から、それぞれの出入り口もしくは通路で、〈目で見る王権〉として中央政権を誇示するとともに、その拠点を守護する役割を担う。

地方では前期をつうじて形成された首長墓の系譜が、この頃に途絶したり、墳形を変更させたり、大型前方後円墳に統合されたりするものが多い。前期をつうじて造営された前方後方墳は姿を消し（出雲などの一部を除く）、新しく帆立貝形前方後円墳が登場する。さらに注意をひくのが、第一に中期の前方後円墳が希少である、第二に中期をつうじて首長墓系譜をなすものが少ない、第三に畿内的色彩がつよい墳丘―前方後円墳の斉一度がもっとも高い―が一般化する、という事実である。

中央政権と地方首長の政治的再編成が実施された。高句麗の南下に対抗してなされた、鉄素材ルート確保のための朝鮮半島への出兵が、その契機をなす。金官加耶の王墓ともいわれる大成洞古墳群での倭製儀器―巴形銅器、筒形銅器、碧玉製鏃―の副葬、新羅王墓の金冠を飾る勾玉（糸魚川産）など、あるいは航海安全を海神に祈った沖ノ島祭祀などが、その傍証になる。

（2）五世紀後半頃の画期

第二の画期は、五世紀後半～末頃。大和川水系で併立していた四大古墳群は、古市古墳群を除く佐紀・馬見・百舌鳥古墳群でその造営が終息する。大王をピークにした首長層・中間層の階層的結びつきを見せる、そして四大政治集団を見せるという政治的な営為が、ここにいたって解消されてしまう。これまでは四大古墳群のなかに含まれていた大王墓は、この頃から単独墳としてつくられ、河内・摂津・大和の地を遷移する。「陪冢」もなくなり、階層構成的古墳群のありかたが姿を消す。

讃・珍・斉・興・武という「倭の五王」の中国南朝への朝貢も、四七八年が最後である。それと前後して「治天下大王」と自称され、「大国意識」につながるような新しい国土観念・国家観が萌芽したようだが、なかば独立したかのような大王墓のありかたと密接不分離の関係をあらわすとみてもいいようだ。

淀川水系ではこの頃から前方後円墳が急増するし、奈良盆地の各所でも前方後円墳が造営される。四大古墳群の解消と相即不離の現象ともいえそうだ。すなわち、それらに結集していた首長層が、各々の本貫地で造墓した蓋然性が高い。いっぽう、地方でも前方後円墳などの造営が再開される地域が増える。地方統治の再編成があったようだ。

（3）六世紀後半頃の画期

六世紀後半が第三の画期である。畿内では有力首長層のステータスシンボル、巨石を積んだ大型横穴式石室が奈良盆地南部に集中する。支配層の集住がすすんだ可能性もある。

地方首長墓は大きく変動する。第一、前代とは違った場所で、数代におよぶ有力な古墳群が新たに形成される。既往の多くの首長墓系譜がこの時期に終息するのと表裏一体である。第二、西日本各地で膨大な数の群集墳が出現する。有力な農民層だけではなく、手工業民や海民もおなじく群集墳を築造する。広範囲の中間層が直接、政治の舞台に登場したわけだ。これらには、首長墓に準じた各種財が副葬されるが、なかでも海民の古墳への武器副葬が注意をひく。第三、東国では前方後円墳が激増する。各地の首長にきめ細かな支配の網の目がかけられたようである。

こうした広域の動向は、外交に基因した蓋然性が高い。その起点になったのは、六世紀後半から七世紀前半に六基の巨石墳をふくめ、さしたる平野のないところに約二〇〇基もの古墳が構築された壱岐島である。新羅土器の副葬やその地政学的位置からみて、ここが対新羅外交・防衛の拠点となったことは動かない。

その兵站として地方首長層が再編成され、西日本の交通網が整備されていく。まず、六世紀後半には日本海と瀬戸内の水運が掌握された。海民の組織化もその一翼をになう。ついで、七世紀初頭には「山陽道」、やや遅れて「山陰道」の陸路が建設・整備されたようである。それぞれの地域で「もの」と人の流れの中軸を形づくってきた主要河川と、それを横断して整備された「山陽道」の交点、いわば交通の縦軸と横軸が交差する拠点には政治センターが設置され、中間層を率いた首長層が東方からの「もの」と人の移動を管掌する。

おわりに

律令国家にとって前方後円墳はいかなるものだったのか。そのヒントになる二つの事実を、最後に挙げておく。

第一、平城宮の建設で巨大・大型前方後円墳が破壊されている。墳長二五〇メートルの市庭古墳、墳長一一七メートルの神明野古墳、墳長一〇〇メートルクラスの木取山古墳や法華寺垣内古墳などである。第二、律令国家は一基も前方後円墳を築造していない。百年も経たないうちに、ものの見事に忘却の彼方、といった感を呈している。もっとも、『日本書紀』には天皇陵の記載はあるし、もう少し経った延喜年間には天皇制の正統性と関連するのであろうか、陵墓などが整理されている。

そもそも、首長同士の結びつきが前方後円墳に媒介的に表出された古墳時代、首長層と首長層との間に形成された人的な政治秩序、それは国造制や部民制にしても同様だが、人と人の間に形成された統治システムである。いっぽう、律令国家はそれを前提としながらも、土地を媒介にした統治制度を理念に掲げる。そのような異質な政治体制が、古墳時代から律令国家にかけてどのように転換していったのか。

補註

(1) 勧農・祭祀という共同体内職務と、交易・外交(防衛)の共同体間職務という首長の役割が、共同体の再生産にとってきわめて重要であった。したがって、共同体―内―間の結節をなす首長の死が、首長と農民層からなる農耕共同体と各地の首長層からなる支配共同体の、二つの共同体に重大な危機をもたらす、との共同幻想が、弥生時代後期ごろから西日本を中心に醸成されていた。そうした事態を避け、修復するための観念的装置を実体化したのが前方後円墳である。そこには「死と再生」の命題が横たわっている。首長は個体としての死は迎えても、社会的には新たな生を付与される。

(2) 畿内の首長層にたいして、最初は「同盟」的関係をもっていた各地の首長が、やがては「服属」していくというのがこれまでの通説である。しかし、おなじ特性をもった前方後円墳のどこで「同盟」を言い、いかなる側面で「服属」を言いうるのか。前方後円墳の共通性に照射すれば同盟的な側面が、階層性に注目すれば服属的な側面が前面に出てくる。その二つの側面は終始、一貫して前方後円墳がもっている基本的な属性であって、けっして時間的な推移をしめすわけではない。

(3) 前五世紀頃から、北部九州の首長層は南部朝鮮首長層と共通意識―青銅武器の副葬に象徴される武威の崇拝―にもとづく親縁的な関係をもっていた。ところが、前一世紀頃になって北部九州首長層は青銅武器の延長の鉄製武器に加えて、前漢鏡などを副葬しはじめる。ここにいたって、権威の源泉は中国王朝に求め、権力の実質的基盤は南部朝鮮に求めるといった新しい支配観念を確立させる。前漢王朝という超越的・巨大な存在との接触で、南部朝鮮首長層との間に自他意識が萌芽したようで、それまでの彼我の一体的イデオロギーが変更され、他者意識が前面に出てくる。そして、中心と周縁の東アジア世界、中国王朝を中核にした放射状の構造ができあがる。こうした関係にやがて畿内首長層、吉備首長層、出雲首長層なども、参画していく。そうした支配イデオロギーは西日本の首長層が政治的に統合した前方後円墳の創出にもつよく作用している。すなわち、天円地方の観念と神仙思想という古代中国思想の付加がそうである。

(4) 「前方後円墳 VS. 前方後方墳」という二項対立的なとらえかたが根強い。すなわち、東国の古墳時代前期を特徴づけるのは前方後方墳で、そこには西日本などと違った独自の世界が展開していた、という「東国特殊論」とでもいうものである。すなわち、前方後方墳の偏在性が古墳時代東国の「特殊性」を支えているというのだが、事実は違う。東国で前方後方墳が卓越しているのは北武蔵と下野だけで、南武蔵には一基もない。また、西日本にも前方後方墳はかなり築造されているし、その最大は墳長一八〇mの奈良県西山古墳である。さらに言えば、埋葬施設や副葬品の組合せなど、前方後円墳と前方後方墳の間になんら差異はみられない。

(5) 「水田稲作は生産性が高いから余剰が生みだされる。その帰属をめぐって社会が階層化して首長が誕生する」という、いわば「通常型」の首長を支配したほかにも、地方首長層の統治にはいくつかの方式がみられる。東国首長層の統治に関するケースを二、三述べておく。第一、ほとんど可耕地がなくて、ラグーンや小さな湾、あるいは河川などに面して築造された海浜型・河川型前方後円墳がある。港津での「もの」・人の掌握に関連する。各地の首長層をつなぐ水運ネットワークが機能し、ラグーンなどをみずからの領域にもっていた首長が、それに参画していたことをしめす。交通の要衝ということでは、内陸部の前方後円墳造営でも同様の事態があるがここでは省く。第二、首長層のなかから特定首長に地域の統治を委ねるケースで、たとえば前述の茨城県梵天山古墳が挙げられる。この地域の弥生時代後期後半の十王台文化は人口は多いが、首長の台頭をしめす考古資料は見あたらない。墳墓づくりの伝統もない。まさしく突如、バチ形前方部をもった大型前方後円墳が出現する。中央政権が特定の首長を指名し、援助することで地方統治した蓋然性が高い。外部からの首長層の育成と言える。第三、未開の荒野を開発するため首長が他地域から派遣される。栃木県那須地域には弥生時代の遺跡が未確認だが、三世紀後半頃から四世紀後半頃まで六代におよぶ前方後方墳が造営される。そのなかの吉田温泉神社古墳には多数の方形周溝墓（方墳）も随伴していて、大勢の中間層を率いての移住だったとみられる。

(6) 古墳時代に中央など存在しないとみる研究者は多い。前期の前方後円墳は地域的な多様性をしめすので、そこに中央政権の力の行使を読みとることはできない、といったものだ。先に述べた「同盟」「服属」と密接不分離の見方といえようか。しかし、後期の前方後円墳も前期に負けず劣らず多様なので、むしろ中期古墳の斉一性を問題にすべきなのである。さらに、古墳時代を未開的とみたい論者や、反中央史観に依拠する人びとが、そうした事態にいっそうの拍車をかける。歴史事象を中央からの視点で解釈する中央史観と、中央が存在するという事実とは無縁なのだが、そのあたりは曖昧にされてしまう。

(7) 各地の首長が任意で前方後円墳をつくった、水田稲作にもとづき首長が力を蓄えたとき築造した、「畿内」を意識しつつも在地首長の自律性が高かった、といった前方後円墳の在地主義とでもよぶべき考え方がつよい。それでは、各地の首長墓系譜におけるさまざまな「不自然さ」が理解しにくい。在地首長層の自在な意志で前方後円墳が築造されたとみなすと、古墳時代首長の地位はきわめて不安定ということになって、大和川水系の首長層のいっそうの安定性が強調される。さらに、次のような疑問も解けない。一つは、地域社会で首長が成長したとして、どうして莫大な「経費」のかかる前方後円墳をつくらねばならないのか。それも斉一的な墳形に代表される（埋葬施設や副葬品の組合せなども同様）汎列島的な墳墓形式を採用したのをどう説明するのか。いま一つは、いつの時代も同一の墳墓様式が各地で営造され、その頂点にはたえず大和川水系の前方後円墳が聳立していることをどうみるのか。中央政権の意志と地方首長層の意志が包摂されていたのが前方後円墳だが、前者のほうが第一義的で主体的である。

(8) 「各地の首長層がほぼ対等だった古墳時代前期を経て、中期には畿内首長層が政治的に卓越し、幾多の反乱を制して列島支配を貫徹する。その先には中央集権の律令国家が成立する」、すなわち「古墳時代は律令国家の前史だ」という言説には、「未開から文明へ」という発展史観が、潜在的に作用している。それは古墳時代の前期から中期へ、中期から後期へと社会は「発展」し、やがて「文明」の律令国家へ収斂するとの予定調和的なコースを用意する。もっとも、ここでの「発展」とはなにかは必ずしも問われてはいない。ただ、律令国家が文明的ですぐれていて、あるいは現代への道筋をつけていて、古墳時代はそうではない未開的だとの先入主に、漫然と囚われているだけのように見える。これは前述した「畿内で発生した前方後円墳は同心円状に各地に拡大した」「西日本で成立してから東国などに伝播した」といった通説と不即不離の関係で、古墳時代の体系的理解の強固なよりどころになっている。しかし、端的に言って、『日本書紀』の記述に発展史観が結びついて増幅されたものにすぎない。

(9) 北海道・北東北と沖縄を除く日本列島の首長層が、〈もの・人・情報の再分配システム〉を安定的に維持していくため、一個の政治団体を三世紀中頃につくった。一定の領域をもち、軍事・外交・イデオロギーで維持される首長層の利益共同体、それが〈前方後円墳国家〉である。前方後円墳国家は中央―地方の関係を基軸にした分権的な構造をもっている。第一、大和地域の有力首長層が中核を担い、各地首長層の利害調整や対外交渉を主宰して、三五〇年にわたって中央政権を運営した。第二、各地の首長層は一定度の自立性を保ちながら、稀少な資源や高度な技術の再分配システムに参画した。ちなみに、既往の国家概念は階級支配という内的側面が重視されて、それを包摂した政治団体という観点が抜け落ちている。意志と欲望をもった人びとが利害調整のためにつくったシステム、そこでの共通利益を保持するためにつくった政治団体、いうならば国家の外的側面が捨象されがちである。たとえ地球上の諸国家に階級支配がなくなったとしても、民俗、宗教、歴史などでイデオロギー的一体性を保つ利害団体としての国家がなくなる保証はない。実体はともかく、「階級支配がない」共産主義国家という矛盾した概念が、その象徴ではないか。

(10) 五世紀になって巨大前方後円墳が奈良盆地から大阪平野に遷移した、それは河内の政治勢力が大和の政権を簒奪したのだ、という河内政権論がある。しかしこの学説は、おなじ大和川水系には巨大前方後円墳を中核とした佐紀古墳群と馬見古墳群が併立している事実を無視する。さらに、対立軸はあらわさない前方後円墳を材料として、政権の交替を読みとるのは方法的に成立しがたい。「磐井の乱」で有名な筑紫君磐井の墓が福岡県岩戸山古墳だ、との学説も、前方後円墳の特性からすればおなじく無理がある。

※研究発表の要旨ということで、多岐におよぶ参考文献は省略した。ご寛恕をお願いする次第である。

古墳時代の首長位継承
——女性首長論を中心に

清家　章

はじめに

本報告は、古墳の埋葬から首長位の継承方法を明らかにすることを目的としている。古墳時代は双系的社会から父系的社会に変化する過渡期であると理解している。その具体相を示したい。

なお、法制史学会シンポジウムの際の題目は「古代女性首長・女帝論」であったが、発表内容は首長位継承に重きがあったため、本報告もそれにあわせて題目を変更している。

一．古墳時代における女性首長

古墳は全国で二〇万基以上存在するとされる。そのうち、全長（直径・一辺）二〇m以上を一つの基準とし、単独あるいは少数の墳墓群の中でも周囲から突出した存在の古墳が一般的に首長墳とされる。この首長墳は、律令制の郡の三分の一から半分程度の、河川や小丘陵で区画された農業共同体を基盤とする領域を差配する首長が埋葬される。とくに規模の大きな首長墳はこうした複数の地域首長を束ねる盟主的首長が埋葬され、その階層的頂点に大王陵が存在する。都出比呂志（一九八九）や和田晴吾（一九九四）の古墳時代階層性を単純化すればそのようにまとめることができよう。

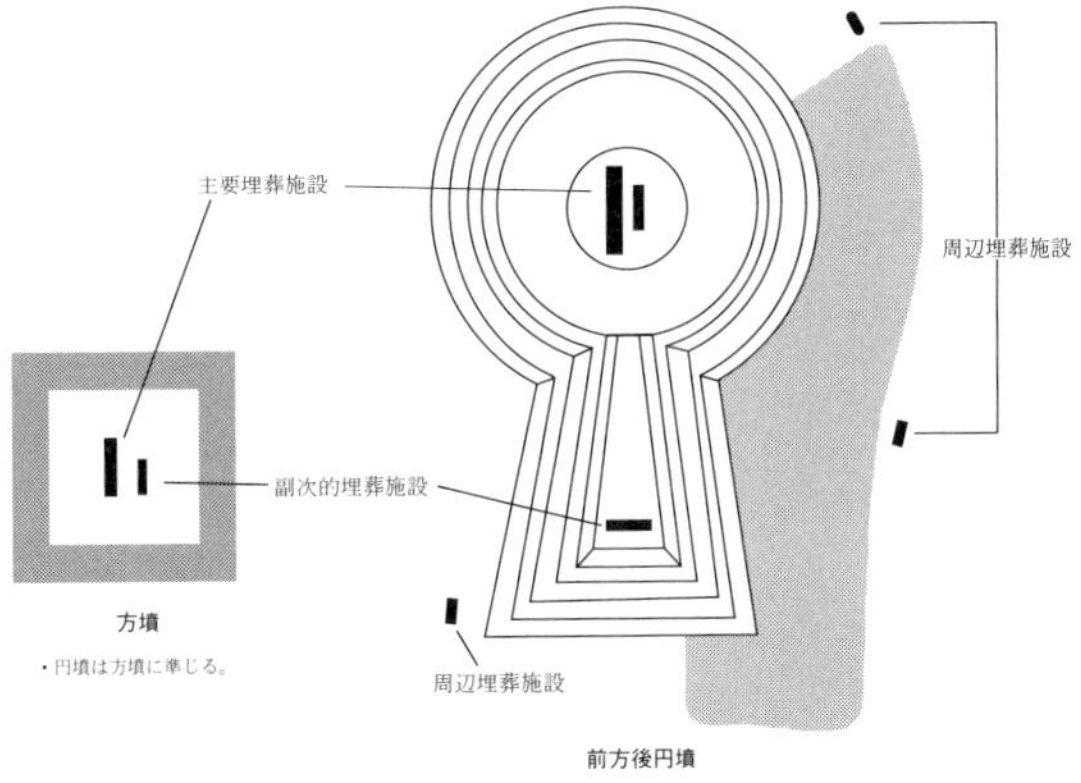

図1　埋葬施設の名称

古墳においては複数の被葬者が埋葬されることが一般的である。複数の成人と時には未成人が一つの墳丘に葬られる。

その被葬者の関係を問う事は本稿の重要な分析項目の一つである。複数の人物が同じ墳丘に葬られているとしても、最も中心的な埋葬施設に葬られる人物とその周辺に葬られる人物、あるいは墳丘の周囲に葬られる人物は、階層が異なり役割も違うことが予想される。最も中心的な埋葬施設は他の埋葬施設に比べ、棺とそれを納める槨あるいは室は堅牢で副葬品も豊富であることが多い。この埋葬施設に葬られる人物は古墳築造のきっかけとなった人物でもあるので、他の被葬者と区別して語る必要がある。首長墳に葬られたとしても、真に首長と呼ばれるべき人物はこの中心的な埋葬の人物である。本稿は図1のように、墳丘の中央部に設けられた最も中心的な埋葬施設を主要埋葬施設と呼び、墳丘の主要平坦面に設置されたその他の埋葬施設を副次的埋葬施設と呼ぶ。また、墳丘斜面・裾ならびに周溝の内外に設けられた埋葬施設を周辺埋葬施設あるいは周辺埋葬墓と呼ぶ。ただし、主要埋葬と副次的埋葬に明確な時期差や格差が認められない事例があるが、こうした事例については、個別に検討を加える。

女性首長の一般的存在

こうした地域首長墳・盟主的首長墳における主要埋葬の被葬者の性別を調査すると女性が数多く存在する。このことは今井堯が古くから指摘していた（今井一九八二）。

その代表例が熊本県向野田古墳である。向野田古墳は、不明な点が一部にあるものの全長八九mを計る前方後円墳である。前方部の一部が破壊されていたので、一〇〇m級前方後円墳と呼んで良い。古墳時代前期に属し、後円部主要埋葬施設から女性人骨が検出されている。一〇〇m級前方後円墳は複数の首長を束ねる盟主的古墳である。このような勢力を持つ女性首長が古墳時代前期には一般的に存在した。

この一般性は三つの証拠から指示される。一つは女性首長の割合である。日本は酸性土壌と湿潤な気候のため人骨が遺存しにくく、埋葬人骨から首長の性比を明らかにすることは難しい。そこで副葬品から被葬者の性別を判定したみたのである。数々の副葬品のうち、男性のみに副葬されるのは鉄鏃・甲冑・鍬形石である。女性特有の副葬品はほとんどないのだが、車輪石・石釧を被葬者の腕部に置く事例は女性に限定される（今尾一九九一・森一九九一ａｂ・清家一九九六）。

このうち、鏃副葬は古墳時代に、とくに近畿では一般的な存在である。それを首長墳で欠く理由は性別によるものである可能性がもっとも高い。したがって、首長墳における鏃副葬率を算出することにより、男性首長のおおよその比率を示すことができる。ただし、鏃副葬は被葬者が男性であることの十分条件であって必要条件ではない。したがってこの比率は男性首長の最低限の比率を示していることになる。

古墳時代前期の近畿において、前方後円墳の主要埋葬における鏃副葬率を算出したところ六七%であった（清家二〇一〇、図1）。全国における割合を調査した鈴木一有によれば、この割合は五〇%になるという（鈴木一九九六）。逆に考えると、大まかな数字であるがおおよそ三割から五割は女性首長が存在する可能性が高い。この数字は弥生時代後期から終末期の女性首長の割合とほぼ同じであり（清家二〇一五）、弥生時代後期以来、女性首長は一定の割合をもって日本列島に存在したのである。女性首長が一定の割合で存在したとするならば、「中継ぎ」や「臨時」という性格を女性首長に与えることはできず、彼女たちが一般的な存在であるのは明らかといえよう。

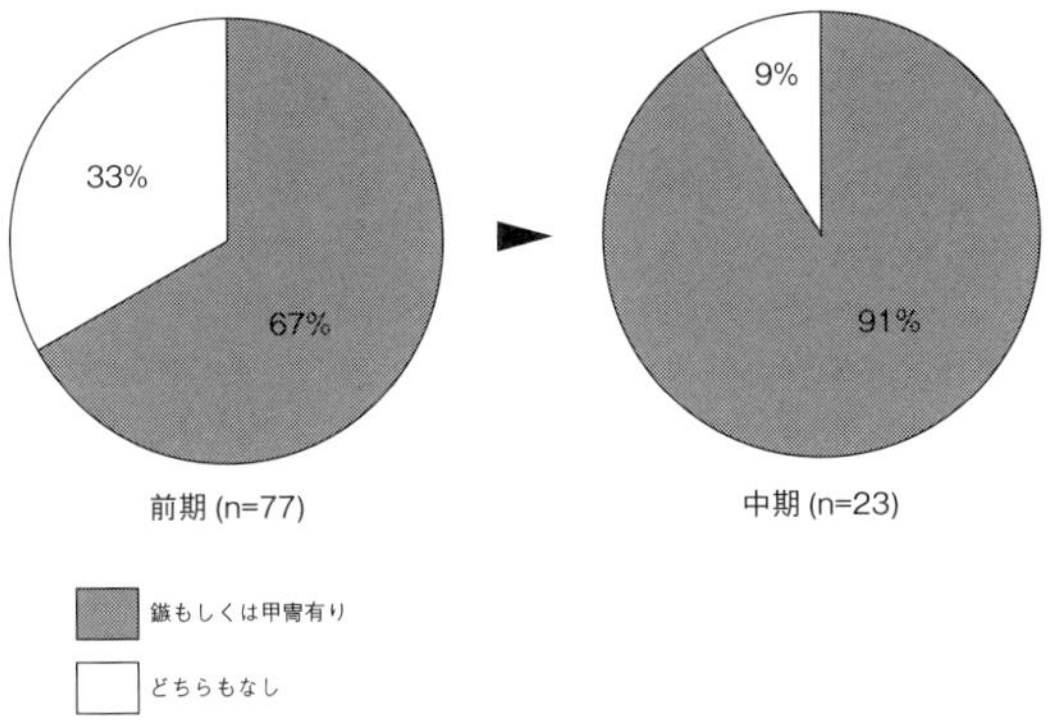

図2　近畿前方後円墳主要埋葬施設における鏃と甲冑の副葬率

　資料の数は少ないが、女性首長の人骨を調査すると妊娠痕の存在が認められる（清家二〇〇二）。このことも、女性首長の一般性を指示する。妊娠痕は、妊娠中期以降を経験したことのある女性の骨盤に認められる痕跡のことである。彼女たちは、性的パートナーを持っていたことを示す。彼女たちは、彼女たちの地位を引き継ぐ可能性を持つ子どもを産む権利を有していたといえよう。この点は女性天皇・女性王と比較する上で重要な視点である。なぜならば、文献に伝えられる女性天皇と女性王は、生涯未婚であるか、寡婦が即位することが原則だからである。吉村武彦や荒木敏夫らによれば、すくなくとも即位後に彼女たちが独身を維持する理由は、王位継承候補者の新たな出産を制限するためであるとしている（吉村一九八五・荒木一九九九）。女性天皇・女性王の出産に制限があることは、その臨時性と中継ぎ的性格を示すと考えるが（清家二〇一五）、女性首長にはそのような制限は現在の時点で認められない。

　またわずかに二～三の地域であるが、時期的に連続する首長墳で女性首長の存在が考えられ、女性から女性への継承が想定される事例があることも、女性首長の一般性を示すものといえよう。このうち摂津猪名川流域の事例は後述する。

二．性的役割分担に見る男女の首長

副葬品からみた性的役割分担　女性の副葬品を初めて本格的に分析した今井堯は、女性の副葬品には鏡・腕輪形石製品などの祭祀・装飾品以外に武器・農工具が含まれるので、女性首長は祭祀・軍事・生産に関与していた可能性を指摘したのであった（今井一九八二）。

　筆者も、男性首長と女性首長の権能はただ一点を除いて大きな違いはないと考えている。女性首長は男性首長と同じ権能を持っていた可能性が高い（清家二〇一〇・二〇一五）。逆に言うと、女性に特有な権能とされがちな祭祀も男女ともに担っていた可能性が高い（義江一九九六、清家二〇一〇・二〇一五）。

戦争と女性　男女の首長で異なる点があるすれば、軍事権への関わりである。確かに今井が言うように、女性首長に刀剣そして槍が副葬されることはある。しかしながら、女性に副葬される武器をみれば、それは基本的に刀剣・槍だけであり、種類を問わず武器武具が副葬されうる男性被葬者との違いは大きいと言わざるを得ない。

さらに、女性に副葬される刀剣も出土位置が限定されていることに注意したい。女性被葬者にともなう刀剣は古墳時代前期ではすべて棺外に置かれているのである。前節で紹介した向野田古墳の場合でもすべての刀剣は棺外に副葬されていた。女性被葬者が埋葬される棺内に刃物が副葬される事例はごく少数あるが、古墳時代前期においてはすべて長さ二〇cm以下である。これらは武器としての刀剣とすることはできず、工具としての刀子とするべきものである。これに対して男性被葬者の棺内には刀剣が長短を問わず納められ、その差は歴然である。すなわち古墳時代前期における女性の埋葬施設では、棺内に一切の武器は副葬されないのである。棺外に副葬品を置く行為は弥生時代の初めからあったのではなく、弥生時代後期から始まる新しい習俗である。この新しい習俗にはそれまでの副葬品にはなかった意味が付与されている可能性がある。とくに棺外の刀剣については泉森皎ら多くの研究者によって辟邪、すなわち邪霊から遺体を守護するという意味を持つと指摘される（泉森一九八五）。棺外に置かれる刀剣が辟邪の意味を強く持つとすると女性被葬者は武器としての機能を有する副葬品を持たないことになる。この傾向は首長層から一般層に至るまで徹底されている。

このことは殺傷人骨からも裏付けられそうである。弥生時代の北部九州では埋葬施設に甕棺が用いられる。甕棺は、人骨の保存に他の埋葬施設よりも優れており、甕棺墓から多くの人骨が見つかっている。その中には、武器で傷つけられた痕跡を持つ人骨があり、中にはその傷が致命傷となったと考えられる人骨がある。これを殺傷人骨とよぶ。弥生時代の殺傷人骨を分析した中橋孝博は、その多くが男性であることを明らかにしている（中橋一九九九）。長崎県根獅子遺跡例のような女性殺傷人骨も見つかってはいるが、その数は男性に比べて圧倒的に少ない。戦闘行為の中で男性が最前線に立っていた証拠であろう。

また、日本書紀や古事記における戦争記事をみても女性首長が戦争にかかわったとされる記事はきわめてまれであり、厳密にいえば一例しかない（清家二〇一〇）。

以上のことから、古代において、女性が軍事に携わったことは考えがたい。女性首長は軍事権を有していなかった、あるいは男性より劣位にあったといえるだろう。また、女性兵士は基本的に存在しなかったと考えられる。

三　男性化する首長

古墳時代中期の画期　一定程度の割合を占めていた女性首長も、古墳時代中期以降は激減する。きわめて大きな変化が中期初頭におきるのである。

古墳人骨を見てみると、大型・中型首長墳の主要埋葬施設から出土する女性人骨は基本的にないといって良い。女性人骨が主要埋葬施設から検出された古墳例は三〇m級にとどまっている。古墳時代中期は、埋葬施設に石棺が前期より多く使用されるので、女性首長が存在するのであれば女性人骨が見つかる可能性は前期より高いはずである。それにもかかわらず大型・中型首長墳において女性人骨が主要埋葬施設から検出されることはないのである。

人骨の遺存は偶然性が高いので、大古墳にたまたま人骨が遺存しなかった可能性もある。しかし、前方後円墳の主要埋葬における副葬品を調べてみると、男性被葬者の割合は九〇%を超えることが判明する（清家二〇一〇、図2）。中期における首長は男性がほとんどだった状況が見えてくるのである。

女性首長衰退の背景　古墳時代中期になると、鏡・腕輪形石製品の副葬は減少あるいは消滅する。その一方で、鉄製甲冑ならびに刀・槍・鉄鏃の副葬が増加するとともに、前期には少なかった武器・武具の棺内副葬が行われるようになる（松木一九九二）。松木武彦は、中期になって武器・武具の内容が革新されると共に、それらの棺内副葬が顕著になることから、中期における首長の生前の活動が軍事的色彩を帯びていたと指摘する（松木一九九二）。古墳時代中期の首長の性格が軍事化していることは他の研究者も認めるところである。（田中一九九三・二〇〇三、藤田一九八八など）。前期の末葉ごろを境にして首長墳では、武器副葬がより比重を増していくことになる。中期の首長には軍事的権能が前期以上に求められたことが考えられよう。

この背景には、「広開土王碑」にあるように韓半島への倭の軍事的関与が認められることと関連があろう。また、韓半島での軍事的行動が敗北に終ったようで、それを契機として中期の甲冑や武器類が韓半島と関係が深いそれに刷新されることも興味深い（松木二〇〇一：一三八―一四三頁）。韓半島での動向や敗北経験から、ヤマト政権が軍備と軍事体制を変革し諸地域の首長を軍事的に編成することを試みた可能性が考えられるからである。

実際、倭の五王の一人である武が南宋に送った上表文を見れば、高句麗との対立を明確に記してある。さらに倭王武の先祖が甲冑を着て、国内外を平定したと述べる。誇張も多いであろうが、王権が軍事化していることや、「海北」と述べていることから朝鮮半島への進出が何度か存在したことを示している。

考古学的にも文献的にも王権が軍事化し、畿内や地方の諸勢力を軍事的に編成した可能性が指摘できるであろう。その際に軍事的権能をもたない女性では、首長として軍事編成に対応ができない。そのため女性は首長権を手放し、首長の男性化が進んだと考えられるのである。

四　いわゆる首長系譜論と首長の地位継承

（1）摂津猪名川流域の首長系譜と首長位の男性化

首長の男性化を具体的な地域を取り上げて、実例に則して見てみることにしよう。筆者はこれまでにも都出比呂志の首長系譜論研究（都出一九八八）に導かれて、いくつかの地域で首長系譜の変動を考察したことにある。そこでは、首長の性別に軸足をおいて首長位の継承について考察した（清家二〇一〇）。とくに筆者がかつてフィールドとしていた北摂津の猪名川流域では、首長位継承における変化について注目すべき成果を得ている。これを再論しつつ、首長の男性化が意味することをさらに考えていく。

地域の概要　猪名川流域は大阪府の北部から兵庫県東部に位置する。現在の行政区域としては猪名川左岸が大阪府池田市、同・箕面市、同・豊中市が該当し、猪名川右岸は兵庫県川西市、同・宝塚市、同・伊丹市、同・尼崎市に当たる（図3）。

北部の六甲山系に端を発する猪名川は南流して現在は神崎川に合流する。その左岸すなわち東側の地域は、千里丘陵の西端にあたり、丘陵の尾根筋と台地、あるいは西流して猪名川に合流する小河川によって、四つの地域に明瞭に区分することが可能である。北から池田・箕面域、待兼山丘陵域、豊中台地とその南にある低地部分である（図3）。南の低地部分にはほとんど古墳が存在せず、首長墳は三小地域に築造される。

一方、猪名川右岸は、左岸のように地理的状況から明瞭には分けにくいが、少なくとも上流の長尾山丘陵とその周辺域、ならびに下流域の伊丹市南部と尼崎市の二カ所に古墳が分かれて分布する。

本稿では猪名川左岸域の首長系譜を主として見ていくことにしよう。

前期・中期における首長系譜変動の概要　この地域の首長系譜の消長を示したのが図4である。古墳の主要埋葬被葬者の性別についても古墳を色分けして示している。これを見ると前期中頃から首長墳が各地で築造され始め、前期には男性首長と女性首長が存在しうることがわかる。興味深いのは池田・箕面領域で、ここは前期に池田茶臼山古墳と娯三堂古墳が築造される。娯三堂古墳は石釧を被葬者の腕部付近に配置するので被葬者は女性と考えられる。池田茶臼山古墳は盗掘されているので副葬品の全体像は不明であるものの鉄鏃・甲冑・鍬形石などの男性的副葬品を持たないことから、被葬者は女性の可能性がある。この推測が正しいとすると、二代

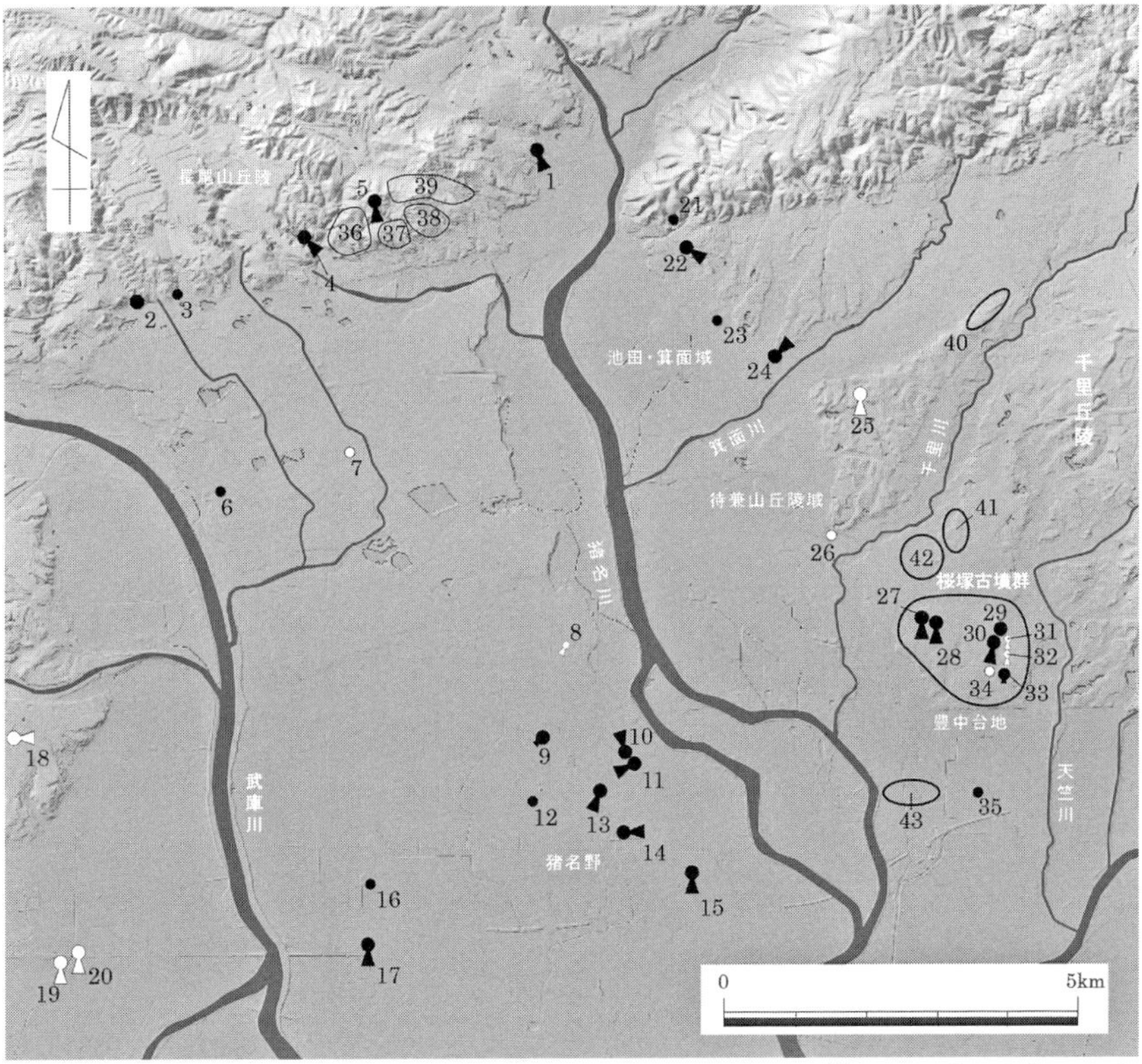

1. 勝福寺古墳　2. 中山荘園古墳　3. 中山寺白鳥塚古墳　4. 長尾山古墳　5. 万籟山古墳　6. 安倉高塚古墳　7. 荒牧古墳　8. 上臈塚古墳　9. 御願塚古墳　10. 園田大塚山古墳　11. 南清水古墳　12. 柏木古墳　13. 池田山古墳　14. 御園古墳　15. 伊居田古墳　16. 大井戸古墳　17. 水堂古墳　18. 上ヶ原車塚古墳　19. 津門稲荷山古墳　20. 津門大塚古墳　21. 娯三堂古墳　22. 池田茶臼山古墳　23. 鉢塚古墳　24. 二子塚古墳　25. 待兼山古墳　26. 麻田御神山古墳　27. 小石塚古墳　28. 大石塚古墳　29. 豊中大塚古墳　30. 御獅子塚古墳　31. 狐塚古墳　32. 北天平塚古墳　33. 南天平塚古墳　34. 嫁廻塚古墳　35. 穂積古墳　36. 平井古墳群　37. 雲雀山西尾根古墳群　38. 雲雀山東尾根古墳群　39. 雲雀山古墳群　40. 太鼓塚古墳群　41. 新免宮山古墳群　42. 新免古墳群　43. 利倉南古墳群

図3　猪名川流域の古墳分布

続けて女性首長が続く事例となりうる。

また、猪名川左岸域においては、豊中台地における桜塚古墳群が前中期を通して一貫して大規模な古墳を築造していることが理解できる。ただ、同じ桜塚古墳群に属しているといえ、前期は大石塚古墳と小石塚古墳が古墳群の西半に築造されており、これらは西群と呼ばれるのに対し、中期以降は古墳群の東半に首長墳が連綿と

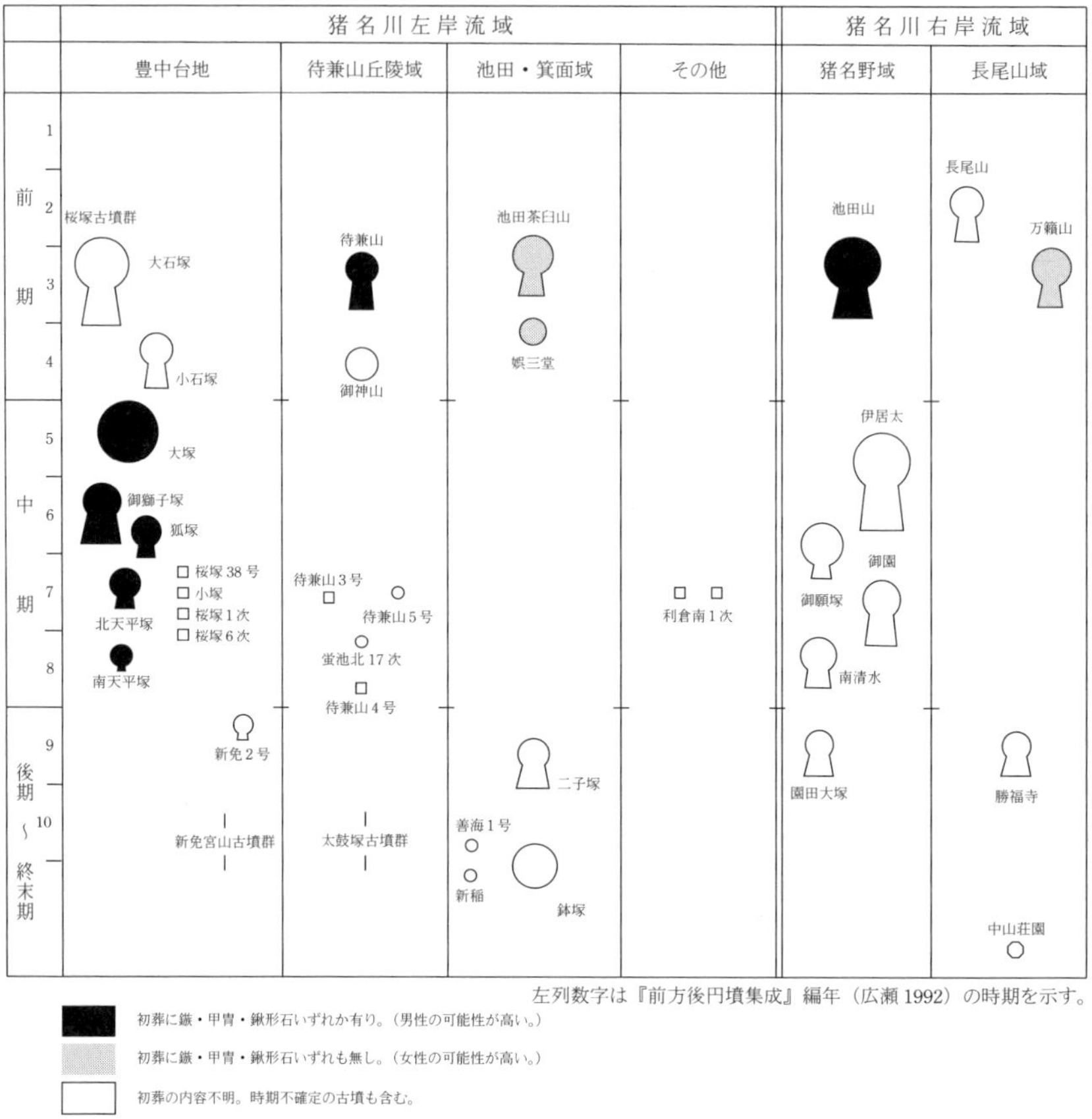

左列数字は『前方後円墳集成』編年（広瀬1992）の時期を示す。

図4　猪名川流域の古墳変遷

築造される。これを東群という。つまり、桜塚古墳群においては、前期から中期にかけて西群から東群へ首長墳の築造域が変化するのである。これと同時に、池田・箕面域と待兼山丘陵域では首長墳の築造が途絶えてしまう。

中期以降に女性首長が消滅するようすは桜塚古墳群で具体的に示される。詳しくは前稿をご覧いただきたいが、桜塚古墳群東群における首長墳のほぼすべての埋葬施設には甲冑あるいは鉄鏃の副葬が認められ、被葬者の大部分は男性であることが判明しているのである（清家二〇一〇）。

注目したいのは桜塚古墳群東群における首長墳の築造順とその配列である。大塚古墳以降、首長墳は列をなして築造され、まさに一つの系譜を示すように列状分布を示すのだ。こうした現象をみれば、中期に至って、盟主的古墳を排出する集団は一つに絞られ、一つの集団の男性がその地位を継承しているように見える（図5）。

田中良之や筆者の研究によって、一つ古墳に埋葬された複数の被葬者たちはキョウダイを中心とする血縁者であったことがほぼ確実視されている（田中良一九九五、清家二〇一〇）。桜塚古墳群東群の各古墳の被葬者は血縁者から構成されている可能性が高い。隣接する古墳間における被葬者の親族関係は明確ではない。しかし、血縁者のみで構成される古墳に隣接する古墳の被葬者が血縁的に無関係であるとは考えにくい。

非首長墳ではあるが兵庫県柿坪中山古墳群（清家二〇一〇）・奈良県大正池南古墳群（清家二〇一〇）・広島県山ノ神古墳群（田中良一九九八）では、隣接する複数の古墳に人骨が遺存する例があり、これらの人骨を分析した結果、一古墳内に埋葬された被葬者どうしはもとより、隣接する古墳の被葬者どうしが血縁者であることが明らかとなっている。すなわち古墳群全体において被葬者は血縁者に限られている。

柿坪中山古墳群・大正池南古墳群・山ノ神古墳群は、古墳が大きな時間差を経ずして築造された例であると考えられるのに対し、桜塚古墳群東群は古墳時代中期を通して首長墳が築かれている点で異なる。ただし非首長墳の分析で示されるように、一つの墓域に血縁者だけが埋葬される原理はかたくなであり、長期にわたって形成される古墳群にもこの原理は適応される可能性は高いと考えられる。桜塚古墳群では、中期以降に血縁的に連続する男性の間で首長位が継承されている可能性があり、まさに父系的系譜が成立している考えられる。

（2）キョウダイ原理埋葬と首長位継承

父系的継承とはいえ、父から子、子から孫へという単純な直系継承ではなかったと考えられる。先述の通り古墳にはキョウダイを中心とした血縁者が埋葬されている。注目すべきは複数埋葬における格差である。

下垣仁志は、複数埋葬を埋葬間の格差の有無からA類とB類の二つに分類した。A類は埋葬施設の位置・棺槨の種類・規模ならびに副葬品の種類・多寡に明瞭な差がないものであり、B類は明確な差があるものを言う（下垣二〇一一：三二〇頁）。

山本三郎は複数埋葬に格差のないパターンとあるパターンがあることを早くから説き、粘土槨という新たな埋葬施設が創出される中で、格差が生じるとしている（山本一九八三）。すなわち時期差を指摘している。しかし、中期においてなお格差のないパターンは存在する。その一つが桜塚古墳群の豊中大塚古墳である。

大塚古墳は直径五六mの円墳であり、時期は中期初頭に位置づけられる（柳本編一九八七）。墳頂部には三基の木棺が主軸を南北にそろえて併存していた（図6）。

このうち第二主体は墳頂部の中心にある。この第二主体部は長さ九．二五m・幅六．三mの巨大な墓壙を持ち、墓壙内には二基の粘土槨が設置されていた。二基の粘土槨はそれぞ

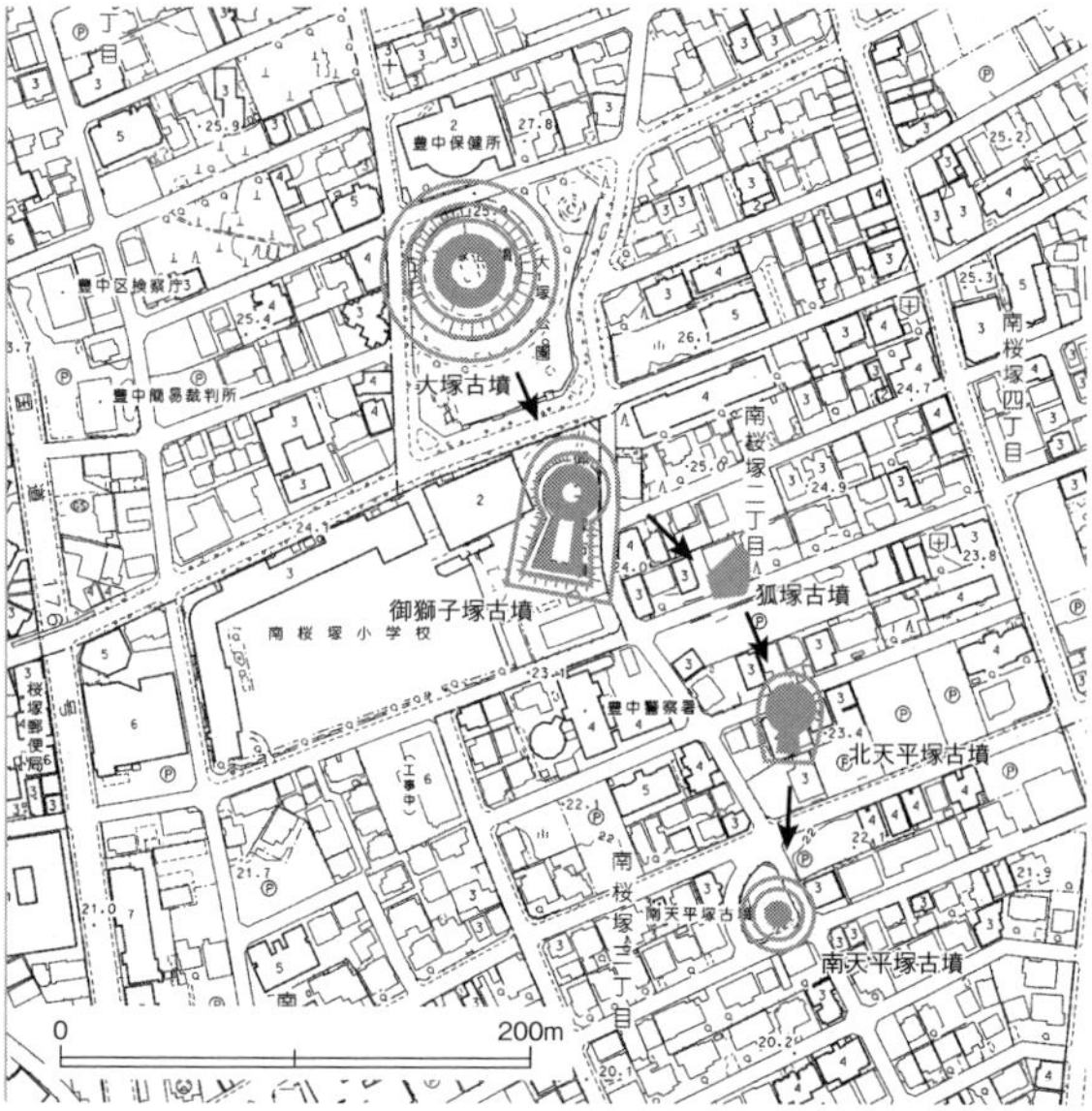

図5　桜塚古墳群東群の古墳分布

れ東槨・西槨と呼ばれ、二つの粘土槨には切り合い関係が存在せず、二基の粘土槨が同一の墓壙に同時に構築されたと考えられている。墳頂平坦面の中心は、東槨と西槨の中央に位置することから、二基の粘土槨はきわめて計画的に配置されていた様子が窺われる。

東槨は盗掘を免れ、棺内外の副葬品がほぼ埋葬時の位置で検出された。棺内に三組の甲冑とともに刀剣一八本のほか方格規矩鏡などが出土している。西槨は中央部に巨大な盗掘坑があり、副葬品配置に不明な点が多いものの、甲冑片や鉄鏃が出土している。

西槨の副葬品に不明な点があるものの、埋葬施設の配置・規模は東槨と遜色ない。甲冑の破片も出土していることから東槨の副葬品と大きな差は存在しなかったと言える。

第一主体は、盛土とともに棺が部分的に流出しているため全容は把握できないが、少なくとも長さ二m以上の割竹形木棺が直葬されていたとされる。遺存していた木棺からは刀四本・鉄鏃二七本のほか玉類が二七七個出土した。埋葬施設が墳頂部の東端に偏っていること、副葬品に甲冑を含まないことから、第二主体との格差が認められる。すなわち大塚古墳の複数埋葬は、下垣A類とB類が併存していると言えよう(1)。

この三つの埋葬施設には甲冑あるいは鉄鏃がそれぞれに副葬されていることから、被葬者はすべて男性であると考えられる。東槨と西槨が同時埋葬であるから、両槨の被葬者は年齢差はないと考えられ、兄弟の関係にあると推定される（三木一九九九・清家二〇〇二）。第一主体は第二主体と時期差を持つ可能性があることから、第二主体被葬者の兄弟か、いずれかの子供であろうと考えられた。以上のことから大塚古墳の三人の被葬者は図7のような親族モデルで表すことができる（清家二〇一〇）。

兄弟が埋葬されている場合、とくに格差の小さいA類の場合は地位継承に不安定さをもたらすことは想像するにたやすい。兄弟がほぼ同格の地位にあって首長権を分掌していると考えられるので、兄弟間で主たる首長権（代表首長）をめぐって、争いが起こりやすいことが想像できよう。さらに、世代間における地位継承においても争いが起きやすいことが考えられる。兄弟それぞれの子息、すなわち従兄弟どうしがそれぞれ首長権継承候補者となり得るからである（図8）[2]。

すなわち一定の血縁集団の中から首長は選択されるものの、キョウダイ間、父と子、叔父と甥、従兄弟間と地位継承の選択の幅は広かったと予測される。さらに首長位を継承する血縁集団は分立傾向にあったと考えられる（清家二〇一八）。

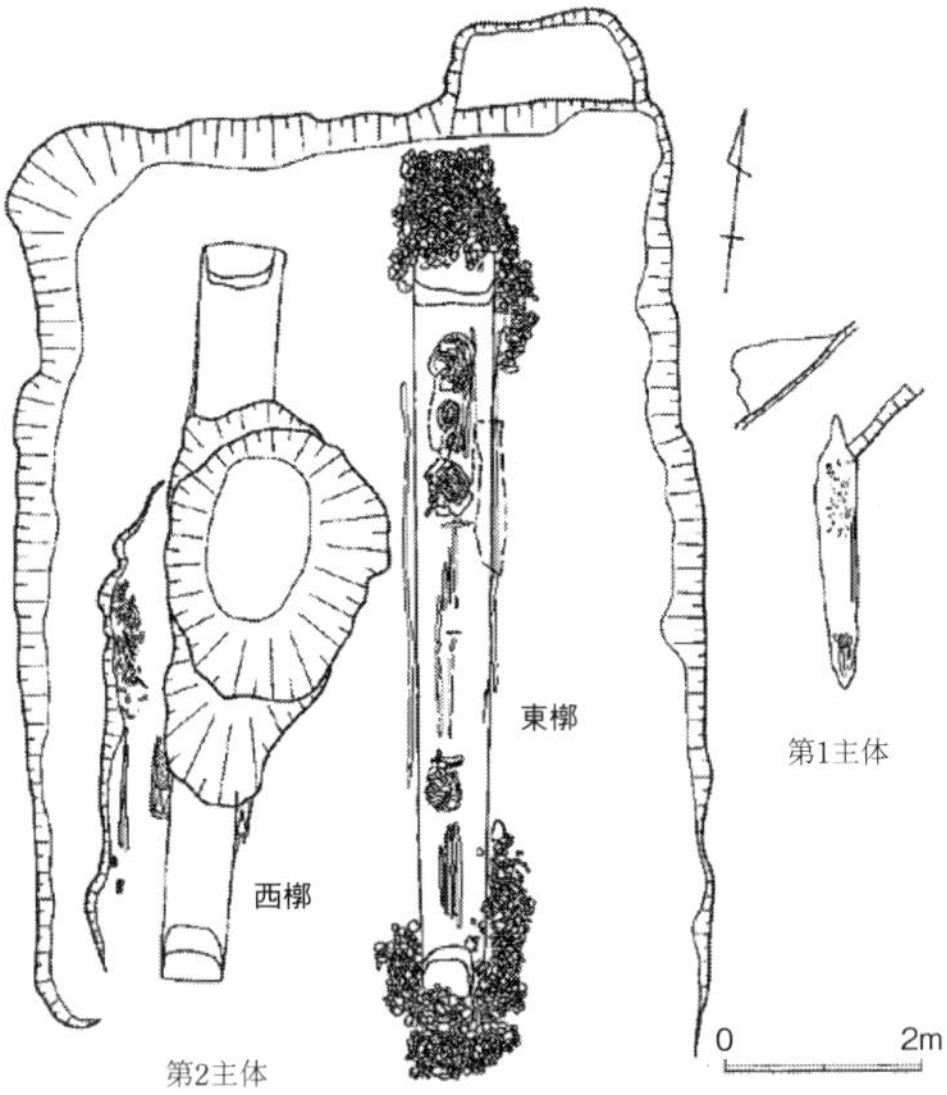
東槨
第1主体
西槨
第2主体
0
2m
図6　豊中大塚古墳の埋葬施設配置

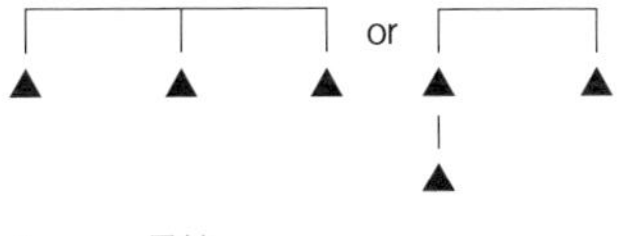
or
▲・・・男性
図7　豊中大塚古墳の被葬者の親族関係モデル

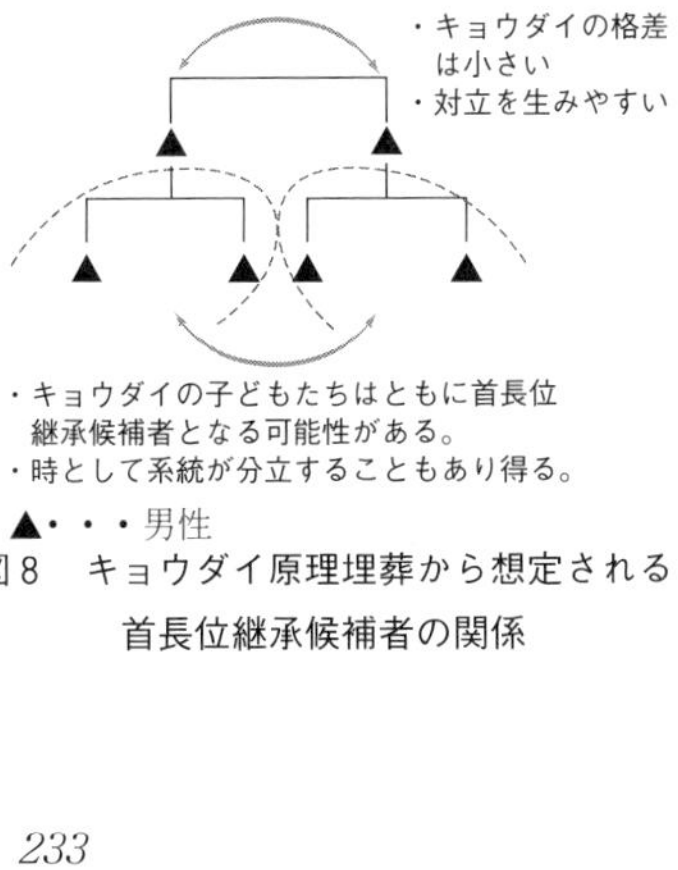
・キョウダイの格差は小さい
・対立を生みやすい
・キョウダイの子どもたちはともに首長位継承候補者となる可能性がある。
・時として系統が分立することもあり得る。
▲・・・男性
図8　キョウダイ原理埋葬から想定される首長位継承候補者の関係

おわりに

このように古墳時代は、首長位継承における変化期にあたる。弥生時代以来存在し続けた女性首長は古墳時代中期を以て、基本的には存在しなくなる。また、首長層においては父系的親族集団が存在し、選択の幅が広いながらも首長位はその中で継承されたと考える。

中期以降の首長位継承のあり方は、義江明子が古代系図から明らかにした地位継承と矛盾するものではないし、比較的通じるところである（義江二〇〇〇）。男性が支配組織の中心にあり、その変化をもたらしたのは戦争と政権の軍事化であった。この傾向は不可逆的で元に戻ることはなかったと考えられる。

首長位継承ならびに王位継承についてはまだ不明な点も多い。今後重ねて検討を行う必要がある。

本稿は筆者のこれまでの研究成果と清家二〇一八の研究成果をまとめたものであるため、既往の論文と重複があることをお断りしておきたい。

注

（1）下垣は古墳の埋葬全体をみて格差のある埋葬施設がある場合はB類に含めてしまい（下垣二〇一一）、大塚古墳のような事例は下垣はB類として扱っている。しかし、ここでは古墳全体よりも古墳内の被葬者間関係を細かく捉えたいので、A類とB類の併存と表記する。

（2）下垣のいうB類（下垣二〇一一）であっても、首長位継承に争いがおこる可能性をここで付記しておきたい。下垣B類の中にも、複数埋葬間の格差が比較的小さい事例が存在する。たとえば、下垣は京都府寺戸大塚古墳をB類として扱う。寺戸大塚古墳は全長九五mの前方後円墳で後円部と前方部に竪穴式石室を持つ。後円部の竪穴式石室は長さ六．四五m・幅〇．八五m・高さ一．六mで三角縁四神四獣鏡・三角縁神獣仏獣鏡・埴輪製合子・硬玉製勾玉・碧玉製石釧等の出土を見る。前方部石室の大きさは長さ約五．三m・幅約一．〇mであり、石室の大きさは後円部のそれにくらべればやや小さいが、付近にある前方後円墳や前方後円墳の主要埋葬の石室と比較すれば遜色ない（都出一九八六）。副葬品も浮彫式獣帯鏡・倣製三角縁三神三獣鏡・方格規矩鏡・琴柱形石製品などの出土を見る。前方部の竪穴式石室はそれ自体が古墳の主要埋葬となりうる内容を持っているのである。

たしかに、埋葬施設は後円部と前方部に分かれており、石室規模にこそやや差はある。しかし、石室規模の差は小さく、鏡の枚数なども遜色ない。山本三郎も寺戸大塚古墳の後円部石室と前方部石室に質的差はないと説く（山本一九八三）。後円部と前方部に分かれて存在する被葬者の間でも、格差の小さい事例があるのだといえよう。下垣B類はまだ細分の余地があるのでなかろうか。

参考文献

荒木敏夫　一九九九『可能性としての女帝』青木書店、東京
泉森　皎　一九八五「刀剣出土状態の検討—刀剣の呪的性格の理解のために—」『末永先生米寿記念献呈論文集』乾　末永先生米寿記念会、奈良：三九三—四三五頁
今井　堯　一九八二「古墳時代前期における女性の地位」『歴史評論』No.383　校倉書房、東京：二一—二四頁
今尾文昭　一九九一「遺物の配列組成　1　配列の意味」『古墳Ⅱ　副葬品』古墳時代の研究3　雄山閣出版、東京：二二九—二四五頁
下垣仁志　二〇一一『古墳時代の王権構造』吉川弘文館
鈴木一有　一九九六「前期古墳の武器祭祀」福永伸哉・杉井健編『雪野山古墳の研究』考察篇　八日市市教育委員会、滋賀：一四五—一七四頁

清家　章　一九九六「副葬品と被葬者の性別」福永伸哉・杉井健編『雪野山古墳の研究』考察篇　八日市市教育委員会、滋賀：一七五—二〇〇頁
清家　章　二〇〇二「古墳時代女性首長の出産歴」『エコソフィア』第9号　民族自然誌研究会、京都：九八—一一〇頁
清家　章　二〇一〇『古墳時代の埋葬原理と親族構造』大阪大学出版会、大阪
清家　章　二〇一五『卑弥呼と女性首長』学生社、東京
清家　章　二〇一八「首長系譜分立試論—王墓築造地域変遷の理解のために—」『待兼山考古学論叢』3　大阪大学大学院文学研究科考古学研究室（印刷中）
田中晋作　一九九三「武器の所有形態からみた常備軍成立の可能性について」（上）（下）『古代文化』第8号・第10号　古代学協会、京都：一—九頁、一〇—一九頁
田中晋作　二〇〇三「古墳に副葬された武器の組成変化について」『日本考古学』第一五号　日本考古学協会、東京：一一—三三頁
田中良之　一九九五『古墳時代親族構造の研究』柏書房、東京
田中良之　一九九八「山の神第2・3・4号古墳被葬者の親族関係」『山の神遺跡群・池ノ迫遺跡群』広島県埋蔵文化財センター調査報告書第165集、広島：一〇七—一一〇頁
都出比呂志　一九八六『竪穴式石室の地域性の研究』大阪大学、大阪
都出比呂志　一九八八「古墳時代首長系譜の継続と断絶」『待兼山論叢』第22号　史学篇　大阪大学文学部、大阪：一—一六頁
都出比呂志　一九八九「古墳が造られた時代」『古墳時代の王と民衆』古代史復元3　講談社、東京：二五—五二頁
中橋孝博　一九九九「北部九州における弥生人の戦い」『戦いの深化と国家の形成』人類にとって戦いとは第1巻　東洋書林、東京：一〇一—一二〇頁
藤田和尊　一九八八「古墳時代における武器・武具保有形態の変遷」『橿原考古学研究所論集』第八　吉川弘文館、東京：四二五—五二七頁
松木武彦　一九九二「古墳時代前半期における武器・武具の革新とその評価」『考古学研究』第39巻第1号　考古学研究会、岡山：五八—八四頁
松木武彦　二〇〇一『人はなぜ戦うのか』講談社、東京
三木　弘　一九九九「同一墓壙埋葬について」『長沢1号墳・熊野社下遺跡』横須賀市教育委員会、神奈川：一〇〇—一一四頁
森　浩一　一九九一ａ「黄金塚古墳と女性の被葬者①」『古代学研究』124　古代学研究会、大阪：表紙裏
森　浩一　一九九一ｂ「黄金塚古墳と女性の被葬者②」『古代学研究』125　古代学研究会、大阪：表紙裏
柳本照男編　一九八七『摂津豊中大塚古墳』豊中市文化財調査報告第20集　豊中市教育委員会、大阪
山本三郎　一九八三「畿内地域における前期古墳の複数埋葬について」『考古学論集』関西大学考古学研究室開設参拾周年記念、大阪：四三五—四六四頁
義江明子　一九九六『日本古代の祭祀と女性』吉川弘文館、東京
義江明子　二〇〇〇『日本古代系譜様式論』吉川弘文館、東京
吉村武彦　一九八五「古代王権における男女王権試論」『歴史学研究』№542：一一—一五頁

和田晴吾　一九九四「古墳築造の諸段階と政治的階層構成―五世紀代の首長制的体制に触れつつ―」『ヤマト王権と交流の諸相』古代王権と交流5　名著出版、東京：一七―四七頁

広瀬・清家両報告に学ぶ

――ヤマト政権＝前方後円墳時代の国制像の革新

水林　彪

はじめに

広瀬・清家両報告は、ヤマト政権＝前方後円墳時代の歴史像を革新するものである。何故にそのように言いうるのか。国制史学は、両報告をどのように受けとめ、発展させていくべきなのか。以下、これらの問題について、私見を述べることとする。

I　国制論――広瀬報告に学ぶ

広瀬報告およびその前提となっている氏の著作・論文から、多くのことを学んだが、紙数の制約により、二点に絞って述べることとする。

1　「首長」（古代）と「領主」（中世）――連続性・同質性

第一は、古代史家のいう「在地首長制」と中世史家のいう「在地領主制」が、景観上きわめて類似していることを指摘されたことである。広瀬氏は、このことを、報告の中では触れられなかったけれども、シンポジウムを準備するための研究会および別に発表予定の論文において、資料を作成して示された（広瀬18）。表1がそれである。これによって、ヤマト政権時代（四世紀～七世紀）と中世（一二世紀～一六世紀末）との在地支配者の居館がよく似ていることが知られる(1)。この共通性に着目するならば、これら両者を、同一の概念で表現されるものの古代的段階と中世的段階として理解することが必要であろう。古代首長と中世領主を包括するものとして、たとえば「豪族」という概念を設定し、「首長」はその古代的形態の名称、「領主」はその中世的形態の名称とするのも一案ではあろう。しかし、本稿では、「首長」という語を、階級的支配者以前の、共同態の指揮者を指示するための概念に留保しておくこととし、階級的支配者に転化した首長には「領主」という語をあてることとする。すなわち、弥生中期のころまでの、共同態を指揮するリーダーたる〈共同態首長〉は、古墳時代には、共同態の指揮者という契機を保存しつつ、共同態を階級的に支配する〈領主〉に転化した、というように概念化する（共同態首長の領主への転化が完成する古墳時代よりも前の弥生時代後期に、移行形態としての〈政治的首長〉が形成されるが、これについては後述する）。

表1　古代「首長」居館と中世「領主」居館

	首長・領主居館		農民集落
	囲繞施設	外観	
4～5世紀	濠・土塁・塀	閉鎖的	小村（疎塊村）
6～7世紀	塀	閉鎖的	小村（疎塊村）
8世紀初め～10世紀前半	官衙風配置・一部溝	開放的	小村（疎塊村）
10世紀中頃～12世紀後半	土塁？	閉鎖的？	散村・小村
12世紀末～14世紀	堀・土塁・塀	閉鎖的	散村・小村
14世紀～16世紀末	堀・土塁・塀	閉鎖的	集村

（広瀬和雄氏作成・原題「首長・領主居館・居宅と農民集落の変遷（畿内を中心として）」抜粋）

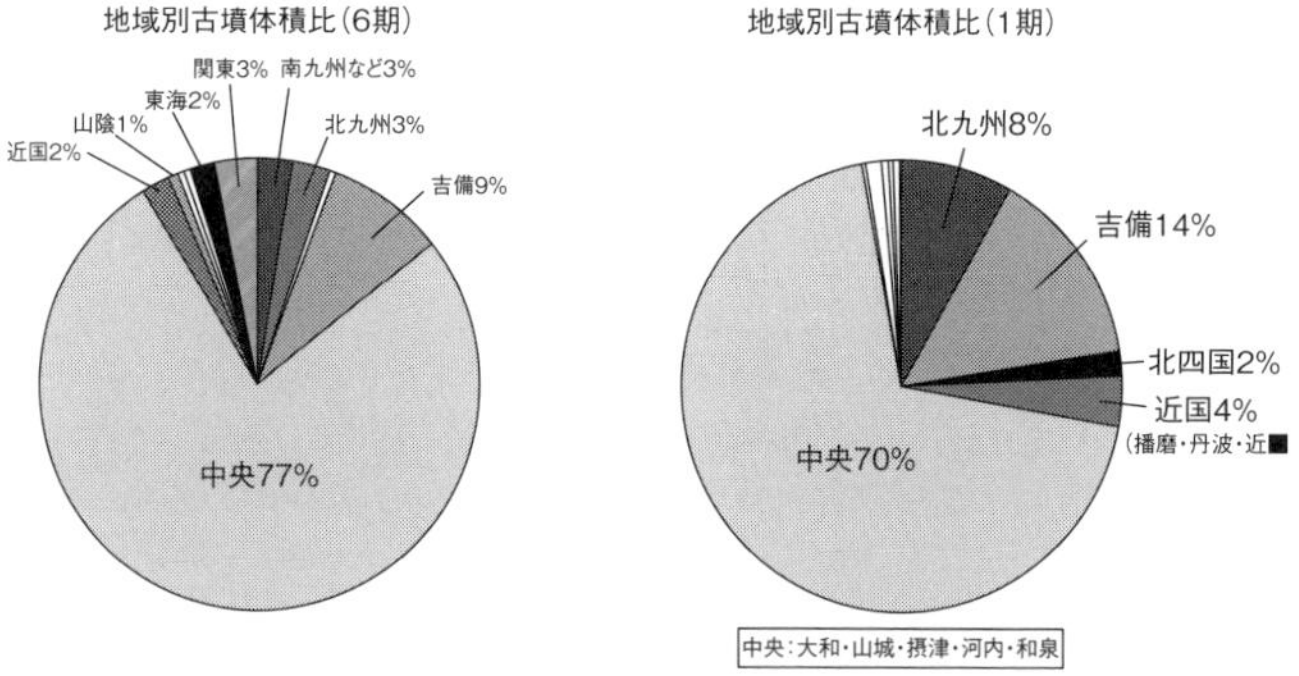

図1

2 「有力首長の共同統治」

（1）広瀬テーゼとその検証

（a）広瀬テーゼ

広瀬報告に学ぶ第二点は、前方後円墳時代の国制の捉え方である。それは次の二つのテーゼにまとめられよう。①日本列島では、前方後円墳時代に初めて、中央と地方という関係が成立した。そして、その関係は、大規模古墳の中央への集中度が端的に示すように、中央が地方に圧倒的に優位するという性質のものであった。②対して、中央政権の内部構造は、前期および中期においては、突出して強大な一人の有力者が存在するというものではなく、複数の有力首長層の共同統治体制であった。前期は大和・柳本古墳群を形づくった数人が、中期には佐紀・馬見・古市・百舌鳥古墳群に分散した四有力首長層が、それぞれ輪番的に大王を輩出しながら共同統治した。並立していた四大古墳群が古市を除いて終息し、大王墓が単独墳として築造され始め、有力首長層の共同統治が終焉するのは、古墳時代後期（五世紀後半ないし末）になってからである。

以上のような広瀬氏の二つのテーゼについて、まず、私なりに検証しておきたい。

（b）広瀬テーゼの検証

図1を参照されたい。これは、前方後円墳時代の1

期および6期について、諸地域の古墳の体積比[2]をグラフにしたものである[3]。中央の比重は七〇%（1期）および七七%（6期）であり、他地域とは桁違いの数値を示す。まさしく〈中央―地方〉の関係、しかも、中央が諸地方に圧倒的に優位するタイプのそれである。広瀬氏の第1テーゼを、ここにおいて、視覚的にはっきりと確認することができる。

次に図2を参照されたい。これは、表2（中央古墳編年表）を基礎に、前方後円墳時代の全10期の各々について、中央における諸古墳の体積比をグラフで示したものである。この図から、次のことが言えよう。

(1) 1期においては、箸墓古墳だけが突出している。箸墓被葬者は、唯一者《オンリーワン》すなわち〈王〉（この概念については、後述する）といいうる。

(2) 2期から7期までの6期間においては、突出して巨大な古墳が一つだけ存在するという状況にはない。墳長において最大の大山古墳、体積において最大の誉田山古墳が築造された6期についても、このことは妥当する。体積を基準とすれば、誉田山・大山が第1位《ナンバーワン》・第2位《ナンバーツー》となるが、いずれも唯一者《オンリーワン》ではない。あたかも、大木がその高さを競い合っているかのような観を呈している。

(3) 8期および9期になると、唯一者《オンリーワン》＝〈王〉が登場したとは言い難いが、その形成にむけての動きが看取される（岡ミサンザイ、河内大塚）。

(4) 10期に、唯一者《オンリーワン》＝〈王〉が再び登場する（見瀬丸山）。その突出度は、箸墓被葬者を上回っている。

図2から読み取ることのできる、以上のような前方後円墳時代の国制史像に照らすならば、広瀬第2テーゼは、おおむね妥当するということができる。「おおむね」という限定を付さねばならないのは、1期については、「有力首長の共同統治」という国制ではなく、後期の国制と同様の、「箸墓を大王の単独墳とする体制」であるように見えるからである。

いまひとつ、2期から7期までの「有力首長層の共同統治」体制について、広瀬氏が、「有力首長層の一人が輪番的に大王の地位についた」というように表現していることにも、問題があるように思われる。輪番的に就任する地位をはたして「大王」と概念化してよいものか、疑問に感じられるからである。以下、この二つの問題について考察する。順序として、後者の問題から考える。

(2) 第一の問題点――〈王〉概念

〈王〉は〈臣〉との関係において〈王〉である。すなわち〈王―臣〉という異質な身分の差別的関係における〈王〉であるということである（①）。そして、そのような〈王〉身分は、血統の線で相続され（②）、かつ、臣下を支配する権力者であること（③）、これら3つの事柄が、理念型としての〈王〉概念の中心に存在すると私は考える。①②は、

中央古墳体積比（1期）

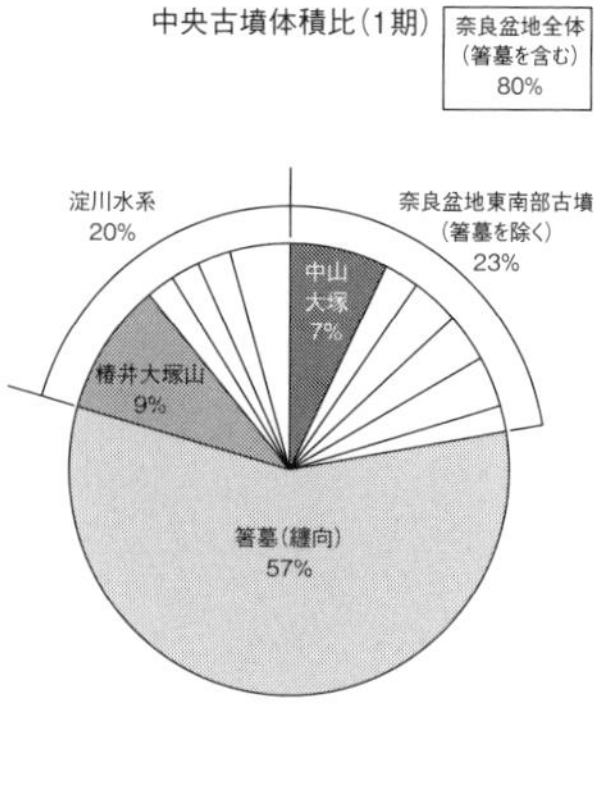

中央古墳体積比（2期）

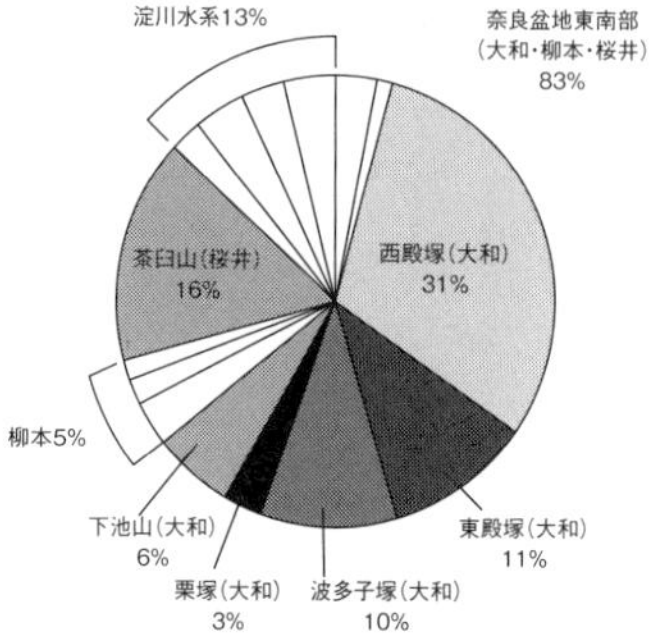

中央古墳体積比（3期）

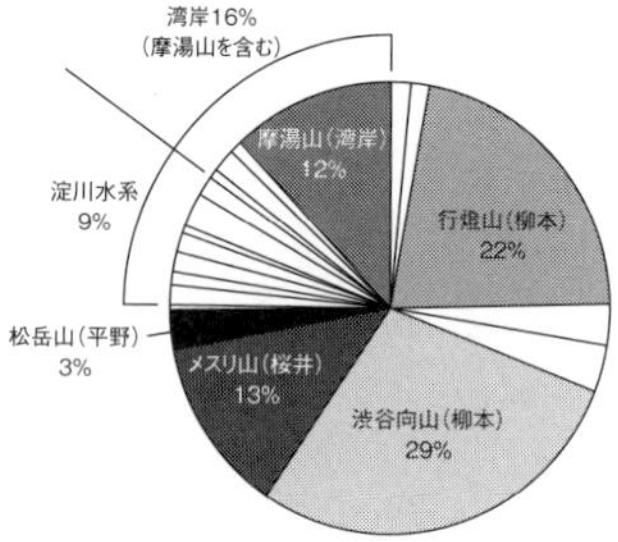

中央古墳体積比（4期）

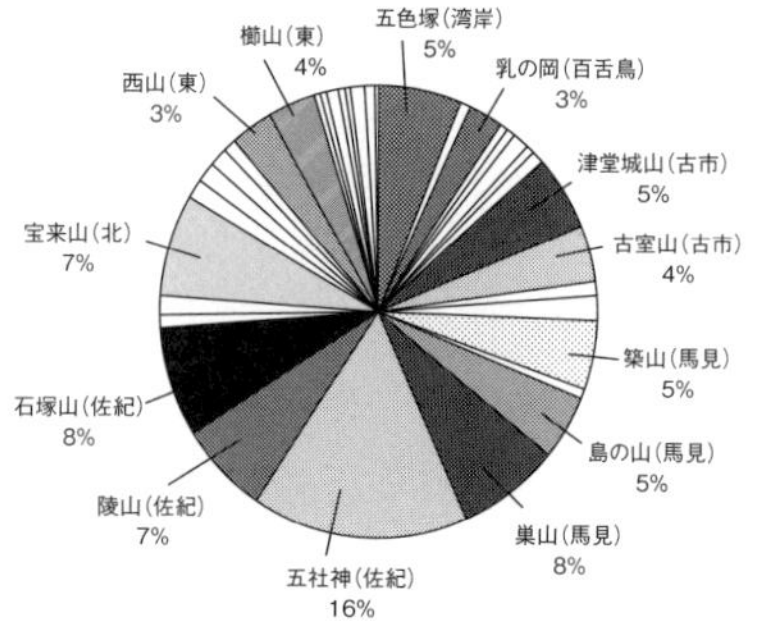

中央古墳体積比（5期）

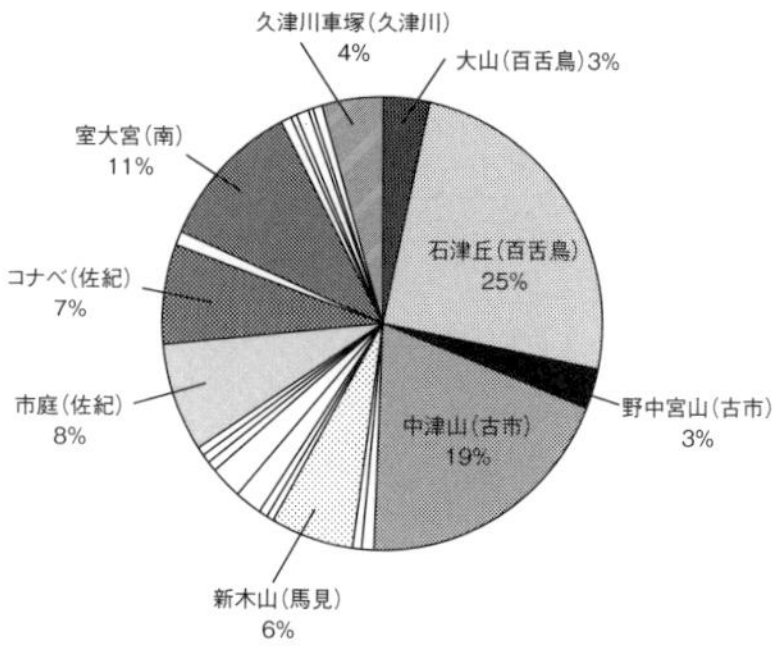

中央古墳体積比（6期）

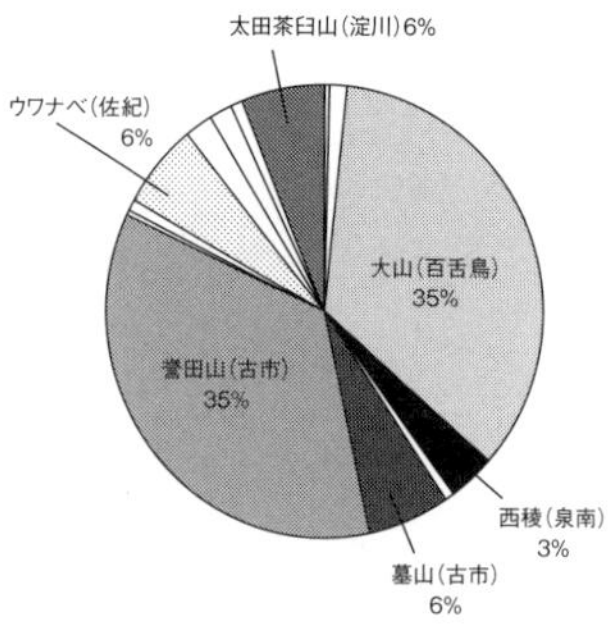

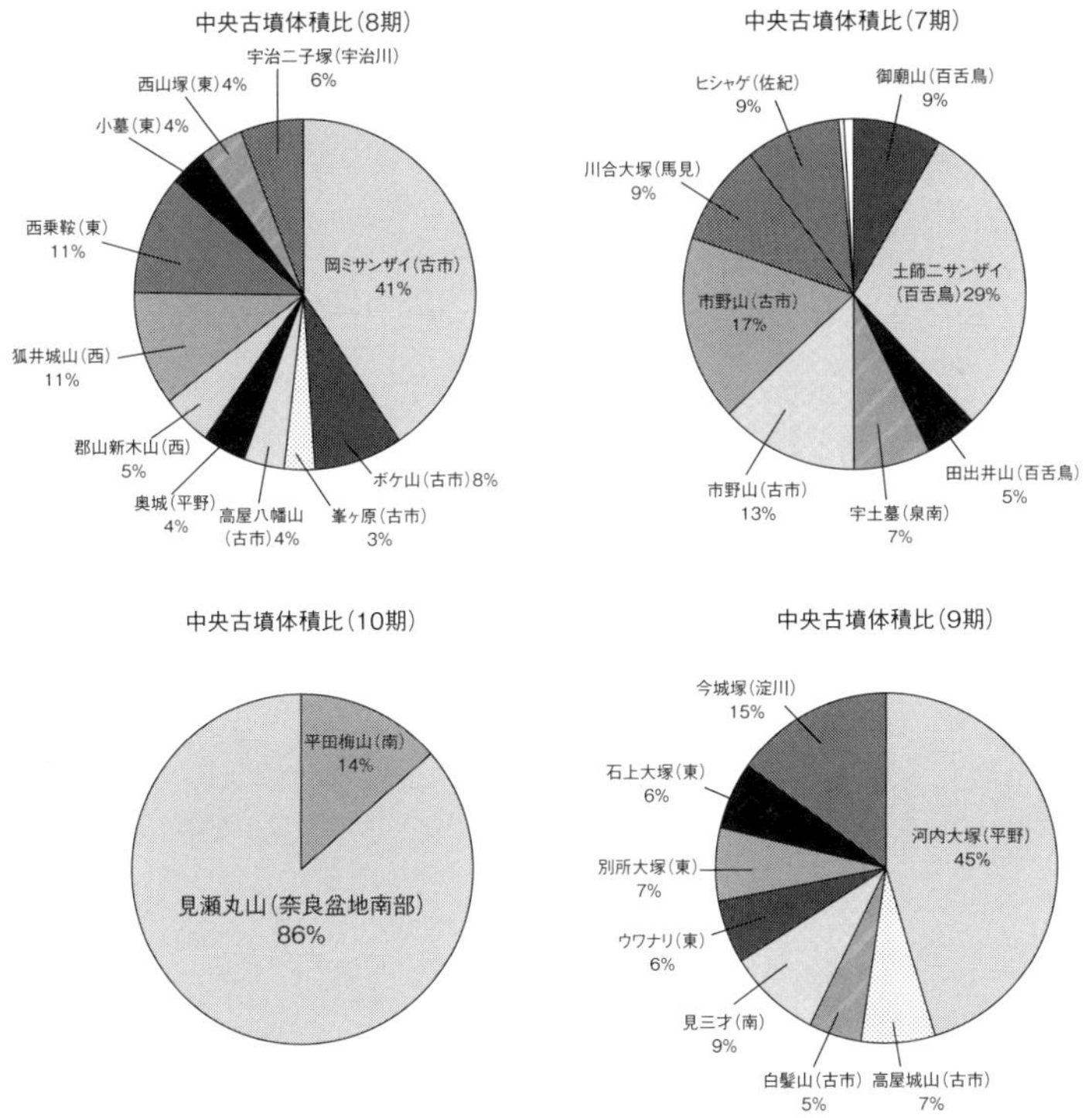

図2

〈王〉という存在が、初代は真正カリスマ（真正カリスマとこれに服従する者の関係が王臣の身分関係として意識される）、2代以降は血統カリスマであることを示し（王臣身分関係の世代間相続）、③は、〈王〉という存在が権力者であり、権力者たる王とその補助者が〈王権〉を構成することを意味する。

以上のような〈王―臣〉関係と対をなす社会関係として、〈盟首―同輩〉関係がある。ここでは、人々は、実力の面では格差が存在してはいても身分的には等しい。したがって、共同でなすべき仕事の性質上、一人のリーダーが必要な場合、そのリーダーは、〈同輩者中の第一人者〉という意味での〈盟首〉にすぎない（①'）。かかる盟首の地位は、通常は血統の線で相続されることはない。血統による地位の相続ではなく、リーダーとなりうる資質を有する者が同輩者たちの合意で選ばれること、このことが、盟首という存在の理念型である（②'）。このような国制においては、権力は、一人のリーダーに集中するのではなく、同輩者たちに帰属する。すなわち、同輩者たちの共同統治である（③'）。

〈王〉概念を、以上のような一連の国制史的諸概念の体系の中に位置するものとして定義するならば、数人の有力首長が輪番的に就任する地位を〈王〉とよぶことは、適当ではない。それは、〈盟首〉とよぶべき存在である。〈王―臣〉関係的権力体は〈王政〉とよばれるが、これに対して、〈盟首―同輩〉関係的権力体は、〈非王権的同輩盟約体〉（以下、簡略化して盟約体とよぶことがある）とでも命名すべきものであり、〈王政〉とは厳密に区別されねばならない。

（3）第二の問題点――前方後円墳時代1期の特殊性とその根拠

（a）前方後円墳時代1期の特殊性

先に述べたように、前方後円墳時代前期・中期の全7期間のうち、1期だけは他の6期間とは状況が異なっていた。図2（1期）では、ヤマト政権体制中央における箸墓の比重が文字通り圧倒的であることをグラフで示したが、箸墓の並外れた巨大さは、同時期の全国の総古墳体積にしめる箸墓の比重に、一層鮮明に現れている。図3を参照されたい。箸墓一つだけで、列島の全古墳体積の約四〇％をしめ、古墳築造の密度が濃厚な地域である大和近国、吉備、北九州のそれぞれにおいて築造された古墳総体積の二倍から四倍の量にのぼることに、あらためて驚かされる。この期の中央政権だけは広瀬第2テーゼが妥当せず、〈非王権的同輩盟約体〉ではなくして、箸墓被葬者を〈王〉とする〈王政〉と規定することが適当であるように見えるのである。

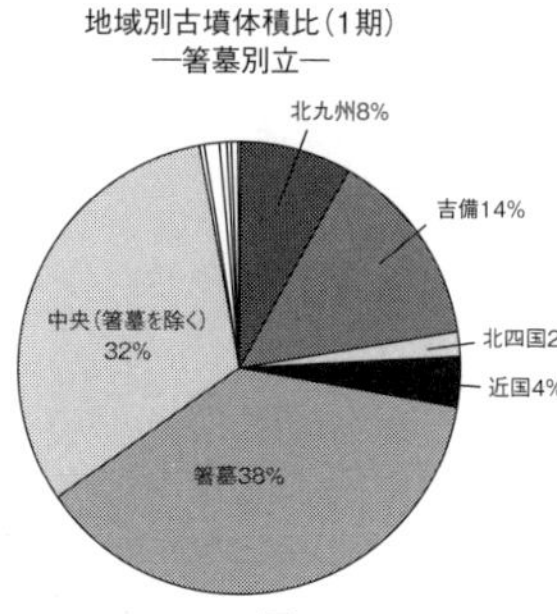

図3

そのような前方後円墳時代1期の特殊性は、何によってもたらされたのであろうか。国制の歴史は、分権的国制から集権的国制へと変化することが一般的であるから、〈王政（1期）→非王権的盟約体（2期～7期）→王政（8期～10期）〉という国制史とくに1期から2期以降への移行の歴史は不自然であるように思われる。多くの考古学者が、2期から7期についても、何とか「王」を発見しようとするのは、一つには、その不自然さを解消したいからではなかろうか。しかし、私には、努力する方向が違っているように思われてならない。なすべきは、〈王政→非王権的盟約体→王政〉という国制史のあり方を事実として承認し、一見すると不自然に感じられるこの歴史過程を合理的に説明しうる論理を発見することではなかろうか。そのためには、視野を拡大し、弥生終末期の国制から前方後円墳体制への移行の歴史、および、その後の前方後円墳体制の展開の歴史を検討しなければならない。

（b）弥生末期の国制

弥生末期（2世紀後半）は、各地域の政治的首長層[4]（以下

単に首長と記す）――古墳時代に形成される領主層の前身――の〈非王権的同輩盟約体〉が、鉄などの重要な稀少資源の獲得をめぐって、『魏志倭人伝』[5]や『後漢書』が「倭国乱」「倭国大乱」と述べるような戦いを繰り広げる時代であった。争乱の主体となったと思われる主要な地域は、北九州、中部九州、山陽東部（吉備）、山陰・北陸などである。

この中でも最先進地域であった北九州における権力構造は、図4のようなものであった。この図を理解するための前提として、まず図5を参照されたい。この図には、『魏志倭人伝』に登場する「末盧国」「伊都国」「奴国」、および、そこには見えないが考古学的に存在が確かめられる多くの「国」が登場しており、さらに、各「国」の内部に中心となる拠点集落が記されている。『魏志倭人伝』は「伊都国」などの長を「王」とよんだ。当時の中国文献史料にあらわれる呼称は以上の通りであるが、しかし、これをそのまま、歴史学的概念として使用することは適当ではない。この時代は、列島における〈人的身分制的統合秩序〉時代（弥生～江戸幕藩体制）の一段階にすぎないのであるから、人的身分制的統合秩序の全期間を見通しうる用語法を採用することが必要である。このような考慮から、私は、地域の多段階的構造を、表3に示したような語によって表現したいと思う（以下では、政治的首長のうちゴウ規模のものを郷首長、グン規模のものを郡首長、政治的首長全般を単に首長と記す）。名称は、令制の行政区画名を参考としている。しかし、それそのものではなく、そこから抽象された歴史学的概念であることを明示するために、片仮名表記とした。

以上の図5および表3を前提として、あらためて、『魏志倭人伝』が「国」とよんだ北九州地域の領域についての、前一世紀前半以後弥生終末期までの権力構造を示した図4を参照されたい。図の要点は、第一に、ここでの権力構造は、〈郷首長の盟約体〉（末盧国、不弥国）または〈郡首長制〉であったこと（伊都国、奴国）、第二に、そのような「国々」およびこれを構成する首長たちは〈非王権的同輩盟約関係〉を取り結び、〈非王権的同輩盟約体〉として存在していたことである。同輩的関係は漢鏡の贈与的分配行為――およびこれに対する返礼――などによって表現されていたと思われる。紙数の制約から、ここでは具体的に言及できないけれども、広瀬和雄氏、岡本秀典氏、寺沢薫氏などの諸研究は、このことを示している（広瀬97一一一頁以下、岡本99八～一〇一頁、寺沢00一四三～一六三頁）。

二世紀も後半期となると、出雲においても、同様の権力構造が形成された。図6を参照されたい。この時期の出雲では、おおづかみに、四つの地域において、首長層の〈盟約体〉が存在し、かつ、四者が連合していた。このことは、この図の中にもみえる「四隅突出型方丘墓」（方形の四隅が突出する形状の墓）とよばれる独特の墳墓によって知られる。出雲の首長たちは、この形の墳墓を共有することを、盟約関係を取り結んでいることの証しとしたのだと思われる。権力構造に

				備考
			唐古・鍵 （約40ha）	
古墳				146-189　後漢衰退・倭国大乱（後漢書）
				189　公孫氏の楽浪郡支配開始（三国志）
			環濠は埋没し衰退。しかし、集落は継続する	204　この年以降まもなく公孫氏、帯方郡設置。「この後、倭・韓ついに帯方に属す」（三国志韓伝）。この頃、倭の諸勢力、卑弥呼を「共立」
石塚♭96、矢塚♭96、ホケノ山♭86、 勝山●120、メクリ1号♭■29				238　魏、公孫氏を滅ぼす。 239　卑弥呼、魏へ使者。「親魏倭王」、銅鏡100枚下賜。 240　帯方郡より使者来訪 243　卑弥呼、魏へ遣使 245　魏、難升米に黄幢 247　卑弥呼、使者を帯方郡に派遣、狗奴国との戦争を報告。帯方郡は、張政以下軍人を倭国に派遣。卑弥呼死、後継は台与。その後、倭国は狗奴国との戦争に勝利
	淀川水系地域			
桜井	淀川中流	桂川・宇治川	木津川 ・久津川	
	東南側 雷塚106 （森1号） 西北側 岡本山120 （弁天山A1）	桂川 五塚原94 元稲荷■92	木津川 椿井大塚山 160	265　魏→晋 265または266　倭が晋へ遣使（晋書） 280晋（魏の後継）による中国統一（呉滅亡）しかし、晋はすぐに衰退しはじめる。280年代『魏志倭人伝』を含む『三国志』成立
桜井				
桜井茶臼山 208	西北側 弁天山100 （弁天山B1） 紫金山100	桂川 寺戸大塚94	木津川 平尾城山110	313年頃　高句麗、楽浪・帯方両郡を支配 316晋（西晋）滅亡 中国北方：五胡十六国時代（-442） 中国南方：東晋（317-420）
メスリ山228	東南側 万年山100 禁野車塚110 忍岡90 西北側 茨木将軍山110	桂川 妙見山114 一本松塚100 宇治川 黄金塚1号 100		4世紀中頃　高句麗、南進

表2　中央主要古墳編年表

時期区分	土器					地域
						纏向
		時期細区分	宮都			
弥生時代	弥生土器		居住者がほとんどいなかった過疎地			
古墳時代 0期 (200–260)	庄内0 庄内1 庄内2	0期前半 (200–240)	第1次宮都 大溝掘削開始 発掘された第2次宮殿の下層に第1次宮殿遺構が認められる。			
	庄内3 (庄内新相)	0期後半 (240–260)	第2次宮都（約80ha）			
						奈良盆地東南
		纏向宮都	纏向	大和	柳本	
1期 (260–290)	布留0古相 円筒埴輪無 (260～275)	第3次宮都 (約200ha) ↓	東田大塚●120 箸墓280 (築造開始)			
	布留0新相 円筒埴輪無 (275～290)	次の第2期に 纏向廃絶	↓ (完成)	中山大塚132 矢矧塚102 馬口山110 フサギ塚■110	石名塚♭111	
	大阪湾岸 (百舌鳥)	大阪平野 (古市)				奈良盆地
			西（馬見）	大和	柳本	
2期 (290－325) 布留1古相 円筒埴輪1		玉手山1号 110	小泉大塚88	西殿塚235 栗塚120 東殿塚175 下池山■125 波多子塚■145	黒塚128 天神山113 柳本大塚94	
3期 (325–350) 布留1新相 円筒埴輪2	東求女塚80 御勝山120 帝塚山120 摩湯山200	松岳山130 東山80 (玉手山8号)	富雄丸山○90	ヒエ塚125 燈籠山110	行燈山242 上の山125 渋谷向山300 アンド山120	

盆地東	淀川中流	桂川・宇治川	木津川 ・久津川	
鶯塚103 東大寺山140 赤土山107 和邇120 西山[redacted]183 櫛山150 茅原大塚80	東南側 八幡西車塚115 八幡東車塚94 西北側 郡家車塚80	桂川 天皇ノ杜86 宇治川 黄金塚2号120	木津川 飯岡車塚88 久津川 梅子塚1号87	4世紀後半　百済と倭の同盟 369（泰和4年？）七支刀（石上神宮所蔵、百済王→倭王） 372？（神功紀52年）七枝刀（百済→倭国）
	東南側 牧野車塚108 西北側 前塚94	桂川 恵解山124	久津川 箱塚100 丸塚80 久津川車塚180	389年伐採の檜木製品とTG231・232型須恵器との共伴出土 391　倭、海を渡り、百済・新羅を支配 396-　高句麗南進 404　高句麗、倭を破る。倭、壊滅的敗北。
	東南側 墓の堂120 西北側 太田茶臼山227			412年伐採の檜木製品とTK73型須恵器の共伴出土 420　宋による江南統一（～479） 421　讃、朝貢、叙爵、425讃 438　珍、朝貢、安東将軍、倭国王。13人除正 443　済、朝貢、安東将軍、倭国王
			久津川 芭蕉塚110	451　倭王済臣下23人、将軍号、郡太守号を授かる。 462　倭王世子興、安東将軍 471　稲荷山鉄剣「治天下大王」 478　倭王武、安東大将軍、倭王。
西乗鞍118 小墓85 西山塚114		宇治川 宇治二子塚112		471年稲荷山鉄剣とTK47型須恵器の共伴出土 479　斉による華南統一（～502） 480頃？武王（雄略）死
ウワナリ115 別所大塚115 石上大塚107	西北側 今城塚190			502　梁による華南統一（～557）倭最後の朝貢 507　継体即位、534安閑即位、535宣化即位 539　欽明即位
				571　欽明死去

	大阪湾岸 （下線は 百舌鳥）	大阪平野 （下線は古市）	盆地西 （下線は馬見）	盆地北 （下線は佐紀）	盆地南 （御所・橿原）
4期 （350-380） 布留2 布留3 円筒埴輪2	五色塚195 西求女塚90 乳の岡155 黄金塚85 丸笠山80 久米田貝吹山135	勝負山106 （玉手山3号） 後山150 （玉手山7号） 津堂城山208 古室山150 二ッ塚110	島の山195 宝塚111 巣山204 新山■137 築山210	五社神267 陵山207 石塚山218 瓢箪山96 猫塚130 宝来山227	
5期 （380-410） TG231 TG232 円筒埴輪3	大塚山159 石津丘365	野中宮山154 仲津山290 大鳥塚○110 心合寺山130	瓦塚1号97 瓦塚2号95 池上80 乙女山130 倉塚137 ナガレ山103 狐塚86 新木山200	塩塚108 神明野100 市庭250 コナベ207 木取山110	御所 室宮山238
6期 （410-450） TK73 K216 円筒埴輪4	伊居太92 イタスケ100 大山486 西稜210	はさみ山103 墓山225 誉田山425	中良塚88 城山109 屋敷山138	ウワナベ255	御所 掖上鑵子塚150
7期 （450-480） TK20、（ON46） 円筒埴輪4	御廟山186 土師陵290 田出井山148 宇土墓170	軽里大塚190 市野山230	川合大塚山215 神塚90	ヒシャゲ220	
8期 （480-500） TK23、TK47 円筒埴輪5		岡陵242 ボケ山122 峯ヶ塚96 高屋八幡山85 奥城（石川）113	狐井城山150	郡山新木山123	
9期（500-550） MT15、TK10 円筒埴輪5		河内大塚335 高屋城山122 白髪山115			橿原 見三才138
10期（550-600） TK43 円筒埴輪はごく一部					橿原 平田梅山140 見瀬丸山318

築造が開始された布留０式段階は、３世紀まで遡ることはなく、４世紀のことと推定される、という推論であろう（高島11/174頁以下）。しかし、本稿はこの見解を採用しなかった。理由は以下の通りである。第１に、古墳の暦年代を推定する２つの異なる説得力にとむと思われる方法――①中国の鏡と銭貨を基本史料とする方法（寺沢14/183頁、202頁以下、247頁以下、268頁以下）、②木材の年輪測定による方法（広瀬03/201頁）――が、数十年の差異を含みつつも、ともに、古墳時代０期・１期（庄内式土器期・布留０式土器期）を、３世紀としていることである（ほかに、放射性炭素年代測定による方法によって、箸墓築造を240～260年頃とする国立歴史民俗博物館研究グループの説があるが、この学説には強い異論があり、私には、現在、判断する力がないので、ここでは考慮外とする）。第２に、纏向型古墳、箸墓を含む纏向遺跡の全体は、それまでの弥生遺跡史と隔絶した規模と質を有していることから、列島の歴史の中から内発的に形成されたとは考えがたく、背景として、国際的契機――中国の強い直接的介入――を想定することが自然であるが、このように考えると、纏向遺跡の暦年代は、中国が列島に介入する力を失った大分裂の時代（４世紀、東晋と五胡十六国の時代）とは考えがたく、中国の列島支配がきわめて強力になされたことが文献上確かめられる時代（３世紀、公孫氏と魏が帯方郡を拠点に倭国を支配していた時代）に求めることが合理的と考えられることである。上記木製鎧の問題は、むしろ、３世紀に、軍馬が中国（帯方郡）から倭国にもちこまれたと想定する方向で解決すべきではないか。本文に述べるように、『魏志倭人伝』が、倭国（卑弥呼・台与を女王とする）と狗奴国との戦争に、魏が軍人を派遣する仕方で直接に介入したことを明示していることは、その推定を支える。

［5］５期以降は、広瀬和雄『前方後円墳国家』（角川選書、2003年、中公文庫版、2017年）所収の編年表（中公文庫版、244頁以下）、天野末喜「倭王武の時代――雄略陵をめぐる一視点」（『同志社大学考古学研究会50周年記念論集』2010年）などを参考とした。ただし、五社神、マエ塚、巣山、新木山については、広瀬氏の口頭のご教示（2017年７月７日）によって、原表の記述をあらためた。また、広瀬氏の著作における暦年代の表現方法は、「３期後半（４世紀中ごろ）」、「４期後半（４世紀後半ごろ）」、「５期前半（４世紀末ごろ）」、「７期（５世紀後半ごろ）」、「８期（５世紀末ごろ）」などとなっているが、３桁の数字からなるおおよその西暦年に変換して示した。いうまでもなく、各期の西暦年は、おおよその数字を示すにすぎない。５期以降の「時期区分」欄に記入したTG231などの符号は、この時期の古墳の築造年代の推定のための最も有力な根拠となる須恵器の型を示す。

古墳編年表註記

［1］本表は、中央に築造された、原則として墳長80m以上の古墳（中規模以上の古墳）についての編年表である。

［2］本表掲載の古墳のほとんどは、箸墓を嚆矢とする型の前方後円墳（定形型前方後円墳）であり、この場合、古墳名の直後にただちに墳長（m）を記した。古墳名と墳長との間に何らかの記号が介在している古墳は、定形型前方後円墳以外である。すなわち、♭は纏向型前方後円墳、♭■は纏向型前方後方墳、●は纏向型前方後円墳から定形型前方後円墳への移行過程にあらわれた両者の中間形態の前方後円墳（勝山古墳、東田大塚古墳）、■は（定形型）前方後方墳、○は円墳を示す。1期から6期までの全古墳のうち約95％の圧倒的多数は方墳であるが、これらは総じて一辺が十数メートル以下の小規模古墳のために（松木11/118頁）、表にはあらわれない。中規模以上の古墳の多数は、中央においては、前方後円墳である。

［3］0期の設定は、寺沢薫氏の研究によった（寺沢11第2部）。この期は、土器に着目して「庄内期」とよばれることが多いが（対して、前方後円墳時代1期は「布留0式期」とよばれる）、本表では、前方後円墳時代1期に先行する期という意味で、0期と表現した。0期の古墳の多くは寺沢氏のいう纏向型であるので、この意味において、纏向型古墳期とよびうるが、しかし、この期にも纏向型とはいえない古墳（勝山古墳）があることと、纏向型古墳は、（定形型）前方後円墳時代1期以降にも築造され続けるので、0期を纏向型古墳期とよぶことはミスリーディングであり、避けることとした。前方後円墳時代1期から10期までの時期区分は、近藤義郎編『前方後円墳集成』による。同欄の古墳の特徴に関する記述は、上記『集成』に収められた、広瀬和雄「前方後円墳の畿内編年」の要約である（ただし、広瀬氏の口頭によるご教示により須恵器に関する記述を訂正したので、「前方後円墳の畿内編年」の記述とは異なる部分がある）。

［4］0期から4期までについて、⑴庄内式土器および布留0式土器の暦年代に関しては、寺沢薫「古墳出現期の暦年代」（寺沢14第6章）における記述（268頁以下、特に275頁、289頁、309頁）により、⑵古墳の暦年代については、寺沢薫「前方後円墳出現論」（寺沢11所収）における、石塚（239頁）、矢塚（224頁）、ホケノ山（247頁）、勝山（249頁）、東田大塚（248頁）、メクリ1号（252頁）に関する記述、寺沢薫『王権誕生』所収の表（331頁）、橋本輝彦「オオヤマト・イワレ地域における古墳時代前期の集落と古墳」（橋本16）、近藤義郎編『前方後円墳集成』などによった。⑶纏向遺跡に関する情報全般について、寺沢薫「纏向遺跡と初期ヤマト王権」（寺沢11第2部第1章）のほか、橋本輝彦「纏向遺跡でいま、何がいえるのか――居館域の調査から」（橋本11）、橋本輝彦「纏向遺跡の発掘調査」（橋本14）、石野博信・藤田三郎・橋本輝彦（鼎談）「倭国の大乱から邪馬台国へ――唐古・鍵遺跡と纏向遺跡」（鼎談14）などによった。この鼎談の144頁に収められた図中の橋本輝彦説は、細部においては異なるものの、寺沢説を図示したものとして、有益であった。なお、纏向宮都史が第1次から第3次までの3段階から構成されることについては、寺沢薫氏の口頭によるご教示（2017年7月6日）による。本表の暦年代は以上の諸文献によったが（A説）、考古学者がほぼ異論無く最古の（定形型）前方後円墳と評価する箸墓について、今少し年代を遡らせ、250年頃とする有力説（B説）が存在する。国立歴史博物館研究グループ（春成ほか11）、松木氏（松木11/64頁）、福永氏（13/186頁）などがこの立場である。考古学の素人には、A説・B説のいずれが妥当か、判断する力がない。本表では、纏向型前方後円墳、（定形型）前方後円墳、纏向宮都などについて精細な議論を展開し、素人にもわかりやすい全体状況を示す図表を作成しているA説によることとした。

ちなみに、箸墓古墳の濠から、木製鐙が布留1式土器とともに出土したことを根拠に、箸墓を含む纏向遺跡全体の暦年代を4世紀とし、もって、纏向＝邪馬台国ということはありえない、他の状況証拠を総合すると、邪馬台国の所在地は九州である、とする見解がある。列島における騎馬は5世紀以降であるので、鐙とともに出土した布留1式土器は5世紀のもの、その1段階前の、箸墓の

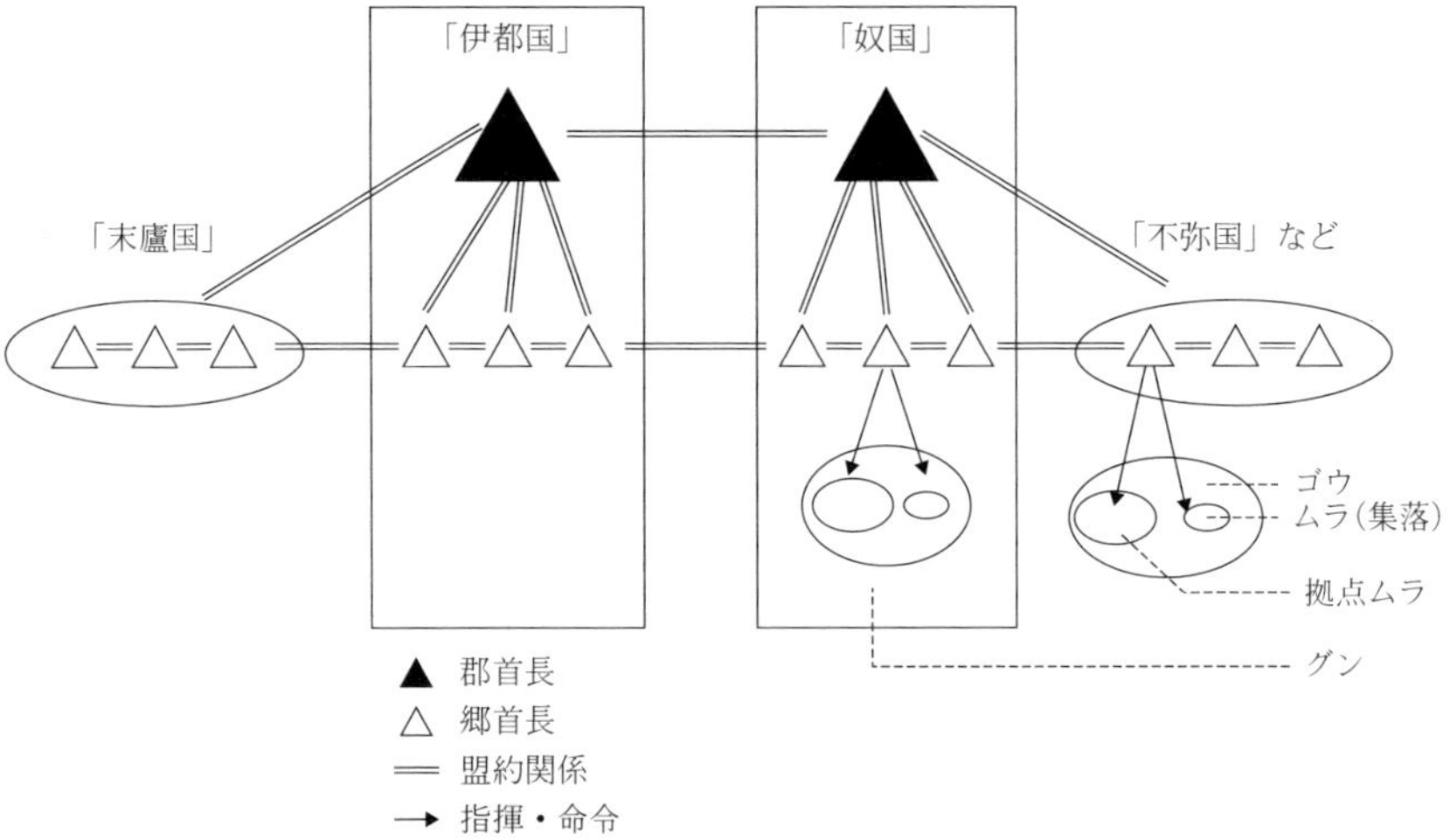

図4　弥生末期北九州地域の権力構造

関して、今少し詳細に観察するならば、「出雲西部の勢力」中の西谷墳墓群の被葬者が郡首長（出雲平野全体、後の出雲郡の支配者）、青木墳墓群・中野美保1号墓の被葬者が郷首長（出雲平野の一部であるゴウ的規模の支配者）であり、この郡首長と郷首長との間には、北九州における郡首長（伊都・奴）と郷首長（末盧・不弥）と同様の統合関係が存在したものと思われる。対して、中部・北部それぞれの権力構造は郷首長の盟約体、東部のそれはおおむね郡首長の盟約体といいうるものであった。

四隅突出型方丘墓を共有する首長層の盟約体は、しかし、出雲地域に限られるものではなかった。図7に示したように、四隅突出型方丘墓は伯耆・因幡にも分布し、さらに、北陸（越前・越中）にまで及んでいた。図7は、さらに、北九州には首長墓に副葬される漢鏡、但丹（但馬・丹後・丹波）には台状方丘墓、吉備には特殊器台を共有するところの、首長層の盟約体が存在したことを示している。

ここできわめて重要なことは、ヤマト政権体制において国制の中心地となる大和においては、以上に述べた諸地方の首長層盟約体に相当するものが存在しなかったという事実である。もちろん、弥生遺跡が貧弱であったわけではない。弥生時代の奈良盆地では、三八のゴウ、一八の拠点集落、一一のグンが展開していた（寺沢16図2および表1、寺沢氏の用語ではゴウは「小共同体」、グンは「大共同体」）。そして、その中心には、最盛期には約四二ヘクタールの規模に達する、

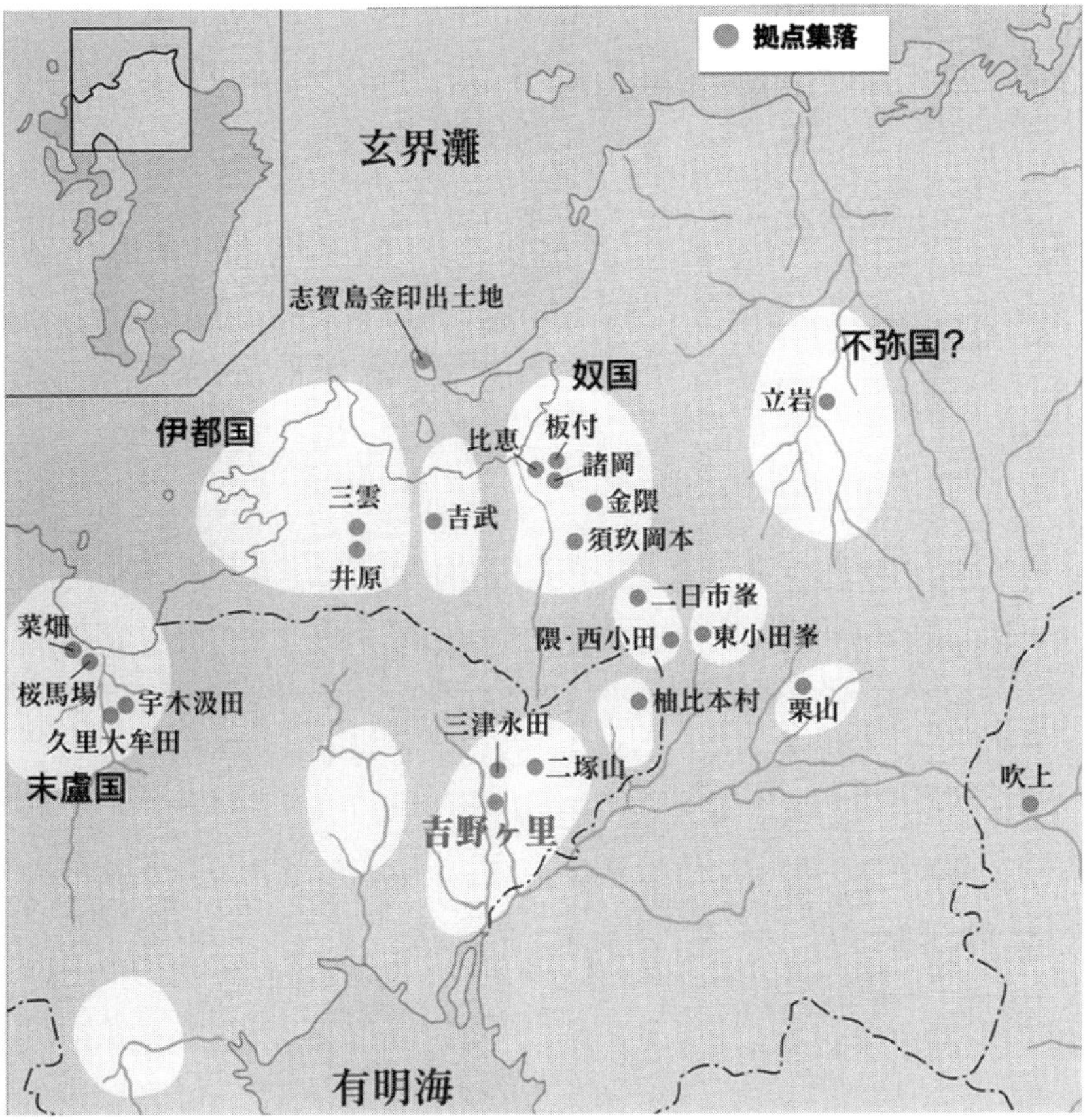

図５　北九州弥生時代の「国々」
（佐賀県教育委員会編『弥生時代の吉野ヶ里』2014年、44頁）

列島最大級の弥生集落の一つといわれる唐古・鍵集落が存在した（鼎談14一三九頁藤田発言）。したがって、当然に、共同態首長といいうる者は存在したはずである。しかし、その一方で、ここ大和には、北九州、山陰・北陸、但丹、吉備などとは異なり、およそ政治的首長の墓といいうるものが少なくとも一般的には存在しないという、きわめて重要な特徴が認められる。弥生時代は、社会構造が墓制に如実に反映される社会であるが故に、右の事実は、大和には、弥生終末期段階においても、政治的首長制が未形成であったことを示している（寺沢16三六頁、四三頁）。

このような弥生終末期大和の国制の特質は、同時期における生産力と軍事力によって規定されていたと思われる。当時の社会の生産力と軍事力の強さを示

<table>
<tr><td colspan="6">水林の用語法（前2世紀～後2世紀）</td></tr>
<tr><td>人的統合対象
（註5）</td><td>広さ（註6）</td><td colspan="3">長の主たる社会的職務</td><td>団体名</td></tr>
<tr><td>—</td><td>—</td><td>—</td><td rowspan="5">戦争</td><td rowspan="5">統合</td><td rowspan="4">政治社会
（註8）</td></tr>
<tr><td>複数の郡首長・郷首長</td><td>現在の県程度</td><td>広域的交通</td></tr>
<tr><td>複数の郷首長</td><td>半径 3 ～ 5 kmの円域程度
（数千 ha）</td><td>大河川水運</td></tr>
<tr><td>複数の村長</td><td>半径 1 ～1.5 kmの円域程度（数百 ha）</td><td>中小河川の水利交易</td></tr>
<tr><td>複数の
親族共同態</td><td>数ha～数十ha
（註7）</td><td>小区画水田群の経営</td><td>自己統治
共同態</td></tr>
</table>

6. 「広さ」といっても、制度的領域国家における行政区画の広さとは質的に異なることに注意されたい。人的身分制的統合秩序において多段階的に存在する各統合関係は「顔見知り」の間柄にある者同士間でのそれであり、そのような関係が存在しうるおおよその「広さ」の意味である。その範囲内を領域的に支配するという意味ではない。

7. 弥生のムラ（居住部分）の全体が復元された大塚遺跡（神奈川県）は、200m×120m（約2.4ha）ほどの広さである。ただし、いくつかのムラを統合する拠点集落の場合、規模は格段に大きくなる。吉野ヶ里（佐賀県）は、南北約1000m×東西最長部分約500m（約45ha）の細長形集落、唐古・鍵（奈良県）は、南北800m×東西700m（約42ha）の円形集落である。

8. ここでいう〈政治社会〉のうち、グンにおける郡首長支配について、〈部族的国家〉という形態の〈国家〉と概念化されることがある（寺沢13）。〈国家〉概念の定義次第では、もちろん、このような用語も可能であるが、本稿では、西欧における「国家（Etat）」の概念形成史およびこれをふまえて作られた社会科学上の〈国家〉概念（エンゲルス、ヴェーバーなど）から大きくかけ離れた用語法は避けたいという理由から、〈国家〉概念を〈制度的領域国家〉に限定して用いることとし、〈人的身分制的統合秩序〉における各支配従属関係については、〈共同態〉または〈政治社会〉の語を用いることとした。〈政治社会〉とは、共同態成員の間に階級分裂が生じ、階級的支配関係が形成された場合の人々の集団を指示する概念である。

表3　弥生時代の国制の名称体系

魏志倭人伝（3世紀）		令制（8世紀）		中世（13-16世紀）	弥生時代についての	
地域名（註1）	支配者	地域名（註2）	支配者	支配者	地域名（註3）	指揮・命令者（註3）
倭国	倭王	日本	天皇	天皇・将軍	—	—
		国 （肥前国） （筑前国）	国司	守護	クニ	首長盟約体
国 （末盧国） （伊都国） （奴国）	王	郡 （東松浦郡） （怡土郡） （早良郡） （那珂郡）	郡司	在地領主 ［地頭領主］	グン （支配共同体）	郡首長または郷首長盟約体 （大首長、王） （註4）
		郷	郷長	小領主 ［土豪、地侍］	ゴウ （農耕共同体）	郷首長 （首長）
					ムラ （集落共同体）	村長

（註）1．この列の丸括弧内は、『魏志倭人伝』に登場する「国」の具体例。

2．この列に登場する丸括弧内は、令制ないし近世における国名・郡名。第1列の「末盧国」と第3列の「東松浦郡」が対応する。「伊都国」と「怡土郡」、「奴国」と「早良郡」「那珂郡」も同様の対応関係にある。

3．この列のクニ・グン・ゴウは、弥生時代当時の用語ではなく、水林が令制の行政区画名から音だけを借用したものである。同列に丸括弧で示した用語は、広瀬和雄氏が『縄紋から弥生への新歴史像』（角川書店、1997年）などで用いた用語である。寺沢薫氏は、広瀬氏の用語と異なる語を用いているが（『王権誕生』講談社、2000年、143頁）、表が煩瑣となるため、省略した。有力な研究者の用語が著しく異なることは好ましいことではない上に、私が、さらに、それらとは異なる語を用いることは、混乱に拍車をかけることになるが、にもかかわらず、あえて、私独自の用語を提示したのは、古代から中世までの在地支配体制を一貫した用語で示すことが重要だと考えたからである。郷首長はやがて郷領主（小領主）へ、郡首長は郡領主（在地領主）に成長転化し、古代・中世を生き抜く。ただし、このことは、弥生から中世まで、系譜的に連続するということを意味しない。そのようなことは、存在したとしても、きわめて稀であったろう（稀な例として宗像氏をあげることができる）。しかし、制（システム）としては、連続した。明治から今日まで連続する経営体は稀であるが、資本主義経済体制としては連続しているのと同様である。

4．グン的規模での政治的首長について、「王」とよぶことが一般化している。しかし、本文に述べたように、〈郡首長－郷首長〉関係はまだ〈王－臣〉の身分制的支配関係にはなっていなかったと考えるので、本稿はこの用語法を採用しない。

5．第7列（指揮・命令者）と第8列（人的統合対象）とは、「ゴウ」次元の「郷首長」と「複数の村長」を例にとって説明するならば、「複数の村長」の中の最も有力な者が「郷首長」になるという関係にある。「グン」次元についていえば、「複数の郷首長」がグン規模で水平的に連合して郷首長盟約体を形成するか、あるいは、「複数の郷首長」の中の最も有力な者が「郡首長」となり、その他の「郷首長」たちを統括する。「クニ」、「列島」次元についても同様である。

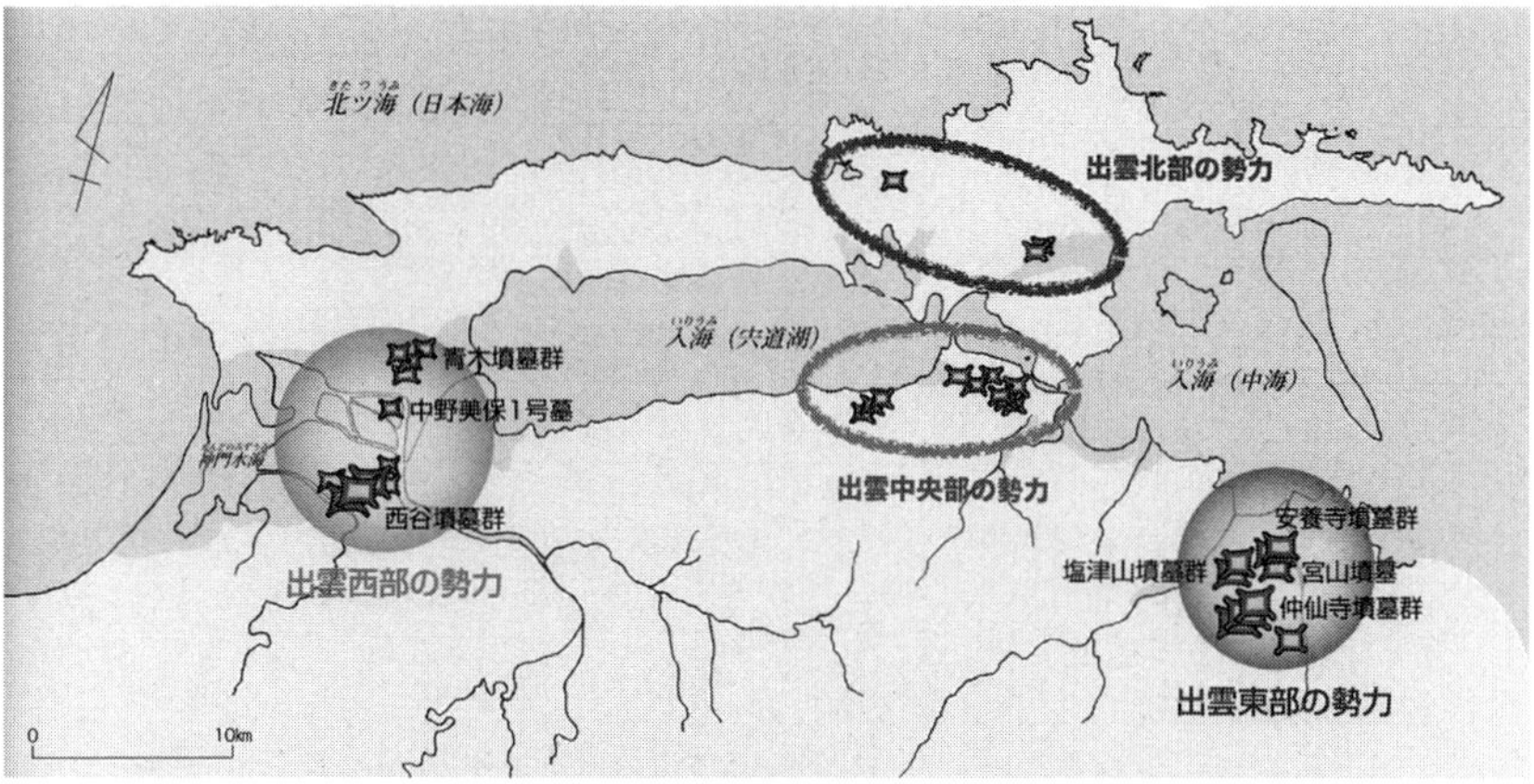

図６　２世紀後期出雲における政治的首長層の〈非王権的同輩盟約体〉の展開
（島根県立古代出雲歴史博物館企画展『弥生王墓誕生―出雲に王が誕生したとき』
2007年、26頁収載の図を水林が改作）

すものは何よりも鉄器であるが、弥生期大和の鉄器保有高は、前記の他の諸地域と比較するならば、ほとんど取るに足りないほどのものであった。弥生時代から古墳時代初頭にかけての時代の鉄器の出土量を県別に示した図8を参照されたい。当面の関心事は「弥生後期（一世紀後半〜二世紀）」の時期の鉄器出土量状況であるが、一見して西高東低である。九州（北部・中部）が群を抜いて多く、山陽（山口・広島・岡山・兵庫）がこれにつぎ、山陰（島根・鳥取）、京都府、北陸（福井）などが三番手につけている。大和はといえば、きわめて影が薄く、東海、関東などのいくつかの県にも及ばない。最大の弥生ムラである唐古・鍵遺跡でさえも、鉄器は全く出土しない。要するに、大和は、古墳時代直前の時点において、生産力および軍事力において、最も低位の地域の一つであった。

にもかかわらず、先に述べたように、三世紀中葉ないし後半に、前方後円墳によって象徴される全国統一的国制が、大和を中心として成立したのであった。軍事力において最も後進的な地域が、実力闘争を勝ち抜いて、中央政権を手にしたなどということは、およそ考えがたい。しからば、大和を政治的中心地とする統一的国制の形成は、どのように説明されうるか。

しかし、右の問題を考える前に、まずは次の事実をおさえておかねばならない。すなわち、ヤマト政権の始まりは、箸墓に代表される前方後円墳の開始（三世紀中葉ないし後半）

（参考）
岡本秀典『三角縁神獣鏡の時代』吉川弘文館、1999年、73頁、93頁以下
寺沢薫『王権と都市の形成史論』吉川弘文館、2011年、401頁
大阪府立近つ飛鳥博物館図録66『古代出雲とヤマト王権』2015年、62頁

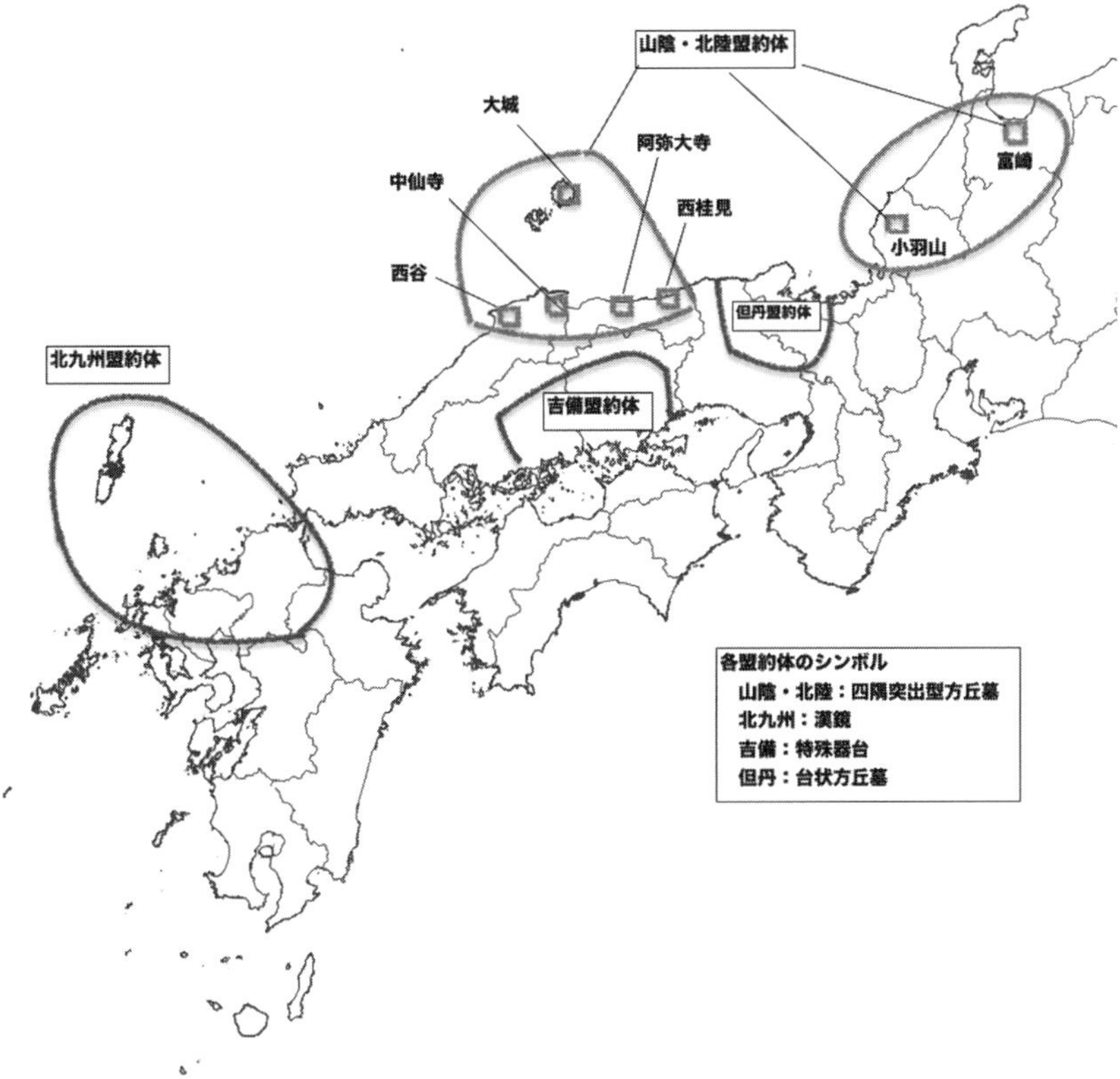

図7　弥生後期（2世紀後半）の諸地域における政治的首長層の〈非王権的同輩盟約体の展開〉

と同時ではなく、それより数十年を遡る、纏向型前方後円墳[6]といわれる墳墓の築造および纏向宮都の建設（三世紀前半～中葉）であったことである。

（c）ヤマト政権の形成
——纏向型前方後円墳時代および前方後円墳時代1期

（一）表2の古墳時代0期欄は、弥生終末期と前方後円墳時代1期との間にはさまる時期（二四〇～二六〇年頃）に、纏向の地において、墳長八〇メートル以上の纏向型前方後円墳が三基（石塚、矢塚、ホケノ山）、纏向型前方後円墳と箸墓を嚆矢とする前方後円墳（纏向型との区別を明示するために、定形型前方後円墳などとよばれる）との中間形態が一基（勝山）築造されたことを示しているが、このことの歴史的意義は、次の三

点に存した。第一に、これら四古墳は、その規模において、それまでの弥生墳丘墓を大きく上回るものであったことである。弥生墳丘墓は、一般に、一辺が二〇～三〇メートル程度の方形墓であるから、墳長が八六メートルから一二〇メートルに達するこれら四古墳への飛躍はきわめて大きい（寺沢11二八九頁、三七九頁）。第二に、纏向型前方後円墳は、列島の広い範囲にわたって築造されたことである（寺沢11二八八頁以下の表、三一九頁の図参照）。このことは、遅くともこの時点において、全国政権としてのヤマト政権が成立したことを示している。第三に、図9が示すように、中央（纏向）と諸地方との間には、すでに、前方後円墳時代1期とほぼ同様の、きわめて大きな格差が存在したことである。列島的規模において初めて成立した〈中央―地方〉関係からして、すでに、中央が圧倒的に優位する性質のものであった。第四に、しかし、中央政権の構造は、まだ〈王政〉といいうるものではなかった可能性がある。ほぼ同時に築造され同程度の規模をもつ四つの纏向型古墳（石塚、矢塚、勝山、ホケノ山）と定形化が完成した巨大前方後円墳箸墓との間に明瞭な時間差があるとするならば、纏向型古墳に葬られた四人の被葬者の間には、〈王―臣〉の身分的差別が存在するほどの格差が認められないからである。〈王政〉の成立は、箸墓の築造を待たねばならない。すなわち、箸墓築造以前の纏向型古墳時代においては、中央優位の〈中央―地方〉関係は形成されたものの、中央政権の内部構造は〈王政〉ではなく、かりに「王」とよばれた人物がいたとしても、その者は歴史学的概念では〈盟首〉とよばれるべき存在であり、政権の内部構造は、〈非王権的同輩盟約体〉であった。

（二）次に、表2の宮都欄を参照されたい。纏向は、纏向型前方後円墳の築造の地であったばかりでなく、成立期ヤマト政権の首都と表現することのできる空間であった。首都建設は、古墳築造に先行して、二〇〇年頃に、大溝掘削をもって始まったようである（鼎談14一四四掲載図参照）。これと併行して、宮殿建設なども進められた（第一次宮殿）。しかし、纏向型古墳の築造が完成する二四〇年頃、第一次宮殿は廃絶され、同じ地に、新たな宮殿が建設されることとなった（第二次宮殿）。桜井市埋蔵文化センターの展示や様々の図録において目にすることのできる宮殿は、この時のものである（第二次宮都）[7]。

纏向宮都（第二次）の特徴の第一は、巨大であることである。この頃の宮都全体の面積は直径一キロ円・約八〇ヘクタールといわれる（鼎談14一四九頁・一八九頁橋本発言）。弥生時代大和の最大拠点集落で国内最大級といわれる唐古・鍵は約四二ヘクタール（鼎談14一三九頁藤田発言）、列島最大の弥生環濠集落といわれる吉野ヶ里は約四五ヘクタールであるから（寺沢00一五一頁、高島11四一頁）、纏向は、第二次宮都段階においてすでに、弥生時代最大の集落の約二倍の広さに達していた。第二に、中心部に、当時としては国内最大の建物群（宮殿）が規則正しい配置計画（三つの建物が反

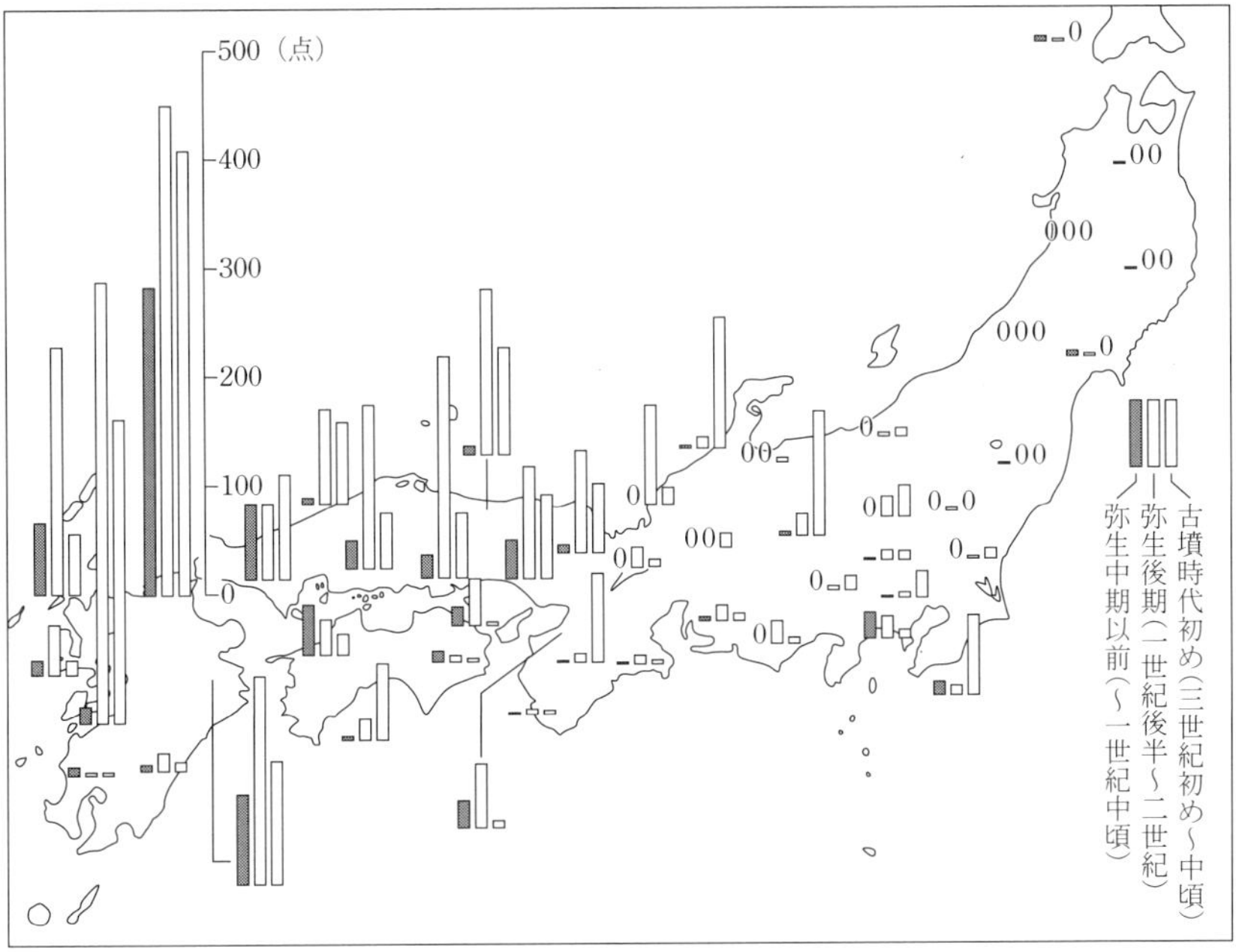

図８　古代鉄器県別出土状況
（寺沢薫『弥生時代の年代と交流』吉川弘文館、2014年、522頁、図146）

時計回りに五度ほど振れる東西一直線に並ぶ）のもとに建築されていたことである。このような建築群は、弥生時代には全く存在しないものであった（寺沢11c一八四頁以下、橋本14三三頁以下とくに四三頁）。第三に、纒向宮都は、それまで人がほとんど居住していなかった過疎地に突然に建設された空間であったこと、このことと併行して、唐古・鍵などそれまでの拠点的大集落が衰退または消滅するという現象がともなっていたことである（寺沢11c一六九頁以下、寺沢16三〇頁、鼎談14一四三頁以下藤田発言）。第二次纒向宮都の巨大さは、唐古・鍵などの巨大拠点集落の衰退（弥生拠点集落などから纒向への移住など）とひきかえに実現したものと思われる。第四に、纒向宮都は、非農業的・都市的空間であったことである。このことは、鍬（農具）と鋤（土木工事用道具）の出土状況から知られる。すなわち、この時期の多くの遺跡では、鍬が七〇％から八〇％、鋤が三〇％から二〇％という出土状況であるのに対して、纒向では、反対に、九五％が鋤、鍬はわずかに五％という数値を示している（寺沢11c一七四頁以下、橋本14一四頁以下）。すなわち、纒向には、農民といいうる人々がほとんど存在しないのであった。この地は、〈農村〉ではなく、統治者と手工業者・土木工事従事者の集住空間という意味において、〈都市〉といいうるものであった。都市には

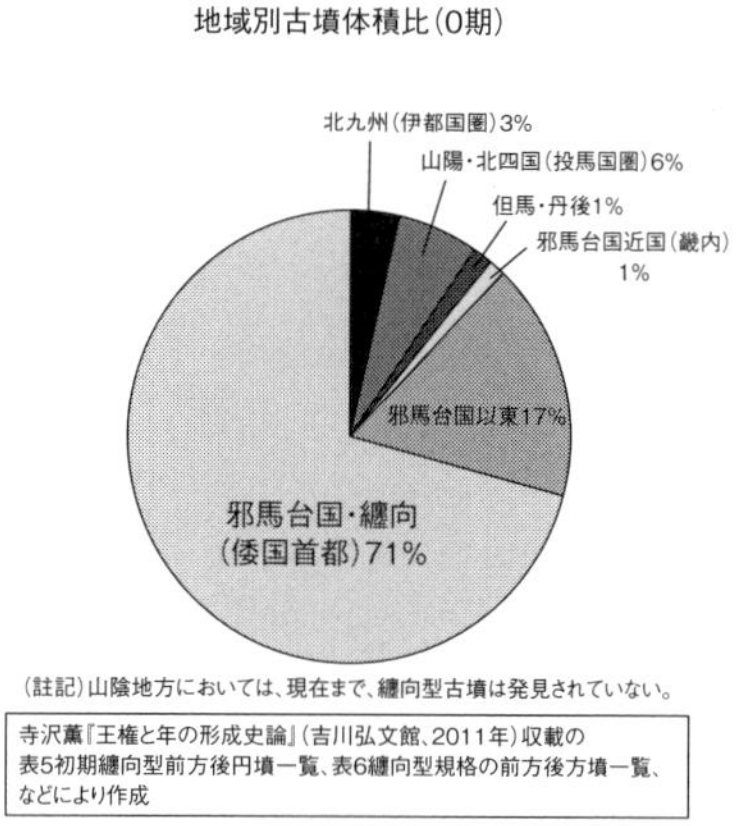

図9

様々な類型があるが、纏向宮都は、商人と市場経済が不在の、統治者と統治者に直接的に従属する手工業者・土木工事従事者によって構成される〈政治的都市〉であった。纏向を「宮都」と表現した所以である。第五に、纏向宮都の居住者の少なからざる部分は、大和以外の列島各地からの移住者であったことである。このことは、纏向出土土器の一五％から三〇％程度が大和以外の列島各地の特徴を備えたものであること、この中には、列島各地から搬入された土器ばかりでなく、移住者が出身地の土器をモデルに製作した土器からなっていることによって知られる。唐古・鍵遺跡からも外来土器が出土するが、その割合は多く見積もっても三％であるから、纏向人口にしめる外来者の割合は文字通り桁違いであった（寺沢11一四九頁、橋本14一八～二〇頁、鼎談14一六八頁石野発言）。

（二）纏向宮都は、二六〇～二九〇年頃になると、ふたたび大きな飛躍をとげ、宮殿も場所を東に移して（第三次宮殿）、政治都市空間は約二〇〇ヘクタールにも及ぶことになった（第三次宮都）。後年の藤原宮（約一〇〇ヘクタール）、平城宮（約一三〇ヘクタール）と比べてもさらに大きく、近世大和国の郡山城下町の広さに匹敵する（寺沢11一四四頁）。そして、そのような宮都の大飛躍と平仄をあわせるかのように、古墳も、ふたたび大きく跳躍した。箸墓古墳の出現である。古墳に着目する限りでは、箸墓古墳＝第三次纏向宮都時代（二六〇～二九〇年頃）に、列島的規模において、〈王権〉といいうるものが誕生したのであった。

纏向宮都は、しかし、前方後円墳時代2期（布留1式土器期）になると突然に消滅し、かわって竪穴式住居が見られるようになり、一般の集落とさほどかわらない状況となった。その一方で、纏向宮都建設とともに衰退した唐古・鍵などの旧弥生拠点集落は、復活する傾向が認められる（鼎談14一四九頁～一五〇頁、橋本・藤田発言）。古墳築造の動向も、宮都の盛衰と軌を一にするものであった。ここであらためて、先に述べた、中央における前方後円墳時代2期以降の古墳築造の動向を想起されたい。1期における〈王政〉は、中央政権内部においては、早くも2期において崩壊し、この頃には、政治的首長から領主へと成長転化しはじめた在地支配者たち（郡領主層）の〈非王権的同輩盟約体〉に変容した。そして、期を追うにしたがって、その傾向に拍車がかかる。4期ともなると、同程度の背丈の大木が林立する〈非王権的同輩盟約体〉に完全に回帰することになるが、このような、一見すると奇妙な古墳の歴史は、上記の纏向宮都史と、きわめて親和的である。

総じて、弥生終末期から前方後円墳時代にかけての歴史は、〈①筑紫・吉備・出雲・但丹などの諸地域における非王権的同輩盟約体の割拠（弥生末期）→②a後進地帯大和における中央政権の成立（纏向型前方後円墳時代）→②b大和における王権の成立（前方後円墳時代1期）→③中央政権における王政の解消、非王権的同輩盟約体的権力構造の復活（前方後円墳時代2期〜7期）→④中央政権における王政の復活（8期〜10期、特に最後の10期）〉というように進行したのであった。先にも述べたが、一見して、きわめて不自然な歴史の進行である。その不自然さの原因は、②（ab）に存する。すなわち、後進地帯大和に、古墳や宮都を見る限り、きわめて巨大に見える中央政権・王権が突如として成立した、という不自然さである。[8] この現象は、何故に生じたのか。

（d）『魏志倭人伝』『後漢書』の語るヤマト政権形成史

しかし、考古史料だけでは、この問題を究明することは困難である。いよいよ、文献史料にもとづく考察の出番である。すなわち、『魏志倭人伝』『後漢書』などの中国正史の語る列島の二〜三世紀史（邪馬台国・卑弥呼などを主題とする歴史）と、考古史料にもとづいて復元された同時期の前記歴史像とを突き合わせ、もって、纏向型前方後円墳時代および前方後円墳時代1期の謎にせまる試みである。この点に関して、いまや国民的関心事になった感のある邪馬台国所在地問題について、大和説が正しいという判断がともなっているということを、あらかじめ述べておくこととする。なぜ、そのように考えるのか。

これまでの考古史料にもとづく考察によれば、列島の三世紀は、大和の地に、北九州までも支配下におさめる――纏向型前方後円墳・定形型前方後円墳が九州にも存在することが、そのことを示す――中央政権が成立した時代であった。一方、前記中国正史は、同じ頃に、列島のいずこかに所在する邪馬台国居住の卑弥呼を女王とする倭国が成立したことを記している。もしも、邪馬台国が九州にあったとするならば、三世紀の列島には、九州の卑弥呼を女王とする九州倭国と、箸墓被葬者を王とし、九州をも支配下におさめた大和中心の倭国との二つの倭国が並立していた、ということになる。しかし、そのような事態はおよそ考えがたい。上記二つの倭国の並立を示唆する考古史料は存在しないからである。三世紀の列島において、九州と大和とが同一の政治社会を形成し、かつ、中央が大和にあることは、古墳形態の同一性と規模の格差が明示している。中国正史の伝える邪馬台国の所在地は、大和にほかならない。邪馬台国は、一般にヤマタイコクと訓まれているが、正しくはヤマトコクであることも（吉村11一〇〇頁）、邪馬台国＝大和説を強化するであろう。

以上のことを前提に、以下、三世紀の列島の歴史の基本線についての私見を述べる。通念とはなはだしく異なる論述となるが、それを支えるのは、『三国志』の専門家である渡邊義浩氏によって切り開かれた新しい『魏志倭人伝』論（末尾の参考文献参照）、および、これに示唆を得た『魏志倭人伝』および『後漢書』の私なりの読解である。紙幅の制約故に、論証は別稿（水林18）に委ね、以下では、結論のみを箇条書形式で述べる（以下、各地の政治的首長層ないし領主層の勢力を『魏志倭人伝』の表現にならって「国」と表現するが、本稿の歴史学的概念をもって表現すれば、政治的首長層ないし領主層の盟約体としての政治社会である）。

(1)　二世紀中葉から末期にいたる時期の列島は、北九州の国々が相対的に優勢であったものの、山陰・北陸、但丹、吉備などにも有力な国が存在しており、北九州勢力が、その軍事力をもって列島を政治的に統一するような状況にはなかった。「倭国大乱」（『後漢書』によれば、一四六〜一八九年の間の全てまたは一部の期間）の時代であった。

(2)　ヤマト政権の成立という形での政治的統一は、当時の中国の国内事情およびそこから発生する国際関係に起因するものであった。二世紀中葉から後期にかけての後漢の衰退は、楽浪郡の支配のもとで安定していた倭人社会に上記の「大乱」を惹起していたが、その一方で、後漢の地方官公孫氏（遼東、楽浪郡、および、後者を拠点とする朝鮮半島と倭人の支配、などを管轄する）の事実上の独立化をもたらし（一八九年）、公孫氏は、朝鮮半島と倭国の支配の再建に乗り出した。やがて、楽浪郡の南に帯方郡を設置し（二〇四年以降間もなく）、「倭・韓、遂に帯方に属す」（『三国志』韓伝）ことになる。支配という行為は、当然に、被支配対象が内乱状態にあることを許さない。公孫氏の倭支配は、「大乱」を終息させ、その基底にある列島諸勢力の対立——稀少資源の獲得をめぐる争い——を制御するために、列島に公孫氏支配（稀少資源の分配などをめぐる基本方針）を受け入れる統一政権（『魏志倭人伝』が冒頭で述べる三〇の国々を統合する倭国）を作ることにおかれた。その際、実力をもって統一するだけの力を有する国が存在しなかった列島社会において、いずれかの有力国を中心に据えるという仕方での統一は困難であった。このやり方では、中心から外された有力国の納得が得られない。公孫氏は、経済的軍事的実力の点では弱小で、かつ、列島統一の中心となるに適した国を首都の地とし、有力国のどこにも属さない、しかし、王となりうる何らかのカリスマ性を有する人物を選定して、諸国をして、その者を「王」として「共立」させるという仕方での統一方式を選択した。公孫氏が指名し、これを受けて列島諸国が「共立」した王は、卑弥呼であった。首都の地としては、列島の地理的中心に位置する邪馬台国（奈良盆地に存在した国。朝鮮半島南端の狗邪韓国、対馬海峡に浮かぶ島国の対馬国と一支国、北九州の末盧国、伊都国、奴国、不弥国、後の吉備にあたる投馬国、以上有力八箇国が割拠する邪馬台国より西の地方と斯馬国以下後進的な二一の国々が存在する邪馬台国より東の地方との接点）が選ばれ、その中でも、邪馬台国の中心地であった唐古・鍵からほど近い纏向が宮都建設の地とされた（第一次纏向）。「共立」に加わった国々は、それぞれ、纏向ないしその近辺に有力者を派遣し、政治的拠点を構えた（纏向型前方後円墳および前方後円墳時代1期の前方後円墳の被葬者たち、松木11一三八〜一三九頁）。以上の経緯から、卑弥呼王は統一の象徴という意味合いが強く、中央の権力は、公孫氏の支配のもと、「共立」に参加した各地の国々によって担われた。

(3)　公孫氏は、二三八年に、魏（中国三国時代の北方の雄）によって滅ぼされる。公孫氏にかわって、これよりも強大な魏が、倭国の支配者として立ち現れた。帯方郡の地方官は、倭国支配に乗り出し、魏への朝貢を強く促したであろう。むろん、卑弥呼はこれに応じる。こうして、魏と倭国の支配服属関係の歴史が始まった。魏は、公孫氏以上に倭国支配を強化した。理由は、江南の呉に対する軍事的戦略にあった。当時、倭国は、呉の東方海上に位置していると観念されていたので、倭国を配下におさめることは、魏が呉を東側面から強く牽制することを意味したからである。卑弥呼に対する「親魏倭王」号授与などの破格の待遇もそのためであった（渡邊12六八頁以下、七六頁以下、九六頁以下、一〇三頁以下、一三九頁以下）。倭国には強力な統治機構——租税および物資の流通を管轄する「大倭」、諸国の反倭国的犯罪を取り締まる警察機構（伊都国におかれる「大率」を長とし、その下に、中国の「刺使」のごとき下僚が各国に配置される）——が整備されていたが、このことも、帯方郡官人の直接的指導なしには考えがたいことである。二四七年の卑弥呼の死去にともなう巨大墓の築造および女王位の台与への継承も、魏の指導のもとに行われたものであろう。卑弥呼の死は、倭国と倭国の支配下に入らなかった列島内の狗奴国との戦争の最中のことであったが、この内戦を倭国の勝利に導くことは、魏にとっての重要課題の一つであり、魏は戦争指導のために武官を派遣して、これに対処した。総じて、倭国は、魏の強力な支配下におかれていた。

(4)　二六五年、魏皇帝の臣下司馬炎は、皇帝位の禅譲を強要し、魏にかわって晋王朝が成立した。この時も、帯方郡の地方官は、倭国王に対して、洛陽への朝貢を強く促したと思われる。倭王はすぐに朝貢した。〈洛陽（後漢、魏、晋の都）—帯方郡—倭国〉という、中華帝国による東夷に対する支配構造は堅持された。

(5)　二八〇年、晋は呉を滅ぼし、中国を統一するが、間もなく衰退しはじめ、三一三年には、高句麗が楽浪・帯方二郡を支配するまでになった。三一六年、晋滅亡。晋の皇族は江南に逃れて東晋を建国したが、華北では、五胡とよばれる五つの遊牧民族が次々と小国をたてては滅亡する歴史が、北魏による統一（四四二年）まで、一世紀以上続くことになる。こうして、五胡十六国（華北）と東晋（江南）の時代（三一六年〜、古墳時代2期ないし3期）になると、中国王朝による列島直接支配ということがなくなった。三世紀初頭に公孫氏の外圧のもとに創出され、魏・晋の強力な支配のもとで成り立っていた王政は、それから約百年後、中華帝国の直接支配が消滅したために、解消に向かうこととなった。

要するに、纏向を首都とするヤマト政権（卑弥呼およびその後継の王権）の成立は、公孫氏ついで魏による、列島への直接的介入をともなう、古代帝国主義的支配によって生み出されたものであったということである。列島最初の王権は、列島に内在する力によってではなく、中国を震源地とする外的力によって、力ずくで形成されたものであった。列島を支配する究極の権力は中国王朝にあったという意味において、卑弥呼を真に〈王〉とよんでよいかは、躊躇される。〈疑似王権〉とでもよぶべきであろうか。弥生遺跡とは次元を異にする巨大な古墳（纏向型前方後円墳および箸墓をはじめとする定形型古墳）と広大な宮都の建設は、公孫氏および魏が、疑似王権を樹立すべく、列島に分散する諸力を一つにまとめるための方途という意味をもっていたのであろう。巨大古墳と広大宮都は、強力な王権が存在したことの結果というよりも、中華帝国が東夷支配を末端において担いうる倭王権（疑似王権）を力づくで創出するための手段であったと思われる。

したがって、その外的力が消滅するならば、そして、王政を持続させる内的力が生まれてこない限りは、王政は、有力諸勢力の非王権的同輩盟約体に解消していく。前方後円墳時代2期以降の歴史、とくに、中央における諸勢力の割拠が最も顕著となる4期までの歴史は、そのような意味において、必然なのであった。ふたたび集権化の動きが生まれるのは（5期以降）、高句麗の南進とこれへの対抗という新しい国際問題が生まれる四世紀末のことであった。

II　ジェンダー論——清家報告に学ぶ

清家報告は、人類史をジェンダー（社会的な性《セックス》）の観点から観察しようとする課題に大きな寄与をなした。ジェンダー史を、当時の人類学研究に学んで、具体的な史論として展開したのは、エンゲルスの『家族・私有財産・国家の起源』であるが、この古典的著作は、これ以後の人類学・歴史学の進展によって、もはやそのままの形では維持できない部分が少なからず存在する。しかし、ジェンダー現象を、人類史の長いパースペクティヴにおいて、社会的諸現象の総体の中に位置づけて論ずるという方法は、今日においてさえも比類のないものである。そのような意義を有する『起源』のジェンダー史論は、次のようなものであった。

(1)　人類史の野生（採取経済社会）段階ではそもそも一夫一婦制は未成立であった。未開（市場経済以前の農耕社会）段階においては、一夫一婦制が形成されるが、それは夫婦どちらからでも容易に解消できる性質のものであった

（対偶婚）。文明（商品生産経済がドミナントな社会。civilization の帰結として形成される civil society）段階になると、婚姻解消は原則として夫のみであることに示されるような夫支配の上に築かれた一夫一婦制（単婚）が確立する。

（2）対偶婚から単婚への移行は、親族構造という観点からは、母系（相続が母子の線で行われる）から父系（相続が父子の線で行われる）への移行である。父系の確立は、女性が家内に閉じ込められ、夫の子を産む単なる道具の地位に転落させられる事態を惹起した。すなわち、「女性の世界史的敗北」。

（3）父系の確立は文明時代の現象であるが、その形成は、未開時代に始まる。しかし、その具体的歴史過程は明らかではない。

父系社会の前に母系社会が一般的に存在したかのようにエンゲルスが述べていることは、訂正を要する。今日の研究によれば、父系社会以前は、母系というよりも、父系・母系双方が等しく重要な双系ないし双方的社会が一般的だと思われるからである。したがって、エンゲルスが想定した〈母系制→父系制〉は〈双系ないし双方制→父系制〉と訂正した上での父系制形成と理解すべきであるが、その父系制形成史の具体像は、『起源』段階の人類学・歴史学では未解明であり、それ故に『起源』には記述が欠けている。

清家氏の研究およびこれを前提とするシンポジウム報告は、その欠落のうちの重要部分を埋めるきわめて重要な意義を有する。すなわち、清家氏は、日本史に即して、父系形成史の前提としての、社会の男系化の実相を考古学の側から明らかにされた。氏によれば、戦争は男性の仕事という主観的観念と、慢性的戦争状態という客観的状態があわさって、戦争指導を行わねばならなかった首長層が男性化し、やがて、首長位が男性親族間で継承される社会すなわち男系社会が形成されたのである。(9)

結び

（一）ヤマト政権＝前方後円墳時代の歴史は、文献史の側からは、『古事記』と『日本書紀』特に後者を基礎に、叙述されてきた。そのために、この時代の歴史を「男性の王の歴史」として描く記紀の歴史像は、戦後の文献史学にも大きな影を落とすことになった。戦後古代史学は記紀を利用するにあたり厳しい史料批判を試みようとして、「実在の天皇（王）は誰からか」というようなテーマは多くの研究者によって深く追究されてきたけれども、しかし、実在したと想定される「天皇」が果たして本当に〈王〉と言いうる存在であったのか、その時代は真に〈王政〉と規定しうる時代であったのかという問は、ほとんど立てられることがなかったように思われる。しかし、本シンポジウムにおける広瀬・清家両報告、および、両報告に学んだ私の報告は、前期および中期のヤマト政権＝前方後円墳時代は、基本的には、「男性と女性があい半ばする、古代首長層ないし領主層の非王権的同輩盟約体の歴史であることを明らかにしようとした」とまとめることができる。列島における王政の形成史は、早くみつもっても五世紀末（ワカタケル大王の時代）、本格的には欽明朝（見瀬丸山古墳）の時代であった。

（二）広瀬・清家両氏の報告を拝聴して強く印象づけられたことの一つは、国制史とジェンダー史とが密接に関係しあっていたことである。四世紀末に始まる古墳時代中期は、国制史的には、対高句麗戦争を契機とする列島の軍事化、およびこれにともなう、地方に対する中央政権の「隔絶化・荘厳化・威圧化の極地ともいうべき巨大前方後円墳」の築造の時代であり（広瀬報告）、ジェンダー史的には、「女性首長衰退」の時代であった（清家報告）。また、五世紀末に始まる古墳時代後期は、国制史的には、ワカタケルの「治天下大王」観念に照応する「大王単独墳」が形成される時代であり、ジェンダー史的には、「女性首長と考えられる人骨資料は皆無となる」時代、「小首長を含めて、首長位は男性が担う」（「小首長」は、本稿の用語では〈郷領主〉、「首長」は〈領主〉）ようになった時代であった（清家10 一八五頁）。総じて、国制とジェンダーとは不可分の社会現象であり、かつ、それは戦争という国際関係的視点を導入しなければ理解しがたいものであった。

（三）その国際関係的視点は、史上はじめて、列島的規模において統一政権が誕生するという現象の理解にとっても、決定的に重要なものであった。卑弥呼王権という現象の国際的契機は、これまで、多くの人々によって指摘されてきたところであり、ほとんど常識となっていると思われるが、しかし、私のみるところでは、国際的契機――具体的には、中国王朝の外圧――は、これまで考えられてきたものとは次元を異にするほどに強力なものであり、本稿はこのことを強調することとなった。しかし、まさにそのこと故に、ヤマト政権0期・1期に形成された王政は、中国の外圧の消滅と運命をともにすることにもなった。列島における王政の内発的形成史は、早くとも五世紀末（ワカタケル大王の時代）、本格的には六世紀中葉の欽明朝の時代を待たねばならない。しかし、その王政の質はといえば、選挙王政的形態に端的に見られるような、王権への権力集中が未熟な性質のもの、本シンポジウムの企画趣旨に引きつけていうならば、「中世立憲主義」的王政の契機を多分に含む性質のものであった（水林06 一一〇頁以下）。

もっとも、以上のことは、0期・1期に形成された、中央が圧倒的に優位する性質の中央・地方関係もまた、2期以降に解消する、ということを意味するものではなかった。初発において形成された中央・地方関係はその後も継続し、律令天皇制時代に接続していく。そして、それは、その後の日本国制史全体を貫く基本的特質の一つとなった。ヤマト政権体制成立史は、この意味においてもまた、現代史にほかならない。

（1）このことは、各地の歴史博物館などが展示する居館の模型やウェブサイトに掲載された写真などによって、たやすく視覚的に確認することができる。古代首長と中世領主の居館は文字通り酷似しており、外観ではほとんど区別がつかない。

（2）古墳の規模は、通常、墳長を基準としてなされるが、ここでは、大久保徹也氏のご教示にしたがい、古墳の体積を基準とした。古墳は「見せる」ための「作品」であり、したがって、見る者が受ける「印象」が重要であることを考えると、墳長基準ではなく体積基準によることが望ましいことは、経験上、明らかである。二〇一六年の十月から十二月にかけて、あまり間を置かずに見学する機会をえた三つの前方後円墳が想起される。すなわち、林43号墳（出雲、墳長一六m、列島最短か）、摩利支天塚古墳（下野、墳長一二一m）、大山古墳（百舌鳥、墳長四八六m、列島最長）。大山古墳は、墳長では林43号墳の約三〇倍であるが、見た時の印象は、何千倍、何万倍の威圧感であった。摩利支天は林43号の約七・五倍の墳長であるが、量感は何百倍である。この感覚に近い数値は、墳長でないことはもとより、面積でもない。体積である。ただし、体積の確定はきわめて困難である。畿内の古墳については、前方後円墳について網羅的に体積の計算を試みた研究が存在するが（石川89）、列島の古墳を網羅した研究は存在しないからである。そこで、畿内の古墳を相互に比較するためには石川氏の研究によるが、全国の古墳を比較するためには、墳長の3乗の値を求め、これによって、「体積比」の近似値を割り出すという便法を使用する。墳長aメートルの古墳Aについて、〈墳長a・墳幅0.5a・墳高0.1a〉と仮定すれば体積は$0.05a^3$（㎥）、墳長bメートルの古墳Bについて、〈墳長b・墳幅0.5b・墳高0.1b〉と仮定すれば体積は$0.05b^3$（㎥）となるので、古墳の体積は知ることが出来ないが、A古墳とB古墳との体積比は〈a^3：b^3〉という数値で示されるという寸法である。もちろん、墳長・墳幅・墳高の比が常に〈1：0.5：0.1〉ということでは全くないので、〈a^3：b^3〉も正確な体積比ではない。しかし、この方法による体積比が実態から大きくはずれるものでないことは、次の事実に示されている。その事実とは、古墳時代1期大和における、箸墓の体積が中央の古墳体積に占める比率を求めるならば、①石川氏の体積計算をもとに計算した場合は57％、②私の方法による場合は54％ときわめて近似した数字を示すことである。少なくとも、古墳規模から受ける「印象」を数値にしてみるという目的のためには、十分に使用可能な方法であると考える。林43号墳と大山を例にとれば、大山は、墳長では三〇倍であるが、体積比では二万八千倍となる。「見る者」の受ける「印象」という点では、経験上、この数値の方がはるかに説得的である。

（3）「体積」計算の対象とする古墳は、近藤義郎編『前方後円墳集成』（補遺を含め全6巻、山川出版社、一九九一〜二〇〇〇年）による。本『集成』における各「国」（令制の旧国）の「古墳編年表」に掲げられた全ての古墳（ただし墳長不明のものは除外）について、註（2）にのべた方式により「体積」を計算し、これを集計した。「編年表」には、帰属可能性のある複数の期が示されている古墳が少なからず存在するが、これらについては、原則として、早い時期の期に属するものとして処理した。

（4）〈政治的首長〉は、〈共同態首長〉と〈領主〉との中間形態である（政治的首長という用語は広瀬氏のそれを踏襲した。広瀬97一三二頁)。共同態の純然たるリーダーの域を超えて、共同態に対する命令者・支配者になりつつあるが、しかし、まだ領主にはなりきっていない存在である。政治的首長がまだ領主とは言い難い存在であることは、首長居館がなお共同態内部に存在したことに示されている。たとえば、最大規模の弥生ムラ(拠点ムラ)といわれる吉野ヶ里においてさえも、首長居館とその墳墓はまだ環濠集落の内部に存在していた。しかし、領主といいうるためには、その居館や墳墓は共同態の外に出なければならず、領主は、共同態を上から支配する存在でなければならない。領主制とは、階級的支配従属関係であるだけではなく、支配者と被支配民との間に身分的差別が発生し(身分制的支配)、かつ、そのことが当時の人々にとって視覚的に明瞭な形で認められるようにならねばならないが、支配者居館・墳墓と共同態との地理的分離こそは、まさに、そのことを可能にするための風景にほかならないからである。ムラ内居館からムラ外居館への移行は、北九州では弥生終末期からヤマト政権体制初期にあたる二～三世紀(渋谷・土居91二〇頁以下)、その他の地域では、ヤマト政権体制(古墳時代)に入ってしばらくの時間が経過した四世紀以降のことであった(小笠原・阿部91一七頁掲載の橋本博文氏作成図、藤田91二五頁、柴田91三三頁、橋本博文91)。

(5)『魏志倭人伝』は俗称で、正しくは、『三国志』『魏書』第三〇巻烏丸鮮卑東夷伝倭人条と表記すべきであるが、本稿では通称を使用する。

(6) 箸墓を嚆矢とする前方後円墳(纏向型に対して定形型前方後円墳とよばれることがある)との対比で、纏向型前方後円墳は、①前方部が、後円丘に比べて著しく小さく低平で、全長:後円丘径:前方部長の比が3:2:1、②後円丘は不整円形であることが多い、などの特徴を有する(寺沢11二五〇頁)。

(7) 纏向宮都史が第一次から第三次までの三段階から構成されることについては、寺沢薫氏の口頭によるご教示(二〇一七年七月六日)による。

(8) 文献史・考古学ともに、邪馬台国を中心とする倭国の成立を、大和地方の内在的発展の帰結として理解する傾向がなお強いようであるが、これに対して、弥生時代の大和と古墳時代のそれとの間には断絶が存在すること、後者の成立の背後には、国際関係を含む政治的契機を考えねばならないことをつとに強調されてきたのは、寺沢薫氏の一連の諸研究である。本稿は、これに多くを学び、その延長線上において、議論を展開する。

(9) 諸事情が重なり、「II ジェンダー論――清家報告に学ぶ」はごくごく簡略な記述となった。この問題についての私の考えは、別稿において多少とも詳しく論じたので、そちらを参照されたい(水林15)。

【参考文献】

阿部義平91「関東南部の豪族居館」（『季刊　考古学』第三六号、一九九一年）

天野末喜10「倭王武の時代――雄略陵をめぐる一視点」（『同志社大学考古学研究会50周年記念論集』二〇一〇年）

石川　昇89『前方後円墳築造の研究』六興出版、一九八九年

小笠原好彦・阿部義平91「豪族居館研究と課題」（『季刊　考古学』第三六号、一九九一年）

岡本秀典99『三角縁神獣鏡の時代』吉川弘文館、一九九九年

近藤義郎編91『前方後円墳集成』（全六巻、山川出版社、一九九一〜二〇〇〇年）

柴田　稔91「東海の豪族居館」（『季刊　考古学』第三六号、一九九一年）

渋谷忠章・土居和幸91「九州の豪族居館」（『季刊　考古学』第三六号、一九九一年）

清家　章10『古墳時代の埋葬原理と親族構造』大阪大学出版会、二〇一〇年

清家　章15『卑弥呼と女性首長』学生社、二〇一五年

鼎談（石野博信・藤田三郎・橋本輝彦）14「倭国の大乱から邪馬台国へ――唐古・鍵遺跡と纏向遺跡」（石野博信討論集『倭国乱とは何か』新泉社、二〇一五年）

高島忠平11「近畿説はありえない」（石野博信ほか『研究最前線　邪馬台国』朝日新聞出版、二〇一一年）

寺沢　薫00『王権誕生』講談社、二〇〇〇年

寺沢　薫11『王権と都市の形成史論』吉川弘文館、二〇一一年

寺沢　薫13「日本列島における国家形成の枠組み―纏向遺跡出現の国家史的意義―」（『纏向学研究』第一冊、二〇一三年）

寺沢　薫14『弥生時代の年代と交流』吉川弘文館、二〇一四年

寺沢　薫16「大和弥生社会の展開とその特質（再論）」（『纏向学研究』第四号、二〇一六年）

仁藤敦史09「卑弥呼の王権と朝貢――公孫氏政権と魏王朝」（『国立歴史民俗博物館研究報告』一五一集、二〇〇九年）

仁藤敦史13「倭国の成立と東アジア」（岩波講座『日本歴史』第一巻、岩波書店、二〇一三年

橋本輝彦11「纏向遺跡でいま、何がいえるのか――居館城の調査から」（石野博信ほか編『研究最前線　邪馬台国』朝日新聞出版、二〇一一年）

橋本輝彦14「纏向遺跡の発掘調査――卑弥呼の宮殿を探して」（橋本輝彦ほか『邪馬台国からヤマト王権へ』ナカニシヤ出版、二〇一四年

橋本輝彦16「オオヤマト・イワレ地域における古墳時代前期の集落と古墳」（『シンポジウム「国家誕生の地、桜井を語る」―マキムクからイワレへ、大王の歩んだ道―発表要旨集』奈良県桜井市、二〇一六年）

橋本博文91「関東北部の豪族居館」（『季刊　考古学』第三六

号、一九九一年）
春成秀爾ほか11「古墳出現期の炭素14年代測定」（『国立歴史民俗博物館研究報告』第一六三集、二〇一一年）
広瀬和雄91「前方後円墳の畿内編年」（近藤義郎編『前方後円墳集成』前掲）
広瀬和雄97『縄紋から弥生への新歴史像』角川書店、一九九七年
広瀬和雄03『前方後円墳国家』（角川選書、二〇〇三年、中公文庫版、二〇一七年）
広瀬和雄18「古代首長と中世領主――在地社会の特性と変遷についての考古学的考察」（水林彪・青木人志・松園潤一朗編『法と国制の比較史――西欧・東アジア・日本』日本評論社、二〇一八年）
福永伸哉13「前方後円墳の成立」（岩波講座『日本歴史』第1巻、岩波書店、二〇一三年）
藤田和尊91「近畿の豪族居館」（『季刊　考古学』第三六号、一九九一年）
松木武彦11『古墳とはなにか』角川選書、二〇一一年
水林　彪06『天皇制史論――本質・起源・展開』岩波書店、二〇〇六年
水林　彪15「ジェンダー現象の構造および発生の論理」（『ジェンダー法研究』創刊第二号、信山社、二〇一五年）
水林　彪18「卑弥呼・台与政権論――日本国制史における〈反civil〉の起源」（水林彪・青木人志・松園潤一朗編『法と国制の比較史――西欧・東アジア・日本』日本評論社、二〇一八年）
吉村武彦11「考古学だけでは不十分」（石野博信ほか編『研究最前線　邪馬台国』朝日新聞出版社、二〇一一年）
渡邊義浩12『魏志倭人伝の謎を解く――三国志から見る邪馬台国』中公新書、二〇一二年
渡邊義浩16『三国志よりみた邪馬台国』汲古書院、二〇一六年

[後記]

1．本稿は、シンポジウム本番での報告原稿に重要な加筆がなされており、そのために、コメンテーターの大久保徹也氏に多大のご迷惑をおかけすることになったので、お詫びかたがた、本稿の成立事情について記しておきたい。

シンポジウムの準備過程から本稿の成立にいたるまで、私は、順次、三つのヴァージョンを作成し、報告者・コメンテーターの皆さんにお示ししてきた。最初の版は、シンポジウムにおける私の予定「読み上げ原稿」（二〇一七年五月三日成稿）、第二版は、学会当日の「読み上げ原稿」（同年六月三日発表）、第三版は、第二版を補正しさらに加筆して成稿した本論文である（同年九月三日成稿）。大久保氏は、初版を念頭において、シンポジウム当日のコメント原稿を準備され、基本的には、これをシンポジウムにおいて読み上げられた。そして、私が作成した上記三つの版に重要な点で異同が

ないならば、氏は、初版を基礎に作成されたコメント原稿を、基本的にはそのまま、本誌掲載のコメント原稿とすることが可能であり、そのようにされたと思われる。しかし、まことに申し訳ないことに、版を追うにしたがい、ある重要論点の記述が変化していくこととなった。その重要論点とは、卑弥呼政権論である。初版における卑弥呼政権成立事情の理解は、『魏志倭人伝』の記述を真に受け、また、先行研究通説を特に吟味することなく受容したために、「卑弥呼政権は、列島の各地に蟠踞していた有力諸勢力（『魏志倭人伝』が「伊都国」「奴国」などと記す意味での諸「国」）が、自発的平和的に、卑弥呼を「王」として「共立」したところに成立した政権である」というものであった。しかるに、初版作成直後に、渡邊義浩氏の『三国志』論（文献一覧参照）を学ぶ機会があり、上記の考え方を根本から改める必要を痛感することとなった。氏によれば、『魏志倭人伝』は、魏およびその後身の晋を正統とみなす立場から書かれた政治的色彩のきわめて濃厚な「史書」であり、それ故に、客観的には存在したはずの公孫氏による倭国支配・卑弥呼朝貢の事実を意図的に無視しているのである。この指摘を受けて、私は、卑弥呼政権成立も、公孫氏（中華）の倭国（東夷）に対する帝国主義的支配という観点から理解しなければならないと考えるようになった。その結果、第二版（学会報告）における卑弥呼政権成立史論は、「列島諸勢力が卑弥呼を自発的に「共立」したのではなく、公孫氏が東夷に対する帝国主義的支配の戦略の一環として、列島諸勢力をして卑弥呼を「共立」せしめた」という趣旨のものとなった。第二版以降第三版（本稿）作成までの期間におけるこの方面での研究は、公孫氏支配の時代の倭国の姿を追究する考古学研究、具体的には寺沢薫氏（奈良県桜井市纒向学研究センター長）および橋本輝彦氏（奈良県桜井市纒向学研究センター主任研究員）の著作・論文に学ぶことにあてられ、疑問点については、広瀬和雄氏のご尽力で実現した寺沢氏を先達とする纒向見学の際の口頭でのご教示に与る機会にも恵まれた。そして、第三版すなわち本稿の作成にあたっては、以上の成果を、シンポジウムにおける「読み上げ原稿」に補筆したのである。大久保氏が、ご自身の論文の冒頭で述べられていることの背後にある事情は、以上のようなものである。私の主観では、初版と第二版の間の違いが大きく、第二版と第三版（本稿）の相違は、文献研究の分野で生じたパラダイム転換を、考古学研究の紹介を通じて補強するという程度のものであったが、私が依拠した考古学研究とは異なる見解をもたれている考古学者・大久保氏にとっては、当然のことながら、補筆された部分の意味が大きいのであった。私の不用意な「誤算」のために、大久保氏に最初のコメント原稿の破棄を余儀なくさせてしまったこと、新たに原稿を作成するご苦労をおかけしてしまったことに対して、この場をお借りして、お詫び申し上げたい。今回の大久保コメントよって知ることのできた大久保説と寺沢説の対立問題についてどのように考えるべきなのか、考古学のディレッタントにとっては困難な問題であるが、今後の課題とさせていただく。大久保コメントは、広瀬第二テーゼおよびこれを敷衍した私見も批判の俎上に乗せられているが、これについても、あらためて議論する機会を得たいと思う。

2．卑弥呼政権時代の考古学研究の紹介に相応の紙数をさく一方で、特に概念の定義と『魏志倭人伝』の読解の二点については、シンポジウムにおける配布資料においては詳しく論じたものの、本稿では、紙幅の制約のために、ほとんど全て、割愛せざるをえなかった。このことは、本稿で論ずべき事柄の取捨選択にあたり、法制史学・国制史学が考古学研究から学びうることは何かを考えることを優先させたことによっている。ご理解とご寛恕をお願いしたい。

割愛した二点のうちの『魏志倭人伝』の読解と、シンポジウムにおける口頭報告および配布文書の双方において全く触れることのできなかったヤマト政権の正当性（Legitimität）ないし根本法（Rechtsgründe）の問題については、次の拙論において論ずる機会をえたので、参照をお願いしたい。「卑弥呼・台与政権論——日本国制史における〈反civil〉の起源」（水林彪・青木人志・松園潤一朗編『法と国制の比較史——西欧・東アジア・日本』（日本評論社、二〇一八年）。割愛した残りの論点すなわち国制に関する社会学的基礎諸概念の体系的考察を論文の形に調えることは、今後の課題である。

［謝辞］

本シンポジウムでの報告および本稿を準備するにあたり、シンポジウムにご登壇いただいた広瀬和雄氏、清家章氏、大久保徹也氏のお三方をはじめとして、秋元陽光氏、天野末喜氏、今尾文昭氏、大賀克彦氏、賀来孝代氏、金子智美氏、坂本豊治氏、寺沢薫氏、丹羽野裕氏、坂靖氏、北條芳隆氏、松本岩雄氏、森下章司氏、渡辺貞幸氏など多くの考古学者の懇切なご指導・ご教示を得ることができた。この場をお借りして、厚く御礼申し上げる。特に、広瀬和雄氏と松本岩雄氏のご厚情には、感謝の言葉がみつからないほどである。

「水林氏報告　ヤマト政権＝前方後円墳時代の国制像の革新」によせて

大久保　徹也

はじめに

筆者の役割はシンポジウム報告のうち、特に水林氏と広瀬氏の報告に対し私見を述べることにあった。しかしシンポジウム後に水林氏がまとめられた原稿は大幅な変更が加えられたものであった。

本来的なシンポジウム報告の趣旨から大きく逸脱するものであるが、シンポジウム報告とは異なる形でまとめられた水林氏の新たな報告に対し、私見を述べることとしたい。それだけ水林氏の報告は重大な内容が含まれ、できるだけそれと向き合うことを優先させるべきと判断した次第である。この点、ご寛恕頂きたい。

なお当初のシンポジウムの計画では、筆者に総括コメントの任が与えられたが、何よりも幅広い論点を総括的に検討することは筆者の手の余る作業であるし、また紙幅の関係から表題に示したとおりここでは主として水林氏報告の論評にとどまらざるを得ない。

1．水林氏報告の構成

報告の構成は次のとおりである。

Ⅰ国制論―広瀬報告に学ぶ
1「首長」（古代）と領主（中世）―連続性・同質性
2「有力首長の共同統治」
1）広瀬テーゼとその検証
（a）広瀬テーゼ
（b）広瀬テーゼの検証
2）第一の問題点―〈王〉概念
3）第二の問題点―前方後円墳時代第1期の特殊性とその根拠
（a）前方後円墳時代第1期の特殊性
（b）弥生末期の国制
（c）ヤマト政権の形成―纒向型前方後円墳時代および前方後円墳時代第1期
（d）「魏志倭人伝」「後漢書」の語るヤマト政権形成史
Ⅱジェンダー論―清家報告に学ぶ
結び

本報告で最も注目すべき点は、I国制論において、古墳時代のうちに、〈王政〉[1]→〈非王権的盟約体〉[2]→〈王政〉の変遷を読み取ることにある。広瀬氏は古墳時代中期の政治構造の特色を「4有力首長の共同統治」(広瀬氏報告二一七頁)と述べたことに対してI―2)で水林氏はこれを〈王政〉の範疇で捉えることに反対して、I―3)では自ら大形前方後円墳の築造動向を点検して、〈非王権的盟約体〉概念で捉えるべき期間を古墳時代初頭(集成編年1期)と古墳時代後期(集成編年8期〜)を除く間、つまり集成編年2期〜7期とした。

古墳時代後期初頭、集成編年8期は埼玉稲荷山古墳出土辛亥年銘鉄剣などからワカタケル大王=倭王武の活動時期と重なる可能性が高く、この時期に〈非王権的盟約体〉から〈王政〉への転換をみることは『天皇制史論』(水林二〇〇六)の構想と合致する。

しかしその一方で集成編年1期、つまり前方後円墳成立時期に、〈王政〉の萌芽的形成を認め、その後再び〈非王権的盟約体〉に回帰することになるので、容易く破綻してしまう脆い、その意味で早熟的な〈王政〉の成立と早期に破綻した条件をあらためて追求する必要が生じた。

この解明にI―3)(c)・(d)項をあてた。渡邉義浩氏の所説(渡邉二〇一二)に依拠しながら、この問題に踏み込んでゆく。端的に表現すれば、水林氏は二世紀半ばの後漢王朝衰退を下で進行する東アジア情勢の錯綜した政治過程にその根本的な原因を求めるにいたった。後漢末の公孫氏政権とその権益を継承した魏/晋王朝は、各々の外交戦略に即した形で倭人社会の安定と政治的統一を強力に働きかけ、その結果、倭人社会に早熟的な〈王政〉が誕生するに至ったとみる(I―3)d)。しかし当該期政治情勢の推測と連動させながら断片的な史料を解釈して組み立てられた、その意味では可能的な一つの解釈は、やはり別の面からの補強材料が必要になる。そこでかつて近藤義郎氏が提示した前方後円墳成立の政治史的画期(近藤一九八三)に対して、同質的な意義を二世紀末〜三世紀初頭に遡って見出そうとする寺沢薫氏の構想―纒向型「前方後円墳」論・纒向宮都論(寺沢二〇一一第2部1章〜4章)―の援用が必要となり、水林氏はこの構想にほぼ全面的に拠る形で考古資料の面から(d)項の補強を図ったといえる。(I―3)(c))

以下の拙論では水林氏報告の構成順とは逆になるが、まずI―3)(c)項を取り上げ、水林氏が集成編年1期の特殊性との関係で重視した纒向型「前方後円墳」論と纒向遺跡論を検証する。筆者が直接(d)項を詳細に検証することは困難だが、多分に(c)項の理解と調和的な関係にある(d)項の検討を通じて間接的に果たせる部分もあるだろう。その上であらためて報告の主題である3)―(a)項の検討に進むこととする。

2．纒向型「前方後円墳」について

水林氏は寺沢氏の所説を承けて次のように述べる。

a）〝弥生墳丘墓は、一般に、一辺が二〇〜三〇m程度の方形墓であるから、墳長八六mから一二〇mに達するこれら四古墳への飛躍はきわめて大きい。〟（水林報告二五六頁）

b）〝纒向型前方後円墳は、列島の広い範囲にわたって築造されたことである。〟（同上二五六頁）

c）〝このことは遅くともこの時点（〝弥生終末期と前方後円墳時代1期との間にはさまる時期〟…筆者）において、全国政権としてのヤマト政権が成立したことを示している。〟（同上二五六頁）

水林氏が依拠した寺沢氏の見解に触れつつ、この評価を検討する。その中でもとくにb）、そしてそこから導き出されたc）が重要になる。

よく知られているように主丘部の一辺ないし直径が四〇m、高さ五mに近い大形墳丘墓は弥生時代後期中頃、二世紀半ばには山陰や吉備で既に出現しているので、纒向墳墓群自体の成立が前方後円墳に先立つものであっても、興味深いものではあるが、そのこと自体は単に奈良盆地にも弥生時代末までに大型墳丘墓が存在したことを示すにすぎない。要はそれらが前方後円墳を含めた墳丘墓一般の中から抽出可能な特徴的な型式を具え、かつ纒向墳墓群との関係で捉えるべき墳墓が、前方後円墳の成立に先立ってどの程度まで広域に分布するのか、にかかっている。

寺沢氏が作成した初期纒向型「前方後円墳」一覧を挙げてみよう（寺沢二〇一一表5　初期纒向型前方後円墳一覧288〜303p所収）。寺沢氏は弥生時代後期後葉〜古墳時代時代中期初頭の弥生土器・古式土師器の精緻な編年を立てた。全体を庄内式・布留式に大別し、さらにその各々を0式〜3式、0式〜4式に細分する。その上で寺沢氏は箸墓古墳の築造時期を布留0式古段階としている。したがってここで問題となるのは庄内3式期以前に比定できる纒向型「前方後円墳」の存在だ。

上記一覧には一〇三件を掲げるが、庄内3式並行期以前、すなわち寺沢氏が確実に箸墓古墳築造に先行する時期とした事例は十一件にとどまる。

①纒向石塚（大和　庄内3）、②纒向矢塚（大和　庄内3）、③ホケノ山（大和　庄内3）、④マバカ（大和　庄内3?）、⑤砂原山（山城）、⑥太田南2号（丹後）、⑦萩原1号（阿波　庄内3）、⑧奥谷2号（阿波　庄内3?）、⑨足代東原（阿波　庄内（新）?）、⑩若草町SDⅠ・Ⅱ（伊予　庄内3式?）、⑪神門5号（上総　庄内3?）の諸例だ[3]。多いとはいえない。しかも奈良盆地および近畿に半ばが集中（①〜⑥）し、東部の三例を含め四国地域に4例（⑦〜⑩）があり、

それより遠方では南関東の一例（⑪）だけだ。寺沢氏は南関東や紀伊水道東岸、西部瀬戸内南岸という広域にそれが波及したことを強調するが、3世紀半ば以降の前方後円墳の波及と浸透に比べればそこに決定的な落差がある。しかし水林氏報告b）c）項に直結するので、少数例でも広域的な波及を推測させる資料については注意しなければならない。多少煩瑣になるが特に近畿より外方の事例について纒向型「前方後円墳」と評価すべき内容か確認しておこう。

寺沢氏は纒向型「前方後円墳」には明確な「墳丘築造計画」が存在し、それを指標に墳丘墓一般からこれを識別できるとする。墳丘主軸長・円丘部径・突出部長の比が3対2対1となる突出部付円丘墓を纒向型とした。かつて近藤義郎氏は前方後円墳を墳丘墓一般から抽出し、その成立の歴史的意義を論じるために墳丘形態、埋葬施設構造、副葬品目という墳墓の主要な構成要素を多面的に取り上げ、それらを総合して前方後円墳を定義した（近藤一九八三）。それに比べて、墳丘形態の面だけに依拠して設定する纒向型「前方後円墳」にはどうしても不安が残る。

とはいえ、諸例について類型設定の可否そして築造時期の評価について検討を加えてみよう。寺沢氏の纒向型「前方後円墳」論そしてそれを全面的に承けて展開された水林氏構想の検証に直結する重要な問題だから、ここではあえて細かく見ておくことにしたい。

抽出の基準は上記したとおり墳丘形態の一点に依拠するものであるから、それだけ墳丘形態に関しては厳密な検証を要することになる。その点で⑤砂原山は墳丘形態を確定できるだけの情報が発掘調査で得られておらず纒向型と認定する根拠は弱い。⑥太田南2号も断定に至る材料は少なく、なお見解は分かれる。積石墓の⑦萩原1号は周溝の形状から突出部の付いた円丘墓ではあることは疑いない。しかし肝心の突出部の形状と規模を特定する材料を欠く。⑧奥谷2号は出土遺物が全く知られず前方後円墳成立以前に比定する積極的な根拠はない。墳形と墳丘構築手法（積石）の点で⑦に類似することが唯一の推測材料だ。⑨足代東原はまず調査区に隣接する円形のマウンドが当該時期の墳丘墓であることの検証から始める必要がある。⑩若草町は墳丘を完全に削平されわずかに遺存した周溝の形状から墳丘墓の存在を推測する。突出部の存在は調査成果から想定可能だがそれが円丘径の半分の長さとする根拠はない。⑪神門5号は最も遠隔地に位置しそれだけに重要だが、調査者の墳丘復原では纒向型の基準に合致した規模の突出部とはならない。

纒向型「前方後円墳」の識別基準に合致した形態の墳丘墓が前方後円墳成立以前の時期に、広く列島各地に及んだ確証を現時点で得ることはできない。今後の調査の進展により、墳墓の築造時期が遡上して確定され、さらにその中に厳格に基準に合致した事例が見出される可能性がないとはいえない。そうであったとしても以下の点に留意しておかなければならない。次節でも若干言及することになるが、かつて想定されていた以上に、古墳時代に先立つ弥生時代後期後半〜終末段階における地域間交流が活発であったことが明らかになった。たとえば弥生時代後期後半、おそらく二世紀第3四半期と推測される時期に山陰から北陸に至る日本海沿岸と中国山地を挟んだ瀬戸内海の一角、吉備地域でほとんど一斉に大形墳丘墓の築造が始まる。しかもその典型である楯築墓・西谷3号墓などこの時期の大形墳丘墓では墳墓要素の一定程度の共有関係（大久保二〇一七b）が看取される。かつて近藤義郎氏は前方後円墳と対比して弥生墳丘墓に顕著な地域的個性を強調した（近藤一九八三）。しかしこうした理解は少なくとも部分的な修正を要する。大形墳丘墓の同時多発的な成立にはそれなりに広域的な地域間連携を読み取らざるを得ないからだ。すでにこうした事態が纒向墳墓群の形成に先立って生じているのだから、少なくともこれと同程度に奈良盆地の大形墳丘墓＝纒向墳墓群の構成要素が他地域に波及していても不思議ではない。

しかし楯築墓等築造時期の地域間連携とは質的に異なり、前方後円墳の成立と連動して生じた広域波及を先取りする内容であったことは論証できていない。纒向型「前方後円墳」が列島各地に広範に波及したとは言い難いのだ。重大な問題であるだけに、希望的観測に拠って論を進めるわけにはいかないのだ。

3．纒向遺跡の評価をめぐって

続いて寺沢氏の構想を承けた水林氏による纒向遺跡評価の検討に移る。前節で検討した纒向型「前方後円墳」論は纒向遺跡の総合的な評価によって補強される関係にある―というよりも論説上は相互依存的な関係というべきかもしれない。―ので、このことも見逃せない。さて水林氏は主として寺沢氏の論説（寺沢二〇〇一第5章）に依拠して纒向遺跡の特質を説いている。このうち特に重要な評価a）〜d）の四項を挙げて以下で検討する。

a）〝首都建設は、古墳築造に先行して、二〇〇年頃に、大溝掘削をもって始まったようである。〞

〝これと並行して、宮殿建設なども進められた。〞（水林氏報告二五六頁）

〝（第二次）宮都全体の面積は一㎞円・約八〇ヘクタールといわれる。（中略）纒向は、第二次宮都段階においてすでに、弥生時代最大の集落の約二倍の広さに達していた。〞（同上二五六頁）

纒向遺跡が特に注目すべき大規模な遺跡であることに疑いはない。しかし面積の点で他遺跡と対比することは実は容易ではない。一般的に云って、遺跡の広がりを発掘調査によって確定させることは難しく、多くは現地表に露呈した遺物の散布範囲と周辺微地形から大まかに推測しているにすぎない。しかも現状の土地利用状況や遺跡形成時期以降の土地の改変等の要因から推測の精度は一様ではないし、各種考古学的調査の実施頻度によっても大きく相違する。纒向遺跡は調査関係者・機関の努力により長年にわたって種々の機会を捉えて遺跡内容の把握が取り組まれた事例であるが、これと同程度にまで情報の蓄積に成功した事例は多くはないのが実態だ。ゆえにこうした対比は難しい。

また水林氏の報告では纒向遺跡の広がりをそのまま「宮都」の規模と捉えているように受けとめられるが、この点も注意が必要だ。「宮都」という評価については次項で触れるが、地形・遺物散布・発掘調査で検出した各種遺構の分布から導き出された広がり全体にただちにそうした性格・機能を付与してしまうことは適切ではない。後代の平城京などの都城制では王宮を核とした統一的な土地区画整備（条坊制）が存在し、その施工範囲が推測される場合とは異なる。

b）〝中心部に、当時としては国内最大の建物群（宮殿）が規則正しい配置計画のもとに建築されていたことである。〟（同上二五六頁）

纒向遺跡の一角、辻地区で検出された大形建物およびそれと一体的に設置したとみられる少なくも2棟の附属建物の存在は注目すべきもので、この建物群とその周辺部分が国史跡として制度的保護の対象となったことは喜ばしい。検出遺構の詳細が公表され今後の実態解明が進むことが大いに期待される。しかし現時点でこの建物群の機能を特定するに足る材料の蓄積と調査成果の共有は十分ではなく、その点で性格究明のまだ検討途上にある。

さてこれを「宮殿」としたのは、建物の規模や構造以上に二重の囲繞施設が伴うと解した点が大きいだろう。厳重に外界から遮断した大形建物から後代の宮殿建築を想起したと思われる。ではこれまでの公表データからそうした構成を無理なく復原できるであろうか。

建物群を取り巻く内側の囲繞設備＝柵列は、柱穴の間隔があまりに不揃いであり、そこにそうした遮蔽施設を復原することには疑問がある。また寺沢氏がその外方にも方形区画（外郭）の存在を推測したが、これを積極的に支持するような人工的施設は明らかではない。西辺区画溝の可能性が想定された落ち込みは、その後の調査で自然流路の一部の可能性が強まった。建物群の南・北には地形から見て西に流下する自然流路は存在するが人工的な区画施設の存在は確認できていない。また東辺区画も後代の下ツ道を根拠に想定するだけでやはり積極的な手がかりはない。現時点では一つの可能的な解釈が示された段階にあり、その評価はこれからの周辺調査の進展とあわせ検証を要する。その可能性の側面だけを一方的に強調することは避けておきたい。したがって今のところ「宮殿」の存在を前提に纒向遺跡の性格を議論することは適切ではないと考える。

c）〝纒向には、農民といいうる人々がほとんど存在しないのであった。〟（同上二五七頁）

これまで纒向遺跡から出土した土木具は圧倒的に鋤類が多く、鍬類は非常に少ない。寺沢氏が早くから指摘してきたように、これは農耕用耕起具の一般的な構成比と逆転していて、これと農作業を直結させることは難しい。だがこれだけから農民の不在を論じることには疑問がある。多量の土木具―鋤の出土地点に注意しておかなければならない。纒向石塚墓周濠を中心に、東田大塚古墳の周濠等からその大半が出土している。この他、纒向石塚墓、同矢塚墓、東田大塚墓に近接する東田地区大溝の出土事例を含め、その圧倒的大部分は墳墓周濠そのものかその近接位置に集中している。寺沢氏の指摘のとおり、これらは墳丘墓・古墳の築造に関係すると解することが適切で、その意味では特殊なあり方であり、こうした資料から「広大な」纒向遺跡の全般的な生業実態を復元して、農民の存在を否定することには無理がある。

d）〝纒向宮都の居住者の少なからざる部分は、大和以外の列島各地からの移住者であったことである。〟（同上二五八頁）

これは纒向意遺跡に多くの外来系土器が持ち込まれていることと、そしてそれらの製作地もしくは製作技術の出自地域が多岐に及ぶとみなされたことから導き出された評価である。しかし外来系土器が即、移住者の存在を示すと考えるべきではない。過去においては、土器の製作を自給自足的と捉える理解が一般的であった。こうした考え方に立てば、外来系土器は移住者の構成比を反映することになる。土器製作には金属器の製造に匹敵するような高度な技術を要しないこと、また原料（粘土）の採取が容易であることからそのように想像された。とくに古墳時代社会以前の分業・交換の可能性をできるだけ低く見積もろうとする一般的風潮がこれを支えた。しかし土器の生産と流通をめぐる実証的な分析はそうした見通しを否定した。土器製作痕跡―主として焼成工程を反映する遺構と焼成時破損品―の丹念な追求と、それに関連して明らかにされた土器の流通実態などから、当該時期においては専門工人グループによる土器の集中的生産とその成果の広域的波及が決して稀有な現象ではないことがわかってきた。外来系土器の存在は生産物や生産技術（それを保持する人間集団）の旺盛な交流の実態を一面で物語るものではある。纒向遺跡の出土土器全体に占める外来系土器の比率の高さはこの観点から評価されるべきである。

さて纒向遺跡では時期や地点によっては外来系土器が二割から三割に達することがあるという。たしかにこの構成比の高さが注目すべきものではある。だが、弥生時代末から古墳時代初頭の時期では、この程度の外来系土器の浸透は纒向遺跡に限られた特殊な現象ではない。

いくつかの例を挙げてみよう。現在の大阪市東南部から八尾市域にかけてのエリアはかつて大阪湾奥部に形成された入り海「河内湖」の南岸に位置し、ここに旧大和川が注ぎ込んでいた。瀬戸内海沿岸諸地域と奈良盆地を結ぶ重要な中継地点といえる。この一帯の遺跡ではでは吉備南部産（系）土器が比較的多く見出されることが知られている。具体的な構成比の算出データを欠くが、次のような注目すべき材料がある。弥生時代中期後半から備讃瀬戸地域では土製専用具（製塩土器）を用いた集約的な塩生産が始まり、続く弥生時代後期の早い段階にはこの技法が大阪湾岸に波及し、主に湾岸南部（泉州海岸）に定着し、それにつれて専用具（製塩土器）は備讃瀬戸地域とは異なる大阪湾岸独自の形態に変化を遂げている。弥生時代末～古墳時代初頭には「河内湖」南岸地帯でも多くの土製専用具（製塩土器）が見出され、塩生産の定着が推測できる。注意すべき点は山田隆一氏の丹念な集成作業によってこの時期の河内湖南岸地帯で見出された土製専用具（製塩土器）のうち備讃瀬戸系のそれが約六割に達することが明らかにされている（山田二〇〇六）。これは塩生産という特定の生産部門に限定したものだが、この時期の活発な技術移転（流通）の一端を示すもので、河内湖南岸地域における吉備系土器浸透と連動する現象であろう。

兵庫県南西部（播磨）の一角に位置する川島遺跡では前方後円墳成立時期に高松平野系土器（高松平野産土器とその技法を忠実に踏襲した現地産土器）を筆頭に吉備系土器、山陰系土器がまとまって出土する。高松平野系土器のみで全体の六割に近く、三者をあわせれば出土土器全体の3／4に達する（石野一九七一）[4]。岡山県東部（備前）臨海部に位置する高下遺跡では前方後円墳成立時期前後で出土土器全体の約三割を高松平野系土器が占めている。また同じ時期に奈良盆地にほど近い伊賀北部地域では伊勢湾系土器（甕）の比率は約二一％に達するという（山中二〇一一）。

纒向遺跡で外来系土器の高い比率が注目される時期には、同程度かそれ以上の高い頻度で外来系土器の浸透が観察される遺跡が各地で見出されているのだ。したがってこれは纒向遺跡固有の現象としてではなく、そこにこの時期の全般的な地域間交流の活性化を読み取るべきだと考える。

また纒向遺跡の外来系土器に比較的遠隔地域のそれが含まれる点がとくに強調されてきたが、これについては次のように解することができる。前方後円墳の成立時期には地域間交流が全般的に活性化し、中部瀬戸内海エリア、東部瀬戸内海沿岸エリア、あるいは中・東部瀬戸内海沿岸エリアといった程度概ね令制二～三ヶ国ないし数ヶ国ほどの広がりのいわば中距離的な生産物・技術の流通が多く観察され、その一端が外来系土器の構成比率に反映されている。纒向遺跡の外来系土器の大多数はその程度の広がりに収まるものであり、他の多くの地域で観察されるような奈良盆地とその周辺諸地域との常時的な交渉の姿として理解できる。実際、纒向遺跡における外来系土器の地域別編成では総じて奈良盆地に比較的近いエリアに由来する外来系土器が卓越している。そこに相対的に小数の、より遠隔地域の外来系土器が混在することは不自然ではない。西方の河内地域では吉備地域など中・東部瀬戸内海沿岸エリア系土器が一定量流通しているのだから、大和川を介してから奈良盆地に流入する土器に中・東部瀬戸内海エリア系土器が混在していることは当然だ。同様のことは盆地東方、伊賀地域との交流でもあてはまる。すでに伊賀地域に一定の比率で組みこまれている伊勢湾系土器が、そのまま奈良盆地に流入することは当然であろうし、このことは北方の淀川水系諸地域についてもいえるだろう。

こうしたあり方は、奈良時代における貢納物とは対照的だ。列島規模に拡大した政治支配を前提に、統治領域各所から政治中枢に「直送」される貢納物、例えば調庸塩荷札の地域別構成を想起すればよいだろう。

纒向遺跡が近畿中央部における重要な流通結節点であったことは疑いないが、その背景に列島規模で活性化した地域間交流、そしてその連鎖を読み取るべきであり、纒向遺跡の特殊性のみを強調することは適切ではない。

以上、水林氏が報告で重視した纒向型「前方後円墳」と纒向遺跡の評価について私見を述べた。現状では纒向石塚墓など纒向墳墓群の成立に、前方後円墳の成立と同等の画期をみることに評者は同調できないし、纒向遺跡の特殊性を過度に強調することも難しい。早くに着手された纒向遺跡の調査とそれに基づく意欲的な研究は、学史的にみて前方後円墳成立前後の社会像を見直す上で多大な寄与をなしてきたことは間違いない。これに示唆を受けて各地で展開した研究は、初期に抱かれたいわば〝唯一の文明の地〟的な纒向のイメージに逆に修正を求める方向に進んだ。むしろ纒向遺跡の調査から提起された諸点は、この遺跡固有の特殊な現象ではなく、前方後円墳成立前後の一般的動向を典型的に示しているのだ。

結論をいえば水林氏が想定したような、前方後円墳成立におよそ半世紀遡る、三世紀初頭ないし二世紀末の時点における倭人社会の政治変革の可能性を考古資料（纒向遺跡）の側から立証することは難しい。まだ考古資料の評価が流動的であり、逆に仮説的想定に依拠して、それと整合的な方向で資料の解釈案を提示しているのが実情だろう。いま求められることは考古資料それ自体の地道な検証作業だと評者は考えている。

4．箸墓古墳の特異性、あるいは〈王政〉→〈非王権的盟約体〉→〈王政〉をめぐって

ここであらためて、水林氏報告の主題に向き合わなければならない。水林氏は次のように指摘した。〝第1期においては箸墓古墳だけが突出している。〟（水林氏報告二三九頁）、〝第2期から第7期までの6期間においては、突出して巨大な古墳が一つだけ存在するという状況にはない。〟（同上二三九頁）、〝8期および9期になると…〈王〉…の形成にむけての動きが看取される。10期に…〈王〉…が再び登場する。〟

（同上二三九頁）

これに関連して、水林氏が「広瀬テーゼ」と表現した広瀬氏報告の捉え方について、ここで論及しておきたい。広瀬和雄氏はその報告において古墳時代中期の政治体制を〝この時期の中央政権は、4有力首長が共同統治したと見て大過ない。〟と述べた（広瀬氏報告4（1）同上二二七頁）。水林氏はこれを受けとめて、共同統治は〈王政〉の範疇から外れるとした。

広瀬氏の総括は、当該期の政権構造についてその一側面の特質を指摘したものといえる。重要な指摘ではあるが、あくまでその一面であってそれだけではこの時代の特質全体を総括したことにはならない。この点では不十分な表現といわざるをえないとおもう。その本旨はトップクラスの巨大前方後円墳を擁する複数の有力古墳群が並立することに注目し、その多頭的構成を指摘したものであった。古市古墳群などの有力古墳群各々の中核的前方後円墳の間に顕著な較差が見出せないのであれば、水林氏が指摘するとおり〈王政〉と捉えるべき政治秩序とはいえないだろう。広瀬氏が取り上げた四大古墳群―古市・百舌鳥・佐紀・馬見の各古墳群―の中核には二〇〇m級もしくはそれに準じた巨大前方後円墳が存在するが、それらの規模較差は小さくはない[5]。佐紀古墳群、馬見古墳群では墳頂三〇〇mに達する規模の巨大前方後円墳が築かれることはない。中期に限れば各期最大規模墳はあたかも鎌倉時代後期の両統迭立のごとく、ほぼ一貫して古市古墳群もしくは百舌鳥古墳群に築かれている[6]。その意味で複数有力古墳群の並立を以てそこに輪番的な地位の継承をみるわけにはいかない。

では水林氏の提唱のとおり、ここから王政→非王権的盟約体→王政の変遷を読み取ることに同意できるだろうか。評者はそのように考えない。

以下の検討に関わるので考古資料の編年作業の性質とその意味をここであらためて確認しておきたい。編年上の同一時期に比定した資料群相互は、別の時期に配当した資料群との比較の上で、あくまでも相対的な意味において帰属年代が近接するとみなされるにすぎない。また編年上設定した一つの時期は当然ながら一定の時間幅を有するのだから、同一時期に比定した資料群の間にも当然、厳密には時間差は存在しうる。さらにここに資料相互の実際上の時間的距離という観点を持ち込むならば、連続する二つの時期に分別された二つの資料の間の時間的距離は、同一時期と認定された二資料間のそれより常に大きいとはいえないのだ。あえて煩雑なことに言及したが、編年研究の成果を基礎に、ここで問題とするような、実際上の資料の製作（築造）時間差の大小に置換した議論に進む際にはあらためて留意しておく必要がある。

さらに重大な問題をつけ加えておかなければならない。編年研究の結果、高い精度で古墳の相対的前後関係が推測でき、そこにどのような時間的距離が想定できたとしても、それは当然ながら被葬者の活動期間を復元することにはならならず、ただちに活動期間の重複、連続、間隙を解読することには繋がらない。立論上、このことも念頭におくべきだろう。

　前方後円墳成立時期（集成編年1期）の墳丘体積三〇万m^3(7)に達する箸墓古墳の傑出した巨大さは特に説明を要しない。次期に編年される西殿塚古墳、桜井茶臼山古墳　前者二〇・五万m^3、後者は近年の再測量で従来の想定よりややサイズが小さくなる可能性が高くそれに応じて推定体積も一〇万m^{3}を多少下回るとみられる。そうすると1期に比定した諸古墳中の箸墓古墳の突出状態には及ばないが、両者の墳丘規模には二倍以上の開きがあることになる。

　続く3期～4期の傑出した巨大前方後円墳を抽出すると柳本行燈山古墳三〇万m^3、渋谷向山古墳三九万m^3、五社神古墳三六・一万m^{3}を挙げることができる。この三者では柳本行燈山古墳→渋谷向山古墳→五社神古墳の築造順が推測できる。若干の補足を加えると、前方後円墳集成の編纂時では五社神古墳の埴輪の様相がほとんど判明せず、墳丘形態と周濠の配置を手がかりに古く位置づけられたが、その後の調査で判明した円筒埴輪の様相から渋谷向山古墳より後出する蓋然性が高まった(8)。

　さて集成編年4期に比定された津堂城山古墳が円筒埴輪型式から五社神古墳より後出することは動かない。この他、集成編年上、同一時期に比定される二〇〇m級巨大前方後円墳は前後の時期よりも多い。津堂城山古墳、宝来山古墳、佐紀石塚山古墳、佐紀陵山古墳、磨湯山古墳、巣山古墳、築山古墳がある。また丹後半島の神明山古墳（墳長一九〇m、一八・九万m^3）、明石海峡部の五色塚古墳（墳長一九四m、一三・九万m^3）の規模もこれに近い。しかしいずれも墳丘体積は二〇万m^{2}未満で、既に挙げた柳本行燈山古墳、渋谷向山古墳、五社神古墳の2／3強から1／2前後に過ぎず、やはり3古墳の突出度は大きい。

　間をとばして先に中期半ば～中期後半について確認しておこう。この時期ではでは誉田御廟山古墳（現応神陵）と大山古墳（現仁徳陵）の二基が特に巨大だ。各々墳丘主軸長（以下墳長とする。）四二五mと四八六m、墳丘体積一四三・四万m^3、一四〇・六万m^{3}を測る。箸墓古墳墳丘体積の四倍を超える。編年上、この二基に近い時期に位置づけられる巨大前方後円墳では墳長三六〇mの吉備・造山古墳、墳長三六〇mの石津丘古墳、墳長二九〇mの土師ニサンザイ古墳がある。ただし円筒埴輪型式から石津丘古墳があきらかに先行し、逆に土師ニサンザイ古墳はこれらのいずれよりも後出する。吉備・造山古墳の築造時期については必ずしも見解が一致せず、誉田御廟山古墳とごく近接時期に比定する意見もある。ただし造山古墳墳丘体積八六・九万m^{3}と算出され、この点で比較すれば誉田御廟山古墳、大山古墳の六割前後にすぎない。ちなみに石津丘古墳、土師ニサンザイ古墳はそれぞれ六一万m^3、四六・六万m^{3}とこれを下回る。

　水林氏はとくに誉田御廟山古墳、大山古墳の傑出した規模を評価しつつも、両者の築造時期が近接し、単独で突出した存在ではないとした。しかし所用円筒埴輪の型式学検討から誉田御廟山古墳と大山古墳の築造時期差は明らかで誉田御廟山古墳→大山古墳の関係となる。墳丘形態とくに前方部の発達、そして伴出須恵器から示唆される築造時期の相違もこの編年観を支持する。

では遡って五社神古墳から、誉田御廟山古墳までの間における巨大前方後円墳の築造順はどうであろうか。この間の巨大古墳では既に言及した石津丘古墳六一万㎥および仲津山古墳四七．九万㎥、造山古墳八六．九万㎥の三基を抽出できる。これらに準じた規模の前方後円墳では室宮山古墳（墳長二三八m体積二六．七万㎥）、（古市墓山古墳二二五m体積二四．六万㎥）を挙げうるが、仲津山古墳の墳丘体積でもでもこれらの約一．八倍〜一．九倍に達する。

埴輪型式の点では今のところ仲津山古墳→石津丘古墳の関係が推測されているが、石津丘古墳の資料が乏しくやや不安が残る。さらにこれに造山古墳を加えると、埴輪型式の点では仲津山古墳より新しく位置づけることに異論はないだろうが、石津丘古墳との関係は難しい。すでに触れたように誉田御廟山古墳との前後関係も現時点では確定が難しい。したがって石津丘古墳と造山古墳、あるいは造山古墳と誉田御廟山古墳の築造時期がかなり接近する可能性は高い。

煩瑣な説明に終始しすぎたが以上を要約すれば、水林氏は〝第2期から第7期までの6期間においては、突出して巨大な古墳が一つだけ存在するという状況にはない。〟、としたが、この間においても突出して巨大な前方後円墳を抽出し、各々の築造の時間差をおおよそは推測することができる。ただし現状では古墳時代中期前半、集成編年上の5期についてはその推測は必ずしも安定的ではなく、この時期に限っては二基の突出した巨大前方後円墳がほとんど並行する可能性を完全に否定することはできない。しかしそうであっても水林氏が推測したような長期にわたって〈王政〉の存続に疑念が生じる事態が連続するものではない。したがって古墳時代の中で、水林氏が提案した意味での国制の転換、〈王政〉→〈非王権的盟約体〉→〈王政〉には考古資料の面から同意できない。

一方各期最大規模前方後円墳の突出の度合＝各期次位クラス前方後円墳との較差は一律的はなく、変異の幅は大きい。このことの意味があらためて問われなければならないことはいうまでもないが、一貫して格差の創出を追究し続けている点を重視すべきだと考える。

おわりに

水林氏報告の趣旨にそのまま同意することが難しいことを縷々述べた。しかしその一方で、〈王〉、〈王権〉の語を多用しつつもその特質を必ずしも十分に掘り下げていない弱さをあらためて認識することとなった。反省しなければならない。また考古学の側の資料解釈の精度とそれに対する姿勢が緻密な考察にそぐわない部分があることも課題だ。

ところで水林氏が今回の報告においてもあらためて提示した〈王〉、〈王政〉概念を踏まえて具体的な歴史過程を分析する際の困難さについて最後に若干述べておきたい。日本列島史に限らず多くの地域で最初に生みだされた〈王〉、〈王政〉は考古資料を以て追求せざるをえないであろう。その場合、水林氏が重視した血統の問題を厳密に考古資料から検証することは非常に難しい。特に日本列島史ではほぼ絶望的と云ってよいだろう。そうすると何らかの物的痕跡から、隔絶的な処遇をうけた特定の個別人格の存在を探索し、そうした人格が時系列上連続して存在したことを確定することが必要となろうか。今すぐにそれを探索する手法を示すことはできないが、避けて通るわけにはいかない。課せられた課題の重さを感じてしまう。

（1）ここで詳しく検討する余裕はないが前方後円墳成立前の弥生時代後期後半段階を、出雲地域などの大形墳丘墓築造動向から〈非王権的盟約体〉段階と捉えている。筆者もこの理解にしたがいたい。

（2）後節で述べるように、水林氏が全面的に依拠した寺沢薫氏の所説は纒向型「前方後円墳」を弥生時代／古墳時代の区分指標とする（寺沢二〇一一）。また多くの研究者の見解とは相違して、さらに遡って弥生時代後期の大形墳丘墓、岡山県楯築墓をも古墳の範疇に組みこむ。この理解を水林氏がどのように受けとめているのかややわかりにくい部分がある。筆者は、墳丘形態・外表装飾・埋葬施設・副葬品目という多面的な指標を以て墳丘墓／前方後円墳を識別する近藤義郎氏の提唱（近藤一九八三他）を前提に、その意味で定義する前方後円墳の成立を以て古墳時代と呼ぶ。以下、本項で用いる概念と時代区分、前方後円墳・古墳時代はこれにしたがう。またこの定義とは異なる意味の呼称に言及する場合は「前方後円墳」と表記して区別する。

（3）この他寺沢氏一覧では帰属時期を庄内3式～布留0式（古）とした20例以上を掲げるが、ここで問題とするのは、この墳丘墓類型が確実に前方後円墳に先立って成立し、かつその広域波及の是否を検討するものであるから、単に可能性の提示に徹した事例は検討の対象としない。

（4）川島遺跡の状況はさすがに特異である。しかしこの時期、各地の集団はこうしたコロニー的な集落を外部に設定し、こうした場を介した形で地域間交流が活性していくようだ。たとえば紀伊水道西岸の徳島県南部でも海陽町芝遺跡など同種のコロニーもしくはその周辺に位置し外来系土器の比率がとくに高い遺跡が見出され、この種の遺跡は決して特殊なものではない。またコロニーの周辺はそれに関係する外来系土器が比較的多く見られる傾向にある。

（5）弥生時代後期後半に出雲から越中に至る日本海沿岸地帯と吉備で連鎖的に大形墳丘墓が登場する。墳丘形態などに顕著な差異が見出せる一方で、埋葬施設構造や副葬品組成などの点で部分的に構成要素を共有する関係が読み取れる。その同時多発的な成立を加え、相互連携がうかがわれる。興味深いことにそれらでは主丘部サイズが概ね三〇～四〇m大で推移し、そこに較差は窺えない（大久保二〇一七b）。この全体は水林氏が述べる〈非王権的盟約体〉の典型といえよう。

（6） 畿外に位置するが、備中の造山古墳群の中核墳である造山古墳は墳長三五〇mを越える卓抜した巨大前夫後円墳の一つで、一時期の列島最大規模前方後円墳と見なす可能性はある。

（7） 以下文中に示す墳丘体積は石川昇氏の算出データ（石川一九八九）に拠った。

（8） なお奈良県宝来山古墳は後に周濠を灌漑用溜池に転用し外堤部分を嵩上げした結果、墳丘基底部が水没し本来の墳丘サイズの判断が特に難しい。石川氏は陵墓地形図から体積を約一六・七万㎥と算出した。この規模は渋谷向山古墳や五社神古墳の約半分に過ぎないが、本来的な墳丘体積がこれを上回ることは間違いないだろう。

引用文献

石川昇　一九八九　前方後円墳築造の研究　六興出版
石野博信　一九七一　第5章1節　20溝の土師器群　川島・立岡遺跡　太子町教育委員会
大久保徹也　二〇一七a　装飾土器の展開と楯築墓　シンポジウム記録11楯築墓成立の意義　考古学研究会岡山例会
大久保二〇一七b　墳丘の成立と展開そして前方後円墳　古代出雲ゼミナールⅣ　島根県古代文化研究センター
近藤義郎　一九八三　前方後円墳の時代　岩波書店
寺沢薫　二〇一一　王権と都市の形成史論　吉川弘文館
水林彪　二〇〇六　天皇制史論　岩波書店
山田隆一　二〇〇六　大阪府出土の讃岐・阿波・播磨系土器　ふたかみ邪馬台国シンポジウム6　邪馬台国時代の阿波・讃岐・播磨と大和　香芝市二上山博物館
山中秀之　二〇一一　畿内から東海の古式土師器―伊賀を中心とした土器交流―　天理大学考古学・民俗学研究室紀要15―1
渡邉義浩　二〇一二　魏志倭人伝の謎を解く　三国志から見る邪馬台国　中公新書

日本古代女性史からのコメント――父系化の画期とその意義

義江明子

はじめに

私は七世紀から九世紀頃を中心に、文献史料によって日本古代史／女性史を研究している。七世紀以降のジェンダー的特質を概観し、そこから、古墳中期の首長男性化／父系化の理解について、清家報告を中心に若干の疑問を述べたい。

考古学・文献史学ともに、古墳時代が男性首長・父系世襲・家父長制社会であることは、自明の前提だった。しかし文献史学においては、一九八〇年代以降、双系社会論が提起され、基層の親族構造は双系的で、支配層から次第に父系に傾斜していく、と考えられるようになった（明石一九九〇、吉田一九八三）。同じ頃から女性史研究が盛んになり、八世紀においても家父長制家族は未成立で、婚姻関係も非排他的・流動的であることが明かにされた（関口一九九三・二〇〇四）。王権をめぐっても、世襲王権の成立は六世紀以降で、同世代の中での傍系継承であることが強調されるようになった（大平二〇〇二）。九〇年代末以降は、女帝中継ぎ論についての否定的再検討が進んでいる（荒木一九九九他）。女帝中継ぎ論は父系継承を前提とする議論だが、その前提自体にゆらぎが生じているのである。

文献史学界でも従来の通説との対立は継続中だが、考古学界はおおむね通説が主流である。そうした中で清家報告は、双系社会を基盤に弥生後期～古墳前期には既婚を含む女性首長が一般的に存在したこと、女系継承の可能性もあったことを明かにした。その上で、古墳中期以降、軍事編成を契機として男性首長の優位が生まれ、この性差は不可逆的に進むとするのである。水林報告でも、基層は双系で、四世紀末以降、戦争を契機に支配層の男性化・父系化が進む、とみる。広瀬報告では、中期以降、四大政治集団の共同統治で大王を輩出したとみるが、首長や家長の性別にはふれていない。

双系社会を基盤におくこと、世襲王権を自明の前提としないことは、文献史学の成果と親和的といえる。法制史学会で本シンポジウムが開催された意義は大きい。しかし、古墳中期の戦争が兵士＝男、支配者＝男の決定的要因となり、首長層の父系的系譜が成立し、そこから生じた女性首長の排除は「不可逆的」にすすむ、との理解で良いだろうか。

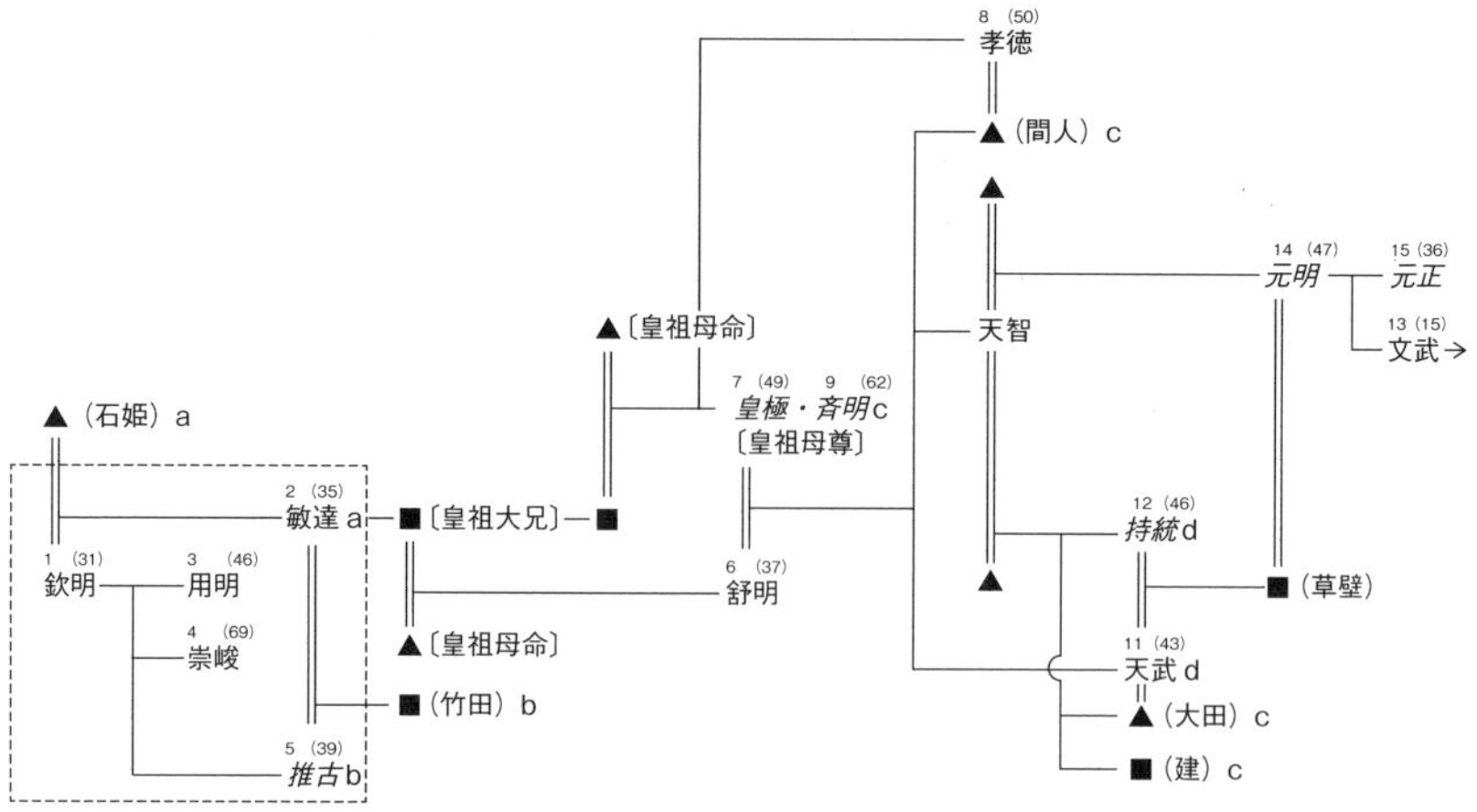

イタリックは女帝　左上数字は欽明以降の継承順

右上（　）内数字は即位年齢（未分明な推定も含む）

a～dはそれぞれ同葬　■は男　▲は女

一　軍事化と女性首長の後退

（1）世襲王権の成立と男女の大王／天皇

六世紀半ばの欽明につづいて、その男女子四人（敏達・用明・崇峻・推古）が順に即位した。これを『上宮聖徳法王帝説』は、「右五天皇、他人を雑《まじ》えることなく天下を治《しら》すなり」と特筆する。それ以前には、一つの血統による世襲は自明ではなかったのである。世襲になっても、継承順位が決まっていたのではない。一定の血統的条件をみたす候補者の中から、群臣（有力豪族）が王を選出／承認し、王が群臣を大《おお》臣《おみ》などの職位に任命した（吉村一九九六）。

六世紀初～七世紀末の大王の即位年齢は、三一歳から六九歳、平均して四〇歳以上で、そこに男女差はない（仁藤二〇一二）。三一歳の欽明は、自分は「幼くて政治経験が浅い」として、政治に習熟した前皇后に譲ろうとした（『日本書紀』欽明即位前紀）という。三一歳の王は、当時としては「幼年」だったのである。近年の研究によれば、古代村落には、ほぼ四〇歳以上の熟年男女を指導者とする年齢原理があったらしい（田中二〇一五）。

世襲王権の形成によって、血統や婚姻が継承の重要要件になり、双系的近親婚が行われた。系図からも、濃密な近親婚の様相がみてとれよう。双系的な血統条件をみたし、かつ、経験を積んだ長老格の熟年男女が、群臣に推戴されて王となった。長老男女による統率は、王権固有のものではなく、村落の年齢原理にも根ざす社会的慣行だったのである。王としての統治機能には、軍事最高統率権も含めて、基本的に性差はない。古墳中期以降、対外出兵をにらんだ軍事編成を契機に男性首長の優位化が始まることは、清家報告の明らかにした通りだろう。しかし六～七世紀は、いまだ双系観念が優勢で、女性支配者を排除しない社会だった。

王に求められる資質は時代によって可変的で、「軍事権」の内実も変わる。六世紀以降の新たな条件のもとでは、女も王に推戴され、統治し、斉明のように全朝廷を率いての西征も行った。伝承上の人物だが、神功皇后は臨月の身で武装し軍船を率いて朝鮮諸国を従えたとされる。いわゆる三韓征伐である。そこにおける新羅との関係は、記紀にみる形での神功伝説の完成が七世紀末頃であることを強く示唆する（義江二〇一四）。軍事統率者としての女性統治者像は、記紀編纂時において、何ら違和感のないものだったのである。

（2）「兵士＝男」の制度化とジェンダー

では、現実の戦いの場における兵士のジェンダーはどうだったのだろうか。七世紀末の浄御原令軍制以前には、兵士と人夫は未分化だった。「人夫」とは、古代においては夫役を担う公民男女をさす用語である（義江二〇〇七）。七五一年の訴訟文書では、「人夫」として男女名を列記し（『大日本古文書』三―四九一頁「茨田久比麻呂解」）、八世紀半ばの村落祭祀について述べた法注釈書では、祭りに参加する村人たちをさして「人夫」とも「男女」ともいう（『令集解』儀制令春時祭田条古記）。陵墓造成に従事したのも「百姓男女」＝「人夫」だった（『日本書紀』天武元年五月条の天智陵造営記事および持統元年一〇月条の天武陵造営記事）。天智陵造営に駆り出した「人夫」に武器を持たせたことが、六七二年の壬申の乱の引き金となった。乱のあと、浄御原令で兵士役と人夫役が分離し、六九〇年の庚寅年籍で「兵士＝男」が制度的に定まったのである。

現存する八世紀の戸籍では、女性の名前は一人の例外もなく「〇〇メ（女・売）」である。接尾辞の「メ」をとれば、「小屎《おぐそ》」メと「小屎」、「百枝《ももえ》」メと「百枝」のように、男女区別がない。戸籍以外の史料では、接尾辞「メ」のない女性名は珍しくない。そのため、「女官」／「妻」等の明記がなければ、名前だけでは男女の判別は困難である。実際の生活では、男女区別のない名前が普通で、戸籍作成時に女性に一律に「メ」をつけたと推定される。

現在、多様な性／性志向の人々が一定数存在することが、広く認識されるようになってきた。古代においても同じだろう。そこに突然、社会の全成員が男と女に二分割され、異なる租税負担を負うことが定められた。〝男は兵士になり、女はならない〟というのは、とりわけ、明確で妥協を許さない区別である。女性名の「メ」は、男女の社会的二分割を内在化するしかけ、すなわちジェンダー記号にほかならない（義江二〇〇五）。

「男＝兵士」は、国家の生み出した制度である。実態としては、女人夫は中世の戦場にもいた（海老澤二〇〇二）。時代が変わり、「軍事」の質がかわれば、現在がそうであるように、女性兵士も国家の制度となりえるのである。

（3）律令官僚制と男女官人

古墳時代の首長の後裔が、律令制下の官人である。律令を生み出した中国の理念によれば、行政機構を担う官人は全て男である。しかし、ヤマト王権のシステムでは、男女が宮に出仕し、共通する職務を果たしていた。令制前からの男女共労システムは、八世紀以降にも宮廷内で存続した（文珠一九九二）。日本の律令制国家においては、女性の行政機能を包摂する女官制度が、官僚制を構築する上で欠かせなかったのである（伊集院二〇一六）。

以上、七世紀末〜八世紀初の律令国家成立が、日本社会のジェンダー化の決定的画期であることを述べた。社会が男女に二分割され、男は兵士となり、女はならない。統一的租税制度により、女性労働の成果も含めて貢納は男の名でなされる。「王」（ミコ）として各自の宮を経営していた男女王族が、皇子・皇女（ミコ・ヒメミコ）に区分され、異なる国家的待遇が設定された。王族の宮に出仕していた首長層男女は、男官と女官に明確に区分され、男性優位のシステムが確立した。八世紀には女官の政治機能はまだ大きかったが、律令に含まれた男性原理／父系原理は次第に浸透し、九世紀以降、社会のあらゆる局面で〝公的地位＝男〟が前面に出てくる。古墳中期にみられた首長の軍事化・男性化は、ジェンダー化の決定的画期ではなく、変化の始まりとみるべきではないか。

二　支配層の父系への転換

古代の女帝は六世紀末即位の推古から八世紀後半の称徳まで八代六人である。支配層から次第に父系への傾斜が始まることは事実だが、それははたしていつからか。これら六人の女帝は全て父系継承のための「中継ぎ」だろうか。

（1）系譜様式の転換

『古事記』の天皇系譜は、全て、「娶《みあ》いて生む子」という定型句で父母双方の名前を記載する双系的系譜である。敏達を例に略記すると、次のようになる。

天皇、庶妹豊御食炊屋姫比賣命と娶いて生む御子、静貝王、次竹田王……八柱。又、伊勢大鹿首の女、子熊子郎女と娶いて生む御子、布斗比賣命、次宝王、二柱。又、息長真手王の女、比呂比賣命と娶いて生む御子、忍坂日子人太子、次坂騰王……三柱。又、春日中若子の女、老女子郎女と娶いて生む御子、難波汪、次桑田王……四柱。此の天皇の御子等、幷せて十七王。

七世紀末の金石文に刻まれた地方豪族の系譜（群馬県山ノ上碑等）も、同様に「娶生子」で父方母方双方を記す。この様式の特質は、同母の子を社会的な一単位として把握する点にある。敏達の子十七名は、①炊屋姫《かしきやひめ》（推古）を母とする男女八王、②子熊子《おくまこ》を母とする男女二王、③比呂比賣《ひろひめ》を母とする男女三王、④老女子《おみなこ》を母とする男女四王が、同母子単位に分けて記載され、子は男女を区別せず、出生順に記される。称号も「〇〇王（ミコ）」で、男女の区別はない。子にとって父母は均等の社会的価値をもち、親にとって男女の子の価値は同等であることを示す、双系的系譜様式である。『日本書紀』以降の史書になると、「娶いて生む」の定型用語は消え、母の区別をせず父子単位で一括し、男女子を区別した出生順で書き上げるようになる。

清家報告にいう古墳時代中期以降の首長層における「父系的系譜の成立」とは、同一古墳群での古墳の「列状分布」をさしている。考古学的方法からは、被葬者が男性であり、そこに（遺伝子分析による）何らかの血縁関係が想定できれば、「父系」と解釈することになる。しかし、文字に書き表された系譜からみると、明かに七世紀末～八世紀初が、父系系譜様式への転換の画期なのである。律令官僚制の導入で父系原理が支配層の公的規範となったことが、この転換の背景にあろう。文献史学で確認できる転換の画期をふまえると、古墳の「列状分布」を「父系的系譜」の表現とみなす考古学の解釈には、再検討の余地があるのではないか。

（2）母子同葬から陵墓制へ

前掲の系図には、天皇の同葬関係をa～dで示した。敏達と母石姫（a）は、子の意志による母子同葬である（『日本書紀』崇峻四年）。推古と早世した息子竹田（b）は、母の意志による母子同葬である（『日本書紀』推古三六年）。欽明は元来、「皇后」石姫を含むキサキたちとは別に、単独で葬られていた。しかし即位後の推古が、欽明の「妃」の一人だった自分の母を父欽明の墓に改葬した（『日本書紀』推古二〇年）。結果的には「夫婦」同葬にみえるが、実態は、子による「父母」同葬である。斉明と幼くして亡くなった孫の建、さらに娘の間人と孫娘太田の追葬（c）は、祖母／母の意志による母子同葬である（『日本書紀』斉明四年・天智六年、『扶桑略記』斉明七年）。皇極＝斉明は舒明の「皇后」、間人は孝徳の「皇后」、大田は天武の「妃」だが、いずれも夫婦同葬ではない。

考古学界では、六世紀以降は夫婦同葬で、夫婦原理の社会とみる説（田中良之一九九五）が優勢である。しかし文献史学の家族婚姻史からすると、夫婦同葬が一般化するのははるか後世なので、強い違和感がある。発掘によって「夫婦」同葬と見える現象は、実際は（推古の例にみるように）「父母」同葬だったとみるべきである。当時の婚姻は、離合の容易な男女別居の通い婚が主流だった。大王とキサキたちも、八世紀末にいたるまで同居していない。多くの妻／キサキの中の一人が正妻、という家族秩序も未成立だった。夫婦同葬／父子同葬ではなく、母／子の意志による母子同葬、ないし子の意志による「父母」同葬という、文字史料から確認できる墓制は、当時の流動的な婚姻実態に適合的といえよう。

当事者の意志による夫婦同葬の確実な初例は、歴史上確実な初の「皇后」となった持統の、夫天武陵への合葬である。推古や皇極＝斉明とはことなり、持統は若くして亡くなった息子草壁とではなく、ともに国家体制確立に邁進した先帝との合葬を選んだ。したがってこれは、本質的には夫婦同葬ではなく両君同葬というべきだろう。同じく持統朝に、血縁の絆によってではなく、記紀王統譜上の皇位継承者の墓（と認定された過去の古墳）を祭祀対象とする律令陵墓制の創出もなされた（北二〇一七）。皇統観念形成への動きである。

（3）形成期の皇祖観

双系的継承は、見方によって母系継承とも父系継承ともいえる。実際のところ、当時の意識においてはどうだったのだろうか。。

七世紀末に祖母持統の譲りで即位した文武は、律令国家／天皇権威の淵源として天智陵・斉明陵を修造した（藤堂一九九八）。一五歳の文武は、それまでにはあり得なかった〝未熟〟な王である。治世の前半は祖母持統太上天皇との共治、後半は母阿閇皇太妃〈↓元明〉の後見に支えられて、君主としての権威確立を図らねばならなかった。文武にとって、父方母方双方の祖父／曾祖父である天智とともに、天智の母である斉明の重視が注目されよう。

天智・天武兄弟の母である皇極＝斉明は、「皇祖母尊」の尊号を持つ。兄弟の父方母方双方の祖父母も、「皇祖母命」「皇祖大兄」と称された（二八四頁系図参照。訓はスメミオヤ／スメミオヤオオエ）。ここにみられるのは、天智・天武兄弟を起点とする、三世代の深度の、双系的系譜観念による皇祖観である。皇祖観が形成されはじめた七世紀後半には、それは、まだ双系的なものだったのである。その他、様々な要素を総合すると、父系直系皇統観の成立は八世紀初以降と推定される。それと並行して、遠い過去の王位継承者名の列挙（「皇祖騰極次第」）を父子関係に読み替えた〝父系直系〟の記紀王統譜が成立する（義江二〇一一）。

一五歳での文武の即位は、王権史上の大きな転機だった。その死後は、女性長老である母が天皇となった（元明）が、以後の二人の女帝（元正と孝謙）は未婚のまま三六歳と三二歳で即位し、退位後は太上天皇として若年の男性天皇を後見した。基層社会の慣行とも通じる長老男女が即位するシステムが終わったことで、女帝の性格も変質したのである。清家報告が明かにした、弥生後期～古墳時代前期にみられた既婚で女系継承の可能性も持つ女性首長のあり方は、一時的後退はあっても、本質的には七世紀末までつづいたとみるべきではないか。推古・皇極＝斉明・持統・元明は、いずれも既婚で出産歴がある。推古以外は、その子孫（息子／孫息子／娘）が即位した。発掘によって妊娠痕の確認される弥生中期～古墳前期の女性首長たちと、七世紀末までの女帝たちは、（埋葬骨の分析においては）同質なのである。

おわりに

律令制国家の成立を日本社会のジェンダー化の決定的画期とみることで、どういう国際比較が可能になるだろうか。最後にこの点について、後世までの見通しを述べておきたい。

天皇は律令を超越した存在であり、近世にも二人の女帝がいた。女官の政治機能も、変質しつつ明治初までは存続する。ただし、朝廷が認定する公的地位は、律令国家成立以降、制度的に男に限定された。双系社会で、内在的には生産・相続における男女差は乏しいにも関わらず、〝公的地位＝男〟の国家制度が、社会的な男女差を決定づけていくのである。

鎌倉初代将軍頼朝の妻の政子について、御成敗式目は「右大将家（頼朝）以後代々将軍幷二位殿（政子）の御時、宛給う所の所領等……」と述べている。「二位」という政子の位は、他の将軍と同等であり、御家人との私的主従関係においては、所領裁許の主体だった。幕府の史書『吾妻鏡』は巻首の「関東将軍次第」で、三代将軍につづき「治八年」として「平政子」を歴代将軍に含める。しかし、こうした関東方における実態／認識にもかかわらず、朝廷から任命される正式の「征夷大将軍」職に政子がつくことはあり得なかった。

ここからは、実質的に女性を家長とするイエであっても、公的地位（官職）と関わる時には家長は男に限定され、公的機構の末端につらなることで安定した存続が可能になるという、イエの非自律性がみえてこよう。文明の周縁に位置した日本では、古墳時代中期の（対外戦争をにらんだ）軍事編成の進行が首長層男性化の最初の契機になったが、それはただちに女性の排除、社会の全面的ジェンダー編成には結びつかなかった。中国の律令法を全面的に導入した七世紀末〜八世紀初の律令国家成立で、男性／父系原理が公的規範となり、それが規定的影響を後世にまで及ぼす。ただしその後も、女性による実質的権力の掌握を必ずしも忌避しない社会はつづいた。ひるがえって、文明の中心（中国／ギリシャ等）では、軍事編成が男性優位・父系化の決定的契機となり、国家形成とともに社会の全面的ジェンダー編成がなされたとすれば、そこから一つの有効な比較の視点が生まれてくるのではないだろうか。ジェンダーを分析のファクターにとり入れることで、国家形成史上に古墳時代をいかに位置づけるべきかをめぐっても、新たな視野が開けてくると思う。

【参考文献】

伊集院葉子　二〇一六『日本古代女官の研究』吉川弘文館

海老澤美基　二〇〇二「戦争と女性」黒田・長野編『エスニシティ・ジェンダーからみる日本の歴史』

北　康宏　二〇一七「律令国家陵墓制度の基礎的研究」（初出一九九〇）『日本古代君主制成立史の研究』塙書房

田中良之　一九九五『古墳時代親族構造の研究』柏書房

田中禎昭　二〇一五「古代戸籍と年齢原理」『日本古代の年齢集団と地域社会』吉川弘文館

藤堂かほる　一九九八「天智陵の営造と律令国家の先帝意識」『日本歴史』六〇二

仁藤敦史　二〇一二「古代女帝の成立」（初出二〇〇三）『古代王権と支配構造』吉川弘文館

野村育世　二〇〇〇『北条政子』〔歴史文化ライブラリー〕吉川弘文館

文珠正子　一九九二「令制宮人の一特質について」関西大学博物館課程30周年記念論集『阡陵』
義江明子　二〇〇〇『日本古代系譜様式論』吉川弘文館
義江明子　二〇〇五『つくられた卑弥呼』〈ちくま新書〉筑摩書房
義江明子　二〇〇七「「田夫」「百姓」と里刀自」『日本古代女性史論』吉川弘文館
義江明子　二〇〇九『県犬養橘三千代』〈人物叢書〉吉川弘文館
義江明子　二〇一一『古代王権論』岩波書店
義江明子　二〇一四『天武天皇と持統天皇』〈日本史ブックレット　人〉山川出版社
義江明子　二〇一七『日本古代女帝論』塙書房
吉村武彦　一九九六「古代の王位継承と群臣」（初出一九八九）『日本古代の社会と国家』岩波書店

中国古代史からのコメント

籾山　明

はじめに

このコメントの目的は、西周時代の「封建制」（いわゆる「周代封建制」。以下〈封建制〉と表記する）の特徴について概観し、ヤマト政権＝前方後円墳時代の比較国制史研究に素材を提供することにある。水林彪の提唱する比較国制史論に従えば、ヤマト政権＝前方後円墳時代の国制と中国古代の〈封建制〉とは、ともに〈人的身分制的統合秩序〉すなわち「共同態を基礎としこれを支配する、正当な暴力を何らかの程度において分有する族的諸勢力が、幾段階もの人的身分制的統合関係によって形成する重層的権力秩序」の類型として位置付けられる（水林二〇〇六：二三〜二四）。観察される諸事実間に類似と相違のあることが比較史の成り立つ条件であるとするならば（ブロック一九七八）、ヤマト政権＝前方後円墳時代の国制の比較対象として、〈封建制〉は適格ということになるだろう。コメンテーターの専門とする帝政時代の中国ではなく、門外漢に等しい西周時代を選んだ理由はここにある。素材の提供を主な目的とするために、コメントとして変則的な内容になることを、あらかじめ了承願いたい。

一　〈封建制〉の成立と構造

周王権は二度の軍事行動により東方の先進勢力であった殷を征服すると、その版図を自らの「親戚」（血族・姻族）に分与して統治を委ねた。この分権的統治方式を指す語が「封建」であり、領地を「封国」、領主を「諸侯」（単数形は「侯」）と称する。〈封建制〉とは現象的に定義するなら、「天子が……天下を国に分割し、諸侯にこれを与えて世襲的に統治せしめる制度」となるだろう（貝塚一九四六〔一九七七：一五〕）。ただし、後世の典籍が記す「封建」の語には、さまざまな虚飾がまとわりついている。それを取りのけて〈封建制〉の実像に迫るためには、同時代史料を研究の中心に据える必要がある。

西周時代の同時代史料として何よりも重視すべきは、青銅器ならびにその銘文である。武器や車馬具をひとまず措けば、青銅器とは祖先祭祀に用いる飲食器や楽器、すなわち礼器としての性格をもつ。器壁にはしばしば製作の由来を記した銘文が鋳込まれているが、多くは「王（王室）の、諸侯に対する叙任を内容とするのであり、それは西周「封建」国家の形成そのものに関わる問題であった」（松丸編一九八〇：五）。銘文は周王と諸侯との関係を語り、それが鋳込まれた青銅礼器で祖先祭祀を行うことは、王室との関係を再確認する政治的行為と言える。西周青銅器とその銘文は、それ自体〈封建制〉を支える装置であった。

一九五四年に江蘇省丹徒県煙墩山で出土した宜侯夨簋《ぎこうそくき》は、封建の事情と封国内部の構成を記した銘文をもつことで知られる。銘文によれば、この青銅器は夨という人物が亡き父を祀るために鋳造した礼器であり、作器の契機となったのは、かれが周王により虞（虎・虔と読む説もある）から宜へと転封されたことである。冒頭に「武王・成王の伐《う》てる商図」とあるように、宜の地は征服した殷（商）の旧版図にあった。銘文の核心となっているのは、夨に賜与された土地と人とのリストであるが、後者について、①宜に在る王人、②鄭の七伯、③厥《そ》の鬲、④宜の庶人、というカテゴリーに分けて記されていることが注目される。①はおそらく宜に入植していた周王の同族、②は外来の支配者層で、③はその配下にあって奉仕する隷属民、④は土着の農民層で①の領民であったと思われる。

ここに典型例が見られるように、封国の内部は侯を頂点とした重層構造をなしている。李峰によれば、その構造は図1のような概念図によって示される。農民も支配者も居住単位は等しく「邑」（Yi-Settlement）であり、諸侯が住まう首邑には宗廟（Ancestral Temple）と侯の居館（Ruler's Residence）があった。そうした封国同士がさらに周王を頂点とした重層構造を形成しているから、〈封建制〉とは邑を基盤とする族的勢力が「幾段階もの人的身分制的統合関係によって形成する重層的権力秩序」であったと言える。ただし、各「勢力」の自立を強調するあまり、王権の重みを過小評価することは適当でない。諸侯は軍事的奉仕や王都への出仕など、周王に対する無条件の義務を負っており、他方、周王は自ら「四方」を巡り、王朝の秩序の維持・回復に努めた[注1]。「封国が西周国家によって境域と認識される範囲の外にあったとか、中央による政治方針の影響を受けなかったとか思い込むのは誤りである」（Li Feng 2008 : 235）。

〈封建制〉を創出し、その統合の核となったのは周王であった。李峰の言葉を再び借りれば、西周国家の実態は「政治権力委譲の原理（the principle of political delegacy）に基づいてリネージを分出することにより国家権力が織り出した邑の巨大な重層的ネットワーク」であった（Li Feng 2008 : 303）。周王と諸侯とを結ぶイデオロギー的紐帯は「天命」の概念であるから、〈封建制〉とは「諸侯たちが、周王から命を受けて、それぞれの領国の支配を委ねられる制度であり、その制度の根本は、命の観念によって支えられていた」とも言える（小南二〇〇六：二四三）。先の概念図で見たように、封国の内部は重層構造をなしており、したがって「命のヒエ

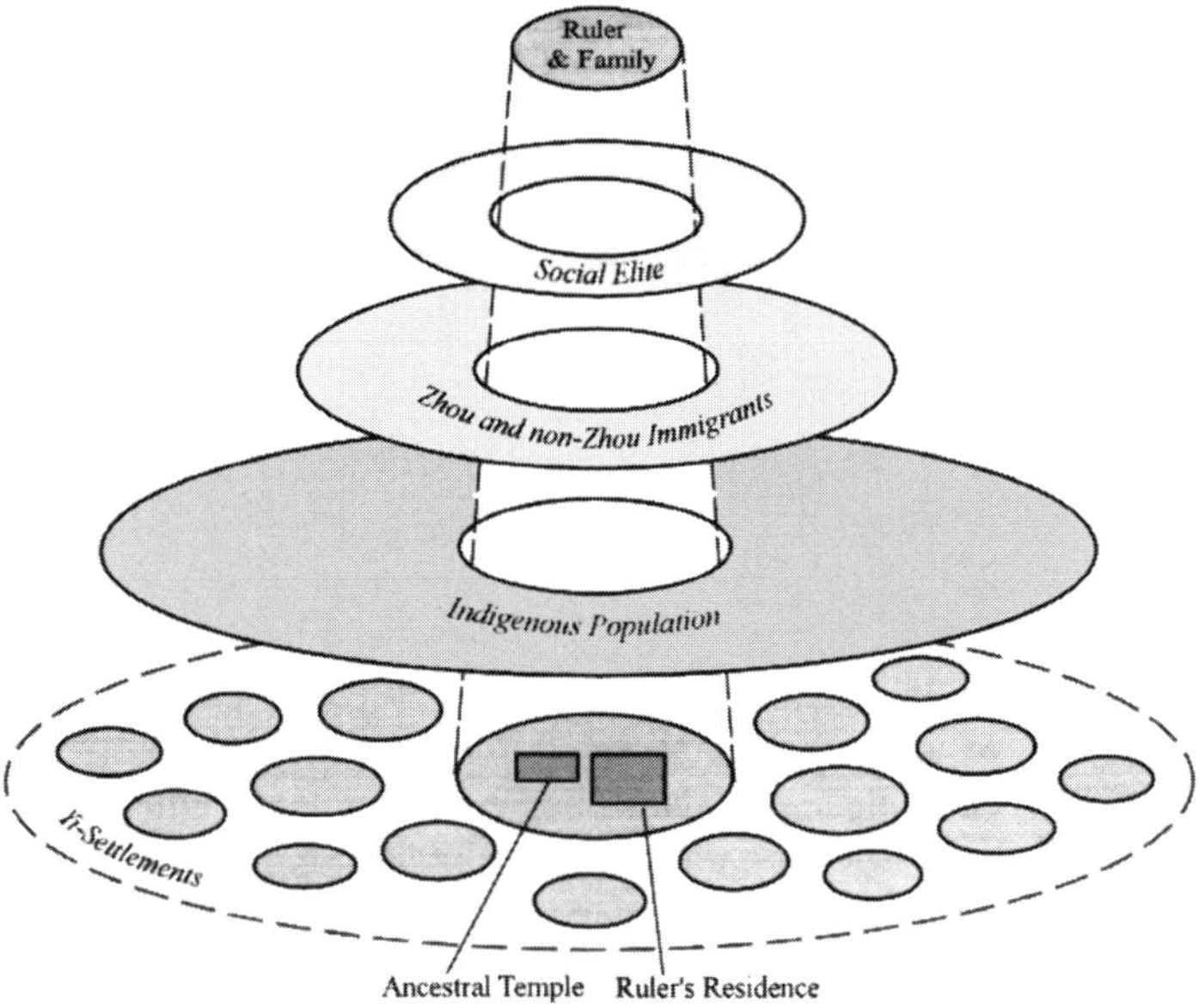

図１　封国の構造（Li Feng 2008：244）

ラルキーは、権限委譲を基本とした、多階層の構造から成り立っていた」（同前：二四四）。〈封建制〉の重層的権力秩序を貫くものは、「機能・権限の割譲・授与」の原理であった。李峰は西周国家の性格を、フューダリズムや都市国家などの概念を退けて、“delegatory kin-ordered settlement state”（権限委譲型氏族制的邑制国家）と規定する（Li Feng 2008：294）。この特徴的な国制が初期周王権の直面した課題、広域にわたる征服地支配の必要性から生じたことは、おそらく疑いないだろう。

二　階層差と性差

a．青銅器

ヤマト政権＝前方後円墳時代において、重層的権力秩序を可視的に表現していたものは、墳丘の大きさと形であった。これに対して、〈封建制〉時代の墓葬には――「封建」秩序の及ばない周辺地域を除き――墳丘が存在しない。墳丘は春秋時代末期に出現し戦国時代に発展を見るから（黄二〇〇〇）、水林国制史論にいう〈制度的領域国家体制〉の産物であり、巨大な墳丘が可視化しているものは、諸勢力相互の関係ではなく、臣民に対する王権の隔絶性であった。墓に墳丘のない〈封建制〉の時代において、諸勢力間の重層的権力秩序は、青銅製の礼器によって可視的に表現された。

青銅器が出土するのは、窖蔵と呼ばれる埋納坑か、または墓である。重要なのは、窖蔵の場合はもちろんのこと、墓から出土する青銅器についても、原則として実用品であり、副葬用に作られた明器ではないということである。先述の通り、青銅製の飲食器や楽器は祖先祭祀のための礼器であるから、それを副葬することは死後においても祭祀を続けることを意味する。林巳奈夫が指摘するように、「自分の使用する祭祀用の器を作った人間は、死後それらの器を自分の墓室に持ち込み、そこで彼のとり行う祭祀に引きつづき使用するもの、と考えられていたのである」（林一九九六：一六）。したがって、副葬された青銅礼器は原則として、現世における所持の実態を反映している。埋納の場合も基本的には「埋納直前の時期における宗廟で行われていた儀礼行為を直接反映する」と考えてよいだろう（Falkenhausen 2006：36〔吉本訳：三八〕）。

　埋納・副葬された青銅礼器には、組合せ（器種と数）に等級の存在することが指摘されている。ロータール・フォン・ファルケンハウゼンの整理によれば、それは表1のようになる。鼎は肉類（時に穀類）を煮るための煮炊器、簋は調理した穀類を盛るための盛食器、鐘・磬はともに楽器である（磬は石製で青銅器ではない）。ここに見られる等級は、所持者生前の政治的地位に対応している。同時にそれが自然発生的な慣行ではなく、人為的に創出された制度であることも推測される。ファルケンハウゼンに従えば、こうした青銅礼器の標準的な組合せの出現は、紀元前一〇世紀中葉に始まり九世紀半ばに完成した「西周後期礼制改革」の結果であった（Falkenhausen 2006）。この改革を主導したのは周王権であり、背景として想定されるのは、建国から一世紀を経て深刻化した諸リネージ（氏族）間の秩序の分裂であるという。改革の結果、諸勢力間に存在する権力秩序は、祖先祭祀や饗宴の場に陳設された青銅礼器の組合せによって可視的に表現され、かつ確認されることになる。儀礼の場に介入することで、周王権は〈封建制〉の強化を図ったわけである。

b．女性墓

　山西省天馬―曲村遺跡は、二県四村にまたがる広大な規模をもち、西周初期から春秋時代初期にかけての晋国の集落と墓が三つの地区に分布している。その中央の曲沃県北趙村に位置する大型墓群は、副葬された青銅礼器の銘文によって歴代晋侯と夫人の墓域に比定され、「晋侯墓地」と総称される。一九基の墓が男性・女性一基ずつ九つの組（うち一組のみ男性墓一基と女性墓二基）を構成しているところから、ジェンダー考古学の研究対象としても注目されており、たとえば二〇〇四年に出版された中国ジェンダー考古学の論文集には、二本の関連論文が収録されている（Linduff and Yan Sun 2004）。

　組をなす二基（ないし三基）の墓を比べてみると、第一に、副葬品の傾向性が男女で大きく異なっていることに気付くであろう。すなわち、青銅製武器の副葬は男性墓のみに限られ、女性墓の副葬品は玉・石製装身具が卓越している。こうした傾向は天馬―曲村の墓群全体に認められるから、「西周初期に曲村墓地が営まれた時……すでに男性は戦闘用の武器や用具に対する権利を独占しており、他方女性は装飾用の玉器や石玦、セットになった佩玉などを所持する道を歩んだ」と言える（Huang 2004：158）。先立つ殷の時代には、有名な殷墟婦好墓や後述する安陽小屯一八号墓のように、女性の墓に武器が副葬される場合があった。黄翠梅はこうした変化を、「文武双方の技量を備えていたフレキシブルな殷王朝のヒロインは、ここに完全に姿を消した」と表現している（ibid.）。

第二に指摘しておくべきは、天馬―曲村遺跡の中で両性の墓が組になるのは、晋侯墓地だけの特徴だということである。晋侯墓地の西方に位置する曲村からは、一九八〇年から八九年にかけて、六四一基にのぼる西周・春秋墓が発掘されている（北京大学考古学系商周組・山西省考古研究所二〇〇〇）。副葬品と墓の規模から、晋国の中・下級貴族の墓地であろうと推定されるが、男女を問わずすべての墓は単独である。ファルケンハウゼンが指摘する通り、配偶者の墓を並べて営むことは特権のあかしなのであり、それは「特定の社会階層以上においてのみ、女性の価値がリネージ間の連合の象徴として重んじられていたことを示唆する」（Falkenhausen 2006：121–122）。夫人の墓を侯墓に並べて営むことは、彼女の出身リネージに対する配慮であった。

第三に、先述した青銅礼器の組合せにおいて、女性墓の副葬品は相手の男性墓より一等降る原則があったようである。たとえば、武器の副葬によって男性墓と推定される九三号墓からは、鼎が五点と簋が六点、編鐘（セットになった鐘）が一組出土しているが、この組合せは侯の等級に相当する。他方、対になる一〇二号墓からは女性人骨が検出されたが、副葬された鼎は三点、簋は四点となっており、一ランク下の等級を示す組合せとなっている（北京大学考古学系・山西省考古研究所一九九五）。ただし、他の封国の墓の中には、この原則が逆転している例もある。天馬―曲村遺跡の西南方、山西省絳県横水で発掘された二基の西周中期墓は、青銅器銘文にもとづいて倗伯と夫人の畢姫の墓に比定されている（山西省考古研究所ほか二〇〇六）。二つの墓は四メートルを隔てて南北に並んでいる点で、晋侯墓地と同様の特権を示しているが、夫人墓に副葬された鼎・簋・鐘がそれぞれ五点を数えるのに対し、伯墓の場合は鼎三点・簋一点・鐘三点という組合せになっており、副葬品の総数や埋葬施設の規模も夫人に及ばない(注2)。こうした逆転現象は、倗が小国である一方で（倗という封国名は史書に現われない）、夫人の出自の畢国が周王室と同じ姫姓クランに属していたという事実に、おそらくは関係すると思われる。

右に略述した通り、〈封建制〉の重層的権力秩序は、祭祀や饗宴の場に陳設された青銅礼器よって可視的に表現された。祭祀や饗宴の場には他の諸侯からの賓客も臨席したから、主宰者の政治的位置はその場において、銘文に記された過去の名声とともに、参会者に提示され、確認されることになる(注3)。

これに対して、ヤマト政権＝前方後円墳時代の重層的権力秩序は、墳丘の大きさと形によって可視的に示された。ではその場合、そこに体現されている秩序は、いつ、誰により、どのような形で確認されるのであろうか。墳丘に体現された政治的秩序も青銅礼器の場合と同様、外部との関係を通して意味をもったとするならば、「秩序の可視化」を静的な制度ではなく、提示・確認のプロセスとして捉える視点が必要ではないかと思われる。

三　補論

最後に若干の紙幅を割いて、シンポジウムの場で十分に論及できなかった問題について述べておきたい。それはすなわち「殷王朝のヒロイン」の性格、女性への武器副葬と殷王権との関係である。具体例として安陽小屯一八号墓を取り上げる（中国社会科学院考古研究所安陽工作隊一九八一）。

安陽小屯一八号墓（以下「一八号墓」と略称）は、婦好墓として知られる殷墟五号墓の東方二二メートルに位置する。墓道をもたない竪穴土坑墓で、墓口部分の大きさは南北四・六メートル、東西二・二～二・三メートル、墓底までの深さは五・六メートル。被葬者は推定年齢三五～四〇歳で、骨格の残存状態が悪く性別を正確に判定することはできないが、歯と下顎骨から女性であろうと推定される。(注4) 填土中に一体、棺の周囲に四体の殉葬を伴い、うち三体は男性、二体は性別の判断がつかない。出土した陶器の器形などから、墓の年代観は婦好墓と同時期、甲骨文第一期の王である武丁の時代とされている。

注目すべきは、九〇点ほどの副葬品の中に、青銅製の武器である戈が九点と鏃が一〇点、ならびに玉製の戈・鉞各一点が含まれていることである。出土位置から判断すると、銅戈の一部と銅鏃は殉死者に属するものであろうが、銅戈数点と玉製の戈・鉞は、青銅礼器や玉製装身具とともに、墓主の副葬品とみてよいだろう。むろん副葬品と被葬者との関係は多義的であり、武器の副葬がただちに軍事への関与を意味するわけではない。清家章のシンポジウム報告に従えば、女性被葬者の棺外に置かれた刀剣類は辟邪としての意味をもつ。殷代の墓においても、副葬された玉戈の類に被葬者を守護するはたらきのあることを、林巳奈夫が推測している（林一九九九：三〇六～三〇七）。しかし一八号墓に副葬された武器類は、被葬者の軍事への関与を示すと考えてよいのではないか。そのことを傍証するのが、棺外の東北隅に銅戈とともに置かれていた玉製の戈である。玉戈は長さ二八・五センチメートルで、片面に朱で短文が記されている（図2）。原文の引用は割愛するが、「執」という文字に示される通り、内容は敵対勢力の討伐についての記事である。(注5) 戦役を朱書した玉戈が、被葬者の軍功を伝えるメモリアルとしての意味をもつことは想像に難くない。一八号墓の墓主も婦好と同じく、軍事に――おそらくは主導的な立場で――携わっていた可能性が高いと

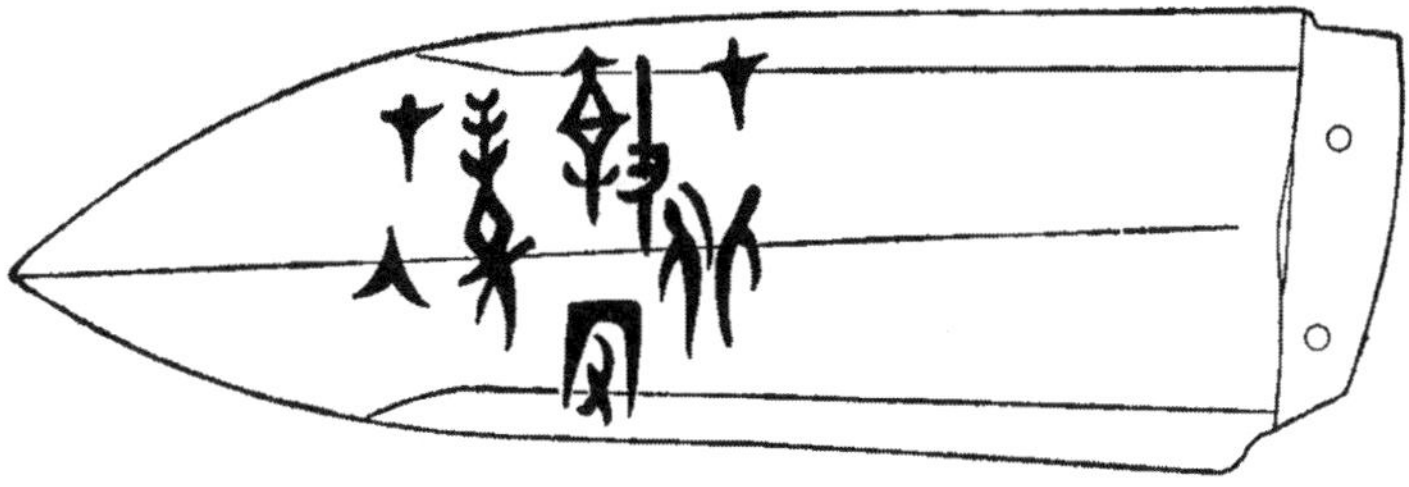

図２　安陽小屯18号墓出土玉戈
（中国社会科学院考古研究所安陽工作隊1981：504）

表１　周の礼制（Falkenhausen 2006 吉本訳書より一部改変して転載）

考古学的資料から暫定的に復元された西周後期・春秋前期貴族男子の礼的区分				
等級	対応する社会的地位	鼎	簋	鐘・磬
Ⅰ	王（推定。王の器群は未報告）	［12］	［10］	［数組］
Ⅱ	上級の廷臣など	9	8	数組
Ⅲ	内服の王官など	7	6	1～数組
Ⅳ	外服の国君（侯）など	5	5	1組もしくは1件
	貴族リネージ首長・下級の廷臣	3	2−0	
		2	1−0	
		1	1−0	

思われる。

しかしながら殷代において、女性墓への武器副葬が普遍的であったとは言い難い。安陽殷墟の西方一・五キロメートルに広がる墓群は「殷墟西区墓葬」と呼ばれ、一九六九年から七七年にかけて、八つの墓区から九三九基の殷墓と五基の車馬坑が発掘された（中国社会科学院考古研究所安陽工作隊一九七九）。一部の大型墓を除き、大半は長さ二～二・四メートル、幅〇・八～一・二メートルの小型墓で、陶製や青銅製の礼器が副葬されているところから、殷の社会で一定の政治的・宗教的地位にあった人々の墓地であろうと考えられる。このうち一六六基から戈や矛、鏃などの青銅製（または鉛製）武器が出土しているが、人骨から判別が可能な限り、被葬者は例外なく男性であるという。むろんこの場合でも、副葬された武器の意味については慎重な検討が必要であろう。しかし、確かに言えるのは、女性墓に武器の副葬が見られないことである。婦好墓や一八号墓の武器副葬は、殷代において限定的な事例であったことになる。

婦好が武丁の夫人であることは広く知られているが、一八号墓の墓主もまた、王族の一人とされる「子漁」の銘がある青銅器を副葬品にもつところから、殷王室の構成員であったと推定されている（中国社会科学院考古研究所安陽工作隊一九八一：五一五）。とするならば、殷代において軍事に携わる女性は、王族に限られていたのではあるまいか。実証的裏付けを欠いた思い付きに過ぎないけれども、こうした王族女性の軍事関与は、戦争と人身供犠を繰り返す殷王権の特性と無縁でないように思われる。考古学者のギデオン・シェラは、殷の人身供犠についての示唆的な論考の中で、高度に制度化されていない政治システムのもとで、異なるグループから成る不安定な連合体に対してコントロールを維持するためには、外部の「敵」に戦争をしかけ捕虜を犠牲に供することで王権の正当化と神聖化を図る必要があった、との見解を述べている（Shelach 1996）。軍事に携わる王族女性の存在が、こうした王権の性格と不可分の関係にあるとするならば、「殷王朝のヒロイン」が西周〈封建制〉の成立とともに「完全に姿を消した」ことも説明できる。とはいえ、より根本的な疑問、なぜ軍事力の一環に女性が必要とされたのかという問いかけは、答えることが難しい。比較国制史・ジェンダー史の視点から、諸地域の事例に学びつつ、引き続き考えていきたいと思う。

注

（1）松井嘉徳に従えば、〈封建制〉においては周王の居所がすなわち王都であった。「王朝の中心は、ある特定の地にその属性として与えられていたのではなく、文王・武王以来の正統性を引き継いだ現し身の周王自身が体現するものなのである」（松井二〇〇二：八一）。

（2）ただし伯墓には四体の殉葬が伴っており、身体に接して青銅製車馬具が検出されているところから、倗伯の御者であろうと推測されている（山西省考古研究所ほか二〇〇六：一二）。ちなみに車馬具は夫人墓からも出土しているが、武器はどちらの墓からも検出されていないようである。

（3）青銅礼器とその銘文には、過去を想起するモニュメントとしての性格もあった。「青銅器が準備されると、銘文は献呈の儀式の過程で祖先に伝えられ、そののち、儀式の過程で青銅器が食物や飲料を盛るのに用いられ、あるいは編鐘が演奏されるときはいつでも、銘文はいわば反響しつづけ、過去の威信を現在のために活性化する」（Falkenhausen 2006 : 53–54〔吉本訳：五一〕）。

（4）発掘報告は、銅爵の銘文に見える「子↑母」が墓主の名である可能性を示唆する（中国社会科学院考古研究所安陽工作隊一九八一：五一五）。

（5）「敎」とは「撻」すなわち「撻伐」（攻め討つ）を意味する文字である（張一九八一：一六〇～一六一）。この玉戈は三つに割れて出土したのであるが、断片によっては朱書の存在に気付かずに、土を落とす際に文字も剥落させてしまったらしい。本来は根本により近い部分から文章が始まっていたと思われる。

参考文献

貝塚茂樹　一九四六、『中国古代史学の発展』、弘文堂（『貝塚茂樹著作集』第四巻、中央公論社、一九七七）。
小南一郎　二〇〇六、『古代中国　天命と青銅器』、京都大学学術出版会。
黄暁芬　二〇〇〇、『中国古代葬制の伝統と変革』、勉誠出版。

山西省考古研究所・運城市文物工作站・絳県文化局　二〇〇六、「山西絳県横水西周墓発掘簡報」、『文物』二〇〇六年第八期。
中国社会科学院考古研究所安陽工作隊　一九七九、「一九六九―一九七七年殷墟西区墓葬発掘報告」、『考古学報』一九七九年第一期。
同前　一九八一、「安陽小屯村北的両座殷代墓」、『考古学報』一九八一年第四期。
張亜初　一九八一、「甲骨文金文零釈」、『古文字研究』第六輯、中華書局。
林巳奈夫　一九九六、「殷周時代における死者の祭祀」、『東洋史研究』第五五巻第三号。
同前　一九九九、『中国古玉総説』、吉川弘文館。
ブロック、マルク（高橋清徳訳）一九七八、『比較史の方法』、創文社。
北京大学考古学系・山西省考古研究所　一九九五、「天馬―曲村遺址北趙晋侯墓地第五次発掘」、『文物』一九九五年第七期。
北京大学考古学系商周組・山西省考古研究所編著　二〇〇〇、『天馬―曲村　1980–1989』、科学出版社。
松井嘉徳　二〇〇二、『周代国制の研究』、汲古書院。
松丸道雄編　一九八〇、『西周青銅器とその国家』、東京大学出版会。
水林　彪　二〇〇六、『天皇制史論―本質・起源・展開―』、岩波書店。
Falkenhausen, Lothar von 2006. *Chinese Society in the Age of Confucius (1000–250BC)*. Cotsen Institute of Archaeology, University of California, Los Angeles.（吉本道雅訳『周代中国の社会考古学』、京都大学学術出版会、二〇〇六。）
Huang Tsui-mei（黄翠梅）2004. "Gender Differentiation in Jin State Jade Regulations". In Linduff and Yan Sun 2004.
Li Feng（李峰）2008. *Bureaucracy and the State in Early China : Governing the Western Zhou*. Cambridge University Press.
Linduff, Katheryn M. and Yan Sun (eds.) 2004. *Gender and Chinese Archaeology*. AltaMira Press.
Shelach, Gideon 1996. "The Qiang and the Question of Human Sacrifice in the Late Shang Period". *Asian Perspectives* 35 (1).

西洋法制史からのコメント

田口正樹

古墳時代の日本を論じるシンポジウムに、ドイツ中世後期の国制史・法史を研究している者がコメントするのは荷が重いことであるが、ドイツ学界の議論も紹介しつつ、何点か述べたい。

一．ドイツ学界における国制史研究の展開

（一）水林彪の比較国制史理論

水林彪氏（以下、敬称略）の比較国制史理論は、ドイツのオットー・ブルンナーの学説をも参照しつつ形成されたものである[1]。その中で水林は、分析枠組として〈人的身分制的統合秩序〉の3つの純粋型を構想している。すなわち、①〈非王権的盟約関係〉ないし〈非王権的盟約体〉、②〈等族制的王政〉、③〈家父長制的王政〉を区別する。そして、歴史的には時間をかけつつ、①から②へ、②から③へと変化していくものと考えられているようである。今回の水林報告は、古墳時代日本の国制について、五世紀後半までは①、五世紀後半以後は〈王権〉が形成されると見ている。しかしもちろん、この三類型は理念型であるので、具体的な歴史現象を把握しようとする際には、より柔軟な思考が必要となろう。

（二）同意による支配

この関連で、オットー・ブルンナー以後のドイツ学界の研究動向に言及すれば、例えばベルント・シュナイトミュラーによって「同意による支配 Konsensuale Herrschaft」というコンセプトが提唱されている。この見方を彼が最初に打ち出した二〇〇〇年論文は、フランク帝国やその後のドイツの皇帝や国王の行動が支配下の有力者の同意によって制約されていたことを強調している[2]。既に八・九世紀のカロリング・フランク期からそうした現象が見られるが、「システム化・合理化」の度を高めつつ一二世紀以降更に展開するとされる。同論文では、主に一三世紀の皇帝・ドイツ王と諸侯の例が採り上げられ、重要な統治行為、特に諸侯の地位に関わる行為を皇帝・国王が行う際に、諸侯の同意が必要とされたり、諸侯の同意が得られていることが言及されたりするという例が引かれる。

このような「同意による支配」は、水林のモデルでは②と共通するところが多いように思われるが、シュナイトミュラー論文は、同意を与える側の変化をも視野に入れている。

ドイツでは、一二世紀の間にそれまでの有力者集団から法的な諸侯身分が成立してくるが、諸侯身分は、それまでの有力者集団と比べるとより範囲が明確であり、また諸侯としての一定の特権を持つものと観念された。水林の構想では、有力者間の水平的結合関係は時の経過とともに消えていくかのようであるが、むしろ後の時代のほうが明確になるケースも、このように見られるわけである。更にシュナイトミュラーは、諸侯身分の成立と平行して、同時期に国王権力の強化が見られることも指摘している。水林の構想では、王を頂点とする垂直的統合と有力者間の水平的結合は対抗関係にあり、時とともに前者が後者を圧倒するとされるようであるが、両者の関係については相乗作用という側面も考える必要があるだろう。

(三) 構造からパフォーマンスへ

このように、王（リーダー）とその周囲の有力者などとの関係についてより精密な考察が必要になってくるという点と関連して、構造からパフォーマンスへというドイツ国制史学の重点移動に言及しておきたい。オットー・ブルンナーのような構造論に対して、王や有力者が繰り広げる行為やそのプロセスに注目する研究が近年のドイツ学界では盛んに行われている。

例えば、日本でも知られているゲルト・アルトホフの一連の研究がある。(3) 彼のこの方向の研究の出発点は、一〇・一一世紀のドイツ王権と有力貴族との関係であった。このオットーネン（ザクセン朝）・初期ザーリア（サリ朝前期）の時代は、ドイツ王・皇帝が強力な権力をふるった時代として従来とらえられてきたが、アルトホフはやはり国王・皇帝と有力貴族との間の合意が重要であったことを強調する。その際、アルトホフが注目するのは、王と反乱を起した有力貴族との間の対立が独特な仕方で「解決」されるという現象である。彼によれば、そこには一定のパターンがあり、それは裁判と判決という方式とはまったく異なるというのである。具体的には、まず教会の司教など仲介者が王と有力貴族の間を調停する。そして和解の条件について非公開で協議される。そのうえで公開の儀式が行われる。有力貴族のほうは王に全面的に屈服する（武器を捨て粗末な身なりで王の前へ出て平伏して許しを請う）。王のほうは相手を赦す（これも全面的であることが多く、所領などをいったん没収してもすぐまた返還したりする）。これを両者が公開の場で演じて、確かに紛争が終結したことを明示するのである。彼の研究が明らかにしたのは、王と有力貴族の関係が基本的に不安定で、後の諸侯身分のような有力貴族間の法的身分結合もない中、そのつど合意し、合意したことを疑いない形で公演するという現象であったと考えられる。王の権力の限界やその意味での分権的構造は前提として、具体的にいかなる場で、王と有力者のいかなる行為を通じて、それを見る人々も含めた秩序が紡ぎ出されるかという点に関心が向けられているのである。

このように、ドイツ学界が国制史に関連させて注意を向けているのは、権力秩序を表示するモノというよりは、ある種のモノも使いながら行われる全体としてのパフォーマンスであるように思われる。アルトホフの研究に即して言えば、有力貴族が示す恭順の意は質素な衣服というモノによっても示されるわけではあるが、そうした服装をした貴族が公開の場で王の前にうやうやしくひざまずくという行為とそれがもたらす効果が重視されるわけである。他のモノに関して更に言えば、例えば、国王や諸侯の墓に関する研究は、近年ドイツで多く行われている。フトヴェルカーの中世後期の有力諸侯ライン宮中伯についてのモノグラフなど、そうした研究においては、墓碑彫刻や教会の構造だけでなく、どの都市に、またどの教会に葬られるか、そうした墓所の選択が時期によってどう変化するのかといった点から、支配権についての考え方が論じられる(4)。しかしフトヴェルカーは、そうした墓は教会内で多くの人がアクセス可能な位置に置かれておらず、墓の前で行われる宗教儀式に参加する者の範囲も限られていたことを指摘して、墓の影響力が限定的であったという見方も示している。それに対して、例えばシェンクの研究が扱った中世後期(一五世紀)における国王の都市への入市式のような、公開性の高いパフォーマンスの意義が注目されている(5)。そこでは、都市住民の側も参加して、市外での出迎え、市内での行進、さまざまな場面での演説や寸劇などが演じられ、そこから当時の権力秩序や支配に関する意図が読み取られるのである。

それでは、以上のような、国制構造を柔軟にとらえパフォーマンスの側面にも注目するという関心と考古学の研究成果は、どのようにかかわるのであろうか。

二　考古学と国制史

そこで次にドイツ学界における考古学研究と国制史の関係について若干触れたい。

ドイツ学界では、考古学的資料から国制について何らかの言明を行うのは難しいという意識が強いようである。考古学者ハイコ・シュトイアーは、古ゲルマン史・中世初期史研究の代表的事典に執筆した「部族と国家(考古学的に)」という項目の冒頭で、政治的組織の存在証明や部族・国家の領域的広がりの存在証明を考古学の方法で行うことはほとんど不可能だと書いている(6)。

このような姿勢は、ドイツ学界における研究史を背景としているように思われる。シュトイアーが別の論文で整理しているように(7)、ドイツ学界では一九世紀末から二〇世紀前半にかけて、考古学発掘で確認される文化的特徴(墳墓や土器のタイプ)とその領域的広がりから、ゲルマン人、ケルト人、スラヴ人などの民族集団の広がりや、ゲルマン人の中の特定の部族集団の存在地域を導く学説が有力に唱えられていたが、そうした見方は第二次大戦後になって根本的に疑問視され、現在では放棄されている。更に、墓の副葬品の量や種類からただちに被葬者の社会的地位や所属する階層を導く試みが二〇世紀後半にもしばしばなされてきたが、そうした手法に対しても現在では慎重な態度が取られるようになっている。副葬品からわかるのはある家族が持っていた埋葬に関する習慣であって、それと社会構成上のポジションとは同じでないというのである。それに対して、墓とその副葬品だけでなく、近接する館、住居、工房などを含む遺跡全体を考察する手法や、ある領域を面的に把握する考古学（Landschaftsarchäologie）の手法を通じて、中心的地点（Reichtumszentrum）の存在とその影響力の広がりをつかみ、そこから権力秩序や社会構成を具体的に描き出そうというのが、近年のドイツ（および北欧）考古学の傾向であるように見える。

このような、視野を広くとろうとするドイツ学界の傾向は、今回のシンポジウムに対しても示唆するところが多いと思われる。広瀬報告と水林報告に関連して一つだけ取り上げれば、広瀬報告が畿内五大古墳群を共同墓域として理解する点が興味深い。個別の墳墓にとどまらない、あるエリア全体の墳墓の関係が、そのように把握されているのである。水林報告は、弥生終末期の山陰・北陸における四隅突出墓の広がりから、また古墳時代前期の箸墓を含む大和・柳本古墳群や古墳時代中期における四大古墳群の併存から、〈非王権的盟約体〉の存在を導くのであるが、同じ形式の墳墓をあちこちで作ったり、ある象徴物を副葬品等として共有したりすることと、共同墓域を数世代にわたって維持することとでは、それによって表現される結び付きの性格や強度がかなり異なるように思われる。そして、後者のような高いレベルの結集を達成したことが、畿内勢力の他の地方に対する優位を支えたのではないだろうか。こうした観点からすると、畿内の共同墓域にどの程度の範囲の有力者が結集したのか、併存した四大古墳群はそれぞれどのような有力者を結集し系列化したのか、中でも特に規模の大きな前方後円墳の建造にはどの範囲の勢力・労働力が参加したのか（この点はパフォーマンスという側面とも関係しうるであろう）、といったことが明らかになれば、考古学資料を通じた国制の解明は一層進展することになると思われる。

三　ジェンダーと国制史

最後にジェンダーの問題に触れたい。ドイツ中世史学界のジェンダー史研究は、米英仏の学界よりは遅く始まったが、近年活発に展開されている。その際、例えばコルドゥラ・ノルテの入門書が示すように、視野を女性に限定するのでなく、男性を含めた関係性を問題にする視点も、意識されている(8)。ドイツ中世史学界で中心的な研究組織の一つであるコンスタンツ中世史研究グループも、最近ジェンダー史をテーマとする論集を刊行した(9)。この論集は、一一世紀から一四世紀のヨーロッパ諸国と十字軍国家における女王・王妃・女性諸侯を取り上げているが、そこでは全般に、女性君主特有の支配形式が見られたわけではなく、男性の場合とは異なる女性君主像が観念されていたわけでもない、という結果が出ている。しかし軍事だけは例外で、女性支配者がみずから軍を率いて戦場に出ることは基本的になく、女性君主自身が戦うと観念されてもいなかったという点を、多くの論者が指摘している。この点は、軍事との関係という部分に女性首長と男性首長との決定的な相違を見る清家報告と符合するものであろう。

国制史的関心からすると、清家報告は、ジェンダーという観点を入れることによって、古墳時代における有力者間関係の質とその変化を、より一層明らかにしたという意義を有すると思われる。すなわち、古墳時代中期以後、有力者間の関係において軍事的編成が決定的な側面になるという変化が、ジェンダーという要素を導入することで見えてきたと言えるのではないだろうか。この変化は時期的には、広瀬報告のいう四世紀末頃の画期とおおよそ符合すると思われるが、水林報告が五世紀後半の雄略天皇期に〈王権〉の形成を見るのとは、ずれがある。この点をどう考えるべきであろうか。また清家報告によれば、軍事が決定的になる時期と首長の系譜が明確になる時期が重なるのであるが、この関連をどう考えればよいのか、更に詳しく知りたいところである。

四．補論

以上がシンポジウム当日に筆者が行ったコメントであるが、当日の討論と今回『法制史研究』誌上で公表された報告内容をふまえて、いくつかの点を補足しておこう。

シンポジウムの際に広瀬和雄氏から、日本における考古学研究は、古墳のみに視野を局限しているのではなく、集落遺構等を含めて幅広く検討対象にしており、その点でドイツなどの考古学研究に劣るものではない旨の説明があった。水林報告がシンポジウム後に進展させた纏向遺跡に関する考察も、そうした近年の日本考古学の研究成果をふまえたものであろう。今回のシンポジウムは主に古墳にスポットを当てたが（そして前方後円墳という歴史事象が著しい現象であることを考えればそれには正当な理由もあるが）、古墳を他の遺跡・遺物との関係の中で考察する視野も重要であるように思われる。討論の中で義江明子氏から出された、現代の考古学者が提示するような各種古墳型式の序列を当時の人々がどの程度意識していたのかという疑問や、広瀬報告が指摘する古墳に表出されない政治という問題も含めて、古墳自体を突き放して見る構えも、国制史には必要かもしれない。

水林報告は、シンポジウム当日およびその後の検討過程で、箸墓の特異性から前方後円墳古墳時代第一期（古墳時代前期の最初期）に〈王権〉の形成を認め、その背景として公孫氏および魏による介入を想定している。筆者の前記コメントはこの構想が登場する前の水林報告原稿を前提としたものであったが、理念型の機械的すぎる適用に警戒を示し、垂直的統合と水平的結合とのより複雑な関連に注意を喚起した筆者としては、大陸との関係については評価を留保せざるをえないものの、水林報告のこの間の変化は好ましい方向への展開ととらえたい。〈王権〉の早期的出現、その後の〈非王権的盟約体〉への移行、五世紀後半以降の〈王権〉の本格的確立という単純でない過程が提示されているからである。

水林報告が最後に触れる〈中央・地方〉問題は、シンポジウム当日のコメントでは触れることができなかったが、もちろん重要な論点である。広瀬報告に見られる、地方における前方後円墳築造に関して用いられた「一種の認可制」という表現や、地方首長墓の不自然さ不安定さを中央との関係から考えようとするスタンスは、大変興味ある視角を提起している。地方で古墳が築かれる際に、中央から技術や人がどの程度提供されているのかといった問題が解明されていくならば、当時の国制の理解を大いに深めることになると思われる。また、地方の首長らが列島の外の世界と独自に関係を結ぶ可能性をどう考えるかという点も興味深い問題であろう。その際には、特に鉄資源の所在地として重要であった朝鮮半島南部の状況が大きく関わってくるように思われる。

前記コメントの最後の箇所で筆者が「首長の系譜が明確になる」と表現した現象については、シンポジウム後に敷衍された清家報告によって具体例に基づいた詳しい説明が与えられた。かなり広い血縁関係の範囲内から軍事的活動に耐える男性が首長の地位を継承していくという事態が想定されることになりそうである。

単なる感想に終始したきらいもあるが、以上をもって補論としたい。

（1）水林彪『国制と法の歴史理論—比較文明史の歴史像—』（創文社　二〇一〇年）一一頁。ブルンナーの代表的著作は Otto BRUNNER, Land und Herrschaft. Grundfragen der territorialen Verfassungsgeschichte Österreichs im Mittelalter, 1. Aufl., 1939, 5. Aufl., Wien 1965; Otto BRUNNER, Neue Wege der Verfassungs- und Sozialgeschichte, 2.Aufl., Göttingen 1968. ブルンナーの著作の日本語訳として、オットー・ブルンナー（石井紫郎他訳）『ヨーロッパ—その歴史と精神』（岩波書店　一九七四年）、オットー・ブルンナー（山本文彦訳）『中世ヨーロッパ社会の内部構造』（知泉書館　二〇一三年）。

（2）Bernd SCHNEIDMÜLLER, Konsensuale Herrschaft. Ein Essay über Formen und Konzepte politischer Ordnung im Mittelalter, in : Paul-Joachim HEINIG u. a. (Hg.), Reich, Regionen und Europa in Mittelalter und Neuzeit. Festschrift für Peter Moraw, Berlin 2000, S.53-87.

（3）ここでは本文の紹介に対応して Gerd ALTHOFF, Spielregeln der Politik im Mittelalter. Kommunikation in Frieden und Fehde, Darmstadt 1997のみを挙げる。アルトホフの著作の日本語訳として、ゲルト・アルトホーフ（服部良久訳）「紛争行為と法意識—12世紀におけるヴェルフェン家—」服部良久編訳『紛争のなかのヨーロッパ中世』（京都大学学術出版会　二〇〇六年（原論文一九九二年））、ゲルト・アルトホフ（柳井尚子訳）『中世人と権力—「国家なき時代」のルールと駆引』（八坂書房　二〇〇四年（原著一九九八年））。

（4） Thorsten HUTHWELKER, Tod und Grablege der Pfalzgrafen bei Rhein im Spätmittelalter（1327-1508）, Heidelberg 2009.

（5） Gerrit Jasper SCHENK, Zeremoniell und Politik. Herrschereinzüge im spätmittelalterlichen Reich, Köln u. a. 2003.

（6） Heiko STEUER, Art. Stamm und Staat, Archäologisch, in : Heinrich BECK u. a. (Hg.), Reallexikon der Germanischen Altertumskunde, 2. Aufl., Bd. 29, Berlin–New York 2005, S.502–508.

（7） Heiko STEUER, Archäologie und germanische Sozialgeschichte. Forschungstendenzen in den 1990er Jahren, in : Klaus DÜWEL (Hg.), Runische Schriftkultur in kontinental–skandinavischer und angelsächsischer Wechselbeziehung, (Ergänzungsbände zum Reallexikon der Germanischen Altertumskunde, Bd.10), Berlin–New York 1994, S.10-55. 更に Herbert JANKUHN, Das Germanenproblem in der älteren archäologischen Forschung (Von der Mitte des 19. Jh.s bis zum Tode Kossinnas), in : Heinrich BECK (Hg.), Germanenprobleme in heutiger Sicht, (Ergänzungsbände zum Reallexikon der Germanischen Altertumskunde, Bd.1), 2. Aufl., Berlin-New York 1999, (1. Aufl., 1986), S.298–309 および G. MILDENBERGER, Die Germanen in der archäologischen Forschung nach Kossinna, in : H. BECK (Hg.), Germanenprobleme, S.310–320 も参照。

（8） Cordula NOLTE, Frauen und Männer in der Gesellschaft des Mittelalters, Darmstadt 2011.

（9） Claudia ZEY (Hg.), Mächtige Frauen? Königinnen und Fürstinnen im europäischen Mittelalter (11.-14. Jahrhundert), (Vorträge und Forschungen, Bd.81), Ostfildern 2015. 『西洋中世研究』八号（二〇一六年）一九三頁の筆者による新刊紹介も参照。

書評

岩谷十郎編『再帰する法文化』（国際書院、二〇一六年）

本書は、法文化学会の学会誌である「法文化（歴史・比較・情報）叢書」の第一四巻として刊行されたものである。そのタイトルは「再帰する法文化」というものであり、これは同時に二〇一四年に開催された法文化学会の第一七回研究大会のテーマともされていた。率直に言えば当初、同学会に属する評者は、このテーマ設定の試みの意義が十分にくみ取れなかった。なんとなれば、法が、そのかたちはどうあれ社会規範としてひとたび確立した後に、自然的・社会的環境の変化に直面してその有効性や有用性の限界を知り、それをセルフ・フィードバックしてまた新しく変化していくという一連の経過は、いわば法の生来的・本質的な性質から来る、ある種自明の理とも言えるように思われたためである。

実のところこうした印象は、本書の書評依頼をいただき、あらためて本書を一読してみた際にも変わるところはほとんどなかった。しかしながら、困ったことになったと思いつつ本書を熟読するうちに、当初感じていた違和感や疑問のいくつかは解け、評者のなかにも本書が目指したところの「再帰する法文化」に関する最低限度の理解がもたらされたようにも思われる。よって、本書評においては、一般的な「評価」のかたちを採らず、評者が当初の学会開催前から感じていた前述のような違和感や疑問が本書の読後にどのように解消されたか、あるいはされなかったかを述べることで代わりとしたい。読者の皆様にはこのことをまずご理解いただければ幸いである。

1　本書の構成

本書の構成は、編者による序「再帰する法文化」の後に、以下の全七章が配置されている。第一章「近世ロンドンの高等海事裁判所の活動――ジェンティーリ『スペイン擁護論』を素材に」（周圓）、第二章「近代東アジア比較法史の枠組みについての一試論」（西田真之）、第三章「「近代国家成立において『中間団体』として消去された status familiae の復活可能性」について」（中野雅紀）、第四章「人足寄場をめぐる言説空間」（児玉圭司）、第五章「平野義太郎「大アジア主義」の成立――変転する「科学」と「日本」」（坂井大輔）、第六章「「日本法理」における固有と普遍――変転する「科学」と「日本」」（出口雄一）、第七章「ある「法文化」の生成――誰が裁判嫌いの「神話」を生んだのか」（高橋裕）。

この構成の特色としては、「再帰する法文化」という難解なテーマを扱ううえで、統一性や全体としての流れが損なわれないよう配慮がなされている点が挙げられよう。いわば「総論」にあたる「序」のもとで、各章がそれぞれの法文化の「再帰性」を示すべく位置づけられているのである。

以下では、その「総論」にあたる「序」を手がかりに、「再帰する法文化」というテーマ、あるいは「法の再帰」という概念そのものに関して、その内容と枠組みをみていきたい。しかる後に、テーマとの関係性という視点から各章について触れていき、最後に概括として評者の中にいまだ残る違和感や疑問について述べることとしたい。

2 「序」におけるテーマ設定

「序」において編者は、「再帰性」という概念を「回帰、回想、反射、反省といった言葉に置き換えて理解することができる」(本書九頁。以下、とくにことわりがない場合には頁数は本書のものを指す)と述べている。それは「自己と環境との絶え間ない相互作用において、常に自己を産出し続けながら自らの境界を設定してゆく」(同)生物の自律的な組織性に関わりを持つとされ、これを社会あるいは法に敷衍した場合について編者は、ルーマンを引きながら、「(近代)法が、「〝法は法である〟とのトートロジカルな自律したシステムとして成立し」、「環境(事実)との間で」「その規範としての自己確証・創出」を作動させる過程である、と規定する。そして、編者は、本書においてこれをテーマとして設定した理由を、法文化学会が目指す視座であるところの「法のクロノトポス(時空)」的研究により、法が「再帰的」であるということの意味を「より含みのあるキーコンセプトとして再定義」(一〇頁)する試みにある、としているのである。

編者のこの試みは本書においてどの程度の成果をもたらしているのであろうか。編者は「序」のなかで各章に関してもテーマとの関係に特化したかたちでの各論的なレビューを行っているが、以下では、上述のいわば「法の再帰」に関する総論的説明を念頭に置きつつ、編者のレビューを足がかりとし、各章の論考において編者の試みがどの程度実現されているかを検討していくこととしたい。

3 各章のレビューと評価

(1) 周論文は、コモン・ローとエクイティが支配的であったイングランドにあって特異的にローマ法を適用してきたロンドン高等海事裁判所について、そこで活躍したアルベリコ・ジェンティーリの業績をもとに分析したものであるが、編者はテーマとの関係において、「法をめぐる普遍的要素と固有的(=特殊的)要素との拮抗・対立・分離の、あるいは親和・併存・融合のそれぞれの局面において、いわば法のアイデンティティーを紡ぐために、古来よりいかなる多様な言説が現れ、その機能をどのように果たしてきたのか」という観点から法の再帰について論じたものと位置づけている。なるほど確かに、周論文は同裁判所におけるコモン・ローとローマ法との拮抗から、双方に依拠する、あるいはいずれにも依拠しない近世・近代国際法の創出という新しい局面がもたらされたことを、十分な論拠を伴って実証している。しかしながら編者が言う、そうした局面において現れたはずの多様な言説やその機能についての論究は、ジェンティーリという個人に着目して論じられている周論文の中心的目的でないことは明らかである。その意味において、ここでは編者の目論見は十分に実現されているとは言い難い。

（2）西田論文は、近代東アジアのうち日本、中国そしてタイを対象とし、植民地支配を免れ独立国として近代法を継受した国と植民地支配の中で宗主国からの影響を受けた国・地域との枠組みから近代東アジア比較法史を分析する可能性を検討したものであるが、これについて編者は、継受国と西洋法との拮抗関係から固有の法文化が現れてくる状況を描くことにより、「近代日本における法の再帰を扱う諸論考の総論的視点が提示された」としている。確かに、不平等条約締結から、西洋法の継受を経て条約改正が実現するというプロセスや、刑法典が最初に編纂の対象となったという法典編纂の経緯、お雇い外国人の存在などの点において三国は共通しているとする西田論文での指摘は、西洋法との拮抗関係から固有の法文化が生起したことを示していると言えよう。ただし少し気になったのは、西田論文では西洋との関係と同時に、日本・中国・タイ相互の関係性についても紙幅が割かれ、これら三国が互いに影響力を行使し合ったという興味深い指摘がなされている点である。評者の私見ではあるが、むしろ西田論文の意義は、西洋とアジア、継受元と継受先という典型的な拮抗構造に加え、アジアそれ自体の内部にもそれと類似した、フラクタルな構造があったことを示したところに見出されるべきかもしれない。

（3）中野論文は、明治期と戦後の日本で戦わされた二つの法典論争を、特に中間団体としての家族制度をめぐる意見対立に着目しながら論じたものである。この法典論争に関して、外国人立法者の手になる法典案が日本的倫理や慣習と対峙され、日本法の「自己画定」がなされるべく試みられたもの、と位置づけるのが編者の考えである。実際、中野論文の論考は、旧民法を巡る法典論争に関しては穂積八束の、戦後の家族法改正を巡る議論については牧野英一および穂積重遠の、それぞれの家制度論を軸とした分析を施すものであった。特に前者に関しては、穂積八束の理論が「日本旧来の国学から着想を得た」ものではなく、「その当時の最新の西洋の議論を踏まえて展開されている」（七三頁）という鋭い指摘がなされ、ここでの西洋の思想と日本的慣習との対峙が、単なる二項的な対立関係ではないことが示されている。これと比して、後二者については主として牧野と我妻榮、谷口知平、中川善之助らとの論争および最高裁尊属殺重罰違憲判決における多数意見と穂積重遠による少数意見との対立関係が扱われており、そこでは西洋と日本という対峙は明示的ではない。とはいえ、ここでも論争の対象となっているのは敗戦を機に連合国主導で制定された新憲法における「民主主義的家族生活」と、民法第七三〇条あるいは刑法第二〇〇条に示されている（いた）家制度に対する日本的感覚との整合性であり、その意味でも本論文は、編者のいう「日本法の「自己画定」の具体的実証例として適切であるとともに、それを手掛かりとした法文化論の一層の深化の可能性を示していると言えるだろう。

（4）児玉論文は、江戸期に設立された刑事施設である人足寄場が、続く時代にどのように評価されたか、またその背景に何が見出せるのかについて検討したものである。編者によれば、最終的に西洋的な起源に拠らない日本独自の近代的行刑制度であるとして称揚された人足寄場に対する評価は、「やはり西洋を標準とした再帰性の中に構造的に機制されざるを得なかった」（一四頁）とされる。確かに児玉論文では、明治前期にあっては、これに対する評価が概ね三種に分かれ、総体としてはさほどの注目を集めていなかったこと、大正期に入ると社会政策への関心の高まりから出獄人保護事業の嚆矢として人足寄場に対する研究が着目されるようになり、「人足寄場」が「法学の世界に引き込」（一〇五頁）まれるに至ったこと、さらに昭和戦前期においては、刑法学界における学派の争い、およびその中での司法官僚の新派刑法学への傾倒を背景として人足寄場の「教育刑」性あるいは「近代的自由刑」性が強調されるとともに、「日本固有法を体現する人足寄場」（一〇九頁）という新しい評価が加わったことが説得力のある論拠を伴って示されている。こうした人足寄場の「読み返し」は、時代に対する再帰的視点に基づくものであると言え、児玉論文は編者の解く通り、「それ【人足寄場＝評者註】を語る主体と時代思潮との再帰的な関係性を」「丁寧に系譜的に跡付けした」ものであると評価できよう。

（5）坂井論文は戦前期マルクス主義社会科学を代表する人物であるとされていた平野義太郎が「転向」し、戦中期に大アジア主義を唱え、大東亜共栄圏建設のための言論活動に従事するに至った過程について、その大アジア主義論の内容とともに詳述したものである。編者はこの中で、平野の、アジアの一体性の強調と同時になされている「日本の指導的地位を必然化する論理」（一四頁）に着目する。編者はこれを、日本の、自らを「東洋法と西洋法の連結府」とみなし、双方を一体化して「世界の法律思想の発達を指導し得る地位に達し得」（一四頁）るとする「自己画定」の方法のひとつと考え、そこに法の再帰を見出している。坂井論文でも、平野のこの論理は「アジアの一体性と日本の指導的地位とを、日本的家制度のアナロジーによって説明しようと試み」（一二八頁）たものであるとされ、その点において編者の観点との符合が見られる。しかしながら他方で、坂井論文には、「平野が日本を直接賛美する文言がそれほど充実していない」（一三五頁）あるいは「日本に固有の価値それ自体を探求しようとする意図は希薄である」（同）というように、平野の日本に対する「自己画定」への意識を消極的に評価している箇所が少なからず見受けられる点には留意する必要があるだろう。

（6）出口論文は、小野清一郎の「日本法理」をめぐるテクストの変遷を追ったものである。ここでは、小野が導き出した、「日本法の「道義的事理」とされる「日本法理」とは」「「自覚」により悟られてゆくものだと」（一五頁）する結論が、小野による「日本法理」論の再帰的／自己言及的な性質を示すものであるとされている。出口論文はそのタイトルから連想される範囲にとどまらず、戦前から戦後の一九七〇代にかけての「日本法理」を巡る論争史を包括する、重厚さを伴う労作であり、ここで要約的な説明を施すことは評者の能力を超えているが、前述の「自己言及的性質」との関係に限定して略述するならば、師である牧野英一に背くかたちで古典派刑法学的道義的責任論を採った小野は、その「道義」概念を「国家的道義性」へと変質させていき、それに対する思索の集大成として「日本法理の自覚的展開」を執筆するに至った。それによると、日本の西洋法継受は技術的・形式的な次元のものにとどまり、日本法学はそれを超えた精神科学の一領域として確立されねばならないとされる。そのために小野が強調するのが「自覚」であり、「日本法の中に道義的事理をさと」り、「日本法の本質を主体的に意識すること」（一五四頁）によって日本法理が見出されるとするのである。これらの説明はまさに小野の「日本法理」論が再帰的／自己言及的な性質を示していることを論証している。さらに興味深いのはその後、この「日本法理」論が、拡大し勢力を増しつつあった「大東亜法秩序」と対峙した際に生じた事象に関する記述である。小野は両者を単純に接合させることの危険性を指摘していたが、しかし彼自身が徐々に自身の理論を「大東亜法秩序」へと弛緩させていくことになったという。これらからもわかる通り、出口論文は総体として法の再帰というテーマに忠実に沿い、実証的に描き出されたものであると評価できるだろう。

（7）掉尾を飾る高橋論文は、当初から「再帰する法文化」というテーマ設定を強く意識し、「法文化」をどのようなものとして捉えるか、という法文化論の根源的かつ普遍的な問題に取り組もうとするものである。編者はこうした姿勢を、「法文化をめぐる議論自体が『法文化』の再帰過程にかかわっているはず」（一七頁）という方法的視角であるとして評価している。高橋論文はケーススタディとして、「日本人の裁判嫌い」という言説を取り上げる。そこではいわゆる法学入門書における紛争行動についての記述がどのように変遷したかが分析されている。それによると、一九五〇年代までは紛争行動における日本人の独自性等についての論及はほとんどみられない一方で、一九六四年の『現代法学入門』の刊行を契機とし、それ以降は紛争行動への言及が増えていくが、しかしそれが法文化と結びつけられ、高橋論文に言う「紛争行動—法文化論」として記述するものが一定数を占めるようになったのは一九七〇年代の半ばであったとされている。高橋論文は、その背景に、一九七八年にジョン・O・ヘイリが著した論文「裁判嫌いの神話 The Myth of the Reluctant Litigant」の影響を見る。日本人が非・訴訟的な民族であるとし、それを文化的背景に帰着せしめる説明を「神話」として排撃したはずのこのヘイリ論文が、実は日本人法学者たちに、紛争行動を法文化論的に捉えせしめる契機となった、というのが高橋論文の結論である。この着想は、法学入門書に着目するという方法論を含め極めてユニークなものであり、これを是とすればまさに日本法文化の再帰性を劇的なまでに示したものと言えるであろう。

3　概括

総体的にみて、前述した編者の試みはかなりの程度まで奏功していると評価できよう。特に近代以降の日本法に関しては、法の再帰という現象が、それの有する法文化論的意義とともに鮮やかに描き出されている。各論文の中には「法の再帰」という概念に関しさらなる深化や有用性が発揮される可能性を示したものもあり、その意味で本書においては、共同研究ではないことが信じられないほどの完成度が実現されていると言えるだろう。

しかし、他方で残念に思われる部分もあることは述べておかねばならない。評者は、法の再帰という現象は近代以降の日本にとどまらず法文化全般に普遍的に存在する特徴であると考える。その意味において、西洋・東洋を扱った第一章・第二章における「法の再帰」概念に基づく分析・検討は不満の残るものであると言わざるを得ない。限界があることは重々承知の上ではあるが、当概念に基づく論究がさらに視野を広げていける可能性を示してほしかったところではある。

もっとも、これは本書というよりも法文化学会全体に対する注文というところもあり、その意味において学会理事を拝命している評者自身に向けられた課題とも言える。本書のおかげで示された可能性に基づき、いわば続編とも言えるような研究大会企画あるいは叢書の編集を求めていきたいと考える次第である。

（藤本　幸二）

伊集院葉子著『日本古代女官の研究』（吉川弘文館、二〇一六年）

本書は、大化前代から平安時代までの女官制度の変遷と各時期の特質について論ずるもので、既発表論文八編と新稿五編をもって構成される。

序章　古代女官研究の視点／第一部　令制女官前史／第一章　臣のヲトメ／第二章　髪長媛伝承の「喚」／第三章　采女論再考／第二部　律令制下の女官／第一章　後宮職員令の構造と特質／第二章　女史と内記／第三章　令制女官考課についての一試案／第四章　女官の五位昇叙と氏／第三部　女官の変容／第一章　第宅とトジ／第二章　女官から「家夫人」へ／第三章　「キサキの女房」の出現契機／終章　律令官僚システムの探求のために

まず、本書の内容を簡単に紹介する。

序章では、中国・唐の律令制を、発展段階と社会構造が異なる日本の古代社会に導入したことによる矛盾が、官僚機構からの女性の「排除」の原則を受け入れながらも、女性も氏と王権との人格的結びつきを担った令制前の遺制を踏襲、女官を「包摂」して男官と女官がともに天皇の政務と日常生活を支えるシステムをつくりあげたことを述べる。そして「排除」と「包摂」という相対立する理念がひとつの制度のなかに存在することが、日本の律令官僚制と女官制度の特徴であると結論づける。

第一部は律令制以前の女官について畿内豪族、地方豪族、采女を題材に論ずる。第一章では『古事記』・『日本書紀』・『万葉集』の表現から、宮人（ミヤヒト）は里人（サトヒト）に対応する語として用いられ、「臣のヲトコ」・「臣のヲトメ」として男女ともに、日常的、直接的に王宮に出仕したことを明らかにした。第二章では『日本書紀』応神天皇十三年九月中条の髪長媛伝承にみえる「喚」は呼び出しに際して男女ともに使われた語であり、地方豪族の出仕要件に男女の別は問われなかったと指摘した。また、豪族女性がキサキになることがあっても、結果としてキサキになっただけのことで、キサキとして召し出されたのではないとする。第三章では采女に関する研究史を整理、従来の采女人質論・巫女論を検証し、采女の原型は、大王など王族の宮に出仕し、「近侍のトモ」としてカシワデとともに大王らの食膳に奉仕しつつ、遣使・奏宣などを担ったものであることを明らかにした。

第二部は後宮十二司と女官の役割を中心に律令女官制度について論究する。第一章では後宮職員令の規定を、キサキと乳母、後宮十二司の職掌と考叙、朝廷の儀式への参列、女性の出仕という点から検討し、それらは唐制の模倣ではなく、令制前からの男女の仕奉を基層にしていることを指摘した。第二章では、詔勅作成発給過程での内侍司と内記の関係を分析、平安時代に法の成立過程から女官が排除されるまで、男性中心主義の律令官人制のなかの法制定の過程で女官の関与が続いたことを強調する。また、女史の設置により平安時代も内侍司の宣伝機能が行政システムのなかで続いたことを明らかにした。第三章では大宝令制下の男女官人の考課について法規定と実態を分析、養老考課令の後宮十二司職事・女孺の考課に関して考察をする。第四章では男官に比べて史料数がきわめて少ない女官の五位昇叙について、神亀五年格の女官への適用の実態、女孺の五位直叙の分析、采女の五位昇叙時の特質を明らかにした。

第三部は行政機構からの「排除」によって女性が女官という公的地位を失い、「キサキの女房」が出現するまでの変化について論ずる。第一章では古代史料にみえる「室」について分析する。高位高官の妻を意味するものという従来の見解に対し、八世紀の行幸叙位記事で「室」と記載された女性は、自身の家政機関を置いた第宅に天皇を迎えた報賞として授位されたことを明らかにした。第二章では『続日本紀』から『日本三代実録』までにみる貴族の妻の地位について、八世紀には妻たちが女官としての功績によって地位を得たのに対し、九世紀以降は官人機構のなかでの活躍ではなく、夫や后妃となった娘の恩恵によって授位されるようになったと言う。第三章では、幼帝清和天皇の生母藤原明子に仕えた上毛野滋子の軌跡から、明子が皇太后という后位にのぼったことによって、滋子が典侍という公的存在に転身したことを特筆する。そして、官僚機構におけるジェンダーは九世紀に転換期を迎えると位置づけた。終章では、女性を排除しながら包摂する、あるいは包摂せざるをえないにもかかわらず排除するという矛盾が、律令女官制度の理解に困難をもたらしてきたことを指摘し、女官制度の難解さを説く。

古代史研究に限ったことではないが、専門分化が著しい昨今、通史的な論述は少なくなってきているなかで、令制前から平安時代までの女官を論ずる本書の刊行は、そのような風潮に一石を投ずるものとして評価できる。著者は、古代女官研究を日本の律令国家形成過程、とりわけ官僚制成立に至る経緯の解明に資するものと意義づける。律令国家形成過程の研究は、発掘調査および出土文字資料の解読から深化の著しいところである。そこに女官制度研究を組み込むことで、いっそう進展することが期待される。以下、本書刊行の意義と今後の課題について述べたい。

なお、宮中に仕える女性の呼称は時期によって異なるが、本稿の叙述では「女官」に統一し、必要に応じて個々の呼称を記したい。

一 「排除」と「包摂」について

律令女官制度は律令官僚制から「排除」されるものでありながら「包摂」されたという矛盾について指摘し、律令制導入の七世紀から、その変容が顕著になる九、十世紀までをこの二つの原理で説明した本書の趣旨はわかりやすく、説得力がある。本書を評価した上で、若干の疑義を呈したい。

まず、官僚制機構について。大宝令の出身規定、二官八省にポストがないこと、官位相当制が令に規定されないことが、なぜ「排除」なのか。九世紀以降の変化の理由を、律令制による「排除」の原理で説明できるのか。九世紀初頭になると、たとえば蔵人所の設置などの官僚制機構そのものに変化がみられるが、女官の位置づけの変容とは関係ないのか。本書での説明は十分ではないように思う。

本書では、ヤマト王権下で公的地位をもっていた女官の律令制下での変化を、「排除」したが「包摂」せざるをえなかったと説明する。しかし、律令制下では、そもそも女という性をもつ存在を必要としていたことをどのように理解すればよいのだろうか。女官に関する研究書である本書では取り上げないが、律令官司機構には女性技術者が配置される。その一例として、医療技術者についてみてみたい。医疾令に医療関係の職員の任用や医学生の教育に関する規定がある。宮廷女性の助産と医療に携わる医療技術者としての女医は女医条に規定される。女医は官戸の婢のなかの十五歳以上二十五歳以下で、性質が良く優秀な者、三十人をとって養成された。

天皇や東宮の医療の担当は中務省内薬司に侍医の定員が定められ、医師や医療技術者については典薬寮に定員が定められる。女医は男性医師とは多くの点で異なる。賤民である官戸のなかから選ばれること、男性医師の管轄・養成には典薬寮が当たるのに対し、女医は内薬司の下に置かれたこと、教育内容・方法も医生と異なり医学書の講読はせず口述教授の形をとったことのほか、女医を統括する女医博士が設置される養老六年までは典薬寮の医博士の管轄下にあったが、女医博士も医博士も男官であり、女医から女医博士になることは不可能であった。男性医学生は医生とよばれ、定員は四十名である。医生がすべての試験に合格すれば従八位下の位が与えられる。男性医師の任用、待遇、昇進は律令官人制のシステムに組み込まれていたのに対し、女医は医療技術者としての位置づけにとどまる。

律令国家が女医を必要としていたことは事実である。医師の男女の違いは「排除」として説明できるが、その理由は何なのか。「排除」・「包摂」の概念で女官制度だけではなく、律令官司機構全体を説明することができるのか、興味深いところである。

また、本書第一部では女性が男性に劣らない活躍をしたことを示す。その論証は鮮やかで手際よいが、政治の場で男女が平等に位置づけられていたのか、疑問に思う。著者が言う「包摂」のキーワードのひとつが男女共労である。令制前の采女は男官カシワデと同様、王に奉仕したことを強調する。しかし、ヤマト王権下の王への仕奉では性別役割分担が前提となっていたのではないだろうか。

次に、女官制度形成過程について。律令官僚制は女性を「排除」するものであるが、ヤマト王権下の男女の仕奉を組み込む形で構築されたことから、女性を「包摂」せざるをえなかったとすれば、女官制度形成過程で、どのような形で「排除」が規定され、「包摂」が規定されたのかという点を明瞭にしなければならない。その時期は改新の詔から大宝令までのプロセスのなかに求められる。第一部でおもな素材とする采女に関してみてみよう。

改新の詔の采女貢進規定は、後宮職員令氏女采女条による修文がみられるものの、大宝令制と異なるものであることは明らかである。しかし、改新の詔が出されたころの采女の実態は律令的性質を帯びるものではなかったと考えられる。天智朝の采女・伊賀采女宅子娘の出仕の時期は不明であるが、彼女は大友皇子を産んでおり、ヤマト王権下での王との関係がみられる。

天武朝になると女官の出仕、勤務等に関する規定が整えられる。著者も天武天皇二年五月乙酉詔の意義を重視する。天武天皇二年詔「夫初出身者、先令レ仕二大舎人一。然後選二簡其才能一、以充二当職一。又婦女者、無レ問二有レ夫無レ夫及長幼一、欲二進仕一者聴矣。其考選准二官人之例一」は、女性の出仕を認め、考課選別は官人の例に従えという。これは一見、男官と女官が同じ扱いを受けるような印象を受けるが、この詔は、出仕後、大舎人として官人のスタートラインに立つ男性官人について定め、次に「婦女」について定めるというステップを踏んでいる。女官制度形成過程において天武朝はひとつの画期と考えられるが、官人制に関する出土文字資料には天武朝以前のものもある。女官制度形成と律令官僚制形成のプロセスはどのようにかかわるのか、研究の深化が期待される。

さて、女帝について。本書での論究の対象は女官制度であるから女帝に触れないのは至極妥当であるが、「排除」の原理は王に対しては働かなかったのか。継嗣令皇兄弟子条は女帝の即位と女帝の子の即位を規定するが、なぜ女帝が認められたのかという素朴な疑問がわいてくる。古代女帝は称徳天皇で終わる。九世紀にはなぜ女帝が即位しなかったのか。時期的には官僚制が女性への「排除」を強めた時期と重なる。単なる偶然なのかどうか気になるところである。

二　古代官僚制研究と女性史研究について

女官を「排除」した官僚制原理が律令制導入によるものであるとすれば、令制前は男女が同じ位置づけであったのか、今一度、吟味してみたい。

律令官人とは四等官のほか品官にある者をいうが、彼らは位階を帯びていることを特性とし、考課・成選の結果によって位階が授与され、新たな官職に任命されることになっていた。ただ、皇親や有位者の子孫が多く、官人層の再生産が行われていたのが実情であった。官位相当制は適用されないが、考課を受け昇叙される女官は、官僚として認識されなかったのか。著者はキャリア型・実務型女官の台頭を九世紀とするが、八世紀、伊勢国飯高郡出身の采女から典侍従三位までのぼった飯高宿禰諸高は、元正・聖武・孝謙（称徳）・光仁の四代の天皇に仕え過ちがひとつもなく、八十歳で薨去したことが伝えられる。尚侍にこそなっていないが、『続日本紀』宝亀八年五月戊寅条の薨伝に彼女の官僚としての評価を読み取ることができる。著者は第二部で、女司である内侍司が男官である内記を監理していた点、女官の授位は男官同様に厳密に行われていた点を強調するが、このことは、とりもなおさず、男官とは異なるシステムであるが、律令官僚制は女官が存在することで成り立っていたことを示す。

官僚制の端緒をヤマト王権下に求めるとすれば、それは何なのか。著者は男女の仕奉に着目するが、仕奉という形は同じであっても、その内容は男と女では異なる場合が多かったのではないかと考えられる。舒明天皇即位前紀から、推古天皇の病床に采女が仕え、女王らとともに天皇の詔を聞いたこと、詔を伝達する使人としての役割を担ったことが知られる。病床の推古天皇が山背大兄王と田村皇子に遺詔を授けたとき、証人になったのは女王や采女であった。推古が女帝であったことから、近侍するものとして女の性が選ばれたのではないだろうか。場面に配慮した男女の役割分担の事例と考える。

当時、性差による役割は自然発生的になされていたのではないだろうか。律令制下では生物学的性差に配慮した規定がみられる。たとえば、戸令七出条で「棄妻」の理由として「無子」を適用する年齢、鰥寡条で配偶者を亡くした人で保護の対象となる年齢は、女性五十歳、男性六十歳と十歳の差がある。戸令七出条集解所引古記では「無子」を「妻年五十以上」とする。平安時代の明法家説のひとつである穴記（同条集解所引）でも「无子。謂妻年五十以上无レ子也。夫年限不レ見二令条一。縦六十以上一。更取二継妻一耳。（下略）」という。

男官の場合であるが、身体の条件も配慮されたようだ。軍防令兵衛考満条には六十歳で兵衛の任を解くことを規定するが、六十歳未満であっても身体が弱く宿直に堪えられない者は放出するよう定めている。選叙令官人致仕条では官人の退任の日安として七十歳が示されるが、兵衛のように武官的職務で宮内の宿直も通常の勤務に組み込まれるというような場合には六十歳という年齢が示される。律令制下では性差だけではなく、個々人の身体的多様性に配慮することで、官僚制機構の効率的運用をはかっていたものと思われる。

男女平等社会は近代以降の産物であり、古代日本社会の性差による職務分担の現実を、「排除」・「包摂」という二つの概念だけで説明できるのか、少しばかり疑義を抱く。著者が古代女官研究にジェンダーの視座を取り込んだことは大きな成果である。古代官僚制研究としての女官研究が従来型官僚制研究をどのように見直し、どの部分を切り崩すのかということを明瞭にすることで、このような評者の感想は杞憂に終わると思う。

本書は制度に緻密な検討を加えながら、ヤマト王権下から平安時代までの長期間にわたって、国家の枠組みのなかで生きる女官の姿を描き出している。古代官僚制研究と女性史研究を総括し、発展させる試みは著者の独壇場である。そして現代の立場で過去を解釈しようとするとき、「排除」・「包摂」の原理はさまざまな可能性を示唆する。本書が多くの研究者に読まれることを望んでやまない。

（秋田大学名誉教授　渡部　育子）

近藤成一著『鎌倉時代政治構造の研究』（校倉書房、二〇一六年）

総論　鎌倉時代の政治構造と社会

第一部　鎌倉時代の裁許と安堵（第一　文書様式にみる鎌倉幕府権力の転回／第二　本領安堵と当知行地安堵／第三　鎌倉幕府裁許状の事書について／第四　裁判のしくみと相論／第五　鎌倉幕府裁許状の日付／補遺／第六　安堵状の形態と機能）

第二部　鎌倉時代の公家政権と公武関係（第七　中世王権の構造／第八　鎌倉幕府の成立と天皇／第九　内裏と院御所／第十　悪党召し捕りの構造／第十一　両統迭立期の院宣と綸旨／第十二　西大寺文書にみえる院宣と綸旨）

第三部　鎌倉時代の社会と領主制（第十三　中世財産相続

法の成立／第十四　禰寝文書の伝来について／第十五「イエ社会」を超えて）
第四部　補論（第十六　鎌倉幕府と公家政権／第十七　中世前期の政治秩序）

三十年以上にわたる著者の研究の、現時点での集大成として、十七篇の論文と「補遺」一篇を四部に分かって配列し、巻頭に「総論」を置く。鎌倉幕府裁許状の「甲乙相論」型事書の定型化について論じた第三論文や、日付と作成手続についての知見を整理した第五論文、「悪党召し捕りの構造」を定式化して示した第十論文など、後続の研究に素材を提供した「実証」的な業績も重要だが、本書の基調をなすのは、書名に掲げる鎌倉時代の「政治構造」に、一本筋の通った解釈を示そうとする意図である。学界における著者の立ち位置や、いわゆる「講座もの」など概説的な叙述が多いことも相俟って、その解釈の筋の通しかたに、学界状況が色濃く反映されている。そこで以下では、個々の論文ではなく本書全体を通して浮かび上がる幾つかの論点に、触れておくことにしたい。

本書の中心的な主題のひとつは、安堵の作用の理解にある。所領知行の存立には安堵が関与することがあるが、問題はその関与のしかたであり、著者は繰り返し「安堵は知行の正当／不当に関与しない」という。安堵を「主従制的」な因子とし、裁許によって認められる「正当／不当」の因子との間に分割線を引くわけだが、では安堵の効果はどのような測度に関わるのか。著者がここに「戦争状態／平和状態」という区分を導入して安堵の効果を論じようとする発想は（用語の適否は措き）それなりに示唆的である。著者は「主人が従者の所領を安堵するのは、従者が主人に対して忠誠を尽くすからであり、従者の知行が正当であるか不当であるかによらない。たとえ従者の知行が不当なものであり、ほかに正当な知行権を主張する者がいたとしても、自分に忠誠を尽くしている従者に対して所領を安堵するのが主人の義務である」（一七頁）とする。主従間の忠誠と保護の関係を「知行の正当性」の問題から峻別し、敵方を問答無用で斥け従者の権益を保護することを「義務」として負う主人は、「知行の正当性」判断に関与する適格性を欠く、とするのである。

しかし、そもそも所領知行の存立は、主人に対する忠誠や罪科から切断されない。本所のもとで存立する「職」知行一般と、構造的には同じことである。知行は本所（主人）と預（従者）の間に設定される関係に拠って存立する地位であって、本所（主人）に対する忠誠（敵対・罪科）が存立の根拠と切り離されないことが、知行の構造的な特徴ではないか。安堵の効果を「傍輩から攻撃されない」ことに求める山本博也氏の理解（「頼朝の本領安堵」石井進編『都と鄙の中世史』吉川弘文館二〇〇〇）を参照すれば、安堵は「御方／敵方」間だけではなく「御方」内部の競合関係にも関わり、そこでは主人を中心とした輻射状の関係構造に沿って知行の存立が語られる、ということになる。

そうした関係に即して存立する知行について、その関係の内外を斉しく規律し正当／不当を論じる「所有権」的な仕組みが存在することは当然ではない。存在しないからこそ、関係性に依存した保障が需要される。しかしそれは外部に対して同じような効果を持つわけではない。関係性に沿った安堵は、外部の他者を捉えない。知行は他者一般に対する「正当性」に拠って存立するのではない（「理非は安堵に依らず」との法諺は、こうした局面に関わる）。而して問題になるのはこの関係的な「法」の射程と抵触関係である。人々を斉しく捉える稠密な「法」の不在と様々な関係的な「法」の錯在。著者のいう「戦争状態」を翻訳すれば、ひとまずはそういうことになるのではないか。つまりは、学界で「法の分立」と呼ばれてきた事態に他ならない。

本書でもしばしば比較対象として意識されているヨーロッパ（ドイツ）の「封建」関係も、稠密な「所有権」秩序の不在を補償すべく需要され、保障と奉仕の双務的関係として成立したわけで、そこに構造的類似を見ることはできる。Gewere は関係の外部に対しては「正当な権利」としての説得力を持たず、他の Gewere と抵触する可能性を帯び、そうした関係性の抵触を解決する仕掛けがいかに構想されるか、というところに、ドイツ法史の重要な局面が見出だされる。さて日本では、主従関係から切断された「所有権」的な秩序がいかにして析出されるのか、それともされないのか。彼我の比較を試みるとすればその勘所はここにある（新田一郎「書評・石井紫郎『日本人の法生活』」『法制史研究』六四号二〇一四）。この点について著者は、佐藤進一氏の「将軍権力の二元論」を参照して二つの領域の峻別を図る。「主従制的支配」を司る主人は「統治権的支配」の担い手たりえない。なぜなら、主人は「従者に対する保護義務」に拘束されているから、というわけだ。

著者はまた、鎌倉幕府の将軍と執権との間に重要な分割線を引く。「主従制」の焦点たる将軍と、将軍の家宰たる執権との間の分割線は、著者独自の発想ではないが、「従者に対する保護義務」を理由に将軍を「統治権」行使から排斥する第一論文の主張は、単なる権限分掌の問題を超えて強い。翻って執権と御家人の間の関係は（直接の主従関係に拠らないゆえに）「統治権的」とされている。「鎌倉殿」の名において「裁許」を下す権能が、鎌倉殿（将軍）自身によっては行使され得ず、その名代として家政を司る執権によって、鎌倉殿と御家人とを結ぶ関係とは別の構造に拠って行使される、という構図は難解であり、では執権の「統治権」はどのような構造に拠って作動するのか、その構造に、「将軍家の家宰」という地位を媒介としてどのように接続されるのか、という厄介な問いを導こう。

そもそもここで用いられている「保護義務」も曲者であって、中世ヨーロッパで主人のこの種の「義務」がやがて「法」的に成型されることになる（とされる）ことからの類推のようだが、日本では従者の保護は主人の「義務」なのか、どのようなメカニズムによってサンクションされたのか、など判然としない。このことは、主人を裁許から排除するメカニズムの不明とも関わって、立論の説得力を殺いでいる。主人と従者との間には、確かに「双務的関係」が存在するだろう。しかし「主従の関係」を論じた石井進氏の最後の「捨て台詞」が示唆するように、それが主人の側の「義務」を伴う「双務契約」として成型されているとは限らない（石井紫郎「書評・石井進「主従の関係」」『法制史研究』三四号一九八四、参照）。まして、主人の判断を拘束して不利益処分を排斥する作用を想定するのは、かなりの力技である。むしろごく単純に、主人による処分という片務的作用構造の内部で、いわば裁量的に、「戦争状態」では「御方>敵方」という配慮が前面に出るが「平和状態」においては従者以外との関係が考慮される、としたほうがよほどわかりやすい。

実際、鎌倉初期の戦乱の終息後、主従関係に沿った御家人規律が武家に求められ、権門間交渉のモデルに沿った調整がしばしば図られたわけで、それは荘官に対する規律や処分が本所に求められるのと相同である。主人に期待される保護と規律は、非対称的な関係に沿った処分の作用の両面なのであって、様々な処分の間の緊張関係を整序するメカニズムが安定した系をなしておらず、「正当／不当」を具体的な関係性の文脈から切り出して客観的に問うことができないから、例えば所領知行をめぐってはそれを直接に争うのではなく、関係的な処分を求めた訴願が提起されるのであり、「主人の処分」をめぐって争われる相論において訴論人の地位は非対称である（新田一郎「日本人の法意識」『岩波講座日本思想6 秩序と規範』岩波書店二〇一三）。「甲与乙相論」型裁許状の定型化の背景には、武家による処分に対する需要のあり方の変化が想定されるだろうが、当時の訴訟において論人の有無が本質的な差異ではないことは著者も指摘するところであって、肝心なのは、武家の処分が広く需要され射程を拡げていった点である。射程の拡大によって、安堵は恰も「統治権的」に作動するかのような相貌を呈する。開創期室町幕府に取材した佐藤氏の本家「二元論」において、安堵が裁許とともに「統治権」を担う足利直義の権限として配当されたことは、その帰結であろう。

畢竟、中世における安堵と裁許とは、本質的には連続した構造の上で捉えるのが妥当なのではなかろうか。この二者を峻別対置することは、本書を貫く著者の主張の軸だが、それは、「理非は安堵に依らず」との法諺と「主人の保護義務」とを「権力の二元論」のもとに結託させた、思惟の産物なのではあるまいか。本書には、「私法」的な権利関係を「公法」的な構造から切り出して扱おうとする強い傾性も感じられるが、そのあたりには、「知行論争」の含意がまだ消化されていない学界状況が窺われるようにも思われる。

「権力の二元論」は、第二部では公家政権における院と天皇の関係について応用されており、そこには、「家」という構造の理解に関わって重要な問題が伏在している。

「家」についての著者の見解は、第十五論文において、村上泰亮氏らの「イエ社会論」に対する批判という間接的な形で示されている。著者の「イエ社会」論批判は、個々の論点についてはそれなりに説得的である。村上氏らの掲げる「集団競争史観」の発想そのものには、生態学的構造への着目と相俟って魅力的なものがあるが、「イエ社会論」は、基礎となるべき理解に問題があることが指摘され、そのままでは維持し難い。問題の根本は、村上氏らが「イエ」の祖型を武士社会の自生的な親族構造に求めてそこに「イエの自立性」の基礎を置いたことに起因する。これは一時流行した「イエ支配の自立性」論を不用意に流用した結果である（「家」と「イエ支配」の差異、とりわけ石井進氏による周到な使い分けについては石井紫郎「「イエ」と「家」」石井『日本人の法生活』東大出版会二〇一二、参照）。近年は、「家」の祖型を公家社会における地位の維持継承の仕組みに求めるのが有力であり、「武士」の「家」はそうした形式を借りて、武家のもとで措定される地位を継承する仕組みとして成型された、と理解される。「家」は自生的な親族構造ではなく、主君との関係に沿って「公法的」に措定される地位を触媒として成立したのである。

地位をパッケージ化して継承する仕組みとしての「家」、という理解と関わって、追善仏事という仕掛けに着目して「皇位とは別のものを伝えてゆく皇統」を析出した第八論文は、重要な点を衝いている。追善の役割と所領とをパッケージ化してリニアに継承する「家」としての皇統の形成は、鎌倉後期から南北朝期にかけての皇位継承問題を条件づけることになる。複数の皇統がそれぞれの継承対象をもって並立した上で皇位継承を争うというこの局面は、リニアな家系の存続が目的化し、その裏づけとなる地位役割が求められ争われるという、「家」という構造の、或いは「相続」という現象の特質の一面を示す、重要なモデルを提示している。

このことは、院政という政務の形態が発生した事情と関わる。著者は、「天皇が所領の安堵や所領知行の是非をめぐる相論の裁許など主従制に関わる権能を行使するのを不適当とし、これらの権能を行使する主体として上皇の権力が確立する」（一九一頁）という。「天皇が主従制に関わる権能を行使するのを不適当とする」ことや「天皇は安堵の主体にならない」ことが本書において積極的に論証されているようには評者には読めなかったが、そうした「二元論」的な構図を前提とするならば、院政は、先行して存在した「統治権」によっては充足されない新しい必要に応じて生み出された、それは、人々を斉しく「公平無私」に捉えるべき「公権力」の規矩を外れて、皇統の「家長」としての院のもとに私的な関係に沿って作動する「私権力」ということになるわけである。

実際に著者は「律令国家がすでに統治権行使のための体系的な機構であった」（三四頁）という。古代から中世へ、単純な「古代国家権力の衰退」を見るかどうかは措き、本書の構図からは、「統治権」的な構造の存在は中世にとって所与の条件であり、中世に展開された「主従制的支配」の層の下には「統治権」の構造が下地のように敷設され、「私権力」たる「主従制」と対抗的な「公権力」の作用に基盤を与えるポテンシャルを保っていた、かのような印象を受ける。だがそこにこそ、中世の「法」史「政治」史の陥穽がある。

本書の表題に「鎌倉時代政治構造」と掲げる、鎌倉時代の「政治」とは、そもそも何を目指したのだろうか。「国家」が「人民支配」を意図したものであることは、しばしば恰も自明であるかのように語られる。本書の立論には、「統治権」に国制構造の根本的な問題を封入することによって、知行や相続を「私法的」に説明しようとする、強い傾性が観察されるようにも思われる。しかし、経世の目的やその作用の射程をめぐる近代国家モデルの濫用に対しては、かつて石井進氏が強い警鐘を鳴らしたところで(『石井進著作集6中世社会論の地平』岩波書店二〇〇五参照)、「人民支配」を目論む「国家」の「統治権」的基盤構造の自明性をこそ、まず疑うべきではないか。

石井氏の示唆を踏まえて、本書とは異なる構図を描くことも可能である。律令制は朝廷を経営する仕組みであり、世界を稠密には覆わないが、その作用は非対称的な取引を介して周辺世界に及び、世界に求心的な構造を与える。この構造は、民間の関係を成型し整序するリソースとして二次的に利用されることがあり、そうした需要に(しばしば選択的に)応える(並行して、空隙を充足する「私的」な関係性が補償的に求められる)ことによって、国土を覆い人々を斉しく捉える稠密な構造の生成が萌す。「国家」は次第にその質を変え、やがて近世の「管理と支配の法」の完成へと帰結することになる。

そこには、「古代」を資源として利用しながら質的に異なる「近世」の形成へと至る過程としての「中世」が見出される。「日本に中世はなかった」とする石田一良氏の主張に「半分くらい同意」する石井進氏の含みのある発言(『石井進著作集6中世社会論の地平』の、評者による「解説」を参照)は、「なかった」モデルとしての「中世」の「形成」を語った石母田正『中世的世界の形成』の逆説と響き合い、「古代」の姿を変えた再生・完成としての「近世」、という可能性を示すことによって、「日本中世史」の根本的な再構築を迫っていたではないか。かつて著者の後輩として同じ石井門下に学んだ評者としては、石井氏の示唆の受け取り方について、著者との間に小さからぬ距離を覚えるところではある。

(新田　一郎)

木村英一著『鎌倉時代公武関係と六波羅探題』(清文堂出版、二〇一六年)

一、はじめに

著者は、鎌倉幕府の京都出先機関である六波羅探題の役割を中心に、鎌倉時代の公武関係（鎌倉幕府と公家政権の関係）を論じてきた中堅の中世史家である。本書は、著者が二〇〇四年一二月に大阪大学大学院に提出した博士論文に、その後執筆した論文を加えて再構成したものである。本書の目次は以下の通りである（括弧内は初出）。

序章「研究の現状と本書の課題」（新稿）
第一章「六波羅探題の成立と公家政権」（二〇〇二年）
第二章「京都大番役の勤仕先について」（二〇〇二年）
補論「王権・内裏と大番」（二〇〇六年）
第三章「新日吉社小五月会と院・鎌倉幕府」（二〇一一年）
第四章「鎌倉時代の寺社紛争と六波羅探題」（二〇〇八年）
第五章「鎌倉後期の悪党検断方式に関する覚書」（新稿）
第六章「勅命施行にみる鎌倉後期の六波羅探題」（一九九九年）
付論「鎌倉後期多武峯小考」（二〇〇八年）
終章（新稿）

二、本書の概要

まず本書の内容を紹介する。序章では、（特に一九八〇年代以降の）鎌倉時代公武関係史研究の現状と課題を整理する。今後の課題として、公家政権研究の進展を踏まえて、鎌倉幕府の側から公武関係を位置づける必要があること、その際に公権移譲論・権限吸収論を批判・相対化する視点を活かして、「公武両権力」が政治的・社会的課題にいかに対応したのかを六波羅探題の役割を中心にして論じる必要性を提起する。つづいて、本書の核となる六波羅探題の研究史を整理し、政治過程・公武関係史の中に制度史を位置づける必要性、院政期～鎌倉後期の時間軸の中に六波羅探題を位置づける必要性を述べる。

第一章では、平安時代より武士がその役割を担ってきた王（王権）と都の警固について論じる。院政期には京都の警固を主導したのは院であり、京武者といわれる軍事貴族・武士が担い手となった。保元・平時の乱を経て、軍事貴族の淘汰が進み、平氏に集約された。平氏滅亡、鎌倉幕府成立後は、幕府の京都守護が置かれたものの、院政期以来のあり方が踏襲され、後鳥羽院の主導の下で、在京御家人や西国守護が動員された。承久の乱後は、院の私的武力が解体され、公家政権は京の治安維持を六波羅探題に依存せざるを得なくなる。一方、六波羅探題は承久の乱後の占領軍がそのまま駐留したに過ぎず、洛中の日常的な警察・治安維持に対しては消極的になりがちであった。公武上層部間での政治的交渉を経て、六波羅探題が洛中警固の中核を担うという体制は、一二三〇・四〇年代に形成されていく。しかし、六波羅探題は、公家政権や幕府、そして警固に動員される在京人（在京御家人）の板挟みにあい、警固責任者として寺社勢力からの反発・糾弾を一手に引き受けることになった。

第二章では、鎌倉幕府の御家人が担った大番役の勤仕先を分析する。大番役の勤仕先は元来天皇の内裏のみであったが、承久の乱後、京都大番役の制度が整備され、院御所をも対象に含むようになった。こうして、本来国家的守護の枠組みから相対的に自由であった院が幕府の保護下に置かれ、幕府は中世王権（院・天皇）の存立にとって不可欠の存在となった。

補論では、天皇・内裏（閑院）と大番との関係について論じる。源頼朝は、後白河院・平氏段階の大番のあり方をほぼそのまま継承した。

第三章では、新日吉社小五月会という公家政権側の行事について、公武関係の政治史上での位置づけを試みる。王家の家長である院が主催する行事であったが、承久の乱後の後堀河・後嵯峨両上皇は政権基盤が脆弱であったため、御家人の流鏑馬役を幕府に要請し、幕府との協調を演出しようとした。だが、王家が分裂した両統迭立期には儀礼運営に支障が生じるようになり、嘉元三年（一三〇五）の嘉元の乱と亀山院の死を契機に開催されなくなった。

第四章では、承久の乱後の六波羅探題が寺社紛争において果たした役割を分析する。鎌倉幕府が関与する度合いはまだ低く、探題首班北条重時が公家政権と連携しつつ紛争処理にあたっていた。重時の鎌倉下向（連署に就任）後も、探題のポストは建治年間まで重時の子孫（重時流、極楽寺流）にほぼ占められ、探題は首班個人の政治的力量とその被官によって運営されていた。だが、建治年間以降、探題首班の地位は北条氏の昇進上の一ポストとなり、探題府は制度的に整備され、評定衆・奉行人・在京人によって構成される機関に変貌した。

第五章では、研究史上「悪党召し捕りの構造」とされる方式について再検討を加える。第一に、その成立時期について、先行研究では幕府法の制定が重視されていたのに対して、著者は荘園内の抵抗勢力（悪党）追捕を求めて公家政権・六波羅探題に働きかける荘園領主（東寺・東大寺）の訴訟運動に注目し、個々の悪党事件における公武両権力による個別の対応の積み重ね・既成事実化によって方式が定まっていく過程を重視する。第二に、公家政権の裁判の過程で、命令違反（違勅狼藉）が発生した場合、六波羅探題が院宣（綸旨）を受理して悪党検断に動くことを、公家政権から六波羅探題への案件の「移管」として論じてきた先行研究に対して、公家政権と六波羅探題は一体となっており、「移管」という表現は不適切であると指摘する。

第六章は、鎌倉後期の畿内近国の訴訟案件に関して、院または天皇が発した指令を六波羅探題が施行する方式について、実体的な側面から検討する。公家政権は六波羅探題に指令を発するのみでその実行には一切携わらず、実際の紛争処理は六波羅探題が一手に引き受け、諸階層の不満や反発を一身に引き受けた。このことが討幕勢力を生む背景となった。

付論では、『勘仲記』裏文書所収の多武峯九品院相論関係史料を分析し、相論の内容を復元するとともに、鎌倉後期の多武峯の組織や摂関家・興福寺との関係を検討する。

終章では、各論文の内容をまとめるとともに、六波羅探題の展開過程を整理する。本書の課題として、在京人のあり方、六波羅探題滅亡論、室町幕府との連関性などを挙げる。

三、制度史と政治史

本書の特色の一つは、制度史を中心としがちな近年の傾向に対して、政治史的な分析を提唱する点にある。それによって「公家政権との関わり合いの中で、鎌倉幕府の国家的職能である検断を京・畿内西国で遂行するとともに、その機能を次第に多様化・拡大させていった」（三一三頁）六波羅探題の展開過程を描きあげた。その際、第一章・第二章にみえるように、「王と都の安全の確保」を任務とする武家という観点を軸にして、院政期から鎌倉末期までの長期的なスパンのもとに六波羅探題を位置づけたのも大きな成果である。朝廷・公家政権とならんで幕府・武家政権（権力）が成立した中世という時代において、公武関係が中世国家論の中心テーマの一つとなることを考えれば、本書が六波羅探題研究のみならず中世前期の国家論において今後も参照されるべき重要な研究であることは疑いない。

ところが、「筆者は現在、権門体制論を含めて中世国家について全面的に論じる準備は持ち合わせておらず、本格的な考察は今後の課題としたい」（三一一頁）として、著者自身は中世国家論には禁欲的な姿勢をみせる。ただし、黒田俊雄氏の権門体制論と佐藤進一氏の東国国家論という二つの学説のうち、本書全体の論調が、前者の権門体制論にあることは明らかであろう。[1]権門体制論では、鎌倉幕府は公家政権とならぶ国家的存在ではなく、王朝のもとで国家的な軍事・警察機能を担う武家権門として規定されるためだろうか、本書では鎌倉幕府は武家政権ではなく、「武家権力」と呼称される。そのような前提に立つがゆえに、六波羅探題の歴史的役割について、「権門体制的秩序を維持・再生産する存在」（三一三頁）という権門体制論的評価が重視されている。そのために、制度史ではなく政治史を提唱し、個々の政治過程について豊富な事象を拾いだす反面、そのような検討を通じて、新たな制度・構造が生まれる過程を描こうとする構えになっていないという印象を受けた。

六波羅探題をはじめとする鎌倉幕府に関する制度史的な研究は、佐藤進一著『鎌倉幕府訴訟制度の研究』（畝傍書房、一九四三年）に始まる。佐藤氏の研究の特色は、制度史的変化から政治史上の変化を論じようとした点にあった。それによって、従来の物語的な政治史とは一線を画し、政治史の構造的把握が可能となった。この手法は現在に至るまで中世史研究の主流となった。また、政治史上の変化、とりわけ内乱状況において、制度や秩序の変化を論じようという研究上の視角も登場した。[2]もとより、既存の制度や構造それ自体が、政治過程に作用を及ぼす側面もあろう。重要なのは、制度・構造と政治過程の相互作用である。これは、歴史における個人の役割という問いにつながるものでもあろう。

このような研究史を踏まえると、承久の乱に勝利した幕府の京都占領軍から出発した六波羅探題についても、「王と都の安全の確保」ということにとどまらない側面を探り、そこから国家論や公武関係論について新たな像を描くことができたのではなかろうか。そうするのではなく、権門体制的秩序の維持・再生産としてのみ六波羅探題を捉えるのであれば、重要なのは京と鎌倉の公武首脳間の政治交渉であるとなる。そうなると、六波羅探題の主体性、ひいては公武関係における研究の意義自体が弱まってしまう恐れはなかろうか。

もちろん本書の各所には、新たな公武関係史を感じさせる優れた分析がある。たとえば、第三章では新日吉社小五月会について、承久の乱後、権力基盤の弱い院が幕府の権威を頼り、両統迭立期に衰退した経緯を明らかにする。研究史上、承久の乱後の院政が、それ以前の院個人の権威に依拠したあり方から、「制度的な院政」になるという図式が通説化しているが[3]、第三章はその図式に収まらない視点を個別の政治過程から提示する仕事だと思われた。

また、第四章では、六波羅探題北条重時の役割について、公家政権との関係のみならず、執権・得宗家の不安定さを背景とした北条泰時・時頼との協調関係を重視する。いわゆる東国国家論では、鎌倉幕府の政策・制度史について幕府（関東）固有の論理で考える傾向があり、東国国家論を発展させた「二つの王権論」でも、京と鎌倉をそれぞれ独自のファクターとして捉える傾向がある。だが、やはり近年の研究で明らかにされているように、北条氏もまたその内部に多様な勢力を含む集団であった。京・鎌倉がそれぞれ一枚岩ではなく、分裂の契機をはらみながら、それぞれに結びついていた。

そのような本書の議論を踏まえれば、重時流の六波羅探題首班個人の力量によって運営されていた体制が変更された建治三年の改革についても、より掘り下げた考察が必要であったように感じられる[4]。著者はモンゴル襲来による畿内・西国支配体制強化という背景を指摘するが、北条氏内部の諸流をはじめとする鎌倉幕府内部の事情、重時流と協調関係にあった後嵯峨院の死[5]とそれを契機とした両統迭立の開始など、多様な側面から検討される必要がある。それによって新たな公武関係史を描くことが可能になるのではなかろうか。

権門体制論とも東国国家論とも異なる新たな中世国家論、それを政治史・政治過程論から再構築することは、本書の著者にこそ可能だと思われた。今後の著者の活躍が期待される。

四、政治における「責任」

さらに本書を読んで興味深く思われたのは、政治における「責任」という視点であった。

鎌倉後期には幕府が寺社紛争鎮圧の実質を担う一方、依然として院宣（綸旨）に従うという形式であった。そのため、紛争鎮圧の責任者が幕府と公家政権に分裂し、双方で責任を回避する事態が生まれ、寺社側もそれにつけ込んだこと、結局鎌倉幕府・公家政権双方の意向を受けて現場で動いていた六波羅探題がその責任を負わされる構造があったことが指摘される（一八五頁など）。そして、寺社勢力・在京人の不満が（公家政権ではなく）六波羅探題に向かったことが、元弘三年の探題滅亡の条件となったと論じる。

強訴をはじめとする寺社訴訟への対応は、院政期以来の公家政権の課題であり、その対応のために院権力は武士を登用した。そして、現場で対応にあたった武士が責任をとらされて配流されるという事態も院政期から頻発していた。対応を誤れば、寺社および武士の双方から不満を招く問題である。反平氏勢力蜂起の契機が寺社勢力との対立にあることを考えれば、在京の武家権力にとって、寺社勢力への対応が重要な政治課題であったことが思い起こされる。鎌倉後期の京・畿内における寺社紛争解決の構造から六波羅探題への不満の高まり、そして六波羅探題の滅亡を説明しようとする本書の試みは、新たな説明の仕方であるが、院政期以来の寺社問題を念頭におけば、一定の説得力をもつ議論のように思われた。

著者が繰り返し批判するように、鎌倉幕府が積極的に王朝の権限を奪取・吸収しようとしたとは思われない。だが、かといって権門体制的秩序を積極的に維持・再生産しようとしたともいえないのではなかろうか。幕府は京・畿内の社会のことはなるべく公家政権に委ねようとした。後白河院の再三の慰留にも応じず、源頼朝が鎌倉に下ったように、京と鎌倉の関係は互いに距離をとりあう側面もあったのである。この点で興味深いのは、鎌倉後期の畿内・西国支配に、鎌倉幕府が直接関与する度合いが高まったことの評価である。著者は、幕府は責任を回避し、現場の六波羅探題が責を負ったという構図を描き出すが、実際には鎌倉幕府自身もまた西国統治に責任をより負わざるを得なくなったとも考えられよう。

近年では河内祥輔氏が、両統迭立の対立を収拾できなかった対朝廷政策の失敗を鎌倉幕府滅亡の原因として論じている[6]。対朝廷政策とともに対寺社勢力の問題もまた、在京の武家権力の政治課題として重視されるべきであると思われる。そうであれば、武家政権の首班が鎌倉ではなく京都に止まることを選択した室町幕府はどのように位置づけられるべきなのか[7]。対寺社政策、対朝廷政策、それぞれの政策のもつ責任のあり方、さらにいえば、結果的なものであるにせよ、武家が責任を負うというあり方が成り立っていく過程を探ることは、幕府滅亡から建武政権までを展望して、武家政権・六波羅探題の歴史的位置を考えるときに重要な問題であろう。そして、本書の議論はその問題を確実に射程に入れている。

なお本書から学ぶべき論点は多いが、すでに本書評に与えられた枚数を超過している。誤読や誤解があると思う。著者ならびに読者の海容を乞う次第である。

（1）　中世国家論については、新田一郎『中世に国家はあったのか』（山川出版社、二〇〇四年）の整理を参照。

（2）川合康『源平合戦の虚像を剥ぐ：治承・寿永内乱史研究』（講談社選書メチエ、一九九六年）、同『鎌倉幕府成立史の研究』（校倉書房、二〇〇四年）。

（3）美川圭『院政の研究』（臨川書店、一九九六年）、同『院政』（中公新書、二〇〇六年）。

（4）建治三年の改革の画期性については、本書に対する森幸夫氏の書評（『史学雑誌』一二六編一号、二〇一七年）によって批判がなされている。参照されたい。

（5）森幸夫「北条時村」（日本史史料研究会監修・細川重男編『鎌倉将軍・執権・連署列伝』吉川弘文館、二〇一五年）一五〇頁の指摘。

（6）河内祥輔『日本中世の朝廷・幕府体制』（吉川弘文館、二〇〇七年）、河内祥輔・新田一郎『天皇と中世の武家』（講談社、二〇一一年）など。

（7）三枝暁子『比叡山と室町幕府：寺社と武家の京都支配』（東京大学出版会、二〇一一年）。

（佐藤　雄基）

長谷川裕子著『戦国期の地域権力と惣国一揆』（岩田書院、二〇一六年）

一　本書の意図

本書は、分厚い蓄積のある戦国期地域社会研究を再検討し、時間的には中世後期から近世まで、空間的には地域社会から全国までをも見通した、新たな戦国期社会の全体像を構築することを目指したものである。再検討にあたり著者である長谷川が着目するのは、地域社会における最小の地域区分である「村」の動向であり、その経営に重要な役割を果たした地域有力者である「土豪」の活動である。

長谷川は同様の視点から精力的に研究活動を進めており、その成果のうち、主に「村」と「土豪」との関係に関するものについては前書、同『中近世移行期における村の生存と土豪』（校倉書房、二〇〇九年）にとりまとめられている。いっぽう本書では、「村」の利害を代表して活動する「土豪」と、それ以外の諸勢力（他の「村」やその連合体、戦国大名を含む諸領主など）との関係に重点を置いた論考が収録されている。これらふたつの著作に収録された論考の執筆時期もかなり重複しており、その意味で両者は、同様の視点に基づき異なる射程を対象としたものとして相補関係にあるものといえる。

序章において、関連する研究史を踏まえた本書の目的と意図が示される。「村」に視座を置き、「地域権力」や「惣国一揆」といった「村」をとりまく権力主体との関係において「土豪」が果たした役割の解明を通じて、従来の戦国期社会研究の基本構図を相対化することが、その方法論の骨子である。以下、著者が用いる概念規定とそれに基づく構想について、評者の理解をまとめる。

まず、前書から引き続いて著者にとっての最重要な分析概念となっているのは「土豪」である。著者によれば「村と直接関係を持ち、村の生存を支える活動を行っていた人々を総称」(本書一一ページ)したものである。これは、従来の議論において「地侍」、「小領主」、「地主」、あるいは「有徳人」などの多様な概念で位置づけられてきた、「村」に活動基盤を持つ、小規模領主であり、有力百姓であり、時として商人でもある存在を包括する概念である。このような定義の背景には、長らく戦国期社会研究を規定してきた領主制論への、著者の深い批判的関心がある。領主制論に基づく戦国期社会像は、「支配する領主層―支配される百姓層」という構図に基づくものであり、当該期のさまざまな歴史事象が、領主層による重層的な支配の程度や様態として理解、叙述されることとなる。このような方法では、近年急速に明らかにされつつある、「村」を舞台に活躍する人々の動態を正当に評価することができない。そこで、前述のような新たな「土豪」概念の定義により、その者たちの本質を最下層の領主であることとみなさず、村の主導層として対外的・対内的に「村の生存」に尽力する存在として描き出すことをめざしたのである。

また、著者は本書において、戦国期社会を形成する広域な権力主体として『家』権力」と「惣国一揆」のふたつを想定する。前者は、ある地域に排他的な支配領域を形成した領主の「家」を中心に、より小規模な近隣の領主の「家」が主従関係で結合して形成された複合権力体であり、典型的には戦国大名や「国衆」と呼ばれる存在がこれにあたる。いっぽう後者は、ある特定の領主の「家」を中核とするのではなく、相対的に同格の領主の地域連合体である一揆が、一国規模で形成されたものである。それらの結合の契機は、構成員間の利害調整や対外的な政治・軍事状況への対応などである。この両者は領主の「家」の複合体という点で共通しているが、その結合の原理が主従関係という縦関係にあるか、比較的同格の存在による「一揆」という横の関係にあるか、という構造面での根源的な相違が存在する。著者によれば、この相違を前提として、『家』権力」研究と「惣国一揆」研究とは従来それぞれ独立して深められてきたが、ここに「土豪」の視点を持ち込むことで両者の特質を包括的に分析することが可能となる、という。すなわち、「土豪」は、これらふたつの権力の下位構成員でもあるため、支配層たる領主としての性格と、非支配層たる「村」の一員としての性格とを併せ持っている。従ってその動向を詳細に検討し社会構造に位置づけることが、「支配―被支配」の一元的な戦国期社会理解から脱却する鍵となる。そして、「土豪」の活動を、支配の構造のみに着目するのではなく、大名をはじめとする領主が社会で果たした機能、具体的には紛争解決や平和創出などに着目して理解する近年の研究動向に組み込むことで、村レベルから全国レベルまでの統一的な社会像を見通すことができる、というのである。

この構想の背景には、戦国期に続く統一政権期の太閤検地・兵農分離政策の実施が中世と近世とを分かつ画期である、とする通説的研究動向への、著者の強い批判的関心が存在する。太閤検地は百姓層の生産物の、領主層による収奪・配分ルールを確立・実施する施策、兵農分離は生産者たる百姓層と収奪者たる領主層との区別を明確にする施策であり、いずれも領主層がいかに百姓層への支配を深めていくか、という領主制的歴史観に基づく画期である。これに対し著者の構想は、「村」の視点から中近世移行期を見た場合、「村」を基礎とする地域社会の基本的構造は十五世紀後半までに確立し、それが近世初期まで継続する、との見通しに基づく。この理解を前提に、「村」という社会の最下層から、領主連合である『家』権力」や「惣国一揆」までを見通すことで、いわば下からみた戦国期社会像を描き出すことが本書で意図されているのである。

二　内容紹介

以下、本書の内容を概説する。本書の構成は以下の通りである。

序章では本書の意図が記されており、その内容は前述の通りである。著者が本書で描くのは、第一に『家』権力」と「惣国一揆」という二つの戦国期権力の構造と社会的機能であり、第二に「村」とのこれらとの関係であって、それらを「村の生存」のために奔走する「土豪」に着目して解明することで新たな戦国期社会像を構想するのが本書の目的である。

第一部では、戦国期地域権力の構造が、「土豪」の活動を中心に描かれる。

第一章では、著者の言う『家』権力」に関する研究史について、前述のような著者の関心に基づいての検討と今後の展望が論じられる。研究史を踏まえ、戦国大名や国衆、そしてその末端に連なった小領主である「土豪」の相互関係について、勧農や紛争処理といった対「村」施策の実態を検討し、それぞれの社会的役割を位置づけるものである。

第二章は、近江国北部の領主今井氏を主な素材として、近年、とりわけ東国を対象として深められた「国衆」研究の成果を援用し、畿内近国の領主のあり方を再検討する試みである。今井氏が、近隣の戦国大名（浅井氏）の影響下にありつつ、自領内の「土豪」を家中構成員としてとりまとめ、自立性を維持する存在であったという「国衆」的側面を有した領主であったことが示される。

第三章は、「惣国一揆」の内部構造を把握することを目的とした実証研究である。代表的な「惣国一揆」として知られる甲賀郡中惣を構成する「同名中」のひとつ、大原同名中の実態について、広く知られた「大原同名中与掟写」を素材として、新出史料も含めた検討が行われ、その構成員の比定が詳細に行われている。

第四章は、戦国大名と「土豪」との関わりについてである。関東の戦国大名である後北条氏領国を舞台として、「土豪」である小野田氏や三沢十騎衆が、地域の代表者として「村」や百姓をとりまとめる存在でありつつ、政治・軍事・経済面で大名権力の影響下に置かれていたこと、その動向によって近世に至る「土豪」のありかたが見通せること、などが論じられる。

第五章では、「村」の自立の実態が扱われる。畿内近国の「村」を対象に深められた「村請」に関する研究成果を踏まえ、下総国八木郷、上野国北谷郷を素材として、東国の「村請」のありかたを分析する。領主への年貢諸役の納入請負が実際にどの規模で行われていたかを解明し、「村の生存」に必要な実質的な「村」の規模が状況に応じて流動的であったことを指摘する。

第二部のテーマは、地域社会における紛争解決と平和創出のしくみである。

第六章は、戦国大名の「村」間紛争への関与について論じる。検討の対象は、近江国北部地域で戦国期から近世にかけて長期間争われた用水相論である。そこで当事者たる「村」間で継続される自力によるやりとり、「村」の代表として実力行使に参加しつつも解決に奔走する「土豪」、そして公権力として介入する戦国大名浅井氏による裁定の経緯などが詳細に描かれる。

第七章は、前章の検討を敷衍し、戦国大名による紛争解決の特質を解明するものである。安芸毛利氏の家臣連署起請文を手がかりに、従来戦国大名が法令で規制しようとしてきた家臣間（＝領主間）紛争の多くが実質的に「村」間紛争に由来するものであること、北近江の浅井氏や南近江の六角氏における紛争裁定方法の具体像、それをふまえ、戦国大名の紛争裁定が、室町期のそれと比べて、裁定内容の実効性担保の面で画期的であったこと、などが論じられる。

第八章では「惣国一揆」内での紛争裁定方法の検討がなされる。甲賀郡中惣を素材に、「惣国一揆」の下位組織である「同名中」内外で発生した紛争について、「同名中」指導層たる「土豪」の解決へのさまざまな活動、解決の過程での他の「同名中」の動向と関係形成、それらを統括する組織として

「惣国一揆」が存在することなどが明らかにされる。この検討を経て、地域社会の紛争解決に際して「惣国一揆」が『家』権力」と同様の機能を果たしていた、と論じられる。

第九章では、「惣国一揆」と他権力との関係が論じられる。甲賀郡中惣とならび代表的な「惣国一揆」として知られる伊賀郡中惣の「惣国一揆掟」の分析により、伊賀郡中惣の他勢力に対する軍事防衛態勢が、戦国大名後北条氏のそれと共通する特質を持つことが明らかにされる。また、伊賀・甲賀の両郡中惣において、「土豪」層が他の『家』権力」と被官関係を結び軍事動員に応じたり、他国へ足軽の派遣が行われたりする事例から、「惣国一揆」が他勢力へ戦力を提供することで中立地帯として認められ、平和維持をなしていたことが指摘される。

第十章では、ここまでの論を受けて、十五~十七世紀、すなわち中世末期から近世初頭を見通した地域社会の全体像が提示される。年貢納入の村請をはじめとして、軍事・政治・経済などのさまざまな面で、「土豪」が村を代表しつつ他勢力と関わっており、「村の生存」を支えるため重要な役割を果たしていたこと、その基本的なしくみは十五世紀中葉には成立して近世初頭にもそれが継続していたと考えられ、十六世紀末の統一政権による太閤検地・兵農分離政策を画期とする従来の枠組みに見直しが必要であること、が論じられる。

なお補論は、太閤検地・兵農分離政策の歴史的評価をめぐる議論を、通史シリーズでの叙述を手がかりにまとめたものである。

三　コメント

本書において著者は、「村の生存」、「平和創出」という目的を実現するために、戦国期社会を構成するあらゆる人々がどのような「役割」を担っていたのか、という関心から、戦国期地域社会のあり方を全面的に見直す作業を行った。そして、領主とは生産者たる百姓を支配する存在である、という、唯物史観に淵源を持つ理念的定義を前提とする観点からなされてきた従来の研究に対して、根源的な疑問を提示している。本書で描かれた「土豪」の社会的「役割」は、「村」の構成員として生産者でありつつ、他勢力との関係では「村」を支配し利害を代表する領主としても振る舞うという、「支配―被支配」の一元的枠組みでは捉えきれないものである。このような性格を持つ「土豪」を介して、『家』権力」と「惣国一揆」という二つの戦国期権力は、自立した「村」を単位とする地域社会秩序を前提として、「村の生存」と「平和創出」のために、あるいは「村」間の紛争を裁定し、あるいは紛争の発生・拡大を抑制するために掟や法を定めた、という見通しがなされた。このような本書の成果は、今後、戦国期を含む中近世移行期社会の研究に大きな影響を与えることになると期待される。

ただし、現状においては、本書で示された見解はあくまでも有力な見通しにとどまるものであると言わざるを得ない。

本書において実証的な検討の対象とされているのが、主に近江国近辺や東国の後北条氏領国といった特定の地域社会に限定されていること、そして、そこで得られた成果を戦国期社会一般の特色であると敷衍するためには、さらなる検証の試みが必須だと思われるからである。そもそも、「村の生存」「平和創出」の実現を戦国期社会全体が実現すべき価値であるとする著者の視角は、藤木久志が構想した「自力の村」論、「惣無事令」論、および勝俣鎮夫が構想した「町村制」論に多く依拠したものである。そして、本書においては、個別の実証的成果を踏まえて戦国期一般に論を進める際に、これらの論が所与の定理としていささか性急に援用されている印象を受ける。戦国期社会が地域ごとに極めて多様な特色をもっていたことは周知の事実である。また、戦国期地域権力の「役割」が、著者が重視する「村の生存」「平和創出」のみであったわけでもない。さまざまな関心・視角から描かれる戦国期社会像がこれまでも蓄積されてきたし、今後も継続的に産み出されるはずである。それらから普遍性・一般性のある特色を見いだし、理論として磨いていくためには、研究成果を検証し仮説とすりあわせる膨大な作業が引き続き必要であろう。

評者の個人的関心から、戦国期権力の紛争処理を例として少々コメントする。著者により示された地域社会の紛争解決の枠組みは、「村」の自治にせよ、複数の「村」間の関係にせよ、それを支える「土豪」の活動にせよ、近隣の領主権力の関与にせよ、いずれも血縁、地縁を契機とする長期的継続的なやりとりがあってこそ成立するものだと思われる。しかし、著者が検討した限られた地域以外で同様の枠組みが成立していたか、それがどの程度機能していたかどうかについては、今後さらなる検証が必要であろう。中世後期から近世初期の流動的な社会秩序の中で、そのような血縁・地縁に基づく関係が断ち切られるケースは多々あったはずである。「村」の自治が維持され、「土豪」層がひきつづき「村」のために活動するにしても、それらを統括する『家』権力」や「惣国一揆」などの領主権力が政治・軍事情勢によって入れ替わったならば、「村」側にとっては、新たな領主により出される裁定の重みは旧来のそれとは相当違ったものとなったであろうと推測できる。ならば、その地域においては、領主の裁判の有効性やそれが持つ意義が、著者が示す理解とは異なってくる可能性もあろう。以上はあくまでもひとつの仮定と憶測にすぎないが、著者が示す枠組みが非常に魅力的だからこそ、さらなる実証研究と議論を経て、その検証が進められる必要があると強く感じるのである。

前書および本書で著者が投じた一石がどのような波紋を呼ぶか、研究深化に向けた議論を注視しつつ、評者もそこから学んでいきたい。

（河野　恵一）

藤田覚編『幕藩制国家の政治構造』（吉川弘文館、二〇一六年）

本書は、藤田覚氏の古希を記念して、博士論文ゼミを母体とした研究会メンバーのなかの九人の、「最近もっとも関心をもって研究を進めてきたテーマについての論文」（一八頁）を収録したものである。執筆者代表として、木村直樹氏は、藤田氏が日本史の基幹史料集の研究・刊行を担ってきた東京大学史料編纂所において編纂の経験を蓄積してきたこと、ゼミにおいても「理論として先生の議論を継承するというよりは、どちらかと言えば、手法として先生の緻密なスキのない分析方法を学ぶことに重点が置かれていた」（三一九頁）と述べている。精緻な史料分析で知られる藤田氏の薫陶をうけた各論からなる本書は、課題に対して基幹となる一次史料を選び取り、他の史料との相互検討の中で、立体的にその意味を問うという、手堅い各論から構成される論文集となっている（各論文の基幹史料と分析概要については付表参照）。

編者である藤田覚氏は、近世政治史全体の課題として、「政治史的研究では、当然のことであるが経済史や社会史など他分野の研究成果を踏まえ、その深みの中で政治分野の研究を進めるべき」（二頁）だという立場に立つ。本書の諸論考もこの観点から「広い意味で近世政治史」（一八頁）に位置付けられ、「第一部　幕府の政治構造」「第二部　朝幕藩の関係構造」「第三部　政治と社会」に編成されている。

以上の点を勘案し、本書評では、狭い意味での政治史をこえた問題意識が各論文においてどのように生かされているのかについての検証と提言とを、具体的な史料に論及しつつ、行っていきたい。なお、こうした「広い意味での政治史」の研究史上の意義についての私見は、杉本史子『(仮) 近世日本の政治と空間』（東京大学出版会、二〇一八年刊行予定）を参照されたい。

和仁かや氏「近世前期の評定所裁判」は、これまで一七世紀後半の評定所裁判判例集とされてきた『公法纂例　乾』（東京大学「南葵文庫」）を再検討し、記事中の日付や人名が他の史料と齟齬すること、根拠規範の引用が極めて限られること、判例集というよりも『徳川実紀』などの記録に近い発想にたっていることなどを指摘した。和仁氏も注に記しているように、検討対象とした南葵文庫本は、紀州徳川家が明治三六年（一九〇三）に古書を購入したものであり、今回検討の対象からは外した『公法纂例　坤』が享保・元文期（一七一六――一七四〇）の地方史料であることが、乾の成立とも関わってくる可能性もある。

木村直樹氏「江戸幕府の指揮系統と長崎奉行」は、長崎奉行遠山景晋が長崎赴任中江戸に送付した書状の控記録である「御請言上並脇々への書状留」を分析の中軸にすえ、在江戸長崎奉行や江戸の諸役人との関係を分析した。また、書通の実態やその記録のありかたを明らかにし、在江戸長崎奉行のみならず、勘定奉行もふくめ情報を日常的に共有していたことなどを指摘した。

勘定所と長崎の関係については、享保元年（一七一六）から六年間は出銅の荷主は幕府勘定所であった（今井典子『近世日本の銅と大阪商人』思文閣、二〇一五年、一四二頁）という重要な指摘もあり、御勘定クラスの派遣の問題も含め、今後の展開が期待される。

分析対象となった書状留の表題の「御請」とは上位者への返答を意味している。江戸と各地との間の幕府役人間の書通は、時期は異なるが、『大日本維新史料　類纂之部　井伊家史料』（東京大学史料編纂所、既刊分全二九巻、一九五九年〜、以下『井伊家』）が、井伊直弼政権期〜安藤久世政権期の江戸—京都間の書通を、書状草案・書状原本の封式を残したものをふくめ数多く収録している。本論考で指摘された返書・別紙関係など、書通の在り方に共通する点も多く、今後併せて検討することで、幕府政治を支えた、また公武の、書状形式でのコミュニケーションのありかたがより深く掘り下げられるのではないだろうか。

荒木裕行氏「阿部正弘政権の大名政策」は、幕府の安政改革期に行われた「柳之間席取締改革」（嘉永六年〜安政二年〈一八五三——一八五五〉）を分析する。根幹となるのは、嘉永六年柳之間の「取締」に任じられた二人のうちの一人新発田藩主溝口直溥の関係史料である。取締の二家は加談に任じられた二家と相談しながら、留守居や大名隠居の取締りや大名交際の節約規定・交代寄合の処遇問題などに取り組んでいった。

この「取締」の問題は、阿部政権の検討を超えた素材となりえる可能性がある。荒木氏自身も、柳之間取締がこの後の時期も存続していること、慶応期の帝鑑間にも確認できることを指摘しているが、さらに付言するならば、これらに先行する天保改革期にも、本多助賢に対し、御座の間・将軍御前で若年寄の役を免じ帝鑑間席に復させ四品としたうえで、老中から「このたび享保・寛政度の御改革に挽回の御趣意のところ、当時御譜代衆席の上の者がいずれも若輩なので、（中略）以後、其方が老中水野忠邦と申し談じ、同席取締りはもちろん、今度の御趣意が行き届くよう厚く心づけるべき」旨の書付を達せられている（「御覚控共」真田宝物館所蔵真田文書六—二—一—八三—三、『幕府沙汰書』東京大学史料編纂所四二七二—四、天保一二年八月七日条）。一方天保改革期には、柳之間席への触改革も行われており（天保一四年七月）、服藤弘司氏は特に触書伝達の円滑性を欠く状況があったのではないかと指摘している（「解題」『幕末御触書集成別巻』岩波書店、一九九七年、二八七頁）。幕政改革と殿席取締との間には何らかの呼応関係があるのか、また、幕府役人でも詰衆でもなく、もちろん国持とも異なる、「譜代」＝帝鑑間と「外様」＝柳之間（松尾美恵子「近世大名の類別に関する一考察」〈『徳川林政史研究紀要』一九八四年〉固有の問題なのか否か、留守居組合との関係を含め、これから詰めていくべき問題であろう。

千葉拓真氏「加賀藩家中における公家との縁組とその背景」は、これまでほとんど検討されたことのなかった大名の陪臣と公家との関係を分析したものである。そして、本稿の成果から、逆に、これまで蓄積を生んできた大名家と公家との関係を考察する上でも、家臣団の動向をも視野に入れて論じる必要があることを主張する。公家と大名家の関係では、彦根藩井伊家は藤原姓とされ家伝によれば九条家より出たとされていた（『井伊家』二六巻三〇号）。万延元年（一八六〇）井伊家に九条邸警備を命じた老中書取においても、九条家を井伊家の「家元」と呼んでいる（「御城使寄合留帳他抜粋」彦根城博物館所蔵彦根藩井伊家文書、『井伊家』二七巻四三号）。このイエ関係は、いわば幕政上に公認されていた関係であった。今後イエの関係を政治史的関係から分析することも必要となってくるだろう。

高槻泰郎氏「金納御手伝普請にみる幕藩関係」は、寛政期の御所造営について、朝幕関係の上では幕府「公儀之御入用」によるものと位置付けていながら、一方では島津家・細川家からの上納金を受け取っていたことに注目し、両家上納金は幕政一般用に充当されるものとされ、矛盾しないかたちになっていたと結論付けた。朝幕関係・幕藩関係をともに視野に入れた分析視点はこれからの研究展開のうえで意義深い。

高槻論文は大名家史料から朝幕関係・幕藩関係の双方に関わる側面を抽出したが、幕藩史料には表れにくい側面を明らかにしてくれる史料群として、藩の財政担当を務めた商人の史料がある。『近世米市場の形成と展開』（名古屋大学出版会、二〇一二年）を上梓した高槻氏ならばこの点も十分意識されていると思われるが、一例を示そう。

府内藩主松平近説の寺社奉行再役については、慶応二年（一八六六）六月十五日、芙蓉間において、老中列座、松平康直から寺社奉行再役の申渡しを受けた（「幕府表右筆日記」「幕府奥右筆手留」（以上、東京大学史料編纂所・維新史料綱要データベース所引史料、いずれも内閣文庫（当時）所蔵）、前掲『幕府沙汰書』）。しかし、実は、府内藩側はこれに対して承諾するかどうか逡巡していた。豊後日田の商人であり幕領の掛屋や九州諸藩の財政担当を勤めた広瀬久兵衛（嘉貞）の日記が、幕藩史料には残りにくい側面を物語ってくれる。久兵衛の日記によれば、四月十五日に幕府から府内藩側に寺社奉行再任の打診があったが、六月十七日同藩江戸藩邸から国許への御用状では、再役を断り国許への暇を願うことの打診がなされている。国許では、府内藩財政を担当していた久兵衛が、暇は願わず五千両節約のかたちでの勤続を願うという案を提案している。この結果、七月十四日に、寺社奉行再役についての承諾（御請）が首尾よくまとまったとの報が国許に届いた（公益財団法人廣瀬資料館「広瀬久兵衛日記」、「史料採訪」『東京大学史料編纂所報』三七号、二〇〇二年、一〇三頁）。こうした武家以外の史料を組み込むことで、広い意味での政治史研究が進展していくと思われる。

佐藤雄介氏「嘉永期の朝幕関係」は、家基追贈問題と朝廷の要望に対する幕府の対応の分析を通じ、嘉永期の朝幕関係を分析したものである。朝廷対幕府という図式だけでなく、所司代・京都町奉行など在京幕府役人の個々の動きまで立体的に浮き彫りにしており、今後の展開にも裨益する成果となっている。

この後、文久二年（一八六二）島津久光上京に伴う政治状況の変化の中で、それまで京都における幕府側の最高責任者であった所司代の地位は揺らいでいく。所司代酒井忠義を介さない公武の書通が行われるという事態まで現出する（『井伊家』二九巻および同「出版報告」『東京大学史料編纂所報』五一号、二〇一五年）。五月二十八日付（六月四日京着）老中連署奉書で酒井が江戸への帰還を命じられたあとは京都町奉行が所司代名代として公家などへの褒賞・加増の通達を行い、七月六日罷免指令が届いた際には、所司代が保管していた「御朱印」「御仕置例類集」の引き取りや役宅接収は京都町奉行が行った（大塚武松編輯『所司代日記　下巻』日本史籍協会、一九二八年、四〇四—四一四頁）。同年閏八月一日所司代の上に京都守護職が設置される意味については、在京諸役のこうした動きも視野に入れて検討されるべきである。組織構造は政治状況によって読み替えられていく。静態的な組織構造論だけではなく、動態的政治分析が必要とされる所以である。

村和明氏「享保期の三井における家法・家史と祖先顕彰」は、三井北家の初代とされる高利の次の世代の高平らにより享保七年に編纂された三つの編纂物、すなわち家法（家訓）・家譜・家史を分析し、世代交代などに伴う危機を乗り越えるため、第二世代による申合せ内容を初代遺書により権威づけたことを指摘する。三井家の財産共有制は実は、高利遺書によるものではなく、第二世代の申合せによるものだった。村氏の問題意識は商家にとどまらず、武家の家史編纂や、町人・百姓・被差別民の由緒の創出まで及んでおり、身分制社会における家や集団の問題への広がりをもった好論といえる。そして、村氏はこの三井の営為は「幕府や大名家に近いものがある」（二〇一頁）と結論づける。

しかし、武家と同質の家の永続をめざす面と、異質な面とを、商家がどのようにとらえていったのか掘り下げていくことも必要と思われる。史料九では、「町人之家一致ニ宜永相続之類、世ニ稀成儀」（一九二頁）とあり、町人の家は一致して相続を継続することは稀だという意識がよみとれる。この点に関して、たとえば、嘉永三年十二月、町年寄館市右衛門が提出した答申には、武家に比べ「町人共渡世盛衰計りがたく」という意識が存在していた。この答申は検閲済みの新刻書物の元本を申請者に保管させることが妥当かどうかについての諮問に対するもので、「武家蔵板は格別、市中書物屋共開板物で其筋々の改印をうけた元本は、町人共渡世盛衰計りがたく、相下げ置いては自然と取り散しとなるので、これ迄通り町年寄が保管しておく心得である」主旨の答申をしている（東京大学史料編纂所『大日本近世史料　市中取締類集二十』東京大学、一九九二年、第一七二件四一〇）。この場合の町人は零細な出版業者を含む可能性があり、またこの答申は町年寄の権能保持という趣旨もあるだろうが、こうした意識が存在していたのは事実であろう。一方で、たとえば、十九世紀半ば、広瀬旭荘謙は、忠義で結ばれた家中組織のなかに含まれる武家とは異なる町人の家のありかたを明確に意識していた。広瀬久兵衛他宛旭荘書状に「忠義などは士人の事なり、町人は家を主にする者なり、…この地（大坂）の人、十に九人までは皆この見識。豪家ほど、この説多し、」という趣旨を書き送っている（廣瀬資料館所蔵　家宝三一―四―一―四「再上坂後、国難上ニ関スル来信、本家・東家連名宛」）。

彭浩氏「唐船貿易の統制と売込人」は、国内市場と海外市場を結びつける媒介としての売込人を分析する。中国語史料・日本語史料を駆使した氏の『近世日清通商関係史』（東京大学出版会、二〇一五年）はすでに高く評価されており、分析の趣旨を提示しながらの立論は、本書のなかでも出色のものといえる。ただ、分析史料について、内容だけでなく誰が何のために作成したものなのかについての、執筆者の見解が示されていないことは惜しまれる。

三ツ松誠氏「『講本気吹颸』の弁」は、「積極的に講談を行って民衆に向き合った国学者としての篤胤」（二三九頁）像に安易に寄りかかるのではなく、講談と、および時期の異なる講談原稿を寄せ集めて編まれた刊本とを区別して論じる必要があるという問題意識から『講本気吹颸』を再検討している。文久二年という、幕府が破約攘夷の勅書を押し付けられる時期に刊行された『講本気吹颸』は、銕胤により、もとの講談を組み換えその時局にふさわしい出版物されたものと結論付け、説得的である。若尾政希他編による近世出版の現在の成果をまとめた『シリーズ〈本の文化史〉』（平凡社）も刊行が始まっており、今後の展開が期待される。

小林紀子氏「幕末知識人がみた開港前後の政治と社会」は、金川日記から、開港後の豊富な情報収取を明らかにしている。ただ、民間の知識人の旺盛な情報収集はすでに多くの事例が報告されている。諸港の開港をめぐる社会情勢については、一枚岩的な歴史の見方を峻拒する次のような史料を指摘することができる。より立体的・多面的な分析視点が必要といえよう。たとえば、九条家家士島田龍章は、万延元年正月三日付書状で、兵庫・出雲が開港になってはどのように人心が動揺するだろうかとの、天皇の意向を思量した関白九条尚忠の「御困思」を大老側に伝えている（『井伊家』二四巻一五号、長野義言宛島田龍章書状）。しかし、尚忠は、一方では、彼が大老井伊直弼や老中久世広周に直書を送ってまで強く働きかけていた自家の加増地問題では、兵庫などは物成・運上も多分に見込める「上地」であるが、九条家との由緒がないため候補地とはできないことに対する無念さを表明するという顔を持っていた（『井伊家』二六巻一一九号、万延元年五月

部	執筆者	基幹史料	分析内容	分析視角
1幕府の政治構造	和仁かや	『公法纂例』（17世紀後半の評定所裁判記録集）	同系統本との比較検討	史料分析
	木村直樹	「御請言上並脇々への書状留」（19世紀初頭、在長崎の長崎奉行が江戸に送付した書状の控え）	江戸と長崎の関係、他奉行との関係の検討	政治構造分析
	荒木裕行	柳席取締に任じられた新発田藩主溝口直溥関係史料（19世紀半ばの安政改革期）	当該期の中小外様大名対策の検討	政治構造分析
2朝幕藩の関係構造	千葉拓真	加賀藩八家のひとつ前田土佐守家の、竹屋家との縁談関係史料（1698・9年）	大名陪臣と公家の婚姻問題が、藩主家やそれをとりまく状況と不可分な問題であったことを分析	政治構造分析
	高槻泰郎	「御用金一件」（寛政期1789-1800御所造営に関わる熊本藩上納金の留，細川家文書）	上納金をめぐる細川家と松平定信の交渉過程を分析	政治経済分析
	佐藤雄介	『孝明天皇記』等	徳川家基追贈問題と朝廷に対する幕府の対応の遅さなどから嘉永期の朝幕関係を分析	政治構造分析
3　政治と社会	村　和明	三井家家法・家史編纂物（享保期1716-1735）	商家における家法・家史編纂の意味	政治構造（イエ）分析
	彭　浩	「唐方渡諸色値段并冥加銀取立候元極書付」（1814年成立　価格、商業税、売り込み人などの情報）、1814年五倍子訴訟関係史料	唐船貿易において国内・海外市場を媒介する「売込人」の解明	政治経済分析
	三ツ松誠	『講本気吹颰』（平田篤胤講談本を死後編纂、1862年刊行）	江戸での篤胤の講談を、銕胤が文久二年という時局にふさわしい出版物とした	史料分析
	小林紀子	金川日記（神奈川宿在住医師の個人日記　1849-1860）	在村知識人が開港後の社会や政治の情報を収集している実態を分析	史料分析

一一日長野宛島田書状）。また、前述した文久二年の、薩摩藩主父島津久光が上京し大獄処分者の復権などを建白し萩藩毛利家も異国交易停止を御所に直願するという動きの中で、かつて大老直弼の懐刀といわれた長野以下は、久光の動きを封じるため、将軍生母への久光批判書を上呈することなどを画策していた。その長野のもとに、国学者としての長野を長らく裏面から支えてきた和歌山藩領大庄屋堀内千稲から、密使として僧を派遣するので横浜表の異人交易が停止になるのかどうか内々に実態を教えてほしいとの書状が届く。国学者としても知られる堀内は、横浜表との商事取引を行っていたのである（『井伊家』二九巻九四号、文久

二年五月二三日)。

付表に示したように、本書は、史料分析、政治と経済にわたる分析、多様なレベルでの政治構造分析から、「広い意味での政治史」にアプローチしたものといえる。この観点からは、藤田氏が指摘するように、「政治史研究のための素材である史料は、まだまだたくさん眠っている」(二二頁)。本書は、新しい政治史の可能性を秘めた史料分析の宝庫だといえる。

(杉本　史子)

国文学研究資料館編『近世大名のアーカイブズ資源研究―松代藩・真田家をめぐって―』(思文閣出版、二〇一六年)

一　本書は、松代藩真田家の藩政・大名家で構成される資料群の分析から、藩の記録管理システムを解明することを共通テーマとした十三名による論文集である。信濃国松代の真田家に関する文書群として、国文学研究資料館に五万五〇〇〇点余、真田宝物館に一万七〇〇〇点余が収蔵されている。これらは、政治社会システムはもとより、地域社会や学芸などを包摂した多面的な性格を有するものである。国文学研究資料館は、前身の文部省史料館、国立史料館時代から真田家文書群の調査研究を続けており、目録作成や保存装備を整え、全文書の公開に至っている。そして、現在ではデータベースを開発して利便性の向上を図り、重要文書に関しては、電子公開を進めている。同じく松代藩真田家の資料を有する真田宝物館と合同調査するなかで、伝来や経緯、保管の実態についての総合的分析が必要と判断され、国文学研究資料館の基幹業務であるアーカイブズ活動を骨子とした成果の公表となった。

二　本書は四編十三章の本編に、序章「アーカイブズ資源研究の動向と課題」が加わる構成となっている。序章では、本書題目にもなっている「アーカイブズ資源研究」についての定義を行ない、①記録管理に関わる研究、②伝来研究、③アーカイブズ構造分析を具体的に提示したうえで、以下の本編概要を取り上げている。

第一編「藩庁の組織構造と記録管理」では、藩庁における文書作成と管理の組織的構造を明らかにする。第一章「松代藩・国元における行政組織とその場」(原田和彦)では、松代藩は国元以外に、江戸と大坂(幕末に設置)に行政組織があるが、そのなかでも国元を対象として、文書を作成した役所の位置や保管形態について検討する。松代城内(花の丸御殿・二の丸・三の丸)と城外(蔵屋敷・評定所・馬奉行役所・道橋奉行役所・喰違役所)・拝領屋敷(宅役所)とに分類し、政庁機能を有した「花の丸御殿」には上位役職者の部屋が置かれ、業務上必要となる文書が作成されたものの、保管場所は別に設けられていたとする。拝領屋敷では三奉行(寺社奉行・町奉行・職奉行)が執務し、文書を作成する場所であるとともに、ここで保管もされていたとする。そして、文書の収納容器は、普請奉行が各役所の注文に応じ製作していたと指摘する。第二章「家老職における執務記録の作成と保存」（太田尚宏）では、家老御用部屋で作成された文書が、管理・保管されていった過程を明らかにする。明治四（一八七一）年の廃藩置県によって、松代城が陸軍省に接収されるにともない、「御私有御土蔵等」が破却されることになる。そして、「御政事所御日記」や「御土蔵御日記」が、真田家菩提寺の長国寺の経蔵に移管されることになった実態を明らかにする。また、御用部屋が保管すべきと判断した文書の基準に、年代が古く「古書類」とされたもの、幕府との交渉事案で証拠書類として保存すべきものがあったとする。そのうえで、近世中期から家老の指示による保存体制が構築されていたことを指摘する。第三章「真田家文書からみる松代藩組織構造と「物書」役」（宮澤崇士）では、藩政組織を部局制から明らかにし、家老を頂にする文書伝達経路や松代藩役職の一覧を掲示する。また、「物書」なる役職が、足軽身分内に専門的職位として集団化していた実態を示す。

第二編「藩庁と藩庁外の記録管理システム」では、その対象範囲を広げて記録管理の実態を縦軸から考察する。第四章「江戸における大名課役をめぐる引継文書と藩政文書」（岩淵令治）では、大名課役をめぐる記録が藩政アーカイブズと幕府のアーカイブズの関連を満たす素材として着目し、火消勤役を事例に松代藩江戸家老が作成した「大手方日記」の分析を行なっている。「大手方日記」について、藩政アーカイブズとしては家老日記から派生した機能別日記と位置付け、幕府アーカイブズとしては、任命時と引継時とで幕府の関与を分離し、藩による経験に依存していた実態を明らかにする。そこには幕府が先例を把握していなかった委任の姿勢があり、藩としても各方面からの問い合わせのために文書を作成しておく必要があったと、幕藩双方からの機能を挙げている。第五章「糸会所の記録作成・授受・管理と機能」（西村慎太郎）では、従来の近世専売制研究の課題である組織と制度の解明を目的とする。糸会所の内部組織について、取締役（一名）―元方（二名）―吟味方（二名）―世話役（六名）を明らかにし、この取締役に就いた八田家が藩政に果たした役割に言及する。松代藩の糸会所は、八田家一族といった、民間による業務委託の性格が強かったことを明らかにしている。第六章「松代城下町町人地の行政情報蓄積様式にみる家と組織」（渡辺浩一）では、町年寄の家における情報蓄積様式の変化、そして、町奉行との関連性を見出し、両者の組織的優越性を検討する。「町年寄日記」を一期（一六八六～一七五一）・二期（一七六一～一七八〇）・三期（一七八一～一八〇九）にわけ、形態変化（一期：美濃判横半帳・横長帳／二期：美濃判縦帳／三期：美濃判横判帳）を指摘するとともに、松代藩町年寄の情報蓄積が組織性を欠いていたのはその必要がなかったためで、藩行政組織が優越していたことを指摘する。第七章「松代藩代官文書の管理と伝来について」（種村威史）では、野本家文書（長野市立博物館蔵）から松代藩代官職制を明らかにするとともに、執務形態や文書引継に至るまでを取り上げる。また、地方支配の稟議制のなかに文書授受を位置付け、村落と郡奉行所との中間的な存在である代官所の立場を明確にする。そして、私的世界を含む代官の宅役所はかねてから藩により否定されていたが、明治二（一八六九）年には廃止に至ったことで、行政機能が藩庁に集約化され、これが文書管理のあり方にもリンクすると指摘する。第八章「官僚制機構の末端としての村」（福澤徹三）では、北高田村の村方三役（名主・組頭・長百姓）の村落運営と藩政機構の接点を考察する。村方三役の業務は、行政の下請にすぎず、例外はあるものの代官—郡奉行という村方の支配系統に従った稟議制の枠内で報告がなされている原則を示す。そして、村は藩政機構の情報伝達の潤滑油的機能を果たしていた点についても強調する。

第三編「大名家伝来文書群と記録管理」では、奥向き役職の職掌と記録管理の実態について取り上げたものである。第九章「幕府老中職文書群に関する基礎的研究」（大友一雄）では、藩主真田幸貫が幕府老中職に就任したことによって蓄積された文書群を対象に、江戸藩邸の公用方役人（案詞奉行）の役割を検討する。案詞奉行は、江戸城と江戸藩邸を往復する際に用いられる御用箱の取り計らいを担当しており、文書の伝達（移動）に直接関与している。御用箱には幕府の重要文書が収納され、老中の執務にかかわるものとして存在しており、御用箱を担保に殿中と藩邸は有機的な関係を実現できたと指摘する。第十章「松代藩御納戸役の職掌と記録管理」（降幡浩樹）は、物品の購入と管理を職掌とする江戸と国元に置かれた納戸役の実務形態を明らかにした。日常と接する役務にある納戸役は、マニュアルに基づいた業務を行ない、作成されていた雛形文書でやり取りされていた。いわばルーチンワーク化した側面を浮き彫りにする一方、目付の審査によって文書が非現用化し反古紙としても使われている。また、部署の判断によって保存が指示されることもあるなど、文書管理は、各部署が連携する形で相互監督の役割を果たしたとする。第十一章「藩主生母の格式をめぐる意思決定の史料空間」（福田千鶴）では、九代藩主真田幸教の生母心戒（幸良の側室）の格式を調えるにあたっての意思決定過程を検討し、藩政アーカイブズにおける奥向関係史料の位置付けを行なう。先代の幸貫が孫の幸教に家督を譲るにあたって、心戒の格式（席次）・勘定（給金）・呼称（院号・様付）を調える動きが生じた。結果として老女上席・金一五両・玄米五人扶持、名前は順操院と決定するも、様付扱いではなかった。決定過程にあたり、奥向記録が参照されておらず、表と奥とで横断的に参照できる記録管理システムは成立してなかったと結論つける。

第四編「伝来と管理」では、史料の来歴と現在に至るまでの管理実態を取り上げる。第十二章「真田家印章の使用と伝来」（山中さゆり）では、松代藩主および藩庁が使用した印章四〇〇顆余の中から藩主の朱印や黒印、花押の印章を素材に使用例と伝来を『宝暦入注文』などから検討する。家の存続にかかる幕府へ宛てた重要文書には、御印判と御居判の両方を捺す重判、大名や旗本間での儀礼的な文書や上級家臣への返礼には御居判が捺されている。そして、印章は家老らが詰めた御用部屋に保管されていたが、使用がなくなり封された後は御納戸役の管理となっていると指摘する。十三章「真田宝物館所蔵真田家文書の管理と容器の特質」（工藤航平）では、真田宝物館所蔵真田家文書群の来歴と管理状況を明らかにした上で、史料移管の変遷における保管容器の分析を行ない、目録編成上での基礎情報を提示する。昭和期に東京から膨大な史料群の移送が行なわれ、管理上の転機を迎えたものの、現状容器と収納文書を比較すると江戸期から明治期の文書管理形態を留めていることを指摘する。

三　本書は、国文学研究資料館が所蔵する真田家文書を基軸に、真田宝物館や長野市立博物館など、関連自治体の所蔵文書を包含してアーカイブズ資源とする、あらたな研究素材を提示した大部な成果となっている。藩庁文書に限ったものではなく、官僚制機構を意識して、江戸藩邸はもとより、代官や村落なども視野に入れたもので縦横断的な研究である。長野市松代で研究会や報告会を開催するなど、地域社会への成果還元を積極的に行なっており、本書もそのひとつといえよう。前著『幕藩制アーカイブズの総合的研究』（思文閣、二〇一五年）との共通点も垣間見られることから、継続してアーカイブズ研究が行なわれてきているため、創出される発展的な成果となっている。前著を総論とすれば、本著は、松代藩真田家を事例的に取り扱った各論ともいえよう。前述した概要を踏まえたうえで、いくつか気づいた点をあげておきたい。

松代藩真田家における総合的なアーカイブズ研究ではあるが、一藩に限定されるものではなく、江戸藩邸、そして幕府との関連性を意識した成果がみられ、幕藩体制国家の枠組みのなかで、いかに文書社会が浸透していたのかを随所に感じることができた。それが、幕府主導なのか、藩（地域）から見出されるものなのかは言及されていないが、双方向から実務形態を明らかにしている。こうした観点は、今後、他藩で同様の研究を行なう際には、参考事例となりえるであろう。

また、従来の歴史学研究の成果に依拠しながら論理展開されていることもあって、あらたに補論する成果も挙げられる。例えば、官僚制支配の変容について、老中制が享保期ごろを境に、老中家臣から奥右筆を重視した体制に切り替わったという先行研究があるなかで、これを予定調和的だったと指摘する（二一四頁）。こうした体制変容にあたっては、担い手側の制度設計も必要であり、奥右筆の整備の進展にあわせて、江戸藩邸の公用役人も高度化していったと、幕藩双方がリンクするかたちでの史的展開を示唆している。これは、本書が、松代藩という特定地域に限定されるものではなく、幕藩体制のもとで検証されたための成果といえよう。

その一方で、膨大な資料群で構成されているため、特に政治・経済的な側面が強調されていた感は否めない。冒頭で、真田家文書を「地域社会や学芸などを含めてもっとも総合的な性格を有する文書群である」（六頁）と評価しているため、評者としては、従前からの研究成果とは異なる新たな視点を期待した。例えば、地域社会であれば、本書でも少し取り上げられてはいるものの、「中間支配機構」の明確な提示がなかったように感じている。また、学芸的なことにしても、博物学資料をどのようにアーカイブズ資源として扱うのかの言及が欲しかった。それは、ひとえに評者が所属する熊本大学に永青文庫資料が寄託されている実状から感じることだが、多方面への研究アプローチが可能であることは再認識できたが、総括的に論じることの難しさを改めて痛感するところとなった。

また、現代的位置付けを意識した成果であることは、本書を通じて感じるところが多かった。そのため、読者にもわかりやく、理解の一助になったことは評価することができる。他方で、論理飛躍がみられたのもの事実である。例えば、糸会所にあたっての記述では、「松代藩糸会所の場合、藩内業務の簡略化のための民間委託という要素が強く、松代藩による八田家一族を中心とした「指定管理者制度」である」（一五四頁）と指摘されている。御用商人的性格をもった八田家が、糸会所という公的施設で実務を担ったということから指定管理者制度と表現されていると理解した。指定管理者制度とは、地方自治法改正にともない、管理委託制度を変更し、民間に公の施設を管理運営させるものである。現行「地方自治法」第二四四条にある「公の施設」とは「住民の福祉を増進する目的をもってその利用に供するための施設」であって、松代藩糸会所がこれには相当するとは思えない。また、指定にあたる議決や負担金、利用料金に関する枠組みも全く異なることから、指定管理者制度と位置付けることには無理が生じている。松代藩糸会所は、むしろ近世的請負制の範疇としてとらえるのが自然に思え、松代藩糸会所と八田家の間に指定管理者としての関係性を見出すことができなかった。あえて松代藩政の現代的意義を見出そうとするのであれば、丁寧な説明が求められよう。

個別論文という性格上、他章との関連性とが曖昧な部分が散見される。前述した八田家について、四代嘉右衛門は、寛政三（一七九一）年に町年寄に就任する。さらに、享和三（一八〇三）年には給人格御勝手御用役を仰せつけられている（一六一頁）。先に取り上げた第五章の八田家と第六章との八田家では、御用商人と地役人と立場が異なっており、両者を関連させた分析が相互に必要ではなかろうか。また、中間支配機構の位置付けにも執筆者間で齟齬があるように見受けられ、執筆者の考えを尊重していることだとは思うが、ある程度の整合性は図られるべきであろう。

紙幅の都合により評価すべき点と疑問に感じた点が些少になってしまったが、これまで国文学研究資料館が精力的に取り組んでこられた成果が凝縮されているものとなっていることとには間違いない。同様の資料群を抱える大学や博物館、地方自治体が参考となるべき手法を提示されていることに大きな意義がある。また、今後、研究の進展も期待できる良書であることを付記して擱筆としたい。

（安高　啓明）

霞信彦著『明治初期伺・指令裁判体制の研究』（慶應義塾大学出版会、二〇一七年）

一　明治五年（一八七二）、司法卿に就任した江藤新平は、各府県に裁判所を設置し、府県の裁判権を司法省管轄下の府県裁判所に移行する方針を打ち出した。しかし、府県裁判所の設置はスムースに進まず、司法権の国家一元化は明治九年まで待たなければならなかった。この間、府県と府県裁判所という二系統の裁判機関が刑事裁判を担当した。これらの裁判機関の実務担当者は、律系現行刑法典の解釈適用に腐心し、法令の適正な執行のため司法省（明法寮）に頻繁に伺を提出し、指令を仰いだ。本書は、こうした伺・指令により運用された明治初期わが国の刑事裁判体制を「伺・指令裁判体制」と呼び、その実態解明を試みたものである。以下、本書の内容を紹介する。

二　第一章「『司法省日誌』考――第一期刊行分を素材として――」　明治六年（一八七三）に刊行が開始された司法省日誌（以下、日誌と略称）は各伺・指令の内容を明示し、各方面へ伝達することを主たる目的としていた。日誌には、刑事に係わる伺・指令について、「明法寮申律課」、「司法省断律課」という二系統の伺・指令が併行して登載されており、それらは選択的に登載されていた。登載の可否については上記両課がその決定に携わったと推定されるが、可否を決定する基準については明らかになし得ない。

第二章「司法省日誌記事をめぐる一試論」　日誌発刊を契機として、府県、府県裁判所の裁判実務担当者は、日誌登載指令を通じて法の解釈、擬律や処断に関する司法省の見解を知ることになった。日誌第三号の登載指令に対し提起された五件の伺の分析から、登載指令が、当事者以外の伺出機関の担当者によって同種の事件に適用された事実があったこと、そして、日誌登載指令を、単に伺に対する個別的に有効な指令の紹介記事として位置づけるのではなく、爾後の事案の処理に参照し得る先例と考える共通の認識が伺出担当者たちの間にあったことがうかがわれる。ただ、日誌発刊に際し司法省側が登載指令にいかなる効力を付与する意図を有していたかについては明言を保留する。

第三章「問刑条例をめぐる若干の考察――法務図書館所蔵『問刑条例』および『各裁判所伺留』を素材として――」　府県裁判所から司法省（明法寮）に提起された伺のなかには、「問刑条例」なる文言を掲げて法条の解釈や擬律に係る伺をなすものが散見する。伺における問刑条例の取り上げ方および指令の対応姿勢からは、問刑条例が、擬律や処断に際し常に準拠することのできる確定的な「法源」的な効力を有していたとの推定はなし得ないが、指令を担当する明法寮や府県裁判所の判事にとって、法条改正・追加が繰り返される新律綱領下、伺を経て裁可ののち擬律・処断に適用することのできる「よりどころ」として認識されていたとの推測は可能であろう。

第四章「脱籍逃亡自首者の処分をめぐって」　脱籍逃亡者の処断に関する府県、府県裁判所から提出された伺の態様には、「現行法」を認識するために有効な基礎資料（「判断上の資料」）を掌中にしていたか否かという点に由来してあらわれた「ちがい」があった。府県裁判所判事は新律綱領の正確な適用、誤判の回避のため、司法省よりの赴任時に、問刑条例、新律条例などの実務に供する有効な「判断上の資料」を収集携帯し、それを前提にして必要に応じて伺を提出していた。これに対し、そのような資料をもたない府県の裁判担当者は、不審な事項については悉く司法省の指令を仰ぐことを余儀なくされた。脱籍逃亡自首者に対する処断は、司法省が一方的に情報を掌握し、伺・指令裁判体制を通じてのみ実現され得たものであった。そこには、裁判部門の全面的な掌握を究極の目的とし、伺・指令裁判体制をとることにより、刑事裁判をできる限りその主導のもとに進めようとした司法省側の意図が垣間見られる。

第五章「二つの埼玉裁判所伺をめぐって」　明治六年二月、埼玉裁判所の武久権小判事から連続して二通の伺が提出された。その経緯を辿ることにより、刑事裁判に際し、いささかの法解釈の矛盾、法適用の誤りを見過ごさず、疑義を質し誤謬をあらため、もって適正な法の執行に細心の意を尽くそうとする武久の真摯な仕事ぶりを垣間見ることができる。二通の伺をみると、日誌刊行以後は、武久にとって、日誌登載指令こそが、現行法を知るための資料としての問刑条例に効力的に優越する存在であったのであろうか。新律綱領施行末期にあたる明治六年初頭に、依拠すべき法源的規範の把握に試行錯誤しつつも懸命に刑事裁判の適正な執行に取り組む武久の姿に、当時の府県裁判所裁判官の姿が重なる。

第六章「『司法省日誌』登載指令の援引をめぐる一考察」　明治六年四月、三県より、日誌登載指令を、他の事例への援引を可能ならしめることを求める伺が提出された。しかし、司法省の指令は、いずれもその要求を拒否した。同年八月の司法省第一二四号布達も、府県に対し、基本的には日誌登載指令の援引を許さなかった。各府県の刑事裁判担当者が有する、日誌登載指令を司法省の意思として受容し、直接擬律における拠としたいとする意向に、明白な歯止めがかけられた。その背景には、地方官が保持してきた裁判権の行使に枷をはめ、各府県の裁判権をできる限り自らの掌中に把握しておこうとする司法省（明法寮）の強い意向が存した。明治七年（一七八四）一月の司法省第一号達は、各府県、各府県裁判所の刑事裁判担当者に、一定の条件付ではあれ、日誌登載指令の援引を大幅に許容するものであり、事実上第一二四号布達の指示を改変するものであった。第一号達により日誌登載指令は「法的効力」を持つに至った。

第七章「改定律例施行と新旧法の効力をめぐって」　明治六年、太政官第二〇六号布告をもって改定律例が公布された。同年から翌年にかけて滋賀県から提出された伺とそれに対する指令は、改定律例の施行をめぐり滋賀県と司法省の間に繰り広げられた論争とも覚しき意見交換であった。改定律例施行前の犯罪でその処断が施行後となった場合の法の適用に関する司法省の主張は、第二〇六号布告前文にいかなる解釈をめぐらしてみても導き出せるようなものではなかった。司法省が自説に固執した原因は、日誌に登載されたこの件にかかわる過去の指令に重大な誤りがあったこと、そして、滋賀県の伺はこの誤りにかかわるものであったことにある。司法省は裁判担当者の日誌への信頼と日誌自体の権威を維持し、裁判執行に混乱を生じさせないため、日誌に訂正記事を掲載することはせず、自説を正当化して滋賀県に個別の回答をすることで事態の収拾を図ろうとした。

第八章「新治裁判所在勤・司法権少判事三島毅の一側面」　明治六年五月初頭、裁判官として新治裁判所に赴任した三島毅は、日誌登載伺・指令により司法省の意向を正確に捉え、誤りなく法の適用をなしうると判断して、新律条例、問刑条例等の「判断上の資料」は帯同しなかった。三島にとっての「判断上の資料」は日誌であった。三島は常日頃から個々の日誌登載指令にあたり、その結果生じた疑義についてすみやかに正誤を質し、実務執行のよりどころとしていた。三島は刑事裁判実決に際し、日誌を最も重要なよりどころと位置づけ、それに法源性を期待していた。このことは、司法省直属の裁判官として本省の期待に応えるべく本省の意向に最大限依拠し、誤判のない適正な裁判を心がけようとした結果ととらえることができる。司法制度形成期における司法官僚の典型的な姿を三島に見ることができる。

第九章「府県裁判所創設期にみる伺・指令裁判体制の一断面」　司法省から派遣された裁判官のなかで、各府県裁判所開設とほぼ相前後して派遣された司法省判事は、かなり高い確率で新律条例、問刑条例など「判断上の資料」を帯同していた。彼らは、各府県の刑事裁判担当者が、新律綱領を運用しての具体的事案の実決に苦慮し、多くの伺をしなければならない状況を司法省で垣間見ていたため、現行法を把握し擬律科刑の参考とする目的でそうした挙に出たものと思われる。伺・指令裁判体制のなかにあって実務に邁進する司法省判事にとって、「判断上の資料」の果たした役割は小さなものではなかった。

第十章「明治初期における裁判制度について――伺・指令裁判体制を中心に――」　本章はこれまでの考察を整理し、伺・指令裁判体制をめぐる「まとめ」を試みたものである。

複雑な改正・追加のもとで運用されていた新律綱領施行下で、府県、府県裁判所の裁判担当者は、現行法の正確な認識、刑事裁判の適正な執行・誤判の回避に腐心した。各府県の裁判担当者は、太政官布告・布達、自らが発した伺への指令のほかに、情報を持たなかった。それゆえ、府県の裁判担当者が誤判を避けるためには、こまめに伺提起をなし、指令を通じて最新の情報をつかむことが、最も有効な手段であった。これに対し、明治五年代後半までに司法省から府県裁判所に赴任した裁判官は、新律綱領についての時々の現行法が何であるかを確認する困難さを十分認識していた。それゆえ彼らは現行法に関する最も有効な「判断上の資料」を携えて任地に向かった。

明治六年一月、日誌が刊行された。現行法の正確な把握が過大な負担であったことをふまえると、日誌を通じて他者の伺とそれに対する司法省の指令を知ることは、裁判担当者にとって干天の慈雨ともいうべきものであった。特に、これまで有効な「判断上の資料」を持たなかった府県の裁判担当者は、日誌登載指令の法源化を通してこの過大な負担から解放されたいという思いが強く、三県が日誌登載指令の「比附援引」を求める伺を提出した。その後、明治七年初頭、司法省は一定の条件に合致する指令について、自己の抱える同様の事案に直接充当できる旨明言し、その法源的効力を認めた。これにより制度的に司法省の擬律科刑をめぐる意向を一元的に周知させる仕組みを確立させた。

府県の裁判担当者が、「判断上の資料」を持たず大きな負担を強いられたこと、日誌登載指令の援引を求める府県へのにべもない拒否回答、これらは地方官からの司法権接取という目的のため、出来る限り府県に情報を与えず、必要であれば伺を立てて指示を仰がせることにより、地方官たちを司法省の膝下に従わせ、裁判実務を実質的に全面掌握しようとする司法省の意図のなせるわざであった。明治七年初頭、急転直下、日誌登載指令の条件付援引が認められたのは、実質的指令担当者として飛躍的に拡大した明法寮の権限縮小を目指したものと思われる。

第十一章「近代解部考序論」　利光三津夫氏は、近代の解部を、「その地位低く、その行うところは江戸幕府の調役の与力程度の職掌に過ぎない」とするが、史料から判断すると、「法律実務家としての能力の面からみても、彼らが司法省判事の属吏下僚に止まるものではなかった」。

三　以上、本書の内容を簡単に紹介した。明治初期の伺・指令裁判体制の解明は、明治初期の司法制度形成過程における「司法的運用実態」の把握にとり不可欠の課題であろう[1]。著者は早くからこの課題を、「独立した新たな法制史分野の創造への起点[2]」と位置づけ、精力的に論文を発表してきた。本書はそれらをまとめたものである。『司法省日誌』、『府県伺留』、『各裁判所伺留』等を駆使し、従来未解明であった二系統裁判機関時代における伺・指令裁判体制の実態を描き出している。同体制の実態解明に欠かすことのできない日誌(司法省日誌)に注目し、裁判担当者が日誌登載指令を、刑事裁判遂行に際し、いかに認識し取り扱ったのかを初めて詳細に明らかにされるとともに、司法省が日誌登載指令にどのような法的性格を与えようとしたのかを明らかにされた点は、本書の大きな成果であろう。日誌登載指令の「同種事件への適用」「他の事例への援引」、日誌に対する「先例としての共通認識」「法源性への期待」、日誌を「判断上の資料」（現行法を認識するための有効な基礎資料）あるいは「擬律科刑をめぐる司法省の最新の意向を知る重要な情報源」と受け止める認識、こうした府県、府県裁判所の裁判担当者の日誌や日誌登載指令に対する認識、取り扱いの動態のなかから、やがて明治七年司法省達第一号による「法源的効力」の承認が生み出されてくるそのダイナミックな叙述は、伺・指令裁判体制における日誌の役割を見事に描き出したものといえよう。

日誌刊行前に府県裁判所に赴任する裁判官が帯同したとされる問刑条例の存在を明らかにし、その果たした役割を指摘したことも本書の大きな魅力であろう。律系刑法典「刑法草書」施行下の熊本藩で明律が補充法としての役割を果たし、同藩における法源の一つとされていた(3)ことが想起される。著者によれば、中国で明律とともに並び行われた問刑条例が、府県裁判所の裁判官たちの間で、擬律・処断に適用するための「よりどころ」として認識され利用されていた。では、府県の裁判担当者たちは利用していなかったのであろうか。本書ではこの点について否定的なニュアンスがうかがわれるが、著者は、この点は今後の検討課題とされている。近世から明律研究が全国各地で行われていたことを考えると、府県の裁判担当者の間で問刑条例を所持し、法的素材の一つとして利用していた者がいても不思議ではないように思われるが如何であろうか。なお、問刑条例は新律綱領頒布の年の明治三年に大阪で出版されており(4)、「判断上の資料」として府県の裁判担当者が買い求めたということはあり得るようにも思われるが…。著者の検討結果を期待したい。

近世から近代への訴訟手続構造の変化は、伺・指令の往復という上下運動の繰り返しにより訴訟が遂行されるという特徴を有する「垂直的手続構造」から、欧米の司法制度にならった審級制のもとで一つの機関において自己完結的に訴訟が遂行される「水平的手続構造」への変化と捉えられている(5)。本書の伺・指令裁判体制は、いうまでもなく前者の「垂直的手続構造」に属する。しかしそこでは、司法省を含めた全国の裁判関係者の間でという限られた範囲ではあったが、一定の公共空間で、法の解釈適用をめぐる議論が共有されていた。本書は、同じ「垂直的手続構造」という特徴を持ちつつも、近世のそれとは大きく異なる「移行過程(6)」期のその特徴を描き出しており、司法史研究に貴重な成果をもたらした。

四　本書を読んで若干感じたことを書かせていただく。それは、本書において極めて重要な位置を占めると思われる日誌（司法省日誌）についてである。著者によれば、日誌は各伺・指令の内容を明示し、かつそれを各方面に伝達することを主たる目的としていた。各伺・指令の内容を伝達することで、司法省は何を目指したのだろうか。伺・指令裁判体制のもとで司法省は、そもそも何のためにこの日誌を刊行して各方面に頒布したのだろうか。この点について本書は明言を避けている。史料上、むずかしい注文かも知れないが、この「日誌刊行の目的・意図」が明確に説明されていたならば、日誌刊行後に伺・指令体制のもとで日誌が果たした役割や、日誌をめぐり司法省が示した曲折した動きが、日誌刊行当初の目的・意図から見てどのように評価することができるのかを、もう少し明確にすることができ、その意義についても一層理解が深まるのではあるまいか。

（1） 岩谷十郎『明治日本の法解釈と法律家』慶應義塾大学出版会、二〇一二年、一四二頁。

（2） 霞信彦『明治初期刑法の基礎的研究』慶応通信、平成二年、「はじめに」二頁。

（3） 小林宏『日本における立法と法解釈の史的研究　近世』汲古書院、平成二一年、一七三頁以下、高塩博『『大明律例譯義』について』（小林宏・高塩博編『高瀬喜朴著　大明律例譯義』創文社、平成元年、七三二頁）参照。

（4） 早稲田大学附属図書館所蔵『問刑条例』参照。

（5） 三阪佳弘「近代法体系の成立――司法制度の展開を素材として――」（明治維新史研究会編『立憲制と帝国への道　講座明治維新5』有志社、二〇一一年、二二六、二二七頁）、橋本誠一『明治初年の裁判――垂直的手続構造から水平的手続構造へ――』晃洋書房、二〇一七年、「はじめに」二頁等参照）。

（6） 橋本・上掲書「はじめに」参照。

（大平　祐一）

新井勉著『大逆罪・内乱罪の研究』（批評社、二〇一六年）

一　本書は、これまで長年にわたり、わが国における大逆罪・内乱罪に関する論文を発表されてきた新井勉氏が、その成果のうち体系性をもつ八編を収録された一書である。収録外の論文を含めた関連業績の全容は本書二八三頁以下に列挙されているが、そこに掲げられた本書未収録論文も含めて通読することにより、大逆罪・内乱罪をめぐる氏の思索をたどることが可能となる。なお、本誌では過去、五八号・六〇号・六四号の三度にわたり、書評で関係論文を取り上げている。一部には、本書所収の原著論文を取り上げたものもあるため、それらも合わせてご参照いただきたい。

二　まず、本書の構成を示したうえで、各章の概略を紹介したい。紙幅の都合から、各章の考察の一部分のみを抽出することになるが、ご容赦いただきたい。

七　仮案の大逆罪、内乱罪
八　昭和後期以後の内乱罪

本書のうち第一章から第三章は前近代を対象とし、後年の大逆罪・内乱罪に関わる法文とその事例について論述する。また、序説でも前近代の語義に関して重要な指摘がなされている。

一章では、わが国古代の律に規定される謀反や謀叛の概念を取り上げ、両者ともに母法である唐律の概念を受け継いでいたとする。具体的には、わが国古代の謀反が、唐律に倣い、天皇の生命や身体に危害を加える場合と、王朝を顚覆させる場合との二者を含んでいたこと、謀叛とは、正統な現王朝を離脱して外国・偽政権への寝返りを図ることを指していたと指摘する。その上で、『日本書紀』や『続日本紀』にあらわれる謀反・謀叛の実例を検討し、『続日本紀』中の長屋王の変、井上内親王廃后事件、氷上川継事件、橘奈良麻呂の変といった謀反の記事に拠りながら、その法的処理が律の規定よりも柔軟であったと結論づけている。

第二章では、中世における謀叛を論じる。著者は、中世の史料上では謀反と謀叛の概念に混同が生じることを指摘するとともに、その根拠として、対外関係の希薄化に伴って両者を区別する必要と実益が失われたこと、反と叛とを区別しうる日本語の不存在といった先行研究の指摘に理解を示す。その上で、公家法・武家法の謀反・謀叛について、それぞれ節を分けて検討する。公家法の謀反を扱う第二節は、八世紀から承久の乱にいたるまでの謀反に相当する事例を取り上げ、平安期における死刑廃止などの周辺事情と絡めて描写する。第三節は、武家法における謀叛の対象の変化に注目する。著者によれば、御成敗式目の段階では、朝廷を対象とする謀叛が念頭に置かれていたが、宝治合戦以降の追加法では、謀叛の対象が将軍（鎌倉殿）へと変化しているとのことである。

第三章ではまず、先行研究を整理する中で、江戸幕府の法令にみえる叛逆と逆罪（主殺し、親殺し）の違いに言及し、逆罪は中世初頭までに仏教上の概念として成立した言葉で、叛逆の概念からは外れているとする。続いて、江戸幕府では、律のように体系的な叛逆法制の整備は行われなかったものの、その初期には武家諸法度や諸士法度を通じて叛逆の規制を図っていたと述べる。さらに著者は公事方御定書にも検討を加え、御定書には叛逆を罰する規定がなかったとの先行研究の理解に対して、第八一「人相書を以御尋に可成もの之事」中、第一に「公儀江対し候重キ謀計」が掲げられていることなどに注目し、ここに叛逆の陰謀や予備といった行為を読み込んでいる。

なお、序説では、明清律において生じた謀反・謀大逆の意味の変化が、近世におけるわが国の律令解釈に影響を与えたと指摘する。すなわち、元来は「皇帝の生命や身体に危害を加える、あるいは廃位する場合と、王朝そのものを顚覆させる場合の二者を含む罪として把握」されていた謀反が、近世以降の明清律解釈の受容を経て、「王朝、ないしは国家を攻撃する罪」である謀反と、「皇帝を攻撃する罪」である大逆（謀大逆）とに変更されたとの理解である。

第四章から第八章は近代以降を対象とした論考で、取り上げる概念の連続性からみれば、これらの章で一部を構成するといってよいであろう。

まず第四章では、明治政府の成立後、明治一三年刑法以前の諸法令を対象として、叛逆に係る規定の生成や消滅、その背景を探る。明治元年の仮刑律では、養老律と同様に八虐六議をおくとともに、賊盗律に謀反大逆・謀叛条を設けてそれぞれ厳罰に処した。しかし、明治三年の新律綱領および同六年の改定律例では、こうした規定が一切おかれていない。その理由について、著者は本章冒頭で検討を加え、戊辰戦争で敗れた旧支配層への厳罰を望まない明治政府の政治的必要性に起因するものであったとの説を採る。また、施行にはいたらなかったものの、明治七年に成立した校正律例稿に謀反大逆律がおかれていたことや、相次ぐ士族反乱の法的処理を行うため、明治九年に臨時暴徒処分例が設けられ、運用されたことなどにも言及する。

第五章では、明治一三年刑法に大逆罪・内乱罪が規定される経緯、および同法公布後に生じた改正論について詳述する。特に、フランス刑法の規定が明治一三年刑法に取り込まれる過程については、詳細な検討が加えられている。著者によれば、明治一三年刑法が大逆罪・内乱罪をおいたのは、西洋刑法を模倣する必要性や、罪刑法定主義の認識によるものでったという。しかしその一方で、大逆罪を第二編第一章皇室に対する罪に、内乱罪を同第二章国事に関する罪に分置した方法は、一九世紀ヨーロッパの刑法典に例をみないやり方であった。それではなぜ、そうした特異な配置になったのか。著者は、次のように論証を進める。まず、明治九年にボアソナードが起草した原案では、両者とも第二編第一章におかれ、この配置は明治九年末にできあがる第一稿まで維持された。しかし、明治一〇年一月から始まる第一稿の見直しにおいて、編纂委員らは、天皇・皇后・皇太子の身体に対する犯罪（大逆罪）は通常罪であり、皇室顚覆・皇権拒絶・皇嗣順序紊乱を目的とする犯罪（内乱罪）は国事犯であるから、別々の章に置くべきと主張する。著者は、編纂委員らの主張の背景に、明治八・九年にかけて行われたボアソナードによるフランス刑法講義の影響をみる。そして、こうした編纂委員の主張が受け入れられたことで、明治一三年刑法の大逆罪・内乱罪は、日本独特の構成をとることになったのである。なお、第二節では、明治一三年刑法の施行直後に作成された各種の改正案を検討することによって、井上毅が大逆罪・内乱罪の分置に強く反対し、律にみられる大逆や謀反の概念を刑法に取り込むべく、両者を同一の章におくよう主張したことが明らかにされる。

第六章では、明治一三年刑法の制定から明治四〇年刑法の確定までの間に、大逆罪・内乱罪をめぐって生じた議論が紹介される。著者はまず、明治一三年刑法一一一条に規定される「朝憲紊乱」の字義を検討し、編纂関係者やその後の政府当局者の間でこの語の概念は必ずしも明確ではなく、一般条項のような位置づけが与えられていたこと、その一方で、大審院や、のちに「改正刑法仮案」の編纂に携わる小野清一郎らは、「朝憲紊乱」の語を限定的に解釈する傾向にあったことを指摘する。続いて大逆罪の検討に移り、同条の文言「加ヘントシタル者」の意味に注目する。なぜなら、編纂関係者や注釈書の見解は、この語が未遂犯を指すか、予備・陰謀を含むと読むかという点で割れており、その相違が改正論の中にもあらわれてくるためである。明治二四年の第一議会に提出された刑法草案は、未遂・予備・陰謀をそれぞれ明示的に示すとともに、予備・陰謀については刑を逓減する形で規定した。しかしその後の改正案は、いずれもこの文言に手を加えておらず、そのまま明治四〇年刑法に踏襲されることになる。さらに、内乱罪をめぐっては、明治一三年刑法一二一条の「朝憲紊乱」に「皇嗣ノ順序ヲ紊乱スル」ことなどが含まれると考えられていたため、同条が大逆罪の要素を含んでいる――著者の表現によれば大逆規定と「交錯」している――として、この部分に関する議論が検討される。第一議会に提出された草案では、内乱罪は皇室に対するものと政府に対するものとに分けられ、処罰についても後者は一等を減じる形で規定されていた。しかし、明治二八年改正案以降、内乱罪の条文構成は明治一三年刑法のものに戻される。そして、刑法改正の審議では、西洋刑法の影響を受けて、政治犯への死刑廃止が重ねて要求されるが、その際にはむしろ、内乱罪にいう「朝憲紊乱」が皇室に対する罪を含んでいるため、死刑の廃止は適切でないとの反論が展開される。こうした議論の結果、内乱罪についても、明治四〇年刑法は、明治一三年刑法の構成を踏襲するのである。

第七章は、昭和二年六月の刑法並びに監獄法改正調査委員会設置から、昭和一五年四月の「改正刑法仮案」作成までを対象として、大逆罪・内乱罪に関する議論をたどる。「改正刑法仮案」もまた、各則の第一章に皇室ニ対スル罪を、第二章に内乱ニ関スル罪をおいている。このうち第一章の大逆罪に関しては、大正一五年に作成された「刑法改正の綱領」にもとづいて、天皇に対する罪を独立の条文とし、また不敬行為について規定を新設するなどの変更が加えられた。一方で第二章の内乱罪については、幾つかの点で大きな変化・議論があった。まず、昭和二年から刑法改正案起草委員会で審議された「刑法改正予備草案」において、内乱罪を、国体変革に関わる内乱罪（反逆罪）と、その他の内乱罪とを区分して規定する案が作成された。さらに審議が進む過程で、泉二新熊は、国体変革に関わる内乱罪（反逆罪）を第一章・皇室ニ対スル罪に配するよう求めている。ただし、泉二の提案は実現せず、最終的に「改正刑法仮案」では、第二章に反逆罪とその他の内乱罪とが別々に設けられることになった。また、昭和一三年以降、刑法並びに監獄法改正調査委員会で行われた審議においては、内乱罪の概念に関して、内閣を倒壊する目的の暴動を処罰できるように拡張したいとの意向が起草委員の側にあり、これについて激しい議論があった。その論点は、暴動を意味する「政府ヲ変乱シ」の語と「朝憲紊乱」とを条文中いかに配置するかという問題や、ごく普通の倒閣運動を含んでしまうのではないかとの懸念、従来の判例を支持し内乱罪概念の拡張に反対する意見など、多岐にわたっている。著者はこうした議論を追いながら、最終的に「改正刑法仮案」中の内乱罪の概念（構成要件）が拡張されたと結論づけている。なお、著者は、こうした議論の背景には、まさに当時頻発していた軍人・右翼によるクーデターなど緊迫した社会情勢があったと指摘し、資料を利用しつつそのことを説得的に証明している。

最後に第八章は、戦後における大逆罪・内乱罪の移り変わりを、「改正刑法草案」や平成七年の表記平易化まで射程に入れて追跡する。大逆罪に関しては、昭和二一年から翌年にかけて、マッカーサーの指示に基づいて不敬罪とともに削除される過程を一瞥する。内乱罪に関しては、昭和三六年に発表された「改正刑法準備草案」中の同条で、従来用いられてきた「朝憲紊乱」の語が姿を消したことを指摘し、その理由について検討する。著者は、「朝憲紊乱」の語を廃止する側の論拠に疑義を示すとともに、そこにドイツ法の考え方が影響を与えていると評価する。また、準備草案の編纂関係者たちが「(改正刑法)仮案作成当時に比べて治安情勢は一そう悪化している」（二六七頁）との認識を示していることを捉えて、同条が、保革対立という情勢下のもと、「自由主義国家の統治の基本秩序を革命の火の手から防御する」（二六八頁）ために構成されたと指摘する。その上で、平成七年に行われた刑法の現代用語化において、内乱罪の条文変更は、必ずしも現代用語化にとどまるものではなく、準備草案の考え方が取り込まれたものであったと評価している。

三　本書は、大逆罪・内乱罪とこれに関係する法条・事例を網羅的に掲げて通史的に検討を加えた、初めての研究書といえる。本書の記述が全編を通じて、該博な知識と、丹念な史料の博捜・分析を元に描かれていることについては異論のないところであろう。また、新井氏の手になる文章に通じる特徴ではあるが、読み手を惹き込む流れるような描写は本書においても一貫している。

本書の意義の一つとして、各時代における謀反・謀叛、近代の「朝憲紊乱」をはじめとする語句の意味とその変化を詳細に分析されたことを挙げられよう。著者の指摘する古代と近代における謀反・謀叛の意味の違いや、近代の内乱罪やそこに記された「朝憲紊乱」の意味について、先行研究はそこまで自覚的に捉えてはいなかったように思う。本書で提示されたそれらの視点と考察は、当時の法制度とその背後にある観念に対する読者の理解をより重厚なものとしてくれる。

さらに、近代の大逆罪・内乱罪を考察する際には、各草案の内容、編纂関係者の見解はもちろん、母法たるフランス法・ドイツ法や学説・判例にまで目を配った上で、順を追って検討を加えている。ここで提示・整理された情報と理解は、現時点における大逆罪・内乱罪研究の到達点といえるものであり、本書の内容は今後、本テーマを研究する者にとっての立脚点となるに相違ない。

四　なお、最後に一点、本書を受けての今後の展望について、評者の所感を記させていただきたい。それは、特に近代を扱う第四章以降において論じられた各条の審議・制定過程、諸学説の検討に関して、それぞれの相関関係や背景を、さらに一歩踏み込んで検討することが可能ではないだろうかとの期待である。例えば第五章では、鶴田晧と井上毅が学問上同じ系譜に属することが指摘されているものの、鶴田が関わった明治一三年刑法の審議段階と、その施行後の井上による修正案では、条文配置はもとより、背景にある国体（天皇の位置づけ）理解も異なるように思われる。また、明治四〇年刑法にいたる道のりに関しても、第六章の記述によれば、明治二四年までの改正論とそれ以降の改正論との間には、一定の断絶がある。本書においては、こうした変化・相違の存在は各所で言及されるものの、その背景について答えが用意されていない場面が存在する。もちろんこれは、実証的かつ謙抑的な考察を是とする著者の研究手法によるものと思われるが、変化の背後にある政治・社会情勢、法学の担い手やその学識、国家観等について考察が加えられることにより、本書で描かれた著者の立論にはさらに厚みや説得力が増すものと思われる。近年、実定法学の側から立法沿革や歴史的な学説・判例に注目する研究が増えつつある中で、法を取り巻く周縁事情を取り込んだ立論を行うことは、法制史学（法史学）のあるべき方向性の一つではないかと考えている。本書が切り拓いた到達点に、今後、そうした観点からの肉付けを試みることは、十分に可能ではないだろうか。

最後になったが、本書評における評者の誤読・誤解はもちろん、礼を失する表現の数々について、著者および読者の皆さまにご海容を賜れれば幸いである。

（兒玉　圭司）

小林宏「令集解のなかの義解学―伴記の法解釈を中心として―」（『國學院法学』五四―一）

同「異質令集解のなかの義解学―「私」の法解釈を中心として―」（『國學院法学』五四―三）

戦後、令集解の研究は大いに進展したが、昭和四十年代から五十年代にかけて集中した集解研究は、もっぱら諸私記の成立年代や著者の推定を中心としたものであった。その結果、古記・令釈・穴記・跡記など諸私記の研究はずいぶん進んだ。岩波書店の『律令』（岩波書店、昭和五十二年）に附された井上光貞「日本律令の成立とその注釈書」は、それまでの先行研究に私案を交えた包括的な論文として、当時の研究の到達点を示すものであった。

ただ、まだ解明されねばならない点が数多く残されていたにもかかわらず、この方面の研究は以後下火であった。私事にわたるが、筆者が先学諸説を蒐めて『令集解私記の研究』(汲古書院、平成九年)を編輯したのも、研究の活性化を期待してのことであった。

しかし、その後もこの分野の研究は活発とは云えず、いささか淋しい思いをしていたが、このたび、小林博士の二篇の論文に接し、まさに空谷に跫音を聴く思いであった。

著者の研究を一言で云えば、集解私記に引用される義解文の分析を通じて、天長十年(八三三)に出来た義解が、その後の明法家にどのように受け入れられていったのかを描き出そうとした労作である。

まず、第一論文の「令集解のなかの義解学」は、副題にもあるように伴記を取り上げたものである。集解所引の私記の多くは、義解撰進以前に成立していたものである。そのため、そこには義解の引用は認められないが、わずかではあるが義解を引いた例が存在する。伴記がまさにそれである。

著者によれば、伴記が義解に対しておこなった作業としては、義解文の解釈とその応用があるという。具体的には、①義解文を訓詁学的に文理注釈するとともに、先行学説を引用してさらに論理的に説明する、②令文の解釈に際して、関聯条文の義解を引用し、義解文を広く養老令一般の解釈と適用に資する、という二点である。そして、①・②は、同時におこなわれることもあるという。これらの点から、著者は、伴記が令文だけでなく、義解文も研究対象としており、いわば義解学の先駆をなしていると指摘する(ちなみに、著者は、伴記の作者については、伴良田連宗とする瀧川政次郎博士の説を「正鵠を射ている」として支持している)。

また、これと関聯して、穴記の書き入れにみえる「或云」に義解文の引用がみられることから、義解文を法源としてさらなる法的な諸問題を提起しようとしている傾向があることも指摘。著者によれば、これは、当時、明法家のあいだで義解文が重視され、研究対象となりつつあったことを示すものであり、そこには伴記に通じるものがあるという。

さらに、著者は、諸私記の文のあとに引かれた「私」の文にも注目。著者によれば、これが集解編者やその関係者の書き入れならば、編者は、当該令文や諸私記の理解に資するために、関聯する義解文を引用した可能性が考えられるという。

伴記が訓詁学的な注釈であることは、はやくから指摘されていた。しかし、著者は、それを一歩進めて、法解釈の視点から分析。そこに「義解学の先駆」としての意義を見出したのであって、本論文は、まさに集解私記の研究に新機軸を打ち出す好論である。

ところで、伴記をはじめとする集解諸私記と義解の関係を考察するのであれば、当然のことながら、巻一・二十・三十五、すなわち異質令集解についてふれないわけにはいかない。周知のように、これら三巻は後補だが、同一明法家の手になるもので、しかも、そこには「義云」として義解説が引用されているのである。

むろん、著者もこれを重視しておられるのであって、第二論文「異質令集解のなかの義解学」では正面からこの問題を扱っている。

著者が注目するのは、注記の文にみえる「私」「私案」である。著者は云う、この「私」が異質令集解の編者ならば、これを分析することで、編者自身の思考を解明することができるし、それは異質令集解編纂の意図や目的を探る手がかりにもなる、と。

そこで、著者は、巻二十・三十五の「私」「私案」を詳細に分析（巻一には「私」「私案」は一例づつしかないので、これは除外）。その結果、「私」は、義解文を解釈し、その意味の把握につとめるとともに、いっぽうで、その義解文をひろく養老令一般の解釈と適用に資するための作業もおこなわれていることを指摘。著者のみるところ、こうした作業には、令義解成立以後における義解の研究（義解学）の成果が取り入れられているのであって、「私」の師にあたる「師説」の影響もあるという。

ここで注目したいのは、「私」が義解文を解釈するに当って、他条や同条下文に附された義解文を援用する点にふれ、著者が「すでに義解全体を一つの法体系をもつ法源と考える認識が成立していたことが窺われ」るとのべている点である。この傾向が伴記や穴記書き入れの「或云」にも認められることは、すでに第一論文に指摘があるが、著者によれば、「異質令集解では、その傾向が更に一段と顕著」だという。また、「私」は、先行学説を論評する際に、しばしば義解説を標準としてその可否を積極的に論じ、判断を下しているが、これは、「私」がたえず義解説に立ち帰って、その解釈が義解説の趣旨に反していないかどうか自問自答している結果だという。著者は、こうした「私」の作業を、義解説が次第に権威をもち、明法家の間に普及した結果だとみているのだが、これは穏当な結論であろう。

ちなみに、著者は、①貞観・延喜の律令講書では、義解を素材として、博士や参加者が問答形式で令文の解釈を進めていること、②異質令集解の注釈形式が律令講書記のそれに類似していること、などから、講書が異質令集解の法解釈や技術に大きな影響を及ぼしたと考える。

ところで、著者は、異質令集解のもつ形式上の特徴、すなわち、異質令集解が義解文の位置を移動させたり、義解文を一括して記載せずに分割して注記する点にも注目する。こうした異質令集解の特徴は、すでに宮部香織氏の指摘するところであるが、著者は、これを、義解説の法的効力が滲透して、義解文そのものの解釈や研究が重んじられた結果だと考えている。これまた、妥当な推論であろう。

なお、著者は、異質令集解と政事要略の関係にも目を向ける。まず、要略に引用された義解文の位置が、令義解よりも異質令集解に類似する点にふれ、これが異質令集解の成立時期を探る手がかりになると示唆。これに加えて、異質令集解が、義解説以外の先行学説を「或云」と記載する点が、要略や法曹類林等にみえる法家の勘答類の引用に類似することをあげ、異質令集解の編者は、時代の趨勢をうけて、義解説と先行学説を明瞭に対比するためにあえてそうしたのだとみている。こうした指摘は、いずれも異質令集解の本質にかかわるものである。今後、要略との関聯性は重要な課題となるであろう。

さて、以上が第二論文の概要だが、著者は、これを踏まえ、法書としての異質令集解の特色が、義解文を広く養老令（義解をもふくむ）一般の法解釈に活用する点にあるとしている。そして、同書が編纂されたのは、明法家による実務遂行のために、義解を正しく理解し、その欠缺を補充する点にあったと考えるのである。

これまでの集解諸私記の研究が、ややもすると成立年代や撰者の推定に偏したことは冒頭でのべたとおりだが、著者のそれは、法解釈の視点から、集解の内面に切り込んだものである。これによって、われわれは、義解の存在意義を法解釈の歴史のなかで把握することが可能になったのである。その意味で、ここに紹介した二論文は、集解研究に新たな局面を拓くものとして高く評価されるべきだと思う。

考えてみれば、私記の成立年代や著者を活発に論じたのは、おもに歴史学者であった。刪定令を引用するから、跡記は延暦十年以降の成立であるとか、延暦十二年三月に摂津職が廃止されたことを知らないから令釈の成立はそれ以前に限定されるといった考証は、古代史家の得意とするところである。瀧川博士は、こうした国史系の法制史研究者を「文科派」と呼んだ。文科派による研究も有意義ではあるが、それによって、私記の内部に包含される法思想が解明されるわけではない。その意味で、このたびの著者の論文は、法書としての集解の深層に迫るものであり、法史学としての律令研究の真骨頂である。瀧川博士の云う「法科派」の面目躍如たるものがある。

ところで、著者のように異質令集解を把握するとしたら、当然のことながら、これと通常の令集解との関係が、つぎなる難問として立ちはだかる。周到なる著者は、この点についても、すでに「「異質令集解」試論」（『國學院法学』五四—四）という別稿を公にしている。著者によれば、異質令集解とは、通常の令集解を主たる素材として、それに引載された先行学説（諸家の令私記）に対し、私見による一定の評価を下し、先行学説やその内容に取捨選択を施して新しく再構成した養老令の注釈書だという。そして、それは、義解の理解・補充を通じて、明法家の実務に資することを意図したものだったという。

興味深い論旨だが、この論文は、二〇一七年の発表にかかるもので、次号論評の範疇である。それゆえ、ここでは、これ以上立ち入らないことにする。

（荊木　美行）

山本康司著「南北朝期室町幕府の恩賞方と仁政方」

（『日本史研究』六四五）

南北朝期の室町幕府の組織については、諸機関の相互関係が複雑で、時期による変容が大きいことが知られており、これまでにも多くの研究がなされてきた。山本康司氏の本論文（以下、本論文）は、そうした諸研究のなかの最新の論考で、恩賞方と仁政方という二機関を取り扱うものである。

内容としては、室町幕府の制度史・政治史を中心に研究し、最近一般書を矢継ぎ早に刊行していることで知られる亀田俊和氏の論文「南北朝期室町幕府仁政方の研究」(1)（以下、亀田論文）を批判するものとなっており、その亀田氏が、本論文の刊行（二〇一六年五月二〇日）から早くも半年後（同年一二月一日）に七節にわたる反批判論文「仁政方再論―山本康司氏の批判に接して―」(2)（以下、亀田反批判）を発表したことと合わせて、評者の周辺でもひとしきり話題となった論文である。

本論文第一章では恩賞方を取り上げ、恩賞方で理非糺明をおこなわないことを論じ、恩賞方・引付方（内談方）間の移管事例を確認しているが、本論文の評価にとって中心となるのは、第二章の仁政方に関する部分であろう。

仁政方については、これまで手続過誤救済機関とする説や、将軍親裁機関とする説などがあったが、これに対して近年亀田氏が、執事が主催する、下文施行状を発給するための場だという新たな理解を提示した。しかし、亀田氏が議論の起点とした暦応四年（一三四一）の室町幕府追加法七条（本論文【史料8】）の解釈には違和感があり、その解釈を下敷きに諸事例を位置づけていく氏の論述には危うさを感じるところであった。そのため、本論文を手にした際には、その亀田論文を初めて批判する論考として、興味深く拝読した。

具体的にいえば、①これまで漠然ととらえられていた仁政方を、評定の一類型たる「仁政沙汰」と、その下部機関の二重構造からなるものととらえた点が興味深く、それを踏まえつつ、②仁政方とは、将軍自身が理非糺明をおこなう場であると規定し、③下文施行状が、この仁政方ではなく、恩賞方で発給されていたと論じている。

このうち②③が亀田論文への批判だが、同論文以前の旧説で説かれてきたところと近い部分もあり、この時代の幕府制度の史料に接している評者には、結論自体としては評価すべき部分があるように感じられた。また、①の見解によって整理できる事柄もあるように思われ、そのような点に本論文が発表された意義をひとまず認めることができると考えている。

しかしそのことは、本論文に問題のないことを意味しない。実のところ本論文は、全体を通して論述に不十分な点が多く、論考としては問題が多いといわざるをえない。

たとえば著者山本氏は②について、延文二年（一三五七）閏七月の深源申状にみえる「仁政御沙汰」に関する記事（【史料9】）を、鎌倉幕府の「重事直聴断」に結びつけるかたちで論じている。しかし、唐突に「重事直聴断」が出てくる必然性が論述上よくわからないうえ、この深源申状はいくつかの点で位置づけが難しい史料である。これは単独で使用するのではなく、仁政方の史料としてほかに知られる貞治三～永和三年（一三六四～七七）間の六例――比較的情報量が多く、亀田論文以前の研究で重視されていたものである――を使って補いつつ、総合的に結論を導き出していく必要があっただろう。

②の主張のうち、たしかに仁政方を将軍主催の場とする点自体は、本論文も参照する至徳二年（一三八五）の「御評定着座次第」の記事（【史料2】）から想定できなくはない。とはいえ、将軍ではない足利直義や管領細川頼之が政務をおこなう時期もあるため、そのような時期的変遷を念頭に置いた上での丁寧な説明が求められる。また、仁政方で理非糺明がおこなわれていたという点については、論拠すら挙げられていないようにみえる。以上のような諸点についていては、旧来の研究で指摘されてきた諸史料を一通り使用し、丁寧に論述を進めていけば、それなりに説得的な論述をおこないえた部分もあったと思われるだけに、惜しまれるところである。

問題はそれだけではない。第一章には、恩賞方で理非糺明をおこなわなかったことを論じて田中誠氏の見解[3]を批判する部分があるが、挙げられた史料（【史料5】）を見ると、恩賞方に訴人論人双方が申状を提出し、そこで「対論」までおこなわれている。その情報を踏まえて、なぜ「理非糺明をおこなわなかった」という結論に至るのか、理解できなかった[4]。そう言いたいのであれば、理非糺明というものをどのように考えるのかについてもう少し踏み込んだ論述が必要だっただろう。このように論述に不十分さを感じる箇所が、全体を通して非常に多かった。

以上に具体的に挙げた諸々の問題点は、亀田反批判に挙げられているものと重なる部分も多く、正直いって亀田反批判でおこなわれた本論文の問題点に関する指摘には、的確なものが多く含まれているように感じられた。このような「論争」を見て、もとの亀田論文の説のほうが実証的であると感じてしまう読者も多いと思われるだけに、本論文の数々の問題点については残念に思うところであった。

しかしそれでも、本論文と亀田反批判による「論争」の一部には重要な知見が含まれているように見受けられるし、本論文で批判対象に挙がっている田中誠氏の論考のように、事実を丁寧にあとづける研究が蓄積されているのも事実である。今後この分野がさらに発展することを心より期待したい。

（1）　亀田『室町幕府管領施行システムの研究』（思文閣出版、二〇一三年、初出二〇〇六年）。

（2）『ぶい&ぶい』三〇号（二〇一六年）。
（3）田中「初期室町幕府における恩賞方」（『古文書研究』七二号、二〇一一年）。
（4）田中説を認め、ある程度までの糺明を恩賞方がおこないうる点を評価する方が③の傍証になるように思われるだけに、この点はご一考いただいたほうがよいように思われた。

（山田　徹）

島津毅著「中世京都における葬送と清水坂非人」（『史学雑誌』一二五―八）

本論文は、中世京都の葬送のプロセスと担い手について緻密な分析を重ねてこられた島津毅氏が、従来の通説である、清水坂非人（以下、坂非人）が京中の「葬送権」を掌握したとする説に反証を行ったものである。

従来説は、馬田綾子氏が「中世京都における寺院と民衆」[1]で論じられたもので、要点は次の通りである。第一に、一三世紀末、叡尊の『感身学正記』建治元年八月一三日付「非人長吏起請文」にみられるように、坂非人は葬場へ持ち込まれた諸道具を没収しており、その前提として坂非人が葬送を担っていたと想定する。第二に、一四世紀半ば、『祇園執行日記』にみられるように、坂非人は葬送に直接関与せずとも輿など葬送の道具を要求しており、このことから坂は京中の葬送を統括していたと考える。第三に、一五世紀にはこの「京中葬送権」をもとに、坂は京中の寺院に対し「免輿」＝輿の使用免許、つまり独自に葬送を行う免許を与えたとする。

これに対し田良島哲氏や高田陽介氏が、坂非人は葬送自体には関与しておらず、「葬送権」ではなく葬具や施物を受け取る「被施行権」として見直すべきと論じ、三枝暁子氏も、坂非人が葬具取得を主張したのは彼らが所属する祇園社・山門関係者の葬送に限られることを論じた[2]。

通説への突破口というべきこうした批判を踏まえて、本論文は、同年の論文「中世後期の葬送と清水坂非人・三昧聖」[3]とともに、中世全体を通した葬送をめぐる坂非人の権益について論じている。通説の「葬送権」は、葬具や施物を受け取る権益の存在から、いわば逆算して想定されてきたが、本論文では、第一章で坂非人が葬送で諸道具類を取得した権利の由来を明らかにし、第二章ではその権利が中世後期にかけて、なぜ、どのように変質したかを論ずる。

第一章では、坂非人の葬具取得の権益が確立する以前の一〇～一三世紀、葬具がいかに処分されたかを検討し、火屋・荒垣・鳥居などの葬場施設類は近辺無縁寺などへ分給され、のちに坂非人の得分になったこと、輿・御車等の葬具・調度品は「上物」と呼ばれ、茶毘の間に葬場で焼却されたことを指摘する。そしてこれを踏まえて、坂非人の葬具取得の権益を示す建治元年八月一三日付「非人長吏起請文」の文言を再検討し、坂非人の葬具取得は、葬送や茶毘の対価ではなく、焼却される上物の施行を受けるようになったことに由来すると論じた。ただし「非人長吏起請文」では施行を求める表現とはいえなくなっているが、その背景として、一三世紀には坂非人が鳥辺野を乞庭すなわち公権力の保証を受けうる縄張りとして確立しており、葬具取得は被施行を越えた強い権益となっていたと主張した。

第二章では、中世後期におけるこの権益の変質を論ずる。平安中期以降、京都の都市民の主な葬送の場は鳥辺野などであったが、鎌倉期には京都の周縁部、室町期には中心部にまで墓地が進出し、各寺院が寺内組織によって葬送を行ったり境内墓地を創設するようになり[4]、鳥辺野を乞庭の縄張りとしていた坂非人は権益の減少を余儀なくされた。筆者はこれらを踏まえ、中世後期の坂非人から寺院への「免輿」は、通説の論ずるような「京中葬送権」を分かち与えるような免許ではなく、本来鳥辺野で得られるべき権益が減少した補償として、寺家にいくばくかの権益を求めたものと評価する。

なお先行研究では、非人の重要な生業の一つである「キヨメ」(=遺棄死体処理)を「葬送」と同一視し、非人が遺棄死体の衣裳を取得することを、葬送における葬具取得と同じとみなすことが多かったため、坂非人の葬送関与を過大評価することにつながったと筆者は指摘する。同時代の史料では葬送とキヨメは区別して観念され、葬送は故人の近親者が関与しており、その実態については筆者の「中世における葬送の僧俗分業構造とその変化」[5]において緻密な検討がなされている。

以上が本論文の論旨である。評者は身分論・葬送史ともに不勉強で、筆者の緻密な研究から学ぶことばかりであったが、本論文を中世京都における諸権益をめぐる研究として位置づけることで、書評の責めを塞ぎたい[6]。

中世京都をめぐっては、多様かつしばしば変転する主従・所属関係のもとで、錯雑した権益が主張され、そのルーツや継続的な実態について、正確に知ることは難しい。本論文はそれらを厳密に遡ろうとした取り組みである。とりわけ、「坂非人に京都全体の葬送権があり、それを各寺院に分かち与えた」のではなく、「坂非人が鳥辺野に集中していた権益の実態を失ったがゆえに、それを補完するように京都全体の薄く広い縄張りを主張した」という指摘は興味深い。これは同じ時期に、大山崎油神人が、商業独占の実態を失いながら、訴訟では広い縄張りを主張し徴税権者化してゆく傾向と相通じる[7]。

また、こうした権益と徳政令との関係も興味深い。徳政令発令のたびに坂は「免輿」を認めた寺院と交渉し、礼銭を払うか「古輿を返す」かという選択肢を提示する。「免輿」とは、通説では輿の使用免許、筆者は輿の差出し免除であるとされる。しかし、通説ならば輿は坂非人のものだが、「差出し」と解釈するならば輿は寺院のもので、「返す」と表現することには違和感が生じる。同時代において、輿の所有権は坂と寺院のどちらにあると理解されていたのだろうか。坂非人の輿の権益は、徳政令をめぐり、金銭や土地ではなく権益が問題となる稀少かつ興味深い例であり、法制史からも議論をさらに深めてゆければと考える。

(1)『日本史研究』二三五、一九八二
(2) 田良島哲「宿の村落化とさまざまな生業」(『京都の部落史Ⅰ前近代』京都部落史研究所、一九九五)、高田陽介「中世の火葬場から」(『中世の空間を読む』吉川弘文館、一九九五)、三枝暁子「中世犬神人の存在形態」(『比叡山と室町幕府』東京大学出版会、二〇一一)など
(3)『部落問題研究』二一五、二〇一六
(4) 山田邦和「京都の都市空間と墓地」(『京都都市史の研究』吉川弘文館、二〇〇九)
(5)『史林』九七—六、二〇一四
(6) 中世の身分論については近年の到達点として、三枝暁子「中世の身分と社会集団」(『岩波講座日本歴史　中世2』二〇一四)、細川涼一「中世非人に関する二、三の論点」(『民衆史研究』九〇、二〇一六)など
(7) 桜井英治・中西聡『新体系日本史12　流通経済史』山川出版社、二〇〇二

(高谷　知佳)

松園潤一朗著「鎌倉幕府の知行保護法制—知行保持訴訟と外題安堵法の運用を中心に—」(『一橋法学』一五—一)

一

本稿は、鎌倉幕府法における知行保護法制について考察したもので、以下に示す四章から成る、丁寧で実証的な研究論文である。なお、著者による「室町幕府の知行保護法制—押領停止命令を中心に—」(『一橋法学』一二巻三号、二〇一三年。なお、新田一郎による書評が『法制史研究』第六四号に掲載されている)と連続性を持つものである。

Ⅰ　はじめに—所有と力—
Ⅱ　知行保持訴訟手続(1手続の運用　2「押領咎」の成立)
Ⅲ　外題安堵法の運用(1外題安堵法の制定と機能　2下知状の執行について)
Ⅳ　むすびにかえて

まず本稿の概要を整理し、続けて評者からの簡単なコメントを付すことにしたい。

二

石井良助によって示された室町幕府の「特別訴訟手続」は、長きに渡って、室町幕府法制史研究の重要な論点の一つとされてきた。著者もまた南北朝・室町期におけるこの手続の運用・変化について既に論じており(前掲「室町幕府の知行保護法制」)、本稿はこの手続を鎌倉時代以来の自力救済抑制と法制の展開という流れの中に位置付けて、その形成過程を明らかにしようとするものである。この手続については、石井良助以来の研究の蓄積により、鎌倉幕府法制における、①知行保持手続、②外題安堵法、③下知状の執行が、その制度的

淵源として考えられている。著者は、これらの研究を前提に、かつ家永遵嗣が示した鎌倉・建武・室町期の各政権の法制の差異という視点を重視しつつ、①と②を中心に鎌倉幕府の知行保護法制に検討を加えていく。

Ⅱは、①について検討する章である。かつて石井良助により「占有的効力」として示された知行保持訴訟手続（知行が「押妨」された場合に、知行人が裁判所に訴えて一方的に「押妨」を排除する手続）は、鎌倉幕府の裁許制度が未整備な時期に見られる問状としての性格を持つものか、あるいは本権に基づく知行保護手続として運用されたものであり、つまりは知行保持訴訟手続を「占有の効力」とするのは適当ではないと指摘する。また、弘安末年頃から現われる「押領」を「咎」として所領の分割没収を科す事例（「押領咎」）にも言及し、「押領咎」は、本権を有さない者や、幕府の手続に違犯した者の知行に対して科されるが、後者のように安堵などの幕府文書に基づかない知行も「押領」と捉える観念に、著者は特に注目している。

Ⅲは、③について考察する章である。外題安堵法とは、「押領」が行われた場合に、幕府法廷による「理非」判断の前に「安堵」の名宛人への沙汰付を命じ、違犯者は罪科に処す手続であるが、安堵に反する知行は「押領」とされ（この点は、先にⅡで述べたこととつながっている）、裁許においても安堵は証拠として強い効力を持つと述べられる。ただし、著者が注意を促すのは、外題安堵に基づく沙汰付は常に行われたとは限らないということである。また、「特別訴訟手続」の制度的淵源の一つとされてきた③に関連して、鎌倉幕府における下知状の執行命令は原則として相論の当事者に対してのみ効力を有しており、室町幕府のように当事者ではない第三者に対する効力を獲得するには至っていないと述べる。これらのことについて、「特別訴訟手続」の手続的淵源として外題安堵法は妥当であるが、下知状の執行手続も重要な前提ではあるものの、下知状が持つ効力の範囲等については、検討が必要であるとまとめている。

むすびとして、建武政権における「特別訴訟手続」が当知行保護法制として運用されたことなどにも触れつつ、「特別訴訟手続」に類似する手続が鎌倉・建武・室町の各政権に存在しても、その在り方と法制全体における位置付けは、各政権やさらにその中での時期によっても相違が見られることを指摘し、手続の連続性だけでなく、その変化を政治・政策や国制との関わりの中で明らかにしていくことが重要であると述べる。

三

著者は日本中世法研究の新しい時代・世代をリードし、室町期の知行と安堵の研究を継続して、多くの業績を積み重ねてきた。本稿はそこから発展して、室町期の知行を検討する上でも重要な「特別訴訟手続」の淵源を鎌倉期に探る試みであったと言えよう。関連する先行研究は多く存在するものの、それらは整理された状態にあったとは言い難く、本稿はそれらを有機的に関連づけた意欲作と言えよう（鎌倉期に関心を向けながらも、連続性の過度な強調を戒めている点は重要である）。

もっとも、日本中世法制史研究の学説史の中に石井良助の研究をどのように位置付けるかについては、今後さらに多くの議論と対話が必要なようにも思われた。評者自身は、石井の「特別訴訟手続」という表現自体に疑問を感じてもいるし、「特別訴訟手続」や知行保持訴訟を議論する前提として近代法的諸概念が見え隠れすることにも、一定の抵抗感を持っている。著者はその点について「石井氏の近代法的概念による分析の是非はともかく」としているが、本稿自体、その石井のフレームの中で議論が行われているような印象を受ける部分もあり、著者の考えをより踏み込んで聞いてみたいところであった。

以上、評者の力不足により著者の意図を酌み取り損ねている部分もあったかも知れない。著者のご寛恕を願うばかりである。

（神野　潔）

竪月基著「鎮西探題の評定に関する一考察」（『鎌倉遺文研究』三八）

一　鎌倉幕府が九州統治の機関として設置した鎮西探題については、軍事や裁判に関する権能の評価をめぐって多くの研究が積み重ねられてきた。本論文で竪月基氏（以下、著者）は探題の裁判における評定の機能や運営について検討する。

「はじめに」で示されるように、従来、鎮西探題の成立時期を中心に、裁判機関としての権限（確定判決権の有無等）や、軍事指揮と裁判のいずれを探題の権能の中心とみるかという性格規定の問題等が論じられてきた。その中で村井章介氏は、蒙古襲来後の軍事的緊張下での「軍事指揮権」を探題の「核心的な機能」とし、一方の裁判を中核とした「統治的権能」は本来は九州の武士たちの京都・鎌倉参向の防止という目的による「派生的権能」であり、以後成熟を遂げた点に鎮西探題の特徴を見出した。著者はこの研究視角に基づいて「統治的権能」のうちの裁判、特に評定に焦点をあてる。鎮西評定衆の就任者や引付評定の式日を明らかにした先行研究をふまえ、評定の機能や運営が検討される。

まず、「一　鎮西評定衆の成立時期」では、鎮西評定衆が武藤・大友両氏らの当主をメンバーとせず永仁七年（一二九九）正月に設置されたとみる通説に対し、引付頭人である両氏の当主が評定衆を兼ねている可能性や、延慶二年（一三〇九）の鎮西下知状が永仁六年の「評定事書」を引用していること等から、永仁四年の金沢実政の探題着任から一年程度で、彼らをメンバーに含む評定が開始されたと論じる。

次いで、「二　裁決における評定」は、正安二年（一三〇〇）に裁判の進行方法等について関東から鎮西探題に出された一連の指令を関東や六波羅の制度を記述した『沙汰未練書』との対比や指令の運用を示す事例の検討を行いながら分析する。召文等の訴訟処理の初期段階や、裁許状の作成等のその最終段階に関する事柄が主な内容であることから、正安二年の時点での鎮西探題における具体的な課題の解消を命じたもので、評定沙汰と引付沙汰はすでに関東と同様の判決の決定プロセスを行っていたと推定する。

評定は訴訟裁決以外の機能も果たしていたことが「三　評定の機能」で指摘される。裁許状以外の鎮西探題発給文書について評定の式日の日付との一致からその関与が推定される案件として、①訴訟の棄却、②鎮西使節への命令（沙汰付等の裁許の執行、特に「下知違背咎」による所領の分割没収）、③関東・六波羅探題・朝廷の文書（安堵、沙汰付、寺社造営、人事等）の施行、を挙げ、金沢実政就任後の設置当初の評定は判決原案の審議が中心だったが、随時期に使節の派遣決定、英時期に寺社造営関係をはじめ裁判以外の事項へと機能が拡充したと指摘する。武藤・大友両氏など有力御家人を構成員とする合議制の評定が鎮西探題の「統治権的権能の最高意思決定機関」となっており、探題就任者による「専制的な運営」ではないとの理解が示される。評定の機能の拡充は得宗権力の意向のもとに行われ、「評定が探題就任者の権力集中を相対化する一面を有していた」という。

しかし、「四　内談之座」で述べられるように、評定とは別に探題就任者が主宰する審議機関である「内談之座」が存在した。探題就任者の有力被官が構成員となって、特殊・重要な訴訟案件や越訴を扱う一方で、探題の中核的な権限である軍事指揮や検断に関する内容に審議の比重が置かれていたと推定する。

「おわりに」では、評定の設置は鎮西探題が恒常的な地方統治機関として位置づけられたことを示すとする。また、鎮西評定衆は北条氏一族や東国御家人の守護、有力御家人、関東系の「法律専門家」等によって構成されるが、「法律専門家」の比重は低く、鎮西探題による九州支配体制は、武藤氏ら在来の有力御家人と「軍事指揮権や統治的権限をもって探題に就任した北条氏との微妙なバランスの中で成立し、運営されていた」と結論づける。

二　以上のように、本論文では、鎮西探題の裁判機構の中核に位置する評定の機能と運営について人員や制度の整備が通説よりも早くに進行していたことが指摘され、発給文書の日付・内容の分析によって訴訟裁決にとどまらない評定の多様な機能が示された。さらに、武藤氏ら有力御家人の評定衆任命や評定の機能の拡充が探題就任者の「権力集中」を抑止する得宗権力による方策であったとして探題の権力構造や九州支配の在り方が論じられ、政治史に関する議論が提起される。残存史料の精緻な分析に基づき鎮西探題の評定の機能とその意義が検討されており、今後の議論の基礎的な研究をなすものと言える。

しかし、視角について疑問を覚えるところもあった。著者は村井氏の視角を受けて探題就任者の中核的な「権限」を軍事指揮権や検断権に見出し、評定の扱う案件を一括して「統治的権能」と表現するように、固有の「権限」の存在を前提とする立論となっている。そのため探題就任者の果たす「統治的権能」における役割についての言及は多くはない。

これと関連する論点として、武藤・大友両氏ら有力御家人の評定への参加が如何に探題就任者の「権力集中」の相対化と関わるのかが必ずしも明瞭ではない。「合議制の評定の機能を拡充」したものと評価される諸案件を見ても、例えば、関東等の各種文書の施行について、評定による「内容の確認や認定」（七四頁）にどの程度探題としての意思が表示されうるのか、その中で武藤・大友両氏ら有力御家人の意向がどのように反映されるのかといった点が「権力集中」の抑止を論じる際に重要な論点となるはずである。「合議」と「専制」の対比のもと、得宗権力が機能を拡充したとされる評定と探題就任者の関係が議論されるが、評定衆内部の意思決定の在り方や利害の対立、さらに幕府の政策との関わり等についてより踏み込んだ言及が必要に思われた。提示された発給文書の個別的な分析からより多くの情報を得ることも可能ではなかろうか。

鎌倉幕府や探題の評定の実態を示す史料は豊富とは言い難いが、本論文で示された、発給文書の分析や他の機構との比較の作業を通じて一層研究が進展することが期待される。

（松園　潤一朗）

谷徹也著「豊臣政権の「喧嘩停止」と畿内・近国社会」（『歴史学研究』九四二）

一　藤木久志が著書『豊臣平和令と戦国社会』（東京大学出版会、一九八五年）において「惣無事令」・「喧嘩停止令」・「刀狩令」・「海賊停止令」なる四種の法令を見出し、これらを総称して展開した「豊臣平和令」論が一九八〇年代以降の戦国・織豊期研究を強く牽引したことは言を俟たない。本稿はこのうちの「喧嘩停止令」を対象とし、藤木説を批判的に検証しながら、「喧嘩停止」の歴史的意義を解明し、そこから豊臣政権像の再構築を試みるものである。

二　はじめに、内容の紹介を行う。

Ⅰでは、「天下悉ケンクワ御停止」の文言に注目しながら、まず藤木が「喧嘩停止令」の発動事例として挙げた四つの事例のうち、先行して酒井紀美によって取り上げられ、また藤木が代表例として冒頭に掲げた、天正二十（一五九二）年の摂津国鳴尾・瓦林水論を中心に据える。関係史料について丁寧に検証を行った結果、一連のものとして挙げられてきた六つの史料には当該水論とは別の公事が含まれていること、摂津の水論でも全てが同時期のものでないことなどを明らかにした。

次に、朝鮮出兵時の相論解決に対する豊臣秀次周辺の関与に注目し、当該相論処理過程について秀次政権の関わり方という視点から捉え直す。その結果、秀次は秀吉不在時の上方において秀吉の委任のもとで国内統治を行っており、「天下悉ケンクワ御停止」の文言はかかる状況下で秀次や前田玄以によって用いられた、とする。

更にその前提を探るべく、当時の畿内・近国の社会状況について検討した結果、他地域同様、村落の荒廃や百姓の反発に加えて村落間紛争が激化しており、領主やその周辺は対応に追われていたが、留守を預かる者が応急処置として厳罰をもって対処することがあり、同様の状況下でその根拠として在京政権が掲げたのが「天下悉ケンクワ御停止」であった、とする。

Ⅱでは、様々な事例を取り上げながら、「喧嘩停止」の特徴と歴史的意義に迫る。まず、諸事例の類似点として、「喧嘩停止」文言は畿内・近国に秀吉や秀次がいない場合にその周辺のみが用いること、過去に政権の裁定があり、再度相論が起きた際に処罰が下されていることを挙げる。相違点としては処罰の軽重・対象と場所・目的を挙げ、朝鮮出兵時の秩序維持に加えて最優先課題の米穀確保を企図して社会全体を視野に掲げられたのが「天下悉ケンクワ御停止」であった、とする。

次に、豊臣政権の法体系という観点から、オルガンティーノの書簡にある「掟」に注目し、「喧嘩停止」を刀狩令の敷衍とする酒井説と「豊臣平和令」を全国法令と評価する藤木説を批判し、「喧嘩停止」は時々の政治・社会状況に呼応して内実を変えうる弾力を有したものとする。更に、豊臣政権の法令の発布形態について三鬼清一郎や森山恒雄の分析に則って検討した結果、藤木のように「喧嘩停止令」を「刀狩令」などと同列の「基本法」としては扱えず、「喧嘩停止」とは明文化される以前の政策基調を示す標語であった、とする。

最後に、室町・戦国期の畿内・近国の事例から、村落間相論に対しては、紛争解決のための習俗が在地において形成されたが、やがて在地において強まった武力行使抑制の必要性とそれに対応する権力の統治の方法が前提となって、豊臣政権は最高裁定者として様々な武力行使を「喧嘩」の範疇に押し込め抑制する姿勢を示したとする。そして、「喧嘩停止」政策が全国的な広がりを見せると、村落側でも「喧嘩停止」は法的規範と認識され、江戸幕府も豊臣政権の「喧嘩停止」政策を引き継ぎ明文化するに至る、と見通して終る。

三　次に、若干の私見を述べ、評者の責を塞ぎたい。

著者自身が述べている通り、藤木の「豊臣平和令」論のうち、「惣無事令」については近年有力な批判が相次いでいるのに対し、その「枢要」たる「喧嘩停止令」については、正面から有力な批判が殆ど行われてきていないのが現状である。かような状況を前提として、「喧嘩停止令」を中心に据え、その根拠となる史料そのものについて丁寧な再検討を試みることで、先行する三鬼清一郎による批判を超える形で、藤木説の見直しとして成果をもたらしている点が、本稿の何よりの評価すべき点である。加えて重要な点は、その目指すところが、単なる史料解釈に止まらず、当時の社会・政治情勢なども詳細に検討した上で、豊臣政権像自体の再構築にあるという点である。「喧嘩停止」の史的位置付け・法的分析に強い関心を持つ評者個人としても、大いに有益な内容と評価すべきものになっている。

他方で、Ⅰで得た成果は、法的分析を経た上で、豊臣政権それ自体の分析へと結実しなければならないが、まず前者が十分とは言えない。本稿の重心は史料の再検証に基づく藤木説の批判に置かれてあり、そのことが、「喧嘩停止令」なる法が豊臣政権における「基本法」であったのか否かを分析の尺度の中心に置かしめることに繋がっている。これは概して、制定法としての「惣無事令」の存否を問う既存の藤木説批判に通じる手法・立場と言える。清水克行が指摘している(「戦国の法と習俗」(大津透ほか編『岩波講座日本歴史　中世四』(岩波書店、二〇一五年)所収)ように、いま研究史的により重視すべきは、制定法か否かといったことではなく、豊臣政権の法とは如何なるものだったのか、その本質を明らかにするところにこそある。著者自身もそれは自覚しているはずで、そのことは例えばⅡ2における豊臣政権の「基本法」の在り方の検討に表れており、法を明文化しないことの意味など興味深い指摘も散見されるが、そこから先の踏み込んだ分析が行われていないのが惜しまれる。すなわち本論文は、「喧嘩停止」を豊臣政権の「統治理念」と評価する一方で、それが如何にして「法」となるのかということを根本問題とみなして正対する視角を欠いていると言えるのではないだろうか。

また、「喧嘩停止」政策の歴史的意義を考えるに当って、室町・戦国期の状況を取り上げ、「前提」「背景」として位置付けることそれ自体は適当であるが、そうした「前提」「背景」が実際に豊臣政権の政策として取り入れられる、まさにその点についての考察・言及が不十分である。著者は、その論理的根拠の柱として、三鬼の所論に依って「喧嘩両成敗」の適用範囲を村落へ広げたことを示すが、Ⅱ1において「天下悉ケンクワ御停止」事例と「喧嘩停止」事例との喧嘩に対する処罰の軽重などに注目しているのに比すれば、暴力規制に裁判権集中の要素が加えられている法理である「喧嘩両成敗」と「喧嘩停止」との間の差異は安易に捨象すべきとは思えない。このことに関連して、この後の江戸期への展開は水本邦彦の所説をベースに見通しているが、先に述べた既存の藤木批判との関係と合わせて、藤木説を超える新しい構図を野心的に求めながら、先行研究との関係がそれを阻んでいるという印象が否めなかった。

但し、最後に確認しておくべきは、著者が豊臣政権を中心とした法制度などについて精力的に論稿を発表しており、スケールの大きな構想の下に総合的な豊臣政権研究の成果を上げようと現在進行形で取り組んでいることが想定されることである。それらが一つの完成を見れば、かような評者の疑念は解消されることになると期待される。とりわけ豊臣政権について十分な知識・能力を持たない故に誤読・曲解も少なくなく、的外れな感想を徒に連ねただけの評となっていること、著者にはご寛恕を乞いたい。

（畠山　亮）

小野博司著「近代法の翻訳者たち（1）―山脇玄と守屋善兵衛―」（『法政策研究』一六）、同「近代法の翻訳者たち（2）―制度取調局御用掛の研究―」（『法政策研究』一七）、同「緒方重三郎の生涯―近代法の翻訳者たち（2）補論―」（『適塾』四九）

近代日本における西欧法継受の解明は、法史学領域は勿論のこと、比較法学、実定法学の各分野においても重要課題である。ここで取り上げる小野博司氏による3点の論文（「近代法の翻訳者たち（1）―山脇玄と守屋善兵衛―」（以下「第一論文」）、「近代法の翻訳者たち（2）―制度取調局御用掛の研究―」（以下「第二論文」）、「緒方重三郎の生涯―近代法の翻訳者たち（2）補論―」（以下「第三論文」））もまた、この課題に取り組む研究である。この一連の研究は、とりわけ、明治日本における外来思想としての「近代法」継受の初期段階において重要な役割を果たした「翻訳者」に焦点を当て、その実像を明らかにすることを通して、西欧法継受について考察する新たな見方の提示を目指すものである。

小野氏によれば、一九世紀以降に起きた「近代法」の継受現象は「近代法の世界化（普遍化）」を意味し、とりわけ非西洋社会においては、その過程において「自生化」という現象が生じている。そして、日本での西欧法の継受は「自発的継受」として最も早い時期になされていること、また東アジアにおける法継受にも大きな影響を及ぼしたという点において重要であるとする。その上で、小野氏は、我が国の外国法の摂取方法に注目する。つまり、我が国では、諸外国の法令・学説の翻訳をもとに法制定を行っており、法典編纂作業の前段階として必要だったのは、外国人法律顧問による法案や答議、そして海外の法令や法律書などの文献を翻訳する作業であった。とすると、従来の研究に見られるような「英雄史観」―すなわち一部の外国人法律家、日本人政治家、官僚、法律家に注目して「近代法」の継受を語るという方法―では「近代法継受過程」を全体的に把握することは出来ないことになる。そこで小野氏は、「近代法」の継受を「チーム」作業と捉え、上に挙げたような人々を支えた者たち、すなわち、翻訳家たちをも考察対象に含めることが、我が国における「近代法」の継受の解明にとって必要であると考えるのである。

翻訳者の活動にみる「近代法」の継受に関する小野氏の研究成果は、上記三論文の他にも、『神戸法学年報』第二九号（二〇一五年）に掲載されている「東アジア近代法史のための小論」及び第四三五回法制史学会近畿部会（二〇一四年一二月（日独法学交渉史研究会との共催シンポジウム「日独法学交渉史の再定位二）での報告「近代法継受におけるドイツ留学生の役割―山脇玄を中心に―」にも見ることが出来る。

それでは、小野氏による各論文の概要について紹介しよう。

第一論文は、我が国の国家体制の模範としてドイツが重視されるようになった一八八〇年代を中心にドイツ語翻訳家として活躍した山脇玄（一八四九―一九二五）と守屋善兵衛（一八六六―一九三〇）の活動について取り上げている。山脇玄は、一八四九（嘉永二）年三月に生まれ、一八七〇（明治三）年一〇月より一八七七年までドイツに留学する。留学当初こそ医学研究を志していたが、外交官・青木周蔵の勧めにより法律学に転向した。帰国後、司法省御用掛として民法編纂掛に配属され、以後、太政官権少書記官、参事院議官補、制度取調局御用掛等を歴任した。守屋善兵衛は、一八六六（慶應二）年に備中国小田郡に生まれ、一八八〇（明治一三）年に医師を目指して上京するも、金銭的事情からこの目標を断念した。その後、山脇からドイツ語の個人指導を受け、その優れた語学力が評価され、一八八四年には「語学補助者」として制度取調局御用掛に抜擢される。ここで守屋は、帝国憲法及び商法起草の顧問として招聘されていたレースラーとテヒョーに「附属して勤務」することになる。こうした山脇と守屋の経歴を明らかにした上で、小野氏は最後に、彼らの活動の考察を通して、近代法の継受は一部の人間によって行われたのではなく、多くの「無名」の人物との共同作業なくしては成り立たなかったと結論づける。具体的には、山脇が一八八〇年に渡独しグナイストと接点を持ったことが、その後、憲法調査のために渡欧した伊藤博文が彼から憲法理論を学ぶことになるきっかけを作った可能性があること、また山脇や守屋による翻訳が立法作業の中で参照された可能性があることを指摘している。

第二論文は、翻訳者が多く在籍していた制度取調局の職員（御用掛）の構成に着目し、第一論文で明らかにしたドイツ語翻訳者（山脇・守屋）以外の、英語及びフランス語を得意とする翻訳者たち（著者はそれぞれ「英法派」「仏法派」と称している）の経歴を紹介した上で、御用掛の選任基準として語学力が重要な位置づけにあったことを確認し、「近代法」の継受における翻訳者の役割の重要性を明らかにすることを目的とする。その際、「グループⅠ（海外留学×語学教育）」「グループⅡ（海外留学×法学教育）」「グループⅢ（国内学習×法学教育）」「グループⅣ（国内学習×語学学習）」という分類を念頭におきつつ、「英法派」ではグループⅠとして尾崎三良・牧野伸顕・岩男三郎を、グループⅡとして金子堅太郎を、グループⅢとして奥田義人・本山正久を、グループⅣとして来栖正介・和田正脩・井上勤を挙げ、「仏法派」では、グループⅠとして鹽田三郎・周布公平を、グループⅡとして富井政章を、グループⅢとして井田鐘次郎を、グループⅣとして陸實・緒方重三郎を挙げ、それぞれの経歴および翻訳業績を紹介している。そして最後に、上記各グループを構成する人数（国立公文書観所蔵『制度取調局職員録明治十八年一月十日改』掲載の御用掛一覧のなかで経歴がわかっている者のみに限る）をカウントした上、御用掛の選任基準として高い語学力を具えていることが求められていたという事実を指摘している。また小野氏は、そのなかでも特に注目すべきなのがグループⅣの存在であるとし、彼らは主にグループⅡを補助する役割を果たしていたが、時には両者が等しく作業を分担しており、国家機構の基本構造の構築に「もっとも重要且つ決定的な部分」を担った制度取調局で、互いに協力しながら「政治・行政分野の抜本的改革」に向けて翻訳を行ったとしている。そして、こうした海外留学・法学教育の経験がない人たちが翻訳者として携わっていた事実こそが「人的側面から見た一九世紀後半の日本における近代法継受の一つの特徴である」と述べている。これは第一論文でも指摘されたところである。

第三論文では、第二論文で取り上げた緒方重三郎について、より詳細な経歴を明らかにしている。緒方洪庵の七男として安政五（一八五八）年に大阪で生まれた重三郎は、五歳の時に、父に呼び寄せられ江戸へ行く。その直後に父を亡くすものの江戸に残って勉学に励み、開成学校諸芸学科に入学し、フランス語を学ぶ。その後、重三郎は同学校を中退し、起立工商会社の経理や大阪商工会議所で「書記見習格」として勤務するが、明治一二（一八七九）年一〇月に内務省取調局雇に採用され、明治二九年に亡くなるまで、官員として、法制等の立案を担当する諸機関に勤めた。上記内務省取調局ではボワソナードの答議の翻訳を担当し、明治一四年に書記生に任ぜられた参事院ではボワソナードやレースラーの答議の翻訳の担当をした。専門的な法学教育を受けたことのない重三郎がこうした形で活躍の場を与えられた背景には、当時翻訳者の数が限られており、近代法の知識を有する者のみで作業を行うことが困難であり、法知識の有無に限らず、外国語力を具えた者を積極的に参加させる必要があったことが指摘されている。小野氏は、こうした「翻訳者」の存在があったからこそ、「近代法」の継受を非常に速いスピードで進めることが出来たことを見逃してはならないと述べている。

以上の三論文には、一貫した小野氏独自の姿勢の存在をみてとることが出来る。すなわち、従来の「英雄史観」から訣別し、「近代法」の継受を「チーム」で行われる作業であると捉え、これまで考察対象としてほとんど挙げられることのなかった「無名」の翻訳家の活動にも焦点を当てようとする姿勢である。「英雄史観」との名称には若干の違和感を感じないわけではないが、従来の研究が立法に携わった人物（伊藤博文、井上毅、梅謙次郎、富井政章、穂積陳重など）を中心に据える傾向があったことは否定出来ない。また東京大学をはじめとする大学史的観点からの研究・著作が多いことも確かであろう。こうした従来の研究ではほとんど存在しないも同然のごとく無視されてきた人々に焦点を当て、その実像を明らかにした点において、小野氏の今回の研究は、我が国における西欧法継受の解明に大きな貢献をするものと評価することが出来よう。また、小野氏が指摘するように、我が国の西欧法継受は、多くの人々の共同作業によるものであり、それにかかわった人々の全像を明らかにする営みは、今後も小野氏のたてた視点に立脚しつつ、さらに継続していく必要があろう。

しかし、「翻訳家」が日本の西欧法継受において果たした役割の評価という点について、小野氏の結論にはやや早急なきらいがあることを指摘せざるを得ない。小野氏は、「自国人法律家」が十分に育成される前には、無名の「近代法」の翻訳者が「近代法の継受」に「非常に重要な役割」を果たしたと主張している。その可能性があることは当然であるが、小野氏の今回の研究では、彼らの翻訳が、例えば立法や市井の思想形成の場面でどのように使われたかについては可能性の提示にとどまっており、こうした影響関係についての踏み込んだ分析は十分になされていない。小野氏の主張の適否については、この分析なくしては評することが出来ないといえよう。

また、「翻訳家」の業績を法継受論の中で議論すること自体が妥当であるのは論を俟たないにしても、小野氏の念頭においている「法継受」像の具体的イメージを本研究の中で理解することに若干の困難性を感じた。例えば、小野氏の法継受論にとってキーワードとなる「自生化」について、本研究の中では詳しい説明はない。この点については、小野氏の別稿「東アジア近代法史のための小論」によると、継受した法を継受国が特殊性を帯びたものへと変質させることであると説明されている。こうした説明についても各論文の中で説明しておいて欲しかったところである。また、小野氏の「自生化」論は、大筋でいえば、Gunther Teubner の法継受論・法移植論（これについては、戒能通弘「G・トイプナーの法の移植に関する議論について」（『同志社法学』五三巻五号、二〇〇二年）に詳しい）と同様の視点に立つもののように感じた。こうした先行する法継受論と自らの見解との異同についてより踏み込んだ解説が望まれるところであろう。

（小沢　奈々）

久保田哲著「伊藤博文における「勅令」——憲法調査、公文式、明治憲法を通じて——」（『武蔵法学』五一六）

一　表記論文の著者である久保田哲氏は、帝国議会開設期に就いての従来の日本政治史研究が「行政」に着目して多くの研究を積み重ねてきた一方で、同時期の「立法」に関する研究が十分な検討が尽くされていないという問題関心のもとに、これを明らかにすべく、明治憲法体制の制度設計責任者ともいうべき伊藤博文に焦点を当てて精力的な研究を展開されている。一連の研究を通じて氏は、概ね次のようなことを指摘される。すなわち、欧州でシュタインやモッセの教えに接した結果として、伊藤は議会が多数専制を招くおそれに対して警戒をする一方で、両院制議会の「協賛」により成立する立法制度を支えるプロセスそのもの――氏はこれを「立法過程」と表現する――を立憲政体の要件として重視していたというのである（「伊藤博文の「立法」観――「協賛」をめぐる一考察」（年報政治学・二〇一四―Ⅱ・二〇一五年）、「伊藤博文の両院制構想」（法政論叢・52（2）・二〇一六年））。

以上のような考察に続いて、本論文は「立法」のあり方について公文式や大日本帝国憲法において法令の形式として「法律」に加えて「勅令」が定められたこと、またとりわけ後者の「勅令」が議会の事後承認を求めるという形式をとることについての伊藤の意図を辿るとともに、「勅令」が彼の「立法」観にいかに位置付けられるかを問うたものである。以下、本文の概要を簡潔に紹介したい。

二　まず、伊藤博文が憲法調査のために渡欧する以前の日本においては、「法律」という概念自体が不明確であるとともに、その成立に際して元老院の審議が必ずしも必須とされていなかったことなど、総じて「立法過程」が未整備な状況にあったことが確認される。渡欧した伊藤は、モッセやシュタインから立憲政体における「立法過程」の重要性についての教えを受ける一方で、議会の専横の可能性などに対抗するために緊急事態に対応する「勅令」などの法形式の整備を行うことを学んだ。帰国後の伊藤は、欧州での学習を基に公文式を制定し、「法律」と「勅令」という二つの法形式を定めるに至ったが、ここでの眼目は法令の整備そのものというよりも、議会設置前の当時における「勅令」をはじめとする「法律命令其他重要ノ公文」の成立のあり方、すなわち「立法過程」上の権限について、公布権と裁可権が天皇に、また立案権が内閣にあることをそれぞれ明瞭に確認することにあったとされる。その一方で公文式の成立の時点では、議会が未設置であったこともあり法案審議権について十分に触れられていなかった。しかしながらその後の明治憲法成立までの審議においては、伊藤は議会が「勅令」について事後承認を行うというかたちで法案審議に携わるという役割を重視していたとされる。もっとも、ここにいう議会の法案審議権はあくまでも立憲政体上の「立法過程」としての役割を果す限りのものであって、議会が内閣に対して弾劾権を持つことも認められていなかった。この意味において、伊藤にとっての勅令とは、立法権を持つ議会に対して、内閣がセーフティネットとしての役割を持つものであったと評価されるのである。

三　従来の明治憲法成立期における議会の位置付けをめぐっては、国史、法史、政治史などの分野を問わず、シュタイン講義などによって、主に多数による専横に対する危機感が強調されてきたように思われる。また議会の役割についても、その限界の側面に議論の焦点が当てられてきた印象がある。これに対して久保田氏は、当時の憲法制定関係者が抱いていた議会関連の制度構想についての整理を通じて、伊藤が立憲政体の要諦として法案審議という「立法過程」に着目し、そのなかでも「勅令」に関しては議会の事後承認を求めるというかたちで議会の尊重を意図していたことを指摘する。これにより氏は、当時の憲法制定構想における立憲政体に即した「立法過程」に重点を置いた「立法機関」として位置づけられた議会の存在をあらためてアクチュアルに描き出しているということができる。今後も、「立法」及び「立法過程」に関する氏の研究の一層の展開が期待される。

四　最後に勅令の位置づけに関して数点感想を申し上げ、書評の責を塞ぐこととしたい。本論文で法令形式としての「勅令」の形成が「立法過程」に即して論じられるに当たって、この「勅令」とこれを事後承認する議会との関係は、伊藤が考える国体への適合の上でいかに位置づけられるものと考えられていたのだろうか。憲法草案起草の場面では、伊東巳代治やロエスレルの問答を通じて立法権につき法案裁可権と公布権が君主に属し、法案の作成（起案権）については君主が独占する場合議会が関与する場合があること、また法案審議を行う考定権については議会が「取捨修補ノ権」を持つことが確認され、これを基にして伊藤は議会が勅令に対する事後承認の権限を持つ旨の条項を盛り込んだという。ここにおいて、これらのプロセスを通じて、伊藤は勅令の発令者として天皇を位置づける際に国体のあり方をめぐって議会や内閣との関係について本文に紹介されているもの以外に何らかの解説あるいは議論を行っていなかったのだろうか。先に挙げた本論文に関連する久保田氏の諸論考においては、欧州での憲法調査を踏まえ、伊藤が議会の専横を警戒する一方で欧州の憲法理論を前提として日本の国体に適合した憲法及び議会を作ることを強く意識していたことが一つのポイントとして挙げられていた。こうした国体適合性は、まさに氏が当時の日本における「立法」および「立法過程」の形成のあり方を評価する上で考える上で重要な論点であると考えられるが、今回の論考においては国体と議会の関係については直接に触れられていなかったために、これらのヨリ詳しい状況およびそれに対する氏の評価についていま一歩踏み込んでいただければと考える次第である。また久保田氏は、公文式公布翌日の伊東巳代治の演説の内容につき、一連の改革責任者が伊藤であったことからその演説に見られる考え方は伊藤の考え方を外れたものではないと論じられている（別稿においても、『憲法義解』の実際の執筆者である井上毅の考え方についても、概ね伊藤と同一視して差し支えないとされる）。これらにつき、伊藤のみならず伊東や井上らの個別の見解についても辿ることが可能であれば、その相違をめぐる議論等について今後ぜひ検討されることを望みたい。

以上、評者の浅学非才による誤解や誤読に基づく記述があることを恐れる。久保田氏及び読者のご宥恕を請う次第である。

（山口　亮介）

源川真希著「戦時期日本の憲法・立憲主義・政治——国家総動員法・大政翼賛会をめぐって」(『歴史評論』七九八)

一　一九四六（昭和二一）年に公布、翌年に施行された日本国憲法の歴史は七〇年を超えることになったが、その価値の動揺を示すような動きもまた、近時顕著に見られるようになった。二〇一五年夏の安全保障法制をめぐる政治的な混乱もまだ記憶に新しいタイミングで『歴史評論』誌が組んだ特集、「日本国憲法の七〇年と日本の戦後史」の一つとして執筆された本論文は、このことを踏まえた明確なスタンスの下で執筆されたものである。論文の末尾において、日本国憲法第九条と自衛隊の関係について「事実の既判力」の文脈で理解する学説は「成り立ちうる」けれども、「政治の過剰な圧力によって、戦後長く機能してきた規範が急激に変化することには、慎重にならざるをえない」として、この「過剰な圧力」については「集団的自衛権容認の政治過程のことを念頭に置いている」ことがわざわざ注記されていることは、その現れである（一四頁以下）。このような前提の下に、筆者は「いくら過去の歴史と現在の類似点を指摘しても、それが同じような帰結をたどるとは限らない」として、安易に戦時と現在を直結することを諌めつつも「あえて戦時期の経験を念頭に置きつつアナロジカルに考察」するとして（六頁）、その素材を戦時下の法学者、具体的には佐々木惣一と黒田覚の二人の言説に求める。まずはその内容を概観しよう。

本論文ではまず、副題に示されるように、国家総動員法制定と大政翼賛会成立の政治過程が略述され、これらに対する黒田と佐々木の対立が描かれる。日中戦争長期化に対応するために一九三八（昭和一三）年四月に制定された国家総動員法については、帝国議会の権限を政府に委任することの問題性と共に、大日本帝国憲法第三一条に規定された非常大権との抵触の観点からも憲法上の疑義が提示されたが、帝国憲法体制の自由主義から国防国家の段階への移行についての思索を行っていた黒田覚は、このことの帰結として同法を擁護する。すなわち黒田は、軍事力に限定されない「広義国防国家」の確立という現実の要請により、憲法解釈が変容しうるという見解を示したのである。黒田は更に、一九四〇（昭和一五）年一〇月に結成された大政翼賛会に関しても「憲法の動態的把握」の必要性からこれを擁護し、国防国家のもとでは大政翼賛会のような「政事結社」も認められ、かつ、所有権の制限も是認され得ると述べてその合憲性を主張した。これに対して佐々木惣一は、黒田の「憲法の動態的把握」に真っ向から反対し、あたかも「幕府」のように運営される大政翼賛会は「憲法の精神」に反すると主張した。一九三三（昭和八）年の瀧川事件によって一度京都帝国大学を去った後同学に復帰した黒田と、事件後そのまま立命館大学に移った佐々木との間には、さまざまな意味で「緊張関係」が存在した。

この黒田と佐々木の対立について、筆者はまず、先行する伊藤隆氏の「革新」派論、すなわち、現状維持派と復古「革新」派の対立という分析について、「近衛新体制期の政治的対立を説明するには限界があるが、一九三〇年代の基本的な政治的対立を示す意味では有効である」と評価し（九頁）、黒田を「革新」派、佐々木を現状維持派として位置づける。その上で筆者は、近衛新体制期に復古「革新」派を批判する側に回った蓑田胸喜のような日本主義者（精神右翼）もまた、佐々木と同じく「護憲」的見解を主張していたことに注意を喚起した上で、佐々木の位置の「独自性」について、立憲主義概念と関わらせながら叙述する。

筆者によると、現状維持派であり「護憲」の立場を採る佐々木の立憲主義論の中核部分は、立法、司法、行政という国家の三作用においてそれぞれ制限機関が設けられ、立法とそれに重なる行政とに参与する制限機関が一般の国民によって作られることであった。国民を統治権の行使に参加させることの重要性を「根本精神」として強調する佐々木は、違憲ではなくとも「非立憲」であるということはあり得るとして、立憲主義的な「憲法上の慣習」の必要性を説く。戦時に国体論の影響を受けることで、佐々木の権力分立論は国家機関の専横による天皇の統治の阻害への配慮という形に変化するが、それでも三権の牽制機能自体を捨て去ってはいない点で、筆者は、「護憲」を説く精神右翼と佐々木は同じ立場ではなかったと指摘する。

一方の黒田は、憲法制定権力についての思索を深める中で論理的には大権の制限を可能とする議論を展開し、更に、大臣による天皇の輔弼を必須とし、議会が輔弼行為への批判を自由に行うことを可能とするなどの点で、立憲主義を無視したわけではないと分析される。また、国体論の影響についても、黒田はそれを権力の正当性を保証するものとして合理主義的に捉えていたが、やがて広義国防国家概念と「憲法の動態的把握」が黒田の理論の厳密さを削いでいくことになる。この点が、あくまでも憲法の条文に基づいた政治運営を進めるという意味での「護憲」の立場を維持した佐々木との決定的な差異であったというのが、筆者の見立てである。

二　筆者の「アナロジー」は、安全保障法制が議論されていた二〇一五年当時の国会において防衛大臣により発せられた「現在の憲法をいかにこの法案に適用させていけばいいのか」という発言に象徴される近時の言説と、「憲法の動態的把握」を主張して大日本帝国憲法の規範としての価値を毀損するに至った黒田覚の言説との間のものである。このアナロジーを「あえて」行い、その対抗軸として佐々木惣一を立てることにより、本論文において象徴的に引かれる論説「立憲非立憲」が同題の単行書として上梓される際、佐々木が附した序文に見られる「憲法制度を条文の解釈から観ただけで分かるものではなく、憲法制度を吾々の生活から観なければならない」と記したような（佐々木惣一『立憲非立憲』〔講談社、二〇一六年〕四頁。なお、石川健治「解説」二三六頁を参照されたい)、国民の「生存」への配慮や国民生活の安定といった視野へと広がりを見せる、大正期から戦時にかけての佐々木の営為の印象がやや後景に引くことは否めない(一一頁)。しかしこれは、限られた紙幅の中で明確なスタンスの下で書かれた本論文としてはやむを得ないところであろう。

筆者はその上で、「新体制を推進する「革新」派による帝国憲法の実質的変容の企てに対し、精神右翼と自由主義者が憲法を守った、というストーリー」を肯定的に評価する伊藤隆氏を「歴史研究者は、彼が生きる現在との関係で、過去の歴史事象、特に政治勢力に対して一定の価値判断を加えることがしばしばある」と明示的に批判し(一五頁)、このような「護憲」の歴史を評価する保守派の側が「憲法運用の考え方を根本的に変えようとしている」現在において、戦時の「歴史的経験を知っているならば、あえてルールに過剰にこだわることも必要であろう」と本論文を結んでいる(一四頁)。そうであるならば、ここで言及される「ルール」とは、戦時において天皇機関説事件を引き起こした精神右翼によっても唱えられ得た「護憲」の対象である憲法典の条文そのものの遵守だけではなく、そのメタルールである「立憲主義」のことをも含意するものと理解すべきであろう。このことは、筆者が「近衛新体制の時期に政治的位置を共有した精神右翼」と佐々木との差異を、国体論の影響をうけた戦時においても「分立した権力の牽制それ自体を否定したわけではない」点に見出していることからも諒解されよう(同頁)。

そうであるならば、佐々木であれば「非立憲」であると指弾する対象となったであろう戦時の黒田の営為が、それでもなお「天皇機関説後の立憲主義」と呼ばれ得ることの意味が(源川真希『近衛新体制期の思想と政治——自由主義克服の時代』〔有志舎、二〇〇九年〕七五頁以下)、やはり問われることになる。この点は、例えば本論文においても扱われる「憲法変遷」のように、憲法学において既に議論が蓄積されている概念について論じる際の一定の慎重さの必要性(高橋和之「憲法変遷論にみられる混乱の若干の整理」同『現代立憲主義の制度構想』〔有斐閣、二〇〇六年〕一九五頁以下)とは別の次元で、検討に値する課題であると思われる。なぜならば、まさしく筆者が本論文を手掛けたことの背景と関わる問題でもあるが、「立憲主義」概念もまた、近時の政治的含意を強く帯びた言説空間において、おそらく「あえて」アナロジカルに用いられ始めているからである(水林彪「立憲主義とその危機——歴史的考察」『法律時報』八八巻五号〔二〇一六年〕)。佐々木のみならず黒田によっても同時に主張され得る「立憲主義」概念を、果たしてどのような射程と厳密さの下で理解するべきなのか、という本論文が喚起する問いは、規範的な言説を用いた歴史的分析をどのような方法論に即して行うべきか、という、法史学の側に投げ返される問いへと結びつくであろう。

(出口　雄一)

瀧井一博著「日本憲法史における伊藤博文の遺産」（駒村圭吾・待鳥聡史編『「憲法改正」の比較政治学』弘文堂、二〇一六年）

本論文は駒村圭吾・待鳥聡史編『「憲法改正」の比較政治学』所収の一篇である。同書は「憲法と政治の関係が大きく変わりつつある」（「はしがき」）同時代状況をにらんで「憲法改正」を「政治的論争の焦点」ではなく「学術的な対象」として考えようとする憲法学と政治学・国制史の共同研究の書である。編者二名の総論に続き、イギリス、アメリカ、フランス、ドイツ、イタリア、韓国、そして日本が論じられる。各国は各々二論文を配し、日本の部は本論文と西村裕一論文から成る。なお、日本だけは現行憲法ではなく明治憲法を扱うが、それは「現代日本の憲法をめぐる議論への手がかりを提供」する本書の意図から考えて「現行憲法とその改正に関して正面から特定の立場を打ち出すことは望ましくない」との編著者の判断による。

かかる「学術的」フォーラムに向けて本論文の著者は「日本憲法史における伊藤博文の遺産を提示し、そこから憲法改正論議に示唆するものを考えてみたい」と述べている。なぜ伊藤なのか。著者によれば、大日本帝国憲法と日本国憲法との間には「「欽定」性」「「民主」的性格」「憲法条文の簡素化による伸縮性」という類似性があるが、伊藤こそは「日本に憲法のレールを敷いた人物」であり、「憲法に対する基本的な考え方や姿勢を日本人の脳裏に刻み込んだ」という意味で「日本国憲法の上にも伊藤博文の影を認めることができる」からである（「一、日本の憲法文化？」）。そして、著者自身による諸業績をふまえて、明治一四年政変以後の伊藤の憲法思想、国家構想の軌跡が克明に描かれる（「二、伊藤の憲法観」「三、明治憲法の成立」「四、進化する「憲法」」）。

では、本書の共通テーマである憲法改正への示唆とは何か。「伊藤博文の遺産」として著者はまず、協働の原理としての立憲主義を対置する。伊藤にとって「立憲主義とは、国民に政治参加の権利を保障し、そのための制度としての代議制議会を設けるということ」であった。そこには「国民の政治参加の原理と運動として憲政を捉えるシュタイン国家学の影響」があるが、「シュタインの国家学の重心が行政による憲政の相対化に置かれていたのに対し、伊藤においては憲政の理念に基づいた議会政治へと漸進的に移行していくことが憲法施行後の課題とされた」。

次いで、憲法改正論議への示唆として、憲法改正のための国民投票の意義を説く。ここで著者はバジョットの議論を憲法の機能論に転用している。著者によれば、「明治憲法は威厳化作用の樹立には奏功したが、実効化作用の実現には失敗した」。これに対して日本国憲法下では「憲法の実効化という点で長足の進歩を遂げた」ものの「日本国憲法は主権者の顕現の問題を忌避してきた」。それだけに「国民が主権者であることを想起・確認するための契機」としての国民投票の意義は高まる。「日本国憲法下で初めて憲法改正の国民投票が行われた場合、それは欽定憲法史観と名実ともに訣別して国民主権に立脚した立憲体制を選択したという意義をもつ」と著者はいう（「五、伊藤博文の遺産」）。

この書評依頼が来たちょうどその時であった。二〇一七年五月三日、安倍晋三首相は二〇二〇年を新しい憲法が施行される年にしたいとの見解を明らかにした。その後改憲スケジュールが連日のように報道されたが、そこに明治一四年政変の故事を重ねてみたのは評者だけではあるまい。当時は「急進的」な大隈重信の意見書を「漸進主義」を唱える伊藤らが退けた。まさにその「漸進主義の立憲政治論」（『文明史のなかの明治憲法』七七頁）を大久保利通から託されたところに知の政治家伊藤の誕生を認めた著者が、かかる憲法改正の現在に相対しながら何を語るのか、興味をもって読み進めることができた。

国民投票それ自体の歴史的意義については「何でもいいから日本国憲法を変えてみたい」（西村裕一「現実的な憲法論議とは・下」日本経済新聞二〇一七年七月四日付朝刊）のかと憲法学ではむしろ懐疑的な見解が多いように思われる。ここで例えば、日本国憲法前文の書き手はGHQ、昭和天皇、日本国民の三者に分裂しているとした政治学者の精緻な読みを手がかりとして（鵜飼健史「日本国憲法前文は誰が書いたか」中野勝郎編『市民社会と立憲主義』）、著者のいわゆる日本国憲法の「「欽定」性」の内実について敷衍することはできなかったのだろうか。また、著者独自のバジョットの転用だが、明治日本で現に参照されたテクストであるだけにその扱いは難しい。例えば、山田央子『明治政党論史』は、バジョット、メイ、トッドらの典拠に立ち返りながら、イギリス派内部の政体構想の差異に細やかに光をあてている。かかる問題提起への著者の応答にここで接することができなかったことが惜しまれる。

天皇は「日本国を表彰する」との明治三二年の伊藤の言葉に着眼したのは著者の功績である。著者自ら「天皇の対外的表象性」に言及するとおり、評者はそれが「外国に対した時」に関わる言説であることにやはり注目したい。実際、「一八九九年の憲法行脚」（『伊藤博文』）を明らかにした著者の労作は、新たな研究の地平を開きつつある（小宮一夫「二つの世紀末における「開国」と「国づくり」」松田宏一郎・五百旗頭薫編『自由主義の政治家と政治思想』）。「「文明」と「国粋」の間を反復する」（『ドイツ国家学と明治国制』二三八頁）近代日本の光と影のうちに、明治国家の拠って立つ法原理が「万国公法から憲法へと転位された」（『文明史のなかの明治憲法』八〇頁）、そのことの意義をいかに定位すればよいのか――。著者自身のかつて掲げたこの問いの前へと、読み手はこうして送り返されるのである。

（小澤　隆司）

山本英史著『赴任する知県　清代の地方行政官とその人間環境』（研文出版、二〇一六年）

本書は、山本英史氏（以下、著者という）の御停年という節目に刊行されたもので、著者自身、本書によって「『清朝の地域支配』に関する研究に一応の区切りをつけたといえなくもない」（三六八頁）と述べている。明清時代の官箴書・公牘をふんだんに利用した四〇〇頁近い大著で、各章の扉頁に内容に関連する『点石斎画報』の図が載せられているのも魅力的だ。副題にあるように、地方行政官と、それをとりまく上司、部下、郷紳といった「人間環境」に焦点を当てた著者の著作をまとめて読むことができるのは、たいへん有難いことである。まず本書の内容を紹介する。

第一章　赴任する知県―官箴書に見る清代県衙の人間環境（書き下ろし）

官箴書とは「科挙に合格したばかりの儒者エリートたちがはじめて知県としての任務を帯び、見知らぬ土地に赴任する際に心得なければならない諸注意を要領よく書きまとめた」（三頁）ものである。本章では、清代前期の代表的な官箴書『福恵全書』を主たる史料とし、『未信編』、『学治臆説』『学治続説』、『為政第一編』、『欽頒州県事宜』なども用いて、新任地方官が心得るべきとされた対人法を詳しく紹介する。一般民衆への対応については、「〈官〉〈吏〉〈士〉への対応記事が微に入り細に入るのに比べて、なお抽象的・観念的なものに終始し、その意味では実用に供するほどの具体性を欠く傾向があった」（六五頁）と述べる。また、「明清時代の官箴書は時代とともに道徳規範よりもむしろ実践的・具体的な執務心得的な方向を示し」（六八頁）、「民之父母」「親民之官」といった建前としての道徳論よりも、本音としての待人法に読者の需要があったと推測している。

第二章　待士法の展開―在地勢力者とのつきあい方（書き下ろし）

明末の官箴書『治譜』に載せられた、官・吏・士、それぞれへの対処法を紹介し、官箴書における対人関係重視は宋代からの特徴であるが、「一六世紀、明代嘉靖年間頃から」（一一七頁）地方有力者への対応に関する記述が増えてくると指摘する。「明代中期以降の社会の流動化において新しく形成された社会層」（一二〇頁）である郷紳の影響力は、清初の地方社会においても大きく、地方官は対応のノウハウを官箴書に求めたという。康熙年間に成った『政学録』『為政第一編』の「待士法」も、『治譜』を下敷きにしているが、それらの内容は「赴任地のいずこを問わず当時の中国における地域社会全体に共通する処方箋」（一二四頁）でしかなく、実用マニュアルとしては限界があったとも述べる。

第三章　「衙蠹」のいみするもの―清初の地方統治と胥役（『清朝史研究の新たなる地平』二〇〇八年所収）

「蠹」とは「知らぬ間に木や書籍に穴をあけてしまう害

虫」であり、「衙蠹」とは「衙門内にあって、国家に寄生し、その屋台骨を蝕む害虫のごとき胥役」（一四二頁）である。この語彙が行政文書に現れるのは明末から清代で、「十七世紀の胥役のあり方をとりわけ特徴的に言い表した語句」（一四二頁）だという。台湾・中央研究院歴史語言研究所の明清檔案や、北京・中国第一歴史檔案館『順治朝題本』の目録では、「蠹」の語は「貪汚」関係で出てくることが多いという。著者は『皇朝経世文編』や順治朝の題本を史料として、為政者側から見た「衙蠹」の例を多数挙げている。ただ、胥役は「中国の伝統的な地方行政機構の中で欠くべからざる歯車」（一六二頁）だったので、「衙蠹」の取り締まり（剔蠹）は徒労に終わらざるを得なかったとする。また、判牘に「衙蠹」という言葉が多く現れるのは、訟師の訴訟テクニックの反映だった可能性も指摘している。

第四章　地方官の民衆認識―公牘の中の〝良き民〟と〝悪しき民〟（『アジアの文人が見た民衆とその文化』二〇一〇年所収）

「主として地方官僚を経験した中国の知識人が行政を施行するに当たってそのつど発行した公文書をまとめて編輯・刊行した個人の公文書集」（一七五頁）である「公牘」の中で、地方官が「民」をどう描いたかについて述べる。著者は、清代前期の公牘『守禾日紀』の詳細な分析から、悪しき民については、「～者」「～徒」「～棍」などと呼び、「民」と表現しない傾向があると指摘する。ただ、「悪しき民」に対しても、ただに処罰するのでなく、教化を旨としてある程度の斟酌を加えていたという。

第五章　清初における浙江沿海地方の秩序形成（『近世の海域世界と地方統治』二〇一〇年所収）

清朝は「順治十八年（一六六一）に沿海の住民を内地に強制移住させて海上勢力との接触を遮断する遷界令を山東、江南、浙江、福建、広東の五省に施行した」（二一四頁）。著者は、遷界令の施行から康熙二三年（一六八四）の遷界令解除後までの浙江沿海部の状況を、『統制浙閩文檄』『守寧行知録』、『越州臨民録』、『武林臨民録』といった史料を用いて、いきいきと描き出す。遷界令施行によりこの地域に駐屯する軍人が増え、その威を借りる「奸民」も現れたこと。遷界令解除後、沿海地方にヒトとモノが急激に流入するなかで、様々な問題が生じたこと。本来なら、新しい環境を取り込んで秩序を再編するべきであったが、そうはならなかったという。

第六章　健訟の認識と実態―清初の江西吉安府の場合（『宋―清代の法と地域社会』二〇〇六年所収）

著者によれば、清代の官僚の「健訟」認識とは、①訴訟が行政の処理範囲を超えて異常に多くなる、②誇張や虚偽が多い訴訟が社会秩序を混乱させる、③第三者が介在して訴訟制度を蝕み、そのことが①②をさらに増幅させる、というものである（二七一頁）。孤本かもしれない米国議会図書館所蔵の公牘『守邦近畧』を用い、康熙三〇年代の江西省吉安府の

「健訟」について検証している。宋代以降、江西は訴訟の盛んな土地として知られており、康熙朝の他の江西統治官僚の公牘（『于清端公成書』『理信存稿』『盱江治牘』『撫豫文告』等）にも健訟の記事があるという。ただ、「宋代に何らかの理由で特定地域に特徴的・限定的に現れた『健訟之風』は、清代になると江西に限らない地域に普及・展開し、その現象が常態化していた」（二八三頁）。「江西の健訟」というのは、伝統的なイメージに過ぎず、清代においては、他の地域に比べて突出した「健訟の地」とはいえないと、著者は考えているようである。

第七章　離任する知県（書き下ろし）

「皇帝の代理人として徴税と裁判という二大任務を全うしたか否かという官僚としての基本的な勤務評価」は、「官箴書の説く理想的な知県、すなわち『民之父母』としての評価とは必ずしも一致しなかった」（三〇四頁）が、それでも地方官たちは民衆の評判を気にしたらしい。著者は『福恵全書』を主たる史料とし、知県が離任する際の心得について述べる。また、離任する地方官を慕う（ないしは彼にへつらう）民衆が留任運動をしたり、「徳政碑」「万民傘」といった形で顕彰を行ったりする事例を挙げる一方で、不人気の地方官に対し、離任の際に嫌がらせが行われた事例も紹介する。

附章　清代の公牘とその利用（『前近代中国の法と社会―成果と課題』二〇〇九年所収）

本章では、まず、清代の公牘の史料的価値と、その一般的な内容について述べ、東京大学東洋文化研究所（大木文庫）、中国社会科学院法学研究所法学図書館、米国議会図書館アジア部における公牘の収蔵状況について紹介する。次に、康熙朝の公牘を、省級高官の公牘、知府・直隷州知州の公牘、州県官の公牘、その他の官僚の公牘に分け、合計五八件を紹介している。また、「公牘を利用した研究の概況と展望」の項では、公牘の利用に関して先行した法学分野の研究者たちは、「公牘の示す地域性と時代性には無頓着であり、それを通して地域社会そのものを再構築しようとする意識は希薄だった」（三五三頁）と評価。「歴史研究の分野でこれを史料として活用した研究は必ずしも多くなかった」（三五三頁）が、最近では「地域と時代を踏まえた上で公牘を用いて地域社会の実態を構築していく地域社会史研究」（三五四頁）が盛んになってきたと述べる。さらに康熙朝についていえば、「残存する檔案が少なく、それだけに地域社会に関する情報は公牘に頼る度合いが大きい」ため、「康熙朝の地方官僚が著した公牘の史料的な価値は相対的に高いといえる」（三五八～三五九頁）という。

本書を通読して、まず感銘を受けたのは、各章で引用された史料の豊富さと的確さである。長年にわたって膨大な史料を読解・研究されてきた著者ならではのことと思う。また、史料の訳文が実に分かりやすい。とりわけ、第一章の『福恵全書』の著者黄六鴻が新任知県として赴任し、駅站管理者の職務怠慢を摘発するくだりなど、小説を読んでいるような面白さである。必ずしも逐語訳でなく、ざっくり訳してある部分も多いが、読みやすさを重視したものと思う。訳文に疑義のある所も皆無ではないが、決して全体の価値をそこなうものではない。著者によって選び出され達意の訳を付された官箴書からは、「上司になんか媚びないぞ」と粋がる若者に、「礼儀は守ろうぜ」と呼びかけ、お人好しの坊ちゃんには、「下役はとりあえず全員悪党と思って接しろ」と注意する、後進への「愛」に満ちた声まで伝わってくる。「官僚・知識人がどんなに建前論でもって言辞を粉飾しようとも、……時としてその言辞から漏れる本音があり、粉飾そのものの中に本音が内包されている場合もあって、……それを見つけ出した時の喜びは格別なものがある」（三六六頁）との境地に近づくべく、著者たち先達が切り開いて下さった道を辿ってゆきたいものである。

最後に、いくつか気になった点について述べる。

（1）著者は、官箴書には「一般民衆に対する具体的な言及が少ない」（六七頁）、地方官が「心血を注いだ人間対応は、上司への従順、胥役への虚勢、郷紳への迎合に尽きるのであり、……民は彼らが『奸民』でないかぎり……その埒外に置かれていた」（三六八頁）などと述べる。しかし、官箴書においては、特殊な人びと（官・吏・士および「奸民」）についての記事以外の部分のほとんどが、一般民衆（良民）への対応を述べるものであったと考えたほうが良いのではないか。卑近なたとえをすれば、著者は、入試監督要領の「遅刻者への対応」や「不正行為の防止」について書いた部分のみを取り上げて、「真面目な受験生への対応が書かれていない」と言っているような気がする。

（2）著者は、官箴書・公牘の主たる読者として地方官（候補者）を想定している。もちろんそうなのだろうが、「公牘」が想定すべき読者の第一は上司ではないだろうか。藍鼎元の公牘『鹿洲公案』には、盗賊や土豪をびしびし取り締まった話が出てくるが、想定読者たる雍正帝に喜ばれそうな事例ばかりを選んで載せている可能性もある。「酷吏たる藍鼎元は果たして地方政治において能吏たりえたか。在地勢力との連携をはからずに中央の意向を在地に貫徹させることは果たして可能であったか」（七〇頁）と著者は書いているが、藍鼎元が在地勢力との連携をはからなかったとは言い切れない。

（3）著者は、『守禾日紀』の分析から、讞語・告示・詳文といった公文書の系統ごとに「民」の描き方に特徴があり、「理念と現実との狭間で揺れ動く地方官の統治における葛藤と逡巡を垣間見ることができる」（二〇〇頁）という。どうやら著者は、「理念上の〝良き民〟」と、「現実に存在する〝悪しき民〟」がいると考えているらしい。思うに、地方官の目から見れば、「民」はすべて教化と保護の対象であり、そのことと悪事を働いた民を処罰することとは矛盾しない。またもや卑近なたとえを用いれば、期末試験でのカンニングが発覚して処分を受けたからといって、学生が学生でなくなるわけではなく、教員は以前と変わらず親身に指導してやるというのと同じである。
（4）民衆が頻繁に訴訟を起こす理由の一つとして、著者は「官の方で民衆に対してむしろ訴訟を求める風潮があったことが挙げられる。張官始の判語の中には、土地や奴僕の所有に関して長年権利を主張せず、いまになってことさらに訴え出るのは道理に合わないとの表現がしばしば現れる」（二八一頁）と述べているが、この見解には賛同しがたい。「長年権利を主張せず」というのは、官が「道理に合わない」と判断した訴えを退けるときの常套句の一つであり、決して訴訟を奨励しているわけではない。
（5）「〝健訟〟を担う人間による訴訟」であっても「官僚たちが指摘するほどの悪辣・狡猾ぶりには遠く及ばず、また訴状に盛り込まれた誇張や虚偽も容易にそれが露呈するほどの単純なものが多かったことが判明する。ならば、このような健訟に対する認識と実態との乖離はどこから生じるのだろうか」（二八〇頁）と著者は述べるが、果たしてそうだろうか。事実をちょっと大げさに書くくらいならまだしも、証拠の捏造までするのは、やはり「悪辣・狡猾」といえようし、「容易に露呈する」ように思われるのも、謎解きがなされた後で結果だけを見ているからかもしれない。「編集の際には重要な判牘を選別して収録しようとする意思が働くはず」で、「少し調べただけで容易に誇張・虚偽が判明する訴えだけを意識的に集めたとは思われない」（二八六頁）のであって、実際に苦労して解決した事件を取り上げたのであろう。そこに「認識」と「実態」の齟齬があったとは考えにくい。
以上、述べた中には、評者の知識と読解力の乏しさ故の「的外れ」も多々あるかと思う。それについては、切に著者及び読者のご寛恕を乞う次第である。

（喜多　三佳）

下倉渉著「ある女性の告発をめぐって―岳麓書院蔵秦簡「識劫婉案」に現れたる奴隷および「舎人」「里単」―」（『史林』九九―一）

本論は、岳麓秦簡「為獄等状四種」所載「識劫婉案」の検討を通じて、中国古代における家族と親族、およびこれらを取り巻く親族組織や地域社会の扶助機能を論じたものである。「識劫婉案」は秦王政時代の財産継承に関わる裁判記録であり、そこには奴隷や「隷」など、血縁や婚姻によらない家族構成員、近隣の親族や住民が登場する。本論「はじめに」で述べられるように、こうした家族・親族の外縁にあってその生活を支える人々に焦点をあて、家族史・親族史の諸問題に論及した点に本論の大きな特色がある。
次に本論の紹介であるが、第一節では行論の前提として、「識劫婉案」の原文を提示し、内容を三グループに分けることを確認している。第二節は、原文に訓読を付し、重要な語句の意味を考証し、事件の前後関係を整理している。第三節は、「識劫婉案」にみえる「隷」という身分を奴隷とみなしたうえで、女奴隷婉の事例と合わせ、奴隷の解放が当該社会において決して珍しいことではないことをまず指摘する。そして、奴隷解放に財産分与がともなうことに着目し、社会的にも、法制上においても主人と奴隷の主従関係には親子関係にも等しい強い結び付きが認められると述べる。第四節では、主人と主従関係を結びつつも、奴隷と異なる一般人である「舎人」という属性について検討する。検討によれば、舎人には従来言われてきた高官・貴族に仕える者だけでなく、経済的有力者のもとで商業活動に従事する従業員や無頼漢など様々な背景を持つ人々が存在した。また、主人と舎人の関係には、奴隷と同様に擬制的家族関係が結ばれており、「流動性の高い商業の世界」にあって、この擬制的家族関係が主従関係を安定させる基盤となっていた。第五節は、地域社会である里における「里単」の役割に言及する。下倉氏は「単」とは、「盟誓習俗」に由来する地縁・血縁にかかわらない、葬儀など特定の問題に対処する互助組織であるという先行研究（籾山明「漢代結僤習俗考」邢義田・劉増貴主編『古代庶民社会―第四届国際漢学会議論文集』中央研究院、二〇一三年）を支持したうえで、「識劫媛案」の「里単」は里を中心とした互助組織であり、地縁的紐帯を確認・維持する役割を担っていたと論じる。そして、「おわりに」ではこの葬儀における互助機能が、戦国末の秦では「里単」によって果たされているのに対し、後漢末『四民月令』では宗族に期待されていると述べ、同姓親たる宗族の紐帯が時代とともに意図的に強化されたことを見通している。

下倉氏はこれまで漢代における外戚政治の背景に母系親族の社会的重要性があることを看破し、父系原理の意図的強化のプロセスについて研究されてきた。とかく父系原理を前提に語られがちな中国家族史研究において、家族・親族をめぐる価値観やイデオロギーが権力や当事者によって選択・操作しうるものであることを説かれてきた功績は大きい。そして、こうした父系原理以外の家族・親族間の関係性への視線が、新出史料である「識劫媛案」に向き、親族や地域の扶助機能の変化につなげて語られた意義もまた重い。

ただひとつ、第二・三節で「隷」を奴隷（男女含む。秦律でいう「臣妾」）とみなす点について、評者の卑見を述べておきたい。下倉氏が「隷」を奴隷とするのは、「隷」が奴隷と同様に主人の戸籍に登記されている点が共通し、戸籍によって従属関係を把握される身分を他に想定しにくいとするからである。かつて評者はこの「隷」を枕席に侍る身分の低い女性としたが（『中国古代家族史研究―秦律・漢律にみる家族形態と家族観―』刀水書房、二〇一二年、第一章二）、下倉氏の指摘どおり、この解釈は成立しない。ただ下倉論文と同時期に発表された諸論考のように奴隷と「隷」を区別すべきと思う。それは第一に、この「識劫媛案」では訴え出た元女奴隷の媛は「(故) 妾」と称するのに対し、識を「臣」と表記しないのはバランスに欠ける。第二に、媛には奴隷解放手続きである「免」がともなっている一方、識にはその記述がみえないが、これは単なる省略だろうか。第三は里耶秦簡K11出土簡（戸籍様簡）の「隷」と「臣」ではその記載欄が違い、成年女性の「隷」は「臣」と同欄ではなく、一般の成年女性欄に記載されている。これは「隷」が一般人として登記すべき身分であったからだと考えられる（賈麗英『秦漢家庭法研究―以出土簡牘為中心』中国社会科学出版社、二〇一五年、第三章など）。

　では「隷」とは何なのか。評者の推測にすぎないが、いわゆる丁稚奉公も含む、住み込みの奉公人ではなかろうか。沛は舎人を使って商売をする事業者で、識は未成年の頃から沛のもとで働き、識の援助で所帯を持った。これを下倉氏はファミリーサイクルの一環として位置づけるが、この他に奏讞書案例四において、隷であった女性について、その主人が結婚相手を世話しているのも同様とみなしうる。確かに「隷」の結婚は「隷」を抱える世帯にとってファミリーサイクルの一事であるが、「隷」自身にとってはライフサイクルの一齣でもある。ライフサイクルといえば、下倉氏も注で引用する里耶秦簡（J1⑧1546）のように、未成年の頃から生家や居住里を離れて「隷」となる者がいる。他にも里耶秦簡では他県から転入する「隷」についての戸籍データが送付されている（J1⑧1565）。これらを勘案したとき、当該期において、未成年のうち生家や故郷を離れ、他家で働く奉公人が一定数いたことを認めねばならない。つまり、「擬制的家族関係」による「隷」と主人との紐帯の表現は、個人のライフサイクルの多様性、ひいては社会的流動性とパラレルな関係にあるのであり、このように考えた方が下倉論文の主旨がより生きると思うのである。

　ここまで本論に導かれながら、若干の卑見を記してみた。本論の論点は多岐にわたっており、それら全てに触れるのは評者の能力を超えている。ただ、今後も下倉氏と視点を共有しつつ、中国古代の家族と地域社会の問題を考え続けてゆきたい。

（鈴木　直美）

赤城美恵子著「清朝前期における熱審について」（『帝京法学』三〇―一）

　中国の明・清両代にわたって行われた司法制度に熱審と呼ばれるものがある。これは夏の暑熱を慮り、監獄に拘禁される囚人を対象として刑罰の減免等の措置を施すもので、明・清の裁判や刑罰について論じた先行研究のなかでもしばしば言及されてきた。しかし、この熱審について正面から取り扱った専論が公刊されたことは管見の範囲ではなく、制度の沿革やその具体的な機能などは従来ほとんど明らかにされてこなかった。このたび赤城美恵子氏が上梓された「清朝前期における熱審について」は、熱審を主題として取り上げたおそらく最初の専論であり、とくに清代における熱審の導入とその後の変遷の経緯を丁寧に整理された労作である。本論文の構成は、一・はじめに、二・清朝における熱審導入、三・順治期の熱審、四・康熙年間及び雍正初年における熱審実施を巡る動き、五・おわりに、となっている。まず、以下にその概要を示すこととしたい。

本論文の冒頭で赤城氏は、明代後期の万暦会典と清代中期の乾隆会典の熱審に関する記事を掲出し、明・清の熱審には、実施される地域および対象とされる罪囚に相違点があることを指摘する。そのうえで、本論文では清代前期における熱審をめぐる議論を跡付けてゆくことが表明される。すなわち本論文は、明代の熱審がいかにして清朝の制度に取り入れられ、またそれが清代中期以降の熱審に姿を変えていったのか、その経緯の解明を主題とするものと言ってよいであろう。

この序論を受けて二章では、清初の順治年間に展開された熱審導入をめぐる議論が整理される。清朝の朝廷では、入関直後の順治初年より官僚たちから熱審の実施を求める奏請がたびたび提出されていたが、その議論の方向性は大きく二点に類別することができるという。一つは死刑の執行を慎重にし、「皇帝の仁・矜恤を発現する機会として」（十一頁）熱審の導入を求めるもの、いま一つは裁判を迅速に進め、獄囚が監獄に滞留する状況を改善する「清獄」のために熱審の実施を求めるというものであった。そして、順治八年には京師熱審が実施され、さらに順治十年には京師と地方を対象とした熱審が行われるようになったが、そこでは主に清獄を念頭に置いた議論が展開されていた。また、熱審が地方にも敷衍されていった背景には、当時の清朝が内外画一の司法制度を志向していたことが関わっているであろうと指摘する。

つづく三章では、順治十年代の京師と地方における熱審の具体例が提示される。その検討を通じて、この時期の熱審の対象は該当する期間に獄につながれていたすべての罪囚であったことや、彼らに対する具体的な処遇が明らかにされた。そして、一種の「清獄キャンペーン」（二十二頁）と位置付けられた当時の熱審では、罪状に対して法定刑が過重とみなされた罪囚に対しては「可矜」、罪状が判然としない罪囚に対しては「可疑」というロジックが用いられ、審理が滞留していた事案の速やかな処理が促されたとの見方が示される。

こうして始まった清初の熱審は、しかしそのまま後代に踏襲されたわけではなかった。すなわち、順治末年頃には地方熱審と京師熱審が相次いで停止されたが、康熙七、八年に再開、康熙四十三年に再び停止されるという不安定な経緯をたどった。そして雍正元年には、清獄を目的とした広範な刑罰の軽減・免除は罪と罰の均衡を損なうとの観点から、対象を軽罪囚に限定し、もっぱら減刑を施す機会として、熱審がみたび開始されることとなった。乾隆以降の会典などを通じて知られてきた熱審は、この雍正期以降の手続きであり、それは清獄機能を重視し、広範な罪囚を対象とした清初の制度から、対象を一部の罪囚に限定し、皇帝の矜恤を示す寛典としての機能に力点を置いた制度へとその姿を変容させたものとなっていたのである。

以上、本論文では、従来の研究でほぼ未解明であった清代における熱審の沿革が相当詳密に明らかにされた。これは会典や実録など既知の史料のみでは窺うことのできなかった清初の熱審をめぐる諸情報を、档案史料等の博捜を通じて補い合わせたことによって実現した成果である。また、清代前期の司法制度について多くの論考を積み上げてこられた赤城氏の識見が、随所で議論を補強・傍証しており、論述に強い説得力を与えている。

さらに本論文は、単に一制度の沿革を明らかにしたというだけではなく、清朝による明制の継受という制度史上の大きな課題についても、貴重な示唆を与えるものとなっている。熱審は清朝が継受した明制の一つであるが、その導入は単純かつ機械的な模倣ではなかった。その制度を自らの体制内にいかに位置付けるかについて、清朝は紆余曲折ある議論を積み重ねながら、自らにとっての熱審を形成・展開していったのである。本論文が描き出した熱審の沿革は、明・清制度史における注目すべきケーススタディとして受け止めることができるであろう。例えば、本論文で言及される清初の内外画一に関わる動きなどは、司法のみならず行政の諸分野について検討する際にも留意すべき視点となるように思われる。もっともこの点については、明清交代を画期とみなすのか、あるいは明代以来の議論の連続性を念頭に置いて事態を理解すべきか、慎重に検証してゆく必要がある。史料的には審録関係の情報が混淆している印象を受けるが、沈家本『歴代刑法考』熱審の条には、明の官僚が内外で不統一な制度状況に疑義を呈している様子が記されている。熱審を含む審録制度全般を俯瞰した場合、内外不統一から画一への推移は、明・清両代を通じて緩やかに進行していったという見方も成り立つかもしれない。いずれにせよ、赤城氏の提示された視点が、明・清両代の諸分野の研究と結びつくことによって、より大きな成果に結実してゆくことを期待したい。

（高遠　拓児）

田口宏二朗著「登記の時代―国民政府期、南京の不動産登記事業（一九二七―三七）研究序説」（村上衛編『近現代中国における社会経済制度の再編』京都大学人文科学研究所、二〇一六年）

一　内容の紹介

著者は一四〜一九世紀の河北社会経済史や民国期南京の土地制度史を研究してきた優れた歴史家である。本稿が依拠する史料は台湾の国史館に収蔵されている前南京市政府档案のうち、一九三〇年代、南京城内外の土地所有権登記の際に作成された大量の南京登記文書と名付けた文書群を中心とする。時々の制度を細かく紹介するというよりも制度の特徴と変遷に着目している。次に全体の構成を記した後に評者なりに章ごとに内容を紹介する。

はじめに（問題の所在）
Ⅰ　帝政期中国の私契秩序・公証

Ⅱ　公証から登記へ
Ⅲ　南京市の財政と都市計画
Ⅳ　南京国民政府期における不動産登記事業
おわりに（暫定的結論と展望）

［はじめに］　本稿は民国期南京での登記事業の進行過程を帝政期の私契・公証制度にも留意しながら解明することを目的にする。

［Ⅰ］　均田制の崩壊以降、官は人民による土地の売買を認める。ただそれを不可侵なものとして保護してはいない。それは権利の存在を認定する公証を十分になしてはいない。官は民間の契約の作成行為の中で主になされている。権利内容は定量的であって権原を特定できないし裁判も権原を確定しない(1)。

［Ⅱ］　一九世紀後半以降、公権力は土地の一元的登記を目指す。都市の人口増と不動産価格の上昇に伴い不動産課税の重要性が増す。西洋法を受容する大清民律草案、民法典を作成しあるいは課税のための験契をなす。それらの行政業務を在地エリートが担った。しかし、所有権の確定、公示や課税対象の把握は分散的でしかなかった。一九二二年の不動産登記条例は記録の保存や公開を原則とし物的編成主義を取る。また、司法機関が登記業務を管掌した。ただ、登記は自己申告によったのであって画一的には実施されなかった。

［Ⅲ］　省と市が市域の確定や税源を巡って対立していて登記政策をうまく実行できない。南京市に於いては不動産関係の税収の比率が高いけれども房捐の不動産価値は自己申告であって正しく徴税されにくい。ただ、都市整備のための土地収用をなすにも所有者の把握が必要であった。

［Ⅳ］　一九三三年以降、不動産投資の増加を背景に円滑な金融を目的として登記制度の整備を目指す。国民党中央の姿勢に沿って主管部局を変えつつ数多の法を作った。所有権の存在を確認するための土地申報章程や権利の変動を把握する土地買賣暫行章程を作成したけれども目的を十分には実現しない。ところが一九三四年以降全市を測量して九割以上の土地を登記したという。そこでは登記要件主義を採用している。

［おわりに］　急に登記申請が増えたのは混沌としていた秩序が強力な統治によって安定したと市民が考え様子見をやめてそれを利用しようとしたからである。

二　若干の論評

　第一に、貴重な史料を渉猟しているということである。粘り強く探索の努力をされたのであろうと思うとともに恵まれた研究環境が羨ましい。第二に、従来の中国法史学は農業国家であったことや史料の残存情況を反映して研究対象地域を主に農村に置いていた。本稿のような民国研究によって都市にも目が向くようになってきた。今後の進展が期待される。第三に、歴史的な比較によって制度の特徴がはっきり示されている。清代の公証制度と比べつつ登記制度の変遷を記し、また、本格的には言及されないけれども現代日本法との比較もできる。不動産の概念や登記要件主義等は現代とは異なる。

特に、登記は所有権の帰属の変動をとらえるだけではなくてある時点の所有者を確定するためにもなされた点に留意しなければならない。第四は、統治部門間の未調整や諸政策間の不整合を指摘する点である。法制度が形式合理的に無駄なく整備されていないことは伝統中国社会にも見られる。茫洋としたところに準則を見出す作業は容易ではないけれども中国研究には欠かせない。第五に、また、設計主義的な上からの登記事業と民間の事実的な土地公証のあり方を次元の違うものとしてとらえる点に共感する。評者が清代の土地法を官法と民間秩序に分けた上でその生成の仕組みや事実上の関連を見たところと通有する。第六に、帝政期中国の土地制度について本稿が滋賀、寺田学説に依拠して述べるところに評者は違和感を持つ。土地に対する支配権は定量的で権原を特定化できないし裁判は請求の趣旨も確定力もなくそれを保護するとはしないとする。しかし、権原を特定できないと来歴管業はできないはずである。それは原始取得の仕組みを見ていないし行為規範を見ていない。裁判規範だけが法であるとするのはよくない。清代の土地法秩序を見るには法理の形で現われる統治の原理をまず解明しそれが裁判でどこまで実現したかに留意するべきである。官が譲渡できるものとして賦与し生産性があれば課税するというのが官の所有権法の基本原理である。裁判では調整されることがあるけれども原則として権原に沿って保護している。民間の秩序も圧倒的な存在感を持つ官を受け入れて大枠は官法と等しい。

註

（1）本稿は拙著『清代土地所有権法研究』（勁草出版サービスセンター、一九八四年）を引用されている。ただ、これを修正する『清代中国土地法研究』（私家本、国会図書館蔵、二〇〇八年。中国語訳が牛杰訳『清代中国土地法研究』（法律出版社、北京、二〇〇九年））、さらにそれらの大枠を記す「中国法史講義ノート（Ⅵ）」（星薬科大学一般教育論集三四輯）がある。

（星薬科大学名誉教授　森田　成満）

川西裕也著「朝鮮時代における文書の破棄と再利用」（韓国・朝鮮文化研究会『韓国朝鮮の文化と社会』一五）

本稿は、筆者が進めておられる「文書の伝来論的研究」の一環としての、朝鮮時代における文書の廃棄と再利用の様相についての考察である。文書の伝来論的研究とは、「文書が生み出されて今日まで傳存するに至った経緯や要因、あるいは過去の各時代における文書の管理制度や保管実態（保管の方法、形態、場所）などについて考察する研究」（本稿「はじめに」より）をいう。

この視点は、筆者が既に上梓された著書（『朝鮮中近世の公文書と国家—変革期の任命文書をめぐって—』九州大学出版会、二〇一四）にも今後の課題として明確に提示されているもので、真摯に課題に対応しようとしたものと言えよう。

以下本文の内容を章ごとに簡単に要約する。

一「文書の保管と休紙」では、文書の保管の有り様と、文書が処分されるまでの過程に触れられる。官庁と民間とを問わず、朝鮮時代における文書保管の実態はほとんど明らかになっていない。文書は、保管の必要が無いと判断されると「休紙」(反故紙)とみなされた。ただし、書籍の場合であっても同様に休紙と表現されるため、休紙が必ずしも文書であるとは限らない、とする。

二「文書の破棄・再利用の諸相」では、文書がどのように処分されていたのかを、1焼却 2漉き返し 3転用の3つの類型に分けて紹介する。

1焼却については、武器の製法を記した『銃筒謄録』など の機密性の高いもの、官に投じられた匿名の文書である「匿名書」、王に対する反逆の言辞が記された文書、受給者の姓名部分が空白となっている「空名帖」、奴婢制度廃止後の「奴婢案」(奴婢名簿)の焼却が事例としてあげられる。評者の関心に引きつければ、中国清代中期、乾隆帝への反逆の言辞があったとされる「孫嘉淦偽稿」は、存在したことは確実であるが、写しを含め、その内容は一切伝わっていない。同様の処理がなされたことが想像できる。

2漉き返しは「還造」と称され、漉き返された紙は「還紙」と称さた。朝鮮王朝設立期には中央官庁である造紙所が設置され、地方から送られた(本文中の「地方における紙製造の弊害」が具体的に何を指すのかは明らかにされていない)休紙を王朝初期に発行された紙幣の原料としたが、還紙の質が悪いこと、さらに還紙の原料とするために官庁の文書が盗難にあうことから禁止されたが、その後も還紙の製造は続き、一五世紀中葉の『経国大典』編纂時に至り、「文書」を還紙としたもののみが処罰の対象となることとされる。筆者はこの「文書」は官庁文書であると推論し、事実、一六世紀に至っても、寺院で休紙の漉き返しが盛んに行われていたことを紹介する。また、朝鮮後期、無用となった実録関係の文書が弘済川流域の造紙署などにおいて漉き返されていたという事例から、官庁において不要とされた官庁文書が公用紙として再利用されていたのではないかと推論する。

3他の用途への転用。楮を原料とする朝鮮の紙は厚く耐久性に優れていたので、休紙は壁紙や窓紙、包み紙、衣料品、武具、工芸品に用いられ、特に建物の壁や戸・窓に休紙が貼附されていたこと、が史料的に確認できるとする。また、朝鮮後期には鞋や笠が作られ、その他、別の文書や書籍などにも使用されるなど、多様な用途に使用されていたことが紹介される。

三「紙の生産と需給」では、前章での休紙の再利用の広範さは、紙が貴重視されていたためとの推論のもと、紙の生産と需給について論ずる。紙の生産について、朝鮮前期から中期にかけて、その主流であった楮による製紙は外患などにより衰退した結果、一七世紀には地方から中央への貢納制度が廃止されたが、一八世紀にようやく楮田振興策により紙の生産と流通が活発になっていった。しかし一方で宗主国である清朝からの多大な紙の貢納の要求は朝鮮にとって重い負担であったことも明らかにする。いずれにせよ、朝鮮前期後期を通じて、紙の必要量は膨大であったが、供給が需要を必ずしも十分に満たし得ず、前章までで明らかにした休紙の再利用は当然であったとする。

「おわりに」では、本稿全体で明らかにしたことを整理し、文書の破棄・再利用について、その全容のおおよその傾向をつかむことができたとしてうえで、より特定の時期地域組織に焦点を絞った実態解明が今後の課題であるとして論考を締めくくる。

本稿は、明確な課題意識のもと、朝鮮時代全般にわたっているが故にやや広く浅くの印象を否定できないが、それでも残存の史料を広範囲かつ丹念に渉猟し、破棄された文書の行方という再構成の難しい問題について、実証的に明らかにした点で非常に意義のあるものである。ひるがえると中国史の文書の伝来論的研究は、非常に遅れている。評者の専門とする明清檔案においても、魯迅の「いわゆる『宮室文書』について」（竹内好訳『魯迅文集』第四巻、筑摩書房、所収）にも触れられているため人口に膾炙している民国初期の「八千麻袋事件」と呼ばれる大量の行政文書の処分未遂事案については、その背景にある製紙業者の実態や紙の再利用のあり方は、ようとして不明である。本稿により、清代の紙の生産や需給の研究の必要性を再認識した。

最後に誤解をおそれずに言えば、本稿は「伝来論的研究」というより、やや紙の再利用や紙の生産や流通という観点の分析にかたむいている。このような研究は、おそらく「料紙論」とよばれる日本史の古文書学の一分野と本来通底するものであると思われる。残存している文書の紙の組成の物理的分析も今後は必要とされることとなろう。このことも含め、筆者の文書研究全体を俯瞰した場合に本論考がどのような位置にあるのか、評者の読解不足もあるやもしれないが、明確に読み取ることができなかった。ただ、筆者の力量から見れば、今後再度著書を上梓される際に、明確な位置づけがなされることと確信している。

（黨　武彦）

岡崎まゆみ著「植民地期朝鮮の談合入札有罪判決に関する考察——司法判断における内鮮間の関係性をめぐって——」（『帯広畜産大学学術研究報告』三七）

岡崎氏は、国内のみならず大韓民国所蔵の資料も用いて、朝鮮を中心に外地法史に関する研究を精力的に行ない、すでに多くの成果を公表し活躍されている研究者である。氏は、最新の研究成果である本論文において、朝鮮の談合行為有罪判決を取り上げられた。

一．本論文の内容

「一．はじめに」で記されているように、一九四一年の刑法改正で「談合罪」が置かれる以前、大審院は談合行為を有罪と判断しなかった。一方朝鮮では、一九一七年五月判決で談合行為による詐欺罪の成立を認め、一九三一年七月の聯合部決定もこれを支持した。朝鮮の一連の談合行為有罪判決は、これまで「談合罪」前史として取り上げられてきたが、氏は、これが「「帝国」日本の司法秩序にとってどのような意味をもつものであったか」（六五頁）を検討することを本論文の課題とされた。

「二．「京城土木談合事件」の概要」では、前半で主に大韓民国の国立中央図書館所蔵の《「京城土木談合事件」に関する裁判関係資料》（六六頁）を用いて、「京城土木談合事件」の概要を説明されている。本事件では、八七名の在朝日本人が、贈収賄、恐喝、詐欺等で起訴され、これに対し、「今村力三郎や一松定吉、秋山高三郎、牧野良三、山岡萬之助といった当時の内地法曹界の重鎮ら」（六九頁）を含む総勢四五名の弁護団が結成された。しかし、一九三六年二月の判決は、一九三一年七月の聯合部決定を踏襲し、全員を有罪とした。

本章の後半では、判決の反響として、法律家の意見が紹介されている。具体的には、大審院の無罪論に懐疑的な大審院検事の平井彦三郎、談合行為は詐欺罪を構成しないとする京都帝国大学教授の宮本英脩と東京帝国大学教授の小野清一郎、談合行為は詐欺罪を構成するものの、違法性が阻却されるとする牧野良三の見解が紹介されている。

「三．裁判過程における弁護士の論調」では、弁護団に加わった弁護士（水野正之丞、山岡萬之助、秋山高三郎）の見解が紹介されている。氏が特に注目されるのは、彼らの「内地との権衡」という考え方である。弁護士が内鮮間の談合行為無罪／有罪判断の相違を問題視したのは、「法的に不安定な状態」とともに、「被告人がもし朝鮮人であった場合には、内地との差別的刑罰を理由として、再び三・一独立運動のような大規模な独立運動を招くことにもなりかねなかった」ためであるという（七七頁）。加えて氏は、弁護士は、「朝鮮法院の判断自体が「帝国」内の先例となること（中略）を事実上否定している」（七七頁）とも指摘されている。

「四．裁判官の判断とその背景」では、在朝司法官が談合行為有罪判決を出した思想的背景が分析されている。氏はまず、「我が裁判所では独自の立場から、有罪と断案を下したのである。（中略）少くとも我が高等法院は内地や台湾の最高裁判所を追随させるだけの見識を持つてゐるものである」との高等法院長の深澤新一郎の意見を紹介され、ここに「内地の弁護士らが見せた、朝鮮高等法院の判断に先例性を認めることへの消極的態度に対する、深澤の高等法院長としての一種の対抗意識」（七八頁）を看取できると述べられる。また弁護士と司法官との間では、「法の民衆化」の捉え方に違いがあるとされ、「内地法への同化」と捉える弁護士に対し、司法官は「法が朝鮮社会で適性に運用されている状態」と捉えていたと指摘されている。

「五．むすびにかえて」では、「朝鮮で生じたひとつの談合事件は、内地法曹界の重鎮らを巻き込みながら、スキャンダルのなかに「帝国」司法の矛盾を露呈させる大事件になった」（八一頁）と、「京城土木談合事件」の「帝国」日本の司法秩序の意味を明らかにされている。

二．本論文の意義

一点目は、談合行為無罪／有罪判断の相違を通じて、「内地と朝鮮の関係において、少なくとも「司法」というフィールドでは、従来いわれてきた「朝鮮の内地化」としての同化とは異なる様相が窺える」（八二頁）ことを指摘された点である。評者もかつて朝鮮総督府の訴願令制定計画を取り上げて「「朝鮮の内地化」としての同化」を指摘したことがあるが（拙稿「植民地朝鮮と行政救済制度」『阪大法学』第六三巻三＝四号）、本論文で氏は、文化政治期における内鮮の法の関係について、従来とは異なる面に注目された。

評価されるべき二点目は、本論文で用いられた資料とそれらに対する氏の収集力である。氏が用いられた国立中央図書館所蔵資料のほとんどは、同館のデジタル閲覧室で閲覧・複写されたものである。管見の限りでは、日本近現代法史研究者の中でこれらの資料を用いて研究成果を発表されたのは、氏が初めてである。また氏が本論文で用いられている『東亜法政新聞』（のち、『法政警察新聞』、『法政新聞』）は、国内だけでなく大韓民国でもあまり所蔵されていない雑誌であるという（詳しくは、氏の「外地・朝鮮の内地人弁護士による朝鮮認識（二）」『法史学研究会会報』第一九号を参照）。このような積極的な資料収集の基で行なわれる氏の研究は、外地法史研究の進展に大きく貢献するものである。

三点目は、実定法学（刑法学）に対する貢献である。本論文で氏が明らかにされた京城土木談合事件に関する多くの事柄は、刑法研究者がこれまで語ってきた「談合罪」制定前史に修正を加え、それをより詳細にする素材を提供する。例えば、朝鮮での談合多発の原因が「談合屋」ではなく、「朝鮮の土木請負事業者が置かれた特殊な経営状況」（七〇頁）であることを明らかにされた点も、その一つである。実定法学との関わり方については様々な意見があろうが、法史学研究の成果が実定法学者に参照されることが好ましいことは、疑いのないところである。

三．ご教示いただきたい点

一点目は、資料の読み方についてである。氏は、在朝司法官の「法の民衆化」の捉え方を分析する際に、事件を担当した小松博美の文章を引用して、「朝鮮総督府の裁判官にとって、法が朝鮮社会で適性に運用されている状態こそが「法の民衆化」であり、内地法への同化（中略）は必ずしも「民衆化」を意味しなかった」（七九頁）と指摘されている。確かに小林は、「法が如何に適正に社会事物に対し運用せられ居るやも検視せねばならぬ」（七九頁）とは主張しているが、それが「法の民衆化」であるとは記していない。氏には、司法官が「法の民衆化」をそのように捉えていた根拠を示していただきたい。

二点目は、氏が本論文で朝鮮の談合行為有罪判決を取り上げられた理由である。氏は、「同じ法規を用いながら、内地と外地とで異なる司法判断がなされた事例はほかにも存在する。なかでも興味深いのは、外地における司法判断が、法理論として内地より進歩的である例や、あるいはそうした外地の司法判断がやがて内地へ逆輸入される例が見られる点である。本論文の事例も含めて、こうした事例の存在から、内地と朝鮮の関係において、少なくとも「司法」というフィールドでは、従来いわれてきた「朝鮮の内地化」としての同化とは異なる様相が窺える」（八一―八二頁）と記しておられる。「こうした事例」のなかから、この事例を取り上げられた理由は何か。資料の残存も一つであろうが、それ以外にも理由はあろう。「「帝国」司法の矛盾」、そして、「「朝鮮の内地化」としての同化とは異なる様相」を示すために、他の事例に先駆けてこの事例を取り上げられた理由をご教示いただきたい。

読解が十分ではないため、内容を誤って理解していたり、また氏の意図を汲み取ることができていない点があるかもしれない。そうした点があればお詫び申し上げたい。氏が今後も外地法史研究を牽引されることを心より期待する。

（小野　博司）

西田彰一著「一九〇〇年代における筧克彦の思想」（『日本研究（国際日本文化研究センター）』五二）

同「植民地における筧克彦の活動について―満州を中心に―」（『総研大文化科学研究』一二）

一　西田彰一による筧克彦研究

筧克彦は、東京帝国大学の公法学者でありながら神道に傾倒した奇矯な人物として理解され、その学説は「柏手憲法学」などと揶揄されてきた。そのような状況下で、憲法学者石川健治は、「権力とグラフィクス」（長谷部恭男・中島徹編『憲法の理論を求めて――奥平憲法学の継承と展開――』日本評論社、二〇〇九年）において、初期筧克彦学説に内在する彼独自の法理論を「再発見」し、それがギールケやディルタイといったドイツの碩学たちの見解を継受したものであったことを示した。しかしながら石川は、「神ながらの道」へと邁進していく後期筧克彦については、「「文体」「身体性」「心性」という三つの鈎点のみを指摘して、今後の課題と」するに留めた（石川前掲三〇四頁）。これに対して、筧克彦が考案した日本体操に着目して、石川が取り上げなかった「神ながらの道」時代の筧の足跡を追わんとする西田彰一の研究は、上記三つの「鈎点」のうち、「身体性」に焦点を当てるものとして位置づけることができる。なお、西田は書評対象である標記二論文に加えて、「筧克彦「やまとばたらき

（皇国運動／日本体操）」の分析―明るき国家の肯定と身体技法―」（『日本思想史研究会会報』三三）「筧克彦の皇族論について」（『立命館大学人文科学研究所紀要』一〇七）の二論文を、ほぼ同時期に公表しており、本来であればこれらも併せて取り上げるべきであるが、本稿では割愛する。以下、二において標記二論文の内容をごく簡単に紹介し、三において若干のコメントを提示したい。

二　内容の紹介

「一九〇〇年代における筧克彦の思想」（以下では、第一論文と表記する）は、「そもそも法学者であった筧がなぜ宗教を語るようになったのか」を明らかにするために、「本格的に宗教を論じるようになる前の筧の思想」を検討するものであり、これまであまり注目されてこなかった筧の一九〇〇年代の雑誌論文が史料として用いられている。第一節では、一九〇四年の論文「法ノ本質ヲ論ズ」に即して、「個々人の心が社会に合成されていくことで社会そのものが個人と同様に社会団体として力を持つようになり、ひいては国家の形成に至る」という筧の思想が紹介されている。そして、第二節において、筧とギールケとの差異が四点示された後、以下の第三～第六節においてそれらが個別に検討される。以上から西田は、「当時の筧の議論の骨子は①自我の自由の希求への強いこだわり、②自我を拡大していくことによる社会や国家への貢献、③天皇制国家の下での「自由」の実現、④意識の統一体としての宗教への注目であった」と結論づける。

「植民地における筧克彦の活動について―満州を中心に―」（以下では、第二論文と表記する）は、筧が植民地において自身の神道思想をどのように普及しようとしたのかを、台湾・朝鮮・満州での事例を取り上げて論じたものである。第一章では、朝鮮における日本体操の普及活動により、筧が「植民地の人々を日本の天皇制支配の下に教化しようとした」ことが紹介される。第二章では、台湾神社の祭神がオオクニヌシであることを以て、筧が台湾を「未だ発展中の神国」と位置づけたことから、「台湾の人々は天皇の統治を受け入れたオオクニヌシを通して国民となるのである。こうして一段階を置いた天皇との「帰一」関係の形成を説くことは、まさしく青野が説いた（青野正明『帝国神道の形成――植民地朝鮮と国家神道の論理』（岩波書店、二〇一五年）――引用者註）天皇崇敬システムと言えるであろう」と述べられている。第三章・第四章は、満州における筧の活動に充てられている。第三章では、建国大学の創設委員となった筧が、実際のところ大学の運営にほとんど影響を与えていなかったことが紹介され、第四章では、一九四四年に行なわれた筧の皇帝溥儀への進講が、受講者たる溥儀の側からみればおよそ受容不可能なものであったことが示されている。以上のような筧の植民地における活動は、一見すると「所詮大勢に意味を与えなかった」かのように見えるが、それでも筧は植民地で重用された。このことから西田は、「筧が植民地に与えた本当の影響」は、「内地出身のエリートに自己正当化の知的枠組みを与えたこと」だったのであり、「この「内向き」の知的枠組みこそが、却って彼らを勇気づけ、日本人のコミュニティーの中だけで通じる自己正当化のアイデンティティーの形成を手助けしたのである」、と指摘している。

三　コメント

（一）第一論文について

第一論文は、石川健治が「権力とグラフィクス」において検討した時期よりも前の雑誌論文に即して筧克彦の学説を紹介したものであり、石川が『仏教哲理』や『西洋哲理』などの著作の中から抽出してみせたような筧独自の法理論が、いかなるプロセスを経て編み出されてきたのかを知ることができる。とはいえ、個々の論点で示された筧の見解に関して言えば、それらは先行研究において既に示されているものが多く、内容上の目新しさは感じられない。また、西田は石川論文を、「筧の思想に問題性を見出し批判的に研究」するものとして理解しているが、そのような理解は妥当でないように思われる。石川論文は、それまで着目されてこなかった筧の法学の高度な理論性を、西欧学説との対比によって示すことで、従来の筧克彦評価を転換させたものであり、神ながらの道の研究および普及活動について「言説としての陳腐化と研究者としてのエートスの低下が生じた」（石川前掲二五五頁）と述べているとしても、論文全体の趣旨としては、筧を批判するというよりは、先入観を排して筧の本質に迫ろうとしたものと考えるべきである。

さらに付言すれば、西田は「そもそも法学者であった筧がなぜ宗教を語るようになったのか」という問いを立てているが、当時の公法学者が宗教に言及することは、むしろ自然なことであったのではないだろうか。憲法第一条に「万世一系」が明示され、『憲法義解』にいわゆる天祖の神勅が引用されている状況において、天皇制国家の正当性を語るべき公法学者は、多くの場合神ないし神的なものに対して言及することになる。穂積八束が祖先教を講じ、上杉慎吉が天皇を現人神と呼んだことは、そのような文脈において至極当然のことである。したがって、筧が宗教について語るようになったことは、それ自体としては不思議なことではない。むしろ問うべきなのは、筧の打ち立てた神道論が、どのように彼の法学に寄与していたのか、ではないだろうか。

（二）第二論文について

第二論文では、筧の満州での活動が大きな意味を持たなかったことから、筧の思想は植民地に暮らす人々のためではなく、植民地を治めるエリートたちのためのものであったことが指摘されており、興味深い。このような指摘は、戦時期に展開された同種の思想にも妥当する可能性があり、検討する意義があろう。

ただし、台湾についての言及に関しては、疑問が残る。西田は台湾のオオクニヌシ祭祀についての筧の発言を、「一段を置いた天皇との「帰一」関係」と捉えつつ、それを青野正明の朝鮮神社史研究において示された「天皇崇敬システム」（青野前掲三四六頁）であると位置づける。しかし、一九二五年の朝鮮神宮創建に際してアマテラスおよび明治天皇が祭神に選定された後、植民地神社の祭神として新たにオオクニヌシが選ばれたケースは、管見の限りでは存在しない。ここで紹介されている筧の講演は一九三一年に行なわれており、筧自身も植民地神社の祭神がオオクニヌシからアマテラスへと移行していたことは認識していたはずである。そのような状況下において筧が敢えてオオクニヌシ祭祀の意義を強調したことは、どのような意図に基づいているのであろうか。筧の台湾観を解明するためには、この点についてのより詳細な検討が必要であったと思われる。

（三）その他

以上の二論文に加え、冒頭で紹介した書評対象外の二論文にも目を通したうえで最も疑問に感ずるのは、筧の神道思想の全体像についての研究が欠如している点である。西田はしばしば、「独自の神道思想」（たとえば第二論文三八頁）という表現を用いるが、筧の神道思想がどのように「独自」であるのかについて、まとまった言及はない。筧克彦の、とりわけ神道論を本格的に論じるようになって以降についての研究としては、この点を看過して論を進めることはおよそ不可能であるように思われる。とはいえ、これまで見落とされがちであった筧の姿に丹念に目を配る西田の研究は、今後も進展して行くであろう。筧克彦の神道論の実像に迫り、さらにそれを筧法学の全体像の中に位置づけていくような本格的かつ重厚な研究成果が、今後発表されていくことを期待したい。

（坂井　大輔）

（二）

王長青著「清代初期のモンゴル法のあり方とその適用―バーリン旗の事例を手がかりに―」（『言語・地域文化研究』

本論文は、清朝支配期のモンゴル法制史に関して、清初のバーリン旗（旗とは清代モンゴルの最末端行政単位）で起こった二つの訴訟事例を取り上げ、清朝政府による法の適用や裁判手続きの実態解明を試みた論考である。

近年とみに研究が盛んになったモンゴル法制史の中でも、清代モンゴルの法制史は、その豊富な法制史料の存在ゆえに、特に詳細な研究が行われている。それらの研究の主要な担い手は、かつてはロシア、ドイツ、日本等の外国人研究者であったが、今日ではモンゴル人研究者が多数活躍していて、その中でも特筆すべきは日本で学んだ内モンゴル出身のモンゴル人研究者たちである。この現象は、モンゴル人研究者自身が自民族の法制史研究を担い始めたという点と、彼らの研究手法確立に日本の学術的伝統が役立っているという点の二重の意味でまことに喜ばしい現象である。本論文の著者王長青氏（モンゴル名：ナランビリク）も、額定其労（エルデンチロ）、蒙古勒呼（モンゴルフ）等々の優秀な若手法制史研究者と同じく日本で学んだモンゴル人研究者である。

本論文の構成は以下の通り。まず「はじめに」で清初期におけるモンゴル法制史研究の遅れを指摘し、第一節でバーリン旗の初代旗長マンジュシリ個人について解説する。マンジュシリと清朝皇帝との関係を時系列的に概説しつつ、彼がザサク（旗長）職を与えられたのは崇徳四（一六三九）年以前であり、ベイセ（貝子）の爵位を与えられたのは順治三（一六四六）年以前であることを明らかにする。次いで第二節で「バーランの奴隷返還要求事件」の経緯とその判決結果を解説検討する。旗長マンジュシリの管轄下にあったあるソム（旗の内部に複数ある兵士としての戸籍上の単位）に属する箭丁（予備役兵士としての一般遊牧民）であるバーランという平民が、自分の所有する奴隷父子を旗長が勝手に奪ってトゥメンタイという箭丁に与えた、と言って盟会（旗の上位レベルに当たる政治的集会）と理藩院に計二度訴えた訴訟案件である。マンジュシリは一度目の訴訟に対する判決によって奴隷の返還を命じられたにもかかわらず奴隷父子を返さず、二度目の訴訟の判決でも、トゥメンタイが返還を命じられた（実際には父子の内の父が死亡していたためにその分は賠償を行った）のに対して無罪となった。マンジュシリが二度目に無罪となった根拠について著者は、同時期のアバガ旗で起こったボディザブという貴族による勝手な属民贈与に関する訴訟事件で理藩院がモンゴル貴族による属民の自由な贈与を認めた事例と同様に、「当時のモンゴル社会において、清朝のモンゴル法には（「では」の誤り）確認できないまったく別のルールが存在し」ていたためであると述べている。

第三節では、旗長マンジュシリによる「アルバ過徴収事件」の経緯とその判決結果とを解説検討している。この事件は旗長の管轄下にあったソムの佐領（長官）であるエセンという人物が同じソム内の八人の箭丁とともに北京の理藩院まで赴いて旗長によるアルバ（賦役）過徴収を直接告発した訴訟案件である。著者は、この事件では、清朝政府が定めていたアルバの額を超えてマンジュシリが徴収していたにもかかわらず、理藩院と皇帝はモンゴル伝来のアルバ徴収額を根拠としてマンジュシリを無罪と認定した、としている。

そして「おわりに」で結論をまとめている。最も重要な結論としては、両事件からわかることとして、「少なくとも順治時代まで清朝制定のモンゴル法とモンゴル伝来の法は並存していて、実際の事件にモンゴル伝来の法が優先されていた事例のあることが確認された」という点を挙げている。

いずれの事件でも、近年内モンゴルで大量に影印出版されている満洲文・モンゴル文の档案史料を利用することによって、以前は不可能であったような詳細な事実を解明している。最も中心的に利用しているのは二〇一〇年に内蒙古人民出版社から出た『清朝前期理藩院満蒙文題本』所収の影印版満洲文檔案（原本史料は北京の中国第一歴史檔案館所蔵）なので、極めて説得力に富む論考となっている。他にも見るべき点としては、マンジュシリの来歴について文献学的に手堅く検証している点やドイツ語文献等を含む全世界規模の先行研究をしっかりと踏まえている点などが挙げられ、ほかでもない日本で身につけた厳密な研究手法をいかんなく発揮しているとがわかる。評者としては特に第三節のアルバ過徴収事件について、清朝政府、モンゴル人王侯、その属下のモンゴル遊牧民という三者の微妙な関係を感じ取ることのできる事件であって、清朝支配下に入る前と入った後とを比較できる可能性がある点や、法制史としての枠組みを超えて広く社会史的検討へもつながっていく可能性を秘めている点など、テーマ選定の良さを強く感じた。今後、特定のいくつかの旗に関してこの種の類似する事件を年代順に収集することが出来れば、アルバ徴収に関連する前記三者間の社会的関係を追跡することができるであろう。

ただそれらの長所がある一方で、本論文に検証手続きの荒さや歴史認識の不足をいくつか感じたことも事実である。限られた紙幅の中で以下に大きめの問題点のみ何点か指摘しておきたい。まず、清初の出来事であるこの二つの事例から得られる結論がその後の清代中期・末期のモンゴル法制史とどうかかわるのかが示されておらず、本論文での結論の位置づけが宙に浮いてしまっている。少なくとも時代による裁判制度変遷の見通し程度は示しておいてほしい。

次に、属下の箭丁の奴隷を旗長が奪って他人に贈った「バーランの事件」と、タイジ（貴族）が自分自身の属民（箭丁か？）を他人に贈った「ボディザブタイジの事件」とを同列に扱っている点である。後者のような事例は、各地の貴族から寄進された属民がチベット仏教の大活仏の隷属民イフシャビとなっていった例など普遍的に見られるのに対して、前者の事例は上位者（旗長）・中位者（箭丁）・下位者（箭丁の奴隷）という三者間のより複雑な問題であって、明らかに後者とは性質が異なっている。また、これらの事例の比較に際しては、「奴隷」「箭丁」「属民」「タイジ」等々の身分を、より厳密に検証してから検討する必要があろう。箭丁の語すら言及されていないのは残念である。

同様に、第三節で述べられる「理藩院が第一審を行った事例」という概念の提示でも、殺人や窃盗がその発生地で発覚して自動的に旗から裁判が始まる一般的な事件（刑事事件が代表的）と、このアルバ過徴収問題にみられるような特定の役所への訴訟（民事のみならず刑事事件をめぐる訴訟も含めて）の事件とを、全く区別せずに混同してしまっている。この事件では、過徴収を行った当事者である旗長が訴えを受理してくれないからこそ、理藩院にまで訴えたわけである。したがって訴訟を受理した理藩院が最初の裁判を担当するのも、充分にあり得ることであってことさらに特筆すべきことではなく、通常の裁判の順番とは直接関係ないはずである。またこういう越訴の制度を検討するに際しては、滋賀（一九八四：三九、五一、一三四）等が検証してきた中国本土における制度を確認してから検討を進めるべきである。裁判と訴訟の制度がモンゴルで明瞭に確立されていくのは清代以降と思われるので、そのモデルとなった可能性がある中国本土の制度と比較することは余計に必要である。この問題は過徴収を告発して理藩院から処罰されたエセンへの処置についても同様である。該当する罪が律や例の条文に見当たらない時、中国本土でも同様の処罰が行われていたことが滋賀（一九八四：七四、三九二）等から知られる。

もう一点、「清朝制定のモンゴル法とモンゴル伝来の法は並存していて、実際の事件にモンゴル伝来の法が優先されていた事例のあること」という結論について言うと、アルバ過徴収のような民事的側面を有していて比較的軽い違法行為や行政法に類する条文への軽い違法行為（下級官職の増設等）を清朝政府がとがめなかったとしても全く不思議ではなく、それを人命案件等の重大な裁判での違法行為の場合と同一視してはならないであろう。同じ「清朝のモンゴル法」と言っても一律ではなく、条文によって軽重の差があり得ることを想定すべきだということである。また、ここでは詳しく述べる紙幅もないが、二二九頁で強調されている「定めた法」という表現は後の時代でも普通に使用されており、その時々によって『蒙古律例』や『理藩院則例』、『大清律例』などを示すごく一般的な表現であることが既に指摘されている（拙稿、萩原二〇〇六：八五―八六）。したがって、ここでも特定の法典を示す固有名詞ではなく、「定めた法」というそのままの普通名詞的表現と思われる。最後に、二三六頁注一九において評者の検討（萩原二〇〇六：二四一の注一九）を単純に読み誤って完全に誤解してしまった点は何とも残念である。

（萩原　守）

参考文献

滋賀秀三（一九八四）『清代中国の法と裁判』創文社

滋賀秀三（二〇〇九）『続・清代中国の法と裁判』創文社

萩原守（二〇〇六）『清代モンゴルの裁判と裁判文書』創文社

五十嵐清著『ヨーロッパ私法への道―現代大陸法への歴史的入門』（悠々社、二〇一六年／新装版、日本評論社、二〇一七年）

本書は、我が国における比較法学の第一人者であられた故五十嵐清氏（北海道大学名誉教授）の遺作である。著者の「はしがき」、及び、刊行を託された三教授（小川浩三氏、鈴木賢氏、曽野裕夫氏）の「編集後記」によれば、本書は筑摩書房による現代法学全集のなかで『大陸法』として書かれることが予定されていた。全集の刊行中止後、担当編集者の下で本書の企画が継続していたところ、著者は旅立たれる直前に約束を果たされた（より詳細な経緯については、滝沢正「書評」比較法研究七九号（二〇一八年二月刊行予定）を参照)。

書名としては『ヨーロッパ私法への道』が選択された。著者は謙遜を交えて「いまどき『大陸法』ではだれも読んでくれそうもないので、もうすこしアトラクチブな」(本書ii頁)ものとしてこれを採用したとされるが、副題の「現代大陸法への歴史的入門」と並んで、本書のモチーフを伝えている。「はしがき」によれば、最終章には《EC・EUの発展とヨーロッパ私法への道》が予定されていたという。執筆は断念されたものの、前著である『比較法ハンドブック』(勁草書房二〇一〇、第二版二〇一五、以下第二版から引用)の最終章《私法の国際的統一と比較法》がこれに当たるものと位置付けられている(本書ii頁)。

本書の構成を確認しよう。第1章《序説》では、「大陸法」の定義・内包に加えて、英米法との対照、日本法の法系論上の扱いが簡潔に論じられる。第2章《大陸法の基礎》、第3章《ローマ法の継受》、第4章《近世自然法と法典編纂》は、近代法に至る史的展開を仏独に共通するものとして提示する(なお、第4章では、バイエルン、プロイセンに加えて、オーストリアにおける法典編纂も扱われる)。これを受けて、ロマン法群とドイツ(ゲルマン)法群との分岐が語られる。まず、第5章《フランス民法典の成立とその影響》、第6章《一九世紀以降におけるフランス私法の発展》が、フランス法を扱う(直近の民法典改正草案まで網羅されている点は、著者の飽くことのない学究欲を伝える)。続く第7章《一九世紀におけるドイツ私法学の発展》、第8章《ドイツ・スイス民法典の成立》では、ドイツ法(及びスイス法)における法典編纂に至る経緯が辿られる。さらに第9章・第10章では現代ドイツ法が扱われるが、《二〇世紀前半における大陸法の発展》《第二次大戦後におけるヨーロッパ私法の発展》[傍点評者]という各章タイトルが、著者のパースペクティヴを示唆している。すなわち、近世から近代にかけて顕著な相違をみせた仏独法が、単一の「大陸法」へ、さらにはヨーロッパレベルでの法統一の動向を受けて「ヨーロッパ私法」へと収斂しつつある旨を描き出そうとしたものと理解される。実際、本書最終章に読み替えられるべき『比較法ハンドブック』最終章には、次のような記述がみられる。「…ユス・コムーネによるヨーロッパでの一体的な法の発展は、一八世紀後半にはじまる各国の法典編纂により、国別の法の発展に取って代わられた。もっとも、一八〇四年のフランス・ナポレオン法典は、ドイツ西部を含めて、南ヨーロッパ諸国に継受され、ロマン法群を形成し、かなり広い一体性を保持した。しかし、一九世紀後半より二〇世紀前半にかけて、普仏戦争、第一次および第二次世界大戦と、三度に及ぶ独仏間を中心とする戦争によって、ヨーロッパの一体性はすっかり失われてしまった。第二次世界大戦後、フランスとドイツを中心として、ヨーロッパにおける恒久的平和維持のために設けられたECおよびEUの発展により、ヨーロッパにふたたびユス・コムーネを復活させようとする機運が高まってきた。それが、EUのイニシアティブによりはじめられたヨーロッパにおける私法の統一運動である」［傍点評者］（上掲『ハンドブック』三三九―三四〇頁）。

オーソドックスな図式とはいえ、半世紀を超える研究生活を比較法研究に捧げてこられた著者の筆によるからこその説得力に満ちている。以下三点につき敷衍する。

第一に、この視座は、比較法史・法系論の両側面から、「西欧法文化圏」（五十嵐「西欧法文化圏の生成とその特色」同『現代比較法学の諸相』（信山社二〇〇二）三五頁以下）の一体性を強調するものといえる。より精確にいえば、著者の元来の見解である「英米法系と大陸法系との接近現象」（本書第1章／上掲『ハンドブック』二〇九頁以下）を下敷きとし、これに「社会主義諸法の大陸法系への復帰」（上掲『ハンドブック』二二七頁以下。なお、本書第10章のⅡには「東ドイツ法の発展と消滅」が置かれるものの、本格的な議論は展開されていない）という指摘が加えられることで把握された「ヨーロッパ法系」（ただし、著者はこの語を用いていない）が、これもまた著者が試論を展開してきた「東アジア法系」（五十嵐「法系論における東アジア法系の位置付け」上掲『現代比較法学の諸相』二四五頁以下／上掲『ハンドブック』二四五頁以下）と対照される、という仕掛けとなる。

第二に、諸法間の収斂に重きを置く叙述は、著者が強調してきた「法の統一」という比較法学の原初的目的に相即的でもある（「法の国際的統一は長らく世界の比較法学者の夢であった。」五十嵐『比較法入門［改訂版］』（日本評論社一九七二）二〇頁）。実際、著者は、初期の記念碑的作品である「瑕疵担保と比較法」（五十嵐『比較民法学の諸問題』（一粒社一九七六）八〇頁以下［初出一九六〇］）以来一貫して、エルンスト・ラーベルの『商品売買法』（第一巻一九三六）を模範とされてきた（上掲『ハンドブック』三五五頁。さらに、評伝として、五十嵐「ラーベル」伊藤正己編『法学者　人と作品』（日本評論社一九八五）七九頁以下。なお参照、小川浩三「ローマ法・比較法・民法解釈学批判―E・ラーベルの場合」村上淳一編『法律家の歴史的素養』（東京大学出版会二〇〇三）七五頁以下）。

第三に、著者は、一九七〇年代以降法系論に傾注されたが、元来、法系間の異質性を強調するのではなく、それらの接近、あるいは割り切れなさに着目することが常であった。さらにいえば、その平易かつ均整のとれた叙述に隠れがちであるものの、著者の法系論に対する評価は極めてドライである。例えば以下の記述は非常に手厳しい。「全世界の無数の法秩序を一定の基準のもとで分類することは、学者の理論的関心を満足させることになる。さらに、それぞれの法系を代表する一つまたは二つの法秩序を選び、その代表的法秩序だけに研究を制限することによっても、総合的比較法研究と称することができるので、比較法学の現状では、これにより研究が容易になる。二〇世紀後半に、法系論が世界の比較法学者のあいだで大いに論ぜられたのは、そこに主な目的があったものと思われる」（上掲『ハンドブック』一八六頁）。この観点から興味深いのが、著者晩年の二作である。一方で著者は、「法伝統（legal tradition）とはなにか」（鈴木禄弥追悼『民事法学への挑戦と新たな構築へ』（創文社二〇〇八）六七頁以下）において、近時の北米の比較法諸学説につき、法系論に新たな装いを与えるものと位置付けつつも、現代的な法系間の接近を指摘してそれらを批判した。他方、「比較法と経済学―「法的起源説（Legal Origin Thesis）」を中心に―（1）（2・完）」（札幌法学二二巻一号一四五頁以下、二三巻一号二一一頁以下（二〇一〇―二〇一二））では、投資家保護の程度の観点からなされる諸国法の優劣づけの試みを、（皮肉を込めて）法系論の「救いの神」と遇しながら、英米法と大陸法との対照という「今日時代遅れとなった」（「（2）」二一六頁／上掲『ハンドブック』三〇一頁）法系論に依拠する点を難じている。

以上の法系論に対する冷淡さは、本書における大陸法の定義の素っ気なさにも表れている。「「大陸法」ということばは、ヨーロッパ大陸で発展した法体系全体を、主として英米法と対比して示す場合に用いられる法系概念である」（本書一頁）。また、本書の多くの部分は、各国での法典編纂の経緯、及び、成立した法典への判例学説の反応に割かれており、各国私法入門を仏独法を中心に一冊に凝縮したものと評する方が素直である。上記に引用した「ユス・コムーネ」の強調に相反するかのようであるが、そうした主張を「運動」と括ってしまう点からすれば、大陸法の単一性を過去に求め、法統一を正当化しようとする立論への批判を抽き出すこともできるであろう。本書タイトルにおける「道」の語は、事情変更法理、夫婦財産制、消費者法、人格権など実定私法の個別問題の比較研究（本書でも随所に参照される）を積み重ねるなかでその存在に気づかされた「道」を指すのであり、行き先を措定して敷設されるものではないものと思われる。著者がいわゆる「比較法文化論」へのコミットを臆されてきた（上掲『ハンドブック』一〇―一一頁／上掲「法伝統とはなにか」九〇頁以下）ことをも思い返すならば、大陸ヨーロッパにおける法の過去と現在とを評価を交えずに淡々と辿る本書の筆致にこそ、五十嵐比較法学の真髄をみてとることができるであろう。

（齋藤　哲志）

U. Manthe, S. Nishimura und. M. Igimi (Hrsg.), Aus der Werkstatt römischer Juristen. Vorträge der Europäisch-Ostasiatischen Tagung 2013 in Fukuoka (Freiburger Rechtsgeschichtliche Abhandlungen. Neue Folge Bd.75) (Berlin : Duncker & Humblot 2016) 515SS.

はじめに――本書は、二〇一三年三月下旬に福岡で開催されたローマ法・民法研究者のコロキウムの記録である。『法制史研究』誌上、原則として、外国語による書籍等を書評対象としないと理解していたが、本コロキウムが日本で開催されたということの他、編者に西村重雄、五十君麻里子両会員が名を連ねていること、及び二五人の寄稿者のうち一四人が日本人であることに鑑み、微力ながらお引き受けすることとした。

本コロキウムは、長年国際的に活動されている西村、五十君両会員の多大の尽力により実現したものと推察されるが、「まえがきVorwort」によれば、西村会員の所属大学である九州工業大学（当時）を会場に「ローマ法の史料解釈と周辺Interpretation und Umfeld historischer Quellen des römischen Rechts」をテーマに三日間にわたり「ローマ法源をさらに深く掘り下げる釈義《エクセゲーゼ》であって、複数の平面で行なわれている釈義《エクセゲーゼ》を通してローマ法の特質をさらに根本的に究明することを目的に」実施されており、本書はその報告集ということになる。加えて、ローマ法は複数の国で現代民事法の基礎をなしていることに鑑み、各報告は、世代間や分野間等の架け橋となる役割も果たした、という。

一――本書は、東アジア三ヶ国から一六人、ヨーロッパからは七ヶ国九人の研究者の報告を集めた、索引も含めて五一五頁からなる大部である。その構成は、報告者のアルファベット順となっていることから、ここでは試みに二五論考を、(一)研究史（一篇）、(二)古代ローマ法（一九篇）、(三)中世ローマ法（二篇）、(四)現行法（三篇）と大別した上で、以下において概要を紹介し、最後に感想を述べたいが、(四)の現行民法学の諸論考については、評者に民法解釈学の知識も能力もないことから標題の紹介（①石川「民法七一九条とローマ法―Nebentäter事例への適用可能性」、②田畑「物の瑕疵担保責任と不履行責任」、③田中「死因贈与における撤回権の放棄」）だけとしたい。

(一)J.-F. Gerkens「考古学者としてのFernand de Visscher」（一一～一三〇頁、以下数字のみ）――ローマ法学者としてのDe Visscherついては周知であるが、それとともに彼が記憶されるべきは、現在世界に数多くあるローマ法に係る国際学会のトップに位置するSociété internationale 〈Fernand De Visscher〉 pour l'histoire des Droits de l'Antiquitéの創設に尽力したことである。この学会での出会いがあったからこそ、おそらくは本コロキウムの開催が実現できたのではないかと想像する。このde Visscherが法史料だけでなく、考古学資料をも利用して研究をすすめたことを紹介、検討するのが本稿である。対サムニウム戦後の前四世紀末に設けられた植民市Alba Fucensの発掘に彼自身携わり、それを前提にした発掘物の石像をめぐる考察は、ハンニバル戦争との関係、象の種類等につき示唆的である。

（二）古代ローマ法に関する論考は、一九篇に及ぶ。ここでは試みに、（1）史料（Manthe）、（2）法学（Choe、林）、（3）相続の法（Brandsma、篠森）、（4）物の法（五十君、宮坂、森、梁田）、（5）債権の法（Fikenenauer, Lohsse、西村、Pichonnaz, Sirks、菅尾、上村、Zhang）、（6）手続の法（Masi Doria）、（7）公の法（Pennitz）に分けて紹介したい。

（1）U. Manthe「モーゼの律法・ローマ法対照《コッラーティオー》：内容、法文批判及び編者問題」（一九七～二一八）―通常「モーゼの律法とローマ法対照 collatio legum Mosaicarum et Romanarum」として伝わる史料につき複数写本を相互比較し、成立年代や編者、伝承系統に関する学説、さらに四世紀末の教皇、イサーク Isaak、ヒエローニュムス Hieronymusを検討することにより、編者がアンブロシウス派だったユダヤ教徒だとする一〇〇年以上前の説の再検討の必要を提案する。基礎的で重要な作業といえる。

（2）①Choe「ルティリアーナ事件（Paul. D. 4, 4, 38pr.）を巡る議論。法文をどのように読むべきか」（二三～五三）―pulcherやvenustas等が法的判断にとって重要性を持つか否か明示する法文はないものの、該当法文に関するLiebsとKupischの議論の検討を行なうことを通して、古代ローマの法律家の議論の仕方は、中世法律家とは異なり、法論理に忠実であったとする。

②林智良「『私が問い、彼が解答した』―D.17, 1, 59における法的問題と解答の形式とその背景についての再考察」（一三一～一五一）―委任に関する一法文を手掛かりに、法律家の議論の実質にも触れながら、問題が提示されて解答が出される仕方を検討する。quaeroの主体は問題を提出する法律家自身であり、解答の言い回しは、respondiかresponditかに関わりなく、多く法律家自身により絶対的客観的になされる、とする。

（3）①F. Brandsma「姦通に関するユーリウス法以来ローマ人に離婚の形式はあるのか？ D. 24, 2, 9所感」（九～二二）―手権manus婚か否かで異なるものの、ローマの婚姻は、合意により成立し、反対の合意により解消される事実的な関係であって、法的効果がそれに結びついているに過ぎないとする通説に対し、離婚形式を規定するD. 24, 2, 9について、多くの研究者が手権婚が問題となっていると理解していたところ、近時異なる見解が提案された他、従来ビザンツ法源を考慮していなかったことに着目し、本法文に関するビザンツ史料を検討するべきであるとする。法文理解にはパウルスに由来するか否かも含め解決すべき点が多いが、ビザンツ法源、非法律文献史料を検討した結果、本形式は、ユースティーニアーヌス帝が導入したのではなく、アウグストゥスが導入し、それをパウルスが記載したと理解できるのではないかと提案する。帝政後期史料の使い方の好例を示す。

②篠森「こ豚の遺言 testamentum porcelli：奴隷作成遺言か」（三五三〜三七三）――非文献史料に伝わる本遺言について、遺言のパロディであるとする通説、また d'Ors や Daube の法史学上の先行研究を検討することを通して、逃亡兵として死刑判決を受けていた Corocotta が遺言能力者かどうか疑問であるとし、当該遺言を二つの部分に分けて他の史料をも検討対象としつつ詳細に考察し、当該遺言の別の理解を模索する。その上で、Daube の Corocotta を逃亡兵士とする考えに対し、逃亡奴隷と考え、その遺言は四世紀中頃の遺言実務を反映し、ローマ法に従いつつも奴隷の遺言が無効であることから遺言技術へのパロディとなっていると理解できるのではないかと提案する。帝政後期非文献史料を用いつつ先行研究の問題点を明確にした上で現実と文言との落差にも配慮しながら新たな提案を行なう意欲作である。

（4）①五十君「ローマ人の日常生活における先占 occupatio」（一五三〜一七一）――「無主物は最初に先占する者に帰する Res nullius cedit primo occupanti」という法諺がローマ人にとっても一般準則だったのか、そしてこの背後にはどんな日常的問題があったのかに論点を定める。ガーイウスやプラウトゥスを検討し、格言そのものは過度の一般化を経たものであり、法制度は狩人、漁業者、養蜂業の活動をめぐって展開した、とする。

②宮坂「D.23, 3, 67 プロークルス書簡集第七巻：ローマ法の所有権移転に関する適切な教材」（二五三〜二七五）――使用取得 usucapio 成立には五要件が必要であるとする伝統説に対する批判説を出発点に、しかしそれにもかかわらず「自身のものとしての使用取得 usucapio pro suo」理解は不十分であるとして、その他の関連法文を含めて検討を進める。上記六七法文は現実の事案であるが、pro suo については時代による差があると理解すべきである、とする。法律家や時代による差にも配慮し説得的であるが、出発点の五要件を絶対的並列と考えるのではなく、そのうちの三要件が主要要件で、二要件が従属的であるとすることにより、特にテーマの「自身のものとしての使用取得」の従来の学理的・実務的理解の、どの点に差となって現れるのかにも言及していただくと、さらに説得的のように思われる。

③森「D. 30, 86, 4：他人の物への権利 ius in re aliena としての地上権 superficies の起源」（二七七〜二八九）――共和期以来「地上物は土地に従う」が原則とされるが、古典期に例外が生じるものの、当該例外がユーリアーヌス以前の法文にはみられないとして複数法文の検討を通して、ユーリアーヌスが superficies の下で「物権」を考えたり、「他人の物への権利」として承認していたとはいえないとする。

④簗田「共有物分割後の共有物持分の負担」（四七七〜四八

八）―ローマ法上、共有者のひとりがその持分について負った負担は、他の共有者の持分について影響を及ぼすが、異なる解答を与えるD. 33, 2, 31の釈義を行なうことを著者は目的とする。寡婦は、半分までの範囲で土地全体に用益権を有するとの考えは、おそらくラベオーに由来するが、他方共有者に配分された持分については用益権の負担を負わないとするトレバティウスに対し、ラベオーが反対し、これにヤウォレーヌスも賛成して確定するものの、問題点は残った、とする。

（5）①Finkenauer「ローマ法における有償委任」（五五～九〇）―近代委任法と対比しつつ、有償委任についてローマでは見るべきものがなかったのか等、と問う。「無償でなければ委任は存在しない」とするD.17, 1, 1, 4を含め複数の法文検討の結果、法律家は、委任の本性と実際を区別した上で、有償委任はローマ人の発明であるとする。しかし、この主要な点については、すでに廣中『契約とその法的保護』（創文社　一九九二年）第三章が、さらに著者自身が別の箇所で引用する同氏のD.Nörr/S.Nishimura (Hrsg.), Mandatum und Verwandtes (Berlin u.a. 1993) 所収論文に言及がある。

②Lohsse「寄託における契約上の責任の増加」（一八五～一九五）―受寄者は、通常、悪意dolusについてのみに責任を負うが、どの範囲で契約当事者は合意によって責任を重くできるのかという問いを著者は立てる。その研究史上の前提は、この点につき多数説では保管custodia責任まで重くできるとされるものの、今日依然として一致していないという点である。検討の結果、D.16, 3, 1, 35等に基づき、ローマにおいても不規則寄託は可能であり、その場合には通常寄託の限定的責任規準では不十分であったこと、ヘレニズム世界を参照すると、受寄者による金銭使用に至る前についての責任について固有の合意が必要となることから、受寄者に無方式合意pactumにより事変の責任を負わせる、つまり責任を重くすることは可能であったとする。この考えは、現在では主張する研究者がわずかであるものの、古くは広く主張されていた考えであり、その再評価を唱えるものとなっている。

③西村「非債弁済の不当利得返還訴権についての技巧的事案解決：D.12, 6, 67, 4」（二九一～三一四）―研究史上D.12, 6, 67はほとんど検討対象とされていない現状を出発点として、著者は、特に利息付消費貸借における二五歳未満者の原状回復を扱う第四法文の厳密な分析を行なう。第四法文は、従来元本とそのために支払った利息に関する原状回復の効果の範囲に関すると理解されていたが、原状回復手続の情報の少なさ等から疑問視され得なかったところ、今や債権譲渡後の未満者借主による原状回復の場合であるとの説明が可能であるとする。しかし、残る問題の留置可能性の否定や未満者の相続人又は属州総督に不注意の責が該当するのかについては、他の法文を検討の結果、既払利息が消費貸借金に由来することがあり得て、留置拒絶への疑問が解消され、当事者又は総督への不注意の帰責も根拠のないこととなり得る。そう

だとすると、編纂者はスカエウォラの意図を正確に理解して法文を最後に置いたものの、複雑に構成された法文の正確な理解がその後失われたのではないか、とする。中世以降厳密な議論に付されていない本法文の再検討を提案する意欲作である。

④Pichonnaz「損害の限定：「物それ自体に関して circa ipsam rem」と D.19, 1, 21, 3：若干の通時的考察」（三三九～三五二）― 近時のスイス連邦最高裁判所判決を出発点に、本稿では circa ipsam rem と extra rem の区別における損害の範囲の詳細化の意義について検討する。古代ローマ及び中世の法律家は、その境界設定に尽力し、特に中世においては上記の区別が明確だが、いつ circa rem の責任を負い、いつ extra rem の責任を負うのか容易には決定されないものの、今日では境界線として予見可能性が利用できるとする。

⑤Sirks「D. 9, 2, 54 と 55 に基づくアクィーリウス法における損害賠償請求と D. 9, 2, 56 についての所感」（三七五～三八四）― 上記複数法文を例にしつつ本会合のテーマである釈義を行い、その結論として、加害者の責任について一見問題がないようにみえるが、被害者にも義務が存在し、五五法文が選択債務に言及するがゆえに、事態は複雑であって、正確な読みが要求されるが、その際改竄を想定する必要はないものの、法文の短縮等が想定され得るとする。

⑥菅尾「[元本と] 同じだけの額を超える利息 usurae ultra alterum tantum：どの利息が元本の二倍額 duplum に算入されるか」（三八五～四〇一）― 共和期から紀元後六世紀に至るまでの利息の取扱いのうち、利息額が元本額に達するとき利息の進行が禁止されるとの原則につき検討する。未払利息だけが二倍額計算に算入されるのか、特に元本の二倍額が主たる債務の二倍なのか否かの判断が債務者にとって不利益となる場合があり、関連法文の検討の結果、紀元後三世紀初めの勅法の判断では債務者にとって不利益な点が残り、これを解決したのがユースティーニアーヌス帝の五二九年勅法と五三五年新勅法であるとする。これらにより部分的に支払った利息も二倍額計算に算入されることになったとする論は、説得的であるが、三世紀の初めに債務者に不利益をもたらす効果のある勅法があったとして、なぜ六世紀に至るまでこの不利益が放置されていたのかについても言及していただくと、読者にとってより裨益するところが広がり得る。

⑦上村「高等按察官告示の規範構造。D. 21, 1, 14, 9 と D. 21, 1, 28 に関する釈義」（四六二～四七六）― 特定の瑕疵の告知義務を課す等して買主に保護を与える高等按察官告示による保護は放棄が可能であるとして、その場合の合意がどのような形態で当事者に妥当したのかを二法文を通して検討する。たしかに告示は買主保護をしようとするが、ローマの法律家が両当事者の相互的詐術行為を自明のこととみていることから、適切な秩序を市場に示そうとするものであって、買主の保護も自律的判断も考慮したうえでのことであるとする。釈義自体は理解しやすいものの、このような釈義の、研

究史上の存否及び意義付けへも言及していただけると読者により裨益するところがあるのではないかと思われる。

⑧Zhang「市民法上の事実訴権研究」（四八九～五〇二）―市民法上の事実訴権に言及する三法文を検討することにより、この表記が改竄であるとする伝統説を特に方式書の観点から検討しようとする。Bettiによりつつ、市民法上の事実訴権という表現は古典期に属し、市民法上の訴権を範型として「法に基づいて作成される方式書formula in ius concepta」をも含む、命令による特別の訴権であるとする。しかし、これらは、すでに詳細にSantoro(e.g. 1983)やArtner(2002)等により、また評者（e.g. 1990；1993）も議論に参加して解明されており、どの点が新たな論点なのかを指摘いただくと、学界の発展にさらに寄与するように思われる。

(6) Masi Doria「弁論家アルブキウス＝シルスAlbucius Silusと殺人を理由とする「奇妙な」訴訟」（二一九～二五二）―スエトーニウス『文法学者及び修辞学者論de grammaticis et rhetoribus』を、社会史上の先行研究しか存在しないこと、内容上訴訟の情報等法的観点から重要であること、WengerやWieackerによる二〇世紀の記念碑的著作でも不言及であることから取り挙げる。著者は、従来光をあてられていない前一世紀後半の著名弁論家のアルブキウスを通して、特別の審理手続cognitionesの起源についての再評価につながり得ることを見通している。おそらく、起源は前一六年か一四年ではないかとする。取り挙げられたテーマの意義づけも明解であり、著者のいうとおり、この論考の結果は、特別の審理手続の再評価につながり得るものといえよう。

(7) Pennitz「共和政及び元首政初期のローマにおける避難所の法的機能」（三一五～三三八）―ローマ社会ではヘレニズムの避難所制度に懐疑的だったというタキトゥス文と先行研究の検討を出発点に、およそ避難所への言及があるのか、そして避難逃亡に社会的法的機能を関係づけたのかを検討する。その結果、共和期にローマ固有の避難所制度が形成され、社会的重要性をもったこと、保護を求める人は自由訴訟等むしろ手続利用への道が可能であったことを確認し、皇帝体制の下で特別審理手続において少しずつ法的に根付いたとする。

(三) ①福田「保証委任の内容：D.17, 1, 38 Marcell. 1 resp.に関する多様な見解」（九一～一〇九）―保証人が義務から解放されることに関する取扱いがドイツと日本では異なり、この差はどこに由来するのかと問いを立てる。著者によれば、一五世紀に由来する。

②田中「いったん相続人となったら常に相続人Semel heres semper heres：D. 4, 4, 7, 10；28, 5, 89への人文主義者の註解」（四二三～四四六）―非ローマ的とも評される当該格言の証拠とされる上記二法文は何を問題とし、どのように解釈され理解されてきたかを把握するには法人文主義者の議論が参考になるとして検討する。その結果、当該準則は、法人文主義者が法的効果等につき詳細化をはかり、のちの解釈学に影響を及ぼしたとする。

おわりに――以上、すでに個別的に感想を述べた個所もあるが、ここでまとめて全体的な感想を述べたい。

まずは、本書「まえがき」にあるように、本書の目的に「ローマ法の特質をさらに根本的に究明する」とあることに鑑みると、各論考においてどの点が「ローマ法の特質」であって、当該特質がなぜ形成され、その特質を「根本的に究明」した結果どうなったのかを明示していただけると、読者にとってさらに裨益するところ大となったように思われる。

次いで、多少個人的なことも含めて述べると、評者が主にヨーロッパにおけるローマ法・ローマ史に係る国際学会に参加し報告をし始めた一九八〇年代後半には日本人の報告者は西村会員を除きほとんどおらず、学会誌や学会報告書に複数の日本人研究者の名前が挙がることが稀だったことに比較すると、本書をみて隔世の感があり、極めて喜ばしい限りである。是非ともこの状況を継続、さらに発展させていくことを切に願うばかりである。そのためには、自ら知りたいことに加え、国際レベルでの議論参加が望まれるところであり、その観点から老婆心ながら気づいた点を述べ批判に供したい。すなわち、他の分野に比較して学問伝統の蓄積が多いローマ法学においては、先学たちのひとつひとつの積み重ねの連続の中に自らも存在することに思いを致し、その学界に身を置く者として、自らの論考のテーマが何で、当該テーマについて先行研究でどう位置づけられていて、どの点を解決すべきと定め、その結果として新たに提唱する点は何かをそれぞれ明確にしていただくと日本の学界にとってだけでなく、世界のローマ法学界にとってもさらに裨益するところ大となろう。本書に寄稿されたドイツ語及び英語による論文を曲解していないことを祈りつつ、各研究者が、今後ますます彼此の学界の発展のために論考を公にすることを鶴首して待ちたい。

（林　信夫）

新保良明著『古代ローマ帝国の官僚と行政：小さな政府と都市』（ミネルヴァ書房、二〇一六年）

本書の著者である新保良明氏は、帝政前期における皇帝と元老院の関係を解明することを出発点に、同時期の騎士官僚や都市の自治の実態解明へ研究を展開し、緻密な論考を発表されてきた我が国の指導的な古代ローマ史研究者の一人である。その著者による本書は、「あとがき」によれば、東北大学に提出、二〇〇八年二月に博士号を授与された学位請求論文『古代ローマ帝政前期における帝国官僚と都市に関する研究』を基に、二〇一四〜二〇一六年度科研費の研究成果も一部含み、書き下ろしの論考も加えて、構成されたものであると言う。本書には、一九八〇年代から現在に至るまで、新保氏が発表してきた諸論考が加筆修正の上で所収されていることに加えて、それらの論考での研究結果を踏まえて、ディオクレティアヌス帝時代に至るまでの官僚制と都市の「自治」の変遷にかんする著者の見通しを述べる終章が、書き下ろされている。

先ず、本書の構成（章立て）を示したい。

以下では先ず各章における著者の検討の結果と終章における本書全体の結論を紹介したい。

序章において新保氏は、二世紀後半から三世紀前半にかけてのギリシア人元老院議員史家ディオ・カッシウスの『ローマ史』五二巻での統治体制についての記事を検討して、帝政前期のローマ帝国の官僚制と行政の特色と本書の課題を次のように述べる。帝政前期の官僚は意外にも三〇〇名を越えず、きわめて小規模な「小さな政府」状態にあり、帝国政府は各地の都市に末端行政を委ね、都市を帝国の行政単位として利用するという手だてを取らざるを得ず、帝国は都市を帝国行政の歯車とする代わりに自治を保証していた。小規模官僚制の存立と都市の自治は表裏一体の関係にあり、都市と官僚制の問題を論究することにより、初めて特殊ローマ的な行政構造の本質に迫ることが可能となる。

通説は二世紀以降の都市の自治の衰退を唱え、その結果、必然的に都市の自治を前提とする官僚制システムも変容を強いられたはずであるとする。しかし、都市の衰退について実態の見直しを求める主張が近年唱えられており、再検討が必要である。また帝政前期の官僚制の解明は騎士官僚と元老院議員官僚とが別々の研究を蓄積してきたことが、帝国官僚の全体像を追求する方向性を希薄化してしまい、総体としての官僚制をひとまず把握してみる必要がある。これらの検討を通じて帝政前期と後期における都市と官僚制の本質的差異が浮き彫りとなり変化の有無・理由・過程について見通してみることが期待できるとされる。

第一章では、初代皇帝アウグストゥスの下での騎士官僚の出現の背景と社会的評価が検討される。アウグストゥスによる騎士官僚の登用は元老院の弱体化のためと主張されることがあるが、帝国の行政効率を高めると同時にローマ開催の元老院会議の出席者を増やして充実させるためであったとされる。さらに、騎士官僚への社会的評価について元老院議員と上層騎士とは同等の評価を受けており、騎士官僚と元老院議員官僚との間には上司・部下関係はなく、騎士官僚は直接に皇帝に責任を負っていたこと、さらに騎士の出身がイタリアの地方都市や属州であることは共和政期には蔑視されていたが、帝政期にはその蔑視は薄れていったことが主張される。

第二章では、騎士官僚の最大の供給源である騎士将校を取り上げられる。アウグストゥスの改革で常備軍化したローマ軍兵士が二〇年から二五年間勤務するプロフェッショナルであったのに対して、騎士将校は都市公職を務めた都市名望家が短期間（三年間）務めるアマチュアであったこと、彼らの採用人事は皇帝の文書局と有力者による推薦を受けて皇帝が最終的に辞令を出す形式であったこと、推薦事由が、軍事的能力ではなく、第一に雄弁・博識・文章力・法知識等の実務能力、第二に勤勉・清廉・公正などの倫理的性格であってジェネラリスト的人材が求められ、その理由として騎士将校は自らの部隊や兵士の管理のみならず、駐屯地周辺において本来は総督職に関わる行財政や司法も担当することがあったからであることが、指摘される。

第三章では騎士官僚が考察される。H・Gプフロームに代表される通説では騎士官僚は財務の専門家として採用され、その職務には給与等による等級が存在し、官僚は専門知識と年功序列に基づいて一定の順序で昇進していたと考えられていた。新保氏は、R・サッラー等の研究に従って騎士官僚の人事は財政の専門性ではなく、騎士将校と同じく一般的徳目に基づく有力者の推薦によって採用され、ジェネラリスト的素養が重視されていたこと、騎士官僚は継続的勤務を保証されて昇進していた訳ではなく、任期終了後、出身都市に帰郷する場合があったこと、騎士官僚は属州総督に代わって属州の行政や司法を担当する場合があったため、ジェネラリスト的素養を求められていたことが、指摘される。

第四章では、元老院議員官僚が取り上げられ、R・サイムの提唱した「軍人議員」説の再検討を通じて、軍団長や複数の軍団を統率する皇帝管轄属州総督など武官職の性格が再検討される。新保氏は、サイムが提唱して多くの研究者が支持してきた昇進の特別に速い「軍人議員」説が実態から乖離していること、武官職も昇進は有力者の推薦が重要であり、やはりジェネラリスト的素養を求められたこと、武官たちも駐屯地周辺の行財政や司法を担当していたことを主張する。

第五章では、都市の人口と財務規模が確認された。大半の都市は人口一万～一万五千人程度にとどまっていたこと、財政面でも、一部の都市を除いて、の歳入と歳出は拮抗しており、新たな公共事業を展開できない余裕なき財務状況にあった、と新保氏は述べる。

第六章では、都市自治の担い手であった都市参事会員が取り上げられる。通説では様々な負担に耐えかねた都市の富裕層が都市政務官職や参事会職を忌避するようになり、都市が衰退したとされる。ところが、新保氏は、一世紀のポンペイ市の政務官候補推薦文と三世紀のカヌシウム市の参事会名簿を比較検討して、両市とも世襲化が顕在化しつつ激しい社会流動性を内包していた点で共通と論じ、さらに法制史料も再検討し、通説の説くような参事会職の世襲義務化、公職就任強制、参事会入会資格の緩和と言う現象は認められないとし、三世紀にも政務官への立候補者・参事会員への希望者は多数存在したと述べる。

第七章では、都市富裕層に期待されていた都市の公共・福利事業を私費で負担する恵与行為（エヴェルジェティズム）についてイタリア都市の事例が検討される。一世紀には公共建造物の新築が多数認められ、二世紀以降には減じるが、剣闘士競技の提供数に変化はなく、二世紀には金品の恵与が急増すると指摘される。新保氏は、この変化は都市空間の中で新規の建築用地確保が困難となり、恵与者が公共建造物から見世物・金品の恵与へと対象を変更したことを意味し、恵与行為自体は一・二世紀を通じて活発に継続されていた主張する。本章の最後に、新保氏は、三世紀後半になると恵与行為を伝える碑文史料は急減し、四世紀には恵与の受給者が都市政務官・参事会員・コレギウム（組合）成員に限定されるようになるとのムロツェクの説を紹介して、帝政前期から後期にかけて富裕者の「心性」に何らかの変化が生じたと述べる。

第八章では、都市富裕者の恵与行為が、法制史料に基づいて検討される。ここでは、富裕者が公職選挙等の際に行った恵与行為の約束である公約あるいは遺言による恵与である遺贈に関する法制史料が検討される。その検討の結果、恵与行為が三世紀後半まで継続していたこと、皇帝たちは公約した恵与行為を履行する義務を強調する一方で恵与の担い手である富裕者や相続人を保護する方針を示していたことが指摘される。さらに三世紀後半を最後に恵与行為に関して参照すべき法文は見当たらなくなることと第七章で見た恵与関係の碑文の変化も鑑みて、ローマ帝国における恵与行為は、三世紀前半から衰退に向かい、同世紀後半に事実上終焉したと指摘される。

終章では、小規模官僚制と都市の自治と表裏一体の関係を再確認した後に、全八章での検討結果が要約される。その上で都市自治と官僚制との関係が次のように考え直される。通説では都市の自治の崩壊が国家の介入を呼び、官僚の大幅な増員を必要としたと解されていたが、本書の検討の結果、新保氏は都市の自治が持続した一方で官僚制の方が先に変容を強いられたと結論した。「ローマの平和」が終わり、帝国が各方面から外敵の攻撃を受けて対処を迫られた結果、ジェネラリスト型、アマチュア的な総督や武官、将校では対処できないことが明白となった。軍事のプロが代わりとなったが、行政面がおろそかになる危険性から軍政民政分離へと向かい、必然的に官僚数の増加、帝政後期の本格的官僚制整備への道筋が開かれることになった。一方、都市はディオクレティアヌス帝時代まで根本的な制度変化は見られず、ディオクレティアヌス帝と共に決定的変化が始まり、都市の自治は皇帝政府によって剥奪された、と新保氏は述べて本書を終える。

さて新保氏は、本書において官僚制と都市の両分野について長年にわたる通説の再考を試みている。官僚制については、騎士官僚（とその主たる人材供給源の騎士将校）さらに武官職の元老院議員が、財務や軍事の専門性によって選抜され、年功序列によって昇進するのではなく、ジェネラリスト的素養に基づく有力者の推薦によって採用されていたとする。この新保氏の主張は、通説を近年の研究を参照して批判した上で独自に史料を点検した結論であり、充分な説得力を持っている。

都市に関しては、通説では二世紀から都市の衰退が看取されてきたが、新保氏は、通説の都市政務官職や参事会員職への忌避傾向は過大評価できず、政務官への立候補者・参事会員への希望者は三世紀においても多数存在したと結論する。また、都市富裕層による都市での恵与行為も、一・二世紀を通じて活発に継続され、最終的に三世紀後半まで継続していたことを指摘する。この新保氏の主張も、近年の帝政期都市研究の動向を踏まえた史料の再検討に基づくものであり、支持できる。

そして、この官僚制と都市の問題の検討から皮肉なことに官僚制と都市との表裏一体の関係の一部が見直される。新保氏は、帝政後期の官僚制拡大の原因ついて都市の衰退という帝国社会の変容によって引き起こされたという内因説ではなく、外敵の脅威の増大に対処するためとの外因説を採用するのである。ただし外因説の内容は論理的可能性の指摘にとどまり実証されたとは言えないだろう。

以上の新保氏の各章における議論と結論は、おおむねに首肯できるものである。しかし、評者は、本書の各所において繰り返される「帝国官僚は三〇〇名に過ぎなかった」との記述、序章での「帝国民は推計六千万を数えたため、理論上、官僚一人で二十万人を担当した計算になる」との記述には違和感を感じる。この帝国官僚三〇〇名という数は、二世紀中葉における騎士官僚と元老院議員官僚を合算したものであるが、これらの官僚は、序章で新保氏も認める通り、各行政部門の執行責任者である高級官僚を指していた。つまり三〇〇と言う数は、官僚数と言うよりは行政部門の数と見做すべきものである。

当然、各行政部門には責任者以外にそれなりの数の属吏が存在したはずである。新保氏は、下級役人については史料的制約があまりに大きいため、高級官僚の検討を優先したと述べるが、その判断は必ずしも妥当ではないと評者には思われる。この行政部門の属吏として帝国行政の実務を担っていた人材の供給源として次の二種類が存在するのではと評者は考える。一つは皇帝の家の奴隷や解放奴隷、いわゆる familia Caesaris である。新保氏が騎士官僚の職として挙げるものの多くが一世紀半ばまでは、皇帝の解放奴隷・奴隷が務める職務であり、その下には数多くの解放奴隷・奴隷が属吏として勤務し、彼らの間には職階が存在して昇任順序も定まっていたことが推定されている。彼らは、各行政部門の長が騎士官僚に替わった後も、その下で勤務し続けていたことは間違いない。彼らについては一九七二年に刊行されたP. R.C. Weaverの古典的研究が存在するが、本書では参照されていない。

また二つ目の人材供給源は、帝国各地に駐屯する軍隊の兵士、特に百人隊長や首席百人隊長、軍隊に長期間勤務した騎士将校が考えられよう。帝政期の軍隊では、騎士将校だけではなく、百人隊長たちも文書を用いた軍隊運営を経験していたことがパピルス文書や英国で出土した木簡史料から判明している。属州ブリタニアでは騎士将校が属州民の戸口調査を行っていたこと、さらに部隊を離れて特定の地域に派遣された地区担当の百人隊長centurio regionarisという職務の存在も知られている。新保氏も認めるように、この叩き上げの軍人たちは三世紀以降に将校・官僚へと大量に進出することになる。

皇帝の解放奴隷たちは、新保氏の描く二世紀の帝国官僚たちの先駆者であり、叩き上げの兵士たちは、その官僚たちの後継者であったと言える。この両者は、ローマ帝政期官僚制の変化を見るために重要な検討対象ではないかと評者は考えている。

最後に本書の各章において新保氏が示した研究成果は、現在におけるそれぞれの問題についての研究の到達点を示すものであり、今後、同じ分野を研究する際には、参照すべき必須の参考文献となることは間違いないことを強調して、本書評を終えたい。

（島田　誠）

ニタルト著、岩村清太訳『カロリング帝国の統一と分割―『ニタルトの歴史四巻』―』（知泉書館、二〇一六年）

本書は、カール大帝（フランク王、七六八～八一四年、皇帝、八〇〇～八一四年）（以下、固有名詞の表記は本書に従う）の庶出の孫で、八四三年の西フランク王国成立以前からカール禿頭王に仕えていた俗人貴族ニタルト（八〇〇年頃～八四四／五年）による歴史書の邦訳であり、カロリング朝フランク王国史を研究する者にとって重要な史料の一つである。訳者である岩村清太氏は、我が国を代表する優れた教育史家として多数の著書、論文、翻訳書を世に送り出してきた。氏の多数の業績のごく一部だけを挙げれば、研究書として『ヨーロッパ中世の自由学芸と教育』（知泉書館、二〇〇七年）、翻訳書としてH．I．マルー『アウグスティヌスと古代教養の終焉』（知泉書館、二〇〇八年）と『中世における教育・文化』[1]（東洋館出版社、一九八八年）ほか三冊のP・リシェの著作の翻訳が著名であり、本書と同じ時代を扱う論文として、「西欧中世における家臣教育―ドゥオダの『鑑』を中心に」『大東文化大学紀要（人文科学）』第三四号（一九九六年）、一二三～一二五頁がある[2]。

本書の内容を紹介する前に、本書の著者ニタルトと本書の性格について一言しておきたい。ニタルトは、カール大帝の娘ベルタと宮廷詩人アンギルベルト（八一四年没、後にサン・リキエ修道院の俗人修道院長）の間の婚外子（両親が結婚していたとの説もある）であるからフランク王国の指導層に属し、いとこにあたるカール禿頭王の帷幄に参じた武人でもある。彼は、ルートヴィヒ敬虔帝（皇帝八一四〜八四〇年）の三人の皇子が、父帝死後の帝国継承の方法をめぐって起こした、八四〇〜三年の戦争と外交交渉に従事し、「カロリング帝国の統一と分割」を当事者として経験した人物でもある。また、本書は俗人がラテン語で著作を残すことが極めて稀であった時代に、俗人、しかも、武人が書き残した歴史書であるという点では奇書とも言える。そして、本書には、最古の古高ドイツ語と古フランス語のテキストの一つが記録されているという点では言語史の記念碑的な作品とも呼びうるものである。

ニタルトは、主君カール禿頭王によって同時代史を記録するように命じられて、八四一年五月から本書を執筆しはじめ、全部で四巻からなる歴史書を残した。ニタルトは、ヴェルダン条約による帝国分割（八四三年）後ほどなく戦死しているために、本書は未完に終わったと考えられている。そのため、原著には、ニタルト自身が付けた書名がなく、これまで『ニタルトの歴史四巻』などと呼ばれてきたし、各巻ごとの標題も付けられてなかったが、本訳書では、いずれも訳者によって適切なものが付けられている。

第一巻「兄弟間の不和の起源（八一四—八四〇年）」は、第二巻〜第四巻が同時代史であるのに対して、厳密な意味での歴史書である。ニタルトは理想的な時代としてのカール大帝の治世の終わりを簡潔に述べた後、ルートヴィヒ敬虔帝の皇子たちの兄弟戦争の原因を、彼らの父ルートヴィヒの治世に求めている。カール大帝が亡くなったとき、嫡出男子は、ルートヴィヒ敬虔帝だけであったので、後継問題は生じず、ルートヴィヒ敬虔帝が皇帝として全帝国を継承した。しかし、敬虔帝は最初の妻との間に三人の嫡出男子を儲けていたために、即位後自分の死後の帝国の継承の方法を聖俗貴顕同意のもと「帝国整備令」として公布させた。「整備令」は、フランク王国の伝統であった均分相続に反して、長男ロタールに皇帝位と全帝国の支配権を与え、次男と三男にはそれぞれ帝国の一地域と長男に従属する王の地位を与えている。しかし、敬虔帝の再婚に伴い、四男カール（のちの禿頭王）が誕生したので、「整備令」に反して敬虔帝が四男カールにも領地を与えようとしたことから、八三〇年と八三三年に長男ロタール、次男ピピン、三男ルートヴィヒが父帝に反乱し、父帝を廃位したが、権力を掌握したロタールの専横ぶりから、二度とも次男と三男らが父を復位させた。しかし、復位した敬虔帝は反乱した皇子たちに厳しい処罰を科すこともなかったので、皇子たちの勢力は温存された。八四〇年の敬虔帝の死の直前まで、ロタールとルートヴィヒの再度の反乱に対しても敬虔帝は優勢を示しつつも、四男カールの行く末を案じて、ロタールと和解し彼をカールの保護者とさせようとさせ、バイエルンを除く全帝国をロタールとカールで分割することを誓約の上で義務づけた（次男ピピンは八三八年に死去している）。抵抗した三男ルートヴィヒに対する対応を協議するためヴォルムスに貴顕らを集めて集会を開催しようとしたところで、敬虔帝が死去した。

第二巻「兄弟間の抗争の発端とフォントノアの合戦（八四〇～一年）」では、敬虔帝の死後すぐにロタールが誓約に背いて、全帝国を一人で支配しようとして、ついに弟たちと内戦に至るまでが描かれる。ロタールは弟たちの抵抗の前に、武力攻撃、アッティニでの会見の提案、相手側家臣の切り崩し、相手側支配地の攪乱、会見地への通行妨害などの奸策を矢継ぎ早に繰り出した。劣勢に立たされたカール側は、一致団結して、予想外の勝利と機転によってロタールの奸策を乗り越えていく。その上、トロア滞在中のカールのもとへ、アキタニアから王冠、衣装、祭器などが、治安が悪化しているなか復活祭の日に無事に届けられたという出来事に言及して、ニタルトは、カール一党に神の恩寵が与えられていることを強調している。ロタールがアッティニにおけるカールとの会見を反故にしたので、カール一派が善後策を協議しているところに、ルートヴィヒの軍勢がライン川を渡って現れ、カールと同盟を締結した。ルートヴィヒとカールは、戦争を回避するために、ロタールが父皇帝にした誓約を遵守するのであれば、「全軍団に対する権利」「あらゆるもの」を差し出すとまで譲歩したが、彼は返事を引き延ばしたり、自らの皇帝位を尊重するように要求したりした。ルートヴィヒとカールは、提案を無視するのであれば、ロタールの要求の可否を神判としての戦争に委ねると通告、ロタールもこれを受諾、八四一年七月二五日フォントノア（オーセール近くのフォントノア・アン・ピュイゼと考えられている）において両陣営の衝突がはじまった。最終的に、ロタール陣営が敗走して、第二巻が終わる。

ニタルトは自分の一族の悪口を書き残すことは耐えがたいので、第二巻で筆を置くつもりであったが、「実際に起こったのとは異なる形で語ろうと目論むものが出てくることを恐れ」（四七頁）、第三巻「ロタールの二度目の戦いと、ストラスブールにおける誓約（八四一～二年）」の執筆に取り掛かる。第三巻には、フォントノアの戦いの直後から八四二年三月一七日にジンツィヒに滞在していたロタールに向けてカールとルートヴィヒが進軍して勝利するところまでが書かれている。

フォントノワの戦場で、勝利したカールとルートヴィヒは、戦死者、戦傷者、逃亡者を敵味方の区別なく収容・保護し、集会を開いて、「正義と公平さのためだけに戦ったこと、そしてこのことは神の裁きによって明らかにされた」と宣言した。ロタール一派は、戦場を離脱していた。この後、カールとルートヴィヒが別行動をとり始めたことをニタルトは「帝国全体の利益」を無視していると批判的に述べている。カールはアキタニアへ、ルートヴィヒはババリアへ向かうが、ロタールがカール死亡という虚報を流したために、カールは各地で抵抗を受けた。ロタールはルートヴィヒを攻撃目標として、カールに裏切りを持ちかけるも、カールは裏切りをよしとせず、ロタールに再度父帝との約束を守るか、武力で雌雄を決するか呼びかけたが、彼は無視した。ロタールとカールの小競り合い、ライン川渡河をロタール側有力者、マインツ大司教オトガールによって阻止されていたルートヴィヒへのカールの援軍派遣によって、ルートヴィヒとカール両陣営が再び八四二年二月一四日集結し、両者は、ロタールの神判軽視を批判し、また、両者の同盟は「皆の利益を確保する」ためのものであるので、ルートヴィヒは、相手が理解できる言葉で、つまり、カールに古フランス語で、カールは古高ドイツ語でルートヴィヒに援助を誓約し、誓約違反の場合にはそれぞれの家臣の忠誠義務を解除すると約した。そして、それぞれの臣下もまた、相手陣営の者が理解できるように古フランス語および古高ドイツ語で誓約違反を助長する援助をしないと誓約した。この後、ニタルトによるルートヴィヒとカールの人物評価、両者の深い友愛関係と彼らの騎馬による軍事演習の様子が語られる。

ザクセン人貴族らは、ロタールではなく、ルートヴィヒとカールに与すると表明する一方、両兄弟がロタールに送った使者は黙殺されたので、彼らは八四二年三月一七日ロタールが滞在していたジンツィヒに向けて進軍したが、ロタールは彼らのモーゼル川渡河阻止に失敗し、アーヘンへと逃亡していった。こうして、ルートヴィヒ・カールとロタールの二度目の衝突の結末をもって第三巻が終わる。

ニタルトは「私の魂は不安に包まれ」、「恐ろしい嵐に翻弄され」、本書の執筆には気が進まないが、「後代の人々のために誤謬の闇を吹き払」(六七頁)うために第四巻を執筆する。第四巻「ロタールとの三度目の戦いと和平のための予備会談」では、逃亡したロタールの領地と領民の処遇を司教らとともに協議し、ロタールの罪状と統治能力の欠如を宣言して、神がルートヴィヒとカールに帝国の統治を委ねたと結論した。それゆえに、両者はそれぞれ家臣一二名を代表(カール側代表には著者ニタルトが含まれている)として協議させ王国を二分することに決めた。追い込まれたロタールは、ザクセン人の自由農民と農奴にゲルマン異教の復活を条件にルートヴィヒに反乱させ(ステリンガの反乱)、そのうえ、異教徒ノルマン人を味方に引き入れた。ルートヴィヒは自分の領地の混乱を収拾後、再び、ヴェルダンでカールと会合を持つことに決めた。ロタールが、二つの王国分割案とともに和解を申し入れてきたので、両王は司教らの同意を得てロタールの和解提案を受け入れることとして、使者を派遣、八四二年六月一五日三兄弟は、マーコンの南ソーヌ川の中州で同数の貴族を従えて、ロンバルディア、バヴァリア、アクイタニアを除いて、全帝国を三分することを一〇月一日の貴族会議に委ねた。しかし、ロタールの約束違反のために、この会議は流れ、三者の代表者一二〇名がコブレンツで集会を開き帝国分割の協議を行った。しかし、参加者の誰もが帝国全体の正確な知識を持たないまま帝国分割を行うことの是非をめぐって、貴族会議が紛糾、一一月一五日まで休戦協定が結ばれた。

この後、ニタルトはやや脱線して、ニタルトの父アンギルベルトのサン・リキエ修道院への改葬とニタルト自身の出自を語る。飢饉、寒冷、そして、厭戦気分のため、八四三年七月一四日まで休戦が延長され、三兄弟はその間別行動をとることになる。第四巻の最後の部分でニタルトは、八四三年当時の世情を強く批判している。カール大帝期には「人々は同じ一つの道を歩いていたが、現在は各自が自分の好む小径をたどっている」、「公の利益をなおざりにし、個人的・利己的欲望に身を委ねている」（八三頁）ので、イタリアへのイスラム教徒の来襲、ステリンガの反乱の再燃、八四三年はじめの飢饉、八四三年三月二〇日の月食、悪天候、あらゆる種類の悪の蔓延という結果を伴うのであると、ニタルトの歴史書は陰鬱な光景で終わっている。

確かに、本書はニタルトがカール禿頭王一党の立場の正当化をしているという点で、不偏不党の歴史書でないが、ニタルトは、主君カール禿頭王を盲目的に称賛するだけではなく、批判の対象にもしている。また、本書によってしか知ることができない「八四〇～二年の出来事の鍵となる証言[3]」が述べられており、本書は第一級の史料と言える。その上、本書を字面だけ読む限り、ニタルトは、カロリング朝の衰退の歴史を描いているように読めるけれども、近年J．M．ブッカーは、本書は彼が、まだ若いカール禿頭王に、彼の苦境とその原因、そして、その解決策を歴史書という形で献策しているという解釈を示している[4]。この点で、本書の訳出は、時宜にかなったものであると言えるだろう。

最後に、本書の評価であるが、本書の底本に、最新の校訂版であるNithard, *Histoire des fils de Louis le Pieux*, ed. and trans. by Ph. Lauer Paris 1926, rep. 1964が用いられていることは妥当である。註釈にはこのLauer版の註が豊富に取り入れられており、訳者の註を参照すれば読者は、本書を味読することができるであろう。また、訳者はラテン語を正確かつ達意の文章に訳していると、書評子は確信している。なぜなら、書評子より圧倒的にラテン語読解力が高い訳者の訳業には、このようにしか述べることができないからである。

なお、本書の価値をいささかも減じないが、一点だけ誤りを指摘しておきたい。本書Ｖ頁で、訳者はルートヴィヒ敬虔帝を「カール大帝の長子」と説明しているが、敬虔帝には、父カール大帝と母ヒルデガルデの間の兄と姉がいるので（本書三〇頁の系図参照）、彼は、長子ではなく、カール大帝よりも長命であった唯一の嫡出男子にすぎない。本書六頁でも、ニタルト自身が、「生き残っていた末子ルートヴィヒ」と述べている。

学術出版が困難な時節柄、フランク王国史の第一級の史料が碩学によって全訳されたことを心から喜びたい。

（1）　P・リシェ著、岩村清太訳『中世の生活文化誌：カロリング期の生活世界』（東洋館出版社、一九九二年）、P・リシェ著、岩村清太訳『ヨーロッパ成立期の学校教育と教養』（知泉書館、二〇〇二年）、P・リシェ著、岩村清太訳『大グレゴリウス小伝：西欧中世世界の先導者』（知泉書館、二〇一三年）。

（2）ドゥオダの『鑑』もまた、『母が子に与うる遺訓の書：ドゥオダの『手引書』』（知泉書館、二〇一〇年）として岩村氏によって翻訳されている。

（3）J. L. Nelson, "The search for peace in a time of war : the Carolingian »Brüderkrieg« 840-843", J. Fried (ed.), *Träger und Instrumentarien des Friedens im hohen und späten Mittelalter*, Sigmaringen 1996, pp.104–111.

（4）C. M. Booker, *Past Convictions : the Penance of Louis the Pious and the Decline of the Carolingians*, Philadelphia 2009, pp.39–42

（木下　憲治）

中谷功治著『テマ反乱とビザンツ帝国―コンスタンティノープル政府と地方軍団』（大阪大学出版会、二〇一六年）

時代の様相を切り取る視点は、もとより多様である。同じランドスケープであっても、立ち位置によって光景はちがってくる。視点の取り方で、眼前の景色も異なって見えてくるにちがいない。

特に「変化」の様相を語る場合、視点の取り方への細心の留意が求められるといわなければならない。とりわけ、地形そのものが変わるような「地殻変動」に取り組む場合、その原因、経過、転換へのモーメントへの顧慮が求められるというものだ。時代区分に関わるような所見（史料情報）をどう掬いとるのか。「変動」を招来した事件や要因、あるいはまた変化の舞台となった社会をとりまく遠因（国際環境）とはなんだったのか。

世界史教育でも難問とされる地中海世界の七～八世紀。中谷氏は、この大変動期に学生時代から分け入った。これまで、史料状況が希薄であるがゆえに実証が困難とされてきた時代。ビザンツ研究の分野でも難易度の高い考察対象に、著者は果敢に取り組んできた。

本書は、その三〇年にわたる真摯な研鑽の成果である。ビザンツ社会ではこの時期に「地殻変動」にも似た国制上の変化があった、と了解されている。本書は、この「変動」を論じようとする。視点の取り方（の多様性）を論じ、観察対象を精査し、自らの行論がはらむ射程と限界を考察する。いずれの点でも、慎重な態度で諸般の目配りをしており、研究書としての模範を示す好論である。

本書は、七世紀初頭～九世紀前半におけるビザンツ帝国の国制、および社会経済状況について分析しようとする。同期は、アラブ・イスラム勢力の国家形成に伴い、ビザンツ国家の東部地域が浸食された時代だった。ビザンツ国家にとって、特にエジプト、シリアを喪失した意味は大きかっただろう。東部戦線および東地中海でのイスラム勢力との断続的な戦争状態も、また国家経営に大きな影響をもたらしていた。

当時の人びとは「食うにも困る」事態に直面したにちがいない。六世紀までと異なり、検討すべき史料テキストが極端に減少する。リテラシー度の高い東地中海世界だったが、文人の書いた高邁なテキストをはじめ、社会や国家の事情をうかがわせる史料も、他の時代にくらべて少なくなる。当該期に素材となりうるのは、多くは後代の史料だ。キリスト教徒が書いた年代記、実践的な軍事書（タクティコン）、国制に関わる若干の文書のみ、である。ともあれまずは目次を一覧しておこう。

序章
第一章　テマ軍団の登場とテマ反乱の展開
第二章　七・八世紀におけるビザンツ中央政府の動向―元老院を中心に―
第三章　ビザンツ艦隊をめぐる考察―七世紀後半〜八世紀初頭を中心に―
第四章　レオン三世政権の成立―テマ軍団の動向を中心に―
第五章　八世紀後半のビザンツ帝国―エイレネ政権の性格をめぐって―
第六章　タグマについて―八世紀ビザンツにおける近衛連隊の誕生―
補　論　タグマの兵力をめぐって
第七章　イサウリア朝下の陰謀事件をめぐって―八世紀のコンスタンティノープル―
第八章　ビザンツ帝国のバルカン半島政策（八世紀後半―九世紀初頭）―ニケフォロス一世の戦死を考える―
第九章　九世紀初頭における帝位継承とテマ反乱―スラヴ人トマスの乱を中心に―
第十章　テマ制の起源を再考する
終　章

著者は関連する諸史料を丁寧に読み、研究史を十分に渉猟し、それらの所見を系統的に整理した。

第一章から第九章まで、本書の大半を通じて印象的なのは、史料（テキスト）から得られる「史実」、つまりテキスト上の事実としての出来事を丹念に追っていることである。そして、政治史的なエピソードをベースに、この社会の構造と特質を切り出そうとしていることである。

この手法は、人文系歴史学の常道とはいえ、固有名詞が多く、相互に錯綜した印象を与えるので、専門外の読者には議論の要諦をとるのがいささか困難かもしれない。史料に登場するコトバの頻度等を計量的に分析しようとするなど、新しい分析的な方法態度も看取されはする（第二、第六、第十章など）。しかし、基本的にテキストが伝える「史実」エピソードを丹念に追う手法に貫かれているのが、本書の特徴といってよい。曰く「大胆な仮説の上にさらに仮説を積み上げることは可能なかぎり回避する。史料やそこからの情報はけっして多いとはいえないだけに史料の文面を丁寧に読みつつそれらから確実にいえること、いえそうなことのみを堅実に積み上げていきたい」と。

序章は、時代の概要を展望して、問題の所在を示す。そして、まずなにより史料状況の概観を与えている。著者も述べるように、同時代史料は多くない。修道士(ら)が書き綴って八一三年までの出来事を記す『テオファネス年代記』、総主教ニケフォロスによる『簡略歴史』、『テオファネス年代記』の後継として十世紀のコンスタンティノス七世治世に編纂された『続テオファネス年代記』、また同帝が編纂させた『テマについて』**De thematibus**、そして『タクティコン』と呼ばれるいくつかの『戦術書』、『クレートロロギコン』と呼ばれる官位リストなどが、主な素材である。序章では、まずもって各々の史料がその特徴とともに紹介される。

『タクティコン』『クレートロロギコン』については、まずもって記事内容が一覧表にされていた。これは詳細情報であるだけに、一覧され、分類されたことで、当時のビザンツ帝国がどのような社会だったかを理解するのに大きな助けとなる。筆者は、『タクティコン』の出現に「テマ将軍」の国制史上の地位(の上昇)を見た。研究史も、彼ら将軍たちがビザンツ国制上に果たした役割について注目してきた。第一章では、テマ将軍の地位に関する研究史が整理された後、「テマ軍団」の登場、「テマ反乱」の展開を概観した。本書は、ここで概観される諸事件を、続く第二章から第九章までで、詳細に紹介し、分析する構成となっている。第二〜九章は、関係する諸史料から再構成された政治史的叙述が基調となっている。

さて、後期ローマ帝国にあって軍事行政は、定常的な制度として設定されていた。オリエンス、イリュリクム、イタリア、ガリア。四つの道管区のもとに、さらに管轄区が細分されて軍団が配置されていた。この制度のなかに機動野戦軍団であった。**comitatenses**があった。事態に対応して中央から派遣される軍団であった。ユスティニアヌス帝期にこの野戦軍が増設され、政情不安定な地域では、中央の指令を待つことなく機動的に動くことが許された。七世紀末までにその存在が確認される四つの「テマ軍団」(アナトリコイ、アルメニアコイ、トラケシオイ、オプシキオン)とは、この機動野戦軍を起原としている、と考えられる。

中央の軍指令系統からの逸脱行為、つまり「反乱」が起こり始めるのは七世紀後半からだった。「テマ反乱」は、本書の標題に掲げられ、七〜九世紀初頭のビザンツ帝国を論ずるうえで重要なテーマにほかならない。

「テマ反乱」は、史料上確認されるかぎり、六六七/八年のものを嚆矢とし、八二〇年代まで頻発することになる。「反乱」は帝位簒奪の企てでもあり、計二一件をかぞえた(五四頁、表五)。それはまるで「三世紀の危機」に匹敵する帝位簒奪合戦だったという。それぞれのエピソードには、ビザンツでの政争につきものの、鼻を削ぐ、目を刳りぬくなど、凄惨な所業が含まれた。本書はかかる史料所言を丹念に取材し、反乱の模様を叙述する。それはまずもって、当該期のビザンツ政治を知るうえで第一級の資料集となっている。

本書は史料所言を丹念に追うばかりでない。研究史は社会構造論にも及んでいた。テマの起源をめぐる論争も彷彿としておこった。本書は、国際学界での論争の構図を丹念に紹介している。

研究史上活発に議論されたのは、起源論だった。著者は、随所で、また特に第十章で、かつてのこのホットイシューを冷静に回顧している。キーパーソンはベオグラード大学のG・オストロゴルスキー。彼は、社会経済史をベースに国制上の変化を合わせて論じて学界に一石を投じた重要人物だった。

オストロゴルスキー説では、後期ローマ帝国の国制が前提とされていた。すなわち、それまでのローマ帝国の属州長官が軍民両権を併せもっていたのを、ディオクレティアヌス、コンスタンティヌスが解体し、属州の数を倍増させるとともに、属州長官には民権のみ（行政、徴税、司法権）を与え、これとは別に軍司令官を置いていた。オストロゴルスキーは、軍管区としてのテマが、まず小アジアで、その後は帝国全土に設定され、軍司令官（将軍 strategos）が軍民両権を掌握した、と主張した。この事情から、「テマ」は「軍管区」の意味を合わせ持っていた。

オストロゴルスキー説が魅力的だったのは、後期ローマ帝国社会にあって有力だった大土地所有制が解体した、と説いたことにもあった。軍団の兵士たち stratiotai が管区内に土地を付与され、平時は自作農だが、有事には軍役義務を果たした、と唱えられた。ある種の屯田兵制がイメージされた。この社会経済史面での土地制度論が、軍司令官（将軍）と兵士との地域一体的な人間関係をつくった、とも理解された。つまり社会構成面でも大きな変化があった、と説かれた。

オストロゴルスキーの議論は、他の議論同様、決定的な史料根拠に乏しいものの説得的で、多くの研究者の議論を喚起した。

彼は、以上の立論を踏まえて、次いで「テマ制」の発生時期を問うた。彼が導き出した答えは、七世紀初頭のヘラクレイオス帝治世だった（六一〇～六四一年）。同期が、アラブ・イスラム勢力の勃興期だったことは容易に理解されよう。帝国東部の境域における外敵の侵入によって、軍司令官が現地の行政権等を併せ行使するようになったと考えたのである。

このオストロゴルスキー説は、ソビエト学界、フランス学界などを巻き込んで、国際的な「封建制論争」の枠組みのなかで、活発な議論を喚んだ。わが国でも、渡辺金一、井上浩一両氏らが国際学界の議論を紹介しつつ、独自見解を発表するなどしたから、専門外の方々でもご存じの方が少なくないと思う。

テマ制には、もう一点、重要な国制史上の役割があった、という。すでに触れたように、ストラテーゴスと呼ばれるテマ長官は、軍権と民権を兼ね備えていた。小アジアで生まれたテマは軍管区をベースに、その長官が民政をも執行する体制だった。これ自体、地方統治のあり方の転換を意味していたが、加えて、かかるテマ長官らがコンスタンティノープルの皇帝（中央権力）を支える国制になったというのである。

後期ローマ帝国においては、皇帝は「元老院、軍団、市民」の歓呼をもって承認されていた（H・G・ベック）。それが、地方軍団の長（正確には、地方軍団の兵士らの意向を受けた長）らに支えられるようになったというのである。本書が、第二～第九章での一連の政治史叙述の結論として提示したのは「小アジアのテマ軍団に支えられたビザンツ政権」とう仮説だった（第十章）。

中谷氏は、起源論についても独自見解を披瀝する。著者は、史料に登場する「テマ反乱」に加えて、「テマ長官」に言及する諸史料を検討して、それが八世紀初であった、と想定した。オストロゴスルキー説がヘラクレイオス帝治世（六一〇～六四一年）と想定した発生時期より一世紀近く遅い時期である。もとより決定的な証拠は、他の研究者同様、ない。蓋然性が高く、穏当な結論といえるだろうが、オストロゴスルキー説が「萌芽」を前提したのに対し、中谷説は多少とも十分な「制度」としての展開を想定しているか、との印象がぬぐえない。

以上、本書のねらいと、結論に至るまでの構成について簡単に紹介した。社会や国制上の変化を論ずる場合、萌芽と完成形（事実上の制度化）の風景にずれがあるのは常であり、けだし決め打ちは難しい、と思い知るばかりだが、本書で整理された史料情報は豊富にして系統的に整理されており、それ自体、大変有益な貢献となっている。国際学界においても、決定打が出ぬまま、論争が消沈したが、本書は、この歴史的論争を現在の視点から回顧し、新しい研究の地平を拓こうとする試みであった。われわれは、本書を礎石として、近年新しく検討対象とされ始めている諸資史料と突き合わせていく必要があるだろう。例えば、聖者伝、また「聖域」に関する考古学的知見などである。臨戦態勢が敷かれた時代だからこそ、「救い」への欲求は高まった。そのことも含めて、時代の精神、また人びとの日常生活に分け入る国制史研究が、今後展開されるのではなかろうか。

さて、ギリシャ語学習者には当たり前のことかもしれないが、本書で触れられていない「テマ」**Thema**なることばの語義について、最後に付言しておく。

「テマ」は、「設定する／置く」という意味のギリシャ語動詞 **tithēmi** に由来し、「設定された／置かれた（もの）」が原義であった。

贅言になるが、前述の通り、それまでのローマ帝国にあっては、属州 **provincia** 単位で地方行政がおこなわれていた。五世紀初頭に編纂された『貴顕者一覧』**Notitia Dignitatum** によれば、当時一一四の属州があった。七世紀初頭、アラブ・イスラム勢力の拡大に伴って、ローマ帝国東部は戦線となった。その防衛を行うために、皇帝はしばしば自らも陣頭指揮をとる帝国軍を差し向けたが、攻防が激化し、また長期化するに伴って、兵站を含めて戦線を維持することが難しくなり考案されたのが「テマ」だった、と語義面からは考えられる。地方ごとに束ねられた属州の数にばらつきはあった。しかし、ともあれ旧い属州をまとめて新しいテマを設定された、という事実がことばの面からは推定されるわけである。

「テマを設定した」という表現自体が畳語であることを理解いただきたい。また余談ながら「主題」を意味する「テーマ」Thema も同一の語義（設定されたコト）となる。

（大月　康弘）

中谷惣著『訴える人びと―イタリア中世都市の司法と政治』

（名古屋大学出版会、二〇一六年）

本書のタイトルとなっている「訴える人びと」は、中世イタリアにおいて多くの人びとが都市の裁判所に足を運び「訴え」を行っていたこと、そのような人びとの日々の実践とそれに対する都市自治政府の対応が自治都市国家の確立と変遷にとって重要であったこと、を表している。周知のように、中世イタリアは多くの都市国家に政治的に分立していた。この都市国家は、一二世紀から一五世紀にかけての社会や国際情勢の変化の中で、さまざまな制度的実験を経つつも、ほぼ自立した政治体・統治体として存在感を高めていく。それゆえ都市論の観点からも国家論の観点からも、中世から近世への入り口に至る時代変化を考察する上で興味深い研究対象といえるが、特に近年は、各地の文書館に残る豊かな史料を利用して、人びとの「実践」から制度や権力の変遷を解き明かそうとする研究が盛んである。本書はそのような研究潮流に棹さし、千件を超える民事裁判記録を始めとする大量の文書を読破することで、中世ルッカの人びとが作り上げたコムーネ（自治都市政府）の姿を裁判を通じて具体的に示した。本書の最大の価値は何よりも、本書の議論を支えている、この大量の未刊行史料にあるといえるだろう。これらの史料の分析・考察を通じて初めて私たちは、司法の現場に迫り、評議会に参加できる人びとに限らない幅広い住民の実践（訴訟、異議、法の改定の申し出、恩赦の願いなど）が、コムーネを公権力として機能せしめていた様、また司法関連の種々の措置から見たコムーネの変質を観察することができるのである。

全体は、著者が二〇〇九年大阪市立大学に提出した博士学位論文をもとに、あらたな史料調査と研究史のフォロー、考察を加えて、三部九章（これに序章、終章がつけ加わる）に整理されている。以下では、まず内容を要約し、その後、コメントを行うことにしたい。

序章では、司法をめぐる住民と統治者の相互交渉の検討を通してイタリア中世都市の歴史的特質を明らかにする、という本書の目的が示される。イタリア中部トスカーナ州の中小都市ルッカは、この目的を遂行するために十分な量の史料を備えた唯一の都市である。しかし中世ローマ法や公証人制度の普及、都市外から招聘される一種の「雇われ行政軍事司法長官」であるポデスタの巡回など、北中部イタリア都市にはある程度共通の特徴的環境が存在した。それゆえ、本書の分析結果は、ルッカに限らない北中部イタリアの多くの都市に、ある程度適用可能なものと考えられる。

第一部「イタリア都市の司法と政治」は、本書全体の導入である。第一章「コムーネと司法―一二～一四世紀―」は、裁判の観点から一二世紀～一四世紀のコムーネを概観する。一九八〇年代以降のイタリアでは、暴力や犯罪に関する社会史研究、紛争史研究、政治文化史研究の影響の下、司法が人びとの実践を通して形成され変容するものとして捉えられるようになってきている。本章はその流れを踏まえて、コムーネの司法の形成と展開を論じる。第二章「ルッカを見る―統治、行政、司法、社会―」は本書の舞台となるルッカの概観である。一四世紀ルッカの政治体制は外国人領主による支配（一三二八～四二年）、ピサによる支配（一三四二～六八年）、共和国時代（一三六八～一四〇〇年）と推移したが、この間の統治を実質的に担ったのは、十人の市民で構成されるアンツィアーニと各種評議会であった。第三章「史料と史料論」では、史料のモノとしての側面にも注目し、なぜ、どのように、それらの史料が作成され保管されたのかを問いかける近年の史料論を踏まえながら、本書で利用する史料の形式と概要が示される。

第二部「住民がつくるコムーネと正義―民事司法」は、民事裁判記録の検討を主眼とする。第四章「人びとはなぜ法廷に向かったのか」では、年間推定約一万件という驚くべき裁判件数の多さ（ルッカの当時の人口は農村部も含めて推定約四万五千人）が確認される。当時、紛争を解決するためには、私的な仲裁という優れた道も存在していた。それでも人びとが法廷を利用したのは、略式の司法命令をもとに債務者のものと思われる財産を占有し、その事実を通してその財産に対する権利を獲得しようとしたからである。ここでは、証書上の権利の実現というコムーネの本来の機能を、住民が自分に有利になるように利用していた点が重要である。このような住民の戦略的な実践を通じて、コムーネは社会の中で機能する公権力へと、絶えず作り直されていた。第五章「訴えによるコムーネの実現」は、訴訟当事者が頻繁に行っていた「異議」と、住民が法の改変を求めて執政府に提出した訴えを検討する。裁判で相手の形式上の不備を追求する「異議」は、裁判官の不注意を是正することで結果的に、ローマ・カノン法訴訟手続きに沿った裁判の進行や、追放者の法的地位の剥奪などのコムーネの法制度・政策の遂行に大きく貢献していた。また住民は、現行の法の適用では不十分もしくは不都合だと考えた時、執政府であるアンツィアーニに法の変更や適用除外を求めた。アンツィアーニは「コムーネの善」の実現を目標として自由裁量を発揮し、法の修正や適用除外を認めた。こうして一四世紀前半の史料に見られる住民からコムーネへの働きかけは、法の遵守（法廷）と法の柔軟化（執政府）という二つの方向から、コムーネの法制度の実現に貢献したのである。第六章「司法原理の転換—法形式の遵守から自由裁量へ—」では一四世紀の過程で生じた司法原理（法廷が出す決定の「正しさ」を基礎付ける論理）の転換過程を、民事裁判の実践から明らかにする。一四世紀後半の民事裁判に見られる大きな変化は、件数そのものの減少に加えて、法学者の法助言に基づく最終判決が激減しているという点である。これは法廷を論争の場とする訴訟当事者が少なくなったから、というよりも、論争解決の主体が、法形式に厳格に準拠する法学者から判定者（特に裁判官）の自由裁量へと移行したためである。さて、この変化は、当時のローマ法文化圏で進行していた大きな流れ（注釈学派から注解学派への移行など、裁判官に自由裁量を認める方向）と呼応する。史料が豊富に残るルッカにおいてこうした一連の司法原理の転換がいかにして起こったかを明らかにしたところ、この変化は、住民の側からのピサの法学者（注解学派）への助言の依頼、異議そのものの減少と裁判官自身による異議の処理の増加、ピサのドージェによる略式裁判の指示（しかしそれを求めたのは、住民の嘆願であった）など、法学者、訴訟当事者、裁判官、ドージェの共同作業として展開したことがわかった。

第三部「政治の中のコムーネと正義—刑事司法」は刑事裁判を扱う。一三世紀半ばの刑事裁判は、民事裁判との境界が曖昧で、当事者間での紛争と紛争解決の場という様相を呈していた。この状況は一四世紀に大きく変わる。すなわち糾問主義手続きの採用・定着とともに、「悪事」は「公」を侵害したのであり、それゆえ「公の保護者たるコムーネ（＝裁判官）が被害者に変わって悪事を処罰する」という体制が明確になるのである。第七章「刑事司法の実態」はこのような一四世紀の刑事司法の実態を明らかにする。法廷に持ち込まれるルートとして一四世紀は告訴が減少し告発が増加すること、主要な悪事として殺人、傷害、窃盗、強盗などがあること、裁判の結果は追放令、有罪判決、無罪判決の三者に大別され、刑罰には死刑と罰金刑があり、裁判官は都市条例の規定に従って、自由裁量で量刑を判断していたことが示される。しかしこうした刑罰は絶対的なものではなく、恩赦による有罪からの解放が存在した。ところで執政者たちの自由裁量に基づいてなされる恩赦は、権威と臣民の関係を前提とする故、突き詰めれば、全住民を代表し法に準拠するコムーネの原理とは相容れない。第八章「恩赦に見るコムーネと正義」は、一四世紀ルッカにおける恩赦の導入と拡大の過程を具体的に検討することで、コムーネの変質とそれに伴うあらたな「正義」の登場を考察する。外国人領主の下で導入された恩赦は、当初、臣民に対する「不正」の「矯正」という意味を持っていたが、一四世紀後半には為政者の「良識」や共和国の「自由」が恩赦の理由として重視されるようになった。また共和国時代の恩赦禁止令とその適用除外は、共和国執政府であるアンツィアーニへの権力の集中と、彼らが事実上政治のトップにたちながらもなおコムーネ的共和政原理に拘束されていることを示している。ここに、変質しつつも、なお一五世紀のシニョーレ支配時代とは異なる、一四世紀末のルッカのコムーネの姿を見ることができる。第九章「例外的司法に見るコムーネと正義」では、政治権力が特定の「悪事」を他の通常の「悪事」と区別し、「必要性」や「有益性」という理由から略式訴訟手続きの対象とする場合を考察する。このような司法における例外的手続きは、領域部の治安維持を担う司法官の導入、その自由裁量の権限拡大、共和国時代のアンツィアーニによるポデスタへの自由裁量権の付与、一三九二年の非常大権委員会の設置、さらにこの委員会が制定した法で設置されたカピターノ・デル・ポポロによる略式裁判の実践へと、順次拡大していく。こうして恩赦と例外的司法は相乗的に執政府の権力を高め、伝統的なコムーネ体制からの離脱を促したのである。

終章「訴える人びとがつくる世界」は本書の叙述を振り返りながら「コムーネ」と「正義」についてさらに考察を深める。住民による裁判や司法関係の規定への参加がコムーネを公的権力として機能させ、コムーネ権力が拠って立つ「正しき裁判」の根拠を実定法から「良識」や「共和制的自由」に変化させていったことが主張される。

さて、本書の価値と研究史上の位置付けについては冒頭で述べたので、以下では気になった点を指摘したい。まず本書には「司法（機関）」と「政治（機関）」を分離し、前者に対する後者の優位が進展するという論理で変化の様を説いている部分がある。確かに、事実として、執政府がポデスタ法廷に対して介入を強める、ということは十分読み取れるし、一四世紀のポデスタ（他所者）がほぼ司法長官であり、立法活動や行政活動は都市の執政府や評議会に委ねられていたということもルッカに限らず一般的に指摘されている。また著者が司法という言葉で裁判手続きや学識法学の世界を指し、政治という言葉を「それ以外の統治活動」に当てていることも十分理解できることである。しかし、それでも、本書の最後の方に見られる「政治と司法との分離というコムーネ体制の原則」（三八七頁）や「政治の拡大」（三七五頁）という表現は、誤解を招きやすくまずいのではないだろうか。

そもそも誕生しつつあるコムーネが、都市内及び周辺農村部に対する領域権力として政治的自立を遂げる際に重要であったのは、皇帝による裁治権（jurisdictio　司法と行政を一体とした公的支配権）の付与であった。このような「上から」の認可に対し、「下から」の動きとして近年注目されているのが、農村部における司教裁判権、伯裁判権との競合の中で徐々に都市の裁判所（コンスルの法廷）が選択されていく過程である。また一三世紀半ばの裁判は民事と刑事の区別が曖昧で、「裁く」というよりは紛争調停の場であったことは本書自体が指摘しているし、一三世紀のポデスタが司法に加えて軍事行政の長官であったこともよく知られている。法学関係者とポデスタの裁判官が主体となり都市条例とローマ法に基づいて行う民事と刑事の裁判活動、それらが評議会

（やときにシニョーレ）による立法・行政活動と、組織としても内容としても比較的分離されて行われている実態は、「コムーネ体制の原則」ではなく、成熟したポポロ制コムーネの特質として把握すべきであろう。

ただ、こうしてコムーネの特定の時期に、法廷での裁判活動と評議会・執政府での立法・行政活動が比較的分離していたことを認めたとしても、なお疑問は残る。著者が序章で提示する「本書の概念図」はポデスタ法廷と評議会を独立した部署として図式化しているが、「ポデスタの任期は半年で、その選出と任命は大評議会でなされる」と本書にも書いてあるとおり、じつはポデスタは著者のいう「政治」から独立した存在ではない。また第五章で扱われるアンツィアーニへの訴えは、ほとんどが裁判に関わるものである。一方、本書第一章は、ポポロ政府において法学者は政治に深くコミットしており、評議会の立法活動においても法学者の助言が参照されたことを紹介している。反対に糾問主義裁判の導入に際し、一三世紀末のポポロ政府が裁判官の自由な活動に制限を加えたことも指摘している。このようにポポロ政府と司法の世界が密接に関係しているなら、本当に一四世紀前半ルッカにおいても「政治と司法との分離」は存在していたのだろうか。さらに都市条例や手続きを重視するか、それとも自由裁量を重視するか、ということを問題の中心に据えるなら、これは政治（立法、行政）の世界でも一四世紀に転換が進む事柄だといえる。著者のいう「政治の拡大」は、結局、長いコムーネの統治の中で、統治の原則あるいは比重が何に置かれるかの差ではないのか。もちろん一二～一四世紀のコムーネの変質をとらえるには、この差が大事であるのだが、もう少し適当な表現を探すか、わかりやすい説明が欲しかったところである。

次に気になったのが「正義」という言葉の使用である。本書は一四世紀のあいだに裁判のあり方が法遵守から自由裁量に変化したことを、「正義」すなわち「司法の『正しさ』」を基礎付ける論理」が転換した、という言葉で捉えている。しかし「正義」も「正しさ」も著者の分析概念であって、当時の人びとが用いていた言葉ではない。本書で引用された史料から判断する限り、当時のひとびとが「真実を発見すること」「判決が有効かどうか」「良いこと、有益なこと」「コムーネの善」などを判断の根拠にしていたことはわかる。また住民側からの略式裁判への要求を明るみに出した点や、共和国時代のルッカにおいて、体制への危機意識が政治的必要性に基づく法からの逸脱と自由裁量での行動を動機づけ正当化した、という指摘も重要であろう。しかし、それらを思想史的にも多くの概念を含む「正義」という言葉でまとめることには、もう少し注意が必要ではないかと思った。

以上、気になった点を指摘したが、そのことはもちろん本書の価値を損なうものではない。最後に、本書では「住民が自らの利益を求める行為によって作り出すコムーネ」という点が強調されているが、住民によるこれらの行為はコムーネの連帯に対して遠心的作用を及ぼすこともあろう。本書の内容・分析は、住民の実践が生み出す求心作用と、同時にそのような実践が孕む遠心作用を抑制するが故のコムーネのリスポンス、これらが協働してコムーネの統合が更新され、また変質していくというダイナミックなコムーネ像を提供していることを今一度確認して、書評の締めとしたい。

（髙田　京比子）

藤井美男編『ブルゴーニュ国家の形成と変容―権力・制度・文化』（九州大学出版会刊　二〇一六年）

本論集は二〇〇五年五月に結成された「ブルゴーニュ公国史研究会」の二〇一五年までのほぼ一〇年に及ぶ共同研究の成果を刊行したものである。この広大なブルゴーニュ国家＝ブルゴーニュ公国全域を対象とし、各論考の対象は政治、経済、都市、文化と多岐にわたる。時代的にはヴァロワ朝ブルゴーニュ公国成立の前史にも着目しつつ、ネーデルラント領がハプスブルク家によって継承されるまでを対象としている。

以下のように全体は一一編の論考で構成され、それらが三部に分けられている。

―伝来する3遺言書の比較分析より―　中堀博司
第11章　ブルゴーニュ公国とエラスムスの君主論
―中近世における「君主の鑑」―　河野雄一

第Ⅰ部では集権国家を目指す君主権力とその下位に位置する中間権力主体（都市・貴族など）との関係を具体的事例に依拠して論ずる。

先ず第1章の斎藤論文はエノー伯ジャン二世の即位（一二八〇年）からフィリップ・ル・ボンによる伯位継承（一四三三年）にいたる一五〇年間において、領邦君主の集権化の進展が都市の共同体的自由に如何なる影響を与えたかを、二つの主要都市ヴァランシエンヌとモンスについて検討しようとするものである。その際の分析対象となるのは、両者の力関係を示す指標である慣習法文書である。結論的には「都市に賦与された特権は共同体にとって〝自由〟と認識されながら、領主権力の強化と表裏の関係をなし、それは逆に領主の権限を裏打ちするからこそ、共同体に与えられた確実な代償でもあった」（一八頁）とされている。即ち、君主の中央集権体制と共同体の自立主義は相互依存的である点が強調されている。なお、〝モンスの法廷〟、〝モンスの裁判〟という表記は「都市モンスの首座裁判所」、「モンスに置かれた伯の法廷（最高法廷）」何れを指すか、また両者の関係がわかりにくい場合がある点が残念である。

次に第2章の藤井論文では、①ブラバント公の統治組織の実態の整理、②都市ブリュッセルの対外特権（市外市民、参事会証書）の諸相、③フィリップ・ル・ボンの都市政策とその変遷（一四四〇―一四六〇年代）が扱われている。特にここでは彼の集権的国家政策と都市特権の関係の解明に力点が置かれている。ブラバント公の統治組織（アンマン、ドロッサール、顧問院、上級統治官、領域管轄官）は一四世紀後半から一五世紀にかけて発展した。公領を支配下に収めたフィリップ・ル・ボンは一四四〇年代以降都市の引き締め政策に転換し、都市が享有してきた市外市民制度、参事会証書の濫用に制限を加えようとした。モルクマン事件（一四四五年）やヴァン・アゥトフェン事件（一四六四年）はそれを示すものであるが、結局、一四四〇年代に開始されたフィリップ・ル・ボンの対都市抑制策は一四六〇年代に至り頓挫しが、他方で、それは都市間の不和・対立をもたらし、それが公の権力強化、集権化を助長したことが銘記されねばならない。確かに市外市民制度、参事会証書の濫用は都市相互の対立、係争をもたらした筈であり、その調整・処理が公の権力拡大の契機となり得た具体的な提示が望まれる。

第3章の青谷論文は一四六〇年代に起こったリエージュ紛争を単なるリエージュの領邦君主たるリエージュ司教及びその背後にあるブルゴーニュ公と都市リエージュの対立と見るのではなく、この紛争を①同領邦内の他都市（ディナン、ウイ）、②ドイツの帝国諸都市（ケルン、ニュルンベルクなど）、③フランドル諸都市（イープル、ブルッヘ、ヘント）との連関、政治的コミュニケーションにおいて捉えようとしている点に特徴がある。つまり、この紛争へのブルゴーニュ公の対応を通して同公の公国拡張政策の一面を読み取ろうとするものである。①、②、③それぞれについて史料を基に具体的な連関と政治的背景が詳細に描出されている。特に武力による反乱都市の破壊と宗教的な権威による再建がブルゴーニュ公の公国統治にとって重要な意味を持っていた点の指摘は興味深い。またフランドル地域が果たした公国全域の統治の中核地としての役割を、リエージュ紛争を契機とする政治的コミュニケーションから裏付けている点も重要である。

第4章の加来論文はシャルル・ル・テメレールの没（一四七七年）からカンブレ平和条約（一五二九年）までの「ブルゴーニュ・ハプスブルク期」を対象にネーデルラントの貴族層の果たした政治的役割を検討しようとするものである。とりわけ、領邦を超えた彼らのネット・ワークの多様なあり方に着目している。具体的には複合国家的領域を有したハプスブルク家の統治という新たな状況にネーデルラント貴族が如何に適応したかが問題となる。ネーデルラント貴族はネーデルラント内の統治においてのみならず、フランス王権からの自立化、ハプスブルク君主の広域的支配の狭間において両者の交渉役として重要な役割を果たしたことが強調されている。但し、カンブレ平和条約の履行に伴うフランスの王子たち（人質）の解放の保証金について、ネーデルラント貴族（皇帝の評定官たち）が「フランス王の所領内に有する動産・不動産を担保としている」（一三一、一三四頁）根拠の解明が重要である。

第Ⅱ部では都市内外の経済的営為や政治力学などのミクロの側面に焦点を当てて論ずる。

第5章の舟橋論文はブルゴーニュ公国形成に先立つ一三〇〇年以前における都市をめぐる社会経済状況を領邦ブラバントの中心都市ブリュッセルを対象に明らかにしようとする。具体的には、①ブラバント公の発給した魚市場用地譲渡文書（一二八九年）を出発点として都市における魚・肉業者をめぐる諸問題、②彼らと都市周辺未耕地経営との関係、③典型的な家系の多様な社会層とのネット・ワークの形成過程が検討されている。こうした都市における魚・肉業者の発展はブラバント公の経済活動の積極的な推進、食料供給の確保という政策と連携したものであり、他方で修道院が推進した所領経営の革新、魚・肉を含む未耕地における商品作物生産と密接に連関していることが指摘されている。また、彼らのうちの主要家系は相互連携しながら、投資や貨幣の取り扱いを通して公の財政に係るなど、多面的な活動を展開したことが明らかにされている。都市在住の魚・肉業者が自ら商品生産者として都市周辺部の村落共同体の共有地（未耕地）を囲い込んで私有化する件（一六一―一六三頁）は興味深いが、具体的なプロセスの解明が待たれる。

第6章の花田論文は、英仏百年戦争終結に向けた決定的な画期である王太子シャルルとジャンヌ・ダルクによるトロワの開城・奪還（一四二九年七月）前後における同市の状況と動向を市政役人ピエール・ダランティエールに焦点を当てて明らかにしようとするものである。都市トロワがシャルルによって開城されて以降もピエールはトロワにブルゴーニュ派を招き入れという陰謀を企てるが失敗し、処刑された（一四三〇年）。この陰謀はトロワ市当局、住民に大きな精神的動揺、取り締まりの強化をもたらし、市内の混乱は一四三三年まで続くことになる。一五世紀前半のアルマニャック派とブルゴーニュ派の深刻な対立はフランス、とりわけシャンパーニュの諸都市内部に如何に深い動揺と断絶をもたらしたかを主要な都市役人の政治的対応を通して描出している。確かに開城前後の都市トロワの対応を明らかにするためには他の主要な市政役人の動静も同様に具体的に把握する必要がある。

第7章の畑論文は徴税、その他の行財政を担う自治的な組織へと発展したシャテルニー、ブルフセ・フレイエとそれに近接する都市ブルッへの、市外市民をめぐる関係を慣習法集成に含まれる市外市民紛争関係文書、会計簿の分析により明らかにしようとするものである。対象とする時代は一三一八年から一四三〇年までであるが、一四世紀末にブルゴーニュ公家がフランドル伯位を継承して以降、君主権の拡大が、この問題に如何なる影響を与えたかを視野に入れて検討している。一五世紀に入り君主の臨時課税に伴う、納税者の市外市民化がシャテルニーと都市の対立へと転化したことが指摘されている。全体として税の徴収および転籍問題に焦点を当てて、都市ブルッへとシャテルニー、ブルフセとの間で市外市民の処遇が如何なるものであったかが明解に論じられている。ブルッへ市外市民、同市内市民、他都市の市民がシャテルニー内に物件を所有・経営する場合、請負料の一定割合を年税として支払うとあるが（二三〇頁）、誰が請負うのか不明である。

第Ⅲ部では、ブルゴーニュ公の宮廷を中心的な対象とし、財政から政治思想、政治文化まで多面的な検討を踏まえて、その特徴を明らかにする。

第8章の金尾論文はブルゴーニュ公国の本拠たるブルゴーニュ公領を対象として、一四三〇年代の財政状況を御用金（aide）と借入金（emprunt）に限定して、その実態を明らかにしようとするものである。これらは地代、司法収入、間接税などの通常収入と異なり、戦費調達など、流動的な政局に臨機応変に対応するための特別課税であり、特に通常収入が最低水準にあった一四三三―一四三六年について徴税実務の面から分析が加えられている。一四三〇年代には平均して御用金は通常歳入額の3分の1から2分の1に達した。各バイイ管区の負担割合も徴収実績の分析から推定されている。借入金は基本的に御用金の不足分を補うためのものであり、御用金が目標額に達した場合には返済され、達しない場合には返済せずに御用金に組み込まれたものと思われる。借入金の返済の記事が少ないことは、返済が前提とされていなかったことを示しており、特に家臣団からの借り入れは封建的な奉仕、軍役の代納と見なされていたのではないだろうか。

第9章の河原論文はシャルル・ル・テメレールの治世（一四六七―一四七七年）に同公が推進しようとした集権政策、ブルゴーニュ国家形成政策の実態を南ネーデルラントの主要都市ブルッヘとの関係において明らかにしようとするものである。即ち、公の側の集権主義と都市の側の自立主義のせめぎ合いを廷臣層、エリート市民たちの行動、儀礼的パーフォーマンスの中に見出し、公シャルルに君主としての正統性を賦与する上で宮廷の役職者たち（ギヨーム・ユゴネ、アントワーヌ・アヌロン、ヴァスコ・ドゥ・ルセナら）がイデオロギー、プロパガンダの面で果たした役割に着目するとともに、各種の君主儀礼が君主イメージの浸透とその支配の正統性を獲得する上で如何に重要な役割を果たしたかを明らかにしている。公シャルルの集権的志向は高等法院の設置、会計院の統合がなされ、それらが地理的にもネーデルラントの中央部に位置するメヘレンに置かれたことに明示されている。

第10章の中堀論文では現存するヴァロワ家ブルゴーニュ公の三つの遺言書が分析対象となっている。初代フィリップ・ル・アルディ（一三六三―一四〇四年）の遺言書（一三八六年）、第三代フィリップ・ル・ボン（一四一九―一四六七年）の二つの遺言書（一四二六年、一四四一年）である。これらの記載内容を詳細に比較することにより、歴代のブルゴーニュ公の来世に関する意識とその時間的推移を明らかにしようとするものである。この分析を通して、内容的には墓所の置かれた根拠地たる南部支配領域への偏重が見られ、その始祖たるフランス王家との繋がり、フランス筆頭諸侯としてのその位置が強く意識されていたことが指摘されている。年忌ミサの代償としての定期金の設定も全体として根拠地たるブルゴーニュ公領に比較的近い宗教組織が対象となっている。また、一四四一年の遺言書では公国全域を覆う形で、10司教座教会がその対象となっていることは公の支配権の拡大と深化を示している。全体としていずれの遺言書も死の直前に認められたものではないためか、公の死生観というよりも現世において何が重視されていたかを強く反映していると言える。

最終章の河野論文は宗教改革以前のエラスムスの政治的著作を取り上げ、その政治思想の特徴、独創性を明らかにしようとする。特に、その「君主論」、「君主鑑」の面に着目し、一二世紀以降の君主鑑の歴史的展開を概観した後、一五世紀後半のブルゴーニュ公国や一六世紀初頭のフランスの廷臣層のそれとの比較が試みられている。エラスムスがブルゴーニュ公家に献呈した諸著作の分析を通して、彼の君主論は中世の伝統に属するものであるが、ローマ共和制、アテナイの民主制を根拠に、君主制を抑制する方向性を示している点、それを支配者層に限らず、社会的な次元にまで拡大した点が特に強調されている。即ち、統治においては君主自身と側近たちだけでなく、市民の理性的判断が必要である、ということであるが、このこととエラスムスが君主の模範を古典古代の異教君主（アレクサンドロス大王やカエサルなど）ではなく、キリスト教的敬虔に求めたこととの連関の具体的な説明が求められるところである。

最後に全体的な観点から重要と思われる論点を二、三提示することとしたい。

先ず重要なのは君主の統治と関係した「公共善（bonnum commune, bien commun）」、「公益（bien publique）」なる概念の問題である。この概念は一般にローマ法から借用されたものと見なされるが、トマス・アクィナスがアリストテレスの著作から継承された点も指摘され、一五世紀にはエノー伯ギヨーム四世の法、シャルル・ル・テメレール期のユゴネ、ビュデの王権論にも現れる。フランスではすでにフィリップ二世期に「公益（utilitas publica）」が現れており、近世に向けての王権の拡大強化との関係で、この理念の系譜の解明が重要である。

また、「君主は法から解放される」というローマ法諺は君主の無制限の権力を認めるものではなく、同時に君主は法によって拘束されるという解釈がすでにソールスベリーのジャンに現れているが、エラスムスの「君主は法によって拘束される一方で、法を運用する裁判官である」という理念との系譜関係の解明は、ルセナに見られるような「支配権は直接神から授与されたとする」王権神授説の系譜との関係で重要である。

加えて、シャルル・ル・テメレールの治世にブルゴーニュ国家（王国）の確立を目指して王ないし皇帝称号の取得が目指されたことは、同時期におけるフランス王権による皇帝位取得の画策と関係して大変興味深い。以上、本論集所収の論考はいずれも斬新な視角から論述されており、広くヨーロッパ史的視点から捉え直されるべき重要な課題が含まれている。

（青山学院大学名誉教授　渡辺　節夫）

出雲孝著『ボワソナードと近世自然法論における所有権論』（国際書院、二〇一六年）

本書は、副題に「所有者が二重売りをした場合に関するグロチウス、プーフェンドルフ、トマジウスおよびヴォルフの学説史」とあるように、ボワソナードの所有権論と近世自然法論者たちのそれとの関係を法思想史の観点から明らかにしようと試みている。

本書本論の構成であるが、「第1章　先行研究と問題設定」に続いて、「第2章　ボワソナード」「第3章　グロチウス」「第4章　プーフェンドルフ」「第5章　トマジウス」「第6章　ヴォルフ」の各章に共通して、「第1節　承継的な所有権移転の一般規則」「第2節　売買と所有権移転の関係」「第3節　特定物動産の二重売り」の各節が立てられている。各章「第1節」では、「所有権」という用語の定義、「所有権」移転の要件、特に「所有権」移転には「引渡（traditio）」が必要とされるかという問題（およびそれに関連して「引渡」「占有（possessio）」という用語の定義）、が取り扱われる。各章「第2節」では、「売買」（およびそれに関連して「約務」、「約束」、「契約」）という用語の定義、「売買」と「所有権」移転との関係、が示される。各章「第3節」では、「二重売り」事例において第一買主と第二買主のどちらが優先劣後するかという問題、劣後買主の保護の有無（特に自然法上のusucapioあるいは類似の制度）、が論じられる。「おわりに」では本書での検討結果と結論が示され、今後の課題が示されている。

次に各章各節を概略的に紹介する。

第1章では、まず、ボワソナードと自然法との関係にかんする先行研究には2つの傾向が見られること、すなわち、ボワソナード自身が自然法論者であったかという問題を論じるものと、ボワソナード起草の民法草案における個別の法制度に自然法的性格が見られるかという問題を論じるものとがあることが示される。次いで、ボワソナードの自然法的倫理観に注目する従来の研究に対して、合理的法制度を目指す世俗的な自然法論の影響が見出されるか、という問題が解決されなければならないとして、本書のテーマを設定する。すなわち、比較の対象となる時代を近世自然法論に限定し、近世自然法論者の中でもフランスの法学に影響を与えた、グロチウス、プーフェンドルフ、トマジウス、ヴォルフの4人を選び、比較の素材として特定物動産の「二重売り」（所有者が自分の物を2人の買主に別々に売る事案）を措定する。

第2章から第6章までについては、繰り返しを避けるため、各章に共通して立てられた各節ごとのテーマに沿って紹介したい。なお、各自然法論者の学説には、彼らの著作ごとに変遷がある場合があり、本書ではそれも詳細に紹介されているが、ここでは紙幅の都合上省略せざるを得ないことをご寛恕いただきたい。

まず、「承継的な所有権移転の一般規則」についてである。

本書は、特に「二重売り」との関連で「所有権」それ自体を他人に移転する権利に注目しつつ「所有権」という用語の定義を取り扱う。ボワソナードによれば、所有権propriétéは使用収益処分する権利であり、特に処分とはその物の所有者であることを止める権利である。グロチウスは、完全な所有権dominiumには他人の物にする権利proprietasが内在していると述べる。プーフェンドルフによれば、所有権dominiumとは物を人に排他的に帰属させる権利であり、その意味でdominiumとproprietasとは同義であるが、そのdominiumの中に物を任意に処分disponereする権能が含まれる。トマジウスは、所有権dominiumとはある物をある人の私有物res propriaにする権利であると述べ、proprietasを、物が人に排他的に帰属する状態とも、物を人に排他的に帰属させる権利とも説明する。そして、トマジウスは所有権の効果として使用する権限potestas utendiを強調する。ヴォルフによれば、所有権dominiumとは物を任意に処分disponereする固有の権利であり、そこに他人の物にする権利proprietasが含まれる。

「所有権」移転の要件であるが、ボワソナードによれば、譲渡の合意 convention de donner、すなわち所有者が自己の所有権をもはや取戻さないという形で譲受人へ移転する合意であり、引渡 tradition を要しない。グロチウスは、所有者の「与える意思」の表示と譲受人の「受け取る意思」の表示とによって所有権は移転すると述べ、物の空間的な移動としての引渡 traditio を必ずしも要求しない。引渡は、公的な宣言 professio あるいは記録帳への報告 relatio in acta と同じく、意思の徴表とされる。プーフェンドルフは、所有権移転について与える人と受け取る人との合意 consensus およびその表示を要求する。引渡は、これを占有 possessio の移転一般と解した上で、モラル的存在（後述）である所有権が占有と切り離されて物の法的帰属関係を表すに過ぎない場合には、所有権移転には不要であるが、所有権が占有と結び付けられて物の使用収益可能性を表す場合には、必要である。トマジウスによれば、所有権の移転は所有者の意思と譲受人の意思とによって基礎づけられる。引渡は、所有者の意図を示す言葉と結び付くことで、言葉のみによる表示よりも、所有権移転の意思をより良く示す証拠であるとされる。ヴォルフは、所有者の意思と譲受人の承諾とによって所有権は移転するとして、占有の移転一般である引渡を要求しない。

次に、「売買と所有権移転の関係」についてである。

ボワソナードは、契約 contrat とは債権あるいは債務の創設を目的とする合意 convention で、売買 vente とは代金と引き換えに目的物の所有権を相手方に移転するか、移転する義務を負う契約であるとし、特定物売買は譲渡の合意を常に内在させているため、即座に所有権が移転する、と述べる。グロチウスによれば、無償の譲渡 donatio のような純粋に恩恵的な行為を除くすべての行為が契約 contractus である。そして、行為 actus と約務 promissio、「所有権を移転する」ことと「所有権移転の約束をする」こととは区別される。したがって、売買には、売主が所有権を即座に移転する場合と、所有権移転義務を負担する場合とがあることになる。プーフェンドルフは、2人以上が相互的に義務付け合うことを広義の約束 pactum と、その中で所有権あるいは価格と関係する義務負担行為を契約と定義する。それゆえ所有権移転と代金支払とが義務付けられる売買は契約とされる。そして、売主と買主とが代金とその支払方法について合意すると同時に、所有権は即座に買主へ移転する、すなわち所有権は義務負担行為によって移転する、と説明する。トマジウスはその著作において売買を含む契約各論の論述を省略しており、売買と所有権移転との関係について明確に論じていない。ヴォルフによれば、契約とは完全な義務を発生させる行為であり、約束 pactum と同一の概念である。約束とは複数の当事者たちが約務 promissio に対して同意している状態をもたらす合意 conventio である。約務とは一方当事者の行為であり、自分を他人に義務付けることである。売買は契約の一種であり、売主と買主は、目的物の所有権移転という売主の約務と、代金支払という買主の約務という2つの約務に対して同意している。そして、義務負担行為と所有権移転行為とは区別されるべきであり、所有権移転にかんする売主の意思が決定的な基準となる。すなわち、特段の明示のない限り、買主が代金支払の準備を完了した時に所有権を移転する意思があると解される。

さらに、「特定物動産の二重売り」についてである。「二重売り」における第一買主と第二買主の優先劣後について、ボワソナードによれば、現実の引渡を受けて物を所持する方が勝ち、どちらも現に占有していない場合には、譲渡の合意のみによって所有権が移転するという原則から、第一買主が勝つことになる。なお、現実の引渡を受けた第二買主が勝つのは、即時時効 prescription instantanée、すなわちローマ法上の usucapio から期間の要件を削除した制度によって所有権取得が推定されるから、とされる。グロチウスによれば、所有権を現在形で移転された買主、すなわち実際に所有権移転の意思表示を受けてこれを承諾した方が、所有権を取得する。劣後買主の保護については、時間の経過に基づいて所有権を原始取得させるローマ法上の usucapio を自然法においては否定した上で、代わりに所有者の権利放棄の推定と無主物先占を挙げる。しかし、前者の推定に必要な所有者の悪意と意思の自由を推定するには記憶を超える時間が必要とされ、劣後買主の保護には役立たない。プーフェンドルフは売買という義務負担行為によって所有権が移転すると考えるため、第二買主は常に非所有者から買ったことになるが、グロチウスと同様に、usucapio に代わる自然法上の制度は劣後買主を保護しない。その理由としては、第二売買が盗 furtum であり、第二買主の保護は盗の保護を意味するからであると考えられる。第二買主には損害賠償請求権のみが与えられる。トマジウスの二重売りに対する態度は不明であるが、非所有者から買った買主に対する保護については、グロチウスおよびプーフェンドルフと同様である。これに対してヴォルフによれば、先に代金支払の準備を完了した買主が所有者となる。非所有者から買った買主は、期間の要件のない自然法上の usucapio によって保護される可能性がある。

「おわりに」では上記の各テーマごとに、ボワソナードに対する近世自然法論者たちの影響がまとめられる。所有権の定義については、近世自然法論者たちが徐々に統一的な所有権概念を作り上げていったのに対して、ボワソナードには所有権を包括的に把握しようとする姿勢が見られない。所有権移転の一般規則については、ボワソナードの提唱する譲渡の合意という概念は、プーフェンドルフが考える、所有権移転にかんする所有者と譲受人との合意という見解に近い。売買と所有権移転の関係についても、特定物の売買契約によって所有権が即座に移転すると考えるボワソナードの説は、売買という義務負担行為によって所有権が移転すると考えるプーフェンドルフの見解に近い。ボワソナードの二重売り論は、第一買主が常に所有者となり、第二買主は非所有者から買うことになる、というプーフェンドルフの理論構成と等しい。ただし、プーフェンドルフが第二買主の保護に冷淡なのに対して、ボワソナードは即時時効による所有権取得の推定を認めた。その解決はヴォルフのそれと類似している。以上の検討結果から、ボワソナードは世俗的自然法論の影響を受けている、しかしその影響は部分的である、という結論が導かれる。今後の課題としては、義務負担行為と所有権移転行為とを区別しないプーフェンドルフ的法思想と、取引の安定を重視するヴォルフ的法思想との擦り合わせによって、物権変動における対抗要件の問題に解決を与えること、そして、日本民法典に対するドイツ法の影響を考慮すること、が挙げられる。

以下では、まず上記の検討結果と結論以外に本書が有すると考えられる学問的意義を、次いで評者が本書から啓発を受けて考えた諸点を、最後に些末ながら評者が感じた疑問点を、順に申し述べたい。

本書の学問的意義であるが、本書は特定の法制度に対する個々の自然法論者の学説を、共通する項目を立てて比較するという手法を採用している。これは、第1章でも述べられているように、特定の思想家の思想全体の把握という手法とは対照的である。比較法史の観点からは、複数の分類基準を項目として立てて特定の比較対象の分布状況から当該比較対象の特徴・性質を測定する手法は一定の効果を有するということができる（滝沢正『比較法』三省堂、二〇〇九年、六八—六九頁）。そのような比較の具体的な効用として、各自然法論者が用いる名辞と概念のズレの検出が挙げられる。例えば、グロチウスとプーフェンドルフとではdominiumとproprietasという名辞に与える意味が異なっている。traditio、promissio、pactum 等についても同様である。仮にこれらの名辞を日本語に翻訳して、後はその訳語で思考してしまうならば、各自然法論者の学説を正しく理解することができないことを、本書での検討は明らかにしている（津野義堂編『オントロジー法学』中央大学出版部、二〇一七年、i—iv頁も参照）。それならば、近世自然法論における名辞、概念に加えて、それが指し示す現実連関についても明らかにすることができないものであろうか。例えば、上述の所有権の定義について本書は、グロチウスの理解がローマ普通法学の影響を受けている可能性が高いのに対して、プーフェンドルフはローマ普通法の権威を否定しようとしている、と述べている。では、それは何故なのか。当時の現実の世界で、特に法実務において、その違いが持った意味は何であったのか。著者はすでに（本書第3章註16で）近世自然法論におけるdominium概念史に取り組む準備がある旨を明らかにしておられるので、法思想史という領域の特性は重々承知しているが、その点が解明されることを評者としては期待したい。

評者が本書から啓発を受けて考えたのは次の2点である。

第1点は、所有権がモラル的な性質qualitas moralisであるとするプーフェンドルフの哲学的洞察である。著者が引用している桜井徹「プーフェンドルフのエンティア・モーラーリア理論」法哲学年報一九九一（一九九二年）一七〇―一七八頁（以下、桜井論文）によれば、「モラル的存在 entia moralia（精神的・道徳的なもの）」とは、知的存在によって、「エンティア・フィシカ（entia physica）（物理的・自然的なるもの）という実体（substantia）」に「賦課（impositio）」された「様態（modus）」であり（一七三頁）、「肩書・称号（tituli）」がその例として挙げられる（一七四頁）。「様態」は「作用的様態（modi affectivi）と評価的様態（modi aestimativi）に分割」することができ、前者は「いわば性質（qualitas）の範疇に属し」、「プーフェンドルフにより精神的性質（qualitas moralis）と形容された私的所有という制度は前者に該当」する（一七四頁）、とされる。実体 substantia と性質の範疇に属する様態 modus との区別がアリストテレスの理論そしてトマス以来のスコラ学の影響を受けていることを、桜井論文も著者も指摘している。そこで評者は、アリストテレスの理論を発展させたストア派のコスモス論、特にその基礎にある *οὐσία* と *ποιότης* あるいは *ποιόν* との区別、の影響について関心を持った。近年のローマ法研究において、ローマの法学者たちの物観念、とりわけ家畜の群れの法的な取り扱いにかんする見解が、ストア派の存在論の影響を受けていたことが指摘されている（例えば Martin Josef Schermaier, Materia : Beiträge zur Frage der Naturphilosophie im klassischen römischen Recht, Forschungen zum römischen Recht, 39. Abhandlung, Wien ; Köln, Weimar : Böhlau, 1992, SS.215–216 ; Andreas Groten, Corpus und universitas : Römisches Körperschafts-und Gesellschaftsrecht : zwischen griechischer Philosophie und römischer Politik, Tübingen, Mohr Siebeck, 2015, S.87)。ローマ人は家畜の群れを一個の所有権の客体として扱うことがあった。その際、個々の動産とは別個に、個々の物が物理的に結合せずに一体を為している物のことを corpus ex distantibus と呼んでいた。上述の研究によれば、その背景にはストア派のコスモス論があった。それによれば、corpus ex distantibus は固有の性質 *ἴδιος ποιόν* を有し、この固有の性質 *ἴδιος ποιόν* は、従来の群れとしての特質 *ποιότητες* が消滅するほど根本的に変化しない限り、*οὐσία* とは無関係に存続するとされた。それゆえ、たとえ群れの頭数が増減したとしても、群れそのものを所有権や担保権の客体とすることが可能であった。プーフェンドルフによれば、家畜の群れもまた精神的性質 qualitas moralis と評価されるのであろうか。

第2点は、これも本書の趣旨からは外れるが、近世自然法論者における特定物動産の所有権移転と causa との関係、という問題である。この問題について L. P. W. van Vliet, Transfer of movables in German, French, English and Dutch law, Ars Aequi Libri, Nijmegen, 2000は、古代から近代までのヨーロッパにおける動産所有権移転理論を3つに分類することを試みた。すなわち、所有権移転には有効な法的根拠を必要とし、誤想権原では足りないとするcausa vera理論、当事者間に所有権を移転しようとする意思の合致あるいは合意が存在すれば所有権は移転するとするanimus domini transferendi理論（以下、animus理論）、そして無因理論である。animus理論と無因理論とを分かつのは、基礎にある契約における意思の瑕疵（錯誤、詐欺、強迫等）が所有権移転（の意思）に影響を及ぼすかどうか、であり、animus理論では、意思の瑕疵がある場合に所有権は移転しないのに対して、無因理論では所有権は移転する。本書での検討から近世自然法論者たちが、所有権を移転しようとする意思の合致あるいは合意が当事者間に存在することを重視していたことは明らかであるが、所有権移転の意思と基礎にある契約における意思の瑕疵との関係についても、本書の方法論によって比較が可能であろうと考える。

　最後に、瑣末であるが本書において評者が抱いた疑問は、トマジウスがproprietasを、物が人に排他的に帰属する状態とも、物を人に排他的に帰属させる権利とも説明していることに対して、本書がこれをproprietasの定義の「変更」と述べていることについて、それは同一の対象を異なる側面から見て表現したに過ぎないのではないか、というものである。評者の浅薄な理解を著者に正してもらえれば幸いである。

　ともあれ、本書で示された今後の課題について、さらなる研究の進展を心待ちにしたい。

（宮坂　渉）

プーフェンドルフ著、前田俊文訳『自然法にもとづく人間と市民の義務』（京都大学学術出版会、二〇一六年）

一　はじめに

　本書は、ドイツの自然法論者ザミュエル・フォン・プーフェンドルフ（Samuel von Pufendorf、一六三二—一六九四）の著作『自然法にもとづく人間と市民の義務』（*De officio hominis et civis juxta legem naturalem*、一六七三）の全訳である（以下、前田氏の翻訳を示すときは単に「本書」と略し、プーフェンドルフの原著を示すときは『義務論』と二重鉤括弧付きで略す）。今回の書評をお受けするにあたっては、我が国におけるプーフェンドルフ翻訳の意義の紹介に重点を置くよう、編集委員会の方々からご指示をいただいた。そこで、以下の書評においては、第二節で『義務論』の構成を簡単に説明したあと、第三節で関連領域の紹介と『義務論』の影響史へ移り、それぞれの箇所で本書の価値について触れることにしたい。

二　『義務論』の構成

　原著であるラテン語版の『義務論』がヨーロッパ各国で出版されたのは、一六七三年のことである。プーフェンドルフはその一年前に、主著『自然法と万民法』（*De jure naturae et gentium*）を世に問うていた。『義務論』は、この大著の要約版にあたる。但し、ただの要約版であると言うことはできない。以下、両書の違いを二点だけ挙げておく。

第一の相違点は、記述のスタイルである。プーフェンドルフが法学について書いた最初の主著は、『普遍法学原理』（*Elementa jurisprudentiae universalis*、一六六〇）であろう。彼がハイデルベルク大学の国際法教授に任命されたのは、この書物のおかげであると言われている。数学者ヴァイゲルの影響を受けた『普遍法学原理』は、デカルトやホッブズを嚆矢とする幾何学的精神の流れに忠実であった。ところが、一六七二年の『自然法と万民法』において、プーフェンドルフは、この幾何学的精神を放棄ないし抑制して、代わりにギリシャ語古典やラテン語古典からの引用に紙幅を費やすようになった。この変化は、一世代のちの法学者クリスティアン・トマジウス（Christian THOMASIUS、一六五五―一七二八）が『自然法の歴史』（*Historia juris naturalis*、一七一九）において伝えるところによると、当時高名な法学者であったヨハン・ハインリヒ・ベックラー（Johann Heinrich BOECKLER、一六一一―一六七二）による酷評が原因だったようである。ベックラーは手紙のなかで、プーフェンドルフが古典について無知であるという批判を加えていた。トマジウスの言葉を借りるならば、プーフェンドルフは『自然法と万民法』において、ベックラーの「あの嘲笑を自身の行いによって反駁した」（calumniam istam ipso facto refutavit）わけであるが（『自然法の歴史』六章一四節）、それは幾何学的精神の衰微でもあった。したがって、彼が『義務論』において古典からの引用を再度控えたことは、両書の根本的な差異であると言わねばならない。

第二の相違点は、両書の章編成においてみられる。『自然法と万民法』は全八巻七四章（第一巻全九章、第二巻全六章、第三巻全九章、第四巻全一三章、第五巻全一三章、第六巻全三章、第七巻全九章、第八巻全一二章）から成っており、これを全二巻三五章まで圧縮したのが、『義務論』である。『自然法と万民法』の第一巻から第五巻までが『義務論』の第一巻に、第六巻から第八巻までが第二巻に相当している。この圧縮にあたって、プーフェンドルフは、内容の欠落が生じないように配慮していたことが窺える。例えば、『自然法と万民法』第五巻第二章から第一〇章までの主題は、『義務論』第一巻第一五章のそれぞれの節に落とし込まれている。このような編集は、単に容量を減らしているだけでなく、議論の階層をうまく整理しているように思われる。例えば、有償契約と無償契約の扱いの違いについてみてみよう。『自然法と万民法』においては、無償契約が第五巻第四章にまとめられている一方で、有償契約についてはそれぞれの契約類型に専門の章が用意されている（売買は同巻第五章、賃約は第六章、消費貸借は第七章、組合は第八章）。これは、無償契約の各類型を節のレベルで、有償契約の各類型を章のレベルで論じるものであるから、階層構造に齟齬があると言わざるをえない。これに対して、『義務論』は各契約類型をすべて節のレベルで扱っており、『自然法と万民法』よりも整序された構造を持っている。「プーフェンドルフは『自然法と万民法』と題する書物において、道徳に関するきわめて完成度の高い体系を築いた。その後、その体系は縮約版に要約されて、この洗練された論稿（『義務論』）をもたらしたのである」（本書二八六頁の前田訳から引用）というカーマイケルの賞賛も、このような洗練化の流れで解釈する必要があろう。ドイツで最初にプーフェンドルフを擁護したトマジウスも、彼の著作『神法学提要』（*Institutiones jurisprudentiae divinae*、一六八八）では、『義務論』の体系を採用している。『義務論』は『自然法と万民法』の単なる手引書ではなく、それ自体で法学史上重要な意義を持つ書物なのである。したがって、本書もまた『自然法と万民法』の存在とは別に、一個の独立した書物の翻訳として、価値を有するものであると言えよう。

三　ドイツにおけるプーフェドルフの受容と浸透

（一）ドイツ以外のヨーロッパ各国に対する影響

今回の書評では、ヨーロッパにおけるプーフェンドルフの影響史を、専らドイツに限定したい。主たる理由は、私がイギリスやフランスについて門外漢であるという力量の問題に帰される。イギリスにおける影響史については、本書の巻末に収録されている前田氏の論文「大陸自然法学のグラスゴウ大学への導入をめぐって」が詳しく、また、ヒュームなどのイギリス哲学に対する影響については、同じく前田氏の「自然法の道徳的拘束力の根拠としての公共的効用について：キケロ、プーフェンドルフ、ヒュームにおける自然法の世俗化」（『久留米大学法学』三八巻、二〇〇〇年、二三―六八頁）、同「プーフェンドルフとハチスンの政治理論：自然法学体系と社会契約説の比較考察」（『久留米大学法学』四七巻、二〇〇三年、一―五五頁）、下川潔「ヒュームの正義概念と近代自然法学の伝統」（『人文』四巻、学習院大学、二〇〇六年、二九―五二頁）がある。フランスへの影響史については、例えばジャン・ドマとの関連で、中野万葉子「ジャン・ドマ（一六二五―一六九六）の私法理論：法理論の基本的構造」（『法学政治学論究：法律・政治・社会』一〇一号、慶応義塾大学大学院法学研究科、二〇一四年、一三五―一六四頁）が、ルソーとの関連では近藤倫弘「プーフェンドルフにおける国家人格・主権論：ルソーに関連する一般意志の系譜」（『拓殖大学論集』一八四号、一九九〇年、五七―八三頁）が、同じくルソーおよびボワソナードとの関連では筏津安恕『失なわれた契約理論：プーフェンドルフ・ルソー・ヘーゲル・ボワソナード』（昭和堂、一九九八年）が、また、フランス債務法論に対する影響として大川四郎「近世自然法論の18世紀フランス債務法論に対する影響：ジャン・バルベイラック版仏訳グロチウス、プーフェンドルフの18世紀フランス法曹への普及を手がかりとして」（『比較法史研究』五号、比較法制研究所、一九九六年、一七〇―一九〇頁）があるので、そちらを参照されたい。さらに、スペインに対する影響として、菊地正「条約の解釈に関する古典的学説：プーフェンドルフ、オルテガ・イ・コテス及びフィリモアの学説」（『名城法学』二七巻三・四号、一九七八年、一―三三頁）もある。

(二) 前世代からのプーフェンドルフに対する影響

さて、プーフェンドルフのドイツにおける影響史を見るまえに、その前世代であるグロチウスの継受を概観しておく必要がある。グロチウスがかの有名な『戦争と平和の法』（*De jure belli ac pacis*）を著したのは一六二五年のことであり、『自然法と万民法』および『義務論』までは四〇年近い歳月が流れている。この間、ドイツにおいては、専ら『戦争と平和の法』に対する注釈書の出版によって継受が進んでいた。代表的な人物としては、既に紹介したベックラーの他に、カスパル・ツィーグラー（Caspar Ziegler、一六二一―一六九〇）、ヨハン・アダム・オジアンダー（Johann Adam Osiander、一六二二―一六九七）などが挙げられる。けれども、これらの注釈書は、『戦争と平和の法』の第二巻以降に関する記述が薄く、十分なコンメンタールとしては機能しなかった。ドイツにおけるグロチウスの継受に真に貢献したのはプーフェンドルフであったという評価（ミヒャエル・シュトライス〔編〕、佐々木有司＝柳原正治〔訳〕『十七・十八世紀の国家思想家たち：帝国公（国）法論・政治学・自然法論』木鐸社、一九九五年、九二―九三頁）は、まさにこのような事態を指している。

もっとも、プーフェンドルフは、グロチウスの模倣者ないし紹介者として受け入れられたわけではない。トマジウスは『神法学提要』の序文一八節において、かつて『戦争と平和の法』に関する講義のアンコールを求められたとき、「私はグロチウスの著作の代わりに、プーフェンドルフのとてもエレガントな著作『義務論』を提示した」（loco operis Grotiani proponebam elegantissimum Pufendorfii libellum de officio hominis et civis）と回想している。『義務論』は、『戦争と平和の法』の後継者であると同時に、それを更新するものと位置付けられていた。このことからも、本書がひとつの金字塔的著作の翻訳であることが理解されよう。

(三) プーフェンドルフと同世代人たち

次に、同世代からの反応をみてみよう。プーフェンドルフの著作は、同時代の神学者、法学者、哲学者たちから必ずしも好意的に受け止められたわけではなかった。火種は、ドイツよりも先にスウェーデンで起こった。ルンド大学の神学者ヨシュア・シュヴァルツ（Josua Schwartz、一六三二―一七〇九）がプーフェンドルフの説を告発して、『珍説目録』（*Index novitatum*）なるものを宮廷に送付した。宮廷はかえってシュヴァルツのほうに警告を与えたが、その他の論敵もこの中傷を拡散しようと努め、同じルンド大学の法学者ニコラウス・ベックマン（Nicolaus Beckmann、一六三四―一六八九）は『珍説目録』に自ら加筆して、これを出版した。プーフェンドルフが一六七四年に『弁明』（*Apologia*）を著したのは、このような背景があったからである。

この論争が飛び火したドイツでは、イェーナ大学の道徳哲学者兼神学者ヴァレンティン・ヴェルトハイム（Valentin Veltheim、一六四五―一七〇〇）やライプチヒ大学の神学者ヴァレンティン・アルベルティ（Valentin Alberti、一六三五―一六九七）、さらにはシュトラスブルク大学の神学者ヨハン・ヨアヒム・ツェントグラフ（Johann Joachim Zentgraf、一六四三―一七〇七）が、プーフェンドルフを公然と批判した。主要な論点としては、①神の立法意思よりも先に善悪が既に与えられていたか否か、②自然法の基礎は「社会性（socialitas）」にあるか否か、③自然法と聖書の教えをどこまで分離することが可能か、などが挙げられる。プーフェンドルフは『論点一覧』（*Specimen controversiarum*、一六七八）、『スカンジナビア論争』（*Eris Scandica*、一六八六）を通じて再反論したが、一部のケースを除いて（前述のベックマンは追放刑に処された）、どちらの陣営も決定的な勝利を得られなかったようである。トマジウスが記録した前掲書『自然法の歴史』によれば、ドイツ官房学の父ファイト・ルートヴィヒ・フォン・ゼッケンドルフ（Veit Ludwig von Seckendorf、一六二六―一六九二）ですら、アルベルティとプーフェンドルフの論争について曖昧な態度をとっていた（六章三七節）。

このような論争のなかで最大のライバルとなったのは、万能人ゴトフリート・ヴィルヘルム・ライプニッツ（Gottfried Wilhelm Leibniz、一六四六―一七一六）であろう。プーフェンドルフに対する彼の中傷、すなわち「法にあまり精通しておらず、しかも哲学についてはほとんど無知である男」（vir parum jurisconsultus, sed minime philosophus）という評価は、彼がどれほどプーフェンドルフを軽蔑していたかを如実に物語っている。実際にはプーフェンドルフのほうが近代性を有し、ライプニッツが中世的世界観に依拠していたことは、前田氏の「プーフェンドルフとライプニッツ：一七世紀ドイツにおける自然法・国家思想の二類型」（『一橋論叢』一〇五巻二号、一九九一年、二三三―二五四頁）で明らかにされている。

『義務論』においても、スコラと決別する近代的発想が、次の箇所ではっきりと表明されている。「聖書がわれわれに行うように、あるいは行わないように命じていることがあるとすれば、その必然性は理性それ自体では見通すことができず、自然法の範囲の外にあり、道徳神学に固有のものとして向けられている」（本書一一頁）。理性の限界を提示したカントへと続く啓蒙主義の端緒として、『義務論』には高い地位を与えることができる。

（四）後世に対するプーフェンドルフの影響

最後に、後世に対する影響をみておこう。数々の論争の結果、プーフェンドルフはドイツの法学界において確固たる地位を占めた。このことは、とりわけ一八世紀の諸文献から明らかである。例えば、*Codex Maximilianeus Bavaricus Civilis* の編纂と註釈を担当したバイエルンの官僚ウィグレウス・フォン・クライトマイル（Wiguläus von Kreittmayr、一七〇五—一七九〇）は、グロチウスおよびプーフェンドルフの著作を権威あるものとして頻繁に引用している。また、プロイセンでは、法学者ヨハン・ゴトリープ・ハイネッキウス（Johann Gottlieb Heineccius、一六八一—一七四一）、ハインリヒ・フォン・コクツェイー（Heinrich von Cocceji、一六四四—一七一九）、その息子で官僚のザミュエル・フォン・コクツェイー（Samuel von Cocceji、一六七九—一七五五）、ニコラウス・ヒエロニュムス・グンドリング（Nicolaus Hieronymus Gundling、一六七一—一七二九）などが、自然法の代表的な論者としてプーフェンドルフを挙げている。一八世紀後半についてみると、ゲッティンゲン大学の法学者ゴトフリート・アッヘンバル（Gottfried Achenwall、一七一九—一七七二）やイェーナの官僚ヨハン・アウグスト・ハインリヒ・ウルリヒ（Johann August Heinrich Ulrich、一七四六—一八一三）が、カントに繋がる文脈のなかで、グロチウスおよびプーフェンドルフの学説を発展させている（この点については拙稿「近世自然法論における usucapio のオントロジー：グロチウスからカントまでの取得時効論」津野義堂〔編〕『オントロジー法学』中央大学出版部、三八六—四〇五頁を参照されたい）。当時の教養的書物であったプーフェンドルフに対する日本語アクセスを容易にしたことも、前田氏の功績のひとつであると言えよう。

四　おわりに

以上、『義務論』の構成、関連領域の紹介、ドイツにおける受容と浸透の三点から、前田氏による翻訳の意義を紹介させていただいた。本書巻末の「訳者あとがき」にも書かれているように、「プーフェンドルフ研究の最大の難点は主著がラテン語で書かれていることであり、いまだに研究上の大きな制約となっている」（二九六頁）。『義務論』の平易な日本語訳が世に出たことは、政治思想史や法制史など、我が国のさまざまな領域において研究の一助となるはずである。今後のさらなる発展を期待したい。

（出雲　孝）

屋敷二郎著『フリードリヒ大王：祖国と寛容』（山川出版社、二〇一六年）

本書は、コンパクトな啓蒙書・概説書として定評のある『世界史リブレット人』シリーズの一冊である。この種の一般読者向けのフリードリヒ大王伝としては、村岡晢『フリードリヒ大王：啓蒙専制君主とドイツ』（清水新書、一九八四年）と飯塚信雄『フリードリヒ大王：啓蒙君主のペンと剣』（中公新書、一九九三年）がすでに知られる。本書はこれら以来およそ四半世紀ぶりの評伝となるが、その相貌は先行二著とは大きく異なっている。それはもっぱら、気鋭の法制史研究者にしてフリードリヒ研究者である著者ならではの識見が随所に織り込まれているためである。もしかすると、ここで示される大王像は、現在のわが国に流布するそれを大きく塗り替えるかもしれない。そんな可能性すら感じさせるフリードリヒ大王伝なのである。以下では、本書が普及価格帯の一般書であることを重視し、その観点から、先行二著との比較も交えつつ書評の責めを塞ぐことにしたい。

本書は四章構成で、そのうち本編にあたるフリードリヒ大王の伝記的叙述は第二章以下で展開されている。第一章はその前史、つまり彼の治世前までのホーエンツォレルン家ならびにプロイセンの歴史である。ここでは、西南ドイツに由来するホーエンツォレルン家の出自に始まり、一七世紀初頭に同君連合国ブランデンブルク＝プロイセンが成立するまでの過程（宗派と継承の問題が複雑に交錯する過程なのだが、とても手際よくまとめられている）、そして大王以前の三代の君主（大選帝侯・初代国王・軍人王）の主な治績が述べられている。ここで評価すべきは、先行二著ではほぼ皆無だった一七世紀以前についての説明がなされていることであろう。これにより、フリードリヒの理解に必要な歴史的諸条件が浮かび上がるのである。このことは、とりわけ本書の副題の「寛容」について妥当する。すなわち、フリードリヒ大王の寛容政策は、啓蒙主義や彼個人にのみ還元されるのでは決してなく、カルヴァン派改宗（一六一四年）以後のホーエンツォレルン家の宗教政策という歴史的伝統にも多くを負っていたということである。近世プロイセン史のこの要点は、わが国では一般的にはまだ知られていると言いがたいだけに、本書を通じて広く理解されることが望まれる。なお、この「宗教と民族の両面における寛容の精神」とそれによる商工業と文化の発展は、本書が掲げるプロイセンの伝統の中の一つである。この伝統にはさらに「良くも悪くも神聖ローマ帝国の政治にあまり巻き込まれなかった」という地政学的特質と、三十年戦争後に発達した絶対主義的国制も数えられる。副題に引きつけて言うならば、これらは「祖国と寛容の原形」とでも呼びうるものである。

「修業時代」と題した第二章では、フリードリヒの誕生（一七一二年）から結婚（一七三三年。本書では一七三二年三月に婚約し同年六月に結婚したとあるが、挙式は翌三三年の六月である）までのおよそ二十年、すなわち彼の青少年時代が扱われる。具体的にはフリードリヒの家族と彼を育てたユグノーの傅育官たち、そして王太子逃亡未遂事件（一七三〇年）が語られているが、中でも後者の事件についての詳細な叙述は、先行二著――周知の事実の淡泊な記述にとどまる――とは大きく異なる本書の特色である。それは、七年戦争よりも多い頁数がこの事件の顚末に費やされていることからも窺われよう。逃亡未遂事件に対しては、査問委員会、ケペニック城の軍法会議、そしてヴスターハウゼン城での軍人王による大権判決といった法的手続きが執られたとされるが、この部分の叙述はまさに、法制史研究者である著者の面目躍如である。また註の記述ではあるものの、フリードリヒが窓越しにカッテ少尉の斬首を見て失神したという有名な場面を、史料の考証を通じて「事実に反する」と断じていることも注目される。さらに、逃亡未遂事件の背景として、ユーリヒ・ベルクの継承問題を挙げていることも重要である。というのも、本書でも言及があるように「偉大な内政王」の異名を持つ軍人王については、彼の治世のヨーロッパが相対的に平和だったこともあり、その治績の叙述はもっぱら軍隊と内政に集中する傾向があり、外交政策に関してはわが国では知られるところがないからである。本書はこの欠陥を埋めており、西部諸領の問題こそが一七二〇年代後半から軍人王晩年までのプロイセン外交政策の中心であり、宮廷内で皇帝派と英仏派が激しく対立した原因であったと説いている。非常に重要な指摘であろう。なお、このユーリヒ・ベルクの継承問題は、後のシュレージエン侵攻時のフリードリヒの論理を説明する際の伏線にもなる。

第三章の「大王への道」は、逃亡未遂事件後にフリードリヒが軍務に復帰する一七三二年から、七年戦争前の一七五〇年代前半までの約二十年間が叙述の対象である。父と和解したフリードリヒが経験と見識を高め、啓蒙君主としての内実を獲得してゆく過程、国王即位後まもなく行われた二つのシュレージエン戦争とその正当性の問題、そしてコクツェーイの司法改革や一七五二年の『政治遺訓』などについて述べられている。本章の中でもっとも興味深く、印象的なのはやはり、シュレージエン侵攻と『反マキアヴェリ論』の矛盾を非難する様々な憶測を、「『反マキアヴェリ論』を読まずに述べられた不当なもの」と一刀両断にするところであろう。本書によれば、フリードリヒは『反マキアヴェリ論』の中ですでに継承戦争や予防戦争を正当戦争と明記しており、さらに開戦時点の彼の状況認識から見て、シュレージエンをめぐる戦いは継承戦争としても予防戦争としても要件を満たしているから、それは「正しい戦争」であり、『反マキアヴェリ論』とも矛盾しないとされるのである。本書には、通説的なフリードリヒ大王のイメージを覆す記述が散見されるが、その中でもこのシュレージエン戦争の正当性を断じる部分は白眉である。大王の言行の整合性をここまで明快に説く見解は、わが国では初めてである。

本章の叙述の中で今ひとつ注目されるのは、フリードリヒにおける「啓蒙」を論じた箇所である。それによれば、彼が啓蒙思想を形成したのはラインスベルク時代（一七三六～四〇）であり、その際ロックの『教育に関する考察』とプーフェンドルフの『人と市民の義務』が特に大きな影響を与えた。啓蒙の本質は「非理性との闘争」であり、「権力が自らを合理的に律しようとするかぎり、啓蒙はむしろ権力を支え、それを導こうとする」。フリードリヒの啓蒙絶対主義とは、このような啓蒙の精神に貫かれた政治体制であり、そこでは君主が「ひたすら人民と国家のために親政の義務をはたし、その一環として侵略戦争の義務すらはたそうとする」とされる。ここに示されている権力と啓蒙の親和性の指摘は、フランス啓蒙と革命との関連性からもっぱら啓蒙を「反権力」と捉えがちなわが国の一般読者には、一見奇妙に感じるかもしれないが、非常に重要である。啓蒙という現象は内容的にも地域的にもきわめて多様だった——例えば、一八世紀のフランス啓蒙は総じて「反宗教」であったが、一七世紀後半のハレにおける初期啓蒙のように、宗教（敬虔主義）と強く連関する啓蒙もあった。この多様性はもっと周知されねばならない。

終章である「寛容の「祖国」を求めて」では、フリードリヒの後半生における治績が描かれる。その主な内容は、七年戦争と戦後の復興事業、水車粉屋アルノルト訴訟、カルマーの司法改革とその最大の成果たるプロイセン一般ラント法などである。法制史研究者としてのこだわりなのであろう、ここでも後者の司法関連の話題に比較的多くの紙幅が割かれているのが特徴的である。評者の関心を引いたのは、一七六八年の『政治遺訓』の項で言及されている、フリードリヒの「祖国」概念である。それによれば、大王が構想した「祖国」とは「人と人とをつなぐ紐帯」であり「モンテスキューが理想とした制限政体」であった。受動的な臣民ではなく、能動的な公民が構成するこの祖国において、彼ら公民——君主もその一人である——が地位や身分に応じた貢献をなす、とされる。気になるのは、大王のこのような「祖国」概念が、同時代のドイツで盛んだったパトリオティズム運動とどの程度関連していたのか、という点である。著者の前著『紀律と啓蒙』では、フリードリヒの「祖国愛」がマルクス・アウレリウス帝、キケロー、フェヌロン、ルソーなどの影響の下で成立したとされるが、周知のように一八世紀後半のドイツでは、アプトやメーザーをはじめ多くの知識人が「祖国愛」を説いていた。はたしてフリードリヒ大王の「祖国愛」は、これらとどのような関係にあったのだろうか。

さて、評者が何よりも評価するのは、冷戦期に濃厚だった「プロイセン断罪史観」から本書が距離を置き、より公正な立場からフリードリヒの理解を試みようとしている点である。ここでプロイセン断罪史観というのは、二〇世紀のナチスドイツとの連続性を前提にした上で、軍国主義とグーツヘルシャフトを拠り所にして、フリードリヒの統治のみならず、近世・近代のプロイセン史を必要以上に否定的に評価する歴史観のことである。

歴史は大なり小なり、その時々の時代や体制の御用学問であることを免れない。特に戦争に敗北した時には、戦後新体制の正統性を確保するために歴史が動員され、戦前の歴史を否定的観点から黒く塗りつぶすことがしばしばある。したがって、第二次大戦後の体制下、特にその初期段階において、ドイツの破局の歴史的起源が追求される中、プロイセン＝ドイツ史がひときわ厳しい否定的観点にさらされたのは無理からぬことであった。しかし、それから七〇年以上もの月日が経った現在、そうした観点にはさすがに行き過ぎや矛盾が目につくようになっている。少なくとも評者にはそう見える。例えば、この歴史観では、フランス革命以降の近代的諸理念を尺度にして、それ以前のプロイセンにその達成の不足を見つけてあげつらうことが多い。また、啓蒙の諸政策はふつうどこでも、聞こえのよい普遍的側面と実利的・功利的な裏面とが一体になっているものだが、プロイセン史の叙述では後者の面だけがことさらネガティヴに強調される傾向が強い。

プロイセン断罪史観で大きな問題なのは、この歴史観が一般読者向け著作の中で、他ならぬフリードリヒ大王の叙述に顕著に見られることであり、そうした見方が見直しのなされぬまま通用し続けていることである。「遅れた国の進歩ぶった君主」(今井宏『絶対君主の時代』河出文庫、一九八九年(初版一九六九年))、「人民によらぬ人民のための統治」(成瀬治『近代ヨーロッパへの道』講談社学術文庫、二〇一一年(初版一九七八年))といった定式が、わが国ではいまだに再生産されているのである。フリードリヒ大王伝の先行二著も概ねこれと同種の機能を果たしているといえよう。また必ずしも一般向けとは言いがたいが、比較的最近著された、フリードリヒ二世『反マキアヴェッリ論』(大津真作監訳、京都大学学術出版会、二〇一六年)の訳者解説にも、やはり同じ傾向が認められる(蛇足ながら、この解説では屋敷氏の諸業績をはじめとするわが国のフリードリヒ大王研究がいっさい参照されていないばかりか、百年も前(!)に発表された作家トーマス・マンの論攷に依拠して、フリードリヒを縷々百頁近くにわたって語っている。学術文献として、まったくもって理解に苦しむと言わざるをえない論説である)。

本書が他のフリードリヒ論と決定的に異なるのは、このようなプロイセン断罪史観に安易に与していないことである。もとよりそれは、ある程度までは世代差で説明できるのかもしれない。だが、やはりもっとも大きな理由は、筆者が大王の著作の原典をできる限り読み込み、フリードリヒを内在的に理解しようとしたことに求められる。世界史リブレットの他書に比べて、本書に手稿史料の図版がかなり多いのは、著者のそうした姿勢の現れであろう。要するに、巷説に惑わされず、フリードリヒのあまたの言葉の中に沈潜して彼の思想世界を再構成し、それを一般読者に示して見せたことこそ、本書の何よりの長所であり、功績なのである。

ただし、この長所は同時に本書のウィークポイントにも連なる。フリードリヒの内在的理解に多くの紙幅が費やされた分、彼の統治するプロイセンの社会的実態については、ほとんど叙述がなされていないのである。例えば、プロイセン断罪史観の本丸の一つであるグーツヘルシャフトに関して、本書は沈黙を守っている。大王の政策としてよく知られる農民保護と貴族保護についても――保護といっても、兵営国家プロイセンではとどのつまり、前者は兵士、後者は将校の供給を確保するという軍事的利害のためになされた施策にすぎない、というお決まりの評価も合わせて――言及がない。おそらく著者は、法制史研究者として学問的禁欲を貫いておられるのであろう。またそもそも、図版も多い一般読者向けの小冊子に何もかも盛り込むことは不可能であり、適切でもないのだが、それでもなお、評伝という本書の性格を考えるならば、これらの歴史的評価に関してやはり若干でも言及すべきではなかったろうか。この問題についてはいつか、もっと紙幅の多い著作の中で、著者の見解表明を期待したい。

同様に、著者にはいつかぜひ、プロイセン以外の他の諸地域をも視野に入れた上で、啓蒙絶対主義を論じてもらいたい。一般的に啓蒙絶対主義は、フリードリヒ大王のプロイセンを典型例とする、後進的な東欧諸国における上からの近代化と理解されているが、啓蒙的と呼ばれる一八世紀の改革政治はプロイセンのみならず、ドイツの中小諸領邦においても、それどころか北欧や南欧の諸国にもある程度認められる。このように、啓蒙絶対主義を東欧だけでなく、ヨーロッパ規模の現象として考えることはできるのだろうか。また、フリードリヒ大王は啓蒙的な支配観を持つ代表的君主であるが、同時代の改革政治を推進した君主のうち、彼ほど世俗的で理論的な国家観を追求した者はいない。その意味で大王は啓蒙絶対君主として、典型ではなくむしろ例外なのではないか。他の諸国との比較の地平に立つと、評者にはこうした様々な疑問が浮かぶのである。著者はどのようにお考えだろうか。

ともあれ、本書が一般読者向けのフリードリヒ大王伝として、新たなスタンダードとしての価値を有することは疑いない。幅広い読者に本書が読まれるのを願ってやまない。

（鈴木　直志）

松本尚子著『ホイマン『ドイツ・ポリツァイ法事始』と近世末期ドイツの諸国家学』（有斐閣、二〇一六年）

一　本書の主たる考察対象をなす「ポリツァイ」とは、概念史の研究によると、もともとはポリス（国家）の状態を指す言葉であったとされる。近世ドイツでは、統治の目標は「良きポリツァイ」に実現にあると言われた。つまり国家を良き状態に保つことが統治の目的だ、とされたのである。やがて「ポリツァイ」の語は、その良き状態を実現するための国家の活動を指すようになる。だから「ポリツァイ」は、安全と福祉とを実現するための国家の行政活動の全般を指した。「ポリツァイ」がもっぱら「警察」という意味を持つようになるのは、本書の扱う時代よりもずっと後のことである。

本書の標題に登場する「諸国家学」とは、本文中では「国家関連諸学・諸理論」、あるいは簡潔に「国家学」と表記されることもあるが、国家に関する様々な学問を総称する言葉で、法学、経済学、財政学、政治学、ポリツァイ学、国家哲学など様々な分野を包含する。

本書は、ポリツァイという対象について、法学の一分野として最初に考察を行ったとされる、ホイマン（Johann Heumann von Teutschenbrunn, 1711–60）の『ドイツ・ポリツァイ法事始（Initia iuris politiae Germanorum)』（一七五七年）を、同時代の国家に関する諸学問と関連づけながら分析した研究である。

二　本書は、序章、終章を別として五つの章から成り、第一章と第二章とが第一部、第三章から第五章までが第二部に括られている。

序章では本研究の源泉となった問題関心が説明された後、ポリツァイ学が絶対主義的大領邦を土壌に育ったのに対して、ポリツァイ法学は神聖ローマ帝国国制を土台として成立した、という作業仮説が提示され、次いで先行研究に言及がなされる。

第一章では、『ドイツ・ポリツァイ法事始』の著者ホイマンについて述べられる。ホイマンはフランケン地方の出身であった。フランケンには大領邦がなく、諸勢力が拮抗しつつ一つの帝国クライスとしてまとめられていた。宗派的にも新教・旧教の入り組んだ地域であった。ホイマンはニュルンベルク近郊のアルトドルフ大学に学び、ヴィーンの帝国宮廷法院参事代理の職にあった貴族の家で家庭教師をしつつ、法実務や外国語を学んだ。帰郷後、アルトドルフ大学法学部の教授となり、終生その職にとどまった。

ホイマンの学問的傾向としては、博学趣味と実証志向、歴史と「ドイツ法」への傾倒、モンテスキューの影響などが簡潔に指摘される。

第二章は『ドイツ・ポリツァイ法事始』を扱い、先ずもって同書が、ローマ法・カノン法を中心とする伝統的普通法学が、裁判所実務に関わる問題にしか関心を向けず、ポリツァイ法を法学の分野として承認していない、という現状を打破しようとして書かれたことが説明される。次いでホイマンがポリツァイの本質を「国家生活の完全な福利」の実現に見出すことから、当時支配的であった幸福主義的な国家哲学との共通性が見て取れるが、ホイマンが人間の作る国家の限界を指摘するところには、人間の能力の限界への自覚を促す敬虔主義の影響があるのではないか、という推測が提示される。

第二章の終わりには、各大学の講義要項を史料として、いかなる大学でポリツァイ法の講義からなされていたのか、法学部の一般的な科目構成はどのようなものであったのか、どのような教員がポリツァイ法の講義を行ったのか、といったことが検討される。検討の結果として知られるのは、ポリツァイ法が恒常的に提供された科目ではなかったこと、ポリツァイ法だけを単独で教えるのではなくて、他の複数の分野と併せて一科目とされることもあったこと、ポリツァイ法の著作を残した法学者が必ずしもポリツァイ法の講義を行ってはいないこと、などである。そしてポリツァイ法の諸著作に必ずしもホイマンの影響が窺われるわけではなく、ホイマンを起源とするポリツァイ法学の系譜が明確に存在したとは言えないだろう、とされている。

第三章は、ホイマンのポリツァイ法学とポリツァイ学との関係を論ずる。ホイマンは、統治についての助言を行うポリツァイ学とは異なって、既存の諸法律を伝える学問である、という。さらにホイマンは、ポリツァイ法学の意義は、各地域で制定されたポリツァイ令の内容を統一させることである、と述べる。しかし、ホイマンにはポリツァイ権の法的限界を定めようとする問題意識は見出せない。さらに、ポリツァイ法の歴史を論ずる章ではポリツァイ学の先行文献を多量に引用し、ポリツァイ学への依存が露わになる。

ポリツァイ学との異同を明白にするために、ホイマンの『事始』の叙述が、ほぼ同時期のポリツァイ学の著作であるユスティの『ポリツァイ学詳論』（一七六〇年）と、同じポリツァイ法学の後の著作であるベルクの『ドイツ・ポリツァイ法便覧』（一七九九―一八〇九年）と比較される。その結果として明らかになるのは、ホイマンの叙述には固有の体系が存在せず、諸項目が平板に配列されていること、ホイマンが産業政策よりも風紀政策に大きな比重をかけていること、規範の引用とポリツァイ学的な政策提案とを同レベルで混在させており、法学的方法が徹底されていないこと、などである。さらにポリツァイ事項の審査権を司法官庁に与えるべきか、それとも財政官庁に与えるべきか、という問題について、ユスティはもっぱら効率性という観点から後者に与えるべきだ、という結論を導き出すのに対して、ホイマンとベルクにおいては、それは最終的には帝国裁判権に行き着く帝国レベルの法的問題となり、帝国公法論の諸概念で論じられることになる。つまり、ユスティをはじめとするポリツァイ学が、ポリツァイ事項審査の問題を領邦内で完結する技術的問題として扱うのに対して、ポリツァイ法学はそれを帝国法の次元で論ずるのである。第三章の末尾では、ホイマンの著書に対する同時代の評価が紹介され、おおむね好意的な評価があるが、それはホイマンの『事始』をポリツァイ学の諸業績と同列に並べて理解されてのことであり、「ポリツァイ法学」の開拓者としての評価が登場するのは、ようやく一八世紀末になってからのことであった、と指摘される。

帝国公法論との関係を扱う第四章の冒頭では、当時の「公法」の意味、とくに公法と私法とがどのように区別されていたのかが検討される。近世ドイツで一般的であったのは、自然状態と社会状態（国家状態）との区別を下敷きにして、自然状態においてすでに私人間に成立し得る権利義務についての法を「私法」（これには刑法も含まれる）とし、国家の存在を前提として初めて成り立つ法、つまり国家とその最高権力とにかかわる国法ないし基本法を「公法」とする理解であった。それに対してホイマンは、自然状態と国家状態との区別はするものの、自然状態は容易に無法状態になり得る状態であるとして、そこに私法が成立する余地はないと考え、私法も公法もともに国家状態においてはじめて存在し得るものとしている。しかしホイマンはその国家状態における法についての議論を、ただちに神聖ローマ帝国国制に即して展開していく。すなわちホイマンによれば、帝国全体に関する法が「公法」であり、帝国等族（領邦君主ないし帝国都市）の高権（＝私権）に関わる法が「私法」である、とされた。

次いで帝国公法論の代表的人物としてのモーザーとピュッターとの比較から、ホイマンは帝国法の諸法源に基づく実証的研究に重きを置いた点でモーザーとの共通性を有するが、ピュッターに顕著な帝国法を体系化しようとする努力とはおよそ無縁であったことが指摘される。ピュッターはポリツァイ概念を徐々に洗練させていきながら、ポリツァイ権を他の高権から理論的に区別し、体系的な国家理論の樹立をはかっていったが、それはピュッターが急速に権力独占を実現しつつあった有力領邦の公法発展に照準を合わせたことと対応している。それに対してホイマンは、複雑な重層的支配構造をもつ帝国の実定法に密着した議論を展開し続けたのであり、基本的に一八世紀前半のレベルにとどまっていた。

ホイマンはその帝国のポリツァイ立法の歴史を古ゲルマンから説き起こし、一八世紀に至るまで帝国の立法活動が衰退することなく続けられたことを描き出す。そして帝国等族のポリツァイ立法が帝国の調和を乱してはならないことを強調して、帝国立法の領邦立法に対する優位の立場を堅持するのである。

ホイマンにとって帝国の立法権がこのように枢要な意義を有したのに対して、帝国の裁判権については主題的に論じられることはない。ポリツァイ権の行使にかかる統治行為が司法裁判所の審査の対象となり得るのか、なり得るとすればいかなる要件が必要であるのか、ということをめぐる、いわゆる「ポリツァイ事項と司法事項」という有名な論点は本来、帝国の裁判権が領邦の統治にどこまで介入できるのか、という問題にも直結するものであったのだが、ホイマンはこの論点を正面から取り上げることをせずに、領邦のレベルでのポリツァイ事項に対する司法的審査が可能であるのかどうかを、理論的枠組によってではなくて、もっぱら実定法源から論じていくのである。すなわち、プロイセンの法文からポリツァイ事項についての統制が裁判所の管轄から外されてポリツァイ官庁の専権に委ねられていく過程を説明した後に、帝国最終決定の条文から領邦のポリツァイ事項の帝国への上訴を制限する意図を読み取る。しかしその後にハノーファーの通達を援用して、ポリツァイ事項に関する争いにおいて、同時に個人が自己の権利について争う場合には、通常の司法的救済が否定されない、とするのである。著者は、ホイマンがこの議論の文脈で（一般的に知られているにもかかわらず）引用しなかった諸文献は、もっぱら帝国裁判権に関わるものであったとして、裁判権に関する限りホイマンの帝国中心主義は影を潜める、と指摘している。

「啓蒙主義との関係」と題された第五章では、先ずモンテスキューの影響が検討される。ホイマンがモンテスキューに惹かれた理由は、何よりもその博学精神と歴史重視の立場にあったが、古今東西に及ぶ該博な知識はポリツァイ研究にとっても有益な情報であった。ドイツの諸学の中でも際だってモンテスキューを利用したのが、ユスティをはじめとするポリツァイ学者たちであったのも、それゆえ偶然ではない。さらにモンテスキューのゲルマン人についての叙述にはドイツ人の自尊心をくすぐるところがあり、ホイマンの祖国愛とも共鳴するところがあったが、気候風土による決定論に対してはホイマンは批判的であったことが指摘されている。

それではモンテスキューの権力分立論はホイマンにおいてどのように受容されたのか。特徴的なのは、ホイマンがモンテスキューの理論を適用したのは、領邦国家の統治構造を扱う文脈ではなくて、もっぱら帝国の国制であった、ということである。すなわち主権の行使が帝国基本法によって分割されている神聖ローマ帝国の国制は、権力分立を備えた制限君主政に他ならず、まさにそれによって「ドイツの自由」が保障されている、というのである。著者は、ホイマンが「ドイツの自由」を体現する帝国機関として、帝国裁判所ではなくて帝国議会を名指しているところから、ホイマンのいう「ドイツの自由」が帝国議会に議席を有す一握りの帝国等族身分の自由、具体的には領邦の統治権を意味している、と指摘する。

第五章の後半では、ポリツァイ立法の具体的な個別分野に即して、ホイマンの提言が、とくにユスティのポリツァイ学の主張と比較しながら、検討される。まず家内の労働力であった僕婢は、産業政策的見地からしてもポリツァイ立法の重要な分野であり、ユスティにおいては家父長権の尊重と絡めながら僕婢の怠惰に対する多岐にわたる対策が論じられていたのに対して、ホイマンの著書には僕婢についての独立した章が存在せず、僕婢問題は単なるモラルの問題としてしか捉えられていない。次に公定価格に関しては、ユスティにあっては産業の振興のためには経済活動の自由が枢要である、という見地から、公定価格の設定に慎重な姿勢が顕著であったのに対して、ホイマンは公定価格を経済問題とは捉えておらず、民の生活維持のためには価格公定を当然視している。さらに奢侈をめぐる規制に関して、ホイマンは比較的寛容な姿勢を見せるが、ユスティとは異なって、奢侈を勤労意欲の源として積極的に捉える姿勢も、奢侈規制が経済活動の自由に対して悪影響を与えかねないという洞察も見られない。最後にユダヤ人政策についてはホイマンもユスティも、ユダヤ人は異邦人であるから完全な同化はあり得ない、ということから出発して、国家はユダヤ人に商業ではなくて工業を営ませるべきだ、という提案を行うが、その結論を導く議論においては、経済政策的見地からの考察が際立つユスティとは異なって、ホイマンにおいては法的観点が優越し、嫌ユダヤ傾向のある叙述も目立っている。こうした検討から、ホイマンは同時代の啓蒙主義とはごく部分的にしか共鳴しておらず、基本的には戦闘的な守旧派であった、と結論づけられている。

終章では、本書のまとめが提示された後に、ポリツァイ法学の契機として経済政策関連法規の増大に伴う行政の「法化」現象が挙げられ、あるいはポリツァイ学が法的性格を備えるに至った経緯としての「司法の国家化」が指摘されたりするのは、基本的に領邦国家の発展を念頭に置いた説明であるのに対して、ホイマンの『事始』は領邦ではなく、帝国を中心としている、と述べられる。そしてホイマンがポリツァイ事項の司法審査に関し、最終的にはハノーファーの通達を援用して、領邦等族の出訴権を承認したことについて、領邦が不上訴特権を獲得するためには領邦内の上訴裁判所の整備が要求されたために、不上訴特権を獲得したハノーファーではツェレに高等裁判所が設立され、帝室裁判所の訴訟実務に従った解釈・運用が花開いたことが指摘され、ハノーファー法の援用の背後には帝国と領邦との権限配分をめぐる動向が反映されていたのだ、と締めくくられる。

三　一世紀半以上も昔の議論を扱う研究でありながら、平明な叙述が貫かれ、章や節ごとにまとめが挿入されていて、不安なく論旨をたどっていくことができる。援用される文献や法源にも直接あたって、適切な位置づけと説明が施されている。充分な論証がいまだなされていない部分については、判断がつかないこと、あるいは推測に過ぎないことなどが率直に示されていて、著者の誠実な研究姿勢が窺われる。そして、ポリツァイ法学が帝国国制を土台として成立した、という作業仮説は、本書の叙述をもって十二分に証明された、と評価することができるであろう。

しかし、ホイマンが帝国国制に即して国家理論を構築しているのだとすると、帝国裁判権についての叙述が抜け落ちているのは、やはり不可解である。終章で、援用されたハノーファー法には帝国と領邦との権限配分の動向が反映していることが指摘されており、それはそれで正当な指摘ではあるが、何ゆえ帝国裁判権が正面から扱われないのか、という疑問はやはり残る。この点については、とりあえず次のように考えてみてはどうであろうか。

現代の法治国家原理の下では、国家の行政活動は一方で法律によって規律されると同時に、他方において裁判所によって統制される。それが可能なのは、行政活動の根拠と限界とを定める法律が、同時に裁判所による司法的統制の基準ともなっているからである。しかし近世ドイツにおいては、そのような条件は存在しなかった。神聖ローマ帝国は複雑な重層的支配構造をもつ複合体であり、帝国議会は抽象的一般的な妥当力をもった規範を定立する機関というよりも、議会を構成する等族たち相互間の利害調整機関であった。そして等族の既得権が侵害されたときには、それを保護するのが裁判所の伝統的な任務であった。ところが種々のポリツァイ令は、等族たち相互間の利害調整とは全く異質の、あるべき国家状態の実現に向けられた広範な行政活動の根拠と指針を提供することになる。しかし伝統的な裁判所は、それらのポリツァイ令を基準として判決を下すようにはならない。裁判所は伝統的中間身分勢力の牙城であって、権利、とりわけ既得権の侵害があった場合に救済を与えることを自らの任務としており、行政がたとえ自らの基準に忠実に行為をなした場合であっても、裁判所は既得権保護のために介入することを辞さなかった。だから抜本的な経済政策・産業政策を展開しようとした近世ドイツの領邦絶対主義にとって、裁判所の存在は政策遂行にとっての障害でしかなかった。こうして一八世紀半ばからほぼ百年をかけて、伝統的な裁判所に根本的な改革を加え、行政庁内に裁判を行う合議体を設置し、伝統的な裁判所の流れを汲む民事裁判所の管轄を私人間の争訟に限定する、という一連の過程が進行した。別の言い方をすれば、伝統的裁判所の関与を徹底的に排除した法領域としての「公法」が形成されたのである。

一九世紀後半に完成を見た「近代的」行政法学も、基本的にこの延長線上に位置した。私法の領域において民事判決が果たすのと同じ機能、すなわち個別的事例に即して何が法であるかを定めるという機能を行政の領域で果たすのが「行政行為」である、としたオットー・マイアーの行政法理論も、「我々は、党派的行政の全領域を無策のまま放置して、私法学的により良く構成された行政訴訟制度を採用するわけにはいかない」と説いたルードルフ・フォン・グナイストの行政裁判所の構想も、通常裁判所が行政を司法的に統制する、という発想とはおよそ無縁の産物であった。たしかに一八六〇年代以降の諸邦における行政裁判所の導入は、行政の統制と私人の権利保護とに大きく貢献した。しかし、行政裁判所は司法権の一翼というよりも、むしろ行政セクター内の専門部局と捉えられ続けたのである。

ホイマンにとって、ポリツァイ立法は行政活動の指針であり、基準であった。しかし彼の時代には、その立法に準拠しつつ行政活動を統制するような裁判所は未だ存在しない。ホイマンにとって裁判所は、結局のところ既得権の保護機関でしかあり得なかったのである。もし帝国の裁判権を重視すると、帝国のポリツァイ立法による規律の名宛人たる帝国臣民の既得権が保護されることになり、ポリツァイによる規制の有効性が阻害される。しかしながら、既得権が司法的保護に値する、という伝統的価値観を捨て去ることは、ホイマンにはできないことであった。ホイマンが帝国のレベルで正面から既得権保護機関としての裁判所の活動を扱わず、領邦の裁判所に関連して若干の言及をするにとどめたのは、ポリツァィ法による規制と裁判所の既得権保護の二律背反を意識していたからではなかったのか。本研究に大いに刺激されて、とりあえず以上のような仮説を提示した見た次第である。

（海老原　明夫）

鈴木正裕著『近代民事訴訟法史・オーストリア』（信山社、二〇一六年）

一　本書の著者、鈴木正裕氏は民事訴訟法の歴史研究における第一人者であり、『近代民事訴訟法史』シリーズも、『日本』（有斐閣、二〇〇四年）、『日本2』（有斐閣、二〇〇六年）、『近代民事訴訟法史・ドイツ』（信山社、二〇一一年）

まで刊行されている。第四巻目にあたる本書には、前作『ドイツ』と同じドイツ法系にあって「民訴法史に大きな痕跡を残した」二つの法典を持つオーストリアが選ばれた。その一つはオーストリア一般裁判所法（一七八一年、AGO）。啓蒙専制君主として名高い女帝マリア・テレジアとその長子ヨーゼフ二世の治世の産物である。隣国のプロイセンでフリードリヒ大王の治世に成立した一般裁判所法（CJF）とは成立の時期、場所、君主の思想も重なりあうが、内容は全く異なる点を、著者は「ドイツ系民訴法史のもっとも興味深い問題点」として位置づける。

二つ目は、社会政策的な発想に基づくとされる一八九五年法。成立以降、ドイツ法をはじめ、大正期におけるわが国の民事訴訟法改正など、諸国の立法・法改正のモデルとされた。本書の構成も、これらの法典に従って二部にわかれる。ここでは各部の内容を簡単に紹介したうえ、若干のコメントを付させていただく。紙幅の都合もあり、部分的に本書の順番と前後することをおことわりしておく。

二　第一部「一八七一年の一般裁判所法—啓蒙主義と民事訴訟法」（一〜九八頁）では、マリア・テレジア期における政治背景からAGOの編纂着手とヨーゼフ二世期における成立、制度内容、CJFとの比較が論じられる。

即位に際して、隣国プロイセンのフリードリヒ大王とのシュレージェン戦争をはじめ、他国からの干渉を受け、数々の政治的混乱が生じたにも関わらず、マリア・テレジアは外交面ではハンガリーをはじめとする諸領邦の合意を取り付け、内政面でも改革を進めた。後者の中から、AGOの誕生にも関わる重要な二つの機関、最高司法庁（Oberste Justizstelle）（一七四九年）、国事顧問会（Staatsrat）（一七六〇年）が創設された。前者の発足により、司法と行政との分離、司法権について全国的統一の足がかりを得た。後者は国王の諮問機関として立法過程で編纂委員会の草案を審議した。

マリア・テレジアの下で他の法典とともに着手されたAGOの立法作業過程では議論が紛糾、ヨーゼフ二世の治世下の一七八一年になって成立し、「ヨーゼフ主義」に基づく諸改革のなかで、僅かな生き残りの一つとなった。

AGOの諸制度のうち、著者が注目するのは（1）書面審理主義、（2）証拠判決、（3）文書目録作成手続（Inrotulierung）、（4）弁論の更新の禁止（同時提出主義）、（5）裁判官と弁護士である。（1）と（2）は、審議過程で地方ごとの伝統の間、あるいは編纂委員会と最高司法庁とで激しい対立がみられた。（3）はオーストリア法を特色づける制度として紹介され、（4）では普通法訴訟を取り入れたベーメン地方との差異が強調される。（5）のうち裁判官については「根拠のある疑問が生じたときには、政府（Hof）」の裁断を仰がねばならず（四三七条）、その裁断が指令（Hofdekret）で回答されたため、「条文と指令を並べなければ実態を把握できなく」なってしまった。こうした点の修正版が西ガリチン法（WGO）となる。弁護士については①弁護士強制の採用、②定員制の不採用、③事実上の分属制、④弁護士試験受験資格（世襲領の博士号と弁護士事務所での修習）、⑤弁護士に対する監視（監督庁は各州の上級裁判所）制度が規定された。②については後に退けられ、『自由な弁護士』制へ向けての重要な第一歩」となった。

基本的にはドイツ普通法に従ったAGOに対し、プロイセンのCJFは、職権主義訴訟を構築し、弁護士を民事訴訟手続から全面的に排除するという「普通法からは想像もつかない思い切った新基軸を展開」した。両者の異なる理由として、著者が挙げるのは以下の四点である。すなわち①統一的法典の経験の無いオーストリアでは、「諸州の法を比較して、よりよい法制を」選んだのに対し、プロイセンでは、すでに成立していた統一法典を全面書き換えし、職権主義訴訟の構築や弁護士排除という「思い切った実験」をしたこと、②ヨーゼフ二世がCJFに倣うには時期が近接し、情報収集も間に合わなかったこと、③プロイセンとは対照的に、オーストリアでは当時、弁護士に対する社会的評価が上昇、法学教育の質も改善されつつあったこと、④CJFの実現は、「粉屋アーノルト事件」という「歴史的偶然」に依る部分が大きかったこと。両者を比較した結果、当時のドイツ・ヨーロッパの法状況では、AGOの方が「普通」であったため長寿を保てた、というのが著者の評価である。

三　第二部「一八九五年の民訴法―社会政策と民訴法―」（九九頁～二〇〇頁）。一八九五年法を構成する民事裁判管轄法（Jurisdictionsnorm）、民事訴訟法（Civilprocessordnung）、執行法（Executionsordnung）および各施行法のすべての法文、議会への提案理由書は、フランツ・クライン（一八五四年～一九二六年）の独力で、わずか二年ほどのうちに起草された。著者は、その生涯を描くなかで、一八九五年法をも位置付けるという手法をとられた。

一九世紀、市民革命の産物とされたフランス民訴法に倣い、ドイツ法系の民訴法では口頭主義・公開主義を採用した民訴法の導入が求められる。オーストリアでも一八六二年、一八六七年、一八七六年と三度にわたり草案が作成されるが、いずれも失敗に終わり、司法大臣グラーザー（Glaser）により実現された少額事件手続法（一八七三年）で口頭主義・公開主義が導入されたことだけが、中間的な成果であった。

フランツ・クラインの登場により、事態は急展開する。当時ウィーン大学で事務局長（Kanzleidirektor）に在職中のクラインが改革案を示した論文「未来（のために）」は『法律週刊誌』に連載された。これが社会政策推進派の財務大臣シュタインバハ、司法大臣シェーンボルンに認められ、クラインは一八九一年に司法省入り、一八九三年には民事訴訟法案を帝国議会衆議院に提出した。衆議院常置委員会の報告担当者ベールンライターも、審議を迅速化するべく審議法を提案、議院の審議権を大幅に制限した。またクラインは、自由主義を堅持する議員も集まる帝国議会に向けた提案理由書では社会政策的性格を控え、専ら合目的的性（Zweckmäßigkeit）と実用性（Praktikabilität）を前面に出す「政治的配慮」もみせた。そのかいもあってか、法案は一八九五年に両院で可決、一八九六年に皇帝の裁可、一八九八年より施行された。施行までの準備期間には、裁判官向けの研修会も実施され、裁判官からの質問に対して司法省や最高裁判所が答える『質疑応答集』も公表された。さらに運用の実態を探査する裁判所査察官（Gerichtsinspektor）の制度も新法の運用にかなり効果を発揮した（七・一六三～一六六頁）。

一八九五年法の主な特色として、著者が注目するのは以下の八項目である（四・一三三～一五〇頁）。すなわち、（1）受給権（Armenrecht）、（2）準備手続、（3）第一回期日（Erste Tagsatzung）、（4）当事者一方の欠席、（5）真実義務、（6）訴訟指揮権、（7）口頭弁論調書とその法効果、（8）更新権の制限である。（1）は資力のない当事者への裁判費用に関する救助、（2）は口頭弁論に向けた争点整理、（3）と（4）は訴訟の進行に関する取り決め、（5）～（7）は本案審理に関して、（8）は上訴審の扱いである。（1）～（4）は、審議過程で、あるいは後日の改正で消滅ないしは大幅に変化した。（5）は格別の異論なく、（6）は若干の修正を経た。（7）・（8）は今日のオーストリアでも堅持されているという。

ドイツにおけるオーストリア新法案評価は大きく分かれた。実務法曹を代表するベーア（Otto Bähr）が新法を高く評価する一方、「学者のあいだの代表的大家」にして「口頭主義の擁護者」、ライプチヒ大学のヴァッハ（Adolf Wach）は強力な批判者となった。なかでも口頭主義に関する批判は著者にとって印象的であったという。例えば、期日になされた口頭弁論の証明手段を「判決事実」の記載ではなく「期日当日に作成された口頭弁論調書の記載」によるのが適当とする理由として、クラインは、ハノーファー王国法の実施に関与した裁判官たちの意見書（一八五〇年）を引用した。その引用方法が「あまりにも強引」であることをヴァッハは丹念に証明してみせ、著者には「執念のようなものさえ」感じさせている。

著者はさらにクラインの著作活動にも注目、議会審議と並行して行われた新法資料、民訴法施行後の民訴法関連の代表作三点ずつを紹介された（五・一五一～一五四頁）（八・一六六～一七六頁）。最後の著作『オーストリアの民事訴訟』（一九二七年、共著）によれば、クラインの理論は概ね以下のように要約されている。歴史的にも民訴は国家の設営する制度であり、国家の任務をどうとらえるかで民訴の見方もかわる。現代の国家の任務は国民全体の福祉（Wohlfahrt）の向上にある点で、司法作用は広義の行政といってよい。民訴においては私人（当事者）の利益と国家の利益は適当に組み合わされ、バランスをとることが必要である。訴訟による高額の費用、敵対感情、取引交流の停頓は社会全体の経済循環への悪影響をもたらす。したがって早期解決、労働力の適切な配分、正当な裁判にむけた事実関係における真実さのみきわめ、そのための当事者と裁判所との協働が求められる。

続いて、クラインの司法省内における「超高速」昇進、日本からの叙勲、大学の招へいエピソード（九・一七七～一八二頁）、第一次世界大戦の勃発、二度目の短期の司法大臣就任、ドイツとの合邦論を掲げての総選挙における敗北、講和条約使節団への参加、失意のうちの帰国、一九二六年の死去、（二〇・一八二～一八七頁、二一・一八八～一九〇頁）、民事訴訟法の諸外国への影響が簡潔に紹介される（二二・一九一～一九三頁）。

「むすび」において著者は、クラインの民訴法が短期間のうちに実現した経緯を振り返り、社会政策という時流によって「巧みに着色」されていた、とされる（二三・一九三～一九九頁）。しかし、民訴において国家（＝裁判所）が救済を与えるべき「弱者」は、社会政策にいう弱者とは重ならない。したがって、社会的弱者の救済を、民訴の目的として掲げるのは、「いささか大ざっぱにすぎる」。「事案の内容や、手続のそのときどきの局面に応じ、武器の平等、機会の均等という昔からいいならわされた準則に従い、裁判所の裁量によって当事者間の平等を期するほかない」というのが著者の主張である。

さらに、クラインの「当事者と裁判所の権能・義務の按分を求めて国家（＝裁判所）の権能強化を図る」見解についても著者は、その後の歴史展開を顧慮すれば、「国家」の存在を強調するクラインの考えは「楽天的」にすぎた、と指摘される。

それでも、民事訴訟立法から施行にかけて発揮されたクラインの実務能力、学識、弁舌の際の鮮やかさはやはり、「ドイツ系の近代民訴法史がもった最上級の学識者、法制官僚であった」と締めくくられる。

四　本書の評価

このほど刊行された『ハプスブルク史研究入門』[1]には、副題に「歴史のラビリンスへの招待」と記されている。この地域の歴史は「幻想とみれば実態があり、実存すると思えば霧散」し、なかなか一つのまとまりある歴史としてとらえるのが難しいという。鈴木氏は、『日本』や『ドイツ』をはじめとする史的研究の蓄積という精密な磁石を携え、この「ラビリンス」へ敢然と分け入り、難解な民事訴訟法史ルートを確保された。これが評者の第一印象である。

（一）第一部の本文は、基本的には多くの歴史書と合致し、AGOの起草過程については、ロシェルダー[2]に多くを負うことを著者が指摘されている。しかし、これまでの蓄積をふまえた説明の注を合わせて読み進めるうち、訴訟法に焦点を合わせた特徴が浮かび上がってくる。

そのなかで二点についてコメントを付させていただく。一つは訴訟制度を舞台としたベーメン地方（今日のチェコ）とオーストリア世襲領との対比・対立の重要性についてである。ヨーゼフ二世による「ドイツ語の強制」に対する反発は、一九世紀後半にいたってなお、ターフェ言語令（一八八〇年）やバデーニ言語令（一八九七年）など、議会を紛糾させる対立につながる。官庁や裁判所での口頭審理や調書の作成にも直接関わる問題であり、当時の法実務史料の研究も期待できよう。

二つ目は、著者によるCJFとAGOの比較考察に関連する。弁護士を廃止するというプロイセンの「実験」をオーストリアが採用しなかった理由の中に、法学教育の質が改善されつつあったこと、国家の啓蒙的干渉をきらった市民たちが、同階層の弁護士たちに信頼を高めたことが挙げられている。類似の指摘は複数認められる。その一方では、依然として、弁護士を筆頭に、法律家の必要性を皮肉り、揶揄する材料もまた、当時から市民の間で事欠かなかった[3]。第二部も含め、ハプスブルクの「法曹」の実態については、地域や職域等によって、複数の視点が推測される。

(二) 第二部において、著者はクライン、法制官僚としての手腕に惜しみない賛辞を贈られる。

その一方、「口頭主義擁護に費やした」ドイツの訴訟法学者ヴァッハによる丹念かつ手厳しい批判に心を留められる。さらに、当時の社会背景も十分に理解されたうえでなお、「社会的弱者の救済を、民訴の目的として掲げる」のは「大ざっぱにすぎる」と評される。

ヴァッハの厳しいクライン批判、著者の「社会的民訴法」批判が、評者には次第に重なって見えてくる。ヴァッハにとって、口頭主義が相対化されること自体より我慢ならなかったのは、クラインによる口頭主義制限の根拠づけが、民事訴訟法学者の目から見て「強引にすぎる」という点ではなかったろうか。クラインは学識もさることながら、行政・政治感覚に富む見事な「法制官僚」であった。しかし、理論的な精密さはヴァッハを説得するに至らなかったのではないか。ウンガーによるヴァッハの評伝では、学者として妥協のない人柄が描き出されている[4]。本書の著者もまた、クラインを批判し、民事訴訟法の基本理念を強く主張される。

なお、本書では訴訟法に絞って論じられたが、クラインの執行法について、著者はどう評価されているのか。あわせてうかがってみたくなった。

本書の巻末にはAGO、一八九五年法に関わる人物略伝も用意されている。卓越した才能を持ち、激動の時代を生きたクラインについて究明されるべき事柄はまだある。民事訴訟法学、法制史のみならず、東欧史、比較史研究者の学徒に向けても、本書に示された見取り図を手に、「ラビリンス」に分け入るよう、著者から呼びかけられているような気がしてならない。

(1) 大津留厚・水野博子・河野淳・岩崎周一編『ハプスブルク史研

究入門―歴史のラビリンスへの招待』昭和堂、二〇一三年。

（2） Loschelder, M., Die österreichische Allgemeine Gerichtsordnung von 1781, Berlin 1978.

（3） Resenstrauch-Königsberg, E. (Hrsg.), Literatur der Aufklärung 1765–1800. Wien 1988. S.75f.

（4） Unger, D., Adolf Wach (1843–1926) und das liberale Zivilprozeßrecht, Berlin 2005.

（上田　理恵子）

初宿正典著『カール・シュミットと五人のユダヤ人法学者』（成文堂、二〇一六年）

一　本書は、著者がドイツの公法学者を主題として著した論稿及び翻訳を集成した者である（但し、Ⅱ1【資料Ⅱ】及びⅣ【資料Ⅲ】の一部は書き下ろしである）。各著作の初出に就ては五四四―五四七頁に示されている。亦、各論稿には初出時に比べて多くの加筆・修正が施されている（ⅲ頁）。

本書で主題とされる公法学者は、主として、カール・シュミット、ハンス・ケルゼン、エーリヒ・カウフマン、ゲルハルト・ライプホルツ、フーゴ・プロイス、フリッツ・シュティーア＝ゾムロの六名である。このうちケルゼンを除く五者には夫々独立の章が充てられており（Ⅰ―Ⅴ）、ケルゼン就ては主にⅠでシュミットとの関係を論じる中で言及される。

以下では紙幅の都合及び評者の能力に鑑み、Ⅰ（「カール・シュミット」）1「ケルン時代のシュミット―ケルゼン罷免問題にも触れながら―」、Ⅱ（「エーリヒ・カウフマン」）1「シュミットとカウフマン」、及び、Ⅴ（「フリッツ・シュティーア＝ゾムロ」）「シュティーア＝ゾムロとヴァイマル憲法構想」の三篇を主に取り上げる（尚、以下では目次に付された番号で章・著作を示し、参照箇所は頁数のみにより示す。）。

二（一）　Ⅰ―1「ケルン時代のシュミット―ケルゼン罷免問題にも触れながら―」は、ケルン大学教授の地位にあった期間のシュミットの活動（第2節）及び著作（第3節）、更にその前提として同大学へのシュミット招聘をめぐる事情（第1節）を詳細に分析する。

ケルン大学期は一九三三年四月乃至九月の半年と短く、然も『国家・運動・民族』や『法学的思惟の三類型』等ナチス期の主要な著作の刊行より前の時期である。此の時期は、前後の期間（ベルリン商科大学・ベルリン大学教授時代）に比して学問的に必ずしも重視されていない。併し、著者に拠れば、この時期は以後の言動との関係で重要な意義を有する。

著者は第3節に於て、ケルン大学期にシュミットが公表した著作のうち計七編（①六月二〇日の公開講義「ライヒ・国家・連邦」、②五月一二日付の論説「国民革命の善き法」、③六月一三日付の論説「新しい国家法の精神」、④六月二八日付の論説「20世紀の国家」、⑤七月一六日付の論説「新しい枢密院の意義」、⑥七月二三日付の論説「ドイツ政治の1年

―1932年7月20日を振り返って」、⑦五月三一日の論説「ドイツの知識人」：尚、本稿で検討されている順序に拠る）、及び、彼の演説に関する第三者の記事一篇（⑧六月一日付「ケルン大学における新しい精神」）を取り上げ、その内容を分析する（二五―三九頁）。

著者は分析を通して、シュミットが既にこの時期に反ユダヤ主義を明確にしていたと論じる。ナチス政権による立法を正当化する際に「同種性」「非アーリア的」等の語彙が用いられ（②③）、ヴァイマール憲法は「異種の法学」の表現と評される（⑥）。⑦では、亡命した知識人に対する露骨な非難が為されている。更に④では、国家が国家官僚機構、党、職能身分的な社会・経済秩序の三重構造を成し、党が他の二者に対し指導・決定を行うと云う、後の『国家・運動・民族』に結実する発想が既に現れている。

著者に拠れば、斯様な著述やそれに先立つ行動（四月初めにはライヒ総督法の制定に関与、五月一日にナチス党の党籍を取得）を踏まえると、ケルン大学期には既にシュミットのナチス体制に対する支持は明らかとなっており、「《第三帝国の桂冠法学者》としての役割を期待され担わされていた」（三九―四〇頁）。ジョーゼフ・ベンダースキーの如く、彼の反ユダヤ主義が一九三三年秋以降に明確になると考える事は、適切ではない（三〇―三一頁）。

同じくベンダースキーの如く、亡命者に対する非難を、自身の公的な地位を保つ為の行動であったと説明する事も、適切でないとされる。此の時点では、いまだベルリン大学教授やプロイセン枢密顧問官等の要職になかった為である（三八―三九頁）。

尤も、著者はそれ以上に、ケルン大学期がシュミットにとって決定的な転換点であったとまでは論定しない。「節目」は寧ろケルン赴任より「もう少し時期を遡ったところにある」と云うのが、著者の判断である（四頁）。

（二）　シュミットのナチスに対する加担と云う問題を考える上では、同じⅠに収録された2「シュミットの憤激の書簡―シュミット vs. カース」、3「シュミットとの対話―シュミットにおける《学問と政治》あるいは《理論と実践》」、5「ニュルンベルクにおけるシュミットの尋問」、7「シュミットとの対話Ⅱ―シュミット、彼自身を語る―」も参考となる。

四篇のうち、2・3は一九三三年初頭、即ちナチスに対する加担が明確でない時期の資料である。2は一九三三年一月二六日に当時の中央党党首ルートヴィヒ・カースから当時の首相クルト・フォン・シュライヒャーに宛てられた公開書簡と、この書簡に対するシュミットの反論、及びこのやりとりに就て一九五七年刊の論文集に付されたシュミット自身のコメント、3は同年二月一日に放送された対談である（対談が収録された時点は不明だが、原文の編者はヒトラーの首相就任以前だと推定している。五二頁注1・2）。

ヴァイマール共和国末期に於て、シュミットがナチスの政権獲得に反対しており、此れを容認する結果を招く当時の学説に対し異論を唱えていた事は、当時の他の著作からも確認される。[1] 2及び3は此の点を補強する資料となる。

3に於て、シュミットは同時期の他の著作で述べられた主張を繰り返しており、1で検討される時期の著作の如きナチス寄りの枠組・用語法は見いだされない（但し、「ライヒ」の概念を強調する部分（五九―六〇頁）は、寧ろナチス期に盛んに唱えられる主張である）。

2に関しては、カースの書簡で合憲性が問題とされた非常事態計画とシュミットとの関係や、計画により事態が打開される可能性がどの程度存在したのか、等の問題が別途存在する。併し、カースの考え方は却ってヴァイマール憲法の破壊をもたらす可能性が高い、とシュミットが警戒していた事は少なくとも確認される。

以上の二篇に対して、5・7は第二次大戦後の資料である。5は一九四七年にニュルンベルクでシュミットに対して行われた尋問の内容であり、7は一九七二年二月六日に放送されたインタビューである（但し、全編の翻訳ではない。一〇二頁注1）。

両者の中で、シュミットは、ナチス期の著作は飽く迄当時の状況に対して学問的な診断を下し、法学者としての任務を果たした者であると述べている（七七頁、一一八頁以下）。更に7では、ヒンデンブルクの憲法に対する忠誠がヒトラーの首相任命に至る一因となった事、ナチスに同調した理由がライヒ総督法の制定に携わった経験や友人ポーピッツとの関係に求められる事等が述べられている（一二二頁以下、一三〇頁以下）。

確かに、シュミットが自身の著作（特にナチス期の著作）に対し事後的にコメントを加える場合、自己正当化の意図が込められている可能性が高く、文字通りに受け止める事は誤読の原因となり得る。併し、此等の可能性を以て、直ちに資料としての価値を否定すべきではない。特に、ナチスに対する加担の背景をはじめとする未解明の問題に就ては、此の種の資料をも踏まえた慎重な検討が必要と考えられる。

三（一）　Ⅱ―1「シュミットとカウフマン」は、シュミットの著作『政治神学』に於けるカウフマンへの言及（及びその削除）を基点として、主にヴァイマール共和国期にシュミットとカウフマンが相互の学説を如何に評価していたのかが分析される。

著者の分析からは、当該期間に関する限り、シュミットは主要な著作の中で繰り返しカウフマンに言及し、その学説の重要性を承認する一方（第1節・第2節）、カウフマンも、一九三〇年代に入ると否定的な評価を繰り返し表明するものの、此れを含めてシュミットに触発されたと判断される叙述は複数の著作に見られる（第3節）。尤も、それだけに一九三三年以降にシュミットが態度を変化させ、カウフマンを無視又は攻撃するに至った事は説明が難しい。一方カウフマンも第二次大戦後にはシュミットを学問・人格の両面に就き厳しい評価を下している（以上、第4節）。尚、本稿に付された【資料Ⅰ・Ⅱ】では、カウフマンとエルンスト・フォルストホフの間で第二次大戦後に、シュミットの評価をめぐって交わされた論争に関する資料が訳出されている。

本稿は、一九三三年以降に学問的とは言い難い事由に因り断絶したシュミットとカウフマンの学問的な関係を、両者の著作を丹念に読み解く事で解明した点で重要である。著者の指摘する通り（二四〇頁本文及び同頁注154）、我が国に於てカウフマンの学説を主題とする文献が僅少である状況に鑑みれば、猶更である。

（二）　加えて、本稿の特に重要な貢献として、『政治神学』の初版（一九二二年）と第二版（一九三四年）（更に同書第一章〜第三章及び第四章の原型となった二論文）の厳密な対照を行った点が挙げられる（はじめに、第1節）。

周知の如く第二版では初版の叙述が一部削除されており、シュミット自身は序文で「重要でない」部分を削除したに過ぎないと説明する。著者の分析に拠ると、削除された部分は計9箇所であり、このうち8箇所がカウフマンに言及した部分、残る2箇所はフリードリヒ・ユリウス・フォン・シュタールに言及した部分である（一九一―一九二頁；更に、二〇七頁注39に拠れば、更に1箇所、ホッブズ『リヴァイアサン』の参照注が変更されている。此の点に就ては二四三頁以下の《補論》で分析されている。）。削除された部分は段落全体、又は複数頁にわたる場合がある。

第二版が刊行された一九三四年は、シュミットが既にナチス体制への加担を明確にしていた時期であり、彼の学問的な主張も変質している。カウフマン及びシュタールがユダヤ人である事に鑑みると、削除じたいナチス体制への迎合に因るとも考え得る。従って、ヴァイマール共和国期の彼の学説をナチス期のそれと切り離して分析・評価する為には、初版のテクストを参照する必要がある。

確かに、双方の版で主張に目立った変化が生じている訳ではない。併し、夙に指摘されている通り、前後の文脈を無視した削除が行われた為に、読者の側に誤解をもたらす結果となっている(2)。

亦、本稿が述べる通り、シュミットは他の著作でもカウフマンに言及しており、且つ此等の叙述は（二一一―二一三頁で言及される『政治的なものの概念』一九三三年版を除けば）後年になっても削除されていない。にも拘らず『政治神学』に就てのみ、カウフマンに関する記述が削除された第二版を手掛かりとするならば、他の著作との関係でも同書の主張を読み誤る可能性がある。

併し、資料の現況は必ずしも此の要請に応える者ではない。現在Duncker & Humblot社から刊行されている原著は第二版のテクストを基にしており(3)、初版から削除された箇所は掲載されていない。日本語訳に就ては、第二版のみならず初版の翻訳も存在するものの(4)、双方の版の異同を具体的に示す者は見られない。

此の状況に鑑みると、本稿が各版の厳密な対照を行い、特に第二版で削除された箇所を示した事の意義も、今なお減じていない。

四　V収録の「シュティーア＝ゾムロとヴァイマル憲法構想」では、彼の生涯（第1節）と学問的業績（第2節）とを概観した後、一九一九年に彼が刊行した憲法草案に関する分析を行う（第3節）。

著者に拠れば、シュティーア＝ゾムロの草案は主にアメリカ合衆国とスイスの憲法を参考としている（五二〇頁）。草案の最大の特色は統治構造に関する規定にあるとされ、先ず統治構造の全体を概観した後、連邦議会、法案提出権、国家元首（大統領）の地位、連邦とラントの関係、裁判制度の諸点に就き詳細に検討される（五二二―五三四頁）。

草案は全体として、革命をきっかけとして成立した共和制を「不可逆的な歴史的事実」として受容した上で、一方ではビスマルク憲法の如き連邦主義を排しながらも、他方ではプロイスの構想する単一国家化やプロイセンの解体にも対抗する者である（五三六頁）。亦、斯様な構想の背後には、シュティーア＝ゾムロ自身の「常に現実の事実的な諸関係を見据えつつ、そこから何が可能な最善の解決法であるかを探るという、きわめて現実主義的な学問観」が控えている（五一八頁）。

シュティーア＝ゾムロに関する研究業績は、著者が論ずる通り、僅少である（五〇七―五〇八頁）。公法の領域に関する限り、個別の問題に関する学説史研究の一部として扱われるに留まる。[5] ドイツに於ても、状況は同様である。[6]

ヴァイマール共和国期の公法学に関する我が国の研究状況を見渡すと、ケルゼンやシュミット、ヘラーの如く革新的な学説を展開した論者に就ては、豊富な研究が積み重ねられているが、一方で今なお十分な知見が得られていない論者も多い。シュティーア＝ゾムロもその一人である。彼の生涯と学問的業績とを概観し、然も憲法草案という形で展開された国家構想を詳細に分析する本稿の意義が際立つ所以である。

五　主にヴァイマール共和国期からナチス期にかけて活動した公法学者に就ては、以上の三者を含め、今なお評価が困難な論者や著作が少なくない。ナチズムをめぐる真摯な問題意識から出発しつつ、然うした論者や著作を冷静に検討・訳出した本書の意義は大きい。本書から得られる知見を如何に発展させるかは、今後の学問の課題である。

（1）　翻訳のある者として、例えば『合法性と正統性』（田中浩・原田武雄訳、未來社、一九八三年）、「ドイツにおける全体国家の発展」「現代国家の権力状況」（服部平治・宮本盛太郎訳『政治思想論集』ちくま学芸文庫、二〇一三年所収）。

（2）　和仁陽『教会・公法学・国家　初期カール＝シュミットの政治学』（東京大学出版会、一九九〇年）五八頁以下。その際、本稿の元となった論文が参照されている（同書六〇頁注111）。

（3）　現在の最新版である二〇一五年の第10版（Zehnte Auflage）にもその旨が記載されている。尚、同版には、シュミット自身が保有していた手沢本（Handexemplar）を利用して修正を施した旨、及び、人物索引を新たに付した旨が記載されている（同書 S.4）。

（4）前者に就き田中浩・原田武雄訳『政治神学』（未來社、一九七一年）、長尾龍一訳「政治神学」（『現代思想1　危機の政治理論』ダイヤモンド社、一九七三年所収）。後者に就き長尾龍一訳「政治神学」（『カール・シュミット著作集Ⅰ』所収、慈学社出版、二〇〇七年）。尤も、著者が指摘する様に（一九四頁注12、一九九頁注23、二〇〇頁注26、二〇六頁注36）、後者の訳には脱落が見られる。

（5）地方自治に関する近時の例として、石川健治『自由と特権の距離　カール・シュミット「制度体保障」論・再考［増補版］』（日本評論社、二〇〇七年）一三八頁以下、金崎剛志「国家監督の存続理由　理念としての自治と制度としての監督」（四）法学協会雑誌133巻6号七一四頁以下。

（6）五〇八頁注2で著者は Ina　Gienow なる人物の博士論文を挙げているが、此れも未公刊である。

（阿部　和文）

足立公志朗「フランスにおける信託的補充指定の歴史的考察（一）〜（五・完）」（『神戸学院法学』四三―三、四四―一、四四―二、四五―一、四六―一）

一　著者の足立公志朗氏は、主に家族法を専門とする実定法学者であり、これまでフランス法との比較から特に財産の死後処分について研究されてきた。この一連の論文は、筆者の博士論文（「フランスにおける信託的補充指定の歴史的考察：日本の後継ぎ遺贈制度の構築へ向けて」二〇一三年・大阪大学・http://hdl.handle.net/11094/60061）の一部を公表されたものであり、フランスにおける信託的補充指定の制度について、古代ローマ法から一八〇四年のフランス民法典の制定過程までの歴史的変遷がまとめられている。信託的補充指定とは、「遺言者Aが、Pを相続人に指定し、更にQをPの次の相続人に指定すると共に、Pに対して相続財産の保存とP死亡時におけるQへの移転（返戻）を命じる処分」をいう。この制度は、中世以来、貴族の世襲財産形成に寄与してきたが、革命期に廃止され、フランス民法典でも原則禁止されていた。しかし、二〇〇六年の相続・恵与法改正によって、信託的補充指定に対する制約の多くが取り払われて大幅に自由化されることになった。同じ二〇〇六年、わが国でも信託法が改正され、いわゆる後継ぎ遺贈が一定程度認められることになった。こうした動向が、この制度の歴史を辿る研究の背景となっている。

二　（一）〜（五・完）に分冊された長編の全体は二編から成り、第一編は、十二、三世紀の信託的補充指定の生成までを扱い（一）（二）、第二編は、その後の変遷として民法典制定まで扱う（三）〜（五・完）。革命前の対象地域には、成文法地域でパルルマン所在地でもあったトゥールーズを中心とする地方が選ばれている。

第一編第一章では、前史として、ローマ法における補充指定と信託遺贈が取り上げられる。両者は全く別の制度であったが、早くから、両者が合体して信託的補充指定へと展開する契機があったことが指摘される。信託遺贈が相続秩序の形成手段として用いられる一方で、ユースティニアーヌス帝は、遺言による譲渡禁止の効力を「四代」までに限定した（新勅法一五九号・五五五年）。これは後の階位制限に影響を与えることになる（一）。第二章は、M. Petitjean, Essai sur l'histoire des substitutions, du IXe au XVe siècle dans la pratique et doctrine spécialement en France méridionale, 1975に従っている。九～十二世紀に遺言での補充指定慣行が根付いていく中で、ローマ法にはなかった「信託的補充指定」subsutitution fidéicommissaireが実務家と法学者との協働の営みによって新たに生成される過程が描写され、註釈学派の法律作品から、信託的補充指定が補充指定の一類型として位置づけられるようになったことが明らかにされる。本論文では、前史的扱いだが、十二、三世紀に慣習がローマ法学識と出会って、法概念に昇華してゆく具体的過程はたいへん興味深い（二）。

第二編は、主としてJ.-M. Augustin, famille et société, Les substitutions fidéicommissaires àToulouse et Haut-Languedoc au XVIIIe siècle, 1980に従って展開される。

第一章では、まず、十四世紀から十八世紀のトゥールーズにおける複数階位の「長期間継続する」信託的補充指定（段階的補充指定）が検討される。段階的補充指定は、複数世代にわたって事前に相続人を指定するもので、主に富裕な貴族によって相続秩序を形成する手段として利用された。フランス王権は、ここから生ずる取引安全に関わる問題に対処するため、階位制限や公示、目録調製義務などを定めた諸王令によって規制を試みたが、功を奏さなかった。すでに、段階的補充指定の需要は減少しており、むしろ、近親者を保護し、かつ家産の流出防止を目的とした一階限りの「短期間の」補充指定の利用の方が多くなっていたという背景が指摘される（三）。第二章では、その一階位限りの短期間の信託的補充指定の諸類型について、十八世紀のトゥールーズを中心に検討される。このうち、浪費の子から財産を守るために、子に用益権のみを残す恩恵的補充指定（substitution efficieuse）は、子に所有権を残す一般的な信託的補充指定と財産の動きは同じだが、保護手段としてはより有効であり、一六九一年のタゲッソーの手による「陳情書」で容認されたことが取り上げられる（四）。

続く第三章のフランス革命期には、補充指定禁止の原則が確立するが、一方で、例外的に「許容される補充指定」が民法典には組み込まれる。その審議の過程が、Archives parlementairesやP.-A. Fenet, Recueil completを参照しながら詳しく分析される。従来、補充指定の廃止は、革命の理念であるégalitéと相反する貴族的なものの排除が理由として強調され、民法典の例外はその反動とも見られてきた。しかし、筆者は、信託的補充指定を「段階的補充指定」と「一階位限りの補充指定」に区分して、もっぱら機能と効果の点から分析している。この性質分析から、筆者は、短期間の補充指定が有していた財産の保存手段・浪費の防止手段という機能が、イデオロギーに傾いた議論の中で見過ごされ、それが補充指定の部分的復活につながったと指摘する。同時に、民法典に挿入された「許容される補充指定」は、性質的には、廃止された段階的補充指定からは乖離していること、つまり相続秩序を形成するものではないこと、さらには、先のダケッソーの恩恵的補充指定とも性質的に重なっていたことを見つけている。緻密な法史的検証を背景に導かれた結果であろう（五・完）。

三　一つの法制度について、ローマ法からフランス民法典制定までの長い生成発展の過程を俯瞰することは、容易ではない作業であり、それにもかかわらず、本論文が、関連重要事項を外さず、連続した一本の「道筋」として提示されたことは、大いに評価すべきと考える。近年、特に民法学では、グローバルな法動態をキャッチするため、法史に遡る研究が目立つようになってきた。この新しいトレンドの中にあって、原田慶吉『日本民法典の史的素描』（一九五四年）のような優れた濃縮された記述を展開してゆく作業が今必要とされているが、これには民法学と法史学の協働が不可欠である。本論文は、民法学者によるこうした作業の縦糸を作る労作であり、法史学はこれに横糸を張っていかねばならないだろう。

（吉村　朋代）

若曽根健治著「中世都市の裁判と「真実」の問題—シュトラースブルク都市法から」（『熊本法学』一三六）

本論文は神聖ローマ帝国西部の司教都市シュトラースブルクの第二都市法（一二一四年頃成立）で都市参事会の裁判に関係して現れる「真実に基づく裁判」という考え方（参事会員はラント法によってでなく真実と都市制定法に基づいて裁判する）に特に注目しつつ、一二・一三世紀におけるシュトラースブルク市内の世俗裁判権の全体像を概観するものである。主な史料は前記第二都市法の他、一二世紀末頃に成立したと推測される第一都市法および一二四五—六〇年頃の成立とされる第三都市法である。

序論に続いて著者はまず、都市君主たる司教が任命するフォークトと高級裁判権を行使するその裁判所について、フォークト職の分化、皇帝からフォークトに対する刑事刑執行権力（バン）の授与、フォークトからシュルトハイス等へのバンの再授与、第一都市法にのみ現れるブルクグラーフの裁判所、刑事刑判決の執行方法およびそれとラント平和令との関係などを概観する。次いでシュルトハイスとその裁判所について、行軍指揮者としての職務、代理職としての二名のユーデックス、その裁判所が聖マルティン教会近傍の市場という公開の場所で開かれ市民が判決発見人となったこと、盗（フールトゥム）・より軽い刑事事件としてのフレーフェル・

金銭債務事件を管轄したこと、外来者の事件もシュルトハイスの裁判所が扱うこと、裁判所では弾劾主義が原則であること、当事者の出廷をめぐる手続、刑事刑判決の執行や贖罪金の取得をめぐるフォークトとシュルトハイスの関係などがまとめられる。そのうえで、著者は都市参事会の裁判に関して、それが刑事刑を科すに至らない比較的軽微な事件を管轄したこと、そうした事件のうち言葉による攻撃や武器によらず流血に至らない傷害について二人もしくは三人の証人による立証という（伝統的な雪冤宣誓などとは異なる）新しい証明方法が第二都市法に定められていること、参事会の裁判が都市外との関係や市内における武器携帯および休戦の樹立などの面で都市内の平和維持を志向するものであったこと、参事会とシュルトハイス・フォークトとの間で参事会優位の関係が現れることなどを指摘する。更に著者は第二都市法で真実のために証言するよう誓約するとされているシェッフェンについて、彼らが売買・貸借・債務弁済等の法律行為に立ち会うものとされていたこと、それを前提に債務をめぐる訴訟において従来のような雪冤宣誓ではなくシェッフェンないし都市参事会員による証言によって立証が行われたこと、夫の債務に対する妻の責任や嫁資の設定についてもシェッフェンの証言が考慮され、またシェッフェンによる立証を行うことなく決闘によって被告の債務を訴求する手続は認められなかったこと、こうした証言者としての役割を果たすシェッフェンがシュルトハイスの裁判所の判決人の中から選ばれたと考えられること、シェッフェンが必要に応じて参事会による政策的決定の場にも召集されたことなどを論じる。史料から「理性」や「合理性」の現れと見られる箇所を取り出して言及した後、著者は都市参事会の「真実に基づく裁判」生成の一つの契機として第一都市法が定める貨幣鋳造人長とその裁判を想定する試論を展開する。最後に著者は行論の結果を、①都市内で各種の裁判所が並存していたこと、②近時ドイツで発表されたバルバラ・フレンツの研究が都市法全体について「真実に基づく裁判」への志向を見るのに対して、この傾向が都市参事会による裁判に限定されていた点に注意する必要があること、③都市参事会による「真実に基づく裁判」への志向はシュトラースブルク都市法によればシェッフェンによる証言と軽微な傷害事件などにおける証人による立証として姿を見せること、④したがってフレンツが「真実に基づく裁判」への志向を刑事裁判に限定し、また実体的真実の意義増大をそこに認めようとする点には疑問があること、⑤一方で雪冤宣誓と証人との性格の違いは評価しなければならないが、他方で中世の裁判においては証人の証言も真実の証明というよりは形式的立証方法として機能する面を否定できないこと、の五点にまとめる。

シュトラースブルクの都市法は既にわが国の学界にもよく知られた史料であるが、著者は全体を改めて概観し、一二・一三世紀の司教都市の裁判制度状況を明らかにした。特に、都市参事会だけでなく、フォークト、シュルトハイス、貨幣鋳造人長、ブルクグラーフなどがそれぞれ裁判権を行使する複合的な状態は、他の司教都市などでも広く見られた事態であるが、本論文によって印象的に提示されている。「真実に基づく裁判」に関しては、その宗教的含意という難しい問題はあるものの、著者がそれを最近のドイツ学界の研究と比べても限定的に見ていることは妥当と考えられる。そのうえで、「真実に基づく裁判」の範囲を著者の解釈以上に限定することも可能であるように評者には思われた。すなわち、①シュルトハイスの裁判所が扱う宿泊中を襲われた外来者の正当防衛事案について、著者は証人の証言による事実関係の解明を読み込み、その結果この部分は都市参事会の裁判が担ったとまで想定するが（二九—三〇頁）、外来者は正当防衛を主張するだけでよく、それを相手方が争う場合は外来者単独で雪冤宣誓を行うというのが都市法が規定する手続であろう。②都市参事会が管轄する軽微な傷害事件だけでなく、武器を用いて流血の結果をもたらしたようなより重い傷害事件についても、著者は証人による立証を想定するが（四七頁）、この点は都市法に明文規定を欠く。証人による立証という新しい方式はむしろ軽微な事件に限って導入されているのであろう。③シェッフェンによる証言に関連して著者はシェッフェンや都市参事会員以外の任意の者も法廷で証言者たりうると述べるが（六三頁）、史料は証言資格をシェッフェンと都市参事会員に限定しており、宣誓から証人による証言へと立証方法を変更するに際してこの限定は重要であったと思われる。

（田口　正樹）

市原靖久著「法律家・神学者ウァカリウスのキリスト論」（角田猛之、市原靖久、亀本洋編著『法理論をめぐる現代的諸問題—法・道徳・文化の重層性—』晃洋書房、二〇一六）

西欧中世の研究において、法学と神学の関係は常に留意すべき問題の一つである。本論文は実質わずか一〇頁ながら、一三世紀以降の「法学と神学の分離」（以後、本論文からの引用は「」で示す）を一二世紀に遡及させる従来の研究に対するJ・タリアドロスの問題提起（第一節）、ウァカリウス自身の経歴や著作、前提となる一二世紀のキリスト論論争の概略も加えた上で、ウァカリウスのキリスト論とこれに関するタリアドロスの見解の紹介（第二節）、タリアドロス説に対する評価と、近年のカノン法研究の新たな動向ともタリアドロスの問題提起は通じるものであるとの指摘（第三節）がコンパクトにまとめられている。

第一節では、タリアドロスの「法律家・神学者」（**lawyer-theologian**）概念が紹介される。「法律家・神学者」とは、「パリまたはボローニャのスコラで自由学芸を修めたのち、専門的学問として法学もしくは神学またはその両方を学んだ、一二世紀後半から一三世紀にかけての一群の法律家、教会行政官」のことを指す。彼らの著作等において、法学の分野では「聖書からの引用による根拠づけや、洗練されたスコラ神学的議論の利用」があり、神学の分野では「法学的な概念や解釈との類比が用いられ、そこには法学的な枠組が含まれ」るとされる。一三世紀中葉以降における両者の分離を一二世紀にも遡及させる従来の研究に対し、タリアドロスはこのようにして、一二世紀での法学と神学との境界線は「これまで以上に『多孔的』（porous）」なものであり、法学と神学は「相互排他的であるよりもむしろ『共生的』（symbiotic）」であったとする。

第二節では、わが国でも先行研究のあるウァカリウスの神学に関する著作、『受容された人間に関する論』の全般と『多種多様な誤りに対する書』（同じくローマ法学を学んだ同時代人スペローニの神学説への駁論）の一部で展開された、彼のキリスト論に関するタリアドロスの見解が紹介されている。本節によれば、タリアドロスは以下のようにウァカリウスのキリスト論におけるローマ法学の影響を論じる。ウァカリウスの『受容された人間に関する論』では「ローマ法学に固有の概念や理論」が明確に用いられてはいないが、異説に対する綿密な分析による弱点の発見と修正という「弁証法的な方法」をとっている。異説にも「公正かつ冷静」に向き合うウァカリウスのこうした姿勢は、「ローマ法学を学ぶなかで培われたもの」である。次に、ウァカリウスのキリスト論の特徴として、（1）この「ローマ法学者らしく合理的でバランスのとれた議論」が、「一方的に議論を進めがちであった同時代の他の神学者とは一線を画」すこと、（2）権威的な著作を「体系的・包括的に引証」する「スコラ神学者に通行の手法」ではなく、扱うテーマの強調のために「あまり一般的でない権威的典拠」もウァカリウスが用いていることが挙げられるが、これらは当時、教会会議によって正統とされた教義を教区信徒に「理論的に納得しやすい形で」説明する必要があった「知識人聖職者たち」のための、「実践神学的な配慮」によるものとタリアドロスがみていることが述べられる。

第三節では、教会法学や神学の著作が同時代から「孤立」したものであること、そこでは「ローマ法学の知識が強く援用されている」ことを理由に、ウァカリウスを「ローマ法学者」「註釈学者」と結論する通説に対し、タリアドロスの研究は「ウァカリウスの神学理論を同時代の神学のなかに再定位」する一方で、そこに含まれる「実践神学的性格」から「ウァカリウスの『（実践）神学者』としての側面を再評価」することにより、一二世紀から一三世紀における法学と神学はそれほど「截然と分離されてはいな」かったことを明確にしようとしているとの評価が下されている。もっとも、ウァカリウスの有したローマ法学の知識が彼のキリスト論に与えた影響を、「理論的な影響というよりはむしろ実際的な議論の進め方への影響」とする点には本論文もタリアドロスに同調するが、その理由を「実践神学的配慮」にみる点には史料による立証がなされていないとする。その上で本論文は、ウァカリウスの神学者としての再評価を試みるタリアドロス説が、近年のグラティアヌス研究における神学者としてのグラティアヌスの再評価も合わせた学説動向とも通じると結論する。

カノン法のみにとどまらない、西欧中世における法学と神学との関わりに対するタリアドロスの問題提起は、当時の法学者の姿を再考する上で様々な示唆をもたらすものと評価できる。最後に一点だけ、短いながら補足と要望を述べて評者の責をわずかばかりでも果たしたい。第二節で扱われたタリアドロスの見解は彼の著書の第三章に収められている(i)。『多種多様な誤りに対する書』を主に扱う第四章での検討を加えることで、タリアドロスは神学者としてのヴァカリウスの再評価を試みているが、もちろんこれはヴァカリウスの法学的著作の検討（『貧しき法学徒の書』を扱う第一章と『婚姻論』を扱う第二章）による、ローマ法学者としてのヴァカリウスと教会教義の理解にヴァカリウスがローマ法学を活用したことの再確認を経たものである。本論文でも若干の言及（本論文二四八頁から二四九頁）――主として紙幅の制限によるものであろうが――はあるものの、こうしたタリアドロスの著書全体の構成と論旨の展開について言及がさらにあれば、（ヴァカリウスの法学的著作が検討されているのは当然の前提であるとしても）読者の理解をより促進したのではないかという点が惜しまれる。浅学若輩の身としては本評の至らぬ点に著者と読者のご寛恕を伏して乞うと共に、別の機会での著者によるタリアドロス説へのより全般的な検討を願う次第である。

（松本　和洋）

（i）J. Taliadoros, *Law and Theology in Twelfth-Century England—the Works of Master Vacarius (c.1115/20–c.1200)*, Brepols, 2006, pp.131–213.

川島　翔著「中世学識法訴訟手続における litis contestatio――訴訟成立要件としての当事者の意思」（『一橋法学』一五―一）、同「アゾ『質疑録』第12質疑――中世学識法における仲裁法史の一断面」（『一橋法学』一五―三）

一、争点決定l.c.は元来、法廷手続と審判人手続とを架橋する。前者では、民会で選出された将軍としての法務官が、裁判管轄権者として訴訟要件具備を審査し、訴訟判決・却下を下し得る。l.c.を経た後者では、法の素人が証拠調べの上、請求認容／棄却を判断する。その際、方式書で事実の存否を認定するよう付託される。要件事実論はここに端を発し、真偽不明であれば被告勝訴となる（pro reo）。二つの段階を繋ぐl.c.は、今日の弁論準備手続（争点整理）に対応し、「時機に後れた攻撃防御方法の却下」（民訴一五七条）に痕跡を残す。皇帝裁判所としての特別審理手続は、この二段階制を廃し、l.c.は変質する。従前は、原告の訴訟開陳と被告の訴訟応諾が審判人の判断に服す（仲裁）契約を構成し、他方で法務官は審判人に判決を命じて権限を付与した（ローマⅠ型民事訴訟）。しかし変質後のl.c.は、口頭弁論開始時を指し、これに先立つ法廷召喚には裁判所が介在した（ローマⅡ型）。

二、中世学識法は、訴訟準備手続と訴訟との二分割の中間にl.c.を位置付け（ローマ・カノン型）、ローマⅡ型をローマ法源に学び、本質的要素と解した。川島氏の両論文は、一方でl.c.における応訴の実質意思を検討し、他方で教会及び世俗の法実務とローマ法源とが矛盾する仲裁人適格の問題等を解決する過程を史的に論じる一環をなす。古代ローマでのⅠ型におけるl.c.の仲裁的性格、Ⅱ型への移行に触れた後、一三世紀の史料分析に基づき、応訴義務と応訴による争訟意思推定とが訴訟を成立させたと第一論文は説く。第二論文は用語法に着目する先行研究に依拠し、前後の時代に対する過渡期にアゾを位置付ける。訴訟の実効性と仲裁判断の有効性とを問うた上で、氏は向後、欠席判決・命令抗拒へと問題の核心に迫るようである。しかし本評では、標記二篇の特質と限界とを指摘するに留め、より広い視野からの批判は紙幅の都合で断念した。ローマ・カノン型に至る道程は、古代（末期）法史家と中世法史家の協働により解明されるべきであろう。

三、中世学識法研究は、方法論上不可避的に、往時の学識法曹、特に著名な法学者の残した研究文献と格闘する。同時に、欧米で蓄積された先行研究・二次文献を渉猟し独自性を示そうとする。氏は渡独中からその才を発揮し、二篇を世に問うに至った。両篇を通じ、基本枠組は維持され、固有の問題関心に従って一次史料を丹念に分析しつつ、常に学説史の中に自己の論考を位置付ける。

三―①、第一論文では、「はじめに」で二〇世紀初頭のゾーム、後半のネル、今世紀のシュリンカーに依拠しつつ、第Ⅰ章では、古代から伝わるローマ帝政期の勅法を挙げるタンクレードゥスが、教皇令との矛盾を指摘する点を「共有」して史料に沈潜する。タンクレードゥス自身の言及する「先生」アゾが残した議論も邦訳し検討した後、第Ⅱ章では教会と繋がりの深いタンクレードゥスが採用しない教皇令の立場を伝える「プロウト」の命令不服従事案を訳出しながら検討する（冒頭のラテン語に教皇令の名称が由来する点は指摘する方が読者に親切であろう）。事案は徴税権の帰属争いであるが、被告は時効を主張する。この抗弁により、答弁時点に遡ってl.c.成立を擬制する、と見る（史料に言う「上訴の手段に逃げた」点への言及を欠くのは残念である）。そうして、タンクレードゥスと同様に、「手続を進める意図」を不問にする教皇令をして、「それまでの法学の立場から逸脱する、行き過ぎた措置だと考え」る。第Ⅲ章ではこの矛盾を説明するシュリンカーを批判し、一三世紀のフゴリヌスとその引用する「先生」アゾの議論を仔細に分析して、管轄なき裁判官に対する答弁が検討されているに過ぎず、当事者が争訟意思を持たない事例は他にもあると指摘する。第Ⅳ章ではインノケンティウス四世とその弟子ホスティエンシスを挙げ、「友人に話す」とする留保〔訴訟行為でないとの断り：評者註〕がなければ争訟意思ありと推定される定式化を見出し、意思主義から表示主義への移行を想定する。そこから逆に、タンクレードゥスの時代には、留保の必要はなく、留保不存在が推定根拠ともならなかったと結論する。

三―②、第二論文では、第Ⅰ章で仲裁最盛期とされる註釈学派のアゾ『質疑録』が「当時の問題状況を具体的に示」すとし、第Ⅱ章ではローマ法源に依拠した中世法が仲裁人を類型化した際の用語を分析する。第Ⅲ章では事案概要・賛成論拠・反対論拠・解決という構造に沿って丹念に訳出と解説が示される。第Ⅳ章では小括として仲裁判断の有効性を適格の有無から問題視する実務を採録背景に想定する。

四、以下では論文毎に疑義を呈する。

四―①、法学と教皇令の対立が、矛盾調和の結果、l.c.要件定式化を通じて意思推定へ移行し、かつ、合意擬制機能をl.c.が果たしたとする結論について、特に「応訴」との関係で、評者にとっては疑問が残る。「応訴させるための様々な強制手段が用意されており、場合によっては欠席判決が下された」、「応訴義務は平和共同体の考え方に基づいている」、との説明は、被告の命令不服従がl.c.より前に発生した場合の強制手段として氏が挙げる、財産差押え、罰金、平和喪失と追放、破門・停職・譴責処分に直ちに妥当するのかもしれない。しかしこうした手段は、合意の有無、意思の推定とは無関係で、従って学説上の変化「移行」によって、意義を失うことはない。更に、国家による裁判制度未確立の中、推定が合意による訴訟開始を維持しながら訴訟制度の実効性を高めることを可能にした、との理解は、裁判所拒絶の抗弁と如何なる関係に立つのか。「プロウト」事案の「上訴」は管轄違背の主張だとすれば、そもそも法学と教皇令の矛盾なるものは、訴訟が前提する体系自体の齟齬に由来するとの推測が可能である。一三世紀初頭法学者が指摘した矛盾を、中葉の法学者が調和させ、現代の法学者シュリンカーは別の限定・解釈から矛盾自体を否定する。川島氏の議論は一三世紀初頭に矛盾解決の糸口として「留保」の有無を持ち込む非（反）歴史的理解を拒む。それ自体は至極正当である。しかし、さればこそ、往時の議論を乗り越える新機軸を提示すべきであろう。但し、国家云々ではなく、例えば定式化をもたらした事件、或いは定式化がもたらした訴訟実務の変化など、「矛盾調和」の内実をこそ、問うべきである。

四―②、アゾを過渡期に位置付ける氏は、先行研究を大枠で承認する。バッシアヌスのarbitransではなくarbitrator/compositorをアゾはarbiterと対比分別し、教会世俗実務を追認する。その友誼的和解は、付託を受けた修道士に院長が許可を与えないことで問題となる。取り組むべき課題はこうした用語が持つ意味の方であろう。加えて、「不法の免除も有効ではなかった」（二一九一頁）となれば③「不法について訴えを提起できる」点は、仲裁の有効性を論じる趣旨から外れるためか、検討されない。しかし、アゾの構想に背景として実務やその理論的根拠づけを組み込んだ説明が氏の結論に見出される。残存史料からは困難と推察するが、具体例や地域的偏差、大修道院長の所属先・司教（座）との関係など、仲裁人たる修道士を巡る論点は多岐に亘る。広い見通しが得られそうである。なお、第二論文第Ⅲ章では史料邦訳（及び原文）が私見・解説部分に挟まれ数度、繰り返される。区別がつきにくく、掲載様式を改善する余地があろう。

五、「中世学識法の歴史」は、例えば一二世紀の法（実務）を分析対象（ミイラ）とする。当時の法学者、例えばアゾの法学説は古代以降のローマ・カノン法源を対象（ミイラ）とする文献を残した（ミイラ取り）。学識法曹の歴史（バッシアヌス～アゾ～タンクレードゥス）は、その限りで法学史と言える（「ミイラ取り」取り）。すると、法学史を巡る（ネル等）法制史家の議論展開を史的に論じる研究は、法学史学史（学説紹介：「ミイラ取り・取り」取り）と呼べる。近世私法史が陥りやすい陥穽である。評者は、西洋中世法史における学説史・法学史の重要性を否定しない。しかし、一方でその法学説・法学者を生み出した社会との関係は無視できない筈であり、他方で当該法学説が往時の社会・実務にとって如何なる存在として受け止められたかを捨象する研究は法思想史と呼ぶべきであろう。法や実務を本丸とする歴史研究にとって、法学史学史の存在は厄介な問題である。氏の両篇も、紙幅を割いて「学説史」「先行研究」に言及せざるを得ない。しかしそれは、上記の独自性を論文内部で明示するための必要な手続に過ぎず、史学史自体を論じることを目的としない（評者自身の論考も同様である）。本評執筆依頼以前の私信によれば、事例研究で修道士は僅かに合議で登場するのみと聞く。訴訟と仲裁に跨る領域を開拓した新地平が見える。それは法廷侮辱なき本邦に、新風を吹き込むことにもなろう。

六、思えば、近代法は古代ローマ法源というミイラを換骨奪胎し、国民国家の法典として創成された怪物フランケンであった。奇形《モンスター》を歴史的存在として相対化し、その成立過程とその後とを研究し深く理解するには、古代法を対象とするミイラ研究、中世法を対象とするミイラ取り研究、法学説それ自体の伝播影響関係を論じるミイラ取り取り研究の、いずれも示唆に富む視座を提供する可能性を秘める。こうした視座を法制史家のみならず、法学徒一般、更には広く読まれるべき歴史研究として伝えるには、法学史学史も有益であろう。氏は中世法史を法（実務）にも注目して研究する姿勢を貫く。願わくば、評者に広い紙幅の与えられる大論文が氏によって公刊される日の来ることを。

（佐々木　健）

田口正樹著「中世後期ドイツの貴族団体」（『北大法学論集』六六―六）

著者の田口正樹氏は、中世後期のドイツ国制史を主に王権の観点から精力的に研究し、地域レベル（ライン流域）での紛争解決と国王裁判権とに関する実証的な労作をドイツでも刊行されている。また最近は、時代を近世、対象を領邦支配にも広げておられる。

さて本論考は、一四・一五世紀ドイツの「下級貴族（最下層の貴族）」の状況を「団体形成」の観点から、主に先行研究に基づき検討している。まずその内容を摘記しておこう。

はじめに　中世の下級貴族の本質は武人的性格にあり、その理由は、権利の維持と実現が当事者の正当な実力行使（＝フェーデ）に大きく依存していたことにある、とされる。

一．中世後期ドイツ貴族の「危機」　従来、「盗賊騎士」という一八世紀末ごろまでにしかさかのぼり得ない象徴的な表現でもって、中世後期の貴族は絶望的に没落したと認識されてきたが、そうした認識の適否が、貴族の経済的窮乏化、国家権力の発展と市民の興隆とによる貴族の政治的・社会的地位の失墜、貴族の軍事的意義の喪失という三側面から検討される。その結果、この時期の貴族の全面的な危機と没落はなく、そこに見られるのは、中世後期の諸変化に適応し得た貴族と、対応しきれず没落していく貴族とに分化していく淘汰であったと、結論づけられる。

二．貴族団体の結成　中世後期の環境変化に対する貴族の対処方法の一つとして、下級貴族が多数参加した「貴族団体結成」が取り上げられ、その意味や実力行使との関係が考察される。まず、W・パラヴィチーニ他編の貴族団体目録（一三三〇年代～一五一七年）により、九十以上あった貴族団体は中部―南東ドイツでやや多く、ライン地方、フランケン、シュヴァーベン（中小領邦が錯綜した地方の典型。以下、「三地方」と略記）で多く成立したことが確認される。「規約」の考察により諸団体の共通性（シンボル、服装、組織）が指摘された後、貴族団体間の構造や性格の相違点は、①特定の領邦君主に主導権が握られている垂直的構造の団体（ライン宮中伯下の「ペリカン」会など）か、それともメンバーが対等の立場で結成した水平的構造の団体（フランケンの「留め金」会など）か、②結成目的が軍事的・攻撃的（傭兵勤務、フェーデの際の相互援助）か、それとも宗教的・社会的（葬儀、トーナメント）か、にあったと指摘される。その後、改めて、諸貴族団体の共通の性格が貴族の実力行使の側面から議論され、それが「団体内部でのフェーデ」の抑制・禁止、貴族団体の会長や仲裁人による和解・仲裁への服従義務（中世中期以降の平和秩序形成の深化、近世の基礎）、及び、「対外的なフェーデ」の際の相互援助義務、一五世紀以降のフェーデの前段階としての平和的解決（訴訟や仲裁）の進展に求められる。

三．貴族団体と帝国国制　次いで、帝国全体の秩序における貴族団体の位置づけが考察され、以下の認識が得られる。まず「王権」にあっては、金印勅書に見て取れるようにカール四世は、諸身分を一体化させた地方毎のラントフリーデ（「三地方」とロートリンゲン）により全帝国的な平和秩序を維持しようと構想し、貴族の団体形成を禁圧した。だが、その後、地方の状況は王権のコントロールを離れ、王権の構想は挫折し、一五世紀のジギスムントは騎士に、国王と帝国に害をなさない限りでの団体結成及び都市との結合を認めた。しかし、貴族団体と都市（同盟）との結合が唯一図られ得たシュヴァーベンですら、各都市の自立性や王権の制約によりその結合は実現せず、その後の王権は再び貴族団体の解散を命じたのである。次に「貴族団体」に関しては、貴族は、広域的な連携により帝国国制上の正統な地位を獲得し威信を誇示せんとして、「三地方」において三つの貴族団体の間で同盟（一三八一年）を結成し、一四七九－八七年には「三地方」とバイエルンで大トーナメントを開催した。この大トーナメントは開催地の諸侯の同意が必要であり、参加資格も流動的であったが、それは水平的性格を示していて、皇帝と帝国諸身分の対峙という近世的二元主義の成立へと向かう、帝国国制の凝集過程の一環をなすものであった。

おわりに　最後に、①一五世紀後半以降の軍事的条件の変化により、貴族はフェーデ遂行の戦士的な存在から軍隊の規則に服す軍人・将校へと変化し、②「三地方」においては貴族団体が帝国直属の帝国騎士団体へと転化した、とされ、近世への展開が述べられる。

以上、本論考は中世後期の貴族の全面的没落という従来の議論に対し、貴族の団体形成の意義（＝環境変化への対処）を重要視しており、評価できる。各論点はよく整理され、中世後期（以降）の下級貴族の団体形成の基本線を知るのに意義ある論考である。ただ、理解し難い点もあった。

（一）一の結論で述べられる貴族層内部の分化は重要な視点であるが、一の主要部で述べられた貴族の全面的な危機－没落観への批判だけから、その分化を導き出すのは困難であろう。また、その分化論を二及び三で本格的に論じて頂きたかった。

（二）ジギスムントの構想を除き、中世後期の王権は概して騎士の団体結成を抑止していたが、それがいかにして近世の帝国直属の帝国騎士団体へと展開していったのか、一層の説明がほしかった。また、カール四世が打ち出した、地方毎のラントフリーデによる一般的ラント平和樹立構想は、例えば帝国クライス制などとどう関連していたのであろうか。

（三）二での類型化（垂直的構造の団体か、それとも水平的構造の団体か）が三及び「おわりに」での議論とどう関係しているのか、より本格的に論じてもらいたかった。

疑問点を述べさせて頂いたが、本論考の意義を再確認し、その上で、著者に、実証成果に基づく、今後一層の議論展開を期待したいと思う。

（神寶　秀夫）

小林繁子著「魔女研究の新動向――ドイツ近世史を中心に」（『法制史研究』六五）

本論文は、「近年の魔女研究の動向と論点を概観し、隣接諸分野との接続、発展の可能性を提示することを目的とする」ものであり、この目的のもと、①二〇〇〇年以降に、②「近世のキリスト教ヨーロッパ世界」を研究対象とし、③主としてドイツ語圏で公にされた先行研究、を念頭に置きつつ執筆されている（第一章・第一節より）。著者の小林氏の述べる通り、今や魔女研究は「近世研究の柱の一つにまで成長した」といえる。その膨大かつ多様な先行研究を読み解き、近年の動向を問題領域ごとに見通しよく整理し、今後の展望を描き出すという困難な課題を達成した本論文は、魔女研究の専門家にとってのみならず、評者も含め様々な隣接領域の研究者にとっても示唆に富む作品である。以下、本論文の概要を紹介し、最後にコメントを付け加えたい。

著者は、「裁判ないし支配の実態」および「魔女の表象」という、魔女研究をめぐって現在の学界にみられる二つの大きな問題領域に着目し、前者については第二章「裁判実践と近世的支配」にて、後者については第三章「魔女の表象」にて論じている。第二章の第一節「魔女は特別犯罪だったのか」では、これまでの研究において当時の刑事裁判一般に対する魔女裁判の特異性がしばしば前提とされてきたことに対し、同時代の法学部の鑑定を史料として用いつつ再考を迫るロベルト・ツァゴラ氏やマリアンネ・ザウター氏の研究が紹介されている。ただし「魔女裁判は他の刑事裁判と同様か、むしろ慎重な扱いを受けていたという両者の結論を性急に一般化することはできない」と著者が述べている点にも注意すべきであろう。続く第二節「魔女裁判の『道具化』をめぐって」において注目されるのは、リタ・フォルトマー氏の研究をはじめ、「司法の利用」や魔女裁判の「道具化」という概念を鍵として、多様な当事者が政治的・社会的利害のために刑事司法を利用し得る可能性という切り口から魔女裁判を見つめ直そうとする諸作品である。そして第三節「魔女裁判と近世国家」では、国家形成と魔女裁判の関係性という大きなテーマを背景に、「統治の効率を重視した専門機関」や「専門家＝学識法曹」によって魔女迫害がむしろ激化した例、魔女裁判における共同体の役割、共同体レベルにおける「支配の媒介者」としての在地役人などに焦点を合わせた諸研究がみられる。

第二章に続き、もうひとつの大きな問題領域である「魔女の表象」に関連するのが第三章である。同章の第一節「メディアにおける魔女」では、知識人の手になる悪魔学テキストの分析にとどまらず、魔女にかかわる当時の図像やパンフレットといったメディアの役割にも分析の視野を広げた諸作品があげられている。また、魔女や悪魔学についての情報の発信者だけでなく、情報の受容のされ方、あるいは発信者と受信者の間のコミュニケーションなどの切り口を重視した研究にも目が向けられている。第二節「魔女像とジェンダー」において特に興味深いのは、近年では「男性魔女」にも関心がもたれ始めているという点である。

ドイツ語圏を中心とする西洋諸国における研究動向が、以上の第二章、第三章で紹介されたことに続き、最後に第四章は「日本における魔女研究の展望」に言及する。たとえば「魔女は特別犯罪だったのか」という前出の論点については、魔女裁判に対するカルプツォフの影響をめぐって藤本幸二氏らの作品が取り上げられているように、基本的には第二章・第三章で扱われた各問題領域に対応する形で、日本の近年の研究も整理されている。その上で、いわば本論文のまとめにも当たる同章において重要であると思われるのは、わが国の魔女研究のいっそうの進展のために、それぞれの専門分野を超えた学際的・共同的なプロジェクトが必要であるという著者の主張である。本論文冒頭における目的設定の中でも、前出のように「隣接諸分野との接続、発展の可能性を提示すること」が掲げられている点からして、学際的な共同研究の重要性ということは、本論文全体を貫く著者自身の強い問題意識であろうと評者は受け止めている。

以上の概要をふまえつつ、最後に、上記の「隣接諸分野との接続」という点に絞ってコメントしたい。第一に、本論文で取り上げられた様々な問題領域を振り返ったとき、中でも「魔女は特別犯罪であったのか」という論点は、魔女研究のみならず刑事法史研究一般においても、その基本的な部分の理解を左右するレベルのことがらとして受け止められるべきである。それだけにまた、魔女研究との結節点として有意義であろう。たとえば、現実に魔女犯罪がいわゆる「例外犯罪(crimen exceptum)」として扱われたかどうかということは――通常の刑事裁判の原則から逸脱した扱いをしてまでも魔女犯罪を重く処罰すべき必要性が当局にあるか否か、またそれはどのような理由によるのか、という点を突き詰めていくと――当時における国家(君主)権力の性格と刑事法との関係性、近世の国家と刑罰権のあり方という、刑事法史研究からみても根本的なテーマと不可分にかかわってくるからである(紙幅の関係上、端的にいえば、君主権力の基礎づけや領域内の統合力強化にとっての、宗派も含めた意味でのキリスト教信仰の重要性と、宗教犯罪との関係が問題になるであろう)。

第二に、魔女裁判という研究課題をめぐって、法史学は一方で歴史学と接しつつ、他方で刑法学(実定法学)とも隣接している。内外の刑法学分野からの歴史的研究において魔女裁判が取り上げられる際に、法史学は(また歴史学は)それに対してどのように「共同」や「接続」をはかっていくべきであろうか。各学問分野が特性や強みを活かしつつ、互いの成果を学びあって魔女裁判をより立体的に理解していくことが望まれよう。ちなみに、近年の刑法学上の議論をふまえて魔女裁判が論じられる場合に特徴的なアプローチの例として、現在の刑事法一般にかかわる重要テーマであるところの「Feindstrafrecht」(敵刑法、あるいは敵味方刑法)を研究の今日的な背景として意識しつつ、魔女犯罪の「例外犯罪」としての性格に光を当てようとする作品がみられる(たとえばドイツのハーラルト・マイホルト氏の「例外犯罪――近世における『敵に対する刑法』?」(森永真綱訳、『ノモス』第29

号、二〇一一年））。

以上、近年の魔女研究の多彩な動向が凝縮された本論文に対し、評者のコメントの大半がもっぱら刑事法史研究の観点からのものとなったことにつき、著者および読者諸氏のご海容を乞う次第である。

（高橋　直人）

佐藤団著「一五四九年のマクデブルク参審人団廃止――新史料による再検討――（一）〜（五・完）」（『法学論叢』一七九―三、一七九―五〜六、一八〇―一〜二）

一　マクデブルク参審人団（十一人）は十三世紀来近隣の裁判所から判決の提案・法の教示を求められ、これに答えた活動の記録は長く西洋裁判法史研究に寄与してきた。他方参審人団自体の歴史研究は手薄であった。これを埋めるため本論文は、十六世紀中葉の参審人団「廃止」を考察する。全五章の中、ブランデンブルク選帝侯領の参審人団・大学・裁判所の歴史を扱う第四章は論文の四割を占め、そのものがすでに独立の論稿と称んでよい程の体裁と内容をもつ。

二　一五四九年皇帝カール五世はブリュッセルから全帝国民に向け証書を発し（六月二十六日）マクデブルク参審人団をオーデル河畔フランクフルトの大学に移したと宣言する（本論文巻末史料Ⅰ）。この五ケ月前（一月十四日）、かねて皇帝から照会を受けていたカトリック派のナウムブルク司教ユーリウス・プフルークは、書簡でこう助言をおこなった。参審人団を移すのはマクデブルク大司教に不利益となるが、それでも移すのであればフランクフルトが望ましい。従来参審人団に判決提案を求めていたポンメルンやシュレージェン等東方のラントに近いからと（史料Ⅱ）。マクデブルク市はルター派に帰依（一五二四年）して以来叛乱と不服従のゆえに帝国アハト（職務停止・特権剥奪）に処せられていた（一五四七年）が、参審人団移設はこの事情に因っていた。証書の発給から五年後、市参事会は選帝侯ヨアヒムと和約を結び関税徴収・年市開設等の権利と共に参審人団を四万五千グルデンで買い戻す。アハトの解除を受ける八年前のことである。

副題の「新史料」とは上記証書・書簡を指すが、著者はこれらをベルリン、マクデブルクの各国立文書館所蔵文書から探り出し、活字に組んだ。ことに証書は、先行研究が確認しえなかったものとされ、それを公にした功績は大きい。

三　皇帝がマクデブルク市における参審人団の活動を禁じ、これをフランクフルト大学（一五〇六年創設）に移し法学者を含む新参審人団（証書によれば「フランクフルト参審人団」）として装いを改めさせる、この意図は、大学との連結によって「新しい裁判所」を設けることにあった（［二］八頁・［三］八頁）。ところがこれは「現実的な計画」ではなかった（［三］九頁）ため、実現は困難であった。同大学は当時「潤沢な人材」を備えていたとはいえ宮廷顧問官としても活動しており、新参審人団にあてるのは難しかった。またとくに十六世紀以降宮廷ではカンマー裁判所（上訴裁判所）を柱とした裁判機構の整備が進んでおり顧問官やブランデンブルク参審人団による裁判に期待がかけられていた。このように選帝侯領ではかねてからマクデブルク参審人団の影響を弱め、司法制度を一領国内で完結させる施策が実行に移されていた。こうした事情から、選帝侯は皇帝の意図を「省みる余裕」はなく、またその実現は財政的にも困難であった(［四］八頁)。参審人団がマクデブルク市に復帰するのは「自然な成り行き」であった。以上が、本論文の大筋主張するところである。

四　本論文は、従来立ち入った考察がなかったマクデブルク参審人団「廃止」の問題を「移設」後における参審人団のありようの観点から考察する。諸領邦が中世後期来司法制度を自領内に一元化することに尽力してきたのは周知の通りだが(同参審人団に関連しヴィーアッカー『近世私法史』一八七頁を参照)、この問題を、具体的にブランデンブルク領国における裁判制度等の詳細な分析(大学学籍簿の活用はその一つ)によって実証した。しかも、皇帝の意図は新裁判所設置の「構想」(［四］八頁)にあるとみてこの実現可能性問題に焦点を合わせ考察にあたったのが、特徴的な点である。

五　この「構想」の点を中心に問題を出したい。(1)著者自身認める通り証書・書簡に構想に関して「言及はない」(［五］十一頁)。では皇帝は外で当該構想を語っていたか。この点の検討はなく結局「構想」は仮説となる。であれば、先ずは仮説立証の作業にあたるべきではなかったか。(2)これが難しいのなら、可能性としての構想はどうか。皇帝が参審人団構成員のあり方にまで立ち入るのは、或る青写真を描いていた可能性がある。これが新裁判所設置の構想と捉えても、おかしくはない。ならば、可能性の意味をもっと追求できなかったか。たんなる移設に止まらず、選りに選ってなぜ「新しい裁判所」の設置なのか。選帝侯領にはすでにブランデンブルク参審人団がありマクデブルクのそれを参審人団のまま移すのは難しいため「独立した裁判所」(［五］十一頁)として再編成する必要があるからか。なおHeinrich, G. (Hg.), Berlin und Brandenburg (HB der Hist. Stätten Deutschlands 10) 1985, 181には、フランクフルト市は一五五五年まで高級裁判権の行使を止められていたとの記事があり、なんらか関係するか。(3)参審人団は選帝侯に報奨として授与され、また関税徴収・年市開設等の権利と同様収益をもたらす存在でもあった。さらに外部のラントが参審人団に判決提案・法教示を請うのは選帝侯領の声望・勢威を高めるのに寄与しうる。なのに「構想」が実現せず、また移設が定着せぬのはなぜか。司法の一元化といった状況証拠はもちろん意味がなくはない。一方で、選帝侯やマクデブルク市などから証言を引き出す必要があろう。例えば、参審人団の移設には都市の諸権利も運命を共にしたことで都市が陥った困窮に選帝侯が配慮を示していた経緯も看過できない(上記和約の文書参照)。最後に(4)移設直前、参審人団に法学者は幾人程占めていたのだろうか。他方、法学者が或る人数

（六名）で加わるよう皇帝が証書で実際に（「構想」としてでなく）求めたものは、復帰後の参審人団の構成・活動にどんな結果をもたらしたのか。最も知りたい皇帝の真意の問題を含め、答えが待たれる。

六　皇帝はなぜ移設の考えを懐いたのか。法科大学は有るが参審人団が無い都市にこれを配するのにマクデブルク参審人団に白羽の矢を立てたと推測される。参審人団を帝国アハトから救い出すためにも。ただ一点惟うに、司法制度が領国主義化する中で、参審人団の、一領国の枠を超えた活動が、とりわけ東方諸ラントの司法と帝国（つまり帝国最高法院）のそれとを繋ぐ役割を果たしうることに望みをかけた（この点でいえば、詳細は省くが、弟のドイツ国王でベーメン王のフェルディナントとは志を異にしたことになろう）と取れなくはない。他方都市には市裁判所や参事会があったため、参審人団が移ってきて生じうる利害は小さくない。この点だけをみても、移設は一時のものと考えていたのかも知れぬ。

（若曽根　健治）

深尾裕造・松本和洋訳「翻訳　クック『マグナ・カルタ註解』：サー・エドワード・クック『イングランド法学提要　第二部』より」（『法と政治』六六—四）

深尾裕造著「クック『マグナ・カルタ註解』覚書」（『法と政治』六七—一）

一　弁明から入る。クックは一七世紀に活躍した人物である。他方で評者は近世ないし近代イングランド法史の専門家ではない。より適任の研究者がおられることと思う。

評者は刊行順に「翻訳　註解（以下〝翻訳〟と略記する）」を、ついで「覚書」（以下〝論考〟と略記する）を読んで、近世・近代イングランド法史の専門家でない多くの研究者にとって、論考が翻訳を理解するための優良なガイドであると感じた。自分の読みがマグナ・カルタ理解なのかクック理解なのかさえ不分明のまま翻訳から理解を導こうとすれば、独自の亜流の「マグナ・カルタ神話（以下〝神話〟と略記する）」につながる危険なしとしない。しかしこれこそ、訳者・著者深尾氏が最も戒めたいことだったはずである。刊行順は逆だが、論考を見れば、翻訳刊行の主旨が、クックの法思考の、神話にかかわる誤評からの救出にあることが明確になる。主題に親しくない読者にはこの順で読むよう勧める。

神話の具体的内容は、イギリス法学・歴史学の場合と、日本の法学とりわけ憲法学および歴史学の場合とで微妙なずれがあるようにも思う。しかしいずれも、マグナ・カルタとして一二一五年のジョン王発給証書を想定している点、および、実質は近代歴史学の所産である同証書の〝同時代的〟理解を神話の起点としている点では共通している。そうであれば、中世後期イングランド法史を専攻する評者による翻訳と論考の読みを呈示することも、評の一端としてあながち不当でもなかろう。以下はこの立場から執筆するものである。

二　イギリスにも日本にも神話はあった。日本の神話には、マグナ・カルタが罪刑法定主義の始めだとかいう、制定法主義になじまないイギリスにはおよそありえない謬見さえ含まれる。ことほどさように、各神話の細部は一概に明確でない。それらの相対化さらに克服に至ってはなおさらである。日本の憲法学の一部のように、神話性の認識さえ定かでないまま、神話克服の必要性などまず考察されない分野もある。

こう考えるとき、クックの執筆スタンスを明確に認識することで「クック＝神話化の主犯」の汚名を雪ぐという深尾氏の基本構想自体が、残念ながら広範にすんなりと理解されるとはかぎらないと言わざるをえない。しかしこの構想の意味は論考を読めば明確になる。イングランド法学上の定義からして現行法であるマグナ・カルタ（版としては一二二五年のままだが、現行法としての扱いは一二九五年以降）を一七世紀中期の時点で註解した翻訳をどう評価するかは、イングランド法学・史学上の神話をどう理解し、イングランド法史上の巨人クックと神話の関係をどう評価するかという問題に深く関わるものなのである。

ただしこれら一対の業績は、輪郭がかならずしも明確でない神話を全面的に克服すべく企画されたものではない。近世の大法曹であると同時に局面により政治にも深くコミットしたサー・エドワード・クックとマグナ・カルタのかかわりをどう理解するかを、クック自身の執筆環境および執筆姿勢からきめ細かく考察することで、後世の安直な神話化からまずはクックを救い出すことが目的である。しかし実は、これら一対の業績は、深尾氏ご自身の企図を超えて、現在なお横行している世界史教育や憲法学の浅薄な理解を払拭して、マグナ・カルタとその神話を、法史学を含む法学に正当に取り戻す力さえ持つものである。

三　深尾氏の目的はあくまでも、イングランド法史学・歴史学上おそらくもっとも正統の神話からクックを救い出すことであって、神話それ自体の終局的克服（すくなくとも中和）ではない。深尾氏ご自身明言のとおり、すくなくとも中世イギリス史に関するかぎり、スタッブズの憲政（論考の表記では憲制）史が代表するホイッグ史観はすでに克服されていると言って良いが、日本に限らずイギリスでもあるいはさらに世界でも、スタッブズ著述の憲政史の時間枠を超えた近世以降のイングランド憲法史（およびこれと通底する憲法学）では、スタッブズを承けたホイッグ史観の基軸たる「多様な時代におけるときの為政者に対するイングランド国民の集団的抵抗とその奏功」が依然無自覚に当然視され、往々にして

「史実」の扱いさえ受けている。したがって、神話の内容理解とその克服（すくなくとも克服の要否および可否の検討）はなお、法史研究者にかぎらず法学者ないし歴史学者各個に残されたあるいは残されつづけるべき課題である。しかしクックと神話のかかわりは、イングランド法史とくに近世法史に親しくない多様な領域の研究者あるいは知識人にはほとんど知られてこなかった。この問題を明快に解説した論考が翻訳解読の有益な手引となるゆえんである。

もちろんこの解説に依存することはある意味で深尾氏ら翻訳者の意図を縮減する危険を伴う。しかし翻訳のコンメンタール性をきちんと認識できなければ、読者は、翻訳が展開するものが、ジョン王ではなく息ヘンリ三世以降のマグナ・カルタ改訂さらには確認と、これらとほぼ同時代の他の法令さらにその後の法令の解釈をも踏まえた「クックの時代のマグナ・カルタ」であることを認識できずに、これを一三世紀初期時点でのマグナ・カルタ理解そのものと誤解しかねない。これは翻訳に問題があるためではなく、「マグナ・カルタ」が、高等学校の世界史教育以来現代の日本人にすらなぜか親しい気がする文書〔名〕だからである。教科書が神話を史実のごとく語るため、よほどの専門でないかぎり、研究者にもみずからがどのような神話にとらわれているかを自覚することが困難なのである。

その意味で、読者が、これらの業績を各個なりにきちんと読むことは重要である。おおかたの読者はまず、論考で深尾氏が克服しようとする神話以前に、論考で正面からは取り上げられない神話、すなわちマグナ・カルタは一二一五年に当時のイギリス人が一丸となって圧制者王ジョンからもぎ取った史上最初の憲政文書だというもっとも一般的な神話があり、自分がこれに無意識にとらわれていたことを認識することになる。そのうえで、学術的にそれとは別の、マグナ・カルタ神話というよりむしろクック神話、すなわちそうした一般的神話は一七世紀のサー・エドワード・クックを始点とするという神話があるとの知識を得る。法学界および歴史学界をひろく視野にいれれば、邦語文献からこの認識と知識を得られるようになったこと自体が、この一対の業績の最大の貢献であるとさえ言える。

四　当該神話が克服されようとされまいと、イングランド法史とくに近世法史専攻でない読者、わけても日本の法学・西洋史学の研究者がこの知識を得ることが、読者各個の専攻分野におけるイングランド法史の位置づけに重大な意味をもつことは疑いない。それを超える翻訳の意味ないし評価は、読者たる研究者の主要な関心分布に応じて異なることになろう。実際深尾氏ご自身が、翻訳各章の要約的解説のかたちで、ご自身の関心からの受け止めをいわば「読みの例」としてあげておられる（論考六五頁以下）。

評者にとっての翻訳の意味はまずなによりも、クックの時代の法的関心事の比重を確認し得たことにある。紙幅の制約上再録は避けるが、翻訳された条文の表題が論考六三頁の表に明示され、これに翻訳における紙幅が示されている。この表から明確になる翻訳上の紙幅から総合的に判断して、クックの時代には私有財産権にかかわる条項が社会的に重要な関心事であったことがわかる。当該条文の註解とりわけ私有財産権に付随する負担〔義務〕にかかわる記述を読めば、クック時代の財産権はいまだ、ワイマール憲法的な近代所有権となる以前の状態、換言すればイングランドにおける私有財産権の「脱封建制」の過程にあったことがあきらかになる。ドイツにもフランスにも同様の過程があったことがあきらかにされつつある現在、この部分の註解は、近代所有権法史におけるイギリス・ヴァージョンを示す、比較法史的にも貴重な情報である。

他に重要でかつ興味深いのは、深尾氏が論考で力説されるクックの「a法律家／b学者」としてのスタンスである。aは随所の註解にみられる同時代的関心のありようを直接的ないし暗示的に示していて、西洋史とりわけ社会史の興味深い情報となる。bはaに至る過程をマグナ・カルタ以来クックの執筆時までに知られていた法的情報から説明するもので、いまでも通用するイングランド法史学研究のひとつのスタイルを示す。これらのスタンスとくにbが、「註解」は神話の始点ではなく、クックは言われてきたような神話の創設者ではないとする深尾氏の論拠である。

五　最後に評者にわかる限りでの批判（むしろ注文）を挙げる。中世議会史に踏み込んだ経験がある者には、『議会開催方法 modus tenendi parliamentum』は、その成立時期および制作目的を含め服膺をめぐり面壁せざるを得ないほどの課題にして謎である。それからすると、執筆時の通説をそのままに文書成立をアングロ＝サクソン期とするクックの理解についての深尾氏の解説、要約すれば、クックはこの「議会」が両院化以前の存在であることを理解しており、そこから広く衆議による決定の場を指すと解していたのだが、当時の学術的情報を勘案すればクックの理解は誤解ではないとの解説（五九頁以下、注（47）参照）はやや安易な救済の憾が残る。注（47）のクック説はたしかに苦しまぎれに近い整合化だが、当該文書内容は parliamentum に特化したもので、衆議の場全般に適用可能なほど漠然としたものではない。むしろその内容が細微にわたりすぎて、これに対応する召集あるいは開催がありえた時期を特定することが困難なのである（なお現在の中世議会史研究上はセルデンの説が決定的であるとは理解されていない）。クックがこの文書の詳細加減を知らなかったはずはなく、評者はこの整合化を論考での扱いほど丁重に弁明する必要はないと思う。そもそも議会起源論争は、クックの時代からすればはるか未来の話である。クック自身は、註解（翻訳）の行論上議会起源論等に深く踏み込む必要を認識しなかったに留まるのではないだろうか。しかしこの問題は、翻訳の随所に出てくる「詳細は法学提要第一部に譲る」との叙述と深く関連する問題のひとつである。そこで評者は、深尾氏ら翻訳者に、是非にも提要第一部の翻訳を刊行してくださるようお願いしたい。

訳業の細部について、深尾氏にも松本氏にも、読者の混乱を回避するため留意（別途再刊時に訂正）願いたいことが二点ある。第一点。引用以外の地の文で「国」と「國」の表記の別に固有の意味があるなら凡例に明記していただきたい。ただし評者が読むかぎり、深尾氏のさきの訳業であるベイカー著『イギリス法史入門』第Ⅰ部・第Ⅱ部の刊行時点においてすでに、これら表記の背後に格別意図的な訳し分けがあるとは認めがたい。こう判断するまでに、頁ごとに数回は出てくるこれらの文字の文脈データを取って表を作りながらの読み返しが必要だった。校正なりで統一すれば済むだけの表記の乱れで読者にこうした負担をかけるのは感心しない。第二点。queen/regina の訳語が「女王」に統一されている。この語が日本史における「王」「女王」の意味でないことはまちがいないが、日本の西洋史学界の一般的な用語法である「統治権を持つ女性君主の場合のみ〝女王〟」「君主たる王の配偶者に留まる場合は〝王妃〟」の訳し分けは必要である。イングランド史・スコットランド史上の人物は人名から王妃と推測したが、それでも念のため、クックの叙述内容につき、当該人物が自己名義で当然に統治権を持つと認められる状況があったのかを逐一検索エンジン等で確認した。他国の場合はなおさらである。読者にそのような負担をかけること、それどころか当該人物が生きた時代および地域に詳しくない読者に、彼女らはすべからく「統治権を持つ女性君主」であったと誤認させることは、感心できないどころの話でない。おそらく法学的にもそうだと言っていいだろうが、歴史学的に完全な誤誘導である。しかし行論上故意の誘導を必要とするほどの内容は記されていない。

（北野　かほる）

菊池肇哉著「ジャン・ドマの「法科学論」とデカルト、パスカルの「幾何学的方法　mos　geometricus」：ポティエ「法準則論」内の自然法的構造との対比において」（『日本法学』八二―四）

本論文は、「ポティエ『法準則論』中の「一般的法準則」における方法論分析：ポティエ「新序列」とドマ「自然的序列」の相克と統合」（日本法学第八十一巻第一号（二〇一五年六月刊、これについては、大川四郎教授による書評がある、本誌六十六巻所収）の続編にあたる。本論文の構成は以下のとおりである。

はじめに
Ⅰ．思想史的分析：デカルト、パスカルと「幾何学的方法 mos geometricus」
1．デカルト『方法序説』（一六三七）の四原則
2．パスカル『幾何学的精神について』（一六五五）
Ⅱ．ドマにおける適用の実例：デカルトの科学的確証性。パスカルの「精神 l'esprit」と「心情 le cœur」の区分
Ⅲ．結語

「はじめに」において、ドマ『自然的序列による市民法』（一六八五―九一）の成立に関する思想的系譜について、デカルト『方法序説』（一六三七）、パスカル『幾何学的精神』（一六五五）及びアルノー『ポール・ロワイヤル論理学　思考の技法』（一六六二）との連続性を論証しようとする著者の試みのうち、デカルト、パスカルの影響をドマの作品の中で検証しようとするものである。著者によれば、従来ドマの「自然法論」、「法科学論」と「幾何学的方法」との関係はあまり注目されてこなかったが、ドマの方法論を理解するためには、こうした思想史的系譜の中に位置づける必要があるとされる。

「I．思想史的分析：デカルト、パスカルと「幾何学的方法 mos geometricus」では、まず、「1．デカルト『方法序説』（一六三七）の四原則」において、デカルト的「科学」における「秩序・序列 ordre」という概念とドマにおける「自然的秩序・序列による市民法」の概念と密接な関係にあるとされる。デカルトの四原則は、ドマの法律学、特にその法準則論においては、(1)明証性＝神への愛、(2)分析・解析＝複雑な「ローマ法大全」を分解・分析し、準則として必要なテキストのみをより分けること、(3)総合＝より単純かつ明瞭な一原則「神への愛」「隣人愛」から各準則、法則が導き出され秩序づけられること、(4)扱う法分野の包括性（ただしドマの生前はあまり達成されなかった）にあたるとされる。（この四原則と密接に関係する「精神指導の規則」（一六二八年）についても検討なされる）。

「2．パスカル『幾何学的精神について』（一六五五）では、パスカルの初期の『幾何学的精神と、説得の技術について』とアルノー『ポール・ロワイヤル論理学』（一六六二）との関係が注目されている。第一部冒頭の検討から、「完璧な秩序 un ordre parfait」を巡って、パスカルとドマとの用語的関連性が確認されるとともに、またデカルト、パスカル、アルノーの方法論における連続性がポール・ロワイヤルの知的運動の中で位置づけられ、ドマはその方法論を「市民法」ひいては「ローマ法学」に適用したが、「幾何学的方法論」のローマ法学への適用には一定の限界があったとされる（三～七頁）。

「II．ドマにおける適用の実例：デカルトの科学的確証性。パスカルの「精神 l'esprit」と「心情 le cœur」の区分」では、ドマにおける「幾何学的方法論」の具体的適用が検証される。デカルトにおける「真理」は、ドマにおいては、ローマ法から抽出された「自然法のプランシプや準則レーグル」もしくは「衡平の準則」にも関係する、とされる（七～一八頁）。その中でとくに「法論」の一節、「法の諸原則の確証性 Certitude des principes des loix」について詳細な検討が試みられる（二〇～二八頁）。ドマにおける確証性の高い法原則とそうでないもの、「自然の光：理性」と「恩寵の光：キリスト教信仰」、「精神：理性」と「心情：道徳」、「幾何学的精神：厳密な論理性」と「繊細な精神：複雑な社会への論理の繊細かつ鋭敏な感性による適用」の峻別は、パスカルにおける原則と準則の幾何学的階層性、「恩寵の光」と「自然の光」の対比、「精神」と「心情」の区分、宗教的真実の明証性＝確証性の強さが観察されるのであり、いずれもパスカルと無関係には理解できないともされる。（二五頁）。

「Ⅲ．結語」では、ドマにより指向された「自然法の科学」の概念は、ポール・ロワイヤル的、デカルト的であり、「光」の概念は、デカルト的・パスカル的な理性による「自然の光」の概念であり、ドマの「自然法」「自然的秩序」はこの概念の延長線上にあったことが再確認されるとともに、今後の研究への展望と構想について言及される（二八～三一頁）。

本論文の構想はきわめて広く、以上の拙い紹介ではその意を十分に尽くすことができない。ドマ『自然的序列による市民法』をデカルト、パスカル、ポール・ロワイヤルを通じての思想史的な文脈の中に位置づけようとする試みはこれまで積極的に試みられてこなかったこともあり、高く評価できるであろう。本論文は、ドマについて、主として『自然的序列による市民法』の序論及び本論冒頭の「法の諸原則の確証性」の分析に当てられるに留まり、とくに原則と準則の幾何学的階層性、「精神」と「心情」の区分が本論の中で具体的にどのように展開されるのかは今後の研究に委ねられており、その進展におおいに期待したい。ただ、キータームについて、例えば、「レーグル」、「ロワ」、「プランシプ」が用いられる一方、「準則」「原則」なども用いられ、ordreには「秩序」「序列」「秩序・序列」、espritには「精神」「知性」「精神・知性」などの訳語の混在していることが論旨を辿ることを困難にしているようにも思われる点が惜しまれる。

（吉原　達也）

吉原達也著「ポティエ『新編学説彙纂』第五〇巻第一七章第二部第一章について」（『日本法學』八二─二）、同「ポティエ『新編ユスティニアヌス帝学説彙纂』第五〇巻第一七章における帰国権について」（『日本法學』八二─二）

吉原達也氏の本論文二編において評者が期待するのは、つぎのいくつかの観点である。

フランス民法典とポティエ　明治初期日本の法典化過程においてボワソナードを通じてフランス民法、ポティエの法学説さらにはローマ法にさかのぼって探究するという道筋が示された。日本においては近代法整備の中でフランス民法典を検討しその過程でポティエに触れることができた。その意味は大きいのであるが、近代諸法典編纂以後の日本法学がドイツ法学の多大なる影響を受けドイツに偏ってしまったので、その目がフランス民法典の学説的起源及びその基礎に置かれた諸法源の探究に充分には向けられなかった。したがって法解釈学上フランス民法典、日本民法典の学説的起源という視点から考察するのは当然である。だが、ここではそういう視点からではなくてポティエという法学者の思考方法や周辺、背景にどれくらい目配りしているかにも関心があり評者はその視角からみたいと思う。

近代フランス法学とポティエ　日本におけるローマ法学ならびにフランス法学の研究のなかでも『法制史研究　別冊』に寄稿した關口晃氏以来、ポティエの実質的な著作研究は本格化した。日本の法学の中で一八世紀のポティエ、一七世紀のジャン・ドマに特に注目してきたが、それぞれの人物の周縁の研究は道半ばであり、ポティエあるいはドマに焦点を当てるだけでは心もとない。というのも道筋が固定化しているきらいがあって、はたして近代フランス法学の通説的伝統が明確になるかどうかに懸念があるからである。

ローマ法大全とポティエ　『学説彙纂』第50巻第17章をベースにポティエの『新編学説彙纂』のREGULAEの数を数える作業はそれをどこに結びつけるかを明確にしない限り、あまり益のない作業といえる。むしろこの個所でポティエが意図したものはなにかが問われるべきなのであろう。吉原達也氏の論文は、最近の菊池肇哉氏（日本大学比較法研究所）の一連の論稿とともにこのような点に及んでいる。さらに突っ込んだ議論を求めるなら、ローマ法源史料をPars, Liber, Titulus, Caput, Sectio, Articulus, Paragraphus, ローマ数字Ⅰ、Ⅱ、Ⅲ……（試みに訳をつけると「部」、「巻」、「章」、「節」、「条・款」、「項」、「号」）といういくつものレヴェルで分類した上位・下位区分法は、ポティエの諸論説Traitéでのこれらの用い方と同じかどうかということにも、評者としては興味がそそられる。

法学提要序列システムとポティエ　法学提要方式で法を語ることは一六世紀人文主義法学以来フランスでは伝統的である。一八世紀にもなるとたとえばトゥールーズ大学のド・ブータリックは『法学提要』の枠組みを借用してフランス法を語りだした。ポティエがその伝統を引き継いで法学提要方式で序列の再編成に動いた誘因は当然でわかる気がする。だがしかし『学説彙纂』の一部であれそれを法学提要序列方式に配列し直す作為・意図、その試みが『学説彙纂』の最終章第50巻第17章の古法原則（法格言・法範）であることの意味がいまだ不明である。『学説彙纂』『勅法彙纂』『新勅法彙纂』を法学提要式に組み直して索引的試みとしてローマ法源総体から諸法文をこの場に収録するという意図でもあったのだろうか。ならば本体の『法学提要』と新しく再編成することになった法原則の法学提要式序列との関係はどうなるのかということにも説明が必要となる。REGULAE IURISの研究に新生面を切り開いたP．スタインもアルファベット順ドイツ語訳の編著をものしたD．リープスもそのことは教えてくれていない。『学説彙纂』の最後の一部を法学提要序列システムに置き換えてみる作業の意図はどこにあったのか。

以上の諸点からして、ポティエの意図とともに、これを分析の対象としてとりあげた著者の思惑にも関心がある。

吉原第1論文の目的と要旨　ポティエのアプローチの方法を知るにはローマ法源史料をいかに配列し直したのかを見ることである。したがって原史料の翻訳を通してそのあとを追ってみることはその方法を認識するのに正しいあり方だと思われる。著者吉原氏のとり組みは「Prima Pars第1部」『学説彙纂』第50巻第17章第1法文について―ポティエ『新編ユスティニアヌス学説彙纂』レグラエ論序章―」（日本法學八〇―二、二〇一四年）と「ポティエ『新編ユスティニアヌス学説彙纂第50巻第17章第1部抄』（日本法學八一―三、二〇一五年）に続くものであり、「Secunda Pars第2部」全4章のうちの冒頭第1章の全体像（第1論文）と、この第1章全6節のうちの最後の節である第6節 postliminium または ius postliminii（訳は帰国権）と Lex Cornelia（コルネリウス法）の fictio 擬制という論題検討（第2論文）へと及んだものである。「帰国権」に関しては、著者には「ポンポニウス：クイントゥス・ムキウス市民法註解第三七巻」（広島法学九―一、一九八五年）もある。

著者は検討対象とする第2部が「法学提要式システム」を採用して分類し構成しているということを前提に、その第1章「身分及び条件による人のさまざまな種別について」にしぼってその「細部」がどのように組み立てられているかを具体的に検討するとした（4（二二九）頁）。「小結」ではユスティニアヌス『法学提要』第1巻の相当する個所との比較にも及んでいるが、ポティエ独自の工夫があるともしている。

そこで気づかされた点として、評者がドマの『学説彙纂・勅法彙纂諸巻から精選された法―学校および法廷の使用によせて―』分析の際にも感じたことであるが、ドマやポティエに導かれてローマ法の奥の深さを知ることではなくドマやポティエがどう考えたかを知ることが目的であれば、導入、標題、要約、敷衍のほかどのようなものであれかれ自身の言説の個所がなによりも大事なところであるから、『学説彙纂』、『勅法彙纂』の引用法文の典拠記載以外のところは明確に「ポティエの言説」とでもして区別する必要がある。たとえば30（二〇三）頁の2°CXの前半部はD.40,11,2の法文からの抜粋だから典拠不記載のままでなく、ポティエの言説とは区別しておかなければならない。上位・下位区分についていまひとつ、著者はcorollariaに「系」の表示を与え、§.に「項」を充てているが、ローマ数字のあとの算用数字の用い方とともに区分法が不分明なままである。前者の「系」は内容的には付随的に関連する法文を一定の枠内にとりまとめたもののように思う。全体に『学説彙纂』からの自由自在な抜き出しに前後が逆転しているところもあり、そこに法則性があったかどうかについてもたいへん気にかかる。9（二二四）頁の、レグラを「案出」したのか、D.50,17以外の個所から諸法文を抜き出したのかの言い回しも気になる。些細すぎることではあるが翻訳なればこそとしてご海容ねがいたいが同一論文の中では統一が望ましいところもある。たとえば2（二三二）頁、14（二一九）頁、41（一九二）頁のconditio

を「身分」と訳すか「条件」とするか、2（二三一）頁、5（二二八）頁、9（二二四）頁のstatuliberを「解放予定奴隷」にするか「予定解放自由人」と訳すか、20（二一三）頁注（17）で引用されているガーイウスGai.2,200のように「条件つき自由人」とするか（なお佐藤篤士監訳早稲田大学ローマ法研究会『ガーイウス　法学提要』は「候補自由人」とする）翻訳の難しさを感じる。14（二一九）頁、41（一九二）頁のvisceraは医学ラテン語では内臓のことを指すと思うのだが、これに「子宮」を充てるか「肉」と訳すか。ここでは関連して22（二一一）頁注（31）で、明治初期日本の旧民法人事編「第一章　私権ノ享有及ヒ行使　第二條　胎内ノ子ト雖モ其利益ヲ保護スルニ付テハ既ニ生マレタル者ト看做ス」という条文の参照を求めているのであるから、明治期の熊野敏三などの日本人起草委員やボワソナードがどのような思想的背景を持っていたのか、明治一〇年の司法省『民事慣例類集』、一三年の『全国民事慣例類集』の「人事篇」に現れる慣習などがどのようなレヴェルだったのかにも是非触れていただければ良いと思う。また区分が重要だという観点に立てば、39（一九四）頁で「第4項」の表記が抜け落ちていることも指摘しておきたい。

吉原第2論文の目的と要旨　もうひとつの論文「帰国権」の論題について。第1章の最後の節である第6節で扱われるpostliminiumまたはius postliminiiとは一言でいえば「捕虜の復権」であり、「ローマ市民が敵の捕虜となった場合、捕虜は万民法上奴隷発生原因とされ、市民が敵の捕虜となったときには敵の奴隷servus hostium（Gai.1,129）となるが、この者が戦時または平時に帰国するときには捕虜となる以前に有していたすべての権利を回復する」（六四〇頁）。この第6節（sectioVI）「帰国権、及びコルネリウス法の擬制について」、第1項（§. 1）「帰国権、およびその効果について」にはCXL–CXLVの6項のregulaeが収録されているが、ポティエはD.49,15 : De captivis et de postliminio et redemptis ab hostibus「…帰国権について…」を「いかなる者たちの間で捕虜の権利及び帰国権が成立するか」「いかなる時に帰国権は成立するか」「いかなる人が帰国権を有し、いかなる物が帰国権の対象となるか」「いつ帰国権が帰属するか」「帰国権の効果はいかなるものか」の5項目に、丁寧な訳出を通して、再配置し直した上でそこから上記全6項のレグラ群を抽出したと位置づける。D.50,17には元々ないものであるから、ポティエがいかなる手法を用いてこのように配列したのかのあとをたどることができて大変興味深い叙述となっている。ポティエの『新編学説彙纂』D.9,1–D.9,2を検討した評者の経験から、元の『学説彙纂』と『勅法彙纂』からポティエによって採録されていない法文があることに気づいたことがあるが、ここでは『学説彙纂』D.49,15の該当法文の全部を利用しないで、構成し直す手法を採っているということにも気づかされる。このようにしてなかでも重要な標識として「敵」「帰還の意思」「かつてあったとの擬制ac　si…」

「死亡したものとの擬制quasi…」（コルネリウス法の擬制）などが指摘されて上記6項のレグラ群摘出の軸として反映されるのである。本論文の叙述の意図をそのように解してよければポティエのローマ法源史料の「新編成」（または「新序列」）の意図、進め方もいっそう明確に理解できるのではないだろうか。

（西村　隆誉志）

野田龍一著「遺言における小書付条項の解釈—シュテーデル美術館事件をめぐって」（『福岡大学法学論叢』六〇—四）、同「シュテーデル美術館事件における四半分の控除—Nov. 131. c.12. pr の解釈をめぐって（一）、（二・完）」（『福岡大学法学論叢』六一—一＝二、三）

一、法人という法制度のなかで、財産それ自体に公益財団という形で独立の主体性を承認することには、長い年月を要し、また、その承認後もそのあり方について、きわめて難しい問題を提供している。遺言による公益財団設立を承認するドイツ民法八四条（日本民法も継受）制定の機縁となったシュテーデル美術館設立遺言事件は、いわば今日の公益財団法制の基本問題を考えさせるものである。実際、一九世紀ドイツ法学界を挙げて論争され、あわせて一二の法学部判決ないし意見が出されるなど、にぎわした出来事であった。著者野田龍一氏は、関係資料の探索収集に尽力され、これらを丹念に一連の論文として逐次公表されてきている。（本稿後、ドイツ法制史家二〇一四年大会における報告を基礎に、Zum Städelischen Beerbungsfall, SZ (Germ. Abt), 133/, 365-403, 2016)。そのうち、「十九世紀初頭ドイツに於ける理論と実務—シュテーデル美術館事件をめぐって」（河内宏他編『市民法学の歴史的、思想的展開』）につき本誌五七に潮見佳男氏、「遺言による財団設立の一論点—シュテーデル美術館事件と学説彙纂D.28. 6. 62pr（一）、（二・完）」（福岡大学法学論叢五八—二、三）につき本誌六四に吉村朋代氏、「シュテーデル美術館事件における理論と実務—四自由都市上級控訴裁判所史料をてがかりに—」（同誌五九—三）につき本誌六五に篠森大輔氏の書評がある。

二、まず、事件のあらましを提示する。フランクフルトの実業家J.F.Städelは収集した美術品及び美術教育のための美術館設立を希望し、（生涯独身で子供もいなかったので）一八一五年、設立されるべき美術館を相続人とする遺言—美術館設立が慈善目的であるゆえ、社団法人の場合とはことなり、法人成立のための認可なくして法人設立が可能であるとの立場で—を作成し、それが無効ならば、小書付としての効力を持つべきことを命じ、その翌年死亡した。（なお、これと同様の遺言を一七九三年に作成。ナポレオン戦争の結果、フランクフルト大公国の成立に伴い、フランス法の適用に服することになったため、大公による財団認可を取得したうえ一八一二年に遺言作成。ウィーン会議の結果、同大公国が解消となり、ドイツ連邦に属し、ドイツ普通法が適用されることになったので、第二の遺言も破棄したうえで、上記遺言を作成したという経緯を経る）。

当時のドイツ普通法においては、敬虔目的の財団は、公権力の承認がなくとも設立しうる、また、胎児を相続人指定することが可能であることからの類推により、未成立の財団を相続人として指定する遺言を有効性とする見解また裁判例が多数伝えられ、法学部判決でも認めるものが多い。遺言者はこれに沿って遺言を作成したものとおもわれる。しかし、敬虔目的であっても、財団成立には公権力の認可が必要であるとする見解、また、ローマ法でも胎児を相続人に指定する場合に遺言者死亡時での懐胎が要件であることから、未成立の財団に対してはその類推はできないとする議論がその後優勢となり（また、フランクフルト大公による財団設立認可が無効であるとされ）結局本件遺言自体は無効との結論に至る。（SZ論文は胎児相続人指定遺言との類推問題に焦点。なお、この議論は、ドイツ民法制定時に立法的決着を与えられたが、その性質については学者の議論にまかせることとなった）。遺言無効という帰結をうけて、さらに、遺言無効であっても小書付として信託遺贈の効力を持つか、その場合のいわゆるファルキディウス（ないしトレベリウス）法に基づく四半分を相続人は留保できるか、の問題ついての判決を受任したハレ大学法学部は、（フランクフルト市に不利に判決が下されるとの噂が広がったため）判決作成を返上する事態に立ち至る。その後、和解の途をとり、法定相続人側代理人の主張する四半分留保を認めるに近い和解金（遺産総額一三〇万グルデンに対し、三一万余グルデン）の支払いで決着した。既に著者により、遺言の原本、開封手続き関連書類の邦訳（福岡大学法学論叢五五巻三四号）もなされており、貴重である。（これ以外にも、当時の複雑な訴訟手続きも含め多くの法律問題が錯綜し、著者の一連の論文で教示を受ける問題は多岐にわたる）。今回の書評は、（ハレ大学法学部の処理するはずであった）小書付による信託遺贈請求の許否、また、法定相続人は信託遺贈義務履行に際し、いわゆるファルキディウス法による四半分の留保の許否に関する二つの論文を対象とする。

三、第一論文（「遺言における小書付条項の解釈―シュテーデル美術館事件をめぐって」）は、遺言無効後の小書付による遺贈（信託遺贈）への転換の問題を取り扱う。遺言としては有効でない場合にその遺言に小書付としての効力を認め、遺贈あるいは信託遺贈の効力を認めることはローマ法で広く承認され、ドイツ普通法においても受け入れられている。本事件では、一旦遺言に基づく効力を主張したものは、その後小書付に基づく効力を主張できないと理解されて来たテオドシウス帝の勅法（ユ帝勅法彙纂、六、三六、八、四二四年）を基礎に、法定相続人側代理人は、「本件では、遺言書に基づく請求が否定されたのであるから、小書付を根拠に遺贈の請求することは認められない」と主張する。著者は、この勅法の解釈として、一九世紀初頭のドイツの学界では有力に展開されたものであったこと、またその時代には明快な解決の与えられなかったことを各種の文献の分析の叙述により明らかとする。

　テオドシウス帝法典の研究が進んだとされる今日に至るも、状況が根本的に変更したとはいえないかもしれない。ただ、テオドシウス帝勅法の具体的事例（論文五三八頁注九）は、いずれも合理的内容である。両者選択可能というのは、おそらくは双方の可能性がそれ自体有効に主張しうる場合を指し、（本件のように）遺言が無効の場合には及ばないと解するのが適切とおもわれる。著者は、ベルリン大学法学部意見でもこの見解であり、ハレ大学法学部においても、ミューレンブルフの見解を基礎にこの点については、意見が一致していた、と具体的に記述する。
四、これに対して、第二論文の取り扱う、相続人が敬虔目的の遺贈ないし信託遺贈のばあいに四半分の留保を認められないかの問題は難題である。ローマ法においては、古典期に都市への遺贈につきこの控除が認められていた。著者は、この規律が新勅法一三一号一二章序項により変更され、敬虔目的の遺贈については控除を認めないことになった、と理解されたこと、また、ビザンツでも、バシリカ法典でもそのように理解され、またその後その伝統に長らく従っていたこと、中世ローマ法学以来（同新勅法のラテン語訳としてつたえられる勅法彙纂六、五〇、Similiter に基づき）このような理解が主流であり、近世法でもこの原則を明文で定めるものもあったこと（フランクフルト市法もその一例）、しかし、この見解に批判的な見解が、ビザンツ一二世紀の法学者バルサモンによって主張され、キュジャス、ポティエ等はそれに従っていること、を順次史料により叙述する。さらに、ベルリン大学法学部は、控除を認めない意見を作成したこと、これに対して、ハレ大学法学部ではこの点につき意見が分れたが、ミューレンブルフは、認める立場をとり、その見解を発表したこと、そして、現にその見解に沿った和解が成立したことを明快に論述する。
　同新勅法についての研究は今日もあまり状況はかわらないかもしれない。ただ、この新勅法の文言には「財産がこの目的には不足すると主張して遺贈を履行しない」という表現があるから、あるいは新勅法が扱った具体的事件では、財産目録を作成せずに故意に履行を拒むものに対する制裁の可能性もありうる。（ユ帝は、財産目録の作成を四半分の留保のための要件と規定した（新勅法一号二章一項）。なお、敬虔目的の遺贈の場合に控除を認めないとするユ帝勅法は、他には、相続人になった教会について言及するにとどまる（C. 3, 45, 7, 7a ; 48）もののようである。おそらく、ユ帝段階での法としては、敬虔目的であっても（通常）相続人については控除が認められていた、と解するのが正当と思われる（敬虔目的の遺贈は多く教会に引渡されるのであるから、教会側は四半分の控除のないほうが断然有利であるので、このことが、新勅法のあいまいな表現のために敬虔目的の場合の留保を相続人に認めない（教会に有利な）解釈が支配的になった可能性はあろう）。しかし、このことと、中世ローマ法、あるいはドイツ普通法でどのように理解されていたかとは全く別問題である。

おそらくは、ファルキディウス法の四半分について、細かな計算の問題もさることながら、改めてその根拠が問われるべきかもしれない。とりわけ、いわゆる義務分との深い連関は重要である。またユ帝新勅法一号二章二項において、遺言者は四半分を明示的に否定する規定を許したかのように見られている、さらに、新勅法一一九号一一章において、親族内に留まることを命じられた土地については、四半分の規定が及ばないとする。（van del Wahl の指摘する学、三五、二、五四の事例との関連は示唆的）。あるいは、理論的というより、他の多くの法律制度同様、長い歴史の中で生じた知恵のひとつで、議論をこえるものがあるのかもしれない。

五、おそらく、読者の多くには「十分な法的助言をうけえた」にもかかわらず、遺言者が、（無効と判断されることになるような）未成立の財団を相続人指定する遺言書をなぜ作成したのかが、素朴な疑問として残ろう。おそらくは、（各法学部の判決の多くがその有効性を承認しているのであるから）当時の法実務としては、間違った方法とはみなされなかったのであろう。他方、この方法では、（相続人が財団自身であることから）相続人に認められる四半分の留保が（敬虔目的の場合には適用ありやなしやの問題と関係なしに）問題とならず、財団により多く遺せることになる、という考慮が作用したのかもしれない（参照、C. 13, 48 pr 五三一年）。

しかし、本件の遺言者の財産形成に祖父の財産の寄与を推認しえないわけではない。（祖父はストラースブルク市居住、その息子がフランクフルトに移住し商業を営み、遺言者自身は、更に金融業も）。とすれば法定相続人達（本件では、従兄弟とその相続人）に、四半分の控除を認めるのはおそらくは、十分に理に適ったことともいえるかもしれない（わが国で従兄弟について、なるほど法定相続権を認めないが、後見人任命申請権者とされている状況にある。従兄弟（ないしその相続人）の法定相続権は比較法的にも、おそらくそれほど異とすることではない）。

六、著者の長年の努力がこのように結実し、ドイツ法制史に具体的に寄与をされることとなったことは、大変喜ばしいことである。なお検討すべき論点がいくつか示唆されているが、それらを含め、単行書としての刊行が望まれる。

（西村　重雄）

石部雅亮著「立法の思想史——一八世紀後半から一九世紀末までのドイツ——」（『法の理論』三四）

1　本論文の概要

本論文は、法哲学会におけるミニシンポジウムのコメントが基になっており、四つの章からなる。以下、内容を簡単に紹介する。

「一　序　啓蒙の視点から」では、「立法」の用語のもとで国家の法命令のみならず多様な法源を考慮すべきことが説かれたうえで、一八世紀後半から一九世紀前半のドイツにおける法と国制の転換が簡潔に説明される。すなわち、この時期絶対主義国家から立憲君主国家への構造転換がすすめられるとともに、立法活動（法典編纂活動）が活発になった。実定法は、普通法と特別法とが区別されたが、実務上は法解釈の錯綜をもたらし、法典編纂はこの混乱に終止符を打つ意味もあった。また、絶対主義国家の形成とともに官僚制が発達し、さまざまな法命令（Ordnung, Verordnung）が発布されたが、規制が私法関係と交錯する場合など、実体法にも影響を与える事例もあった。

「二　法典と法学」では、自然法学とプロイセンの法典編纂が扱われる。ドイツの自然法学は、人間に自然に賦与された理性に基づき、法規範の概念的体系を構築することを企図したが、それは同時に絶対主義国家の正当化理論でもあった。これに対して、ゲッティンゲン学派は「後期自然法」の時代に、特定の国家の実定法の観察から帰納的方法を用いて法原理の探求を試みた。

プロイセンの法典編纂については、フリードリ大王の発した官房令に、一八世紀の立法思想に基づく指導原理が集約されていた。プロイセン一般ラント法典は、私法と公法を統合し、約二万条におよぶカズイスティッシュな規定を擁していたが、そこには身分ごとに特別の規定を設ける必要があるなどの事情が与かっていた。ここでは市民的自由と権利の保護が目指される一方、既存の体制の維持に終わった面も強く、啓蒙絶対主義官僚による市民的改革の脆さが示されている。

またこの時期は、カントを中心として自然法論の転換が見られた。そのさい、法学部系の自然法学は、カントの形式主義・意思主義を受け継いだ（G・フーゴー）が、哲学部系の自然法学は、カントの自由原理の実定法による直接的な実現を要求した。

「三　サヴィニーとヘーゲル」では、「創る法と成る法」というキーワードとの関連から、一九世紀を代表する二つの法思想の潮流が比較される。サヴィニーの法の有機的発展の観念は、たしかに社会からの法形成という認識手法を示唆するが、それは萌芽的なものにすぎず、むしろ実定法の成立や変化の思想的基礎づけないし正当化を意味する。サヴィニーが説いたのは、法学者・実務家よりなる法曹階層に民族の代表としての期待を寄せることであった。

これに対して、ヘーゲルは、法は自由意思を出発点としつつ客観的精神として外から認識・意識されうる形式をとることで現存在となる、と説く。この点、法典編纂に消極的なサヴィニーと対立しているように見えるが、ヘーゲルのいう法典も歴史的に生成してきた法の論理的体系を意味しており、両者の対立は相対化されうる。

「四　国制との関連において」では、国制との関連から立法思想の特徴が明らかにされる。一九世紀には、啓蒙絶対主義から「立憲君主制」への転換が問題となったが、それは、君主に集中された立法権が議会の協力をえて行使されるようになったことを意味した。そのため、法律の概念には、君主の一方的法命令でなく、議会の同意を得るという要件が加わる。だが、このような事態は同時に、政府がその命令権力を別の形態での立法権として維持することも意味した。

続いて、かかる法律の機能について、理論的根拠を与えたのがヘーゲルおよびその流れをくむ国家論であったことが示唆される。ヘーゲルは国家権力を君主権・立法権・統治権（これに司法権と福祉行政権が含まれる）に分けており、これらは機能的に一体化して協働する。行政機関による規制は、法律が及びえない細部の機制や状況変化に柔軟に対応しうる独自の種類の法定立として立ち現われ、これは官僚層により担われた。これを受け継いで展開したのがシュタインとグナイストである。

一九世紀の後半になると、実定法の形而上学的基礎づけは後退し、代わって法原理・法概念・法命題の論理的体系の構築が強調された。ドイツ民法典の成立によりそれは一応の完成を見るが、そこには、法典と法学の協働関係、統一法典によるラント法の排除などの現象も付随した。とはいえ、権威的・家父長的な伝統的諸制度が完全に払拭されたわけではなく、後期資本主義および社会主義勢力の台頭にともない諸種の問題はなお残された。

2　本論文の意義

見られるように、本論文は、一八世紀における啓蒙主義の影響下による法と国家のありようを起点に、現代法システムの成立までを遠視しつつ、一九世紀ドイツにおける法思想を要約的にまとめたものである。表題には「立法思想」という語が用いられているが、実際は、法典を支える根本思想、個別規定、法哲学、法学構想、国家の内部構造など、法形成にかかわる思想が幅広く扱われている。しかも、多様な論点を取り扱いながら、その核心のみを取り出し、体系的かつバランスの取れた記述にまとめあげており、一九世紀ドイツ法思想史の要約的概観として、これ以上望めないほどの完成度を見せている。

啓蒙期の法思想との関連からドイツ近代法の特色を描いた我が国における古典的文献としては、磯村哲「啓蒙期自然法論の現代的意義」（一九五六年）がある。本論文は、その完成度の高さから、磯村論文の問題意識と目的を受け継ぎつつ、その後の内外の研究をふまえ、より精緻な近代法史像を改めて描き出したものと解釈できるのではないだろうか。

本論文は、二〇頁足らずの小編であるにもかかわらず、深い学識に基づく濃密な記述に満ちている。ドイツ近代法史に関心をもつ全ての人に広く奨めたい貴重な業績である。

（耳野　健二）

西村清貴著「一九世紀ドイツ国法学における実定性の概念について――歴史法学との関連を中心として――」(『法学志林』一一三―四)、同「G・W・F・ヘーゲルのサヴィニー批判――実定法概念をめぐって――」(『法学志林』一一四―一・二)

一　著者は「C・F・v・ゲルバーの国制論」早稲田法学会誌五七号(二〇〇七年)、「パウル・ラーバントの国制論」早稲田法学会誌五八号(二〇〇八年)、「一九世紀ドイツ国法学における方法と国制」法哲学年報(二〇〇八年)、「一九世紀ドイツ国法学における公権の概念について」大野達司編『社会と主権』(法政大学現代法研究所、二〇一四年)などにおいて所謂「ゲルバー=ラーバント学派」の学説史的再評価を行っており、著者はこの一連の研究において近代ドイツ公法学の理解枠組としてしばしば用いられる「実証主義」という概念に夙に疑問を表明されている。ここに書評の対象とする二つの論攷はこの問題に対する検討を継続するものである。

二　「一九世紀ドイツ国法学における実定性の概念について」(以下「第一論文」)では、『実証主義』およびこの概念に関わる『実定法』あるいは法の『実定性』という概念について、歴史法学との関連を意識しつつ、検討を加えること」(七九頁以下)を目的とする。結論から言えば、ゲルバーの「実定法」概念は、民族精神論と結びついたサヴィニーのそれを継承した「観念論的」概念であり、国家の立法行為や「経験によって認識可能な事実」に還元されるものではなく、従ってゲルバーを「実証主義」者と呼ぶことが許されるのはかような「実定法」を対象としていることが理解される限りのことだ、ということが著者の主張である。

第一章ではまず「概念法学」、「法律実証主義」、「学問的実証主義」の概念が整理検討される。ここでは特にF・ヴィーアッカーの区別に係る後二者が重要であるが、著者の理解によれば「学問的実証主義」が「所与の法秩序を体系、それも完結性、無欠缺性を要求する体系として把握すること」を特徴とするのに対し、「法律実証主義」は「法と正義をもっぱら国家意思に還元する」ことを特徴とする(八三頁以下)。尤も、こうした諸概念の有効性については近時疑問の声も少なくないとして著者は特にJ・シュレーダーのヴィーアッカー批判に着目する。それは、第二帝政期においては「法律実証主義」というには法律のみを法源と考える論者は少なく、また「学問的実証主義」と呼ばれる法の見方は単に所与のものに目を向けているのではなく、そこに含まれる理性的なものにも目を向ける「観念論的法理論」であり、それを「実証主義」と呼ぶことは適切ではないという異論である(八七頁以下)。その上で著者は、しかし、シュレーダーの議論が法の一般理論としての「実証主義」を問題としているのに対して、ヴィーアッカーは主として法の解釈適用の次元を問題としており、「学問的実証主義」という用語が直ちに否定されるわけではないと結論している。

第二章ではサヴィニーの『使命』及び『体系』の分析を通じて、サヴィニーの民族精神論にとって重要なのは経験的に知覚可能な法律や慣習ではなく、「現実に存在し、直観によって把握される実定法（民族法）」であり、立法・慣習・学問は不可視の実定法に形を与えるに過ぎず、サヴィニーは「経験的に知覚可能な対象に法を限定する立場」には一貫して反対であったとされる。

第三章ではゲルバーの私法学文献を検討とすることを通じて、彼がサヴィニーの民族精神論を継承して「法を経験的に把握可能な事実に還元しておらず、まずは民族の確信として把握している」ことを確認する。そして民族精神論が国法学に及ぼした影響を測定するために著者は「ドイツ国法の統一性」の問題に着目し、これが民族精神によって基礎づけられていること、しかもこの「ドイツ国法」が立憲君主制以外の体制を採る両メクレンブルク及び都市共和国の排除のもとに構築されており、単に全ての国家の既存法制度の共通性が抽出されているわけでないことが強調される。ゲルバーにとっての法の「実定性」とは単に法の体系的構築と関わるのではなく、それを「可能とする民族精神との関係」が決定的であり、法学から法骨董学や国勢学が排除されるのは、それらが民族精神との結合を欠くからだとされる。

三　「G・W・F・ヘーゲルのサヴィニー批判」（以下「第二論文」）はヘーゲル『法哲学綱要』二一一節におけるサヴィニー批判の意義を、所謂アカデミー版ヘーゲル全集所収の法哲学講義録を参照しながらヘーゲルの「実定法」概念を精確に理解することを通じて、再把握することを試みるものである。この論文ではまず第一章でサヴィニーの慣習法及び法律論が紹介され、本題のヘーゲルは第二章以下で論ぜられる。

著者はまず『法哲学綱要』第三節の記述からヘーゲルの「実定法」概念を端的に法律と同視する堅田剛教授の見解を否定し、該当箇所で述べられる「実定法」概念が「実定法学」の立場からの理解であり、ヘーゲルの「法哲学」の立場ではないことを確認する。他方、『綱要』第二一一節に所謂「即自的法」は法律形式を獲得すると法的拘束力を持つと論ぜられているが、法律として定められたものが直ちに法だと考えられているわけではない。ヘーゲルは「即自的法」が法律とならねばならないことを強調しているが、それは法が「教養ある意識」ないし「思想」によって知られることを通じて普遍性と規定性において把握されるからである。それ故にヘーゲルにおいて慣習法は法律に劣後し、また慣習蒐集と法典化は区別され、後者に価値が認められる。従ってヘーゲルにとって「法典が公布されることそれ自体に意義があるのであり、法典の学問的完成度にはさほどの重点は置かれて」おらず（七三頁）、そこでは「サヴィニーにおける法曹による法の独占を批判」し、「各人を責任ある主体として取り扱うという正義の要請を実現すること」が意図されているのだという（七四頁以下）。

四　著者はかねてよりゲルバーとラーバントの公法学説を「実証主義」と呼びうるか、呼びうるとして如何なる意味においてかという問いに関心を向けられているが（それ故に第二論文はいわば副産物である）、特に第一論文はゲルバーの分析を通じて一定の見通しを与えており、最新の研究成果を倦まず摂取し、ドイツの先行研究にも適宜批判を加えながら展開された論旨はそれなりに説得的に見える。

だが、仔細に検討すると疑問も少なくない。まずゲルバーにおける「実定法（性）」の用例が正面からは分析されず、「法」が問題なのか「実定法」が問題なのかも不分明である。サヴィニーを補助線にしなければならないのは、そもそもゲルバーが「実定法」を必ずしも正面から議論していないからだという事情も明示するのが方法的には適切であろう。サヴィニーとゲルバーの「実定法」概念に一定の連続性が存するという論旨は大筋よいとしても、その論述（一〇五頁以下）は所詮傍証を重ねるものに過ぎない。そこはゲルバーの「実定法」概念（註五〇）から直接に論証すべきであろう。ゲルバーの「法律」概念は民族精神論との漠然とした関連付けで済まされており、彼の普通ドイツ法学の枠組における「法」・「実定法」との関係は明らかでない。「普通ドイツ国法」に関しても「民族精神」との関連性以前に、普通ドイツ法それ自体の適用可能性を否定するゲルバーがそれを「実定法」と呼んでいるか否か、まず確認する必要がある。何よりゲルバーが口にしているのは「法律家の実定性」（或いは「法学の実証性」とも訳しうるかもしれない）であって「法の実定性」ではない。著者は明示していないが「法律家の実定性」と「国勢学者の実定性」との対比は『国法綱要』第五節（「ドイツ国法」）脚注に対応しており、このことも示すように、同じく「民族精神」が引き合いにだされていても、サヴィニーの「実定法」概念が問題とした法生成論ではなく、「普通ドイツ法」の学問的体系を弁証する法学方法論がここでの問題である。少なくとも、「法の実定性」と安易に言い換えてよいか、疑って然るべきであろう。

言葉の用例分析の重要性に茲で敢えて注意喚起したのは、著者の本来の問題関心からすれば、ゲルバーやラーバントの「実像」が「実証主義」などの呼称に相応しいか否かよりも、同時代及び後世における言説の蓄積のなかで彼らに関する「虚像」が如何にして形成され、定着してきたかという分析が不可欠であるはずだからである。論文の新規性や意義とも関わるが、「学問的実証主義」や「法律実証主義」に関する議論を振り返ると、既に一九七五年にG・ディルヒャーは、私法学における「実証主義」がコントのそれとは異なり社会事実に向かうものではなく「方法的遊戯」に過ぎなかったと指摘しており、「実証主義」が経験的に認識可能な事実に還元する法理解だとされてきたわけではない。法学史で実証主義という語が用いられるときは、寧ろ主として方法的観点に重点があったように思われるのであり、例えばW・パウリは「法律実証主義」を法律の文言から出発する解釈方法の意味で理解している。「学問的実証主義」についてもシュレーダーの概念批判は、著者が鋭く指摘するようにヴィーアッカーの議論とは問題の次元が異なるし、そもそもヴィーアッカー自身が余り適切な語とも考えていないのである。著者が「実証主義」の概念整理に敢えて立ち入らなかったのもひとまず許容されることとはいえ、畢竟問題の核心からの逃避であることは否めない。この点はその後著者によって上梓された『近代ドイツの法と国制』（成文堂、二〇一七年）でも未解決のまま残されている。近代ドイツ国法学史の枢要問題は依然として我々の研究課題であり続けている。

（藤川　直樹）

北村一郎著「『テミス』と法学校―一九世紀フランスにおける研究と教育の対立（一）／（二・完）」（『法学協会雑誌』一三三―六／同一三三―七）

史料を繙くと、そこに「時代の空気 air du temps」をありありと感じることがある。これぞ歴史研究の醍醐味であり、いやしくも歴史の道を生業とする者は、等しくこの感慨の虜であると言っても異論はなかろう。『テミス』と法学校―一九世紀フランスにおける研究と教育の対立」と題する本論考は、いわゆる法制史を正面から扱ったものではないが、数多の文献史料を渉猟し、近代フランス民法学確立期のありようを活写しており、のべ一八〇頁を超える長編ながら、読者を飽きさせない。まさに、斯界の泰斗北村一郎氏の面目躍如といったところか。評者は中世フランス法史を専門とし、近代フランス法史に明るいわけではないが、今回こうした論考に接する機会を得たことは望外の悦びであった。以下雑駁ながら、読者の興を殺がない範囲で評者の所感を述べたい。

本論考は、夭折の「法学者 jurisconsulte」アタナーズ・ジュルダンと彼の手になる総合法律雑誌『テミス』を縦糸に、一九世紀フランスの法学をめぐる「研究／教育」・「リベラル／保守」・「停滞／革新」・「アカデミズム／実務」といった2項対立を横糸として、複雑な人間模様と綾なす思考の広がりが提示されるにとどまらず、これらを他山の石としつつ、法科大学院をめぐるわが国の法学のあり方についても省察が加えられる。大きく2部構成からなる本論考の第I部は、さながらジュルダンの一代記であるが、彼を早すぎた逸材と見るか不遇の数奇者と見るかは抜きにせよ、言わずと知れた「註釈学派 école de l'exégèse」の隆盛期に咲いたあだ花として（著者によれば）「黙殺とは言わぬまでも、ほとんど忘却の淵に追いやられてしまった」『テミス』誌が、侮りがたい影響力を持ちえたこと、そして単なる再評価にとどまらず、さらなる研究の沃野をも予感させる史料であることを覗わせる。

そもそも、アタナーズ・ジュルダンという人物が一体何者であるかについては、本論考に譲るとして、『テミス』誌ともども「知る人ぞ知る」存在であることは否めない。本格的な研究としては、ジュリアン・ボヌカーズによる研究書（本論考もこれに依拠するところ大である）の他になく、著者によれば、近時フランにおいては『テミス』誌への関心が高まりつつあり、その評価が定まって来ているとはいえ、その概要の把握には困難を伴う。本論考の特長は、驚異的なまでに文献史料を渉猟し、基本的な書誌情報を網羅しているばかりでなく、それらに現れた同時代人の証言を踏まえつつジュルダンの人物像を再構成し、昨今の『テミス』誌の再評価に一定の道筋をつけている点にある。

『テミス』創刊に至るジュルダンの意図は、「ドイツの法学ルネサンスに後れをとったフランス法学にかつての（キュジャスの時代のような）栄光を取り戻すこと」（ボヌカーズ）にあった。「学問は、新たな方向づけを待っている。今こそそれを刻み込むべきときなのである」（同誌第2巻）、「法学は、ドイツにおいて一七八〇年以来刻み込まれた運動に、わが国において〔も〕遂に従わなければならないように見える」（同誌第3巻）、「わがテミスは、キュジャス学派に立ち返り〔…〕学問のすべての部分に分析の光をもたらすことを彼に学ぶ」（同誌第5巻）といったジュルダンの弁からは、ドイツ歴史法学さらにはその出発点となる人文主義法学への傾倒が明らかである。ドイツ歴史法学が法史の上で遅参した人文主義法学であるならば、ジュルダンの言う新たな学問の方向づけとは、単なる二番煎じとも受け取られよう。確かに、既存の学問（ジュルダンにとっては註釈学派）の停滞への「原点回帰 ad fontes」による対抗という図式は、「いつか来た道」として強い既視感を伴うものであるが、「比較」という方法を中心的な視座に据えた点に、ジュルダンの新奇性が認められる。かつて人文主義法学がローマ法の精査を通じて見出したものは、古代ローマという固有の「社会」であった。この「社会あるところ、法あり ubi societas, ibi jus」の謂いを現代に解き放つことこそ、『テミス』誌におけるジュルダンの大いなる企てであったと言えよう。かくして、同誌における検討の対象は、いわゆる法制史のみならず、比較法、判例、学説、法学教育にまで及ぶ。

しかしながら、人文主義的ローマ法学を「精神科学 sciences morales」（人間と社会と学問）と定位し、これを社会の永続的要素としてフランス民法典に化体させようとするジュルダンの姿勢は、新法典のより良い解釈を志向しつつ、結局のところ法典を神聖視しているという次元において、条文解釈に拘泥する註釈学派と変わらない。この点に、『テミス』誌につきまとう呪縛とも言うべき時代的制約が認められる。

続く第Ⅱ部では、「『テミス』の継承」という観点から、一八一九年の創刊から一〇年あまりで途絶した『テミス』誌に類似の、あるいは後継と目されるフランス内外の様々な法律雑誌（詳細は本論考を参照されたい）が紹介される。しかし、あえて僭越な言い方をするならば、第Ⅰ部に比して行論には推量が多く、精彩を欠く感が否めない。まず、フランス国外の事例としてベルギー、ジュネーヴ、アメリカの雑誌が挙げられるが、明らかな海賊版ないしは模倣の域を出るものではなく、発行期間もごく短いために、興味深くはあっても挿話以上の重要性を認めることができなかった。また、フランス国内の事例についても、『内外法史雑誌』を除いては、『テミス』誌の後継誌たる強い連関が評者には実感できなかった。『テミス』誌やジュルダンについて言及がある、項目に相同性が認められる、といった外形的な類比にとどまらず、内容面の分析が加われば、より実証的な「『テミス』の継承」を提示しえたように思う。加えて、編集者・執筆者の顔ぶれが思いの外似通っているのも、情報媒体たる雑誌の発信力という点が気になるところである。

　ともあれ、『テミス』誌にまつわる「ある種のタブー意識の相伝」というものが、「未知なるがゆえの無言の忌避」に他ならないことが明らかとなった今、こうした無知なる偏見は、本論考によって存分に断罪されたと言えよう。「『テミス』は、ドイツの労作およびローマ法学の再生の手ほどきをフランスに対して行うという栄光を有した。[…] 法の学問化に対する今〔19〕世紀の最初の熱烈さを把握し直そうとするとき、立ち返る必要があるのは、ジュルダンのこの論集にである」との法史学者フィルマン・ラフェリエールの弁こそ、まさに至言である。

（藪本　将典）

吉原達也著「バハオーフェンにおける「国家」の観念について――バーゼル大学教授就任講演「自然法と歴史法の対立」を手がかりに――」（『政経研究（日本大学）』五三―二）

ヨハン・ヤーコプ・バハオーフェン(JohannJakobBachofen 1815–1887)。

　言うまでもなくその名は「母権制」(Mutterecht) と切り離しては語れない。しかし、彼は「母権制の発見者」という呼び方にとどまらず、それ以外にも様々な名前で呼ばれている。たとえば、法制史家、ローマ法学者、古代文献学者、神話学者、象徴学者等々、あるいは異端の学者、変人とも。しかし、いや、それゆえにか、いまだその全体像は捉え切れていない。主著『母権制』の読み方さえも今なお様々であることを考えると、それも当然かもしれない。

　対象論文の著者は、『母権制』(白水社) のみならず、彼の大著『古代墳墓象徴試論』(作品社) の翻訳を共になし、以後もバハオーフェンに関するいくつかの論稿を精力的に発表してきている。バハオーフェンの「国家」の観念あるいはイメージに取り組んだのが、今回の論稿である。まず、著者の言うところを聞いてみよう。

　「はじめに」　著者は、「バハオーフェンの生涯を通じて、政治的なもの、国家とはどのようなものであったのか」という問いを立てる。従来の研究において、「政治的なもの」が彼の生涯及び作品において重要な役割を果たしてはいるものの、いまだその詳細は不明である（マックス・ブルクハルト Max Burckhardt）とされる一方、政治的なものとの関わりでは主として一八四〇年代後半、つまり三月革命期におけるバハオーフェンの体験がクローズアップされてきた。それに対して、著者は、それ以前の時代にあってもバハオーフェンには「一貫したもの」があるのではないかとして、一八四一年のバーゼル大学教授就任講演「自然法と歴史法の対立」を取りあげる。

「一　教授就任講演における学問的方法」　一八四一年の就任講演において、バハオーフェンはいったい誰に論争を挑んだのか。彼は『自叙伝』（一八五四年）においても就任講演に言及しており、そこでは、一方で「哲学家」、他方で「政治家」を名宛人として挙げている。それに照らして「就任講演」を見ると、「哲学的法律家」と「経験主義家」の対立、法学における哲学派と経験派の対立として論じられていることが分かる。前者は、人間理性をすべての頂点におく合理主義者（理性主義者）であり、後者は、すべての事物を継起的な発展、持続的な生成、自然的な連鎖のなかにあるものと見る立場で、その舞台は歴史である。こうした哲学的方法と経験的＝歴史的方法とをバハオーフェンは対置し、すべての学者はいずれか一方を選ばなければならないとする。

「二　教授就任講演における政治的なもの及び国家の観念」　もちろんバハオーフェンの拠って立つ学問的方法は経験的歴史的方法であり、その立場と彼の「国家の観念の理解」とは密接に結びついている、とされる。つまり、彼にとって「国家とは、人間の恣意により『捏造された被造物』ではなく、歴史の中に認識される現象であった」からである。著者は、そうだとするならば、バハオーフェンの思想を単に彼の「その後の著作に頻繁に登場する反自由主義的観念」（例えば、シモニウス August Simonius やカール・モイリ Karl Meuli の指摘するところ）に求めるだけでは不十分ではないかと問いかける。そこで、この就任講演が「当時の政治的スローガンによって強く規定されている」と見るモイリが、上述の「自然法論批判の隠れた直接的な名宛人」としてヴィルヘルム・スネル（Wilhelm Snell, 1789–1851）を挙げているので、その当否を著者は検討する。結論的には、このモイリの推察は当たらないとされる。そして、ふたたび講演内容そのものの考察に立ち帰る。バハオーフェンにとって、歴史は「神による創造の計画の表明」であり、また、彼の言う「民族」と「歴史」と切り離すことのできない「国家」とは、「組織された人間生活を一般的に示唆するメタファである」（フスコ Sandro-Angelo Fusco）とする観点から見直される。すなわち、「宗教と言語と法」が「民族」の、また「国家生活」の必要不可欠の基本装備であると見るバハオーフェンからすれば、「古代には国家のなかにすべてが含まれていた〔のであり〕…人間と国家とが完全に一体となり、最高度の調和のなかにあった…〔それは〕人類の自然状態もしくは自然法的な状態と呼ぶにふさわしい」ものだった。ここにおいて、自然と自然法とが同定され、両者にバハオーフェン独自の意味付けがなされると同時に、彼にとっては自然法と歴史法との対立は解消される。こうして、バハオーフェンにとって「国家は人間の最奥の本性そのものから取り出され…堕落した人間の捏造でも…道徳的欠損の隠れ蓑でもない。…国家は…良き人間本性の具現化なのであって…最高の諸目的を達成するための兄弟の契りなのである」。著者によれば、ここにはアリストテレスの「国家有機体説との近似性」が指摘できるのではないかとされる。こうして、「バハオーフェンの国家の観念は、時代の政治的保守主義的観念の結果というよりもむしろ、こうした保守主義的観念自体が、バハオーフェン自身に胚胎する国家の観念の結果というべきものである」と結論される。

「小結」バハオーフェンにおいては、宗教、法、国家は、「内在的な必然性」を帯びており、「民族精神の無意識の発露」であり「民族精神の最奥の素質の具現」である、そして、「歴史的考察方法」こそが、それらを「恣意と無法則性の産物」とする見方を否定できるのであり、「大いなる発展のなかのどの時代についても、それ固有の独立の意義」があり、「どの時代にも…一つの改善、一つの進歩があるのを見る」ことができるのである。バハオーフェンのそれは、このような国家の観念あるいはイメージである、と結ばれる。

バハオーフェンの国家の観念あるいはイメージとはどんなものか。著者のこの問いはかなりの難題である。というのは、バハオーフェンは政治学者でも法哲学者でも国家哲学者でもないからであり、いわゆる「国家像」・「国家観」についてまとまった作品は遺していないからである。この問題に迫るためには、彼の多くの作品群に分け入り、当該テーマに関係する部分を抜き出し収集し、時系列的にそれらを突き合わせて考察・分析する必要があると思われるからである。したがって、この就任講演も一つの「手がかり」にすぎない。

さて、一つの結論として、著者は上に引用したように、彼の保守主義的な「国家の観念」はその「時代」の影響によるというよりも、「バハオーフェン自身に胚胎する観念の結果」であるとされる。この点それ自体には評者も異論はないけれども、そうだとするならば、その「胚胎」はどこから来たのかという問いがどうしても生まれてくるのではないだろうか。その点を更に探求する必要があると思われる。また、「時代」の影響は薄いとは言うものの、彼の保守主義的思想とバークやハラーのそれとの関係はどうなのか、こうした疑問もまた自然と生じてくるのである。さらに彼の「国家」の観念はいわゆる「近代の国家像」、つまり、ホッブズに代表される「人工国家像」には徹頭徹尾反対するものであるが（彼の国家イメージはいわば郷土的共同体としてすべてを包み込む存在としての国家像に近いものではないかとも思う。人間はつねに、その土地に生まれ、その土地に育てられ、その土地で死んでいくものだから）、それとの関係はどうなのか。「内的な生活と外的な生活とがつねに一つの全体を形づくるものであれば」（『自叙伝』）、やはり両者への目配りが必要になってくるだろう。ともあれ、著者も言うように、当該論文は一つの入り口であり、今後を期待したい。最後に、形式的な不備を指摘するのは、本誌書評の筋ではないかもしれないが、先年、編集委員会から査読を依頼された論文が余りに形式的ミスを満載していたこともあり、少し触れておきたい（自戒も込めて）。まず注（8）（四九〇頁）の不備である（尻切れトンボとなっている）。次に、本文四七五頁と四八〇頁の冒頭には就任講演の同じ箇所からの引用が出てくるが、できれば同一の訳文にした方が望ましい。　（平田　公夫）

沖祐太郎著「エジプトにおける国際法受容の一側面：フランス語版『戦争法』（カイロ、一八七二年）のテキスト分析を中心に」（『法政研究（九州大学）』八三―三）

藤波伸嘉著「仲裁とカピチュレーション：一九〇一年オスマン・ギリシア領事協定にみる近代国際法思想」（『史学雑誌』一二五―一二）

本稿では国際法史研究において西洋中心主義を相対化する研究を2本紹介する。

沖祐太郎「エジプトにおける国際法受容の一側面」は、エジプトにおいて初めて出版されたと推定される国際法の著書『戦争法』の作成の背景やテキストの分析を通じて、非ヨーロッパ世界における国際法受容の実像に迫る。

『戦争法』は時のエジプト統治者ヘディーブ・イスマーイールの命を受け、アメリカ軍人チャールズ・ポメロイ・ストーンが一八七二年に出版した。イスマーイール統治期（一八六三―一八七九年）のエジプトは、軍隊の近代化を軸にオスマン帝国に対しては自治権を拡大し、エチオピア遠征などを通じて「アフリカ帝国化」を推進していた。その際のいわば大義名分とされたのが「奴隷貿易の撲滅」や「文明化」であるが、『戦争法』はこうした背景の下で作成されたため、エジプトが欧米諸国に対して文明性を喧伝する意図を包含していた。南北戦争後、アメリカの輸出が停滞した綿花の代替供給地としてエジプトは経済的恩恵を受け、さらにアメリカ退役軍人の主要な再雇用先にもなっていた。そうした軍人の中に『戦争法』の著者となったストーンが含まれたという。著者によれば、この人物は国際法学者にも知られておらず、エジプト近代史研究においても著名とはいえないが、エジプトで『戦争法』を著すことになる人物としては「最適ではなくとも、十分な人物」ということである。その理由は、彼が豊富な海外経験を有し、フランス語・ドイツ語など十分な外国語能力も持ち、ニューヨークのウェストポイント陸軍士官学校卒業後助教として国際法を講じた経験も推測され、高級将校として南北戦争中に作成された「リーバー法典」の内容にも知悉していたからである。

『戦争法』は6章全139条から構成され、その序文及び脚注から特にリーバー、ハレック、ホイートン、ブルンチュリが主たる引用元であることが明らかにされた後、第8条に絞られて具体的なテキスト分析が進められている。正戦論の立場が表明されている同条第一段落の典拠には Bluntchli が付されているというが、フランス語版（一八七〇年）ではなくドイツ語版初版（一八六八年）であることが突き止められている。戦争の正当因を規定する第2段落では Halleck が典拠として示されるも、実際は第一段落同様ブルンチュリに基づいていることが判明した。戦争法の平等な適用を示す第3段落でも Liber が典拠とされているが、ここも実際にはブルンチュリに拠っていることが明かされている。このずれについては、単純な誤りか、同国人の上官への配慮だったかが示唆されるのみである。そして法的救済の一手段として戦争を捉えるブルンチュリと、平和的手段が尽くされた後の最終手段と捉えるハレック、主権的自由の行使と捉えるリーバーとの3者間に戦争観の違いがあるにもかかわらず、第8条が単一の条文に典拠を持つことの問題性を指摘するのである。さらに第9条ではハレックの戦争観、第12条と42条ではリーバーの戦争観が導入されていることを指摘し、『戦争法』テキストには3種の戦争観が混在していることが解明された。

結論部では、リーバー法典を基本とした『戦争法』に正戦論を設定したことから、こうした混在はストーンが意識的に行ったと論じられているが、理由については保留されている。また、イスマーイール廃位後の経済政治状況の激変によって、『戦争法』はその後顧みられることはなかったため、エジプトにおける国際法受容の「孤立した第一歩」と結んでいる。

以上の概要を踏まえ、若干の疑問を述べさせてもらう。まず、第8条の典拠に3者の名が記されながら実際はブルンチュリに拠ることの理由が追究されていない点、同様にストーンが第8条で3者の見解を意図的に混在させたと述べながら理由を留保している点に消化不良を覚えた。他日に期すという著者の言葉に大いに期待を抱くとともに、難儀な作業に取り組んだ著者だからこそ現時点で言い得る仮説だけでも聞きたかったと思える。また、『戦争法』が「孤立した第一歩」であるならば、その孤立の意味をどう捉え評価すべきなのかについても触れられておらず、著者の見解を示すべきではなかっただろうか。

沖論文は、これまで語られることのなかったストーンの『戦争法』という史料を発掘し、非常に骨の折れる典拠の確定作業を経ながら、エジプトにおける最初の国際法受容の実態を明るみに出した。他方で、新たな課題を表明し今後の成果を通じて補完されていく嚆矢となる研究といえよう。

藤波伸嘉「仲裁とカピチュレーション」は、クレタ島をめぐるオスマン帝国とギリシアの対立が、列強の仲裁を経て一九〇一年の領事協定に結実するプロセスとその意義を明らかにすることで、近代国際法思想における「本心」に迫っている。

一八九七年にクレタをめぐってオスマン帝国とギリシアの間で戦争が勃発し、オスマン側が圧勝したが、ギリシア側が不利な講和を避けるべく列強に働きかけ、英仏露独墺伊が介入して停戦に至った。その後の交渉では、クレタの地位と領事や通商に関する規定が協議され、列強六か国の仲裁の結果、一九〇一年四月二日付けでオスマン・ギリシア領事協定が締結された。著者の主張する通り、同協定は、キリスト教起源の「ヨーロッパ公法」が「国際法」へと変容する過程での非キリスト教国の包摂の意味、不平等条約体制の判例となるカピチュレーションと関わる点、執行権力不在の国際法の欠陥を埋めるものと世紀転換期に注目されていた仲裁の一先例として、研究に値するといえよう。

交渉においてオスマン側は、ギリシア領事・臣民の特権は大宰相府が明文で認めた事項に限られ、それ以外の点は「近代公法の原則に基づく完全な平等」の上に処理され、両国間の通商を定めた一八五五年のカンルジャ条約は今回の戦争で失効したので、新たな協定はカピチュレーションではなく「共通の国際法」に基づくべし、と主張した。対するギリシアの主張は、「トルコにおける司法の運営の状態」に鑑みればカピチュレーションは必要であり、一八五五年の条約は解消不能で戦争によって失効するものではない、というものであった。

本協定に対する国際法学者の立場に目を向けると、コルフ島出身でエクス＝マルセイユ大学教授ニコラス・ポリティスは、オスマン側の「バザールの政治」は「非常識」で「到底まともなものではない」とほぼ全否定し、キリスト教国とオスマン帝国との関係は「ヨーロッパ共通法ではなく、カピチュレーションという例外的な制度によって運営されている」ため、ギリシアのトルコ人には国際法を、トルコのギリシア人にはカピチュレーションを適用することがカンルジャ条約の定めた「相互的」待遇であるとした。アテネ大学教授ヨルゴス・ストレイトは、カンルジャ条約の最恵国待遇で確立したギリシア人への治外法権の廃止を求めたオスマン側の主張は「列強の利益に反した」ため、仲裁の結果はギリシアの主張通りとなったとしている。「トルコのキリスト教徒臣民に完全な政治的・宗教的な平等を与える」ことが国際社会へのトルコの参入条件とされたため、トルコに関する限り不干渉の原則は干渉の原則に置き換わり、「文明の未発達や、権利や統治に関する理解の本質的な違い」を根拠に、すべてのキリスト教国に治外法権が享受されなければならないからだという。

それに対してオスマン側で領事協定の全権団の一員で練達の政治家でもあったハサン・フェフミは、カピチュレーションを過去の対立に起因する東方と西方の間の慣習と位置づけ、現今のオスマン帝国の国際法の発展に鑑みれば、「例外的な状況」は必要なく、「完全な平等」に基づく体制が必要であるとした。同じく全権団の一員で後にハーグ常設仲裁裁判所裁判官にも就任したイブラヒム・ハックは、カピチュレーションは国ごとに異なり、ギリシアは元来その保有国ではなく部分的に認められているにすぎず、明文で定められたところ以外には「国際法の原則」が適用されるという見解を示していた。

著者の指摘する通り、オスマン側法学者の「遵法性」は特筆すべきものがあったにも関わらず、仲裁はギリシア側の主張をむしろ拡大する結果となった。オスマン側がギリシアに反駁することによって「あらゆる文明諸国」に対立してしまったからだという。この仲裁は結局のところ、「人道」「文明」が「ヨーロッパの平和」や「キリスト教徒」の「宗教実践」しか意味せず、「トルコ」の「野蛮」や「悪政」が如何に説明不要の前提として機能しているかを象徴する事例を示すが、世紀転換期の法実証主義の中で、オスマン帝国を劣位に置く「法的」判断を再生産する法源の蓄積の一つとなったとする指摘は、説得力がある。

オスマン帝国の治外法権撤廃の動きを日本と比較をし、単純に近代化の巧拙ではなく、以下の二点を指摘している点も興味深い。まず、居留外国人の実数の違いである。一八九九年当時オスマン帝国にはギリシア人だけで約20万人が居留していたのに対し、日本には1万人程度で、しかも半数以上が清国人であったため、撤廃した場合の影響がそもそも大きく異なったという。次に、宗教の違いであり、古くからの「敵」であるイスラームを「文明」と認めることは、新たに「発見」された仏教や神道を受け入れるのとは異なり、キリスト教中心主義の根幹にかかわったというのである。

結論では、「文明」と「野蛮」の境界の最前線である対オスマン外交の「実践」の場でどれほど宗派主義的な論理が振りかざされたのかを真剣に考慮し、個別研究を蓄積していくことは、真の普遍的な国際法史叙述を志向するために必要であると結ばれている。

以上、藤波論文は、ギリシアとオスマンの関係に焦点化されていたため、仲裁者たる列強六か国の具体的な働きかけについては説明不足の感が否めなかったが、広い視野に基づく緻密な論述を通じて、近代国際法思想に潜む西洋中心主義と宗教的偏見を見事に暴露した。諸国が独自に持つ国際法学の関係性を実証的に究明して、真の世界法思想史を志向するための研究の蓄積をなす一試論として、成功を収めたといえるだろう。

（伊藤　宏二）

（六）

広渡清吾著「ナチス私法学の構図」（『専修法学論集』一二

一　本論文の概要

民族社会主義の法思想や法制に関しては、本邦にあっても既に十分な研究蓄積が認められる。ナチス期の諸実定法学や法学者の所説に対しても、絶えず批判的な検討が重ねられていると言えよう。ところがナチス法革新運動の旗頭を務めた「キール学派」についてとなると、その動向を正面から取り上げて分析した著作は意外に限られている。ために究明さるべき事柄の多くが、いまだ手付かずのままで残されている。こうした情勢の下、主に法社会学の見地からナチス法研究を牽引してきた著者[1]が、これまでに獲得した知見をもとに標記論文を発表した意義は大きい。

　当該論文の構成は左の通りである。一瞥して分かる様に、キール学派とその理論的中核K・ラーレンツの営為が主たる対象に据えられている。

はじめに—本稿の企図
1　ナチス私法学の「環境」
2　ナチス私法学への「接近の視角」
3　ナチス私法学と「キール学派」
（1）キール学派の位置
（2）キール学派の形成
（3）キール学派の展開と「終焉」
4　ナチス私法学とカール・ラーレンツ
（1）ラーレンツの「妥当の表示」論
（2）ラーレンツの「民族同胞＝法同胞」論
5　ナチス私法学と利益法学・評価法学
（1）ヘックとラーレンツ
（2）利益法学と評価法学
おわりに

　「はじめに」で著者はまず本論文の目的を、森田修とB・ヒューパース[2]に触発されつつ、ナチス私法学の研究を纏めるための「論点整理」と定めている。とはいえ、もとより自家薬籠中のテーマであるためか、多彩な関心に相応して論点を網羅しながらも、散漫な事項解説の羅列に止まってはいない。

　差し当たり考察の補助線を引く作業として、「1　ナチス私法学の『環境』」にて「ナチス時代に私法学が営まれた場の大状況」が俯瞰される。「大状況」とは、約言すれば政権掌握直後にナチスが推進した法学界の〈アーリア化〉とその波及効果を指す。一例として、職業官吏制度再建法が大学人事に「地滑り的な変動」を惹き起こした事実が挙げられている。並行して、時局に阿る法学界の趨勢も詳らかにされてゆく。C・シュミットが主宰を務めた「法律学におけるユダヤ主義」会議では、ユダヤ人による著作からの引用は最低限に止め、しかも原著者がユダヤ人である旨明記するべく決議された、という。この様な『環境』のなかで展開した私法学に関わる学問的営為の総体」を著者は「ナチス私法学」と輪郭づけ、その生成と構造にメスを入れて病巣の剔抉に取り組む。

　続く「2　ナチス私法学への『接近の視角』」では、対象へアプローチする方法が「二重性のコンセプト」で示される。研究史自体が歴史化している現在では、ナチス法だけでなく、戦後のナチス法研究に見受けられる傾向をも顧慮しなければならない。もっとも今日の研究者は、先学に比べ有利な面も持ち合わせている。ナチス法に理論的な骨格を与えて肉付けした立役者たちの一部は、体制転換後に息を吹き返し、再び学界をリードする様になった。けれども今ではその影響力も往時の勢いを失いつつある。もはや、彼らを拙速に非難してその責任追及に血道を上げるまでもない。逆にまた、彼らの過誤を安易に相対化し免罪することを余儀なくされる訳でもない。こうした利点はとりわけ近年のラーレンツ研究に活かされている、と著者は言う。関連して、〈ラーレンツ非確信犯説〉の拠りどころをなす所謂「アールマン伝説」が紹介され、その当否が吟味される。

　およそナチス期に出来した諸事象を取り扱うにあたっては、現代との「連続面と不連続面の複合」に目を配りながらも、固有のナチス的性状を「類型化」して析出する必要がある。「3　ナチス私法学と『キール学派』」で、法革新運動を主導した担い手を著者が選り出したのは専らこの様な次第による。キール大学法学部は、ブレスラウやケーニヒスベルクの大学法学部と並んで「特別攻撃学部」（Stoßtruppfakultät）の指定を受けた。しかし何故キールだけに「急進派」と「位置」づけられうるグループが出現したのであろうか。この疑問を解くために筆者は、プロイセン文科省の人事政策や職業官吏制度再建法に基づく教員異動の経過を辿り、キール学派が「形成」されたプロセスを追う。特筆すべきは、同学派の「展開」をめぐる考察において、ラーレンツを筆頭にM・ブッセ、K・ミヒャエリス、F・シャフスタイン、K・A・エックハルトなどが正当にも「キール学派におけるゲッティンゲン人脈」として摘示されている点であろう。更に同学派が「終焉」を迎えるに至った経緯に関しても、ヴィーナー[3]が施した考証に照らして一定の回答が与えられている。同学派、殊に若手は自分たちが打ち出した理論が必ずしも実務に採用されないと不満を覚え、「党の道具」に成り下がってしまっているのではないかとも感じていた。他方で党中央も、特定大学への人的資源集中に懐疑の念を抱く様になったらしい。

　「ナチス私法学研究において、もっとも重要な分析対象と位置づけられる法学者」が、キール学派の泰斗ラーレンツであるのは論を俟たない。ところで当人は過去の行跡について、弁明も自己批判も公には一切していない。彼の学問的立場は戦前～戦後を通じて一貫性を保っているのか、それとも転換されたのか。上述のごとき「複合」要素を斟酌するならば、易々と答を出す訳にはいかないであろう。

　「4　ナチス私法学とカール・ラーレンツ」では、この問題がまずは「妥当の表示」（Geltungserklärung）論を導きの糸にして法律行為論の視座から考究される。意志表示の効果を「法秩序」の承認へ帰着させるラーレンツは、「法秩序」の内に実定法と法理念の〈弁証法的統一〉を見出している。さて事の核心は、かかる「法秩序」概念がナチス期には民族共同体思想へ、戦後には自由で民主的な体制へ各々「換装」

（森田）された点に存する。言うなればラーレンツは「政治的社会的スタトス・クオへの適応を配慮し、学問的意匠としてその都度構成することに成功した」のであり、斯様な手管に「新ヘーゲル学派の法哲学者ラーレンツのレトリックの威力発揮をみることができる」、と著者は査定する。同種の「威力」は、民族共同体内で法的地位（Rechtsstellung）を持つ「民族同胞＝法同胞」という、具体―普遍的な〈法律上の人〉（Rechtsperson）概念にも及ぶ。ヘーゲル哲学に範を取ったこの概念は、民族法典草案（一九四二年）にも導入される運びとなった。因みに戦後になって権利義務の主体が倫理的〈人格〉（Person）へ「換装」された際にも、やはり〈具体的普遍〉概念が巧妙に援用されている。とどのつまりラーレンツが「学問的な連続性を維持」しえたのも、「変化した時代条件を概念形成に取り込むことによって、正反対の内容をもつ概念を提起しえた」のも、ひとえに彼が（彼特有の流儀で理解した）ヘーゲルを蔵匿し続けたおかげなのであろう。

いづれにせよラーレンツが把握する「法秩序」は、単なる実定法の集積体ではなく、超実定法的な「法イデー」を内包している。最終節「5　ナチス私法学と利益法学・評価法学」では、この「法イデー」の属性が法解釈との関連で焙り出される。かつてラーレンツは、ヘックを捉えてその個人主義的・実証主義的な方法論を批難しながら、同じ利益法学の系譜に連なるH・シュトルを敢えて「戦略」的に称揚した。なんとなれば、シュトルが法革新運動を擁護していたという事情のほか、彼の〈価値評価法学〉を通じて「法イデー」に格別な意義、即ち立法者の価値判断基準を導く淵源としての意義を賦与しうると見越したからであった。戦後の六〇年代以降、ラーレンツはシュトルを認めた『先見の明』をその政治性の故に隠し」つつ、自ら〈価値評価法学〉へ軸足を移す。そこでは「法イデー」が法解釈とも接合され、「指導思想」として法形成や法創造の指針に充てられる様になる。「法イデー」の浸透ぶりは、法律変更を伴う裁判官の法形成に関する所見に、最も如実に表現されている：「法律にはまだ知られていないが普遍的な法意識において妥当している法思想に余地を与える権限が裁判に認められるべきである」（『法学方法論』第一版、一九六〇年。但し一九七五年の第三版以降、この様な主張は徐々に鳴りを潜めてゆく）。かく超実定法的な契機に依拠して反制定法的解釈を肯定するあたりに、我々は新ヘーゲル主義法学の名残を看て取れるかもしれない。

「おわりに」で著者は、本論文執筆の機縁となった森田とヒューパースの功績を再確認し、向後は「より大きな構図を描き出すことが可能になる」との展望を抱いて論を結ぶ。

二　本論文に対する論評

以下、評者の視点から若干の批評を加えておきたい。

①本論文におけるキール学派の「位置」づけは既述の通りである。とはいえH－H・ディーツェやE・ヴォルフなど、

ナチス的〈自然法〉あるいは〈正法〉を唱道した法学者をも視野に収めるならば、「急進派」の閾値も多分に変わりうるのではないか。既成の法システムを上から、もしくは外側から刷新しようと試みた彼らに対し、ラーレンツやジーベルトは実定法秩序を言わば内側から換骨奪胎したものと看做せよう。「アールマン伝説」を額面通りに受けとる者は、事によるとラーレンツを「穏健派（保守派）」へ算入するかもしれない。

②「特別攻撃学部」に選定された法学部を擁する三大学に関して、著者は「これらの大学に共通するのは、国境地域の大学（Grenzlanduniversität）であることだが、それが何を意味するのかは分からない」としている。私見では、Grenzlandは内・外の開拓へ向けた〈フロンティア〉の意を含み、国内に対しては、保守的体制の粉砕を目指す橋頭堡たる役割を期待されていた。ナチスの大学改革も実はこの延長線上にある。当初ナチスは伝統的諸大学にも直接介入しようと企てていた。しかしながら、党のイデオロギーに共鳴する私講師クラスの軽量級をいきなり正教授として配置するのは、独自の学統を誇る教授団から激しい抵抗が予想され、極めて困難であった。従ってアカデミックな領域にあっては、膠着した戦線をこじ開けることが焦眉の急となっていたのである。そしてまさにこの任務を遂行すべく要請された機関こそ、周縁の〈最前線大学〉、つまりGrenzlanduniversitätにほかならない。

③更にこの点から「特別攻撃学部」が帯びた暫定的性格も一段と浮き彫りになるであろう。思うに、ナチスは民族社会主義的世界観を具現化しうる若手法学者を三大学の法学部で養成し、遜色ない経歴を積ませたうえで、ベルリン・ライプツィヒ・ゲッティンゲンなどの主要な大学へ送り込む戦術をとった。よって、所期のねらいがある程度達成された時点でキール学派が解消されるのも織り込み済みであった、と推察される。また管見の限り、そうした赴任ルートは〈腰掛け〉校から〈格上〉校へ転じる既存の出世コースと軌を一にしており、畢竟するに栄達を望む若手の志向とも合致していた。

④著者は各種の資料を余さずに咀嚼し、終始丁寧な分析で手堅く論を纏めている。ただ知的誠実さの裏返しであろうか、先行研究の紹介にウエイトを置きすぎるきらいが窺われる。いくつかの論点については、自身の見解を積極的に開陳して欲しかった。例えば本論文ではJ・ビンダーと緊密な関係を持つ「ゲッティンゲン人脈」が摘示され、かつラーレンツの〈具体的普遍〉概念も随所で俎上に載せられている。ならばナチス法学における新ヘーゲル主義法学の位置価に関して、いっそう掘り下げた言明が求められるところであろう[4]。のみならず、後期ラーレンツの方法論にあっても「法イデー」が超実定法的な属性を担わされているが、これは〈具体的普遍〉概念の残滓にすぎないのか、それともカント主義への転向を反映しているのか、その帰趨が問われてならない。だがこうした課題は、むしろ評者を含めた法哲学研究者が引き受けてしかるべきであろう。

なお本論文は、他一七篇と併せて著者が上梓した『ドイツ法研究　歴史・現状・比較』（日本評論社、二〇一六年）に、ほぼ同じかたちで収録されている。法の来し方行く末につき様々な角度から論じている同書は、ドイツ法の領野は言うに及ばず、法史学の深化にも大いに裨益するものと思料される。

（1）氏の営為に対する法史学界からの評価については、松本尚子「ナチス法研究の新動向―『経済法』研究および司法史研究の展開を中心に―」、『法制史研究』64（二〇一四年）、二三九―二六一頁、二三九頁を参照されたい。

（2）森田修「ラーレンツの手品―法律行為論の展開と『ナチス私法学―』（1）（2・完）」、『法学協会雑誌』124巻3、4号（二〇〇七年）、五九一―六四八頁、七三七―八一六頁。Bernd Hüpers, Karl Larenz — Methodenlehre und Philosophiedes Rechtsinder Geschichte und Gegenwart, Berlin, 2012.

（3）Christina Wiener, Kieler Fakultät und 'Kieler Schule'. Die Rechtslehrer an der Rechts- und Staatswissenschaftlichen Fakultät zu Kiel in der Zeit des Nationalsozialismus und ihre Entnazifizierung, Baden-Baden, 2013.

（4）もとより著者は、「ナチスと『利益法学』（一）―『ナチス私法学』研究ノート―」、『法学論叢』91巻3号（一九七二年）、一―二三頁、九頁において「ヘーゲル哲学のルネサンス」が「ナチズムの精神的基礎の一つ」となった事実を夙に指摘している。

（金澤　秀嗣）

岡崎まゆみ氏の論評に対する見解と感謝の辞

本誌前号で拙論「旧慣温存の臨界・植民地朝鮮における旧慣温存政策と皇民化政策における総監府の「ジレンマ」」を論評くださった岡崎まゆみ氏に、まずは感謝申し上げたい。

さて、岡崎氏は拙論を「創氏に関する法整備から実施過程の分析」（三五六頁）であり、転換した政策の「実施過程で却って朝鮮の伝統的な親族体系を事実上再強化することになるという「旧慣」に内在した「臨界」を論旨とした」（同）とし、拙論の問題点として一、宗族の創氏の在り方の考察、二、創氏政策の評価、三、「旧慣習」という用語使用の問題、の三つを挙げている。

最初に申し上げるが、拙論では、岡崎氏が上記で拙論の前提として挙げた「伝統的な親族体系」なるものの存在を前提としていない。岡崎氏の書評では全く触れられていないが、拙論第一章から第三章では、日本人司法官が当時曖昧なものであった「慣習」を政策目的に沿って解釈、取捨選択し、制度の整合性に執心する様相を分析している。岡崎氏が「伝統的な親族体系」を拙論のどこから見出したのか疑問である。したがってそれを示す「総督府の意図」が曖昧との指摘にも戸惑いを禁じえない。

また、拙論では政策の反転で惹起された現象を「旧慣温存の臨界」と表現しているが、この意味するところと、岡崎氏のいう「「旧慣」に内在した「臨界」」とは、隔たりがあるようだ。このように筆者の認識とは相違があることを前提に、以下、疑義にお答えすることとする。

一、宗族の創氏の在り方について

拙論では名門宗族が宗中会議を経て宗族に因んだ氏を統一して一斉に届出ることは、総督府にとって実績の底上げとプロパガンダの手段となる一方で、「定着した宗族ネットワークの再編」に繋がったとする論点を提示した。これに対し岡崎氏は、制度施行への反対意見に対する緩衝方策として、内地人との混同を避けるために総督府に「朝鮮的な氏」の設定が期待されていたことが「今一つ深刻な背景」（三五七頁）であるとし、総督府側の政策意図を強調する。

同様の指摘は、水野直樹氏（『創氏改名』二〇〇八）によって既になされており、そのような見解があることは筆者も認めるところである。

しかしながら、制度にある内地人式の氏と岡崎氏や水野氏のいう「朝鮮的な氏」は実は両立するものである。なぜなら、日本で平民に氏が認められた当時も九五％が土地に由来して氏を付していたことが、創氏のパンフレットや手引書に記されており、朝鮮で本貫、原籍、生まれた場所、先祖の墓に因んだ氏を付すとした総督府の指導は、総督府の「氏の精神」、ひいては日本の氏の制度的性格とも符合するからである。地名や由来に因んだ氏とすることで結果として「朝鮮的な氏」

になっても、総督府の思惑に基づく行為の結果とは言い難く、拙論の論旨とも矛盾しない。

岡崎氏はまた、京城府庁龍山出張所管内の統計を引用し、「門中や近親間の協議」を経ての創氏の届出が一五％にとどまった事実を示している（三五七頁）。文脈から、この一五％という比率の低さが、「創氏政策は本質的に失敗した」との拙論の結論とは食い違うとの指摘であると理解した。

拙論第四章②で述べたように、創氏の届出をした集団は三つに区分され、このうち第三のグループは、民事令改正当時、強固な組織力で総督府に対峙する名門宗族集団であり、総督府も一目おく強い儒教的ネットワークを持っていた。この集団の政治的影響力を考えれば、この集団と岡崎氏が引用した統計の集団が完全に一致するわけではないものの、一五％という数字は、当時の日本側当局者からみても決して低い水準とはいえない。岡崎氏の提示された資料は拙論の主張をむしろ裏付けるものと考える。

二、創氏政策の評価について

拙論における「総督府の意図」が曖昧であるとの指摘についてである。拙論のこの部分の引用資料は創氏の手引書である『氏創設の真精神とその手続き』である。ここでは「皇国臣民的家族の確立、…略…、文化上の中国模倣精神からの脱却、内鮮一体を目的とし、血縁集団である中国から派生した宗族構造との結びつきを、…略…、直接に天皇に結び付け社会生活の基礎とすることを本質」（拙論五二頁）とあり、政策の本質に精神面が強く動員されていたことが明示されている。同資料には当時の朝鮮総督はじめ、法務局長、民事課長、京城帝大教授ら賛否両論の執筆者が名を連ねており、岡崎氏の指摘するような根拠の薄い資料ではないと考える。

さて、筆者は創氏の届出が八割に上る一方で、有力な宗族が結束して同じ氏を届け出ることが宗族ネットワークの再編に繋がり、これが総督府の政策目的に違背する現象だったことを以って「本質的な失敗」とした。これに対し岡崎氏は「創氏をめぐる態度は一枚岩ではなかった。「総督府の意図」が具体的に誰の意図かによって政策としての創氏の本質的評価は変幻する」（三五七―三五八頁）、「宗族システムを法的に解体する効果をもたらした点で、その本質的な目的を達成したとは考えられないか」（三五八頁）、「婿養子（異姓養子）を可能にする便法として氏設定が司法政策として要請された」（三五八頁）と指摘されている。筆者は次のようにお答えしたい。

拙論に記したとおり、創氏制度には設定創氏のほかに、届出をせず戸主の姓を以て氏とする法定創氏が設けられた。総督府が創氏制度の目的を岡崎氏が挙げられた法的効果のみとしたのであれば、日本の民法上の氏と同質性を持つ法定創氏制度の施行で社会に混乱を来たすことなく総督府は充分にその目的を果たせたであろう（拙論五二頁）。

では何故一九三九年という時期に、日本人司法官らが、土地名等を氏とする時に生じる日朝の姓氏概念のずれの読み替えに執心し（拙論第四章①）、精神論を動員し、宗族ネットワークから天皇を頂点とする家制度への移行を可視化できる設定創氏というオプションを別途設けたのだろうか。この過程をふまえて、岡崎氏が上記のように主張されているのなら、それは別次元の議論であり、拙論の負うところではない。

　また、岡崎氏は創氏制度をめぐり総督府の意図が具体的に誰の意図かを問題にされている。拙論の枠組みでは、総督府内部の力学は大きな意味を持たないと考えている。しかしながらこの点については何かアイデアをお持ちのようであるので、岡崎氏にお任せし、研究の発展を期待したい。

三.「旧慣習」という用語使用について

　岡崎氏は「旧慣習」という用語が、総督府資料に使用されておらず、筆者が意図的にこの用語を使うことにより「日本の法的慣習観」に示唆する面があるかどうかを問うている。

　旧慣習という用語は筆者の韓国在留時代に日常的に接した元宮中関係者や植民地期を知る知識人らが、礼儀凡節に触れる際に現代韓国の慣習と区別するために使用していた、筆者にとっては大変に身近な言葉であり、一般用語である。

　朝鮮時代の礼が、日本の司法介入によって慣習へ、さらに長期にわたる日本の統治による法制度の浸透で死語となり、解放後に旧慣習という言葉で説明されるようになったことを思えば、岡崎氏のいう「日本の法的慣習観」であるかどうかの問い以上に思惟を深めるべき問題が潜在しているであろう。

　岡崎氏の論評によって、拙論を検討し、かつて筆者の韓国生活に親身に寄り添い、支えてくれた故人らを偲ぶ機会も得た。岡崎氏には改めて感謝したい。

（吉川　美華）

付記

編集委員会としては、別に以下の著書・論文の書評を予定していたが、諸般の事情によりそれらを掲載することができなかった。

大久保泰甫『ボワソナードと国際法』（岩波書店）、大津透編『摂関期の国家と社会』（山川出版社）、佐藤健太郎『日本古代の牧と馬政官司』（塙書房）、長谷山彰『日本古代史―法と政治と人と』（慶應義塾大学出版会）、高谷知佳『中世の法秩序と都市社会』（塙書房）、堀越祐一『豊臣政権の権力構造』（吉川弘文館）、小野博司・出口雄一・松本尚子（共編）『戦時体制と法学者一九三一～一九五二』（国際書院）、永井万里子編『女性から描く世界史―一七～二〇世紀への新しいアプローチ』（勉誠出版）、冨谷至『漢唐法制史研究』（創文社）、籾山明『秦漢出土文字史料の研究―形態・制度・社会―』（創文社）、岩尾一史「ドルポ考―チベット帝国支配下の非チベット人集団」（『内陸アジア言語の研究』三二）、毛利英介「大定和議期における金・南宋間の國書について」（『東洋史研究』七五―三）、塩崎悠輝『国家と対峙するイスラーム―マレーシアにおけるイスラーム法学の展開』（作品社）、大河原知樹・堀井聡江・シャリーアと近代研究会編『オスマン民法典（メジェッレ）の研究　売買編』（人間文化機構（NIHU）プログラム・イスラーム地域研究東洋文庫拠点）、阿部俊大『レコンキスタと国家形成：アラゴン連合王国における王権と教会』（九州大学出版会）、フリードリヒ二世著・大津真作監訳『反マキアヴェッリ論』（京都大学学術出版会）、坂巻清『イギリス近世の国家と都市―王権・社団・アソシエーション』（山川出版社）、小野秀誠『法学上の発見と民法』（信山社）、波多野敏『生存権の困難―フランス革命における近代国家の形成と公的な扶助』（勁草書房）、栗原麻子「家族の肖像―前四世紀アテナイにおける法制上のオイコスと世帯」（『史林』九九―一）、原田俊彦「『国家について』におけるキケロの歴史叙述について」（『人文論集』五四）、北野かほる「中世後期イングランド刑事司法の構造」（『法制史研究』六五）、田中実「グロティウス『戦争と平和の法』第三巻第二〇章第一一節を読む―国際法の占有理解のために」（『南山法学』三九―三・四）、山崎彰「一九世紀ブランデンブルク貴族家における世襲財産制の導入」（『社会経済史学』八一―四）、原田央「一九世紀後半の国際私法理解の特質とその背景（一）～（四・完）」（『法学協会雑誌』一三三―一、四、七、八）、明石欽司「ライプニッツの法理論と「近代国際法」（一）～（五・完）―「法」・「国家」・「主権」・「ユース・ゲンティウム」の観念を題材として」（『法学研究（慶應義塾大学）』八八―一一、八九―四、六、七、八）

会　報

学会記事

平成二八年度（平成二八年一月より一二月まで）

［総会］

第六八回総会は、平成二八年六月一一日－一二日の二日間にわたり、東京大学本郷キャンパスにおいて開催された。

第一日　六月一一日

《午前の部》

北条泰時の法思想　長又高夫氏

徳川幕府刑法における共犯処罰の判例法理と刑事責任観　代田清嗣氏

《午後の部》

ハンセン病におけるスティグマの形成と人権―旧約聖書「レビ記」一三章以下における「ツァーラアト」の「誤訳」を前提として　佐野誠氏

ミニシンポジウム　経済史学と法制史学―経済秩序をめぐる対話の試み

趣旨説明　新田一郎氏

借書の譲渡可能性とその条件―中世における債権の性質をめぐって　桜井英治氏

コメント　松園潤一朗氏

近世日本の商秩序―大坂市場を素材として　高槻泰郎氏

コメント　和仁かや氏

貨幣の多元性と市場の多層性―「工業化前」中国、日本、イングランドを中心に　黒田明伸氏

コメント　鈴木秀光氏

第二日目　六月一二日

《午前の部》

魏志倭人伝から見た邪馬台国大和説の検証　上野利三氏

明治民訴法期における職権・当事者関係の一側面―『法律新聞』にみる実態（一九〇〇～二六年）　水野浩二氏

《午後の部》

総会

朝鮮総督府裁判所における司法判断過程―韓国・法院記録保存所所蔵「光復前民事判決原本」を手がかりに　岡崎まゆみ氏

韓国・朝鮮の慣習調査関連資料、慣習調査事業及び慣習法関連研究について　李英美氏

［部会］

東京部会

第二六一回　平成二八年五月二一日　於東京大学

共催：法制史学会総会シンポジウム準備会

法制史学会総会シンポジウム準備会「経済史学と法制史学」

桜井英治氏「借書の譲渡可能性とその条件―中世における債権の性質をめぐって」

高槻泰郎氏「近世日本の商秩序―大坂市場を素材として」

黒田明伸氏「貨幣の多元性と市場の多層性―「工業化前」中国、日本、イングランドを中心に」

第二六二回　平成二八年七月一六日
於東京大学

野原香織氏「近代日本におけるフランス雇用契約論の影響—雇傭概念および解雇を中心に」

山下孝輔氏「四世紀末のローマ帝国における勅答の効力—都市長官シュンマクスの『報告集』を手掛かりに」

第二六三回　平成二八年一〇月二九日　於早稲田大学

川島翔氏「中世学識法における命令不服従 contumacia についての訴訟法理論」

福島涼史氏「戦争論を巡るスコラ神学者と教会法学者の相反」

第二六四回　平成二八年一一月二六日　於早稲田大学

新田一郎氏「京城天真楼遺聞 Version 2.01—京城日本人社会史一隅」

中部部会

第七七回　平成二八年一月二三日　於名城大学

加藤雅信氏「所有・平和・発展—サル社会から近代社会へ」

第七八回　平成二八年五月二八日
於名古屋大学

神谷貴子氏「中世後期フリブールの市外市民政策」

高島千代氏「自由民権運動と地租軽減—明治一〇～二〇年代の減租論を中心に」

第七九回　平成二八年九月二四日
於名古屋大学

土志田佳枝氏「フォルゴ事件と動産財産の帰属について—フランスにおける外国人の無遺言相続と外国法の適用」

松田恵美子氏「日本の家事労働論争について」

近畿部会

第四四一回　平成二八年一月二三日
於京都ガーデンパレス

井上章一氏「日本の近代と戦争が、建築の形から見えてくる」

第四四二回　平成二八年五月二一日
於京都大学法経済学部北館

塚原義央氏「古典期法学者・ケルススの遺贈解釈—家財道具 supellex の遺贈を中心に」

村上玲氏「イギリスにおける憎悪扇動表現規制の展開」

第四四三回　平成二八年一〇月一日
於京都大学法経済学部北館

粟辻悠氏「弁護という伝統の断絶—「ローマ的」裁判の終焉における一側面」

髙田京比子氏「一三世紀ヴェネツィアにおける家族の枠組み—相続と嫁資」

第四四四回　平成二八年一〇月一六日　於京都大学法経済

学部北館
水越知氏「中国近世の冥官と地方官」
高島千代氏「法務図書館所蔵の激化事件裁判関連史料―『長野縣國事犯村松愛藏等ニ関スル一件書類』を中心に」

第四四五回　平成二八年一二月一七日　於京都大学法経済学部北館
林真貴子氏「法専門職史研究の理論的射程―近代日本における法の継受との関連で」
屋敷二郎氏「帝政期ドイツの法学と法実務―夫婦財産法をめぐって」

報告要旨

北条泰時の法思想

長又　高夫

承久の乱によって朝廷の権威は凋落し、鎌倉幕府は軍事警察権にとどまらず、国家権力を発動する中心的な役割を担うようになった。そんな中で北条泰時は、共和的な「執権—評定衆」制度を導入し、幕政の安定を図った。検断権を掌握した幕府は、自らの責務で秩序の安定を図らねばならなくなったのである。承久の乱後、新恩地頭の入部によって在地社会に混乱が生じた為に、本所からの提訴を幕府は積極的に受理し、地頭御家人の濫防狼藉を禁じた。そんな中で地頭御家人からも不満が生じないように、幕府の裁判規範として御成敗式目を貞永元年に制定した。これには幕府の公的な立場をアピールする意味もあったはずである。

泰時は公正な裁判を行う為に、手続法や証拠法を定め、理非の究明を厳格に行い、「折中」の理を導き出していった。幕府法廷において当事者が和与状を交換し和解する事例が当該期以降確認できるようになるのも、該法廷が事実審をきちんと行なうようになった結果であった。和与状にもとづき裁許状が下された当該期の事例を追うと、いずれもが幕府裁判所の審理を経て和与状が作成されているのであり、裁判権者の役割が重要であったことがわかる。鎌倉幕府訴訟制度の変遷について、これまでの先学は執権政治が行われた合議体制期には、当事者主義的性格が強くなり、得宗政治などの専制期には職権主義的性格が強くなる、と漠然と理解されてきたように思われる。ところが執権政治の典型といわれる泰時期においてさえ、審理手続きの過程で裁判権者が積極的に関わっており、判決の執行についても厳格に対処しているのである。泰時が公家達から道理の人と呼ばれのも如上のような泰時の姿勢からであった。なお公平と中和（中庸）を政治に求めた荀子の思想に泰時が影響を受けていたのではないか、という事も本報告で発表した。

時間的な制約があり、報告時には十分な説明ができなかった。後半部の内容については、拙著『御成敗式目編纂の基礎的研究』（汲古書院、二〇一七年）第六章「本所訴訟から見た北条泰時執政期の裁判構造」に詳述したので、そちらを御覧頂ければ幸甚である。

徳川幕府刑法における共犯処罰の判例法理と刑事責任観

代田　清嗣

本報告では、強訴徒党・盗・人殺それぞれにおける共犯処罰を検討材料とし、そこに現れる、徳川幕府刑法における共犯処罰の判例法理と刑事責任観について明らかにした。

強訴徒党などの多人数による犯罪では、頭取・同類という共犯の分類がなされた。従来、両者は、発意・随従という主観的要素によって区別されると考えられてきた。しかし判例では、自ら犯意を生じたのでなくとも、率先して犯行に出、あるいは他の共犯者の犯行を促進した者をも頭取と評価している。両者の区別は、他の共犯者に対する影響力の程度の差によってなされるのである。

　盗の共犯に対して、全員を等しく処罰する場合があった。従来は、このような処罰が認められる理由もまた、犯意という主観的要素に求められてきた。しかし、公事方御定書において盗みを正犯・従犯に区別することがあまり想定されていないことや、盗という犯罪の特徴をも併せて考えれば、この処罰は、政策的な意図から発した団体責任的処罰方式であるということができる。一方、犯行後に贓物の運搬を引き受けたり、そもそも現場に居合わせなかったりするような場合には、実行行為者らより軽く処罰されたのである。

　人殺の共犯には、「初発に打懸候もの」すなわち最初に攻撃した者を下手人（正犯）とするという特徴的な規定がみられる。これは従来、その事実主義性ゆえに例外的であると考えられてきたが、実際には当該結果発生を望む者が別個にいても、優先して適用された。当該規定は、被害者に遺恨ある者が他者をしてこれを殺害せしめる「差図」と並び、他の共犯者へ行動を促したものを正犯とするものである。一方、「初発に打懸候もの」が確定できない場合や、差図者に遺恨がない場合には、例外的に主観的要素を考慮し、当該犯行の発端となった者や、遺恨をもつ者を下手人とした。

　以上の検討から、徳川幕府刑法における共犯処罰では、各人の主観的要素よりもむしろ、他の共犯者にどのような影響を及ぼしたかという点が重視されていたことが窺える。そしてこのような法理は、他者・外部との関係においてその者がどのような立場にあったかを評価する、「立場責任」とでも呼ぶべき刑事責任観に立脚していると考えられる。

　なお本報告の内容をさらに充実させた「徳川幕府刑法における共犯処罰（一～三・完）」を、名古屋大学法政論集第二六八号、二七四号、二七五号に掲載することができた。ご参照いただければ幸いである。

ハンセン病におけるスティグマの形成と人権――旧約聖書「レビ記」一三章以下における「ツァーラアト」の「誤訳」を前提として

佐野　誠

　本報告では、旧約聖書「レビ記」一三章以下に記されたツァーラアト（צרעת, ṣāra‛aṯ）という皮膚疾患の総称が、英語、日本語の聖書ではleprosy、「らい病」という特定の病名に訳された経緯と、この「誤訳」によって生じた解釈史的社会史的諸帰結の一端を考察した。

　ツァーラアトの誤訳から生じた歴史的諸帰結については、以下の五点を取り上げ説明した。第一に、祭司的、儀礼的意味で用いられたツァーラアトが、特定の病名であるleprosy、「らい病」（以下、原則として「ハンセン病」と明記）に置き換えられたために、この病名が罪、汚れのシンボルとされたことである。ツァーラアトは祭司が判定し、治癒可能であったが、leprosy、ハンセン病は二〇世紀半ばまで治癒困難な病であった。第二に、ハンセン病の罪・汚れ論と重篤な症状との結合による激しい憎悪感情、差別的感情が醸成されたことである。言い換えれば、ハンセン病に対するスティグマが普遍的に形成されたことである。元来スティグマは、古代ギリシア時代に汚れた者や忌むべき者、たとえば奴隷、犯罪人、謀叛者等の肉体に刻み込まれ、焼きつけられた徴、烙印を意味していた。これが、一世紀のキリスト教時代以降、肉体に現れた聖寵の徴（聖痕）と身体上の異常な肉体的徴候をも意味するようになったのである（アーヴィング・ゴッフマン）。

　第三に、多くの聖書注解者が、古代から近現代に至るまで、ツァーラアト、レプラの出てくる聖書箇所を、聖書には直接書かれていない「らい病」と特定して、聖書解釈を行ったことである。その結果、聖書解釈上の「罪の隠喩」としての「らい病」と、福音書に記されたイエス・キリストによるレプラ患者の癒やしの奇蹟、すなわち罪からの解放・救済の対象としての「らい病」という二重的性質をleprosy、ハンセン病が持つに至ったことである。第四に、キリスト教的恩寵論から「ラザレット」に見られる患者救済・療養施設がカトリック教会の施設として建設されていったこと、と同時にハンセン病が一一世紀からの十字軍の遠征等を切っ掛けとして中世ヨーロッパに流行・拡大していくと、患者の救済・療養という施設・療養所の目的が国家による強制隔離を手段とする社会防衛にすり替えられてしまったことである。最後に第五に、一九世紀後半以降のキリスト教ミッションによる「らい病」撲滅運動とナショナリズム、植民地政策との連携、結託がなされたことである。日本の場合には、国家の「恥辱」感情からの解放と社会防衛が、「癩予防ニ関スル件」（一九〇七年）の制定、および無癩県運動や絶対隔離政策の法的基盤となる「癩予防法」（一九三一年）の制定に結びつき、人権抑圧の主たる要因を形成したのである。

ミニシンポジウム・経済史学と法制史学——経済秩序をめぐる対話の試み

本シンポジウムは、経済史学の新たな動向に対する法制史学者の関心を喚起すべく企画された。

　報告者として経済史学の研究者を招請し、コメンテータとして配するに法制史学の中堅・若手研究者を以てし、前年一一月と当年五月の二度にわたって準備会を開催して議論を重ね、問題関心の擦り合わせを図った。とくに二度目の準備会は法制史学会東京部会との共催の形をとって公開し、多数の参加者を得て活発な討論が行われ、その果実をも取り入れて、シンポジウムには高水準のスリリングな報告が揃うことになった。

　シンポジウム当日は、諸般の事情から十分な討論時間を確保できなかったこともあり、一般参加者を巻き込んで議論を深める結果とは必ずしもならなかった憾みを遺しつつ、両分野の学問的関心のあり方の距離を析出することになった。「法」「経済」いずれの条件をも自明視しないことの重要性、「経済」的な動機づけに対する批判的再検討の必要、中世の「経済」は何を追求したのか、何を何と同視して積算し或いは清算したのかなど、報告において提出された問題に関わる多くの課題を今後に残したこと、これ即ち本シンポジウムの成果であり、今後の両分野の協働関係の出発点である。

＊　＊　＊

〔趣旨説明〕コーディネータ・新田一郎（東京大学・大学院法学政治学研究科）

　経済史学と法制史学とは、「歴史上の社会における人々の振舞いを条件づける構造とその歴史的推移」という関心対象を共有しながら、問題の切り取り方、焦点の据え方を異にし、互いに他方に対して外的条件（の一部）を提供する（或る意味で「相補的」な）関係に立ってきた。ところが近年、経済史学の分野では経済活動に対する条件づけのメカニズムとしての「制度」の多様なあり方に対する関心が高まり、法制史学との境界を積極的に踏み越える試みが、両分野に新しい可能性（と課題）を提示しつつある、との観がある。本シンポジウムでは、主として前近代日本に材を取り、経済史学側からの問題提起に法制史学側が応答する形で、両分野の、緊張を伴う協働関係の構築へ向けた議論の方向の模索を企図した。

〔報告①〕借書の譲渡可能性とその条件――中世における債権の性質をめぐって　桜井英治（東京大学・大学院総合文化研究科）

　債権・債務関係はいつの時代にも存在するが、それが第三者に譲渡できるかとなると、時代や地域によってかなり違ってくるように思われる。中世後期の日本は明らかに債権（借書・手形）が譲渡可能な社会であったが、それがいかなる条件にささえられていたのかを探ってみたい。そこには強力な制度や司法当局、同業者団体等の有無だけでは説明のつかない何ものかがあるようにみえる（実際、中世社会はそのいずれも欠いているか、あっても脆弱なものであった）が、社会関係という見地よりすれば、それは要するに顔のみえる関係から顔のみえない関係への変換を認めるか否かであろう。そこに解決の糸口を求めつつ、あわせてこの厄介な問題への経済史、法制史双方の参画を呼び掛けた。

　なお、本報告の概要は、櫻井英治『交換・権力・文化』（みすず書房二〇一七）「終章　中世における債権の性質をめぐって」に組み込まれている。

〔コメンテータ・松園潤一朗（一橋大学・大学院法学研究科）〕

〔報告②〕近世日本の商秩序――大坂市場を素材として
高槻泰郎（神戸大学・経済経営研究所）

本報告は、近世日本において商秩序がいかに保持されていたのか、という点について、当時の中央市場を擁した大坂を対象に考察する。とりわけ、債権の保護に関して江戸幕府が示した裁量的な態度が持つ意味について検討した。

江戸幕府は、大坂における債権債務関係訴訟に対しては債権者保護の姿勢で臨んだと言われるのに対して、江戸・京においては債務者保護の姿勢が強かったと言われる。また、商人が有する対大名債権に対する保護は弱かった一方で、大名が発行した米切手という短期財務証券については強い保護を与えていた。本報告では、債権保護に対する江戸幕府のかかる裁量的な態度が持った意味について、事例の検討を踏まえて種々の論点を提示し、法制史学との接点を探った。

なお、本報告と関連して、法制史学会東京部会二〇一七年六月例会において、近年の経済史学界における「比較制度分析」の理論的構図について、概説的な報告を行っている。
〔コメンテータ・和仁かや（九州大学・大学院法学研究院）〕

〔報告③〕貨幣の多元性と市場の多層性――「工業化前」中国、日本、イングランドを中心に
黒田明伸（東京大学・東洋文化研究所）

貨幣の定義は多々あるが、貨幣が交換の手段であることを否定する定義はなかろう。だがその交換という行いに多様性があることに踏み込んだ貨幣論はまれである。交換が、匿名的か指名的か、また局地的に行われるか隔地で行われるか。この二つの志向軸の組み合わせは、交換に「隔地・匿名（Ⅰ）」、「隔地・指名（Ⅱ）」、「局地・指名（Ⅲ）」、「局地・匿名（Ⅳ）」の4象限の位相をもたらす。各社会は時代によって、例えば貴金属通貨（Ⅰ）、為替（Ⅱ）、帳簿決済（Ⅲ）、卑金属通貨（Ⅳ）といった手段の組み合わせをそれぞれ変えてきた。

本報告では、「局地・匿名」依存の強い中国、「局地・指名」が根強いイングランド、匿名志向より指名志向に傾斜した日本、を素材に、制度的枠組と市場との間の相互に規定しあう関係とその変化を論じ、多元的な比較のための理論的構図を提示した。
〔コメンテータ・鈴木秀光（専修大学・法学部）〕

魏志倭人伝からみた邪馬台国大和説の検討
上野　利三

弥生時代は農耕地の争奪が各地で繰り広げられた戦乱の時代で、金属武器も発達を遂げた。北九州の奴国伊都国が西暦五七年・一〇七年に漢に朝貢した後、一八〇年頃邪馬台国が二一カ国と卑弥呼を女王に共立、倭国の乱に勝利して覇権を握った。二三九年に魏から「親魏倭王」の称号を授与され冊封

体制下最上級の外臣国に列せられた。魏の支援の下で南の狗奴国と戦うさなか卑弥呼は没し、内乱の後臺与が即位して二六六年魏の後継晋に朝貢する。邪馬台国大和説は倭国の乱後に王権の拠点を大和が奪取し西日本を統制下に置いたとする。その妥当性を検討する。

検討の①。大和王権の歴史書（記・紀）には魏との交流の記述がなく、魏志倭人伝に記す使節名や倭国の派遣官名、及び冊封体制下での被支配の在り方を記録しない。②卑弥呼や臺与等が王統譜のどの天皇に該当するのか立証が難しい。③当時の国は郡程度の領域で、九州～畿内に二一国（郡）が点在するだけで、周囲を敵（性）国に囲まれて支配を貫徹しえたか。兵は裸足の歩兵隊が木弓と矛だけを持ち、革新的な武器や騎馬軍団はまだなかった。④魏使は数多敵性国のある七〇〇kmの間を安全に大和迄行けたか。投馬国（鞆ノ浦か吉備）だけでは中継国として相応しいか。⑤陳寿と同時代に書かれた『九章算術』から、魏代から一里は約七七mの短里が使用された事が判明。当代の十余の事例からも傍証される。すると伊都と邪馬台間は約一一七kmである。大和説の畿内大和迄の七〇〇kmとは大きく異なる。⑥倭人伝に卑弥呼の墓は「冢」で「径百余歩」、槨のない甕（石）棺墓で円形の塚を示唆する。古代中国の墓は冢と墳に区別される。諸葛亮は背後の山を墳とみなし亡骸は棺が入る程度の冢に埋葬せよ、と遺言している（二三四年）。⑦「百余歩」の長さとは、一里が七六・七m、一里は一八〇〇尺なので一尺は四・二六cm。一〇〇歩は六〇〇尺で二五・五六mとなる。大和説の主張する箸墓古墳（長さ約二八〇m）の一一分の一の直径の塚で前方後円墳ではない。⑧二〇〇九年発見の曹操（二二〇年没）の墓（河南省西高穴村）は封土なく金玉礼器も副葬されてない薄葬墓。卑弥呼の墓も魏帝国の臣下の王墓らしく薄葬であったろう。⑨倭人伝に邪馬台国は玄界灘沿岸国から南と記すが、大和説は理由もなく東に書き変えた。邪馬台国の南方と伝にある狗奴国も大和より東の伊勢か東海地方又は関東とし一致をみない。だが伝は伊都の東の隣国早良を載せず、奴・不弥への交通手段を書かぬ故東へは行かず。⑩三国志は四夷の内烏丸・鮮卑・東夷伝だけを加えた。それらは魏を侵略する恐れがあり防備のために距離や方角等の地理情報と国情等を正確に知っておく必要があったからだ（伝の序文参照）。外臣国等が礼を失し謀反を起こした際懲罰のための軍費調達の積算根拠が必要で宗主国として当然の措置であった。⑪倭人伝の「その余の旁国」二一国は斯馬国に始まり女王国の境界の尽きる奴国迄を記す。下條信行の研究では、北部九州では「漢委奴国王」の時代から玄界灘沿岸の盟主国が高価な大型前漢鏡や銅矛等を独占し、周辺の二級三級国には価値の低い物のみ配布するという需給関係にあり、序列化された支配秩序が存した。二級国は筑紫、朝倉、佐賀、嘉穂等の平野・盆地迄。三級国はその外縁で筑後、菊池川流域、遠賀川以東迄の間にあった。山門《ヤマト》郡はこの内に存した。そして菊池川迄が北部九州圏内という。嘉穂盆地（立岩王墓）は周防灘沿岸地域への進出をめざす盟主国の前進基地として重視。ならば倭人伝に女王国の東の海を渡ると又倭の種ありという記事が現実味を帯びる。右の考古学的成果は女王国の範囲を特定する手掛かりになる。因に繊維考古学の布目順郎が倭人伝の養蚕（絹）の痕跡が福岡、佐賀、長崎から出土するという発見は、以上の見解と相応する。斯馬は志摩郡、奴《ナ》は玉名《ナ》郡（菊池川北辺）。対蘇（鳥栖市）弥奴（三根郡）鬼（基肄郡）邪馬（八女市）華奴蘇奴（神崎郡）は音が通じる。菊池川を挟み玉名郡と狗奴側の菊池郡とが対峙。官名「ククチヒコ」（菊池彦）は菊池郡の指導者名か。狗奴の本拠は球磨川流域人吉辺り。⑫常に下級品を与えられ続けた脊振山以南の二、三級国は邪馬台の国王卑弥呼の下に結集して盟主国に反旗を翻した。これが倭国の乱の実態ではないか。邪馬台や卑弥呼の事績が記・紀に残らないのは、四世紀に博多以東の宇美（糟屋郡）で生まれたホムダワケ（応神天皇）と同盟軍日向の隼人達に滅ぼされたためと思われる。応神はその後東征し大和入りを果たす。皇室の発祥地は九州と記・紀にいう事と恐らく関係があろう。邪馬台国の位置探しは目的ではなく、古代国家誕生の序幕でなければならない。尚遣魏使は全員中国風姓を名乗る。

明治民訴法期における職権・当事者関係の一側面――『法律新聞』にみる実態（一九〇〇〜二六年）

水野　浩二

近代以降の民事訴訟理論においてはいわゆる当事者主義が基本とされつつも、個々の論点では種々の理由から職権主義の要素が一定程度採用されてきた。その一例として、争点整理のために訴訟関係を明瞭にすること（釈明権の行使に対応）と、その争点についてでき得る限り真実に近い判断を下すこと（証拠調べによる事実認定に対応）があげられる。本報告では、これらの点について職権介入が口頭審理により活発に行われるようにすることが、大正民事訴訟法改正（一九二六年）の一つの眼目だったという仮説にもとづき、同改正の起草・立法過程メンバーが暗黙の前提にしていたと思われる、明治民事訴訟法（一八九〇年）下での民事訴訟実務の実態と、それに対する実務法曹たちの問題意識に光を当てようとした。史料としては、実務法曹を主たる読者として想定したメディアである『法律新聞』の記事を用いた。

『法律新聞』では裁判官・弁護士を問わず、不干渉主義（今日いう当事者主義のこと）が強く批判されていた。釈明権の行使については積極化を求める声が支配的であった。その背景として、急速な法継受の結果として資質に問題のある弁護士が一定数存在し、訴訟関係に関する単純な確認を要したり、口頭弁論に先立つ準備が不十分なケースが少なくなかったため、弁護士からも職権介入がむしろ期待されていたこと、いわゆる「名判官」への憧憬が存在したことなどを指摘した。証拠調（事実認定）についても、形式に流れる証人訊問や「事実の真相を得ない」判決の多さが批判され、当事者訊問の活用・和解による終結・偽証の防止・調書作成の改善など、具体的な対応策が活発に提案されていた。これら『法律新聞』記事から読みとれる実務法曹のスタンスは、大正改正の（準備手続や証拠調など）個々の条項や大正末期の調停制度創設などに一定の影響を及ぼしたと思われるが、同改正の起草・立法過程メンバーが目指していた「節度ある」職権介入の制度化とは一定の偏差を示すものであった。本報告の内容はのちに拙稿「葛藤する法廷――『法律新聞』の描いた裁判官・民事訴訟・そして近代日本」（北大法学論集67巻4～6号）にて公刊された。

朝鮮総督府裁判所における司法判断過程――韓国・法院記録保存所所蔵「光復前民事判決原本」を手がかりに

岡崎　まゆみ

本報告は、朝鮮総督府裁判所における民事裁判、特に親族相続関係の裁判における「慣習」判断の形成過程を通じて、植民地期朝鮮の司法の位置付けについて考察したものである（ここでは一九一〇年から一九三九年までを対象とする）。

朝鮮における民事法令は、朝鮮民事令により原則として内地の明治民法を「依用」しながらも、親族相続に関する事項は例外的に「慣習」を法源とした。一方、「慣習」によって裁判を運用する総督府裁判所、あるいはその裁判官の間では、法源たる「慣習」について具体的・統一的な理解が共有されていたわけではなかった。しかも、当時最高法院であった高等法院の判決には「慣習」が摘示される例が少なくないが、その典拠が明らかなものは、（高等法院自身の先例を示す場合を除き）管見の限り見当たらない。

そこで報告者は、関係資料をもとに「慣習」判断の形成過程を具体的事案に沿って次のように明らかにした。すなわち、第一に裁判所が「慣習」について慣習調査当局へ問い合わせ、それに基づき「条理」を理由として判断をくだす場合、第二に在来の現地慣行から法規範として運用可能な「慣習」を抽出する場合、第三に裁判官自身による研究に基づき「慣習」判断をくだす場合、第四に内地法学者による学説動向、大審院への判例批判を受けて判断をくだす場合、以上の四例を本報告では扱った。

以上のような「慣習」判断の形成過程からは、現地の慣習調査当局による回答や決議、また一部内地法を判断材料に用いるにしても、現実の朝鮮人社会との調整の必要性や、また親族相続に関する係争事件であれば常に「慣習」を優先すれば良いわけではなく、原則として内地法が適用される財産法分野との整合性もまた課題とされたことが看取される。その結果、裁判官の裁量は自然と幅を持ち、場合によっては朝鮮総督府が統治方針として掲げた「内地延長主義」に違背する判決がくだされることもあった。ただしこうした展開に、帝国日本としての法規解釈の統一性の崩壊を危惧する考え方も一方で存在したことには注意しなければならない。

　これまで植民地期朝鮮における司法は、究極的には総督府が掲げた「内地延長主義」という政治的文脈のなかに位置づけられ、語られてきた。しかし実際には、民事裁判において朝鮮総督府裁判所の裁判官たちは、「慣習」をはじめ朝鮮の社会実態をよく研究した上で柔軟な法創造機能を発揮していたと考えられる。

韓国・朝鮮の慣習調査関連資料、慣習調査事業及び慣習法関連研究について

李　英美

　日本による韓国・朝鮮の慣習調査事業は、保護国期の一九〇七年から日韓併合後の一九三七年までの約三〇年間行われた。前者は、統監府時代に梅謙次郎の指揮下で行われた不動産所有権関連慣習の基礎調査と、基本法典編纂のための民商事慣習に関する全国的規模の実地調査と典籍調査のことである。後者は、日韓併合後の日本法の韓国・朝鮮での全面施行と、その例外とされた親族、相続、不動産事項に関する韓国・朝鮮慣習の適用という方針に基づき（制令第7号「朝鮮民事令」、一九一二年四月施行）、引き続き行われた慣習調査のことである。

　また、後者では、「朝鮮民事令」の度重なる改正を通じて日本法の適用範囲が拡大していった。そうした中であっても、依然として親族、相続、不動産に関する慣習内容の確認作業は必要とされた。そのため慣習調査事業終了後においてもなお司法及び行政の現場と朝鮮総督府との間では回答・通牒・決議などの形で、慣習の存在有無及び内容の確認、そして慣習内容の確定（「法認」）などを韓国・朝鮮独立の一九四五年まで行っていた。

　以上のことの結果として残されることになった韓国・朝鮮の慣習関連資料は膨大な量をなしているが、朝鮮戦争をはじめとするその後の朝鮮半島をめぐる歴史的経緯から、整理されぬまま、資料束または綴りの形でこんにち韓国、日本、米国に散在している。本報告では、初めて本格的に、それら不明であった資料の行方及び所蔵先について、主に米国に渡った資料の所在を確定し、資料の基本情報に関する正確なデータを作成するための綿密な分析作業を行った。左記の一連の研究を取り上げて紹介した。①「朝鮮総督府中枢院にける韓国・朝鮮の慣習調査報告書に関する書誌学的考察―米国ハーヴァード大

学・イェンチン図書館（Harvard Yenching Library）の所蔵資料の紹介を中心に」『明治大学教養論集』通巻四九一号、明治大学教養論集刊行会、二〇一三年一月。②「朝鮮総督府中枢院における韓国・朝鮮の慣習調査報告書に関する書誌学的考察―米国カリフォルニア大学バークレー校（UCB）・the C.V.Starr East Asian Library所蔵資料を中心に」『東洋文化研究所紀要』第一六五冊、東京大学東洋文化研究所、二〇一四年三月。③「朝鮮総督府中枢院における韓国・朝鮮の慣習調査事業と慣習調査報告書に関する研究―米国ハワイ大学マノア校（UH Manoa）Hamilton Library の Korean Locked Press 所蔵資料の紹介と分析を中心に（一）」『東洋文化研究所紀要』第一六六冊、東京大学東洋文化研究所、二〇一四年一二月。④「同上（二）」同上第一六九冊、同上、二〇一六年三月。⑤「同上（三・完）」同上第一七〇冊、同上、二〇一六年一二月。

訃報

左記の会員が亡くなられました。謹んで哀悼の意を表します。

市川訓敏氏　平成二九年六月二七日

法制史学会規約

第一条　本会は法制史学会（Japan Legal History Association）と称する。
第二条　本会の事務所は理事会の定める所に置く。
第三条　本会は法制史に関する研究及びその研究者相互の協力を促進し併せて外国の学会との連絡を計ることを目的とする。
第四条　本会は前条の目的を達成する為左の事業を行う。
一、研究会及び講演会の開催
二、機関誌、叢書、その他図書の刊行
三、外国の学界との連絡及び協力
四、前各号のほか理事会において適当と認めた事業
第五条　本会は法制史を専攻し又これに関連する研究に従事する者を以て構成する。
第六条　本会の会員は左の二種とする。
一、名誉会員
二、普通会員
第七条　名誉会員は法制史学に功労特に顕著なる者の中から総会が推薦する。
普通会員となるには本会に申込み、理事会の承認を得なければならない。
第八条　普通会員は会費を納めなければならない。
会費の額は総会において決定する。
会費を滞納した者は理事会において退会した者とみなすことができる。
第九条　本会に客員を置くことができる。
客員は本会の事業遂行上功労特に顕著なる者の中から総会が推薦する。
第十条　本会の体面を汚し、又は会務の執行を妨害する所為ある者は総会の決議を経てこれを除名することができる。
第十一条　本会に左の役員を置く。
一、理事　一七名　内一名を代表理事とする。
二、監事　二名
第十二条　理事及び監事は総会において選任する。
代表理事は理事会において互選する。
第十三条　理事及び代表理事の任期は二年、監事の任期は三年とする。
但し重任を妨げない。
第十四条　理事は理事会を組織し本会の事務を執行する。
代表理事は本会を代表する。
監事は本会の事務及び会計を監査する。
第十五条　毎年少なくとも一回総会を開く。
第十六条　本会の会計年度は毎年四月一日に始まり翌年三月末日に終る。
監事は会計年度終了後その監査の結果を総会に報告し、その承認を得るものとする。
第十七条　本規約は総会員の三分の二以上の同意がなければこれを変更することができない。

法制史学会理事選挙規程

改正　二〇〇一年四月二二日
改正　二〇一三年六月一六日

第一条　目的　この規程は、法制史学会の理事選挙に関する準則を定める。

第二条　理事定数　理事の定数は、一七名とする。

第三条　選挙権および被選挙権

一、法制史学会会員は、理事の選挙権および被選挙権を有する。ただし、改選年度の前年七月末日現在において四年分を越える会費を滞納している者は、選挙権および被選挙権を有しない。

二、改選年度の四月一日現在、満七〇歳以上の会員は被選挙権を有しない。

三、五期連続して理事の職を勤めた会員は、五期目の終了した次の改選年度の選挙において被選挙権を有しない。

第四条　選挙方法　選挙方法は、郵便による投票とし、一〇名連記とする。

第五条　確定手続　以下の手続によって当選人を確定する。

一、有効投票の得票順位上位六名を当選人とする。

二、残り一一名のうち九名を有効投票の順位順に以下の分野別配分に従って当選人とする。

日本四名、西洋（ローマ法を含む）三名、東洋二名

三、残り二名を改選年度の四月一日現在、満五〇歳未満の者から有効投票の順位順に当選人とする。

第六条　選挙人・被選挙人名薄および投票用紙

一、選挙人名簿および被選挙人名簿は、改選年度前年の秋季理事会で確定する。

二、被選挙人名簿には、被選挙人の氏名および各自の申告にもとづく分野を記載しなければならない。

第七条　選挙管理委員会

一、理事選挙に関する事務は、選挙管理委員会がこれを管理する。

二、選挙管理委員会は委員三名をもって組織し、その選出は理事会が行うものとする。

三、委員長は委員の互選による。

四、投票用紙の管理は、選挙管理委員会がこれを行う。

第八条　開票

一、選挙管理委員会は、開票を総会までに行い、当選人について総会に報告しなければならない。

二、得票が同数のときは年長者をもって当選人とする。

三、当選人は、総会の承認をもって理事に選任される。

第九条　改正この規程の改正には、総会出席者の過半数の

同意を要する。

附則　一、第五条第二号の分野別配分数は、四年ごとに見直すものとする。

二、この規程は、一九九五年六月一日から施行する。

法制史学会理事選挙規程第三条第三項の新設に伴う経過措置

制定　二〇一三年六月一六日

法制史学会理事選挙規程第三条第三項が新設されたことにともなう理事会の構成の急激な変化を緩和するため、次の経過措置を定める。

一、改選年度の前年の秋季理事会において、法制史学会理事選挙規程第三条第二項により被選挙権を有しない者を除き、改選時までに五期以上連続して理事の職を勤めている者から抽選により三名を選び、その者の氏名を理事選挙被選挙権人名簿から抹消する。

二、この経過措置は、次期改選時までに五期以上連続して理事の職を勤めている理事の数が三名以下となった時点で失効する。ただしそれが理事選挙被選挙人名簿最終確定後であった場合は、確定された被選挙人名簿により理事選挙を行う。

了解事項：理事選挙被選挙人名簿最終確定の前後を問わず、名簿を会員に送付する際には、本経過措置により名簿に氏名が掲載されない会員が存在することを明記する。

入会、再入会及び退会に関する規程

制定　二〇〇九年四月一九日

（新規入会）

第一条　入会を希望する者は、所定の入会申込書に必要事項を記入のうえ事務局に提出するものとする。

2．入会の審査は、申込書受付後に最初に開かれる理事会で行う。

（再入会）

第二条　再入会の手続きは、新規入会の手続きと同じとする。ただしその場合は、入会申込書に推薦会員の署名および研究略歴の記載を要しないものとする。

（退会）

第三条　退会しようとする者は、事務局に対して署名捺印した退会届を提出するものとする。

2．会費又は誌代を滞納している者は、退会届の提出に先だって滞納分の全額を支払わなければならない。

（みなし退会）

第四条　会費又は誌代を三年分滞納した者は本会を退会したものとみなし、滞納三年目分の年度末をもって会員資格を喪失する。

2．その者が再入会しようとする場合には、それに先だって滞納分の全額を支払わなければならない。

（A 4 判）

法 制 史 学 会 入 会 申 込 書

法制史学会代表理事　新田　一郎　殿　　　　２０＿＿年＿＿月＿＿日

法制史学会への入会を申し込みます。

ふりがな＿＿＿＿＿＿＿＿

本人氏名＿＿＿＿＿＿＿＿印　　推薦会員＿＿＿＿＿＿＿＿印

（〒　　　　　）

住所＿＿＿＿＿＿＿＿

電話番号＿＿＿＿＿＿＿＿　　生年月日　１９＿＿年＿＿月＿＿日

電子メールアドレス＿＿＿＿＿＿＿＿

分野別理事の被選挙権に関する分野（理事選挙規定第５条第２号参照）

日本　・　西洋（ローマ法を含む）　・　東洋　（左のうちの一つを丸で囲む）

研 究 略 歴

専攻科目＿＿＿＿＿＿＿＿

勤務先・所属研究機関名及び地位・身分＿＿＿＿＿＿＿＿

電話番号＿＿＿＿＿＿＿＿（直通・内線　　　　）

最終学歴および卒業年度＿＿＿＿＿＿＿＿

学位題目＿＿＿＿＿＿＿＿

年次＿＿＿＿＿＿＿＿　大学名＿＿＿＿＿＿＿＿

職歴（地位・身分・職業等の変動、例えば助手・助教・講師・准教授・教授の任免等）

＿＿＿＿＿＿＿＿

＿＿＿＿＿＿＿＿

＿＿＿＿＿＿＿＿

研究テーマ＿＿＿＿＿＿＿＿

主な研究業績

＿＿＿＿＿＿＿＿

＿＿＿＿＿＿＿＿

＿＿＿＿＿＿＿＿

法制史学会に入会御希望の方は、入会申込書に必要事項を記入のうえ、事務局までお申込ください。書類は、事務局に請求されるか、本頁に記載された様式に従い作成願います。法制史学会のホームページからもダウンロード可能です。アドレスは、http://www.jalha.org/となります。申込があり次第、直近の理事会で承認の手続を開始いたします。

法制史学会年報『法制史研究』編集内規

一、法制史学会は、機関誌、年報『法制史研究』を発行する。
二、学会の理事会は、年報『法制史研究』編集のため、若干人から成る編集委員会を設ける。
三、編集委員会の委員は法制史学会員の中から理事会が選考し、その任期は二年とし、再任を妨げない。
四、年報『法制史研究』の「論説」・「叢説」・「学界動向」欄の投稿原稿審査のため、編集委員会は、個々の投稿原稿ごとに、原則として法制史学会会員の中から二人以上のレフェリーを委嘱する。
五、レフェリーは、主として以下の観点により、閲読審査する。
（イ）当該研究テーマに関する先行業績に照らした、学問上の意義あるいは創造性・先見性。
（ロ）参考文献・業績の選択の的確性及びその内容理解の正確性。
（ハ）論証上の論理性・的確性・説得性。
（ニ）叙述上・構成上の明確性・的確性。
六、レフェリーは、審査した原稿につき、上記観点に照らして改善すべき点があれば、編集委員会を通して投稿者に対して修正を求めることができる。
七、編集委員会は、レフェリーの審査結果を参考にして、投稿原稿掲載の採否を決定する。

投稿募集の概略

1. 投稿資格：原則として法制史学会会員とする。ただし、法制史ないしその近接分野の研究に従事する者であって、法制史学会に入会する要件を保有しかつ入会する意思のある者は、理事会による入会承認の前であっても投稿する資格を有する。
2. 原稿内容：（1）法制史に関する、論説・叢説・学界動向の学術論文。未発表のものに限る（電子媒体を含む。他言語でほぼ同一内容のものが既に発表されている場合は、既発表とみなす）。（2）日本語原稿とともに、和文及び欧文のレジュメを必ず添付すること。なお、和文及び欧文のレジュメは、法制史学会ホームページにも掲載する。
3. 原稿枚数：二〇〇字詰め原稿用紙二〇〇枚相当以内。ただし、編集委員会の判断により例外を認める場合がある。
4. 論文審査：提出された論文は、編集委員会において所定の審査を経た上、掲載の採否を決定し本人に通知する。この際、全体及び分野別の投稿数を併せて通知する。
5. 刊行期日：毎年三月末の刊行を予定。
6. 宛　　先：『法制史研究』編集委員会に郵送する（デジ

タルファイルで提出する場合も、併せてプリントアウトしたものを送ること）。

7．原稿提出期日：毎年五月末を予定（具体的な期日は編集委員会より別に通知する）。

8．その他：組版は新字を標準とするが、正字を必要とする場合（全体でも部分的でも可能）は原稿にその旨を明記すること。

〔法制史研究67〕

平成三〇年三月二五日 印刷
平成三〇年三月三〇日 発行

本体 一〇、〇〇〇円

法制史研究編集委員会
編集者代表 岩谷十郎

法制史学会
発行者代表 新田一郎

印刷者 藤原愛子

発売元 株式会社 成文堂
〒一六二―〇〇四一
東京都新宿区早稲田鶴巻町五一四
電話〇三―三二〇三―九二〇一

藤原印刷・同製本 Printed in Japan
ISBN 978-4-7923-9271-0 C3032

Legal History Review
(Hōseishi Kenkyū)
Vol. LXVII 2017

Contents

Published by
Japan Legal History Association
(Hōseishi Gakkai)
Head Office in the Faculty of Law
Tokyo University

A Theory of Parental Authority by *Shigeto Hozumi*

By Nana OZAWA

● Key words : *Shigeto Hozumi*, *Taneaki Hara*, the Child Abuse Prevention Act of 1933, Social Bureau of Home Ministry, the Association for Child Protection, parental authority, parental authority as a public duty, the interests of the child

From the *Taisho* period through to the early *Showa* period, a variety of new paradigms came to the forefront in the legal science. One of these was the concept of social jurisprudence (*Shakaigakuteki horitsugaku*), which has greatly influenced the methodologies in modern jurisprudence. A key figure behind this concept was *Shigeto Hozumi*, an expert in Family Law and a professor in the Faculty of Law at Tokyo Imperial University. He was also a member of the committee aimed at amending the Civil Code (*Rinji hosei shingikai*), and involved in a variety of other social welfare projects. In order to understand him, it is necessary to look at more than just his publications and strive to also take into account both his legislative and his social welfare activities. It is also necessary to examine the kinds of people with whom he worked. Only by gathering and synthesizing this information is one able to understand what he actually thought.

Based on the aforementioned assumptions, this paper focuses on *Hozumi*'s activities in establishing the Child Abuse Prevention Act of 1933. The start point of his activities was a contact with a famous social welfare worker by the name of *Taneaki Hara*. As *Hara* was an acquain-

tance of *Hozumi*'s father, *Hozumi* had known him since childhood, and this contact lead to *Hozumi*'s interest in social welfare projects. Due to his interest, *Hozumi* cooperated with *Hara* in creating the Child Abuse Prevention Act. He later took over a part of Hara's duties and even participated in creating drafts used in the process of establishing the act.

Hozumi's particularly important contribution in this work was the creation of a new theory of parental authority. An essential aspect in preventing child abuse is restricting parental authority, but at the time, it was questioned whether or not it would be possible to enact these types of restrictions through legislation. In order to dispel this doubt and enact a restriction on parental authority for the benefit of children *Hozumi* had to create a new theory of parental authority. His theory stipulated that parents shall bear an obligation to the nation to raise children properly, and at first glance, this theory appears conservative and designed to uphold Japan's traditional family system. However, when taking into account all of *Hozumi*'s activities leading up to the creation of his theory, it could be considered to have been designed in order to incrementally improve the environments in which children live. As can be seen through this example, understanding *Shigeto Hozumi* requires assessing his theories not just through his publications but also within the context of all of his activities.

Legal Study on Various Unions in Peasant Novels Written by *Hirata Koroku*

By Tamao YORIMATSU

● Key words : Peasant Literature, Industrial Union, Agricultural Union, Peasant Union

Japanese peasant literature became well-known in the end of the *Meiji* period. The writers described the daily life of peasants who suffered from poverty and demand of landlords. This type of novels was influenced by proletarian literature in the beginning of the *Showa* period. Thus, the resistance movement created by peasants like the establishment of peasant union or the peasant dispute was featured. The novel titled "The Captured Land" (1933-1934) written by *Hirata Koroku* is one of these novels. The author was a primary teacher in *Aomori* Prefecture from the end of the *Taisho* period to the beginning of the *Showa* period. His novel was based on the experience of that time. In this novel, he insisted that peasants kept an industrial union at a distance and desired to establish a peasant union for their profits. This paper tried to examine various unions described in his peasant novels and clarify how to operate the union legal systems in farm villages.

At that time, Japanese government adopted a policy of having all peasants under the industrial union's control. In 1932 the industrial union act was revised to make all peasants join the industrial union. However, in the northeast region of Japan many industrial unions fell into financial difficulties due to the economic stagnation and the bad harvest. Therefore, in the novel *Hirata* insisted that most peasants gave up making a profit by using the industrial unions. This novel suggested that

the policy of having all peasants under the government's control was not achieved smoothly.

Meanwhile, this novel showed that a part of peasants attempted to establish a peasant union to ensure profits. This story has a sad ending in failure of the attempt due to interferences by landlords and government officials. The author didn't refer to the mediation in a peasant dispute as an alternative plan, although he insisted on the necessity of the establishment of the peasant union. However, other part of peasants took objection to the establishment considering the relationship with the landlords. The novel showed that the peasants were divided in their opinion.

Thereafter, most of the peasants became controlled by the industrial unions during the decade started from 1935. Meanwhile, the peasant unions lost their influence due to the national policy. Namely, *Hirata*'s peasant novels showed the transient social conditions from the period of economic stagnation to the period of statism.

Between the Banner Government Office and the Countryside: Social Structure and Judicial Practices in the Otog Banner of Qing Mongolia

by Khohchahar E. Chuluu

● Key words : Qing Mongolia, Otog Banner, Social Structure, Administration of Justice

Although the "banner-league" system was introduced into Qing-Period Mongolia (1635–1911), historical and regional diversities remained in Mongolian society. This paper explores the social structure and judicial practices of the Otog Banner from Qing Mongolia, with a focus on the period from the mid nineteenth to the early twentieth century.

This paper first examines the social structure of the Otog Banner, focusing on administrative organization, social class, and the status system. In the Otog Banner, the banner chief and the banner government office together functioned as the central government authority, where officials worked in two-month shifts with three groups. Various officials resided in the countryside, dealing with matters that occurred in rural areas. The status of nobles remained and the nobles exercised power over commoners.

In the second part, this paper analyzes cases involving divorce, disputes over a domestic animal, illegal arrest, and suicide. These cases reveal that civil disputes tended to be resolved locally by officials in the countryside, while criminal cases tended to be judged at the central government office. However, not all civil disputes were dealt with through official trials, but some were handled by arbitration or mediation in the countryside.

The third part of the paper is dedicated to an analysis of the proce-

dures of court trials in both the countryside and the banner government office, and to the problems associated with the justice system of the Otog Banner at the time. To reorganize the existing judicial system, the league issued a regulation which stated that first, a suit must be submitted initially to the captain, to whom the plaintiff belonged. If the captain could not handle the case, he could report the case to his senior officer, the lieutenant colonel, who would then report the case to the banner vice-commander, his superior. In this way, a case would finally reach the banner government office; and second, the regulation prohibited those nobles and officials who were not granted with judicial authority from judging cases in the countryside.

The conclusion highlights the specific characteristics of the social structure and judicial practices in the Otog Banner by comparing the Otog Banner with the Alasha Banner and the Kharachin Right Banner.

Eine Studie „Winkelschreiber“ in Cisleithanien im Anfang des 20. Jahrhunderts : Anhand der Akten über „Agentenwesen Winkelschreiber“ des k.k. Justizministeriums

by Rieko UEDA

● Key words : Winkelschreiber, öffentliche Agentie, Akten des k.k. Justizministeriums, Advokaten, Notaren, Cisleithanien

Die vorliegende Abhandlung versucht, anhand der Einsichtsakten des k.k. Justizministeriums, einen Überblick über die Rechtsdienstleistungen durch die „Winkelschreiber“ am Anfang 20. Jh., im Gebiet von Cisleithanien, sog. Österreich-Ungarns „österreichische Hälfte“, zu geben.

Als Winkelschreiber wird heute jene Person bezeichnet, die, ohne dazu befugt zu sein, gewerbsmäßig Eingaben verfasst, Parteien vertritt oder Rechtsauskünfte erteilt. Verhalten dieser Art bildet ein strafbares Vergehen, das je nach Tätigkeitsbereich des Winkelschreibers entweder von den Gerichten oder den Verwaltungsbehörden geahndet wird. Neben der Modernisierung des Advokatenwesens sowie des Notariatswesens im 19. Jh. wurde in Österreich ein provisorisches Agentenwesen „öffentliche Agentie“ durch ein Hofkanzleidekret 1833 gegründet, welches den berechtigten Agenten die Befugnis geben, sich zu allen „durch die Gesetze anderen Personen nicht vorbehaltenen Geschäften“ anzubieten und sie zu führen, Geschäftskanzleien und Auskunftsbureaus zu eröffnen, und dafür Gebühren von den Parteien zu nehmen.

Nach der Entstehung der Winkelschreiberordnung (1857), Advokatenordnung (1868), und auch Notariatsordnung (1871), und der Vermehrung der Zahl der Advokaten und Notare folgten die Konzessionen um die Erteilung einer öffentlichen Agentie bis zum Ende der Monarchie.

Die Analyse von einzelnen Gesuchen macht klar, erstens, daß die Umfelder der einzelnen Gesucher verschieden waren : von Halbgelehrten Jurastudenten bis zum Gastwirt, aber vor allem pensionierte Beamten und Offiziere. Viele Gesucher sahen nicht so diffamierend aus, vielmehr geeignet für den „lokalen Bedarf". Zweitens wiesen sowohl die ländlichen, als auch zentralen Behörden, vor allem das Justizministerium, die Ansuchen um öffentliche Agentie ab, um damit einerseits die Interessen der Advokaten und Notare zu schützen. Andererseits erteilten sie die Konzessionen nach dem „lokalen Bedarf", soweit sie die Befugnisse der Juristen nicht verletzten. Ein gutes Beispiel waren die Konzessionen um die Auskunftsstelle für Militärangelegenheiten.

Am Ende dieses Beitrags wurde betont, daß lokaler Bedarf an Winkelschreibern in Cisleithanien gewiß vorhanden war.

Symposium

The Governmental System and Gender in the *Yamato Seiken* (Yamato Regime) in the Keyhole-Shaped-Tumulus Era : The First Collaborative and Comparative Study of the "Order of Dominance by Personal and Hierarchical Stratification" between Legal Historians and Archeologists

by Takeshi MIZUBAYASHI
Kazuo HIROSE
Akira SEIKE
Tetsuya OHKUBO
Akiko YOSHIE
Akira MOMIYAMA
Masaki TAGUCHI

● Key words : *Yamato Seiken*, keyhole-shaped-tumulus, governmental system, gender, Archeology

The Yamato Seiken (the Yamato Regime) existed from the 3rd to the 6th century typically known as the Keyhole-shaped-tumulus era. During this period, islands and regions of Japan were united as a nation/state for the first time. This symposium aimed to investigate the characteristics of the governmental system and gender in the *Yamato Seiken* by collaborating with archeologists and comparing the governmental systems of *Yamato Seiken* and other countries. As this was the first collaborative research between legal historians specializing in the study of national governmental systems, and archeologists, the symposium de-

signed to develop a new image of history.

Kazuo Hirose (Japanese Archeology) presented his conception of the "keyhole-shaped-tumulus nation" or the national governmental system of *Yamato Seiken*, which differs from the standard archeological view points and other existing writings on the topic. Akira Seike's (Japanese Archeology) talk, based on his latest archeological research on gender, discussed the prevalence of female rulers and empresses in the *Yayoi*/ Tumulus era. By examining the works of Hirose and Seike, Takeshi Mizubayashi (Comparative Legal History) argued that the conventional understanding of the history of national governmental system and gender in the relevant era should be changed. Comments on the three presentations were made by the following four persons : Tetsuya Ohkubo (Japanese Archeology), Akiko Yoshie (Ancient Japanese History of Women), Akira Momiyama (Chinese Ancient History), Masaki Taguchi (German Legal History).

平成28年法制史文献目録

註1．雑誌名がまぎらわしいときは、(　　) 内に大学名等を追記した。
註2．書評・訳等のうち、著書は『　』で書名を、論文は「　」で論文名を示した。

日本法制史文献目録（平成28年 2016年）

単行本（著編者別50音順）

著（編）者	書名	発行所
跡部　信	豊臣政権の権力構造と天皇	戎光祥出版
天野　郁夫	新制大学の誕生――大衆高等教育への道　上・下	名古屋大学出版会
新井　勉	大逆罪・内乱罪の研究	批評社
荒敬・内海愛子・林博史編	国立国会図書館所蔵 GHQ/SCAP 文書目録　第11巻　LS/法務局２	蒼天社出版
粟屋憲太郎・中村陵編解説	十五年戦争極秘資料集　補巻47　総力戦研究所関係資料集　第１冊＋別冊～第４冊	不二出版
粟屋憲太郎・中村陵解説	総力戦研究所関係資料集　解説・総目録	不二出版
安在邦夫・真辺将之・荒船俊太郎編著	明治期の天皇と宮廷（以下『明治期の天皇と宮廷』と略）	梓出版社
飯塚　一幸	日本近代の歴史３　日清・日露戦争と帝国日本	吉川弘文館
石井　修監修	フォード大統領文書　アメリカ合衆国対日政策文書集成　第38期　全10巻	柏書房
石井　修監修	フォード大統領文書　アメリカ合衆国対日政策文書集成　第39期　全10巻	柏書房
伊集院　葉子	日本古代女官の研究	吉川弘文館
井田良・井上宜裕・白取祐司・高田昭正・松宮孝明・山口厚編	浅田和茂先生古稀祝賀論文集　下巻（以下『浅田和茂先生古稀祝賀論文集下巻』と略）	成文堂
伊藤　循	古代天皇制と辺境	同成社
伊藤博文文書研究会監修／檜山幸夫総編集／梶田明宏編・解題	伊藤博文文書２　伊藤公雑纂　８～14	ゆまに書房

稲永　祐介	憲政自治と中間団体——一木喜徳郎の道義的共同体論	吉田書店
稲本洋之助・小柳春一郎・周藤利一	日本の土地法——歴史と現状　第3版	成文堂
井上　幸治	古代中世の文書管理と官人	八木書店
井上　亘	古代官僚制と遣唐使の時代	同成社
岩谷　十郎編	再帰する法文化（以下『再帰する法文化』と略）	国際書院
印刷庁編	昭和年間法令全書　第26巻13〜36	原書房
内田　博文	治安維持法の教訓——権利運動の制限と憲法改正	みすず書房
遠藤　ゆり子	戦国時代の南奥羽社会——大崎・伊達・最上氏	吉川弘文館
大久保　泰甫	ボワソナードと国際法——台湾出兵事件の透視図	岩波書店
大阪市立大学恒藤記念室編	恒藤恭「戦中日記」1941-1945年　恒藤記念室叢書6	大阪市立大学大学史資料室
大津　透編	史学会シンポジウム叢書　摂関期の国家と社会（以下『摂関期の国家と社会』と略）	山川出版社
奥田　春樹	日本近代の歴史1　維新と開化	吉川弘文館
小此木輝之先生古稀記念論文集刊行会編	小此木輝之先生古稀記念論文集歴史と文化（以下『歴史と文化』と略）	青史出版
小野博司・出口雄一・松本尚子編	戦時体制と法学者　1931〜1952（以下『戦時体制と法学者』と略）	国際書院
大日方　純夫	日本近代の歴史2「主権国家」成立の内と外	吉川弘文館
朧谷　寿	平安王朝の葬送——死・入棺・埋骨	思文閣出版
霞　信彦	明治初期伺・指令裁判体制の一掬	慶應義塾大学出版会
神谷　正昌	平安宮廷の儀式と天皇	同成社
河村　昭一	南北朝・室町期一色氏の権力構造	戎光祥出版
官田　光史	戦時期日本の翼賛政治	吉川弘文館
北博昭編解説	十五年戦争極秘資料集　補巻46　陸軍軍法会議判例類集　第2冊	不二出版
木村　英一	鎌倉時代公武関係と六波羅探題	清文堂出版
京都大学文学部日本史研究室編	吉田清成関係文書6　書類篇2	思文閣出版

宮内省図書寮編修／岩壁義光補訂	大正天皇実録　補訂版　第1	ゆまに書房
宮内庁	昭和天皇実録　第5～第9	東京書籍
倉持史朗	監獄のなかの子どもたち――児童福祉史としての特別幼年監、感化教育、そして「携帯乳児」	六花出版
黒田基樹	近世初期大名の身分秩序と文書	戎光祥出版
国士舘大学法学部比較法制研究所監修／松元直歳編翻訳要訳／山本昌弘要訳／鷲頭久仁子翻訳協力	極東国際軍事裁判審理要録　第4巻　東京裁判英文公判記録要訳	原書房
国税庁税務大学校税務情報センター租税史料室編著	租税史料叢書第8巻　国税徴収関係史料集――直接税を中心に	国税庁税務大学校税務情報センター租税史料室
国文学研究資料館編	近世大名のアーカイブズ資源研究――松代藩・真田家をめぐって（以下『近世大名のアーカイブズ資源研究』と略）	思文閣出版
呉座勇一	応仁の乱――戦国時代を生んだ大乱（中公新書）	中央公論新社
小島信泰	日本法制史のなかの国家と宗教	創文社
後藤・安田記念東京都市研究所市政専門図書館監修	都市問題・地方自治　調査研究文献要覧　②1945～1980　③1981～1950	日外アソシエーツ
小中村清矩校閲／萩野由之・小中村義象・増田干信校	日本立法資料全集　別巻1107-1108　日本古代法典（上）（下）	信山社出版
小林和幸編	近現代日本　選択の瞬間（以下『近現代日本選択の瞬間』と略）	有志舎
駒村圭吾編著	テクストとしての判決――「近代」と「憲法」を読み解く	有斐閣
駒村圭吾・待鳥聡史編	「憲法改正」の比較政治学（以下『「憲法改正」の比較政治学』と略）	弘文堂
五味文彦・本郷和人・西田友広・遠藤珠紀・杉山巖編	現代語訳吾妻鏡　別巻――鎌倉時代を探る	吉川弘文館
小森恵著・西田義信編	治安維持法検挙者の記録――特高に踏みにじられた人々	文生書院

小山騰監修・解説	ケンブリッジ大学図書館所蔵アーネスト・サトウ関連蔵書目録　第1巻～第5巻	ゆまに書房
近藤　成一	鎌倉時代政治構造の研究	校倉書房
坂江　渉	日本古代国家の農民規範と地域社会	思文閣出版
佐々木　寛司	地租改正と明治維新	有志舎
笹山　晴生	平安初期の王権と文化	吉川弘文館
佐藤　健太郎	日本古代の牧と馬政官司	塙書房
佐藤　博信編	中世東国の政治と経済——中世東国論6（以下『中世東国の政治と経済』と略）	岩田書院
佐藤　博信編	中世東国の社会と文化——中世東国論7（以下『中世東国の社会と文化』と略）	岩田書院
佐藤　雄介	近世の朝廷財政と江戸幕府	東京大学出版会
佐野　智也	立法沿革研究の新段階——明治民法情報基盤の構築	信山社
柴辻　俊六	織田政権の形成と地域支配	戎光祥出版
尚友倶楽部・中園裕・内藤一成・村井良太・奈良岡聰智・小宮京編	河井弥八日記　戦後篇2　昭和二十三年～二十六年	信山社出版
尚友倶楽部史料調査室・今津敏晃編	最後の貴族院書記官長小林次郎日記——昭和20年1月1日～12月31日	芙蓉書房出版
尚友倶楽部・櫻井良樹編	田健治郎日記6　大正十三年～昭和三年	芙蓉書房出版
関口　功一	東国の古代地域史	岩田書院
専修大学今村法律研究室編	神兵隊事件　別巻4	専修大学出版局
大警視川路利良研鑽会	大警視だより　続刊第1，2（通巻第30，31）	川路利永
高澤　裕一	加賀藩の社会と政治	吉川弘文館
高橋　慎一朗	日本中世の権力と寺院	吉川弘文館
高橋　昌明	東アジア武人政権の比較史的研究	校倉書房
高野　麻子	指紋と近代——移動する身体の管理と統治の技法	みすず書房
瀧井　一博	渡邉洪基——衆智を集むるを第一とす	ミネルヴァ書房
竹内　亮	日本古代の寺院と社会	塙書房

武田佐知子・津田大輔	礼服――天皇即位儀礼や元旦の儀の花の装い	大阪大学出版会
舘野和己・出田和久編	日本古代の交通・交流・情報1　制度と実態（以下『制度と実態』と略）	吉川弘文館
月井　剛	戦国期地域権力と起請文	岩田書院
土井　作治	広島藩の地域形成	渓水社
東京大学史料編纂所編	イェール大学所蔵　日本関連資料　研究と目録	勉誠出版
東京大学史料編纂所編	日本荘園絵図聚影　釈文編2	東京大学出版会
東京大学史料編纂所編	大日本維新史料　類纂之部　井伊家史料　29	東京大学出版会
徳田靖之・石塚伸一・佐々木光明・森尾亮編	刑事法と歴史的価値とその交錯――内田博文先生古稀祝賀論文集（以下『刑事法と歴史的価値とその交錯』と略）	法律文化社
中川　未来	明治日本の国粋主義思想とアジア	吉川弘文館
中島　圭一編	十四世紀の歴史学――新たな時代への起点（以下『十四世紀の歴史学』と略）	高志書院
長沼　友兄編	高瀬真卿日記5	淑徳大学アーカイブズ
長山　貴之	明治前期予算制度史	丸善プラネット
西尾　林太郎	大正デモクラシーと貴族院改革	成文堂
新田　一郎	相撲――その歴史と技法	日本武道館
野口　剛	古代貴族社会の結集原理	同成社
長谷川　雄一	近代日本の国際認識	芦書房
長谷川　裕子	戦国期の地域権力と惣国一揆	岩田書院
長谷山　彰	日本古代史――法と政治と人と	慶応義塾大学出版会
林　康史編著	貨幣と通貨の法文化（以下『貨幣と通貨の法文化』と略）	国際書院
比較家族史学会監修	家族研究の最前線1　家と共同性（以下『家と共同性』と略）	日本経済評論社
平井一雄編著	史料・明治担保物権法――ブロジェから明治民法まで	信山社出版
広瀬順皓監修・解題／長谷川貴志解題	戦争調査会事務局書類　第10巻～第15巻	ゆまに書房
胡　潔	律令制度と日本古代の婚姻・家族に関する研究	風間書房

藤田　覚編	幕藩制国家の政治構造（以下『幕藩制国家の政治構造』と略）	吉川弘文館
藤野京子編・解説	近代犯罪心理学文献選　第1巻～第7巻	クレス出版
古瀬　奈津子	東アジアの礼・儀式と支配構造（以下『東アジアの礼』と略）	吉川弘文館
細川涼一編	生活と文化の歴史学7生・成長・老い・死（以下『生・成長・老い・死』と略）	竹林舎
堀越　祐一	豊臣政権の権力構造	吉川弘文館
前田育徳会尊経閣文庫編／田島公・末柄豊・尾上陽介解説	尊経閣善本影印集成50　春除目抄　京官除目次第他	八木書店
前田　亮介	全国政治の始動――帝国議会開設後の明治国家	東京大学出版会
益田宗・皆川完一・小口雅史・筧雅博編／石田実洋解題	内閣文庫所蔵史籍叢刊　古代中世篇　第7巻	汲古書院
松島　周一	鎌倉時代の足利氏と三河	同成社
丸島　和洋	戦国大名武田氏の家臣団――信玄・勝頼を支えた家臣たち	教育評論社
御厨　貴	戦後をつくる――追憶から希望への透視図	吉田書店
村井　聖一	戦後日本の放送規制	日本評論社
村上一博・西村安博編／畠山亮・北康宏著	史料で読む日本法史　新版	法律文化社
明治維新史学会編	幕末維新の政治と人物	有志舎
明治維新史学会編	講座明治維新10　明治維新と思想・社会	有志舎
明治維新史学会編	講座明治維新11　明治維新と宗教・文化	有志舎
森　明彦	日本古代貨幣制度史の研究	塙書房
森　幸夫	中世の武家官僚と奉行人	同成社
安丸　良夫	戦後歴史学という経験	岩波書店
山口　隆治	大聖寺藩制史の研究	桂書房

山本龍彦・清水唯一郎・出口雄一編著	憲法判例からみる日本――法×政治×歴史×文化	日本評論社
吉永　匡史	律令国家の軍事構造	同成社
吉野作造講義録研究会編	吉野作造政治史講義――矢内原忠雄・赤松克麿・岡義武ノート	岩波書店
渡辺　尚志編	アーカイブズの現在・未来・可能性を考える――歴史研究と歴史教育の現場から	法政大学出版局
渡辺　尚志編	移行期の東海地域史（以下『移行期の東海地域史』と略）	勉誠出版

論文（執筆者別50音順）

執筆者	題　名	掲載誌・巻号
［一般］		
石井　三記	（書評）岩谷十郎・片山直也・北居功編『法典とは何か』	法制史研究65
西村　安博	わが国の日本法制史研究における目的と課題について――日本法制史に関する体系的叙述のあり方に学ぶ	法史学研究会会報19
［古代］		
市　大樹	律令制下の交通制度	『制度と実態』
稲田　奈津子	殯儀礼の再検討	日本史研究641
荊木　美行	磐井の乱の再検討	皇學館大学紀要54
内田　正俊	天武・持統から律令施行期の諸王について――大宝二年に辞訟した五世王より	日本書紀研究31
江渡　俊裕	賜姓源氏の初叙位に関する一試論	弘前大学国史研究141
大隅　清陽	摂関期内裏における玉座とその淵源	『摂関期の国家と社会』
大原　眞弓	即位儀礼に見える仏舎利信仰――一代一度仏舎利使について	京都女子大学大学院文学研究科研究紀要史学編15
小川　宏和	平安時代の貢鶏と供御鶏飼の成立	史観174
小倉　真紀子	（書評）吉村武彦編『日本古代の国家と王権・社会』	法制史研究65
垣中　健志	長屋王家と難波	ヒストリア257
神谷　正昌	平安時代の王権の側面	歴史学研究950

鴨野　有佳梨	阿衡の紛議における「奉昭宣公書」	日本歴史816
神戸　航介	摂関期の財政制度と文書――京庫出給と外国出給	『摂関期の国家と社会』
神戸　航介	当任加挙考――平安時代の出挙制度の一側面	日本歴史813
菊池　達也	大化前代の隼人と倭王権	日本歴史819
菊池　達也	桓武・平城朝における対隼人政策の諸問題	ヒストリア256
北　康宏	弾正台と太政官との互弾関係に関する覚書	文化学年報65
櫛木　謙周	律令制収取の特質とその歴史的前提――諸国の産物からの考察	京都府立大学学術報告・人文68
黒須　利夫	『延喜式』のなかの唐代口語――「除非」をめぐる考察	日本歴史820
黒須　友里江	摂関・関白と太政官政務――解の決済について	『摂関期の国家と社会』
河内　春人	年号制の成立と古代天皇制	駿台史学156
越川　真人	院政期貴族社会と天皇の「身体」――「御物忌」慣行と天皇御前儀の形成	駿台史学156
小林　宏	令集解のなかの義解学――伴記の法解釈を中心として	國學院法学54－1
小林　宏	異質令集解なかの義解学――「私」の法解釈を中心として	國學院法学54－3
今　正秀	摂関期の政治と国家	歴史学研究950
今　正秀	摂関政治史研究の視角	日本史研究642
坂口　彩夏	皇位継承と公廨の成立	駿台史学156
桜田　真理絵	未婚の女帝と皇位継承――元正・孝謙天皇をめぐって	駿台史学156
佐々木　虔一	上総・下総地方の俘囚の反乱と情報伝達	千葉史学68
佐藤　泰弘	出挙から農料へ――摂関期の在地を考えるために	日本史研究641
澤田　裕子	平安中期における追善仏事よりみた親族と氏寺	日本史研究641
島津　毅	中世京都における葬送と清水坂非人	史学雑誌125－8
柴田　博子	「弘仁式」以前の諸司例――民部省例を中心に	寧楽史苑61
下向井　龍彦	大索と在京武士招集――王朝国家軍制の一側面	『摂関期の国家と社会』
末松　剛	10～11世紀における饗宴儀礼の展開	日本史研究642
鈴木　裕之	摂関期における左右近衛府の内裏夜行と宿直――夜間警備と貴族認識	史学雑誌125－6

武内　美佳	摂関期の女官と天皇	『摂関期の国家と社会』
竹内　亮	石川宮考	日本史研究641
田原　光泰	官人制からみた部内居住官人問題——延喜二年四月十一日太政官符を中心に	史学雑誌125－4
張　思捷	「国衙軍制」論の再検討——十世紀末から十一世紀初頭における大和国の検断事例を通じて	洛北史学18
虎尾　達哉	律令官人の朝儀不参をめぐって	日本歴史815
中込　律子	十～十一世紀の在地社会と収取システム——二〇一五年三月例会「十・十一世紀の在地社会を考える」によせて	日本史研究641
中田　興吉	冠位十二階の制定とその特質	日本歴史821
永田　一	俘囚の節会参加と近衛府	ヒストリア255
早川　万年	詔勅官符と式条文——延喜式編纂の一断面	日本歴史817
原　嘉記	平安後期の官物と収取機構——荘園制前史としての摂関期	日本史研究641
伴瀬　明美	摂関期の立后儀式——その構造と成立について	『摂関期の国家と社会』
藤井　貴之	位禄定の成立からみる官人給与の変質	ヒストリア259
本庄　総子	奈良時代の解由と交替訴訟	古代文化68－2
俣野　好治	調庸制と専当国郡司	日本史研究641
丸山　裕美子	（書評）佐々田悠著「天武の親祭計画をめぐって——神祇令成立前史」、同「記紀神話と王権の祭祀」	法制史研究65
造酒　豊	古代日本義倉制の基礎的研究——義倉粟について	龍谷日本史研究39
三谷　芳幸	摂関期の土地支配——不堪佃田奏を中心に	『摂関期の国家と社会』
宮部　香織	いわゆる「異質令集解」の再検討	法史学研究会会報19
森　公章	畿内郡司氏族の行方	『摂関期の国家と社会』
山下　信一郎	文書の作成と伝達	『制度と実態』
山本　弘	律令制下の伏弁に関する一考察	星薬科大学一般教育論集34
脇田　大輔	斎宮の形成過程に関する一考察——天武朝から桓武朝の伊勢斎宮	三重大史学16
渡邊　誠	日本律令国家の儀礼体系の成立と蕃国・夷狄	九州史学174

［鎌倉・室町・戦国期］

天野	忠幸	三好長逸にみる三好氏の権力構造	十六世紀史論叢6
石橋	一展	南北朝期・室町期東国における戦功認定と大将——軍忠状・着到状の分析から	『中世東国の政治と経済』
石渡	洋平	戦国期上総国における国衆の成立と展開——山室氏を中心に	駒澤史学86
植田	真平	「一腹兄弟」論——南北朝内乱と東国武士の一族結合	『中世東国の社会と文化』
大木	丈夫	戦国大名武田氏の発給文書について——年記のある書状形式の文書と信玄前期の文書の研究	武田氏研究54
大貫	茂紀	越後国上田衆栗林氏と上杉氏権力	戦国史研究71
大薮	海	室町幕府——権門寺院関係の転換点——康暦の強訴と朝廷・幕府	『十四世紀の歴史学』
梯	弘人	北条氏による民兵動員	小田原地方史研究28
糟谷	幸裕	「境目」の地域権力と戦国大名——遠州引間飯尾氏と今川氏	『移行期の東海地域史』
金井	静香	北政所考——中世社会における公家女性	史林99－1
亀田	俊和	（書評）松園潤一朗著「法制史における室町時代の位置」	法制史研究65
川岡	勉	大内氏の芸備支配に関する史料と毛利氏	資料学の方法を探る15
川岡	勉	毛利氏の覇権確立と家格上昇	年報中世史研究41
神田	裕理	戦国～織豊期の朝廷運営に見る武家権力者の対応——後宮女房の密通事件をめぐって	研究論集歴史と文化1
菊池	康貴	後征西将軍宮の研究	史林99－2
喜多	泰史	「綸旨万能」再考	鎌倉遺文研究37
工藤	祐一	六波羅探題の成立と「西国成敗」	鎌倉遺文研究37
黒田	基樹	真田信之発給文書における署名と花押——元和元年まで	『中世東国の政治と経済』
小池	辰典	明応年間における足利義澄「政権」の構造に関する一考察——山内就綱の六角惣領拝命・近江入部から	十六世紀史論叢7
河野	恵一	喧嘩両成敗観念の紛争処理法としての性格に関する試論——前近代紛争処理制度の通時代的理解に向けた論点の再整理と展望	法政研究（九州大学）83-3
小久保	嘉紀	将軍偏諱の授与とその認知——相良義陽の事例から	九州史学173
斉藤	利男	未完の北方王国——「日本国」と平泉政権	歴史評論795
佐伯	智広	鳥羽院政期の公卿議定	古代文化68－1

阪田	雄一	陸奥・鎌倉両将軍府の成立――護良親王・足利尊氏の東国構想	『中世東国の政治と経済』
佐藤	雄基	（書評）西谷正浩著「荘園制の展開と所有構造」	法制史研究 65
三田	武繁	初期鎌倉幕府の地頭政策	東海史学 50
清水	克行	戦国時代の分国法の研究	明治大学人文科学研究所紀要78
清水	克行	まぼろしの鎌倉公方――足利義永について	駿台史学 157
高谷	知佳	（書評）中島圭一著「「中世貨幣」成立期における朝廷の途来銭政策の再検討」・伊藤啓介著「中島圭一氏の「中世貨幣」論と中世前期貨幣史研究」	法制史研究 65
高梨	真行	将軍足利義晴・義輝と奉公衆	『歴史と文化』
高橋	典幸	悪党のゆくえ	『十四世紀の歴史学』
堅月	基	鎮西探題の評定に関する一考察	鎌倉遺文研究38
田中	宏志	関東公方発給文書の書札礼についての再検討――書留文言の書体の検討を中心に	『中世東国の社会と文化』
遠山	成一	上総井田氏支配領域の構造に関する一考察――柴崎領・新村領を中心に	『中世東国の政治と経済』
乃至	政彦	戦国期における旗本陣立書の成立について――「武田信玄旗本陣立書」の構成から	武田氏研究 53
中井	裕子	鎌倉後期の朝廷訴訟制度について	史泉 124
中根	正人	古河公方御連枝足利基頼の動向	『中世東国の政治と経済』
西村	安博	（書評）佐藤雄基著「中世の法と裁判」	法制史研究 65
新田	一郎	動物、生類、裁判、法――日本法制史からの俯瞰と問い	法律時報88－3
野木	雄大	鎮西における御家人制の受容――宗像大宮司職相伝論理の確立	九州史学 175
野口	華世	鎌倉時代の女院と女院領	『生・成長・老い・死』
畠山	亮	（書評）桜井英治・清水克行著『戦国法の読み方――伊達稙宗と塵芥集の世界』	法制史研究 65
馬部	隆弘	戦国期畿内政治史と細川権力の展開	日本史研究 642
馬部	隆弘	細川晴元の取次と内衆の対立構造	ヒストリア 258
馬部	隆弘	淀城と周辺の地域秩序――新出の中世土地売券を手がかりに	古文書研究 81
堀川	康史	中世後期における出雲朝山氏の動向とその役割――室町幕府の地域支配との関連を中心に	日本歴史 823

堀川	康史	今川了俊の探題解任と九州情勢	史学雑誌125－12
松島	周一	院分国三河をめぐる持明院統と近臣	歴史研究61・62
松島	周一	寛元四年の「院分国」尾張をめぐる攻防	愛知県史研究20
水野	嶺	織田信長禁制にみる幕府勢力圏	織豊期研究18
水林	純	戦国期領域権力下における土豪層の変質と地域社会	『移行期の東海地域史』
三好	千春	准母立后と女院制からみる白河院政の諸段階	『生・成長・老い・死』
村井	章介	テキスト分析からみた甲州法度の成立過程	武田氏研究54
村井	良介	戦国大名分国における領域秩序形成の過程――北条分国を例にして	洛北史学18
桃崎	有一郎	北条時頼政権における鎌倉幕府年中行事の再建と挫折――理非と専制の礼制史的葛藤	鎌倉遺文研究37
桃崎	有一郎	鎌倉幕府垸飯行事の完成と宗尊親王の将軍嗣立	年報中世史研究41
桃崎	有一郎	鎌倉幕府垸飯役の成立・挫折と〈御家人皆傍輩〉幻想の行方――礼制と税制・貨幣経済の交錯	日本史研究651
森	茂暁	新出の足利直義裁許下知状について	七隈史学（福岡大学）18
山岡	瞳	鎌倉時代の公家政権と下級官人――西園寺家を中心に	古代文化68－1
山口	道弘	南北朝正閏論争と神皇正統記――漢文脈から文明史へ	藝林65－1
山下	真理子	天文期細川晴元奉行人奉書から見る晴元有力被官の動向	『歴史と文化』
山田	徹	室町大名のライフサイクル	『生・成長・老い・死』
山本	康司	南北朝期室町幕府の恩賞方と仁政方	日本史研究645
吉田	賢司	室町幕府による闕所処分手続きの変化――応永十五年十一月法の解釈をめぐって	龍谷史壇142
渡邉	俊	中世前期の流刑と在京武士	文芸と思想（福岡女子大学）80

［織豊・江戸期］

荒木	裕行	阿部正弘政権の大名政策――嘉永六年柳間改革	『幕藩制国家の政治構造』
宇佐美	英機	近世菅浦村に残る膳所藩の定書	滋賀大学経済学部附属史料館研究紀要49

臼井　進	天正十六年京上人夫役賦課をめぐって――徳川家康と三河一向宗	史叢94
胡　光	三並家文書にみる伊予東部の徴祖法	日本歴史814
太田　尚宏	家老職における執務記録の作成と保存	『近世大名のアーカイブズ資源研究』
大浪　和弥	幕末・維新期における延岡藩の軍備と兵制	明治大学博物館研究報告21
大平　祐一	人殺出入（1）（2）――江戸幕府評定所における刑事事件の審理とその特徴	立命館法学365, 366
大森　映子	仮養子をめぐる本家と分家――萩藩と長門府中藩毛利家の事例	多摩大学研究紀要20
小倉　宗	(書評) 坂本忠久著『近世江戸の都市法とその構造』	法制史研究65
尾下　成敏	秀吉統治下の長浜領をめぐる政治過程	日本歴史821
尾脇　秀和	幕末期朝廷献納金穀と地下官人――文久三年「分賜米」を中心に	明治維新史研究13
川戸　貴史	織田信長撰銭令に付された連署	日本歴史819
川元　奈々	足利義昭・織田信長政権の訴訟対応と文書発給	ヒストリア259
北林　麟太郎	秋田藩の沿岸警備と蝦夷地分領化対応	秋大史学62
北原　糸子	元禄地震の江戸城修復と大名手伝普請	国史学218
木村　直樹	江戸幕府の指揮系統と長崎奉行――文化十二年　御請言上並脇々へ之書状留を中心に	『幕藩制国家の政治構造』
久保田　正志	会津藩における騎馬の士の確保施策の推移	法政大学大学院紀要76
石畑　匡基	豊臣期毛利氏における「諸大夫成」家臣	戦国史研究72
小林　輝久彦	江戸前期のある旗本の財政状況についての考察――幕府高家吉良義央の場合	大倉山論集62
小林　宏	法が生まれるとき――高塩報告「『公事方御定書』と並ぶもう一つの幕府制定法」の意味するもの	法史学研究会会報19
坂本　忠久	(書評) 高澤紀恵ほか著「交差する日本近世史――日仏の対話から」	法制史研究65
笹部　昌利	幕末維新期の「農兵」と軍事動員――鳥取藩領の事例を素材に	京都産業大学日本文化研究所紀要21
佐藤　圭	佐竹義宣に見る豊臣大名の出陣と軍役	織豊期研究18
篠﨑　佑太	近世後期における家格と法令伝達――大廊下下之部屋詰大名を中心に	東京大学史料編纂所研究紀要26
篠﨑　佑太	安政四年における大廊下席大名の政治的動向――「同席会議」の上申書提出をめぐって	日本歴史819

柴　裕之	武田信吉の佐倉領支配――豊臣期下総領域の態様	四街道の歴史11
島　善高	幕末に甦る律令――眞木和泉守の場合	法史学研究会会報19
清水　翔太郎	近世大名家における「看抱」――会津藩松平家の幼少相続に注目して	歴史126
白根　孝胤	尾張家十二代徳川斉荘をめぐる幕藩関係と領国意識	金鯱叢書43
高塩　博	浦賀奉行所の追放刑	法史学研究会会報19
高塩　博	「評定所御定書」と「公事訴訟取捌」――「公事方御定書」に並ぶもう一つの幕府法：論考篇	國學院法学53-4
高塩　博	「地方大意抄」所載記事の解釈をめぐって――著者と著作年次を手がかりに	國學院法学54-1
立石　智章	備中岡田藩主による領内巡見とその特質――代替わりの巡見を中心に	倉敷の歴史26
谷　徹也	豊臣政権の「喧嘩停止」と畿内・近国社会	歴史学研究942
谷　徹也	豊臣氏奉行発給文書考	古文書研究82
根崎　光男	吉宗政権の犬政策	人間環境論集16-2
畑山　周平	細川幽斎島津領「仕置」の再検討	日本歴史815
林　晃弘	朱印地形成と秀吉の寺社政策	ヒストリア257
林　大樹	宝暦事件後の朝廷――宝暦一二年の蔵人頭任免を中心に	学習院史学54
原田　和彦	松代藩・国元における行政組織とその場	『近世大名のアーカイブズ資源研究』
半田　和彦	地方知行制と代地策による知行地の分散	秋大史学62
平野　仁也	『貞享書上』考	史学雑誌125-4
藤田　覚	（書評）小倉宗著「近世の法」	法制史研究65
三宅　正浩	近世大名の成立過程――徳川政権の武家編成	九州史学175
宮澤　崇士	真田家文書からみる松代藩組織構造と「物書」役	『近世大名のアーカイブズ資源研究』
森脇　崇文	豊臣期大名権力の寺社編成――備前宇喜多氏の事例から	史敏14
山下　智也	合戦時の輸送と宿場――小田原合戦の伝馬課役から	織豊期研究18
吉岡　孝	八王子千人同心株売買の実態	國學院大学紀要54

吉岡　拓	近世後期地域社会における天皇・朝廷権威――丹羽国桑田郡山国郷禁裏御料七ケ村の鮎献上（網役）を事例に	恵泉女学園大学紀要28
吉田　正志	（書評）丸本由美子著「加賀藩救恤考――非人小屋の意義と限界（一）（二・完）」	法制史研究65
渡邊　忠司	近世大津代官所同心の編成と勤務態勢の確立	歴史学部論集（佛教大学）6
和仁　かや	近世前期の評定所裁判――『公法纂例』にみる判断のあり方	『幕藩制国家の政治構造』

［明治以降］

青柳　正俊	雑居地新潟に関する一考察――「外国人の居留地外居住問題」をめぐる展開	東北アジア研究（東北大学）20
青柳　正俊	井上条約改正交渉期における新潟での外国人借地問題	新潟県立歴史博物館研究紀要17
赤坂　幸一	「立憲主義」の日独比較――憲政史の観点から	憲法理論研究会編『対話的憲法理論の展開』
阿部　裕樹	大学令と私立法律学校――専修学校・英吉利法律学校・日本法律学校・明治法律学校を事例として	明治大学史資料センター報告37
天野　嘉子	（書評）松田好史著『内大臣の研究――明治憲法体制と常侍輔弼』	法制史研究65
荒邦　啓介	戒厳と「外地」――昭和一〇年代後半の戒厳論議	アジア文化研究所研究年報（東洋大学）51
有安　香央理	明治初期の日本における見本売買に関する外国人関係訴訟――ケルベー対笹倉正兵衛事件・飯島栄助対モルフ事件	法学研究論集（明治大学）45
飯島美和・佐賀朝	芸娼妓解放令後における石川県の遊所統制	北陸都市史学会誌22
池田　さなえ	明治二四年の皇室会計法制定――「御料部会計ノ部」の全章修正	日本歴史816
池田　さなえ	近代皇室の土地所有に関する一考察――北海道御料地除却一件を事例として	史学雑誌125－9
伊東　研祐	経済関係罰則ノ整備ニ関スル法律（昭和19年法4号）と会社法967条の罪（取締役等の贈収賄罪［利益収受等罪］）	慶應法学34
伊藤　孝夫	（書評）久保田哲著『元老院の研究』	法制史研究65
稲福　日出夫	穂積陳重『祖先崇拝と日本法』――試訳（2）	沖縄法政研究（沖縄国際大学）18

井上	典之	（書評）堅田剛著『明治憲法の起草過程――グナイストからロェスラーへ』	法制史研究65
牛米	努	〈租税史〉大正・昭和期の納税奨励について――国税徴収委任制度を中心に	税大ジャーナル26
上岡	敦	占領期における国会法の制定過程	法政論叢52－1
宇田川	幸大	序列化された戦争被害――東京裁判の審理と「アジア」	年報・日本現代史21
宇田川	幸大	戦犯裁判研究の現在	歴史評論799
宇野	文重	明治民法「家」制度の構造と大正改正要綱の「世帯」概念――立法と司法における二つの「家」モデルと〈共同性〉	『家と共同性』
顗原	義徳	大隈条約改正反対論における憲法典至上主義	立命館大学人文科学研究所紀要107
大村	敦志	法学部五年制問題と星野英一――星野英一研究資料（1）	法学協会雑誌133－10
岡本	洋一	明治後期・帝国議会における団体・結社に対する刑事立法の審議について（2）	熊本法学138
小野	聡子	小笠原諸島問題と万国公法――明治丸とイギリス軍艦カーリュー号出航のとき	『近現代日本選択の瞬間』
小野	博司	近代法の翻訳者たち（2）――制度取調局御用掛の研究	法政策研究17
小野	博司	緒方重三郎の生涯――近代法の翻訳者たち（2）補論	適塾49
小野	博司	〈戸籍〉の成立	法律時報88－11
大日方	純夫	対外問題・対外政策と明治天皇――日清戦後から日露戦後へ	『明治期の天皇と宮廷』
大日方	純夫	日本近代史のなかの早稲田大学教旨	早稲田大学史紀要47
改正刑法仮案研究会		改正刑法仮案立案資料（2）	香川法学35－4
郭	薇	法と情報空間（4）（5）――近代日本における法情報の構築と変容	北大法学論集66－5，67－1
金井	千紘	『埃及混合裁判』から見る原敬の条約改正に関する一考察	史艸57
川田	敬一	明治二十六年「和協の詔勅」と『内廷費献金録』――第四議会における帝国憲法第六十七条の議論を中心に	日本学研究（金沢工業大学）19
官田	光史	戒厳令と太平洋戦争期の陸軍	九州史学174
北井	辰弥	日本における西洋法の継受――穂積陳重の比較法学を再考する	英米法學（中央大学）54

久保田　哲	伊藤博文における「勅令」――憲法調査、公文式、明治憲法を通じて	武蔵野法学５・６
小石川裕介・山本真敬	憲法判例再読――他分野との対話（2）薬局開設距離制限事件（薬事法事件）――適正配置規制とその背景	法学セミナー61-1
兒玉　圭司	人足寄場をめぐる言説空間	『再帰する法文化』
後藤　啓倫	美濃部達吉の統帥権論――『憲法撮要』を中心に	九大法学112
後藤　致人	日本国憲法と象徴天皇制	歴史評論798
小林　和幸	「天皇機関説」排撃問題と貴族院――「政教刷新ニ関スル建議案」と院内会派	『近現代日本選択の瞬間』
小松　昭人	神戸学院大学・山田作之助関係資料の受け入れの経緯について	神戸学院法学46-2
近藤　佳代子	夫婦の氏に関する覚書（2）――法史学的考察	宮城教育大学紀要50
坂井　大輔	平野義太郎「大アジア主義」の成立――変転する「科学」と「日本」	『再帰する法文化』
坂井　大輔	穂積八束とルドルフ・ゾーム	一橋法学15－1
坂詰　智美	「違式詿違条例」のなかのジェンダー	専修法学論集128
阪本　尚文	丸山眞男と八月革命（1）――東京女子大学丸山眞男文庫所蔵資料を活用して	行政社会論集（福島大学）28－1
阪本　尚文	戦後憲法学と経済史学	行政社会論集（福島大学）28－4
七戸　克彦	山田喜之助・正三・作之助・弘之助――神戸学院大学・山田作之助関係資料に寄せて	神戸学院法学46-2
七戸　克彦	梅謙次郎の子供たち	法政研究（九州大学）83－3
末澤　国彦	弁護士法制定審議に見られる松岡康毅の思想について	大学史論輯黌誌11
鈴木　楠緒子	不平等条約体制下の日本における「ドイツ人」の管理問題――内地旅行問題をめぐる1870年代の交渉とその結果についての一考察	専修史学60
鈴木　正裕	（書評）水野浩二著「〈口頭審理による後見的な真実解明への志向〉試論――一例としての大正民訴法改正」	法制史研究65
鈴木　康夫	横浜外国人居留地における近代警察の創設――治安の維持と不平等条約（Maintenance of Order & Unequal Treaties）	警察政策学会資料86
関口　すみ子	近代日本における公娼制の政治過程――「新しい男」をめぐる攻防	法学志林33－2
瀬戸口　龍一	幕末・明治初期の教育事情――幼・青年期の私立法律学校創立者たち	明治大学史資料センター報告37

瀬戸口　龍一	「五大法律学校」に関する基礎的研究——明治期における私立法律学校の連携の事例として	専修大学史紀要 8
髙澤　弘明	明治24年の帝国議会議事堂火災事件にみる司法権の独立問題——司法大臣山田顕義の意見書をめぐって	法政論叢 52－1
高田　篤	ポツダム宣言の受諾——憲法的断絶について語られたことの意義と射程	論究ジュリスト17
髙田　久実	明治初年期における“紙幣”の法秩序——断罪無正条条例の規範形成機能	『貨幣と通貨の法文化』
髙田　久実	拷問制度と旧刑法典の編纂——偽証と誣告の狭間に	司法法制部季報 142
高田　晴仁	ロェスレル商法草案——取締役たちおよび監査役会	法学研究89－1
高取　由紀	カナダと東京裁判	年報・日本現代史 21
高橋　央	『大隈重信関係文書』編纂の経緯と成果	早稲田大学史紀要 47
高橋　和之	戦後司法制度の改革——最高裁判所の創設と法の支配	法の支配 180
高橋　直人	明治期におけるドイツ刑法学の継受と現地での学位取得——大場茂馬、岡田庄作、鳥居誠哉、山川幸雄を主な例として	『浅田和茂先生古稀祝賀論文集下巻』
高橋　裕	ある「法文化」の生成——誰が裁判嫌いの「神話」を生んだのか	『再帰する法文化』
瀧井　一博	日本憲法史における伊藤博文の遺産	『「憲法改正」の比較政治学』
田中　亜紀子	戦前期京都の弁護士および事務所事務員の実態（1）——京都弁護士会『退会会員記録』（明治三八年度—明治四四年度）より	三重大学法経論叢 33－2
田中　友香理	日清戦争前後の「道徳法律」論——加藤弘之における進化論的国家思想の展開	史境 72
田渕　正和	日本法律学校創立者上條慎蔵関係文書（寄託資料）	大学史論輯黌誌11
辻村　亮彦	弁護士・最高裁判事　山田作之助——その生涯	神戸学院法学46－2
靍岡　聡史	井上期条約改正交渉と知的財産権（上）（下）——問題提起と合意形成	法学研究（慶應義塾大学）89－5，6
出口　雄一	「日本法理」における固有と普遍——小野清一郎の言説を中心として	『再帰する法文化』
出口雄一・山本龍彦	憲法判例再読——他分野との対話（3）森林法事件——憲法の保障する「財産権」とは何か？	法学セミナー61－2

東郷　茂彦	天野辰夫の思想と行動について――上杉愼吉の系譜から	國學院大學研究開発推進機構紀要８
友田　昌宏	『大隈重信関係文書』の年代推定に関する覚書	早稲田大学史紀要47
永井　均	「敗者の裁き」再考――第二次世界大戦後の戦犯問題をめぐる日本側対応	年報・日本現代史21
中川　壽之	明治法典論争の中の私立法律学校	明治大学史資料センター報告37
中里　成章	パル意見書――その思想的・政治的背景	年報・日本現代史21
永田　憲史	最高裁において昭和二〇年代中葉に確定した死刑判決一覧	関西大学法学論集65-５
永田　憲史	関西大学がGHQ／SCAPへ提出した文書	ノモス（関西大学）38
中立　悠紀	巣鴨戦犯全面赦免勧告への道程――吉田政権への戦犯釈放運動勢力の攻勢	年報・日本現代史21
中村　克明	校訂・日本国国憲案（植木枝盛憲法案）	関東学院大学人文学会紀要134
中村　日向子	日英同盟締結交渉の再検討	お茶の水史学60
西田　彰一	筧克彦の皇族論について	立命館大学人文科学研究所紀要107
西村　裕一	天皇機関説事件	論究ジュリスト17
西村　裕一	憲法改革・憲法変遷・解釈改憲――日本憲法学説史の観点から	『「憲法改正」の比較政治学』
白　春岩	清国軍艦揚武号の日本来航――新聞に見る日中関係史の一コマ	法史学研究会会報19
橋本　誠一	（書評）小幡圭祐著「明治初年「大大蔵省」の政策立案・意思決定過程」	法制史研究65
橋本誠一・今村直樹	旧制静岡高等学校関係資料の整理・公開に向けた基盤整備作業（2015年度）	地域研究（静岡大学）７
長谷部　恭男	大日本帝国の制定――君主制原理の生成と展開	論究ジュリスト17
原田　一明	宮沢俊義文庫（２）――新憲法制定に関する松本烝治先生談話（1947）	立教法学94
林　弘正	横領罪と背任罪の連関性についての法制史的一考察――改正刑法假案の視座	武蔵野法学５・６
福井　淳	明治前期における女性天皇構想の形成――憲法草案を手がかりとして	『明治期の天皇と宮廷』
藤井　崇史	ワシントン条約廃棄問題と統帥権	日本歴史819
藤田　正	旧刑法草案「刑法審査修正案」の成立について――新発見資料による再検討	法学研究（北海学園大学）51-４

藤野　真挙	日本近代黎明期における「天賦人権」の概念構成とその超越	東アジアの思想と文化 8
古川　江里子	新渡戸稲造の門下生たち――時代と対峙したエリートたち	『近現代日本選択の瞬間』
星原　大輔	大隈文書の来歴と刊本・謄写資料について	早稲田大学史紀要47
堀　雄	明治一四年監獄則をめぐる諸問題（6）（7）（8）	刑政127-1，2，3
堀　雄	治外法権撤廃と監獄行政――明治二七年改正条約締結から実施までの五年間（1）（2）	刑政 127-11，12
堀之内　敏恵	高等試験の試験科目「憲法」に対する天皇機関説事件の影響	史潮 80
増田修・居石正和・加藤高・紺谷浩司・三阪佳弘・矢野達夫	大阪控訴院管内における陪審裁判――実証的研究のための資料探究（2）京都・奈良・大津・和歌山編・下	修道法学 38-2
真辺　将之	大隈重信の天皇論――立憲政治との関連を中心として	『明治期の天皇と宮廷』
真辺　美佐	帝国議会における新聞紙条例改正論議とその歴史的意義――議会開設から改正実現まで	お茶の水史学60
松原　太郎	法律雑誌にみる日本法律学校草創期――大学横断的所蔵資料の活用事例として	大学史論輯纘誌11
松原　太郎	明治期神田学生街の形成と私立法律学校	明治大学史資料センター報告37
松村　玄太	近代法制胎動期における私立法律学校の簇生に関する予備的考察	明治大学史資料センター報告37
松本　博之	既判力の対象として「判決主文に包含するもの」の意義―立法史的考察	大阪市立大学法学雑誌62-1
三阪　佳弘	日本における「法学部」の歴史的展開	法の科学 47
水野　浩二	葛藤する法廷（1）――『法律新聞』の描いた裁判官・民事訴訟・そして近代日本	北大法学論集67-4
水林　彪	立憲主義とその危機――歴史的考察	法律時報 88-5
三田　奈穂	明治期における仮出獄と特別監視	成蹊法学 84
道谷　卓	自己矛盾供述の歴史的考察――陪審法73条との関連を中心として	姫路法学 58
源川　真希	戦時期日本の憲法・立憲主義・政治――国家総動員法・大政翼賛会をめぐって	歴史評論 798
村井　正	明治20年所得法税のルーツを探る――なぜプロシャ階級税か（上）（中）（下）	租税31-6，32-1，32-2

村上　一博	パリ大学留学時代の小倉久	大学史紀要（明治大学）21
村上　一博	明治前期の芸娼妓関係判決（補遺２）（補遺３）（補遺４）	法律論叢（明治大学）88-４・5，6，89-１
安竹貴彦・「諸吟味書」研究会	「諸吟味書」（拾三番帳）（拾四番帳）（拾五番帳）――明治二年大阪府の刑事判決録	大阪市立大学法学雑誌62-１，２，３・４
安竹貴彦・西川哲矢	「刑事御仕置伺書綴」（玖）（拾）――明治二～五年大阪府の重罪刑事判決録	大阪市立大学法学雑誌62-１，２
矢野達夫・加藤高・紺谷浩司	廣島裁判所　自　明治十二（一八七九）年　至　同　十三（一八八〇）年『却下文書』（民第二五號ノ二止）について（１）（２）――広島地方裁判所所蔵裁判史料より	修道法学38-２，39-１
山下　昭子	代書人の司法代書人及び行政代書人への分化までに関する若干の考察（１）（２）	司法書士532，533
湯川　文彦	三新法における「自治」の再検討	東京大学日本史学研究室紀要20
吉田　武弘	「議会の時代」の胎動――1900年代体制成立期における議会観の転回	立命館大学人文科学研究所紀要107
頼松　瑞生	大正初期の文芸にみえる長屋の法律問題――大島宝水の『向三軒両隣』を中心として	法史学研究会会報19
和仁　かや	金田平一郎と九州帝国大学	法政研究（九州大学）83-３

東洋法制史文献目録（平成28年 2016年）

単行本（著編者別50音順）

著（編）者名	書名	発行所
相原佳之・尾形洋一・平野健一郎編・東洋文庫編	東洋文庫蔵汪精衛政権駐日大使館文書目録	東洋文庫
青木　清	韓国家族法――伝統と近代の相克	信山社
淺井　虎夫	中國ニ於ケル法典編纂ノ沿革　第２版影印版	汲古書院
家近亮子・唐亮・松田康博編著	５分野から読み解く現代中国――歴史・政治・経済・社会・外交　新版	晃洋書房
井川充雄監修	戦前期「外地」雑誌・新聞総覧――朝鮮・満洲・台湾の言論界１～３　台湾編①・②，朝鮮・満洲編①	金沢文圃閣
石川　亮太	近代アジア市場と朝鮮――開港・華商・帝国	名古屋大学出版会
磯部　淳史	清初皇帝政治の研究	風間書房
井上徹・仁木宏・松浦恆雄編	東アジアの都市構造と集団性――伝統都市から近代都市へ（以下『都市構造と集団性』と略）	清文堂出版
宇山智彦編著	ユーラシア近代帝国と現代世界（シリーズ・ユーラシア地域大国論４）	ミネルヴァ書房
エマニュエル＝トッド／石崎晴己監訳／片桐友紀子・中野茂・東松秀雄・北垣潔訳	家族システムの起源Ⅰユーラシア（上）（下）	藤原書店
大内　憲昭	朝鮮民主主義人民共和国の法制度と社会体制	明石書店
大河原知樹・堀井聡江・シャリーアと近代研究会編著	オスマン民法典（メジェッレ）の研究　売買編	人間文化機構（NIHU）プログラム・イスラーム地域研究東洋文庫拠点
大阪市立大学大学院文学研究科東洋史学専修研究室編	中国都市論への挑動	汲古書院
岡本　隆司	中国の論理――歴史から解き明かす（中公新書）	中央公論新社

加藤　直人	清代文書資料の研究	汲古書院
川越　泰博	永楽政権成立史の研究	汲古書院
川越泰博編	様々なる変乱の中国史	汲古書院
衡平社史料研究会編／金仲燮・水野直樹監修	朝鮮衡平運動史料集	解放出版社
近現代資料刊行会企画編集	中支都市不動産慣行調査１～15巻（戦前・戦中期アジア研究資料８――中国占領地の社会調査III）	近現代資料刊行会
久保亨・加島潤・木越義則	統計でみる中国近現代経済史	東京大学出版会
呉密察監修／遠流台湾館編著／横澤泰夫日本語版編訳	台湾史小事典　第３版	中国書店
孔　暁キン	中国人民陪審員制度研究――その歴史、現状と課題	日本評論社
孝忠延夫・高見澤磨・堀井聡江編	現代のイスラーム法	成文堂
金野純編著	調和的秩序形成の課題――講座東アジア共同体論	御茶の水書房
蔡秀卿・王泰升編著	台湾法入門	法律文化社
坂元　ひろ子	中国近代の思想文化史（岩波新書）	岩波書店
佐藤　公彦	中国近現代史はどう書かれるべきか	汲古書院
佐藤　信弥	周――理想化された古代王朝（中公新書）	中央公論新社
塩崎　悠輝	国家と対峙するイスラーム――マレーシアにおけるイスラーム法学の展開	作品社
塩出浩之編	公論と交際の東アジア近代	東京大学出版会
朱勇編／楠元純一郎監訳／江利紅訳代表	中国の法律	中央経済社
瀬川昌久・川口幸大編	〈宗族〉と中国社会――その変貌と人類学的研究の現在	風響社
関根謙編	近代中国 その表象と現実――女性・戦争・民俗文化	平凡社
『宋代史から考える』編集委員會編	宋代史から考える	汲古書院

高井　康典行	渤海と藩鎮——遼代地方統治の研究	汲古書院
高橋継男教授古稀記念東洋大学東洋史論集編集委員会編	東洋大学東洋史論集——高橋継男教授古稀記念（以下『高橋古稀』と略）	汲古書院
高見澤磨・鈴木賢・宇田川幸則	現代中国法入門　第7版	有斐閣
楯身　智志	前漢国家構造の研究	早稲田大学出版部
谷口　建速	長沙走馬楼呉簡の研究——倉庫関連簿よりみる孫呉政権の地方財政	早稲田大学出版部
檀上　寛	天下と天朝の中国史（岩波新書）	岩波書店
中国女性史研究会編	中国のメディア・表象とジェンダー	研文出版
陳偉／湯浅邦弘監訳／草野友子・曹方向訳	竹簡学入門——楚簡冊を中心として	東方書店
陳独秀／長堀祐造・小川利康・小野寺史郎・竹元規人編訳	陳独秀文集1——初期思想・文化言語論集	平凡社
陳独秀／石川禎浩・三好伸清編訳	陳独秀文集2——政治論集1　1920-1929	平凡社
陳　來幸	近代中国の総商会制度——繋がる華人の世界	京都大学学術出版会
土田哲夫編	近現代東アジアと日本——交流・相剋・共同体	中央大学出版部
東京大学史料編纂所編	アジア歴史資料の編纂と研究資源化——第5回東亜細亜史料研究編纂機関国際学術会議——東京大学伊藤国際学術研究センター会議	東京大学史料編纂所
東洋文庫近代中国研究班編	近代中国研究と市古宙三	汲古書院
礪波　護	隋唐都城財政史論考	法藏館
冨谷　至	中華帝国のジレンマ——礼的思想と法的秩序（筑摩選書）	筑摩書房
冨谷　至	漢唐法制史研究	創文社
冨谷至・森田憲司編	概説中国史（上）（下）	昭和堂

中尾世治・Mangane, Ibrahim Khalil	ムスリム文化連合ヴォルタ支部史料集――ムスリム文化連合ヴォルタ支部の設立からムスリム協会までの50年について（ボボ・ジュラソ、1962-2012）	総合地球環境学研究所「砂漠化をめぐる風と人と土」プロジェクト
長友淳編	オーストラリアの日本人――過去そして現在	法律文化社
中野勝郎編著	境界線の法と政治（法政大学現代法研究所叢書40）	法政大学出版局
中村元哉・大澤肇・久保亨編	現代中国の起源を探る史料ハンドブック	東方書店
中山義弘	近代の日本人と孫文	汲古書院
根岸佶／三好章編・解説	根岸佶著作集第２・３巻（編集復刻版）	不二出版
荷見守義	永楽帝――明朝第二の創業者（世界史リブレット人38）	山川出版社
羽田正編	グローバルヒストリーと東アジア史	東京大学出版会
平勢隆郎	「仁」の原義と古代の數理――二十四史の「仁」評価「天理」観を基礎として	雄山閣
福島大我	秦漢時代における皇帝と社会	専修大学出版局
藤田勝久	中国古代国家と情報伝達――秦漢簡牘の研究	汲古書院
藤田昌志	明治・大正の日本論・中国論――比較文化学的研究	勉誠出版
佛教大学歴史学部編	歴史学への招待	世界思想社
松重充浩・木之内誠・孫安石監修・解説	近代中国都市案内集成大連編第26-37巻	ゆまに書房
松本和久編・解題	近代中国指導者評論集成全10巻	ゆまに書房
三浦秀一	科挙と性理学――明代思想史新探	研文出版
水井万里子・伏見岳志・太田淳・松井洋子・杉浦未樹編	女性から描く世界史――17～20世紀への新しいアプローチ（以下『女性から描く世界史』と略）	勉誠出版
村上衛編	近現代中国における社会経済制度の再編（以下『社会経済制度の再編』と略）	京都大学人文科学研究所
村元健一	漢魏晋南北朝時代の都城と陵墓の研究	汲古書院
籾山明	秦漢出土文字史料の研究――形態・制度・社会	創文社

矢　木　毅　編	朝鮮本十選	京都大学人文科学研究所附属東アジア人文情報学研究センター
山本　英史	中国の歴史＝A HISTORY OF CHINA　増補改訂版	河出書房新社
山本　英史	赴任する知県――清代の地方行政官とその人間環境	研文出版
山本　真	近現代中国における社会と国家――福建省での革命、行政の制度化、戦時動員	創土社
早稲田大学長江流域文化研究所　編	中国古代史論集――政治・民族・術数（以下『中国古代史』と略）	雄山閣
渡邉義浩編著	中国古代史入門――中華思想の根源がわかる！	洋泉社
渡邉義浩・稀代麻也子編	全譯 後漢書 別冊 後漢書研究便覧	汲古書院

論文（執筆者別50音順）

執筆者	題　名	掲載誌・巻号
［アジア一般］		
飯尾　秀幸	古代史研究における東ユーラシア地域論をめぐる試案	古代東ユーラシア研究センター年報 2
伊藤　弘子	アジア諸国における同性婚の法的対応に対するイスラームの影響	福岡大学法学論争 61-3
大澤　博明	日本の東アジア秩序構想と清・朝宗属関係	東アジア近代史20
岡本　隆司	「東アジア」と「ユーラシア」――「近世」「近代」の研究史をめぐって	歴史評論799
小川富之監修	特集　2015年度・福岡大学法科大学院・国際シンポジウム　アジアにおける同性婚に対する法的対応――家族・婚姻の視点から　（1）（2・完）	福岡大學法學論叢 61-1・2、61-3
小川　富之	同性愛者に対する法的対応の歴史的経緯	福岡大學法學論叢 61-1・2
金子　修一	東アジア世界論の現在	駒澤史学85
川本　芳昭	東アジア古代における「中華」と「周縁」についての試論	古代東ユーラシア研究センター年報 2
韓　相熙	近代東アジアにおける国際法受容の諸段階――1864-1910年間に日中韓越で出版された著作を中心に	法政研究（九州大学）83-3
木原　浩之	シンガポールにおけるイギリス法の継受	亜細亜法学50-2

呉麗娯／峰雪幸人・斉会君訳	中古における挙哀儀の淵源	『東アジアの礼』
河内　春人	（書評）川本芳昭著『東アジア古代における諸民族と国家』（汲古叢書　124）	史学雑誌125－12
國分　典子	東アジアにおける共和国と国民の概念――韓国を中心に	（JFE21世紀財団）大学研究助成アジア歴史研究報告書（2015年度）
佐藤　佑治	東アジアの国際関係――過去・現在・未来	大内憲昭・渡辺憲正編著『東アジアの政治と文化――近代化・安全保障・相互交流史』（以下『政治と文化』と略）
西田　真之	法史学から見た東アジア法系の枠組みについて――一夫一婦容妾制の成立過程をめぐって	明治学院大学法律科学研究所年報32
西田　真之	近代東アジア比較法史の枠組みについての一試論	『再帰する法文化』
平田　賢一	京城帝国大学法文学部の出版活動と岩波書店	大阪経済法科大学アジア太平洋研究センター年報14
平田　陽一郎	（書評）川本芳昭著『東アジア古代における諸民族と国家』	唐代史研究19
古瀬　奈津子	書札礼からみた日唐親族の比較研究	『東アジアの礼』
堀内　淳一	（書評）川本芳昭著『東アジア古代における諸民族と國家』	東洋史研究75－3
望月　直人	「儀礼」と「宗主権」のあいだ――清仏戦争前における清朝・阮朝間の「朝貢」とフランス	東アジア近代史20
楊　蓉	中国の古代および現代社会における同性愛の概要	福岡大學法學論叢61－1・2
［中国一般］		
浅見　洋二	「避言」ということ――『論語』憲問から見た中国における言論と権力	中国研究集刊（大阪大学）62
磯部　靖	中国の中央・地方関係における歴史的類似性	法学研究（慶應義塾大学）89－3
磯部　靖	現代中国の中央・地方関係をめぐる論争	教養論叢（慶應義塾大学）137

井ノ口　哲也	『周易』の革命思想	中央大学文学部紀要262
小野　美里	現代中国の檔案工作の現状	中国研究月報70-3
川島　真	新たなデジタル化時代の中国研究と日本	東　方　422
川村康・唐律疏議講読会訳	翻訳『唐律疏議』捕亡律現代語訳稿（上）	法と政治（関西学院大学）67-2
菅野　恵美	古代中国の統治と地域	『政治と文化』
黄源盛／劉武政・松田恵美子訳	翻訳　近代国家法と台湾の原住民旧慣	名城法学65-3
小林　義廣	（Book Review）宗族と宗族研究の新たな意味を探る［瀬川昌久・川口幸大編『〈宗族〉と中国社会――その変貌と人類学的研究の現在』］	東　方　430
榊原健一・小野理恵	儒教的政権交代のシグナリングモデル	三田学会雑誌108-4
佐立　治人	一日も律無かる可からず――旧中国の罪刑法定主義の国教化	関西大学法学論集65-5
杉山　文彦	（書評）孫江・劉建輝編著　東方書店『東アジアにおける近代知の空間の形成』	中国研究月報70-5
高島　敏夫	西周時代における天の思想と天子概念――殷周革命論ノート（3　上）	立命館白川静記念東洋文字文化研究所紀要9
高橋　孝治	中国における劇場的法律観という試論――加藤隆則著『中国社会の見えない掟』に描かれた張暁麗事件を素材にして	北東アジア研究（島根県立大学）27
寺田　浩明	（書評）山本英史編『中国近世の規範と秩序』	法制史研究65
御手洗　大輔	現代中国法研究におけるCNKIの利用について考える	東　方　422
毛里　和子	資料・情報・データベースと分析	東　方　422
森　和	（書評）何彬著　日本僑報社『中国東南地域の民俗誌的研究――漢族の葬儀・死後祭祀と墓地』	中国研究月報70-5
森田　成満	中国法史講義ノート（Ⅵ）	星薬科大学一般教育論集34

［先秦・秦・漢］

青木　俊介	（書評）鷹取祐司著『秦漢官文書の基礎的研究』	東洋史研究75-3
池田　敦志	前漢文帝期における顧租公鋳法に関する一考察	『中国古代史』

何　　俊	元帝期と王莽期における儒家思想と国家の改革	九州中国学会報54
川手　翔生	南越の統治体制と漢代の珠崖郡放棄	史観 174
小林　文治	里耶秦簡よりみた秦辺境における軍事組織の構造と運用	『中国古代史』
齋藤　幸子	前漢の太子家官制と太子官属	日本秦漢史研究17
酒井　駿多	後漢の羌支配体制の成立と崩壊――護羌校尉を中心に	紀尾井論叢 4
佐々木　仁志	漢初諸侯王国の軍制に関する一考察	集刊東洋学114
椎名　一雄	（書評）若江賢三著『秦漢律と文帝の刑法改革の研究』	日本秦漢史研究17
下倉　　渉	ある女性の告発をめぐって――岳麓書院蔵秦簡「識劫㜌案」に現れたる奴隷および「舍人」「里単」	史林 99－1
陶安　あんど	岳麓秦簡司法文書集成『為獄等状四種』訳注稿一事三案	法史学研究会会報19
陶安　あんど	（書評）高村武幸著『秦漢簡牘史料研究』	史学雑誌125－11
杉村　伸二	漢代列侯の起源	東洋史研究75－1
鷹取　祐司	漢代における「守」と「行某事」	日本秦漢史研究17
高村　武幸	（書評）簡牘整理小組編『居延漢簡（壱）』	明大アジア史論集20
高村　武幸	（書評）鷹取祐司著『秦漢官文書の基礎的研究』	日本秦漢史研究17
谷口　房男	秦漢時代の官印制度と民族官印の印鈕について――特に南蛮・西南夷の鈕型を中心として	『高橋古稀』
辻　　正博	（書評）中国法制史と簡牘学の融合、その豊かな稔り：冨谷至『漢唐法制史研究』によせて	創文 23
東洋文庫古代地域史研究	水間大輔氏の書評『張家山漢簡『二年律令』の研究』について	日本秦漢史研究17号
西川　利文	曹操の辟召――事例の基礎的分析	歴史学部論集（佛教大学）6
平林　美理	「息嬀説話」考――その変遷から見た春秋時代における女性の再婚の位置づけ	『中国古代史』
福井　重雅	再考・荀子と法家思想	東洋研究 201
藤田　勝久	（書評）陳偉主編『秦簡牘合集』の刊行について	中国出土資料研究20
松島　隆真	賈誼の対諸侯王策の再検討――淮南問題と「地制」のあいだ	立命館東洋史学39
水間　大輔	里耶秦簡『遷陵吏志』初探――通過与尹湾漢簡『東海郡吏員簿』的比較	簡帛 12

水間　大輔	（書評）若江賢三著『秦漢律と文帝の刑法改革の研究』	史学雑誌125－8
水間　大輔	秦漢「県官」考	『中国古代史』
宮宅　潔	秦代遷陵県志初稿――里耶秦簡より見た秦の占領支配と駐屯軍	東洋史研究75－1
宮宅　潔	（書評）角谷常子編『東アジア木簡学のために』	日本秦漢史研究17
森　和	告地書と葬送習俗	『中国古代史』
湯浅邦弘・草野友子	（書評）秦簡牘の全容に迫る――陳偉主編『秦簡牘合集』	中国研究集刊（大阪大学）61
横山　裕	憤歎からみた法家思想の展開について――『韓非子』孤憤篇と『潜夫論』潜歎篇を中心にして	九州中国学会報54

［魏晋南北朝］

石井　仁	魏晉南朝の従事中郎について	東北大学東洋史論集12
榎本　あゆち	南朝貴族と軍事――南斉の雍州刺史王奐を中心として	名古屋大学東洋史研究報告40
王　安泰	南巡碑与北魏前期爵制	中国出土資料研究20
岡部　毅史	漢晋五胡十六国期の東宮と西宮	『中国都市論への挑動』
柿沼　陽平	甘粛省張掖市臨沢県黄家湾灘墓出土晉簡訳註	中国出土資料研究20
川合　安	南朝の士庶区別	東北大学東洋史論集12
七野　敏光	（書評）佐藤達郎「魏晉南朝の司法における情理の語について」	法制史研究65
徐冲／梶山智史訳	「門下功曹」から「侍中尚書」へ――「二重君臣関係」からみた「漢魏革命」	唐代史研究19
菅沼　愛語	北魏における「子貴母死」制度の歴史的背景――皇太子生母殺害の慣習とその理由	古代文化68－3
野口　優	黄紙詔書再考	汲古69
三田　辰彦	（書評）戸川貴行著『東晉南朝における伝統の創造』	唐代史研究19

［隋・唐・五代］

石野　智大	（書評）池田温著『唐史論攷――氏族制と均田制』	歴史評論797

宇都宮　美生	隋唐洛陽城の含嘉倉の設置と役割に関する一考察	東洋学報 98－1
岡野　誠	唐代の平闕式についての一考察（下）――敦煌写本「唐天宝職官表」の検討を通して	法律論叢 89－1
岡部　毅史	（書評）速水大著『唐代勲官制度の研究』	唐代史研究 19
小口　雅史	在サンクトペテルブルク・ロシア科学アカデミー東洋写本研究所蔵世俗文書補訂――關尾史郎氏紹介の戸籍様文書・水利文書を中心に	法政史学 85
小野木　聰	唐後半期の地方監察――出使郎官・御史と巡院、憲銜保持者	東洋史研究75－2
小島　浩之	（書評）速水大著『唐代勲官制度の研究』	史学雑誌125－10
坂上　康俊	（書評）岡野誠「唐玄宗期の県令誡励二碑と公文書書式について」	法制史研究 65
佐立　治人	天地の刑法は宜しく画一たるべし――旧中国の地獄の罪刑法定主義	関西大学法学論集 66－3
趙晶／佐々木満実・矢越葉子訳	唐令復原再考――「令式の弁別」を手掛かりとして	『東アジアの礼』
辻　正博	唐代写本における避諱と則天文字の使用――P.5523recto の書写年代について	敦煌写本研究年報 10－2
鳥居　一康	唐代都督軍管区制と貞観「十道」制――唐宋時代の軍制と行政（Ⅰ）	唐宋変革研究通訊 7
新見　まどか	平盧節度使と泰山信仰――『太平広記』所収「李納」伝を中心に	史泉 123
西村　陽子	唐後半華北諸藩鎮の鐵勒集團――沙陀系王朝成立の背景	東洋史研究74－4
速水　大	P3899v 馬社文書に関する諸問題	敦煌写本研究年報 10－2
町田　隆吉	「唐咸亨四年（673）左糞舎告死者左憧憙書為左憧憙家失銀銭事」をめぐって――左憧憙研究覚書（3）	国際学研究（桜美林大学）6
松本　保宣	五代中原王朝の朝儀における謝恩儀禮について――正衙謝と中謝	東洋史研究74－4
山内　敏輝	封建制国家と貴族制研究の新視角――封爵制と食封制をめぐって	東洋史苑 88
山崎　覚士	加耗・省耗・雀鼠耗――両税法の附加税	唐宋変革研究通訊 7
李　方	唐代水利法律与西域水利法律条文的運用	敦煌写本研究年報 10－2
渡辺　信一郎	唐代両税法の成立――両税銭を中心に	唐宋変革研究通訊 7

［宋・元・金］

今泉　牧子	（書評）大澤正昭著・『南宋地方官の主張』	上智史学 61
梅村　尚樹	先賢祭祀と祖先祭祀――南宋後期における学校と先賢祠	歴史学研究 948
遠藤　隆俊	宋代士大夫家族の秩序と構造――范氏十六房の形成	東北大学東洋史論集12
王　瑞来	（書評）宋代史研究会編　汲古書院『中国伝統社会への視角』	中国研究月報70-6
大澤正昭・兼田信一郎・佐々木愛・石川重雄・小林義廣・戸田裕司	福建南部歴史調査報告――『清明集』的世界の地理的環境と文化的背景〈泉州・興化軍篇〉	上智史学 61
大島　立子	（書評）青木敦著『宋代民事法の世界』	法制史研究 65
小川　快之	（書評）青木敦『宋代民事法の世界』	歴史学研究 952
川村　康	宋代比附箚記	『宋代史から考える』
熊本　崇	(Book Review)『宋会要輯稿』点校本簡介［劉琳・刁忠民・舒大剛等校点　宋会要輯稿（全一六冊）］	東方 429
小林　義廣	南宋初中期吉州の士大夫における家族と地域社会――楊万里を中心として	名古屋大学東洋史研究報告40
近藤　一成	拙著『宋代中國科擧社會の研究』訂補三項	『宋代史から考える』
佐々木　力	内藤湖南と宋朝近世市民社会論――中国論・論中国・On China（5）	未来 583
佐立　治人	金朝の立法・刑罰・裁判	関西大学法学論集65-6
佐立　治人	元朝の立法・刑罰・裁判	関西大学法学論集66-4
佐藤　鉄太郎	元寇の実相――服部英雄著『蒙古襲来』の実証的批判	軍事史学 52-2
篠崎　敦史	十〜十一世紀の日宋交渉と入中僧――巡礼僧成尋と通事僧仲回	ヒストリア 255
朱溢／谷田淑子訳	北宋の賓礼の成立と変遷	『東アジアの礼』
高井　康典行	士と吏の間――五代・遼・金の中央吏職	『宋代史から考える』
高橋　弘臣	南宋臨安への上供米制度の成立	愛媛大学法文学部論集　人文学科編40

張文昌／金子由紀訳	唐宋における礼典の庶民儀礼	『東アジアの礼』
唐俊傑／松本圭太訳	南宋臨安城の制度と特徴	岩手大学平泉文化研究センター年報4
中島　樂章	南宋衆分資産考	『宋代史から考える』
難波　征男	宋明儒学の郷村建設論（試論）	福岡女学院大学紀要　人文学部編26
平田　茂樹	（書評）青木敦著『宋代民事法の世界』	史学雑誌125－7
平田　茂樹	南宋士大夫のネットワークとコミュニケーション――魏了翁の「靖州居住」時代を手がかりとして	東北大学東洋史論集12
藤井　真湖	『元朝秘史』におけるジュルキン集団を殲滅する非明示的論理――ブリ・ボコがチンギスの味方であったという仮説に基づいて	愛知淑徳大学論集8
宮崎　聖明	（書評）藤本猛『風流天子と「君主独裁制」――北宋徽宗朝政治史の研究』	歴史学研究942
毛利　英介	大定和議期における金・南宋間の國書について	東洋史研究75－3
矢越　葉子	天一閣蔵明鈔本天聖令の書誌学的検討――唐令復原の一方法として	お茶の水女子大学人文科学研究12
與座　良一	宋代の保甲法と都保制に関する一試論	歴史学部論集（佛教大学）6
與座　良一	中国宋代の兵士と公共墓地	鷹陵史学（佛教大学）42

［明・清］

赤城　美恵子	清朝前期における熱審について	帝京法学30－1
新田　元規	殤後立繼・間代立繼の禮解釋論――顧炎武の立繼問題をめぐって	東方学132
新田　元規	清初期士大夫の礼実践における「相互規制」の様相――汪琬の立継と王弘撰の服喪を事例として	徳島大学総合科学部人間社会文化研究24
荒武　達朗	嘉慶年間中国本土の郷村役――南満洲地域との比較	徳島大学総合科学部人間社会文化研究24
池田　修太郎	（書評）磯部淳史著『清初皇帝政治の研究』（立命館大学文学部人文学研究叢書6）	立命館史学37
石橋　崇雄	雍正帝『御製朋党論』研究〈序説〉――大清国支配構造分析試論の一環として	『高橋古稀』

伊藤　正彦	明・万暦年間、休寧県27都5図の事産所有状況に関する資料	唐宋変革研究通訊7
伊藤　正彦	『丈量保簿』と『歸戶親供册』から――萬曆年閒、徽州府休寧縣二七都五圖の事產所有狀況	東洋史研究75-3
岩本　真利絵	嘉靖六年年末の内殿儀礼改定――中国明代における専制君主と政策決定の正当性	史林99-3
上田　信	（書評）三木聰著『伝統中国と福建社会』	歴史評論800
上田　裕之	清代雍正初頭における西北・西南諸省の開鋳論議	歴史人類（筑波大学）44
上田　裕之	清代雍正年間における銅禁政策と各省の対応	社会文化史学59
上田　裕之	清代雍正年間における銅禁政策と京局辦銅	史學85-4
大川　沙織	明代市舶太監の創設とその変遷――嘉靖期の裁革と税監の設置をめぐって	史窓73
大澤　正昭	明代日用類書の告訴状指南――「土豪」を告訴する	唐宋変革研究通訊7
大野　晃嗣	明代の会試執事官体制の変遷について――外簾四所の人事とその変革を中心に	東北大学東洋史論集12
小川　和也	（Book Review）東アジア「近世化」論の新たなる段階へ［山本英史著　赴任する知県――清代の地方行政官とその人間環境］	東方426
小川　快之	明清時代の江西商人と社会秩序について	國士舘東洋史學7・8・9
小川　快之	（書評）三木聰著　汲古書院『伝統中国と福建社会』	中国研究月報70-7
奥山　憲夫	変・乱の背後で――軍士の私役と売放	『変乱の中国史』
亀岡　敦子	明代の福建漳州府における宗族の形成――龍渓県の白石丁氏をめぐって	東洋学報98-3
川越　泰博	燕王府官から永楽官僚へ――女直人の事例	人文研紀要（中央大学）85
川越　泰博	土木の変と地方軍――班軍番上の視点から	中央大学文学部紀要261
川越　泰博	謀反は作られる――明宣徳朝の諸王政策によせて	『変乱の中国史』
河住玄・渡昌弘	明代の教育制度（1）	人間と環境（人間環境大学）7
岸本　美緒	清代中期の飢饉救済と贖地問題	歴史評論799
喜多　三佳	（書評）赤城美恵子著「清代における秋審判断の構造――犯罪評価体系の再構成」	法制史研究65
木村　拓	（書評）荷見守義著『明代遼東と朝鮮』	東洋史研究74-4

邱澎生／辻高広訳	一九世紀前半期、清代重慶城の債務訴訟における「証拠」問題	『都市構造と集団性』
久保　茉莉子	（書評）太田出『中国近世の罪と罰——犯罪・警察・監獄の社会史』	史学研究 292
五味　知子	清代における殺人事件の裁判と女性——楊乃武案を手掛かりに	歴史学研究 946
坂口　舞	題補制と外補制——清代雍正期における地方官の任用改革	洛北史学 18
佐立　治人	中国で裁判を受けたロビンソン・クルーソー	関西大学法学論集 66-1
佐立　治人	呉訥撰・若山拯訓読『祥刑要覧』の訳注（2）	関西大学法学論集 66-2
貞本　安彦	明初における行人司の創設	立正史学 120
真田　安	カシュガリアにおける清朝征服期・統治初期のオアシス権力抗争——オアシス権力構造の究明——アクスゥ・ウシュ・ヤルカンド「事件」の検討	『高橋古稀』
時　堅	明末の財政管理について——戸部清吏司の職掌を中心として	集刊東洋学 114
謝　祺	清代咸豊以前の滇黔辺岸における川塩の運銷制度について	名古屋大学東洋史研究報告40
周芳玲・陳鳳	中国における族譜の教化機能について——明清時代を中心に	東洋史訪（兵庫教育大学）23
鈴木　真	（Book Review）清初の八旗制と、太宗ホンタイジ・摂政王ドルゴン・順治帝フリンをめぐる人々［磯部淳史著　立命館大学文学部人文学研究叢書6　清初皇帝政治の研究］	東方 427
鈴木　真	雍正帝の后妃とその一族	史境 71
銭　晟	明末「牙税」考——その性質と財政上の役割を中心に	集刊東洋学 115
高橋　亨	明清に於ける「通鑑」——史書と政治	アジア遊学 198
谷口　規矩雄	乾隆朝末期の胥吏の不法行為について	愛大史学——日本史学・世界史学・地理学25
程　永超	通信使関係倭情咨文と明清中国	史林 99-6
鄭　潔西	万暦二十年代東アジア世界の情報伝播——明朝と朝鮮側に伝わった豊臣秀吉の死亡情報を例として	アジア遊学 199
中村　正人	清代初期過失殺補論	金沢法学 58-2
中村　正人	（書評）鈴木秀光著「清代嘉慶・道光期における盗案の裁判」	法制史研究 65

則松	彰文	（書評）岸本美緒著『風俗と時代観』『地域社会論再考』明清史論集1，2（研文選書　112, 113）	史学雑誌125－10
荷見	守義	孫承宗と明朝档案	人文社会科学論叢（弘前大学）1
荷見	守義	辺境紛争と統治――万暦九年の遼東鎮	『変乱の中国史』
荷見	守義	明代都司掌印官の基礎的考察――遼東都司の場合	人文研紀要（中央大学）85
前村	佳幸	清代における江西省東部広信府の人口について	琉球大学教育学部紀要88
道上	峰史	（書評）荷見守義著『明代遼東と朝鮮』	中央大学アジア史研究40
山本	英史	近代中国における“陋俗”改革とその言説――溺女問題を素材にして	史境71
渡	昌弘	明代国子監入学者の一検討	東北大学東洋史論集12

［近・現代中国］

淺田	進史	（書評）小池求著『20世紀初頭の清朝とドイツ――多元的國際環境下の雙方向性』	東洋史研究75－2
味岡	徹	（書評）深町英夫編『中国議会100年史――誰が誰を代表してきたのか』	史学雑誌125－11
天野	祐子	戦後内戦期における国民政府の減租政策と基層社会――四川省を中心に	史論69
于	海英	『清議報』時期における梁啓超の救国の民権論	山口大学文学会志66
于	海英	戊戌変法前における「民智を開く」ことを中心とした梁啓超の民権論	東アジア研究（山口大学）14
上田	貴子	（Book Reviews）陳來幸著　近代中国の総商会制度――繋がる華人の世界	華僑華人研究13
及川	琢英	「満洲国軍」創設と「満系」軍官および日系軍事顧問の出自・背景	史学雑誌125－9
王	志安	国際法における近代中国の成立――その領域観念の歴史的変遷を中心に（2）（3）	駒澤法学15-2，16－1
大澤	肇	（書評）戸部健著　汲古書院『近代天津の「社会教育」――教育と宣伝のあいだ』	中国研究月報70－4
岡本	隆司	新疆と「朝貢」と「保護」――清末対外秩序の一転換	『社会経済制度の再編』
荻	恵理子	北洋大臣の設立――1860年代の総理衙門と地方大官	『社会経済制度の再編』

小野　博司	日本統治下台湾の名望家と弁護士――東アジア近代法史のための一試みとして	（JFE21世紀財団）大学研究助成アジア歴史研究報告書（2015年度）
何　娟娟	清末広東省における日本製紙幣の導入	東アジア文化交渉研究（関西大学）9
何　志輝	認識、接納與引進――歐陸法制對晚清政府法律改革的影響（1906-1911）	東アジア文化交渉研究（関西大学）9
加藤　雄三	20世紀の鎮江租界――1920年代のバンド帰属問題をめぐって	『社会経済制度の再編』
加藤　雄三	（書評）郭まいか著「民国期の上海会審公廨における手続と慣例について――民事訴訟事件を例に」	法制史研究65
角崎　信也	（書評）深町英夫編　東京大学出版会『中国議会100年史――誰が誰を代表してきたのか』	中国研究月報70-10
上出　徳太郎	清末西北動乱の鎮圧過程における協餉	東洋学報98-2
久保　耕治	台湾の「公学校」と「創氏改名」	四国学院大学論集149
久保　茉莉子	1930年代前半の中国における検察制度	歴史学研究944
久保田　裕次	（書評）小池求著『二〇世紀初頭の清朝とドイツ――多元的国際環境下の双方向性』	東アジア近代史20
栗原　純	台湾総督府阿片政策の「踏襲」と「転換」について――阿片令の改正と新特許問題	史論69
高　明珠	中華民国時期における工科出身の帰国留学生の社会的位置づけからみた留学生政策の効果	中国研究月報70-8
後藤　武秀	本島人ノ親族及相続慣習ニ関スル判例集	東洋法学59-3
小西　豊治	清末・民国初期憲法――「明治憲法」の受容	アジア文化研究23
笹川　裕史	（書評）夏井春喜著『中華民國期江南地主制研究』	東洋史研究74-4
佐藤　淳平	20世紀初頭清朝における財政集権化	中国研究月報70-6
蕭　文嫻	20世紀初頭の中国通貨システムの変容――銀元鋳造および銀元流通の検討を中心に	社会経済史学81-4
鈴木　秀光	（書評）佐藤淳平著「宣統年間の預算編成と各省の財政負担」、同「袁世凱政権期の預算編成と各省の財政負担」	法制史研究65
世良　正浩	中華民国北京政府後期における教育立法の研究	明治学院大学教職課程論叢　人間の発達と教育12
孫慧敏／阿部由美子訳	近代上海住宅賃貸借法文化の形成と拡散	『都市構造と集団性』

高遠　拓児	日露戦争期における奉天軍政署と清朝官民――『小山秋作氏旧蔵奉天軍政署関係史料』所収文書の紹介を中心として	『変乱の中国史』
高見澤　磨	（書評）高橋和之編『日中における西欧立憲主義の継受と変容』	法制史研究65
田口　宏二朗	登記の時代――国民政府期、南京の不動産登記事業（1927–37）研究序説	『社会経済制度の再編』
田中　仁	（書評）深町英夫編『中国議会100年史――誰が誰を代表してきたのか』	現代中国90
竹内　翔馬	（書評）坂元ひろ子著　岩波書店『中国近代の思想文化史』	中国研究月報70–11
玉村　紳	（書評）藤田拓之著『居留民の上海――共同租界行政をめぐる日英の協力と対立』	パブリック・ヒストリー13
千葉　正史	清末における各部立案籌備立憲九ヶ年計画	東洋大学文学部紀要　史学科篇42
張　允起	近代中国の国家構想――清末民初の立憲構想を中心にして	『政治と文化』
塚瀬　進	清代黒龍江における社会変容と馬賊	『変乱の中国史』
程　楽	清末における憲政準備にともなう国民教育の普及	『高橋古稀』
土居　智典	光緒新政時期の清朝中央による地方統治と省財政機関の再編についての一考察	九州大学東洋史論集44
中村　祐也	（書評）小池求著『20世紀初頭の清朝とドイツ　多元的国際環境下の双方向性』	白山史学52
夏井　春喜	江南の土地改革と地主（下）	史朋49
西　英昭	大正期日本における中華民国法学の展開について	法政研究（九州大学）82–4
西　英昭	北洋政府期法典編纂機関の変遷について――法典編纂会・法律編査会・修訂法律館	法政研究（九州大学）83–3
乗松　佳代子	民国期の服制条例についての一考察――男子服を中心に	愛知県立大学大学院国際文化研究科論集17
美麗　和子	建国初期の「中央民族訪問団」と中国共産党の少数民族政策	中国研究月報70–9
深澤　秀男	変法運動と楊深秀	岩手史学研究97
松田　恵美子	書評　西田真之著「近代中国における妾の法的諸問題をめぐる考察」	法制史研究65
水羽　信男	（書評）森川裕貫著『政論家の矜持――中華民国時期における章士釗と張東蓀の政治思想』	史学雑誌125–3

光田　　剛	（Book Review）中国議会史から立憲制と代表制を考える［深町英夫編　中国議会一〇〇年史——誰が誰を代表してきたのか］	東　方　422
三橋　陽介	中国国民政府における法学既修者についての初歩的考察	『戦時体制と法学者—1931～1952』
宮古　文尋	戊戌政変前夜の外国人招聘策と「合邦」策	歴史学研究 940
宮原　佳昭	近代中国の学校管理法教科書に関する一考察——謝冰・易克臬訳『学校管理法要義』を手がかりに	アカデミア　社会科学編（南山大学）11
望月　直人	保商局の越境——清末雲南・ビルマ辺境における社会変動と国際関係	『社会経済制度の再編』
望月　直人	崗銀の没落——清末、雲南辺境における土司通行税の変容	東洋文化研究（学習院大学）18
森川　裕貫	（Book Review）今後の梁啓超研究の前提となる一冊［狭間直樹著　岩波現代全書87　梁啓超——東アジア文明史の転換］	東　方　429
森田　成満	（書評）夏井春喜著『中華民国期江南地主制研究』	法制史研究 65
柳澤　和也	（書評）夏井春喜『中華民国期江南地主制研究』	歴史学研究 948
山本　　真	（書評）夏井春喜著　汲古書院『中華民国期江南地主制研究』	中国研究月報70-4
湯山　トミ子	近代中国における子ども観の社会史的考察（４）戦火のなかの子ども観——救済と組織化	成蹊法学 84

［朝鮮］

阿部　浩己	国際法における過去の不正義と「歴史への転回」	吉澤文寿編著『五〇年目の日韓つながり直し——日韓請求権協定から考える』（以下『五〇年目の日韓』）
新井　　宏	『出雲風土記』に現れた「古韓尺」	計量史研究 44
李　　圭洙	植民地朝鮮からみた布施辰治	大学史紀要21（明治大学）
李　　明花	植民地朝鮮における治安維持法施行の拡大と適用様相	コリア研究（立命館大学）7
李　　英美	朝鮮総督府中枢院における韓国・朝鮮の慣習調査事業と調査報告書に関する研究——米国ハワイ大学マノア校（UH Manoa）・Hamilton Library の Korean Locked Press 所蔵資料の紹介と分析を中心に（２）（３・完）	東洋文化研究所紀要169, 170

李　英美	1950年代における日韓親和会「保護事業部」の仮放免事業――『親和』を手がかりに	コリア研究（立命館大学）7
宇都宮めぐみ	日本人女性の朝鮮引揚と「内鮮結婚」	大阪大学日本学報35
内海　愛子	サンフランシスコ平和条約――戦争裁判・戦後補償から考える	早稲田平和学研究9
太田　修	「日韓財産請求権協定で解決済み」論を批判する	『五〇年目の日韓』
大平　祐一	（書評）臼井佐知子、H・ジャン・エルキン、岡崎敦、金炫栄、渡辺浩一編『契約と紛争の比較史料学――中近世における社会秩序と文書』	法制史研究65
大豆生田　稔	（書評）李熒娘著『植民地朝鮮の米と日本――米穀検査制度の展開過程』	歴史と経済232
岡崎　まゆみ	外地・内地人弁護士による朝鮮認識（2）――1920年代・『東亜法政新聞』にみる	法史学研究会会報19
岡崎　まゆみ	植民地期朝鮮の談合入札有罪判決に関する考察――司法判断における内鮮間の関係性をめぐって	帯広畜産大学学術研究報告37
川口　祥子	巣鴨事件――戦後の布施辰治と朝鮮人（その2）	在日朝鮮人史研究46
川西　裕也	朝鮮時代における文書の廃棄と再利用	韓国朝鮮の文化と社会15
金　恩貞	1950年代初期、日本の対韓請求権交渉案の形成過程――「相互放棄プラスアルファ」案の形成を中心に	アジア研究62-1
金　周溶	三矢協定と韓国独立軍勢力の動向	コリア研究（立命館大学）7
金丞垠／野木香里翻訳	韓日協定締結五〇年、改めて「対日請求権」を論ずる	『五〇年目の日韓』
金　昌禄	韓日過去清算、まだ終わっていない――「請求権協定」を中心に	『五〇年目の日韓』
金　鉉洙	在日朝鮮人にとっての日韓条約	『五〇年目の日韓』
桑野　栄治	朝鮮仁祖代における対明遥拝儀礼の変容――明清交替期の朝鮮	お茶の水女子大学比較日本学教育研究センター研究年報12

小岩	信竹	日本と植民地の漁業制度	伊藤康宏・片岡千賀之・小岩信竹・中居裕編著『帝国日本の漁業と漁業政策』（以下『帝国日本の漁業』）
小宮	秀陵	（書評）橋本繁著『韓国古代木簡の研究』	木簡研究 38
篠原	啓方	6世紀の新羅の教と法――律令肯定論と関連して	関西大学アジア文化研究センターディスカッションペーパー13
須川	英徳	朝鮮後期における市廛と国家財政――河合文庫所蔵の綿紬廛文書を手掛かりに	韓国朝鮮文化研究15
田中	俊光	朝鮮時代刑事法史の現在	法制史研究 65
田中	佑季	（書評）山内民博著「一九世紀末二〇世紀初朝鮮における戸口調査と新式戸籍――地方における認識と対応」、李正善著「『内鮮結婚』にみる帝国日本の朝鮮統治と戸籍」、野木香里著「朝鮮における婚姻年齢の制定と植民地支配――一九〇七年から一九二三年までを中心に」	法制史研究 65
鄭	東俊	高句麗における中国王朝の地方行政制度の影響について――両漢魏晋南北朝の地方行政機構との比較を中心に	東洋学報97－4
鄭	栄桓	解放直後の在日朝鮮人と「戦争責任」論（1945-1949）――戦犯裁判と「親日派」処罰をめぐって	日本植民地研究28
鄭	栄桓	「特別永住資格」とは何か――在日朝鮮人の法的地位の歴史	Sai＝사이＝サイ74
鶴園	裕	（書評と紹介）松田利彦著『東亜聯盟運動と朝鮮・朝鮮人――日中戦争期における植民地帝国日本の断面』	日本歴史 821
西田	彰一	植民地における筧克彦の活動について――満州を中心に	総研大文化科学研究12
西田	彰一	一九〇〇年代における筧克彦の思想	日本研究 53
原	朗	日韓会談と日韓国交回復	三田学会雑誌109-2
橋本繁・李成市		朝鮮古代法制史研究の現状と課題	法制史研究 65
原	智弘	大韓帝国期宮内府官員整理の実相――宮内府判任官試験を中心に	帝京大学外国語外国文学論集22
福井	譲	「不正渡航」と渡航管理政策――一九二〇年代の釜山を中心に	在日朝鮮人史研究46

福山　潤三	韓国所在の植民地期日本関係資料——デジタル化資料の利用方法を中心に	アジア情報室通報14-1
藤井　賢二	日本統治期初期の朝鮮水産開発構想——庵原文一を中心に	『帝国日本の漁業』
前田　朗	植民地支配犯罪論の再検討——国際法における議論と民衆の法形成	『五〇年目の日韓』
宮田節子監修／宮本正明・通堂あゆみ・辻大和・松谷基和校註	未公開資料　朝鮮総督府関係者　録音記録（17）朝鮮総督府のキリスト教政策	東洋文化研究（学習院大学）18
矢野　秀喜	日韓請求権協定——日本の国会はどう審議し、批准したか？	『五〇年目の日韓』
山内　民博	19世紀朝鮮における屠漢・白丁集団の役と組織	環日本海研究年報（新潟大学）22
六反田　豊	（書評）川西裕也著『朝鮮中近世の公文書と国家——変革期の任命文書をめぐって』	法制史研究65
渡辺　俊雄	輝きをます衡平運動の歴史——『朝鮮衡平運動史料集』発刊とその意義	部落解放725

［北アジア・中央アジア・チベット］

青木　雅浩	モンゴル人民共和国の対内モンゴル軍事指令とその政治的影響（1924-1925）	東京外国語大学論集93
青木　雅浩	一九二〇年代前半の外モンゴルの政治情勢に対する清朝のモンゴル支配の影響	東アジア近代史20
アラムス（阿拉木斯）・馬丽・野波寛	清代における帰化城トゥメト旗の行政機構について	関西学院大学社会学部紀要124
岩尾　一史	ドルポ考——チベット帝国支配下の非チベット人集団	内陸アジア言語の研究31
岩田　啓介	雍正年間における清朝の青海モンゴル支配の実態——統属関係への介入と盟旗制の運用を中心として	東洋学報98-1
梅山　直也	清初における八旗蒙古のニル構成と組織としての実態——遊牧ニルの検討を通じて	社会文化史学59
大西　啓司	『天盛旧改新定禁令』に見られる「一族の父」	東洋史苑（龍谷大学）88
大野　太幹	清末から満洲国期における国境——吉林省東北部・東部内モンゴル南部を例として	News letter 28
岡　洋樹	（書評）谷井陽子著『八旗制度の研究』	東洋史研究74-4
小沼　孝博	中央アジア・オアシスにおける政治権力と隊商交易——清朝征服前後のカシュガリアを事例に	東洋史研究75-1

帯谷　知可	中央アジアのムスリム定住民女性とイスラーム・ヴェールに関する帝政ロシアの植民地主義的言説	西南アジア研究84
木下　光弘	内モンゴル綏遠地域を巡る漢人・モンゴル人の争いとその流動的な多様性――傅作義と徳王を中心に	敬和学園大学研究紀要25
黒田　有誌	18世紀後半チベットの裁判における清朝の関与について――人命案件に関する満文檔案から	東洋史苑（龍谷大学）88
関根　知良	清朝・ホンタイジの対アオハン＝モンゴル政策	社会文化史学59
谷井　陽子	清朝と「中央ユーラシア的」国家――杉山清彦著『大清帝国の形成と八旗制』に寄せて	新しい歴史学のために289
谷田　淑子	渤海使の帯びる渤海官職の再検討	『東アジアの礼』
チベット文献講読会	ダライラマ政権初期のチベット執政者の印璽に関する基礎研究	史滴38
伴　真一朗	アルタン・ハーン以降のモンゴルのアムド進出とアムド・チベット人土司のゲルク派への接近――西寧シナ領主を事例として	東洋学報97
福田　洋一	チベット論理学における ldog pa の起源	印度學佛教學研究65-1
包　呼和木其尓	清代後期内モンゴル・ハラチン地域における土地と財産とアルバ	日本モンゴル学会紀要46
山田　勝芳	満洲国統治機構・官僚制度と執政府の形成	東北大学東洋史論集12
王　長青	清代初期のモンゴル法のあり方とその適用――バーリン旗の事例を手がかりに	言語・地域文化研究（東京外国語大学）22

［東南アジア・オセアニア］

市岡　卓	シンガポールにおけるムスリム女性のヒジャブの規制をめぐる考察	マレーシア研究5
ヴ・コン・ザオ／立石直子訳	ベトナムにおける同性婚――現状と今後の展望	福岡大學法學論叢61-1・2
内海愛子・宇田川幸大	戦争と裁き――オーストラリア裁判と被告人	大阪経済法科大学アジア太平洋研究センター年報13
大川　謙蔵	ラオス人民民主共和国における同性婚――民法典作成支援の視点から	福岡大學法學論叢61-1・2
傘谷　祐之	植民地期カンボジアにおける大臣の称号・職名――大臣会議の構成員を規定する王令を中心に	Nagoya University Asian Law Bulletin 1

傘谷　祐之	フランス植民地期カンボジアにおける歴代司法大臣の経歴（1）	Nagoya University Asian Law Bulletin 2
清水　愛砂	シンガポール――同性婚の法制化をめぐる現状	福岡大學法學論叢 61-3
クウオン・キ・ジュン	マレーシア――同性婚に関する法的および政治的制約	福岡大學法學論叢 61-3
島田　弦	インドネシア裁判所制度の変遷――裁判官人事と官僚的司法の歴史分析	（JFE21世紀財団）大学研究助成アジア歴史研究報告書（2015年度）
高橋　一郎	オーストラリア憲法考――その特徴と背景	名古屋短期大学研究紀要54
弘末　雅士	近代インドネシアにおける民族主義の展開と「混淆婚」――ニャイと欧亜混血者の陰	『女性から描く世界史』
福本みちよ・佐々木幸寿	ニュージーランドにおける教育行政制度改革に関する史的考察――「学校のガバナンス改革」がもたらした成果と課題	教育学研究年報（東京学芸大学）35
八尾　隆生	ヴェトナム黎朝聖宗の明律受容に関する初歩的考察	史学研究 293
吉田　信	オランダ領東インドにおける婚姻規定の歴史的変遷――本国婚姻規定との関連において	『女性から描く世界史』
ワチャリン・パットチェクワィンユゥーサクン／綾部六郎訳	タイにおける同性婚をめぐる法的状況	福岡大學法學論叢 61-1・2

［インド・南アジア］

伊藤　弘子	インドにおける同性婚に対する法的対応	福岡大學法學論叢 61-1・2
和田　郁子	「境界」を考える――前近代インド社会における婚姻と集団意識	『女性から描く世界史』

［西アジア・アフリカ］

秋葉　淳	帝国とシャリーア――植民地イスラーム法制の比較と連関	『ユーラシア近代帝国と現代社会』
阿部　尚史	ムスリム女性の財産獲得――近代イラン有力者家族の婚姻と相続	『女性から描く世界史』
岩本　佳子	オスマン朝における対遊牧民政策の転換点――17−18世紀におけるテュルク、クルド系遊牧民の定住化政策を中心に	日本中東学会年報 32

江口　　隆裕	植民地収奪手段としてのフランス近代法――一九世紀フランスのアルジェリア特別立法に基づく考察	『神奈川大学法学部50周年記念論文集』
沖　　祐太郎	エジプトにおける国際法受容の一側面――フランス語版『戦争法』（カイロ，一八七二年）のテキスト分析を中心に	法政研究（九州大学）83-3
熊倉　和歌子	マムルーク朝期エジプトの土地関係記録――支配の移行期における記録の継承	歴史と地理691
佐々木　　紳	（書評）大河原知樹・堀井聡江『イスラーム法の「変容」――近代との邂逅』（イスラームを知る17）	イスラーム世界研究9
菅瀬　　晶子	イスラエル・ガリラヤ地方のアラブ人市民にみられる豚肉食の現在――キリスト教徒とムスリム，ユダヤ教徒の相互的影響	国立民族学博物館研究報告40-4
高橋　　一彦	（書評）堀川徹・大江泰一郎・磯貝健一編『シャリーアとロシア帝国――近代中央ユーラシアの法と社会』	法制史研究65
鳥山　　順子	（書評）嶺崎寛子著『イスラーム復興とジェンダー――現代エジプト社会を生きる女性たち』	ジェンダー研究19
中西　　竜也	近代中國ムスリムのイスラーム法解釋――非ムスリムとの共生をめぐって	東洋史研究74-4
長谷部　圭彦	「聖域」から改革の焦点へ――近代オスマン朝の教育（世界史の研究（247））――（研究フォーラム　近代における教育）	歴史と地理694
藤波　　伸嘉	仲裁とカピチュレーション――一九〇一年オスマン・ギリシア領事協定にみる近代国際法思想	史学雑誌125-11
堀井　　聡江	シャリーアにおける飲酒の是非――イスラーム的規範の多元性	宗教研究90-2
堀井　　聡江	古典イスラーム法学におけるタルフィーク（talfiq）序説	東洋文化研究所紀要169
松尾　　瑞穂	（書評）嶺崎寛子『イスラーム復興とジェンダー――現代エジプト社会を生きる女性たち』	イスラーム世界研究9
松尾　有里子	オスマン帝国におけるマドラサとイスラーム知識人（ウラマー）――ウラマー任官候補制度の導入をめぐって	史潮80
八木　久美子	（書評）嶺崎寛子著『イスラーム復興とジェンダー――現代エジプト社会を生きる女たち』後藤絵美著『神のためにまとうヴェール――現代エジプトの女性とイスラーム』	アジア経済57-1
弥永　　真生	北アフリカにおける会社法――シャリーアとの関連において（1）――イスラーム圏におけるシャリーアと世俗法	筑波法政66

ローマ法・西洋法制史文献目録（平成28年 2016年）

全体

単行本（著編者別50音順）

著（編）者名	書　　名	発行所
越村　勲編	16・17世紀の海商・海賊――アドリア海のウスコクと東シナ海の倭寇（以下『16・17世紀の海商・海賊』と略）	彩流社
田中きく代・阿河雄二郎・金澤周作編著	海のリテラシー――北大西洋海域の「海民」の世界史（以下『海のリテラシー』と略）	創元社

古代・ローマ法

単行本（著編者別50音順）

著（編）者名	書　　名	発行所
アリストテレス／渡辺邦夫・立花幸司訳	ニコマコス倫理学．下（光文社古典新訳文庫）	光文社
アリストテレス／内山勝利・神崎繁・中畑正志編集委員	アリストテレス全集16――大道徳学－エウデモス倫理学	岩波書店
栗田伸子・佐藤育子	通商国家カルタゴ（講談社学術文庫）	講談社
栗原　裕次	プラトンの公と私	知泉書館
新保　良明	古代ローマの帝国官僚と行政――小さな政府と都市（MINERVA 西洋史ライブラリー110）	ミネルヴァ書房
高橋　広次	アリストテレスの法思想――その根柢に在るもの	成文堂
土井　健司	救貧看護とフィランスロピア――古代キリスト教におけるフィランスロピア論の生成	創文社
中谷　功治	テマ反乱とビザンツ帝国――コンスタンティノープル政府と地方軍団（関西学院大学研究叢書第173編）	大阪大学出版会
南雲　泰輔	ローマ帝国の東西分裂	岩波書店
Shigeo Nishimura, Mariko Igimi, Ulrich Manthe	Aus der Werkstatt römischer Juristen――Vorträge der Europäisch-Ostasiatischen Tagung 2013 in Fukuoka.（Abt. A : Abhandlungen zum Römischen Recht und zur Antiken Rechtsgeschichte）（以下 Aus der Werkstatt römischer Juristen と略）	Duncker & Humblot, Berlin

橋場　弦	民主主義の源流──古代アテネの実験（講談社学術文庫）	講談社
廣川　洋一	キケロ『ホルテンシウス』──断片訳と構成案	岩波書店
藤田　潤一郎	存在と秩序──人間を巡るヘブライとギリシアからの問い	創文社
三上　章	プラトン『国家』におけるムゥシケー──古典期アテナイにおけるポリス社会とムゥシケーの相互影響史を踏まえて	リトン
リウィウス／岩谷智訳	ローマ建国以来の歴史 2（西洋古典叢書）	京都大学学術出版会

論文（執筆者別50音順）

執筆者	題名	掲載誌・巻号
ジェイムズ・ロム／志内一興訳	セネカ哲学する政治家──ネロ帝宮廷の日々	白水社
アイネイアス／髙畠純夫訳	アイネイアス『攻城論』──訳および註解（5）	東洋大学文学部紀要史学科篇42
マルティンアヴェナリウス／福田誠治訳	講演　マルティン・アヴェナリウス　自然法・現に生きている法・主張された法意識──学説彙纂50巻17章第1法文（パウルス『プラウティウス註解』第16巻）の釈義と影響史に関する覚書	上智法学論集59-4
青島　忠一朗	アッシリア王碑文における反乱の記述と情報操作──アッシュルナツィルパル2世の王碑文を例として	オリエント59-1
粟辻　悠	古代レトリック再考（1）ローマ世界における法廷実践の観点から	関西大学法学論集66-4
粟辻　悠	（書評）南雲泰輔著「クルスス・プブリクスの統制と運用──後期ローマ帝国下における地中海世界の結合性をめぐって」　同「ルティリウス・ナマティアヌスとクルスス・プブリクス──後期ローマ帝国における公的伝達システム運用の一側面」	法制史研究65
Mariko Igimi	Occupatio im Alltag der Römer	Aus der Werkstatt römischer Juristen
Makoto Ishikawa	MINPO § 719 und das römische Recht. Eine Anwendungsmöglichkeit auf den Nebentäterfall	Aus der Werkstatt römischer Juristen
井上　浩一	憶える歴史から考える歴史へ──アテナイの民主政と陶片追放	佛教大学歴史学部編『歴史学への招待』
上杉　崇	五世紀ガリアにおける司教選出規定とその実態	史学研究291

Kazunori Uemura	Zur Normstruktur des Edictum aedilium curulium. Exegese von D.21, 1, 14, 9 und D.21, 1, 28	Aus der Werkstatt römischer Juristen
宇佐美　誠	古代ギリシアの正義論	『法思想の水脈』
浦野　聡	歴史とレトリック――古代地中海世界における虚構・真実・説得　論点開示	西洋史研究新45
江添　誠	ローマ帝国東方属州におけるコインの政治的・経済的役割	豊田　浩志編『モノとヒトの新史料学――古代地中海世界と前近代メディア』
大清水　裕	（書評）飯坂晃治著『ローマ帝国の統治構造――皇帝権力とイタリア都市』	史学雑誌125－2
大谷　哲	基調報告　初期キリスト教における歴史とレトリック――テルトゥリアヌス著『スカプラへ』	西洋史研究新45
小川　知幸	ローマの戦争と法について―1915年ベルリン大学エミール・ゼッケル講演録	東北大学附属図書館調査研究室年報3
小山田　真帆	ブラウロンのアルクテイア再考――アルテミスへの奉納行為を手掛かりに	西洋古代史研究16
角田　幸彦	キケロー裁判弁説の精神史的考察――政治闘争，正義，ヒューマニズム	明治大学教養論集511
葛西　康徳	（書評）仲手川良雄著『古代ギリシアにおける自由と社会』	法制史研究65
葛西　康徳	ヒュブリスと名誉毀損――古代ギリシア・ローマにおける情報の一側面	中山信弘編集代表『知的財産・コンピュータと法：野村豊弘先生古稀記念論文集』
岸本　廣大	「伝統」としてのコイノン――ローマ支配下におけるリュキア人のコイノン	西洋古典学研究64
木下　皓司	（書評）Frederik J. Vervaet, The High Command in the Roman Republic. The Principle of the summum imperium auspiciumque from 509 to 19 BCE	西洋古代史研究16
九鬼　由紀	ケルト社会における貨幣の機能――「埋蔵貨」の事例から	人文論究（関西学院大学）66－3
栗原　麻子	家族の肖像――前四世紀アテナイにおける法制上のオイコスと世帯	史林99－1
桑山　由文	クインティリウス一族とローマ帝国中央	京都女子大学大学院文学研究科研究紀要史学編15

小坂　俊介	紀元後４世紀半ばのアレクサンドリアにおける騒乱と「異教徒」	西洋古典学研究64
紺谷　由紀	ローマ法における去勢――ユスティニアヌス一世の法典編纂事業をめぐって	史学雑誌125－６
櫻井　かおり	プトレマイオス朝最末期におけるメンフィスのプタハ神官団――BM EA184の再考察	史友（青山学院大学）48
Mariko Sakurai	The peplos scene of the Parthenon frieze and the citizenship law of Perikles	Toshihiro Osada (ed.) The Parthenon frieze――the ritual communication between the goddess and the Polis――Parthenon Project Japan 2011-2014
酒嶋　恭平	（書評）Phillip, E. Harding, Athens Transformed, 404-262 BC――From Popular Sovereignty to the Dominion of Wealth	西洋古代史研究16
佐々木　健	（書評）吉原達也著「キケロ『カエキーナ弁護論』における争点に関する一考察」	法制史研究65
佐藤　昇	基調報告　前４世紀アテーナイの法廷と修辞	西洋史研究新45
Daisuke Shinomori	Testamentum porcelli: Ein von Sklaven errichtetes Testament?	Aus der Werkstatt römischer Juristen
レオ　シュトラウス／石崎嘉彦訳	プラトン『法律』の議論と筋書き（１）	政治哲学20
庄子　大亮	基調報告古代ギリシアの弁論における「神話」のレトリック――イソクラテスを中心に	西洋史研究新45
新保　良明	ローマ帝政前期における皇帝顧問団の人的構成	東京都市大学共通教育部紀要９
Akira Sugao	Usurae ultra alterum tantum : Welche Zinsen sind zum duplum des Kapitals gerechnet?	Aus der Werkstatt römischer Juristen
杉本　陽奈子	（書評）William Mack, Proxeny and Polis――Institutional Networks in the Ancient Greek World	西洋古典学研究64
瀬口　昌久	プルタルコスの指導者像と哲人統治の思想	西洋古典学研究64
添谷　育志	ユリアヌス帝の変貌――「背教者」から「哲学者，ローマ皇帝」へ（１）	明治学院大学法学研究100
アダ・タガー・コヘン	ヒッタイトの「儀礼の法（ishiul-）」と祭儀行為との比較から見たイスラエル祭司における女性の不在	基督教研究78－２

高橋　英治	ローマ法上の企業形態としてのソキエタスとソキエタス・プブリカノルム――近時のドイツの研究を基礎にして	法学雑誌（大阪市立大学）62-2
高橋　秀樹	危機にある英雄たちの諸発言――『イーリアス』第XI書に見る強制（強請）行為	資料学研究13
高橋　広次	アリストテレスの取財術について（4）	南山法学40-1
髙畠　純夫	古代ギリシアにおける戦争――重装歩兵をめぐる二つの問題	歴史と地理696
Norio Tanaka	Zum Verzicht auf das Widerrufsrecht bei der Schenkung von Todes wegen	Aus der Werkstatt römischer Juristen
田中　創	「背教者」ユリアヌス――皇帝書簡と伝承	歴史学研究951
Minoru Tanaka	Semel heres semper heres : Kommentare der Humanisten zu D.4, 4, 7, 10 und D.28, 5, 89	Aus der Werkstatt römischer Juristen
田中　実	ローマ法の形成	『法思想の水脈』
Yoshihiro Tabata	Sachmängelhaftung und Nichterfüllungs－haftung	Aus der Werkstatt römischer Juristen
辻村　純代	エジプト社会におけるキリスト教化――古代末期におけるアコリス遺跡の変遷を中心に	ラーフィダーン37
ディオドロス・シクロス／森谷公俊	ディオドロス・シクロス『歴史叢書』第一七巻「アレクサンドロス大王の歴史」訳および註（その4・完）	帝京史学31
出村　みや子	古代教会における説教――オリゲネスとアウグスティヌスを手掛かりに	人文学と神学10
中澤　慎一	人権宣言としての「神の似姿」	人間学紀要45
中谷　彩一郎	『対比列伝』におけるプルータルコスの「比較」と人物描写	西洋古典学研究64
南雲　泰輔	（書評）Martha Malamud, Rutilius Namatianus' Going Home――De reditu suo, translated and with an Introductory Essay	西洋古代史研究16
新村　聡	プラトン平等論の発展――『国家』から『法律』へ	岡山大学経済学会雑誌48-1
西又　悠	（書評）Julietta Steinhauer, Religious Associations in the Post-Classical Polis	神戸大学史学年報31
Shigeo Nishimura	Eine raffinierte Falllösung zur condictio indebiti : Scaev. D.12, 6, 67, 4	Aus der Werkstatt römischer Juristen
D. ネル／西村重雄訳	D・ネル「学説彙纂四四巻四章四法文六項――共和政晩期助言法学実務について」	法政研究（九州大学）82-4

橋場　弦	（書評）栗原麻子著「アッティカ民衆法廷における報復のレトリック――リュクルゴス『レオクラテス弾劾』を中心にして」	法制史研究 65
橋場　弦	（書評）仲手川良雄『古代ギリシアにおける自由と社会』	歴史学研究 952
林　智良	（書評）原田俊彦著「ローマ共和政初期における公職の裁判権力について――対物訴訟の場合（一）（二）」	法制史研究 65
Tomoyoshi Hayashi	'I ask and he gave his opinion'(quaero, respondit) －Some Reflections on the Forms of Legal Questions and Responses in D.17, 1, 59 and on their Background	Aus der Werkstatt römischer Juristen
原田　俊彦	『国家について』におけるキケロの歴史叙述について	人文論集（早稲田大学）54
比佐　篤	アウグストゥス治世初期の貨幣造幣委員――貨幣の図像と委員の経歴の検討を中心に	西洋史研究 新 45
ヒュペレイデース／柏達己・佐藤昇	史料解題・翻訳　ヒュペレイデース新断片	クリオ 30
Seiji Fukuda	Der Inhalt des Bürgschaftsauftrags : eine Meinungsverschiedenheit über D.17, 1, 38 Marcell.1 resp. im Mittelalter	Aus der Werkstatt römischer Juristen
藤野　奈津子	国制史からみたユリア事件――「アウクトーリタース（auctoritas）」再考	国府台経済研究（千葉商科大学）26－1
増永　理考	（書評）飯坂晃治著『ローマ帝国の統治構造――皇帝権力とイタリア都市』	西洋史学論集 53
松原　俊文	プルタルコス『英雄伝』のコンテクスト	西洋古典学研究 64
松本　英実	『オデュッセイア』における法的諸問題	青山ローフォーラム 5－1
的射場　敬一	政治闘争と改革――古代アテナイの民主化過程	国士舘大学政治研究 7
三津間　康幸	（書評）阿部拓児著『ペルシア帝国と小アジア――ヘレニズム以前の社会と文化』	オリエント 59－1
Wataru Miyasaka	D.23, 3, 67 Proculus 7 epistulae : Ein angemessener Lehrstoff in Bezug auf die Übertragung des Eigentums im römischen Recht	Aus der Werkstatt römischer Juristen
宮嵜　麻子	（書評）飯坂晃治著『ローマ帝国の統治構造――皇帝権力とイタリア都市』	法制史研究 65
Hikaru Mori	D.30, 86, 4 : Ursprung der superficies als ius in re aliena?	Aus der Werkstatt römischer Juristen

Akiko Moroo	The origin and development of the Acropolis as a place for erecting public decrees——the periclean building project and its effect on the Athenian epigraphic habit	Toshihiro Osada (ed.) The Parthenon frieze——the ritual communication between the goddess and the Polis——Parthenon Project Japan 2011-2014
師尾　晶子	古代ギリシアにおける「他者」の発見と「他者」との境界をめぐる言説の展開——ヨーロッパという境界の策定の歴史的展開と近代における受容をめぐって	国府台経済研究（千葉商科大学）26-1
柳下　明子	古代の教会のディアコニッセ（女性ディアコノス）	聖書と神学28
Shiro Yanata	The Burden on the Share of Common Property after Dividing Common Property	Aus der Werkstatt römischer Juristen
山我　哲雄	旧約聖書とユダヤ教における食物規定（カシュルート）	宗教研究90-2
山下　孝輔	二～三世紀のローマ帝国における勅答の効力——キリスト教文献における用例を手掛かりとして	立命館史学37
山本　興一郎	（書評）R. Alston, Rome's Revolution——Death of the Republic and Birth of the Empire	西洋古典学研究64
吉田　俊一郎	基調報告　ローマ帝政初斯の模擬弁論と歴史記述	西洋史研究新45
吉原　達也	（書評）宮坂渉著「数人の死亡の先後関係が不明な場合における証明責任について——ローマ法および法制史の観点から」	法制史研究65
鷲田　睦朗	「音楽堂のウィッラ」とウィッラ経済の進展——ラティフンディウム論再考	パブリック・ヒストリー13

西洋法制史

単行本（著編者別50音順）

著（編）者名	書　名	発行所
阿川　尚之	憲法改正とは何か——アメリカ改憲史から考える	新潮社
秋田茂・永原陽子・羽田正・南塚信吾・三宅明正・桃木至朗編著	「世界史」の世界史（MINERVA世界史叢書）	ミネルヴァ書房

秋山　　徹	遊牧英雄とロシア帝国――あるクルグズ首領の軌跡	東京大学出版会
阿部　俊大	レコンキスタと国家形成――アラゴン連合王国における王権と教会	九州大学出版会
アルフォンソ十世賢王編纂／相澤正雄・青砥清一試訳	アルフォンソ十世賢王の七部法典――スペイン王立歴史アカデミー1807年版――逐文対訳試案、その道程と訳註．第５部（第１章－第15章）	自費出版
アルフォンソ十世賢王編纂／相澤正雄・青砥清一試訳	アルフォンソ十世賢王の七部法典――スペイン王立歴史アカデミー1807年版――逐文対訳試案、その道程と訳註．第６部（第１章－第19章）	自費出版
アルフォンソ十世賢王編纂／相澤正雄・青砥清一試訳	アルフォンソ十世賢王の七部法典――スペイン王立歴史アカデミー1807年版――逐文対訳試案、その道程と訳註．第７部（第１章－第33章）	自費出版
クレメント・イートン／益田育彦訳	アメリカ南部連合史	文芸社
W. イェシュケ／神山伸弘・久保陽一・座小田豊・島崎隆・高山守・山口誠一監訳	ヘーゲルハンドブック――生涯・作品・学派	知泉書館
五十嵐　　清	ヨーロッパ私法への道――現代大陸法への歴史的入門	悠々社
五十嵐　元道	支配する人道主義――植民地統治から平和構築まで	岩波書店
石塚　正英	革命職人ヴァイトリング――コミューンからアソシエーションへ	社会評論社
出雲　　孝	ボワソナードと近世自然法論における所有権論――所有者が二重売りをした場合に関するグロチウス、プーフェンドルフ、トマジウスおよびヴォルフの学説史	国際書院
伊藤　哲夫	神聖ローマ皇帝ルドルフ２世との対話	井上書院
岩崎　佳孝	アメリカ先住民ネーションの形成	ナカニシヤ出版
ゴードン・S. ウッド／中野勝郎訳	アメリカ独立革命	岩波書店
英米文化学会編	英米文学にみる検閲と発禁（以下『英米文学にみる検閲と発禁』と略）	彩流社
エラスムス／金子晴勇訳	エラスムス神学著作集	教文館
大内宏一編	ヨーロッパ史のなかの思想（以下『ヨーロッパ史のなかの思想』と略）	彩流社

大沢　秀介	アメリカの司法と政治	成文堂
大谷裕文・塩田光喜編著	海のキリスト教――太平洋島嶼諸国における宗教と政治・社会変容	明石書店
大塚　滋	イェーリングの「転向」	成文堂
大西　健夫	ドイツの大学と大学都市――月沈原の精神史	知泉書館
大野達司・森元拓・吉永圭	近代法思想史入門――日本と西洋の交わりから読む	法律文化社
小野　秀誠	法学上の発見と民法	信山社出版
神山　伸弘	ヘーゲル国家学	法政大学出版局
ドミニク・カリファ／梅澤礼訳	犯罪・捜査・メディア――19世紀フランスの治安と文化（叢書・ウニベルシタス）	法政大学出版局
川北　稔	世界システム論講義――ヨーロッパと近代世界（ちくま学芸文庫）	筑摩書房
神崎忠昭編	断絶と新生――中近世ヨーロッパとイスラームの信仰・思想・統治（以下『断絶と新生』と略）	慶應義塾大学言語文化研究所
イリジャ・H・グールド／森丈夫監訳／松隈達也・笠井俊和・石川敬史・朝立康太郎・田宮晴彦訳	アメリカ帝国の胎動――ヨーロッパ国際秩序とアメリカ独立	彩流社
黒田　祐我	レコンキスタの実像――中世後期カスティーリャ・グラナダ間における戦争と平和	刀水書房
桑原　俊介	シュライアマハーの解釈学――近代解釈学の成立史	御茶の水書房
ハンス・ケルゼン／長谷川正国訳	国際法原理論	信山社
イネス・ド・ケルタンギ／ダコスタ吉村花子訳	カンパン夫人――フランス革命を生き抜いた首席侍女	白水社
ヘルムート・コーイング／松尾弘訳	法解釈学入門	慶應義塾大学出版会
小島　秀信	伝統主義と文明社会――エドマンド・バークの政治経済哲学	京都大学学術出版会
木庭　顕	法学再入門秘密の扉――民事法篇	有斐閣

小早川　義則	デュー・プロセスと合衆国最高裁7　奴隷制度、言論・出版等の自由	成文堂
小林　純	続ヴェーバー講義——政治経済篇	唯学書房
リンダ・コリー／中村裕子・土平紀子訳	虜囚——一六〇〇〜一八五〇年のイギリス、帝国、そして世界	法政大学出版局
齋藤　哲志	フランス法における返還請求の諸法理——原状回復と不当利得	有斐閣
坂巻　清	イギリス近世の国家と都市——王権・社団・アソシエーション	山川出版社
佐藤　彰一	贖罪のヨーロッパ——中世修道院の祈りと書物（中公新書）	中央公論新社
佐藤　康邦	教養のヘーゲル『法の哲学』——国家を哲学するとは何か	三元社
篠原　敏雄	市民法学の輪郭——「市民的徳」と「人権」の法哲学	勁草書房
初宿　正典	カール・シュミットと五人のユダヤ人法学者	成文堂
レオ・シュトラウス／遠藤司訳	ナチュラル・ライトと歴史	皇學館大学出版部
上智大学中世思想研究所編	中世における制度と知（中世研究第14号）	知泉書館
白木　太一	1791年5月3日憲法　新版.	群像社
甚野尚志・益田朋幸編	ヨーロッパ文化の再生と革新	知泉書館
鈴木教司編訳	フランス国王官房諸王令——対訳	非売品
鈴木　正裕	近代民事訴訟法史・オーストリア	信山社
須藤　英幸	「記号」と「言語」——アウグスティヌスの聖書解釈学	京都大学学術出版会
隅谷　史人	独仏指図の法理論——資金移動取引の基礎理論	慶應義塾大学出版会
関哲行・踊共二	忘れられたマイノリティ——迫害と共生のヨーロッパ史	山川出版社
瀬原　義生	大黒死病とヨーロッパ社会——中・近世社会史論雑編	文理閣
曽我部真裕・見平典編	古典で読む憲法	有斐閣
髙田　太	カントにおける神学と哲学——プロイセン反啓蒙政府とカントの自由を巡る闘い	晃洋書房
髙橋　基泰	イギリス検認遺言書の歴史	東京経済情報出版

武井　敬亮	国家・教会・個人――ジョン・ロックの世俗社会認識論	京都大学学術出版会
竹下　賢	法秩序の効力根拠	成文堂
田島　裕	イギリス憲法――議会主権と法の支配	信山社
田中　正司	アダム・スミスの経験論――イギリス経験論の実践的範例	御茶の水書房
田中孝信・要田圭治・原田範行編著	セクシュアリティとヴィクトリア朝文化（以下『セクシュアリティ』と略）	彩流社
田中　浩	ホッブズ――リヴァイアサンの哲学者（岩波新書）	岩波書店
パウルス・ディアコヌス／日向太郎訳	ランゴバルドの歴史	知泉書館
戸澤　健次	イギリス保守主義研究	成文堂
フィリップ・ドランジェ／高橋理監訳・奥村優子・小澤実・小野寺利行・柏倉知秀・高橋陽子・谷澤毅共訳	ハンザ――12-17世紀	みすず書房
中野智世・前田更子・渡邊千秋・尾崎修治編著	近代ヨーロッパとキリスト教――カトリシズムの社会史	勁草書房
中谷　惣	訴える人びと――イタリア中世都市の司法と政治	名古屋大学出版会
西川　和子	スペインレコンキスタ時代の王たち――中世800年の国盗り物語	彩流社
西谷　修	アメリカ異形の制度空間（講談社選書メチエ）	講談社
ニタルト／岩村清太訳	カロリング帝国の統一と分割――『ニタルトの歴史四巻』	知泉書館
野口　洋二	中世ヨーロッパの異教・迷信・魔術	早稲田大学出版部
波多野　敏	生存権の困難――フランス革命における近代国家の形成と公的な扶助	勁草書房
林　知更	現代憲法学の位相――国家論・デモクラシー・立憲主義	岩波書店
林田　伸一	ルイ14世とリシュリュー――絶対王政をつくった君主と宰相（世界史リブレット人54）	山川出版社

広渡　清吾	ドイツ法研究——歴史・現状・比較	日本評論社
ロバート・フィルマー／伊藤宏之・渡部秀和訳	フィルマー著作集（近代社会思想コレクション19）	京都大学学術出版会
プーフェンドルフ／前田俊文訳	自然法にもとづく人間と市民の義務（近代社会思想コレクション18）	京都大学学術出版会
藤井美男編／ブルゴーニュ公国史研究会	ブルゴーニュ国家の形成と変容——権力・制度・文化（以下『ブルゴーニュ国家』と略）	九州大学出版会
藤澤　房俊	ガリバルディ——イタリア建国の英雄（中公新書）	中央公論新社
スティーブン・ブライヤー／大久保史郎監訳・木下智史訳	アメリカ最高裁判所——民主主義を活かす	岩波書店
ローレンス・M・フリードマン／新井誠監訳・紺野包子訳	信託と相続の社会史——米国死手法の展開	日本評論社
フリードリヒ2世／大津真作監訳	反マキアヴェッリ論（近代社会思想コレクション17）	京都大学学術出版会
古谷大輔・近藤和彦編	礫岩のようなヨーロッパ（以下『礫岩のようなヨーロッパ』と略）	山川出版社
アリス・ベッケル＝ホー／木下誠訳	ヴェネツィア、最初のゲットー	水声社
マルク・ボーネ／河原温編	中世ヨーロッパの都市と国家——ブルゴーニュ公国時代のネーデルラント（YAMAKAWA LECTURES 8）（以下『中世ヨーロッパの都市と国家』と略）	山川出版社
トマス・ホッブズ／高野清弘訳	法の原理——自然法と政治的な法の原理	行路社
松澤　幸太郎	近代国家と市民権・市民的権利——米国における市民権・市民的権利の発展	信山社出版
松本　尚子	ホイマン『ドイツ・ポリツァイ法事始』と近世末期ドイツの諸国家学	有斐閣
三佐川　亮宏	ドイツ——その起源と前史	創文社

溝口　修平	ロシア連邦憲法体制の成立――重層的転換と制度選択の意図せざる帰結	北海道大学出版会
三谷　鳩子	トマス・アクィナスにおける神の似像論	東北大学出版会
森田　修	契約規範の法学的構造	商事法務
森村　進編	法思想の水脈（以下『法思想の水脈』と略）	法律文化社
屋敷　二郎	フリードリヒ大王――祖国と寛容（世界史リブレット人55）	山川出版社
安井　倫子	語られなかったアメリカ市民権運動史――アファーマティブ・アクションという切り札	大阪大学出版会
籔田　有紀子	レナード・ウルフと国際連盟――理想と現実の間で	昭和堂
山内　志朗	感じるスコラ哲学――存在と神を味わった中世	慶應義塾大学出版会
山下重一／泉谷周三郎編集・解説	J.S.ミルとI.バーリンの政治思想	御茶の水書房
山下範久・安高啓朗・芝崎厚士編	ウェストファリア史観を脱構築する――歴史記述としての国際関係論（以下『ウェストファリア史観』と略）	ナカニシヤ出版
山本　健三	帝国・〈陰謀〉・ナショナリズム――「国民」統合過程のロシア社会とバルト・ドイツ人	法政大学出版局
山本　道雄	クリスティアン・ヴォルフのハレ追放顛末記――ドイツ啓蒙の哲学者	晃洋書房
ゴットフリート・ヴィルヘルム・ライプニッツ／酒井潔・佐々木能章監修	ライプニッツ著作集　第2期2	工作舎
ジャン＝ジャック・ルソー／坂倉裕治訳	人間不平等起源論――付「戦争法原理」（講談社学術文庫）	講談社
フランソワ＝ジョゼフ・ルッジウ／高澤紀恵・竹下和亮編	都市・身分・新世界（YAMAKAWA LECTURES 9）	山川出版社
ミシェル・ロクベール／武藤剛史訳	異端カタリ派の歴史――十一世紀から十四世紀にいたる信仰、十字軍、審問（講談社選書メチエ）	講談社

論文（執筆者別50音順）

執筆者	題名	掲載誌・巻号
青谷　秀紀	15世紀後半のリエージュ紛争と北西ヨーロッパ都市	『ブルゴーニュ国家』
青柳　かおり	18世紀イギリス領アメリカ植民地における奴隷の改宗	エクフラシス 6
阿河　雄二郎	貿易商人マテュラン・トロティエ――ナポレオン時代における合法奴隷貿易の利潤と情報	『海のリテラシー』
赤木　誠	英国における児童手当をめぐる制度設計、1941～42年――「ベヴァリッジ委員会」における議論を中心として	松山大学論集28-4
赤木　誠	（書評）長谷川貴彦著『イギリス福祉国家の歴史的源流――近世・近代転換期の中間団体』	西洋史学論集53
赤木　誠	英国における児童手当構想の定着，1939～1942年――超党派議員を中心としたキャンペインの展開	歴史と経済58-3
明石　欽司	ライプニッツの法理論と「近代国際法」（2）（3）（4）（5・完）「法」・「国家」・「主権」・「ユース・ゲンティウム」の観念を題材として	法学研究（慶應義塾大学）89-4, 6, 7, 8
秋元　英一	（書評）中島醸著『アメリカ国家像の再構成――ニューディール・リベラル派とロバート・ワグナーの国家構想』	歴史と経済58-2
浅岡　慶太訳	翻訳　プロイセン一般ラント法（1794）　第2編19章　救貧施設とその他の慈善的な基金について（試訳）	桐蔭法学22-2
足立　公志朗	フランスにおける信託的補充指定の歴史的考察（5・完）	神戸学院法学46-1
足立昌勝・齋藤由紀・永嶋久義訳	翻訳　1786年トスカーナ刑事法典試訳（1）（2）	関東学院法学25-3・4, 26-1・2
足立　芳宏	農村の社会主義経験――土地改革から農業集団化へ（一九四五～一九六〇）	川越修・河合信晴編『歴史としての社会主義』
穴井　佑	空位期ノリッジにおける宗教対立の意義――セント・ピーター・マンクロフト教区を中心に	比較都市史研究35-1
姉川　雄大	「支援に値する」家族の選別における道徳と返済能力――ハンガリーの「生産的社会政策」（1940-1944）と地域社会	三時眞貴子ほか編『教育支援と排除の比較社会史』
安部　悦生	初期株式会社をめぐる小論――18世紀イギリス製造株式会社のファクツ&インプリケーション	経営論集63-1・2
阿部　俊大	研究フォーラム　レコンキスタと中世スペインの政治構造	歴史と地理699

網谷　　壮介	カントの共和制の諸構想と代表の概念	社会思想史研究40
アントニ　アルバセーテ=イ=ガスコン／阿部俊大訳	15世紀バルセロナの解放奴隷たち	言語科学51
アントニ　アルバセーテ=イ=ガスコン／阿部俊大訳	遺言状に見る15世紀バルセロナの解放奴隷たち（上）	言語文化論究37
ジャン=ルイ　アルペラン／田中実訳	翻訳　ジャン=ルイ・アルペラン「ローマ法と現代法」	南山法学40－1
ジャン=ルイ　アルペラン／薮本将典訳	法の「感情的淵源」を科学的に認識するということ――フランスにおける衡平を例として	法学研究（慶應義塾大学）89-10
安藤　　裕介	フィジオクラットにおける土地と主権	中野勝郎編著『境界線の法と政治』
飯島　　滋明	ヒトラー・ナチス政権下における「非常事態権限」（ヴァイマール憲法48条）と「国民投票」	名古屋学院大学論集社会科学篇53-2
飯田　　巳貴	一六、一七世紀のヴェネツィアとアドリア海の海外領土	『16・17世紀の海商・海賊』
池上　　俊一	ヨーロッパ中世における鐘の音の聖性と法行為	思想1111
池上　　俊一	中世都市トゥールーズの執政制	『断絶と新生』
池上　　大祐	「境界」としてのグアム――民政への移行をめぐるアメリカのグアム統治構想の諸相、1945～50年	応用言語学研究（明海大学）18
池田　　政章	法文化論序説（7）	立教法学93
池田　　実	スペイン一八五六年「未公布」憲法の憲法史的意義	日本法學82－3
池本　今日子	フランス大革命から亡命へ――「君主制派」ジャン=ジョゼフ・ムーニエ氏の憲法案	西洋史論叢38
井澤　　龍	20世紀前半のイギリス企業と英米間の二重所得課税問題――第一次世界大戦から1945年英米租税条約締結まで	経営史学51－2
石井　　三記	（書評）岩谷十郎・片山直也・北居功編『法典とは何か』	法制史研究65
石川　　柊	教皇アレクサンデル三世在位下におけるエストニア宣教計画――デンマークとバルト宣教史再考	上智史学61
石川　　知明	13世期末のビザンツ宮廷における使節のキャリア形成――セオドロス・メトヒティスのメサゾン就任を例に	西洋史学262

石田　勇治	ドイツ現代史再考――「煙独」の風潮に抗して	ドイツ研究50
石塚　伸一	アムステルダムの奇跡の『神話』	『刑事法と歴史的価値とその交錯』
岩場　由利子	「共同体」制定過程に見るフランス第五共和制憲法と脱植民地化	現代史研究62
石原　俊時	（書評）長屋政勝著『近代ドイツ国家形成と社会統計――19世紀ドイツ営業統計とエンゲ』	歴史と経済59－1
石部　雅亮	立法の思想史――一八世紀後半から一九世紀末までのドイツ	法の理論34
板倉　孝信	英国における所得税廃止論争（1816年）の再検討――麦芽税廃止論争との関連性を中心に	年報政治学2016－II
伊丹　一浩	フランス山岳地における地域資源としての灌漑の意義と制度変化――19世紀オート＝ザルプ県を対象に	歴史地理学58－1
市川　千恵子	欲望の封印から充足の模索へ――エリス・ホプキンズとヴィクトリア朝中期の性の葛藤	『セクシュアリティ』
市川　啓	間接正犯の淵源に関する一考察（3・完）19世紀のドイツにおける学説と立法を中心に	立命館法学2016－1
市川　仁	検閲と発禁の歴史	『英米文学にみる検閲と発禁』
伊藤　一頼	脱植民地化プロセスにおける国家形成の論理	錦田愛子編『移民／難民のシティズンシップ』
伊藤　剛	カント定言命法の法学的応用可能性を求めて――アプリオリなのか普遍なのか	青森法政論叢17
伊東　直美	第一次世界大戦、ドイツ東部国境地帯における「帰国移住者」収容と衛生問題	専修史学60
伊藤　英樹	仏民法典の形成と現実適応化の歩み、その一断面	愛知学院大学法学部同窓会編『法学論集. 第5巻』
伊藤　雄司	いわゆる法律・定款を遵守した経営を求める株主の権利について	早川勝・正井章筰・神作裕之・高橋英治編『ドイツ会社法・資本市場法研究』
稲元　格	翻訳　ハンブルク市の市民協定（1410年）	近畿大学法学64－1
乾　秀明	コモンズの再構築と制度レジリエンス（1651-1703年）――イングランド　ギリンガム・フォレストを中心に	社会経済史学82－2
井上　弘貴	アンドルー・カーネギーとアングロ・アメリカン統合の構想――世紀転換期の環大西洋における圏域の可能性――	イギリス哲学研究39

井上　雅夫	トスカナ辺境女伯マティルデ――ドイツ王権（皇帝権）とローマ法王権の間（４）	文化学年報（同志社大学）65
今井　澄子	《カエサルのタペストリー》の政治的効果――ブルゴーニュ公シャルル・ル・テメレールのイメージ利用をめぐる考察	西洋中世研究 8
今井　宏昌	新刊紹介 Benjamin Ziemann 著 Contested Commemorations――Republican War Veterans and Weimar Political Culture	西洋史学論集53
今久保　幸生	ベルサイユ条約ザール規約をめぐる独仏間交渉と戦後ドイツ経済再建の与件――ドイツからのザール地区向け生産物の輸入関税免除問題を中心に	歴史と経済59－1
入江　正俊	ボリングブルックの名誉革命観――憲政とデモクラシーを中心に	政経研究53－2
岩下　誠	教育社会史研究における教育支援／排除という視点の意義	三時眞貴子ほか編『教育支援と排除の比較社会史』
岩下　誠	未婚の母の救済／非嫡出子の放逐――20世紀前半アイルランド社会の「道徳性」	三時眞貴子ほか編『教育支援と排除の比較社会史』
岩間　俊彦	『バーミンガム史』の形成――都市の統治と市史の相互関係、1870年代から1970年代にかけて	一橋経済学10－1
印出　忠夫	「永遠のミサ」を保証する「永遠の収入」――14世紀アヴィニョン司教座参事会管理下のシャペルニーをめぐって	西洋中世研究 8
上垣　豊	近代フランスにおける大学と権力	史潮80
上田　寛	ロシアにおける刑事人類学派の軌跡	『浅田和茂先生古稀祝賀論文集下巻』
上田　寛	国際刑事学協会〈IKV〉ロシア・グループの実像	『刑事法と歴史的価値とその交錯』
植村　邦彦	ドイツにおける「市民社会」概念――十六世紀から二十一世紀まで	社会思想史研究40
植村　邦彦	思想としての社会主義――現に存在した社会主義	川越修・河合信晴編『歴史としての社会主義』
上村　敏郎	啓蒙専制期ハプスブルク君主国における批判的公共圏の成立――フリーメイソン勅令をめぐるパンフレット議論に基づいて	クァドランテ18
上山　益己	支配者たらしむるもの――中近世ヨーロッパにおける権力の表出　総論	パブリック・ヒストリー13
上山　益己	中世盛期フランドル伯家の領邦統治と聖遺物崇敬――1070年アスノン修道院の奉献式	パブリック・ヒストリー13

歌代　哲也	1930年代の欧米各地におけるスタンプ紙幣の法的側面	『貨幣と通貨の法文化』
内川　勇太	イングランドの政治的統合――「アングル人とサクソン人の王国」におけるマーシア人の集会	史学雑誌125-10
内田　千秋	フランスにおける専門職会社法制の歴史的展開	法政理論（新潟大学）48-4
梅田　百合香	ホッブズとセルデン――自然法とヘブライズム	思想 1109
内本　充統	イギリスの1834年改正救貧法下における児童の施設養育――1834年～1870年におけるワークハウス児童の分離収容をめぐる考察	中京大学社会学研究科社会学論集15
梅川　正美	マグナ・カルタ八〇〇周年を日本で考える	愛知学院大学法学部同窓会編『法学論集．第5巻』
梅澤　佑介	市民の義務としての反乱――ハロルド・ラスキによるT.H.グリーンの批判的継承	イギリス哲学研究39
梅村　尚幸	ドイツ城郭研究の過去と現在	ドイツ研究 50
梅村　尚幸	一七世紀神聖ローマ帝国における城館の空間使用法と社会構造――ドイツ・ルネサンス城館ヨハニスブルク城の事例	建築史学 67
トーマス・ヴュルテンベルガー／工藤達朗訳	歴史上の支配の正統化モデル	トーマス・ヴュルテンベルガー（畑尻剛編訳）『国家と憲法の正統化について』
トーマス・ヴュルテンベルガー／工藤達朗訳	歴史的視角における基本法の正統化について	トーマス・ヴュルテンベルガー（畑尻剛編訳）『国家と憲法の正統化について』
トーマス・ヴュルテンベルガー／工藤達朗訳	自由の表現――欧米における政治文化の重要な基礎	トーマス・ヴュルテンベルガー（畑尻剛編訳）『国家と憲法の正統化について』
浦田　早苗	ジャコバイト辞典（5）	駒澤法学15-2
江川　由布子	アルフレート・ハーフェルカンプ氏講演会　中世西ヨーロッパのユダヤ人史に関する研究動向	比較都市史研究35-1
江口　布由子	「福祉を通じた教育」の選別と子ども――赤いウィーンの子ども引き取りと里親養育	三時眞貴子ほか編『教育支援と排除の比較社会史』
海老沢　俊郎	ドイツ裁量論の歴史的展開――ある理論史研究に即して	名城法学66-1・2

蛯原　健介	フランス第三共和制におけるワイン法の成立——80周年を迎えたAOC制度の意義	明治学院大学法学研究100
J・H・エリオット／内村俊太訳	複合君主制のヨーロッパ	『礫岩のようなヨーロッパ』
遠藤　泰弘	（書評）海老原明夫著「北ドイツ連邦成立過程の法的構成——ザイデル、ヘーネル、ラーバント、ギールケ」	法制史研究65
大内　孝	ブラックストン『イングランド法釈義』第1巻本文中のラテン文——ブラックストン『イングランド法釈義』全訳作業ノートから（5）	法学（東北大学）79-6
大貝　葵	フランス1912年法における教育的措置の対象	『浅田和茂先生古稀祝賀論文集下巻』
大熊　忠之	西欧における世俗国家の成立とネーションの形成——再考　人間の条件（完）	修道法学39-1
大溪　太郎	スウェーデン＝ノルウェー連合協約第二次改正問題の一考察——ドゥンケルの改正反対論における国家構想と連合論	『ヨーロッパ史のなかの思想』
大溪　太郎	カール・ローセンベアの政治的スカンディナヴィア主義——1864年のスカンディナヴィア連邦構想とスウェーデン＝ノルウェー同君連合	北欧史研究33
大塚　将太郎	教皇グレゴリウス10世の治世期における枢機卿の政治的活動——ルドルフ・フォン・ハプスブルクのドイツ王承認と皇帝戴冠をめぐって	西洋史論叢38
大月　康弘	中世ローマ帝国とオイコノミアの表象	NACT review（国立新美術館研究紀要）3
大中　真	国際法史研究の起点——カーネギー国際法古典叢書目録	一橋法学15-1
大西楠・テア	『帝国監督』と公法学における利益法学——トリーペルによる連邦国家の動態的分析（3）	法学協会雑誌133-3
大貫　敦子	（書評）『トーマス・マンの政治思想——失われた市民を求めて』（速水淑子著）	社会思想史研究40
大浜　聖香子	12-13世紀におけるポンティウ伯の文書と文書局	西洋史学論集53
大林　啓吾	憲法と法貨——アメリカのグリーンバックの合憲性をめぐる司法と政治の関係	『貨幣と通貨の法文化』
大原　俊一郎	ドイツ国際政治史学の歴史的文脈と思想——反覇権から秩序形成へ	亜細亜法学50-2
大平　祐一	（書評）臼井佐知子、H・ジャン・エルキン、岡崎敦、金炫栄、渡辺浩一編『契約と紛争の比較史料学——中近世における社会秩序と文書』	法制史研究65

近江　吉明	校訂・国民公会議員ソロン＝レイノー関連史料	専修史学60
大森　秀臣	レトリックと共和政（1）	岡山大学法学会雑誌66-2
大森　弘喜	（書評）岡田益三著『フランスにおける企業福祉政策の生成と展開――企業パトロナージュ・企業パテルナリスム・キリスト教企業アソシアシオン』	社会経済史学82-3
オールセン八千代	デンマーク「自由都市クリスチャニア」の成立過程とその背景	北欧史研究33
岡倉　登志	「アフリカ分割期」のスーダン――マフディー「国家」とヨーロッパ列強（上）	東洋研究202
岡崎　敦	中世パリ司教座教会における「偽」文書作成（11-12世紀）――ベネディクトゥス7世教皇文書の再検討	史淵（九州大学）153
岡崎　敦	（書評）山本成生著『聖歌隊の誕生――カンブレー大聖堂の音楽組織』	西洋史学論集53
岡田　泰平	環太平洋帝国アメリカにおける統治権力と移動の権利――フィリピン系住民のハワイ市民権認定を事例として	アメリカ研究50
岡地　稔	命名からみた初期カペー家の親族集団意識	アルケイア――記録・情報・歴史10
岡部　芳彦	18世紀初頭のコルセット職人の検認遺産目録――カンタベリー大権裁判所検認記録を用いて	神戸学院経済学論集47-3・4
岡村　等	フランス革命における社団解体の理念	早稲田法学会誌66-2
岡山　裕	憲法修正なき憲法の変化の政治的意義――ニューディール期アメリカ合衆国の「憲法革命」を題材に	『「憲法改正」の比較政治学』
小川　浩三	（書評）直江眞一著「アレクサンデル三世期における婚姻法――一一七七年六月三〇日付ファウンテン修道院長およびマギステル・ヴァカリウス宛教令をてがかりとして」	法制史研究65
小川　知幸	附属図書館にて発見されたエルンスト・チーテルマン宛て書簡2通について　翻刻と解説	東北大学附属図書館調査研究室年報3
奥田　央	1920年代ロシア農村の社会政治的構造（2・完）村ソヴェトと農民共同体	経済学論集（東京大学）80-3・4
小倉　健裕	フランス株式会社法における株主の総会決議による資本増加の決定（1）（2・完）	早稲田大学大学院法研論集158, 159
小栗　寛史	オッペンハイムの国際法理論における一般国際法	九州法学会会報2016
小田井　勝彦	ありのままを書くジョイス	『英米文学にみる検閲と発禁』

小野　秀誠	19世紀後半以降のオーストリア法の変遷と民法——Ehrenzweig, Schey, Klang, Randa, Gschnitzer	一橋法学15－1
小野　秀誠	プロイセン上級裁判所とライヒ大審院	獨協法学101
小野　善彦	（書評）蝶野立彦著『一六世紀ドイツにおける宗教紛争と言論統制——神学者たちの言論活動と皇帝・諸侯・都市』	法制史研究65
小原　淳	政治文化としての帝国議会と選挙——帝国議会研究の成果と課題（2）	和歌山大学教育学部紀要人文科学66
小山　吉亮	「不完全な全体主義」へのイタリアの道（1）	神奈川法学48－1
貝瀬　幸雄	歴史叙述としての民事訴訟（3）ヴァン・カネヘム『ヨーロッパ民事訴訟の歴史』を中心に	立教法務研究9
戒能　通弘	「法」と法の支配——クックからダイシーまで	『法思想の水脈』
戒能　通弘	立法をめぐる近代イギリスの法思想——一九世紀イギリスにおける「創る法」と「成る法」	法の理論34
戒能通弘・濱真一郎	学界展望　法哲学・法思想	イギリス哲学研究39
加来　祥男	第1次世界大戦期ドイツの社会保険制度（6）	経済学研究83－2・3
加来　奈奈	ブルゴーニュ・ハプスブルク期のネーデルラント貴族	『ブルゴーニュ国家』
河西　勝	イギリスの株式会社——1880‐1914	北海学園大学経済論集63－4
河西　勝	ドイツの株式会社——1880～1914	北海学園大学経済論集64－1
春日　あゆか	一八世紀イギリスにおける煤煙をめぐる言説と煤煙対策の展開	史林99－2
春日　あゆか	イギリス産業革命期の煤煙対策——1820年代リーズにおける言説対立の始まり	西洋史学262
片桐　謙	Latin Monetary Union の成立過程	経済理論（和歌山大学）384
桂　秀行	学界動向南フランスの農奴制（2）（3）研究史の試み	経済論集（愛知大学）199・200, 202
加藤　はるか	中世イングランドの林地史とフォレスト研究	都市文化研究18
加藤　房雄	ワイマル期ドイツの「アメリカ債」と「ロンドン債務協定」——金融史と農業史——交錯の一齣	広島大学経済論叢40－1・2
門野　泉	『チェス・ゲーム』上演禁止と劇場閉鎖	『英米文学にみる検閲と発禁』
門輪　祐介	国家理論における一元性と多元性（1）カレ・ド・マルベール第三著作再読	一橋法学15－3

金尾　健美	ヴァロワ・ブルゴーニュ公の宮廷とその財源	西洋中世研究 8
金尾　健美	御用金と借入金	『ブルゴーニュ国家』
金崎　邦彦	ブリテン海軍における強制徴募をめぐる政治文化――フランス革命戦争・ナポレオン戦争期を中心に	史観 175
金崎　邦彦	イギリス海軍における強制徴募を巡る議論――1816年から1835年を中心に	早稲田大学大学院文学研究科紀要第4分冊61
金澤　周作	海の第二次英仏百年戦争――敵船拿捕のポリティクス	歴史と地理691
要田　圭治	マルサス以降――性は個人と人口をつなぐ	『セクシュアリティ』
金崎　剛志	国家監督の存続理由――理念としての自治と制度としての監督（1）（2）（3）（4）（5）（6）（7）（8）（9・完）	法学協会雑誌133-2, 3, 5, 6, 7, 8, 9, 10, 11
加納　和寛	シュライアマハーの使徒信条理解――プロイセン式文論争を中心に	基督教研究78-1
加納　和寛	プロイセン式文論争と使徒信条――ドイツ「使徒信条論争」前史としての視点から	基督教研究78-2
加毛　明	19世紀アメリカにおける大学附属ロー・スクール――イェール・ロー・スクールを中心として	東京大学法科大学院ローレビュー11
鴨野　洋一郎	フィレンツェ・オスマン貿易における駐在員――オスマン貿易商ジョヴァンニ・マリンギの書簡から	関東学院大学経済経営研究所年報38
香山　高広	一九世紀フランス法における抵当権の「滌除」の概要（2）（3）オブリー＝ローの所説をよりどころに	法政研究（九州大学）82-4, 83-1・2
苅谷　千尋	（書評）デイヴィッド・アーミテイジ（平田雅博・山田園子・細川道久・岡本慎平訳）『思想のグローバル・ヒストリー――ホッブズから独立宣言まで』	イギリス哲学研究39
川越　修	高齢者と社会	川越修・河合信晴編『歴史としての社会主義』
河崎　吉紀	イギリスにおけるジャーナリスト資格化の試み――一九三〇年代、庶民院への法案提出をめぐって	メディア史研究39
川島　翔	中世学識法訴訟手続における litis contestatio――訴訟成立要件としての当事者の意思	一橋法学15-1
川島　翔	アゾ『質疑録』第12質疑――中世学識法における仲裁法史の一断面	一橋法学15-3

川名　雄一郎	（書評）深貝保則・戒能通弘編『ジェレミー・ベンサムの挑戦』	イギリス哲学研究39
川鍋　健	違法な憲法が従うに値する理由――Bruce. A. Ackerman の dualist democracy theory における憲法の正当性と歴史との関係をめぐって	一橋法学15－2
河野　雄一	ブルゴーニュ公国とエラスムスの君主論	『ブルゴーニュ国家』
川端　康雄	「現代バビロンの乙女御供」――ウィリアム・T・ステッドの少女買春撲滅キャンペーン	『セクシュアリティ』
河原　温	中世ブルッヘ史研究序説（2）2000年代以降の研究成果から	人文学報（首都大学東京）512－9
河原　温	15世紀後半ブルゴーニュ公国における都市・宮廷・政治文化	『ブルゴーニュ国家』
川村　仁子	近代ヨーロッパ秩序の萌芽――ウェストファリア神話以前における国際関係思想の展開	『ウェストファリア史観』
川元　主税	コモンロー上のインタープリーダー	名城法学66－3
菅　明咲	15世紀におけるハンザと領邦君主――ブランデンブルク選帝侯領の事例から	中央大学大学院論究48－1
閑田　朋子	「不適切な」議題と急進派女性ジャーナリスト、イライザ・ミーティヤード――1847年スプーナー法案（誘惑・売春取引抑制法案）の行方	『セクシュアリティ』
閑田　朋子	新聞税（知識税）と思想弾圧――1790年代から1850年代において	『英米文学にみる検閲と発禁』
ダリオ・カンツィアン／髙田京比子訳	アドリア海、アディジェ川、アルプスの間（現在のヴェネト地方）における資源管理と政治軍事的戦略（12～15世紀）	神戸大学史学年報31
菊地　重仁	カロリング期の政治的コミュニケーションにおける書簡の機能について	歴史学研究952
菊池　肇哉	ジャン・ドマの三つの序文的章と法準則、プランシプ、レーグル及びロワ――ポティエ「法準則論」との対比において	日本法学82－1
岸田　菜摘	9世紀後半の東西教会関係――アナスタシウス・ビブリオテカリウスの活動から	エクフラシス6
北田　葉子	トスカーナ大公国における封建貴族層――コジモ1世時代のモンテ・サンタ・マリア侯ブルボン家	明治大学人文科学研究所紀要78
北舘　佳史	13世紀シトー会の書簡コミュニケーション――ポンティニーの定式集の分析	西洋中世研究8
北野　かほる	中世後期イングランド刑事司法の構造――重罪犯有罪事例を軸として	法制史研究65

北村　一郎	『テミス』と法学校――19世紀フランスにおける研究と教育との対立（1）（2・完）	法学協会雑誌133-6，7
北村　陽子	障害者の就労と「民族共同体」への道――世界大戦期ドイツにおける戦争障害者への職業教育	三時眞貴子ほか編『教育支援と排除の比較社会史』
杵淵　文夫	20世紀初頭ドイツにおける英独関係論の変容――ユリウス・ヴォルフの通商政策思想を中心に	東北学院大学論集歴史と文化54
木村　俊道	（書評）小林麻衣子『近世スコットランドの王権――ジェイムズ六世と「君主の鑑」』	イギリス哲学研究39
オットー・フォン　ギールケ／庄子良男訳	翻訳と解説　オットー・フォン・ギールケ『ゲオルク・ベーゼラー論』（1889年）	東北学院大学法学政治学研究所紀要24
ハラルド・グスタフソン／古谷大輔訳	礫岩のような国家	『礫岩のようなヨーロッパ』
エドワード　クック／深尾裕造・松本和洋訳	翻訳　クック「マグナ・カルタ註解」――サー・エドワード・クック『イングランド法学提要　第2部』より	法と政治（関西学院大学）66-4
窪　信一	パライオロゴス朝前期ビザンツ帝国におけるヘレニズムの変容――ヘシュカズム論争前後の学問観の変化から	地中海学研究39
久保　寛展	格付機関の歴史的生成過程	福岡大学法学論叢61-3
公文　孝佳	クイシュトルプの徴憑論と確信論、特別刑論について	『神奈川大学法学部50周年記念論文集』
栗城　壽夫	ヘルマン・ヘラーにおける憲法の規範力（2）（3）	名城ロースクール・レビュー36, 37
栗城　壽夫	ヘルマン・ヘラーの憲法概念	名城法学66-1・2
栗田　啓子	（書評）福島都茂子『フランスにおける家族政策の起源と発展――第三共和制から戦後までの「連続性」』	マルサス学会年報25
栗原　涼子	全国女性党と全国女性有権者同盟のフェミニズム運動――保護か平等かをめぐる論争1919-1926年	東海大学紀要文学部105
栗原　涼子	1920年代のアメリカのフェミニズム運動――平等権修正，社会福祉法制をめぐる論争を中心に　1921-1925年	東海大学紀要文学部106
黒羽　雅子	米国銀行整理史における銀行株主の二重責任（Double Liability）の意義	地方金融史研究47

David Courron	ETAT D'URGENCE――UNE QUADRATURE DU CERCLE JURIDIQUE?――ENTRE LE RESPECT DES LIBERTES FONDAMENTALES ET LA SAUVEGARDE DE L'ORDRE PUBLIC	南山大学ヨーロッパ研究センター報22
桑子　亮	フランス宗教戦争期における政治と宗教――ナント王令の成立過程および内容からの検討	クリオ 30
H・G・ケーニヒスバーガ／後藤はる美訳	複合国家・代表会議・アメリカ革命	『礫岩のようなヨーロッパ』
小池　洋平	アンテ・ベラム期の奴隷制擁護論における州権理解――1858年段階における Thomas R. R. Cobb の言説を素材として	早稲田社会科学総合研究17-1
小池　洋平	修正第13条の制定と「再建」の論理――第38回連邦議会における共和政体保障条項の位置づけを素材として	ソシオサイエンス22
河野　淳	（書評）ヴォルフガング・ベーリンガー著　髙木葉子訳『トゥルン・ウント・タクシス――その郵便と企業の歴史』	社会経済史学81-4
ダニエラ・コーリ／石黒盛久訳	翻訳　ホッブスのローマ――タキトゥスとマキアヴェッリの間で	世界史研究論叢 6
児玉　誠	ヘンリ2世と司法改革（2）イギリス中世憲法における法の支配への道	明星大学経済学研究紀要48-1
後藤　千織	20世紀初頭のロサンゼルス日本人移民社会における離婚方法とジェンダー秩序	青山学院女子短期大学紀要70
後藤　はる美	ヨーロッパのなかの礫岩――17世紀イングランド・スコットランドの法の合同論	『礫岩のようなヨーロッパ』
後藤　元伸	法人学説の再定位――独仏法人論の再読解とミシューおよびサレイユの法人論・合有論	関西大学法学論集65-5
小林　繁子	魔女研究の新動向――ドイツ近世史を中心に	法制史研究 65
小林　大祐	戦後ドイツの都市交通行政とその変遷過程――構造的帰結としての都市の政策選択	法学新報（中央大学）122-11・12
小林　隆夫	イギリスとチベット通商協定（1908年）	人間文化（愛知学院大学）31
小林　麻衣子	（書評）冨樫剛編『名誉革命とイギリス文学――新しい言語空間の誕生』	イギリス哲学研究39
小松　進	神聖ローマ皇帝カール4世の自叙伝――翻訳と註解（5）	筑波学院大学紀要11
小谷　野勝巳	井上茂『司法権の理論』に関する序論的考察――近世イギリス立憲主義における司法権確立過程の基盤に関する著者の思想史的解明を中心に	布川玲子・高橋秀治編『司法権の法哲学的研究』
小山　貞夫	インズ・オヴ・コートとその法曹教育機能の衰退――イングランドにおけるコモン・ロー法曹教育小史	法学（東北大学）80-2

小山	哲	複合国家のメインテナンス――17世紀のリトアニア貴族の日記にみるポーランド＝リトアニア合同	『礫岩のようなヨーロッパ』
近藤	和彦	礫岩のような近世ヨーロッパの秩序問題	『礫岩のようなヨーロッパ』
近藤	潤三	戦後史のなかの反ファシズムと反共主義――日独比較の視点から	愛知大学法学部法経論集205
近藤	潤三	ドイツ内部国境の変容と強制立ち退き問題（１）ベルリンの壁構築までを中心に	南山大学ヨーロッパ研究センター報22
今野	元	エルンスト・ルドルフ・フーバーと「国制史」研究（１）	愛知県立大学外国語学部　紀要（地域研究・国際学編）48
齊藤	明美	1950年代フランコ体制期における女性の法的地位とその改正の試み――メルセデス・フォルミカ（1913–2002）の挑戦	駒澤大学外国語論集21
齋藤	絅子	ブルゴーニュ公国形成期における都市と領邦君主	『ブルゴーニュ国家』
齋藤	健一郎	フランス法における既得権の理論――法律の時間的適用範囲に関する古典的理論をめぐって	行政法研究15
齋藤	翔太朗	20世紀初頭のイギリスにおける移民政策と福祉社会――「『他者』としての外国人」についての一試論	ヨーロッパ文化史研究17
齋藤	敬之	近世都市の刑事裁判における「請願」を通じた戦略的関与――ライプツィヒにおける暴力事件を例に	西洋史論叢38
齊藤	芳浩	ウィリアム・オッカムの所有権論――「権利」概念の創設	西南学院大学法学論集48–３・４
佐伯	仁志	ガリレオ裁判	法学教室（427）：2016. 4
坂井	晃介	政治システムの学術システムとの共進化――19世紀ドイツにおける「国家と社会の区別」を事例として	ソシオロゴス40
酒井	重喜	ウィリアム三世のシヴィル・リスト――議会主権と混合王政	熊本学園大学経済論集22–３・４
坂下	拓治	スコットランド王ロバート一世の王権と印璽（上）（下）	史学85–4，86–１・２
坂田	均	英国著作権法における創作性概念の形成	同志社法学68–３
坂本	武憲	序論――カントの演繹的行為規範学（11）（12）（13）	専修法学論集126，127，128
坂本	達哉	イギリス思想史におけるヒューム	イギリス哲学研究39

櫻井　利夫	（書評）田口正樹著「中世後期ドイツにおけるライン宮中伯の領邦支配とヘゲモニー」（一）～（四・完）	法制史研究65
佐々木　亘	家族と秩序――トマス・アクィナスにおける神的共同体と配分的正義	鹿児島純心女子短期大学研究紀要46
佐藤　彰一	（書評）菊地重仁著「中心と周縁を結ぶ――カロリング朝フランク王国における命令伝達・執行の諸相について」　同「複合国家としてのフランク帝国における「改革」の試み――カール大帝皇帝戴冠直後の状況を中心に」	法制史研究65
佐藤　空	征服と交流の文明社会史――初期バークと近世ブリテンにおける歴史叙述の系譜	経済学史研究58-1
佐藤　団	一五四九年のマクデブルク参審人団廃止（1）（2）（3）（4）新史料による再検討	法学論叢（京都大学）179-3，5，6，180-1
佐藤　治夫	猥褻出版物禁止法〈一八五七〉の誕生と抵抗勢力	『英米文学にみる検閲と発禁』
佐藤　公美	中世ティロル貴族の分裂と同盟――「鷹同盟」を中心に	甲南大學紀要文学編166
佐藤　公美	（書評）池上俊一著『公共善の彼方に――後期中世シエナの社会』	法制史研究65
佐藤　公美	地域を超える「争い」と「平和」――中世後期アルプスとイタリア半島における「間地域性」	洛北史学18
佐藤　泰	かなめ政党と民主制の崩壊――スペイン第二共和国急進党政権	法学会雑誌（首都大学東京）56-2
佐藤　遼	法律関係論の史的展開（1）（2）（3）（4・完）	法学論叢（京都大学）178-6，179-2，5，180-1
フィリップサニャック／フランス近代法研究会訳	翻訳　フィリップ・サニャック著「フランス革命における民事立法」(42)	大東文化大学法学研究所報36
佐保　吉一	デンマークの西インド諸島――黒人奴隷制度史とカリブ海	『海のリテラシー』
澤田　知樹	合衆国憲法修正第13条とアファーマティブ・デューティ	経済理論（和歌山大学）383
澤田　庸三	1830～1850年代イギリスの「救貧法改革と公衆衛生法改革」の再考――「権威秩序体制及び統治機構の再編」における「権威の二重構造化」という視座	法と政治（関西学院大学）66-4
澤山　裕文	アメリカの1969年改正模範事業会社法と株主の会社情報の収集権――改正の経緯とその展開を中心に	専修法研論集58

澤山　裕文	アメリカ会社法における株主による会社情報の収集権に関する問題点の検討——模範事業会社法の1970年代の展開を中心に	専修法研論集59
三時　眞貴子	「労働の訓練／教育」による浮浪児への支援——19世紀末のマンチェスタ認定インダストリアル・スクール	三時眞貴子ほか編『教育支援と排除の比較社会史』
紫垣　聡	Patrona Bavariae——近世バイエルンにおける宗教政策と聖母マリア崇敬	パブリック・ヒストリー13
篠田　英朗	三牧聖子著『戦争違法化運動の時代——「危機の20年」のアメリカ国際関係思想』	国際法外交雑誌115-1
篠塚　信義	18世紀イングランドの一零細農民の日常生活解明に向けて——リチャード・レイサムの「1724-1767年の家計簿」解読（第2部）補遺「刊行校訂史料の誤解読の表示と訂正」を中心に	国際比較研究12
篠原　久	（書評）『スコットランド啓蒙とは何か——近代社会の原理』（田中秀夫著）	社会思想史研究40
篠森　大輔	（書評）野田龍一著「シュテーデル美術館事件における実務と理論——四自由都市上級控訴裁判所史料をてがかりに」	法制史研究65
芝　健介	第三十五回史学会大会特別講演会記録　二〇世紀の世界戦争と戦争犯罪——ニュルンベルク裁判を中心に	史友（青山学院大学）48
斯波　照雄	中世末期のハンザ都市財政における歳出について	商学論纂（中央大学）57-3・4
志馬　康紀	ウィーン売買条約の起草史に見る比較法の貢献	国際公共政策研究20-2
嶋田　直子	ナチス・ドイツの報道指令と新聞——1938年9月ズデーテン危機をめぐって	西洋史論叢38
清水　耕一	社会主義経済再考——東ドイツ計画経済の現実	川越修・河合信晴編『歴史としての社会主義』
下斗米　伸夫	労働組合論争・再論——古儀式派とソビエト体制の角度から（前半）	法学志林114-1・2
メアリ・リンドン・シャンリー／山口志保・山口みどり訳	翻訳　メアリ・リンドン・シャンリー著、『フェミニズム、結婚、ヴィクトリア期イングランドの法』	大東文化大学法学研究所報36
周　圓	近世ロンドンの高等海事裁判所の活動	『再帰する法文化』
周　圓	アルベリコ・ジェンティーリの正戦論——『戦争法論』3巻における「目的因」を中心に	一橋法学15-1

周　　　圓	『スペイン擁護論』からみるジェンティーリの「海洋領有論」	東洋法学60－2
真川　明美	カール大帝による「ローマ人のパトリキウス」称号の受容をめぐって	史學 86－3
新宮　武竜	フランス史におけるボナパルティズムの諸問題——ナポレオン伝説とルイ＝ナポレオンの思想から	Flambeau（東京外国語大学）41
神寳　秀夫	（書評）鈴木直志著『広義の軍事史と近世ドイツ——集権的アリストクラシー・近代転換期』	法制史研究65
末広　菜穂子	（書評）福島都茂子著『フランスにおける家族政策の起源と発展——第三共和制から戦後までの「連続性」』	社会経済史学82－3
菅野　瑞治也	19世紀前半のドイツにおける国家の決闘政策	研究論叢（京都外国語大学）87
菅原　未宇	ロンドン大火以前における市民の火災対応——一六、一七世紀ロンドン市当局とリヴァリ・カンパニによる火災対策を中心に	史潮 80
杉浦　未樹	近世ケープタウン女性の家財運用——財産目録とオークション記録の分析	『女性から描く世界史』
椙山　敬士	18世紀末カント、フィヒテの「著作権」思想	中山信弘編集代表『知的財産・コンピュータと法：野村豊弘先生古稀記念論文集』
鈴木　重周	初期ドレフュス事件報道における反ユダヤ主義言説——事件の発覚と軍籍剥奪式をめぐって	ユダヤ・イスラエル研究30
鈴木　健夫	共通論題報告　第一次世界大戦とロシア・ドイツ人——忠誠・従軍・捕虜・土地収用・強制移住	ロシア史研究98
鈴木　捺生	ドゥームズデイ・ブックから見る十一世紀イングランドの辺境世界の変容	駒澤大学大学院史学論集46
鈴木　道也	マルク・ブロック著『封建社会』再読	西洋史学 261
鈴木　康文	一九世紀プロイセン裁判所における法形成——書面による方式主義を題材に	法の理論 34
ジョセフ・ストーリー／松川実訳	翻訳　ジョセフ・ストーリー「エクイティ法律学コンメンタール第5版第2巻（1849年）第930章〜第951章」	青山法学論集57－4
駿河　昌樹	ブオナパルテの出現・形成・完成——シャトーブリアンの『ブオナパルテについて、ブルボン家の人々について』によりつつ	中央学院大学法学論叢29－2
ピエール・セルナ／増田都希・西願広望訳	講演　共和国は未完成——今日のフランスにおけるフランス革命	日仏歴史学会会報31

苑田　亜矢	（書評）松本和洋著「『ブラクトン』の学識法利用に関する検討――タンクレード及びドロゲーダとの比較検討を通じて」（一）～（三・完）	法制史研究65
苑田　亜矢	ノルマン征服から13世紀初めまでのアングロ・サクソン諸法集――手書本の伝来状況に着目して	法政研究（九州大学）83-3
空　由佳子	旧体制下フランスの地方統治における権力と慈善――ボルドー地方エリートの救貧への関わり	史学雑誌125-2
高岡　佑介	社会契約としての保険――1910年代から1930年代初頭のドイツにおける「保険」の認識論的位相	南山大学ヨーロッパ研究センター報22
高垣　里衣	ブルボン改革期におけるバスクの政治的・経済的自立性――カラカス会社とギプスコア＝カラカス貿易を中心に	パブリック・ヒストリー13
高木　喜孝	近代欧米法文化の受容と翻訳言語	静岡法務雑誌8
髙須　則行	ドイツ法律家新聞におけるゾームとヘックの「概念法学」に関する3つの小論文	八戸学院大学紀要53
高田　篤	憲法の論じ方――カール・シュミットの緊急事態の論じ方を例に	文明と哲学8
高田　実	（書評）小関隆著『徴兵制と良心的兵役拒否――イギリスの第一次世界大戦経験』	歴史と経済58-3
高田　良太	封地分配の行方――中世後期クレタにおけるヴェネツィア人入植政策とギリシア人の反応	歴史学研究946
高野　清弘	（書評）ホッブズ（山田園子訳）『ビヒモス』	イギリス哲学研究39
高野　清弘	（書評）ホッブズ著『法の原理』田中浩・重森臣広・新井明訳	甲南法学57-1・2
高橋　謙公	一三世紀後半シチリア王国の港湾行政とMagister Portulanus――シャルル・ダンジューの港湾管理	史観174
髙橋　謙公	アンジュー朝のシチリア島喪失（1282年）に関する財政的要因――教皇庁とトスカーナ金融商人との関係を中心に	西洋史学262
高橋　英治	ドイツ法における匿名組合の発展と現状	早川勝・正井章筰・神作裕之・高橋英治編『ドイツ会社法・資本市場法研究』
高橋　信行	1962年憲法改正とルネ・カピタン	宇賀克也・交告尚史編『現代行政法の構造と展開――小早川光郎先生古稀記念』

高橋	則雄	パリ・コミューンにおける民衆メディアと公権力――Le Proletaire 紙と第11区の地域行政を例として	専修史学 61
高橋	洋城	ドイツ観念論の完成――自由から法と国家を構想する	『法思想の水脈』
髙山	裕二	（書評）『フランス革命という鏡――十九世紀ドイツ歴史主義の時代』（熊谷英人著）	社会思想史研究40
田北	廣道	19世紀末ドイツ化学会社の認可審査と営業監督官――ダール染料会社を中心に	経済学研究（九州大学）82-5・6
田北	廣道	第一次世界大戦前ドイツにおける化学工場の立地と認可制度――バイエル会社の場合（1）（2）	経済学研究83-2・3，83-4
田口	勉	「動産の善意取得制度と基本権（1）」	神奈川大学法学部50周年記念論文集刊行委員会編『神奈川大学法学部50周年記念論文集』
田口	正樹	（書評）藤井真生著『中世チェコ国家の誕生――君主・貴族・共同体』	法制史研究65
田口	正樹	中世後期ドイツの国王宮廷における非訟事件	北大法学論集66-5
田口	正樹	中世後期ドイツの貴族団体	北大法学論集66-6
武井	彩佳	アファーマティブ・アクションの政治――ユダヤ人に対する入国管理を中心に	ドイツ研究50
武井	彩佳	「ドイツ人」と「ユダヤ人」の境界――基本法116条1項「ドイツ民族所属性」をめぐって	『ヨーロッパ史のなかの思想』
竹澤	祐丈	（書評）Charles Prior, A Confusion of Tongues : Britain's Wars of Reformation, 1625-1642	イギリス哲学研究39
武田	千夏	Mme de Stael and Constitutional Monarchy (1789-1793)	大妻比較文化17
竹中	興慈	奴隷商人セオフィラス・コノウ――19世紀前半の環大西洋非合法ネットワーク	『海のリテラシー』
竹中	徹	フランス王権とニコポリスの敗戦――『嘆きと慰めの書簡』の分析から	パブリック・ヒストリー13
竹原	有吾	19世紀半ばベルリンの市民社会における利害関係の世俗化――ユダヤ教徒の解放のはじまりからベルリン商業銀行の設立まで	社会経済史学82-3
多田	哲	（書評）津田拓郎著「カロリング期の統治行為における文書利用――シャルルマーニュ期は「カピトゥラリアの最盛期」だったのか」「西フランク王国の統治行為における文書利用――いわゆる「カピトゥラリア」を中心に」	法制史研究65

田中　孝信	横溢するセクシュアリティ	『セクシュアリティ』
田中　実	グロティウス『戦争と平和の法』第3巻第20章第11節を読む——国際法の占有理解のために	南山法学39-3・4
田中　実	（書評）水野浩二著「学識的民事訴訟における職権補充（suppletio iudicis）——中世末期の解釈論の変動」	法制史研究65
田中　美穂	研究フォーラム　中世アイルランド史研究の今	歴史と地理691
谷口安平・鈴木五十三	国際商事仲裁の概念・歴史・理論	谷口安平・鈴木五十三編著『国際商事仲裁の法と実務』
谷口　良生	フランス第三共和政前期（1870-1914年）における議会活動——常任委員会制度の導入にみる議会活動の規範と議員の専門職化	西洋史学261
玉井　克哉	主権免責の「民間化」——アメリカ不法行為法の一側面	宇賀克也・交告尚史編『現代行政法の構造と展開——小早川光郎先生古稀記念』
田村　理恵	新刊紹介 S.R. Jones 著 The Making of a City 1068-1350	西洋史学論集53
千葉　惠	アンセルムス贖罪論における正義と憐れみの両立する唯一の場——司法的正義とより根源的な真っ直ぐの正義	北海道大学文学研究科紀要148
Covell Charles	HOBBES AND THE RULE OF LAW	筑波法政68
蝶野　立彦	宗派多元国家ブランデンブルク——プロイセンの形成と選帝侯ヨハン・ジギスムントの改宗	『ヨーロッパ史のなかの思想』
柘植　尚則	（書評）田中秀夫『スコットランド啓蒙とは何か——近代社会の原理』	イギリス哲学研究39
津澤　真代	フィレンツェ大学（一三四八－一四七三）の変遷から見る為政者の大学干渉	史潮80
辻　博明	担保保存義務に関する一考察——沿革的・比較法的考察（12）	岡山大学法学会雑誌66-2
辻村　みよ子	著書を語る　フランス人権宣言とオランプ・ドゥ・グージュ——辻村みよ子著『人権の普遍性と歴史性』をめぐって	ジェンダー研究（東海ジェンダー研究所）18
津田　拓郎	トゥール・ポワティエの戦いの「神話化」と8世紀フランク王国における対外認識	西洋史学261
津田　拓郎	794年フランクフルト集会で生まれた一文書に関する「史料の歴史」とシャルルマーニュ時代の統治行為における文書利用	歴史学研究952

土屋　和代	福祉権の聖歌――全米福祉権団体の結成と人種、階級、ジェンダー	Rikkyo American studies 38
都築　彰	ラムジ修道院記録に残るストランドの土地をめぐる五通の証書	佐賀大学文化教育学部研究論文集20－2
津村　夏央	第二帝政下における「国民」の誕生――鉄道・パリ大改造・万国博覧会	國士舘大學大学院政經論集19
マルセロ デ アウカンタラ	自然生殖における母子関係――歴史的観点から	阪大法学66－3・4
ベンノ・ティシケ著／山下範久構成・訳	「1648年の神話」再考	『ウェストファリア史観』
ヤン ティーセン／服部寛訳	翻訳　法発見にとっての立法資料の無価値性――方法史的概観	松山大学論集27－6
寺田　由美	20世紀転換期アメリカにおけるリンチとシティズンシップ――ウェルズ／ウィラード論争から見るアメリカの自由	北九州市立大学文学部紀要85
寺村　銀一郎	（書評）C・ヴェロニカ・ウェッジウッド著、瀬原義生訳『イギリス・ピューリタン革命――王の戦争』	立命館文学647
堂目　卓生	アダム・スミスの遺産――グローバル化の時代を見据えて	社会思想史研究40
ヴァレリ・トゥレイユ／梶原洋一訳	恐怖の叫びと嫌悪の叫び――盗人に向けられる「アロ」中世末期フランスにおける叫びと犯罪	思想1111
遠山　隆淑	「自由な統治」の政治学――一九世紀ウィッグのイギリス国制論	政治研究63
時野谷　亮	ドイツ連邦〈一八一五～一八六六年〉再考――研究動向を中心に	『ヨーロッパ史のなかの思想』
土倉　莞爾	半大統領制とコアビタシオン――ド・ゴールからミッテランへ	関西大学法学論集66－4
都甲　裕文	コンスタンティノープルのストゥディオス修道院――歴史と史料	アジア文化研究所研究年報50
富田　理恵	（書評）岩井淳『ピューリタン革命の世界史――国際関係のなかの千年王国論』	イギリス哲学研究39
富田　理恵	（書評）小林麻衣子著『近世スコットランドの王権――ジェイムズ六世と「君主の鑑」』	史学雑誌125－4
内藤　淳	社会契約――誰がために国は在る	『法思想の水脈』
長井　栄二	第一次大戦前ポンメルンの植民組合と土地会社（3）第二帝制期プロイセン内地植民政策の事業主体をめぐる史料と諸問題	秋田工業高等専門学校研究紀要51

長井	伸仁	現代の「祈り、働け」――第二次世界大戦後のフランスにおける労働司祭	歴史と地理699
中垣	恒太郎	冷戦期のチャップリン――「発禁」作品としての『ニューヨークの王様』と「アメリカの嘆き」のレトリック	『英米文学にみる検閲と発禁』
中川	順子	近世ロンドン社会における外国人受容と外国人の法的地位	文学部論叢（熊本大学）107
中里	実	議会の財政・金融権限と名誉革命	宇賀克也・交告尚史編『現代行政法の構造と展開――小早川光郎先生古稀記念』
長澤	勢理香	奴隷ファクター――大西洋奴隷貿易における現地在住奴隷販売人の役割	社会経済史学82-1
中澤	達哉	ハプスブルク君主制の礫岩のような編成と集塊の理論――非常事態へのハンガリー王国の対応	『礫岩のようなヨーロッパ』
中島	健二	19世紀末から20世紀初め（1880～1910年代）のイギリスにおける株式銀行の発展と銀行エリートの構造――「銀行エリート」分析の一階梯として（4）	金沢大学経済論集36-2
永島	剛	（書評）長谷川貴彦著『イギリス福祉国家の歴史的源流――近世・近代転換期の中間団体』	社会経済史学82-1
中嶋	直木	制定過程における基本法28条2項の文言の意義――ゲマインデの「主観的な」法的地位保障の議論を契機に	熊本ロージャーナル11
仲田	公輔	ビザンツ皇帝レオン六世の対アルメニア人有力者政策	史学雑誌125-7
永田	千晶	クラークシュピーゲル研究序説	一橋法学15-1
中谷	功治	ふたりの叛徒トマス――9世紀ビザンツの六反乱をめぐって	人文論究（関西学院大学）66-3
中野	正剛	オルトランの未遂犯論	刑法雑誌55-2
中野	雅紀	ジャン・ボダンの国家の貨幣鋳造権といわゆる“プリコミットメント”理論について	『貨幣と通貨の法文化』
中堀	博司	シャルル・ル・テメレールの「帽子」と国王戴冠の行方	西洋中世研究8
中堀	博司	ヴァロワ家ブルゴーニュ公の遺言	『ブルゴーニュ国家』
中村	晃紀	法の二つの源流――ヨーロッパ大陸法の分かりづらさ	布川玲子・高橋秀治編『司法権の法哲学的研究』
中本	香	スペイン継承戦争にみる複合君主制――大きな政体・小さな政体	『礫岩のようなヨーロッパ』

永本　哲也	帝国諸侯による「不在」の強制と再洗礼派による抵抗――1534-35年ミュンスター包囲戦における言論闘争と支援のネットワーク形成	歴史学研究947
中谷　崇	共通錯誤の歴史的考察――ドイツ法における展開を中心に	私　法　78
中屋　宏隆	西ドイツの国際ルール庁（IRB）加盟問題――ペータースベルク協定調印交渉過程（1949年）の分析を中心に	社会経済史学82-3
中山　俊	一九世紀前半のフランス地方都市における歴史的記念物の保存と都市計画――歴史的記憶をめぐる中央と地方の関係について	史　林　99－3
中山　俊	七月王政期の地方都市における歴史的記念物の保存――フランス南部考古学協会と中央政府の言動を通じて	日仏歴史学会会報31
中山　知己	ドイツ民法における任意法・強行法の議論序説――ラーバントを手がかりに	明治大学法科大学院論集17
奈須　祐治	ジョン・ポール・スティーブンズの肖像――合衆国憲法の進歩的解釈の実践	西南学院大学法学論集48-3・4
並河　葉子	イギリス領西インド植民地における「奴隷制改善」と奴隷の「結婚」問題	史　林　99－1
新村　聡	ホッブズ『リヴァイアサン』の第2自然法は何を意味するのか	岡山大学経済学会雑誌47-2
新村　聡	ホッブズにおける近代的平等論の成立――アリストテレス批判から黄金律へ	岡山大学経済学会雑誌47-3
西　平等	連盟期の国際秩序構想におけるモーゲンソー政治的紛争論の意義（1）（2）（3）（4・完）	関西大学法学論集65-6, 66-1, 2, 4
西貝　小名都	ナシオン主権論とプープル主権論（1）（2）	国家学会雑誌129-9・10, 11・12
西出　敬一	合衆国憲法の制定と奴隷制	アメリカ史研究39
西村　清貴	一九世紀ドイツ国法学における実定性の概念について――歴史法学との関連を中心として	法学志林113-4
西村　清貴	G・W・F・ヘーゲルのサヴィニー批判――実定法概念をめぐって	法学志林114-1・2
野口　健格	スペインにおける「歴史記憶文書センター」と「歴史記憶回復協会」の現状と課題――歴史の記憶へのアクセスは憲法上の保護の対象となるか？	中央学院大学法学論叢30-1
野田　恵子	（書評）三成美保編『同性愛をめぐる歴史と法――尊厳としてのセクシュアリティ』	女性史学26
野田　龍一	遺言における小書付条項の解釈――シュテーデル美術館事件をめぐって	福岡大学法学論叢60-4

野田　龍一	シュテーデル美術館事件における四半分の控除（1）（2・完）Nov.131.c.12.pr.の解釈をめぐって	福岡大学法学論叢61-1・2，61-3
ジョン・ノックス／伊勢田奈緒訳	翻訳　ジョン・ノックスによる宗教改革文書（2）スコットランド貴族と身分制議会に提出された、司教とカトリック聖職者により宣告された判決に対するアペレイション（2）	環境と経営（静岡産業大学）22-1
野村　啓介	日仏修好通商条約正文（仏・蘭・和）に関する比較的考察――ナポレオン3世下フランス対日外交の基礎研究	ヨーロッパ研究11
野村　仁子	『魔女への鉄槌』に見る魔女及び魔術――第2部問1の考察を中心に	南山神学別冊31
橋本　博之	レオン・ミシュウの行政法学――国家責任法をめぐって	磯部力先生古稀記念論文集刊行委員会編『都市と環境の公法学――磯部力先生古稀記念論文集』
橋本　博之	「行政に固有な法の体系」としての行政法――アイゼンマンによるローバデール批判，そして小早川理論	宇賀克也・交告尚史編『現代行政法の構造と展開――小早川光郎先生古稀記念』
長谷川貴陽史	法社会学の形成――エールリッヒとウェーバー	『法思想の水脈』
長谷川　貴彦	「底辺」からの産業革命――長い一八世紀イングランドの中間団体と貧民	史苑76-2
長谷川　貴彦	（書評）青木康編『イギリス近世・近代史と議会制統治』	史苑77-1
長谷川　祐平	特集　古典再読　エドワード・P・トムスン著『イングランド労働者階級の形成』再読	西洋史学262
長谷川　佳彦	ドイツにおける行政訴訟の類型の歴史的展開（1）	阪大法学66-2
長谷部　恭男	非常事態の法理に関する覚書	宇賀克也・交告尚史編『現代行政法の構造と展開――小早川光郎先生古稀記念』
畑　奈保美	（書評）上田耕造著『ブルボン公とフランス国王――中世後期フランスにおける諸侯と王権』	西洋史学論集53
畑　奈保美	15世紀フランドルのシャテルニーと市外市民	『ブルゴーニュ国家』
畠山　弘文	「簡略簡便な国家史」論の社会科学的位相――ヨーロッパ近世国家史論のための方法的覚書	明治学院大学法学研究100

波多野　敏	（書評）福田真希著『赦すことと罰すること――恩赦のフランス法制史』	法制史研究65
花田　洋一郎	ピエール・ダランティエールの陰謀	『ブルゴーニュ国家』
花房　秀一	ルイ10世治世下におけるノルマンディ憲章発布と地方主義	中央学院大学法学論叢29-2
馬場　わかな	ドイツ社会保険制度に関する一考察――20世紀初頭の在宅看護・家事援助を手がかりに	西洋史研究新45
濱野　敦史	家内使用人をめぐる言説――14-15世紀フィレンツェの事例	國學院雜誌117-2
浜林　正夫	明日をつむぐ　イギリス労働者のたたかい――工場法・10時間法をかちとるまで	学習の友749
浜林　正夫	明日をつむぐ　イギリス労働者のたたかい（後編）労使関係の近代化とナショナル・センターの結成	学習の友751
Riho Hayakawa	La loi martiale――son application et sa qualite	Trienio : Ilustracion y liberalismo 67
林　嵩文	「体系」の政治――フリードリヒ二世の政治思想	法学政治学論究（慶應義塾大学）111
林　直樹	イングランド啓蒙とは何か	尾道市立大学経済情報論集16-1
林　直樹	ダニエル・デフォー「ブリテン諸連合史」（2）	尾道市立大学経済情報論集16-2
林田　直樹	王位継承排除危機におけるイングランド・スコットランド同君連合――王位継承排除法案（Exclusion Bill）の審議過程の分析を通じて	史苑76-2
原口　佳誠	アメリカ憲法史における司法審査制の立憲的意義とその社会的影響	ジュリスコンサルタス（関東学院大学）24
原田　晶子	宗教改革導入にともなう死者追悼儀礼廃止に対する請願――カトリック共同体からプロテスタント共同体への移行の狭間で	『断絶と新生』
原田　亜希子	近世教会国家における地方統治――16世紀のボローニャ都市政府	都市文化研究18
原田　央	一九世紀後半の国際私法理解の特質とその背景（1）（2）（3）（4・完）	法学協会雑誌133-1, 4, 7, 8

ヨーハン・フランツ・バルタザル カスパー・シュミット／藤田貴宏訳	《資料》バルタザルとシュミットのバイエルンラント法第１章第19条注釈	獨協法学 101
日尾野 裕一	18世紀前半のブリテンにおける船舶必需品生産計画の形成――植民地政策における商務院と海軍の相互関係	西洋史学 261
樋口 陽一	西欧知識人のエンブレム的形象	日仏文化 85
樋口 陽一	第五共和制の legiste vs 第三帝国の Kronjurist？――ルネ・カピタン（一九〇一―七〇）とカール，シュミット（一八八八―一九八五）――二つの才能の交叉と乖離	日本学士院紀要71－1
日暮 美奈子	越境する娘たちとドイツ行政当局――帝政期ドイツ・プロイセン内務省文書における婦女売買事例の分析	専修史学 60
肥後本 芳男	黒人船長ポール・カフィ――アボリショニズムと環大西洋商業ネットワーク	『海のリテラシー』
平出 尚道	1820年代アメリカ保護主義とイギリス穀物法	青山経済論集68－2
平手 賢治	トマス主義自然法論と神経生物学――神経生物学に対するマルティン・ローンハイマーの応答	志學館法学 17
平野 千果子	（書評）松沼美穂『植民地の〈フランス人〉――第三共和政期の国籍・市民権・参政権』	歴史学研究 944
平野 智洋	ゲオルギオス・スフランツィス『回顧録（小年代記）』翻訳解説（１）	東海史学 50
イヴァン・ビリアルスキ／渡邉浩司訳	神の加護のもとで――選挙君主制と世襲制、中世の神権政治と現代の合理性のはざまで（１）	仏語仏文学研究（中央大学）48
広渡 清吾	ナチス私法学の構図	専修法学論集126
ダニエラ・ファン・デン・ホイフェル／朝倉未樹訳	近世オランダ都市女性の経済的機会――ギルドとジェンダー規制の分析から	『女性から描く世界史』
レイモン・ブードン／久慈利武訳	翻訳 近代性と民主主義の古典理論	人間情報学研究（東北学院大学）21
W.E.フォン・ケテラー／桜井健吾訳	W. E. フォン・ケテラー『自由，権威，教会』（1862年）（その３）（その４）	南山経済研究30－3，31－2
カール・フォム・シュタイン／石澤将人・阪本尚文訳	翻訳 カール・フォム・シュタイン「ドイツ憲法について」	行政社会論集（福島大学）29－1

ヴィルヘルム・フォン・フンボルト／石澤将人・阪本尚文訳	翻訳　ヴィルヘルム・フォン・フンボルト「ドイツ憲法論」他	行政社会論集（福島大学）28-3
深尾　裕造	クック「マグナ・カルタ註解」覚書	法と政治（関西学院大学）67-1
深澤　民司	国民国家の始原――ジョン・フォーテスキューの政治理論についての一考察	専修法学論集126
福永　美和子	第二次世界大戦後のドイツと国際刑事司法	石田勇治・福永美和子編『想起の文化とグローバル市民社会』
福永　美和子	統一ドイツにおける東ドイツ独裁の過去の検証	石田勇治・福永美和子編『想起の文化とグローバル市民社会』
藤井　真生	カレル4世の『国王戴冠式式次第』にみる伝統と国王理念の変容	『断絶と新生』
藤井　美男	（書評）奥西孝至著『中世末期西ヨーロッパの市場と規制――15世紀フランデレンの穀物流通』	社会経済史学82-1
藤井　美男	15世紀中葉フィリップ＝ル＝ボンの対都市政策	『ブルゴーニュ国家』
藤崎衛監修	史料解題・翻訳　第一リヨン公会議（1245年）決議文翻訳	クリオ30
藤田　貴宏	17世紀バイエルンにおける夫婦間相続と嫁資合意――1616年ラント法注釈文献の典拠分析（1）（2）	獨協法学100, 101
藤田　貴宏訳	ベーゼラーの相続契約学説史（下）	獨協法学99
藤田　尚則	アメリカ・インディアンの水利権（2）（3）	創価法学45-3, 46-1
藤田　尚則	アメリカ・インディアンの水利権に関する一考察	文京学院大学人間学部研究紀要17
伏見　岳志	スペイン領メキシコの相続制度に関する諸問題	『女性から描く世界史』
藤本　幸二	刑事証拠法史研究の現代的意義と課題――『決闘裁判』からの継続と断絶	一橋法学15-1
渕　倫彦	（書評）柴田平三郎著『トマス・アクィナスの政治思想』	法制史研究65
船木　順一	西フランク王国における国王即位儀礼書の起草について	青山史学34
舟橋　秀明	物権法上の諸制度に関する比較法的考察（2）	金沢法学59-1

舟橋　倫子	12・13世紀ブリュッセルにおける魚・肉業者	『ブルゴーニュ国家』
フランス刑事立法研究会訳	犯罪少年に関する一九四五年二月二日のオルドナンス第四五―一七四号（2）（3・完）	法政研究（九州大学）82-4，83-1・2
古川　亮一	カール・シュミットと「プラクシスの原理」――「教育のプラクシス」に向けて	東京大学大学院教育学研究科基礎教育学研究室紀要41
古屋　壮一	民法四六七条とプロイセン一般ラント法	松山大学論集28-1
古谷　大輔	バルト海帝国の集塊と地域の変容――スコーネの編入とスコーネ貴族の戦略	『礫岩のようなヨーロッパ』
フーゴー・プロイス／髙橋洋訳	翻訳　フーゴー・プロイス『自治行政、ゲマインデ、国家、主権』（1908年）	愛知学院大学宗教法制研究所紀要56
アレクサンダー・プロース／上田理恵子・河野憲一郎・池田愛訳	翻訳　アレクサンダー・プロース「ハンガリー新民事訴訟法による裁判所の訴訟指揮」――起草者による一九一一年法の解説	熊本法学137
Elisa Bertolini	Censoring the past?――Suggestions on the German, Italian and Japanese approach to the totalitarian past	南山大学ヨーロッパ研究センター報22
オリヴィエ　ボー	ルネ・カピタン、反ファシズムの共和主義法律家	日仏文化85
帆北　智子	18世紀ロレーヌ史研究の新たな展開――ドイツ史の成果を手がかりに	ヨーロッパ研究11
星野　倫	ダンテ『帝政論』研究序説――成立年代決定問題をめぐって	早稲田大学イタリア研究所研究紀要5
星　誠	英国保険法　最大善意義務の原点を考える――Carter v Boehm 判決（1766年）再訪	海事法研究会誌231
細川　道久	ウェストミンスター憲章と「変則的」ドミニオン	鹿大史学63
法花津　晃	11世紀のクリュニー修道院におけるカルチュレールの操作――カルチュレール A、B を中心に	西洋史学論集53
ポッツィ・カルロ・エドアルド	トンマーゾ・ディ・サヴォイア王子の来日と対日外交政策におけるイタリア王国外務省内での意見対立について――イタリア側公文書を中心に	イタリア学会誌66
マルク・ボーネ／河原温訳	中世後期ヨーロッパの都市	『中世ヨーロッパの都市と国家』
マルク・ボーネ／河原温訳	中世ネーデルラント都市の「世界」か？	『中世ヨーロッパの都市と国家』

マルク・ボーネ／河原温訳	高度に都市化された環境のなかの君主国家	『中世ヨーロッパの都市と国家』
堀越　宏一	（書評）マルク・ボーネ著　ブルゴーニュ公国史研究会訳『中世末期ネーデルラントの都市社会――近代市民性の史的探求』	社会経済史学81-4
ダニエル・ポルヴレリ／小柳春一郎訳	翻訳　ダニエル・ポルヴレリ『コルシカにおける不動産承継の特質――相続登記未了問題の解決のために』	獨協法学99
前田　更子	公教育とカトリシズム――近現代フランス教育史研究の可能性	歴史と地理694
正木　慶介	一九世紀初頭イギリスにおける地方政治団体――リヴァプールの「同心協会」を中心に	史観175
増田　都希	「家内統治書」としての18世紀後半フランスの「作法書」――テーマ・著者群・読者像	西洋史学261
松尾　弘	「概念法学」批判――プフタとイェーリング	『法思想の水脈』
眞次　宏典	議会主義の基礎づけとその限界について――カール・シュミット「現代における議会主義と大衆民主主義の対立」を素材として	松本大学研究紀要14
松島　裕一	解釈的法律の遡及効について――O・ジャッキ『カノン法における有権解釈論の形成と発展』を手がかりに	法の理論34
松園　伸	1707年イングランド・スコットランド合同（英蘇合同）とスコットランド法曹	西洋史論叢38
松本　英実	（書評）石井三記著「一七八九年フランス人権宣言のテルミノロジーとイコノロジー」	法制史研究65
松本　和洋	（書評）苑田亜矢著「一二世紀イングランドにおける教会裁判手続と起訴陪審制の成立」	法制史研究65
松本　尚子	法実証主義の極限と「例外状態」の合法性――ケルゼンとシュミット	『法思想の水脈』
松本　尚子	（書評）池田嘉郎編『第一次世界大戦と帝国の遺産』	法制史研究65
間渕　清史	ドイツ補助参加制度成立の沿革的素描（1）	駒澤大学法学部研究紀要74
丸山　秀平	有限会社法の成立前史としての法形式論争と2008年改正法	早川勝・正井章筰・神作裕之・高橋英治編『ドイツ会社法・資本市場法研究』
三浦　順子	テキサス政治文化の変容に見る「メキシコ人問題」――1910年代の人種の政治とアメリカ化における「他者」の創造	アメリカ太平洋研究16

三浦　大介	モーリス・オーリウとフランス行政法における「時間」の観念	磯部力先生古稀記念論文集刊行委員会編『都市と環境の公法学——磯部力先生古稀記念論文集』
三上　佳佑	共和国法院の創設とフランスにおける閣僚責任制の転換	早稲田法学会誌67－1
水井　万里子	イギリス東インド会社の初期インド植民都市建設と女性	『女性から描く世界史』
水谷　智	英領インドにおける〈植民地的遭遇〉と女性たち——法・道徳・境界	『女性から描く世界史』
水林　翔	フランスにおける権利概念の展開——フランス革命から第三共和政を中心に	一橋法学15－2
水林　翔	近代フランス憲法思想の再構成（1）19世紀前半期及び第三共和制初期を中心に	一橋法学15－3
三成　賢次	（書評）柴田隆行著『シュタインの自治理論——後期ローレンツ・フォン・シュタインの社会と国家』	法制史研究65
三成　美保	近代市民法の成立と女性の財産権——ドイツ法・フランス法・日本法の比較から	『女性から描く世界史』
三成　美保	（書評）広渡清吾著「国籍・市民権・民族所属性——『人と国家の関係』の法的形象をめぐって」　同「領土と国籍・市民権——『ナショナルなもの』を考える」	法制史研究65
三笘　利幸	マックス・ヴェーバー『経済と社会』における旧稿から新稿への概念変更について——「支配」概念と「家父長制」概念	社会文化研究所紀要77
南野　森	憲法変動と学説——フランス第五共和政の一例から	『「憲法改正」の比較政治学』
耳野　健二	19世紀ドイツ法学におけるカント哲学の影響——ヨアヒム＝リュッケルトの見解の紹介と検討	産大法学（京都産業大学）49－4
耳野　健二	（書評）守矢健一著「『使命』における、サヴィニの慣習法論について」	法制史研究65
三宅　雄彦	学長時代のスメント——ゲッティンゲン大学戦後史の一断面	早稲田法学91－3
三宅　雄彦	スメントの後任問題——一九五一年の国法講座と統合理論の継承	文明と哲学8
宮野　裕	一四世紀後半から一五世紀初頭のモスクワ大公権力と教会権力——聖俗管轄権の問題を中心に	ロシア史研究98
宮丸　裕二	法律家と文筆家の資格と人格——チャールズ・ディケンズとその小説作品に辿る英国の法のイメージ	法学新報（中央大学）123－5・6

宮本　竜彦	帝政ロシアの実科学校法をめぐる論争――国家評議会（1871年～1872年）での審議を中心に	岡山大学大学院社会文化科学研究科紀要42
宗形　賢二	コムストック法とYMCAの時代	『英米文学にみる検閲と発禁』
村上　悠	東ドイツ体制批判運動の拡大――「開かれた活動」の展開を中心に	政治研究63
村林　聖子	J・S・ミルと創る法／成る法――ベンサム、オースティン、メイン	法の理論34
村松　茂美	（書評）坂本達哉・長尾伸一編『徳・商業・文明社会』	イギリス哲学研究39
森　暁洋	ハインリヒ・トーケと聖地ヴィルスナック	法学ジャーナル（関西大学）92
森　暁洋	法制史の観点からみた皇帝フリードリヒ3世の時代（1）	法学ジャーナル（関西大学）92
森　暁洋	15・16世紀の神聖ローマ帝国および同時代の理論家たち	法学ジャーナル（関西大学）91
森　新太	顕示行為としての『商売の手引き』編纂――ペゴロッティの『手引』を一例に	パブリック・ヒストリー13
森　宜人	「社会国家」の形成と都市社会政策の展開――ワイマール体制成立前後のハンブルクにおける失業扶助を事例に	一橋経済学10－1
森　宜人	（書評）長屋政勝著『近代ドイツ国家形成と社会統計――19世紀ドイツ営業統計とエンゲル』	社会経済史学82－3
森下　瑶子	18世紀前半イギリス大西洋帝国の形成と海賊鎮圧――ウッズ・ロジャーズによるバハマの海賊掃討作戦を中心に	パブリック・ヒストリー13
森田　章夫	奴隷取引船舶に対する干渉行為――二〇世紀における法典化の展開	中野勝郎編著『境界線の法と政治』
森村　進	法思想の水脈をたどって――法思想史の意義と方法	『法思想の水脈』
森元　拓	国法学と立憲主義	『法思想の水脈』
森脇　優紀	東京大学経済学図書館が所蔵する神聖ローマ皇帝カール6世による同職組合規則の認可証について――モノとして、また史料としてみる西洋古文書	東京大学経済学部資料室年報6
弥久保　宏	英国における諸議会と選挙制度（6）世界最古、マン島議会Tynwaldの構造――バイキングの遺産	選挙69－7
屋敷　二郎	中世ゲルマン法と歴史法学――「良き古き法」と民族精神	『法思想の水脈』

安	章浩	西ドイツにおける近代立憲主義確立の政治過程――三権の立憲主義的統制機関としての連邦憲法裁判所の活動を中心に	尚美学園大学総合政策論集22
安酸	香織	近世エルザスにおける帝国等族とフランス王権――十帝国都市をめぐる紛争と調停の事例から（1648-79）	西洋史研究新45
安酸	香織	ウェストファリア講和会議（1643-48）におけるエルザス譲渡問題――ミュンスターの交渉と条文の考察から	北大史学56
矢野	聡	自由改良の時代と救貧法からの離脱	日本法學82－3
山内	進	マドンナ	NACT review（国立新美術館研究紀要）3
山内	進	（書評）明石欽司著「「一八世紀」及び「一九世紀」における国際法観念――「勢力均衡」を題材として」（一）～（三・完）	法制史研究65
山岡	龍一	（書評）Ruth Savage ed., Philosophy and Religion in Enlightenment Britain : New Case Studies	イギリス哲学研究39
山口	哲史	ネグリジェンス責任の注意義務に対する欧州人権条約の影響の有無（3・完）Hill 事件貴族院判決の批判的検討	早稲田大学大学院法研論集157
山口	房司	大恐慌の登場から「憲法革命」までの素描	アメリカス研究21
山口	不二夫	英国庶民院の議事記録開始と1641年の財務記録	MBS review（明治大学大学院グローバル・ビジネス研究科）12
山倉	明弘	米国市民権の境界の設定――1790年帰化法の長い影	アメリカス研究21
山崎	彰	19世紀ブランデンブルクにおける近代村落社会の形成――フリーデルスドルフ村を事例に（1）	山形大学歴史・地理・人類学論集17
山崎	彰	19世紀ブランデンブルク貴族家における世襲財産制の導入	社会経済史学81-4
山崎	彰	論点をめぐって　ブランデンブルク農村史研究の課題――近世農地制度と農業協会の設立をめぐって	歴史と経済58－2
山田	晋	一九世紀ヨーロッパ大陸における社会保険の浸潤	修道法学39－1
山田	高誌	公証人史料にみる，18世紀ナポリの民間劇場の利用条件――オペラ興行師と演劇興行師の劇場共同利用	熊本大学教育学部紀要65
山田	哲也	戦間期国際法学における国際組織の位置づけ――J. L. Brierly を題材として	法政研究（九州大学）83-3

山中　倫太郎	非常事態における基本権保障の憲法構造――ドイツ近現代憲法史における基本権の「停止」と停止なき「特例的制限」	防衛大学校紀要社会科学分冊113
山根　明大	（書評）小林麻衣子著『近世スコットランドの王権――ジェイムズ六世と「君主の鑑」』	史苑 76－2
山本　賢司	ロールズと近代自然法	九州法学会会報 2016
山本　達夫	第三帝国における経済の脱ユダヤ化関連重要法令（3・完）	東亜大学紀要22
山本　通	イギリス産業革命期の「規律」と宗教	経済貿易研究42
山本　芳久	マイモニデス『迷える者の導き』における「啓示的法」と「理性」	法の理論34
湯川　益英	制定法の解釈における「立法者意思」の存在意義――歴史法学のパースペクティブの中での立法者意思	月報司法書士531
湯川　益英	時の経過に対する法的評価――Savigny の時効理論と Hegel·Grotius の時効理論の対立をめぐって	獨協ロー・ジャーナル10
横山　謙一	ドレーフュス事件から第1次大戦までの社会主義派議員の代議院での投票行動（2・完）1906年－1910年代議院任期と1910年－1914年代議院任期時代のフランス統一社会党 SFIO	國學院法学54－2
吉田　信	オランダ領東インドにおける婚姻規定の歴史的変遷――本国婚姻規定との関連において	『女性から描く世界史』
吉原　達也	バハオーフェンにおける「国家」の観念について――バーゼル大学教授就任講演「自然法と歴史法の対立」を手がかりに	政経研究53－2
吉原　達也	ポティエ『新編学説彙纂』――第50巻第17章第2部第1章について	日本法學82－1
吉原　達也	ポティエ『新編ユスティニアヌス帝学説彙纂』第五〇巻一七章における帰国権について	日本法學82－2
四谷　英理子	20世紀初頭イギリスにおける国家的結核対策の成立――国民健康保険の「サナトリウム給付」をめぐって	歴史と経済58－4
米山　高生	（書評）ロン・ハリス著，川分圭子訳『近代イギリスと会社法の発展――産業革命期の株式会社1720－1844年』	社会経済史学82－1
米山　秀	非登録徒弟と工業化――産業革命以前のグロスタ市の事例	比較都市史研究35－2
頼　順子	14世紀アンジュー貴族の狩猟を通じた人的紐帯――アルドゥアン・ド・フォンテーヌ＝ゲラン『狩猟宝典』を例に	パブリック・ヒストリー13
若曽根　健治	中世都市の裁判と「真実」の問題――シュトラースブルク都市法から	熊本法学136

若林　美佐知	（書評）芝健介『ニュルンベルク裁判』	現代史研究62
和田　忍	アングロ・サクソン期のイングランドにおける異教信仰の痕跡に関する一考察――ウェドモアの条約と第2クヌート法典における文書を中心に	人文研紀要（中央大学）85
渡邊　昭子	トランシルヴァニアのウニターリウシュ教会における改宗離婚制度の形成（1868－1880年）	大阪教育大学紀要第2部門64-2
渡辺　節夫	（書評）上田耕造著『ブルボン公とフランス国王――中世後期フランスにおける諸侯と王権』	法制史研究65
渡部　武士	西欧中世における説教師の理念――ジャック・ド・ヴィトリ（1160／70-1240）を例に	西洋史研究新45
渡邊　亙	ドイツ憲法史における法律の留保の意義	名城法学65-4
割田　聖史	「地域」から「地方」へ――ポーゼン州議会一八六一年～一八七五年	青山史学34